lat_001 Foto: gh

Georg Henke, Frank Schwarz
Latium mit Rom

„Aus Italien, dem formreichen, war ich in das gestaltlose Deutschland zurückgewiesen, heiteren Himmel mit einem düsteren vertauscht ...“
J. W. Goethe, Italienische Reise

lat_004 Foto: gh

Impressum

Georg Henke, Frank Schwarz
Latium mit Rom

erschienen im
Reise Know-How Verlag Peter Rump GmbH
Osnabrücker Str. 79, 33649 Bielefeld

1. Auflage 2006

Gestaltung:
Umschlag: M. Schömann, P. Rump (Layout); M. Luck (Realisierung)
Inhalt: G. Pawlak (Layout); M. Luck (Realisierung)
Karten: Th. Buri; C. Raisin (Atlas)
Fotos: G. Henke (gh), F. Schwarz (fs)
Titelfoto: G. Henke

Lektorat: M. Luck

Druck und Bindung:
Fuldaer Verlagsagentur GmbH und Co. KG, Fulda

ISBN-10: 3-8317-1483-5
ISBN-13: 978-3-8317-1483-4
Printed in Germany

Dieses Buch ist erhältlich in jeder Buchhandlung Deutschlands, Österreichs, der Niederlande, Belgiens und der Schweiz. Bitte informieren Sie Ihren Buchhändler über folgende Bezugsadressen:

Deutschland:
Prolit Verlagsauslieferung GmbH,
Siemensstr. 16, D-35461 Fernwald (Annerod)
sowie alle Barsortimente
Schweiz:
AVA/Buch 2000
Postfach, CH-8910 Affoltern a.A.
Österreich:
Mohr-Morawa Buchvertrieb GmbH
Sulzengasse 2, A-1230 Wien
Niederlande, Belgien:
Willems Adventure
Postbus 403, NL-3140 AK Maassluis

Wer im Buchhandel trotzdem kein Glück hat, bekommt unsere Bücher auch über unseren **Büchershop im Internet:**
www.reise-know-how.de

Wir freuen uns über Kritik, Kommentare und Verbesserungsvorschläge.

Alle Informationen in diesem Buch sind von den Autoren mit größter Sorgfalt gesammelt und vom Lektorat des Verlages gewissenhaft bearbeitet und überprüft worden.

Da inhaltliche und sachliche Fehler nicht ausgeschlossen werden können, erklärt der Verlag, dass alle Angaben im Sinne der Produkthaftung ohne Garantie erfolgen und dass Verlag wie Autoren keinerlei Verantwortung und Haftung für inhaltliche und sachliche Fehler übernehmen.

Die Nennung von Firmen und ihren Produkten und ihre Reihenfolge sind als Beispiel ohne Wertung gegenüber anderen anzusehen. Qualitäts- und Quantitätsangaben sind rein subjektive Einschätzungen der Autoren und dienen keinesfalls der Bewerbung von Firmen oder Produkten.

Georg Henke
Frank Schwarz

Latium

mit Rom

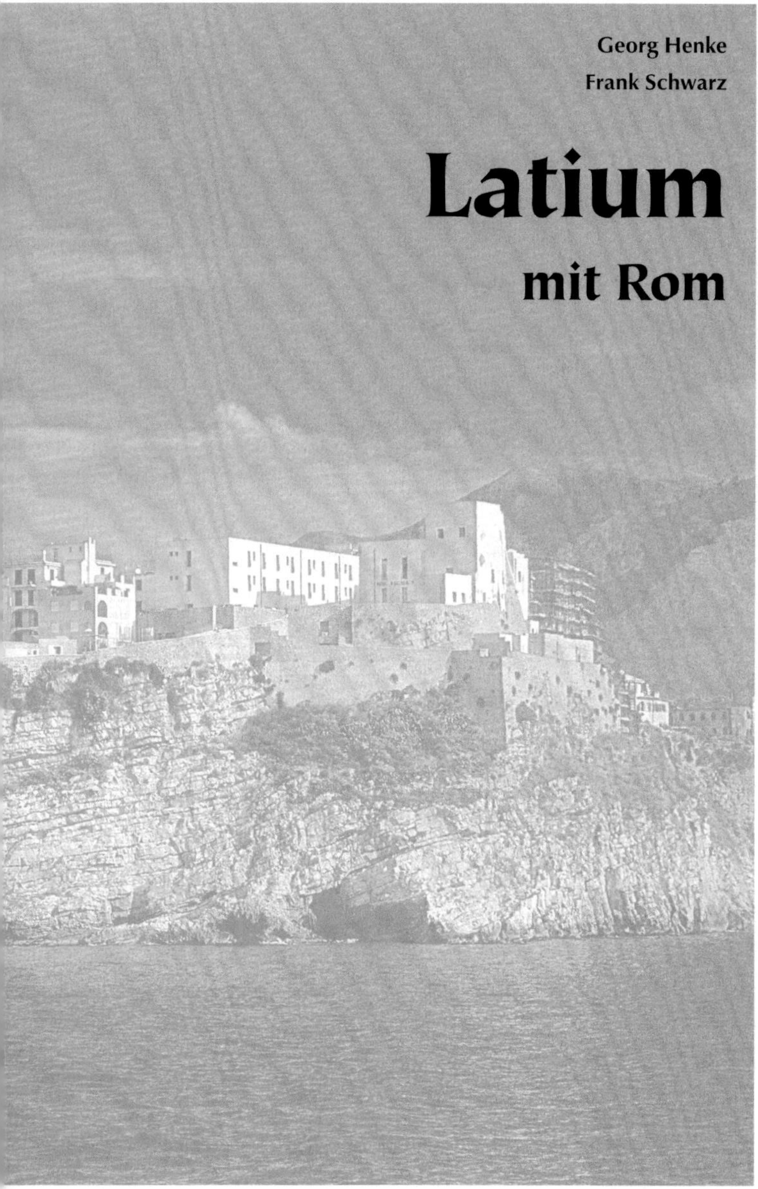

Reise Know-How im Internet

Aktuelle Reisetipps und Neuigkeiten
Ergänzungen nach Redaktionsschluss
Büchershop und Sonderangebote

www.reise-know-how.de
info@reise-know-how.de

Wir freuen uns über Anregung und Kritik.

Vorwort

Latium – vergessene Region im Schatten Roms

Rom, die **glanzvolle Metropole** Italiens, zu der bekanntermaßen alle Wege hinführen, zieht Jahr für Jahr etwa fünf Millionen Besucher aus aller Welt in seine Mauern. Mit ihrer fast unüberschaubaren Fülle an großer Kunst, Kultur und historischer Architektur, aber auch ihrem pulsierenden modernen Alltagsleben mit seinen vielen Widersprüchen, ist die „ewige Stadt" ein Touristenmagnet von scheinbar unwiderstehlicher Anziehungskraft. Während sich vor der Sixtinischen Kapelle endlose Schlangen bilden, sich Besuchermassen im Schritttempo über das Forum Romanum schieben und in den Cafés der Piazza Navona kein freier Platz mehr zu bekommen ist, dämmert das **Umland Roms** im touristischen **Dornröschenschlaf** vor sich hin. Allenfalls die Weinregion der Albaner Berge, die prächtigen Villenanlagen von Tivoli oder vielleicht noch die berühmten Etruskergräber von Tarquinia und Cerveteri gehören manchmal zum Besichtigungsprogramm der Rom-Touristen, der Rest der Region sieht hingegen kaum Fremde.

Dies war nicht immer so. Für die Bildungsreisenden des 18. und 19. Jahrhunderts, die über viel Zeit und Muße verfügten, war es selbstverständlich, dass man den Besuch Roms mit einem längeren Aufenthalt in der **„Campagna"** verband. Über deren ländliche Schönheit schwärmten Maler wie *Ludwig Richter* und Schriftsteller wie *Charles Dickens* und *D. H. Lawrence* nur in höchsten Tönen. Der Historiker und profunde Italien-Kenner *Ferdinand Gregorovius* notierte z.B. 1860 in sein Reisetagebuch: „Ich habe die meisten Gefilde Italiens durchzogen, ich habe die berühmten Fluren von Agrigent und Syrakus durchwandert, aber trotz aller Farbenpracht jener südlichen Zone ... macht mir die Campagna von Rom und Latium den mächtigsten Eindruck. Diese Landschaft ... bleibt immer neu und groß für mich ...".

Heute wartet **Latium** darauf, wieder entdeckt zu werden. Das Umland Roms fasziniert nicht nur durch die Fülle an hochinteressanter Kunst und Architektur, sondern auch durch die **vielfältigen Naturlandschaften,** die zahlreichen **historisch gewachsenen Orte** und eine **lebendige wie traditionsbewusste Alltagskultur.** Die sanfthügelige Vulkanlandschaft im Norden um den Bolsena-See und die Olivenhügel des Sabinerlandes wirken mittelitalienisch-harmonisch wie die Toskana und Umbrien. Die bis auf über 2000 Meter ansteigenden Gebirge im Osten zeigen karge und steinige „abruzzesische" Bergeinsamkeiten. An der Grenze zu Kampanien gelangt man hingegen in südlich-mediterrane Küstenlandschaften mit Sandstränden und der subtropischen Vegetation der Palmen und Orangenbäume. Überall findet man die **Spuren der reichen Geschichte:** die über 2500 Jahre alten wuchtigen Mauern der altitalischen Völker, die geheimnisvollen etruskischen Totenstädte, die Klöster, Kirchen und malerisch verwinkelten Dörfer des Mittelalters, die prächtigen Adelsvillen des Manierismus.

Dieses Buch möchte allen, die sich Latium selbstständig erschließen wollen, **praktische Hilfestellung** geben. Dabei kommt auch Rom nicht zu kurz, der geographische Schwerpunkt liegt allerdings auf dem ländlichen Latium, einem äußerst lohnenden Terrain für Erkundungstouren in die unbekannte Schönheit Mittelitaliens.

Hinweis: Die **Internet- und E-Mail-Adressen** in diesem Buch können – bedingt durch den Zeilenumbruch – so getrennt werden, dass ein Trennstrich erscheint, der nicht zur Adresse gehören muss!

Hinweise zur Benutzung

Zu Beginn des vorliegenden Buches steht das Kapitel „Praktische Tipps A–Z", das allgemeine **praktische Reiseinformationen** enthält (Mitarbeit: *Elfi H. M. Gilissen*).

Es folgt das landeskundliche Kapitel „Land und Leute", das dem Leser **Hintergrundinformationen** zu Latium mit auf den Weg gibt.

Die **Reisebeschreibung Latiums** erfolgt von Nord nach Süd; den Anfang macht der Lago di Bolsena, den Abschluss bilden die Ponzianischen Inseln ganz im Süden. Der Hauptstadt Rom ist natürlich ein eigenes Kapitel gewidmet. In den Orts- und Regionenbeschreibungen werden geschichtliche Hintergründe geschildert, touristische Highlights vorgestellt und Hinweise zu Unterkünften, Restaurants, Verkehrsmitteln, Wanderungen etc. gegeben. Exkurse laden immer wieder zur Vertiefung eines Themas ein.

Im **Anhang** findet der Leser einen Mini-Sprachführer, Literaturhinweise, ein hilfreiches Glossar sowie ein ausführliches Register.

In den Kopfzeilen der Buchseiten steht ein Verweis auf die jeweiligen in den Kontext passenden Karten bzw. Stadtpläne.

Kartenatlas: Bei den jeweiligen Orten und Sehenswürdigkeiten erfolgt ein Verweis auf die entsprechende Karte bzw. genaue Positionierung in der Karte, z.B. Arsoli ⇗XV, C1.

Inhalt

lat_009 Foto: gh

Bomarzo – im Parco dei Mostri

Nordlatium

Nordostlatium

Exkurse und Info-Kästen

lat_011 Foto: gh

Rom

Südostlatium

Latium – Karten und Stadtpläne

Latium – Wanderkarten

Rom – Stadtpläne

lat_013 Foto: gh

Die antike Via Sacra bei Rocca di Papa

Südlatium

Anhang

Kartenatlas
nach Seite 564

Lago di Rascino

Wanderungen und Spaziergänge

lat_015 Foto: gh

lat_016 Foto: gh

Praktische Tipps A–Z

lat_017a Foto: gh

lat_464 Foto: gh

Beschauliche Stimmung in Barbarano Romano

Dorfidylle in Artena

Das Castello am Altstadtrand von Fondi

Anreise

Mit dem eigenen Auto

Die **Brennerautobahn** ist nach wie vor der schnellste Weg in den Süden (München - Rom etwa 950 Kilometer); Oberbayern können auch über den Reschenpass nach Bozen kommen. Von Nord- oder Westdeutschland empfiehlt sich auch die Strecke durch die Schweiz über Basel, Gotthardpass, Bellinzona, Mailand, Bologna (Basel - Rom ca. 1000 Kilometer).

Bei der Fahrt über die Alpen werden **Mautgebühren** fällig.

In Österreich muss für die Autobahnnutzung eine Vignette gekauft werden. Diese gibt es bei den Automobilclubs oder an der Grenze für zehn Tage (7,60 Euro), zwei Monate (21,80 Euro) oder ein Jahr (72,60 Euro). Für die Brennerautobahn muss man zusätzlich eine Mautgebühr zahlen. Der Abschnitt von Innsbruck/Süd bis Brennerpass kostet 8 Euro extra.

In der Schweiz muss man für die Autobahnnutzung ebenfalls eine Vignette haben (ca. 40 SFr), die ein Jahr gilt und bei den Automobilclubs oder an der Grenze erhältlich ist. Anhänger benötigen eine eigene Vignette.

Je nach Autobahnfahrtstrecke in Italien (siehe „Reisen im Land“) können so schnell 120–150 Euro Straßenmaut für Hin- und Rückfahrt zusammenkommen. Das Ausweichen auf gebührenfreie Nebenstraßen lohnt jedoch wegen der längeren Strecken und Fahrzeiten kaum.

Beim Halt an Autobahnraststätten und in größeren Orten sollte man sein Auto gut im Auge behalten - mit Gepäck beladene, unbewachte Fahrzeuge werden hier gerne und gründlich aufgebrochen.

Wer den sommerlichen Autostau Richtung Süden lieber vermeidet, kann auch eine der **drei Autozugverbindungen** in Erwägung ziehen. Die Züge verkehren von Mai bis Oktober ab Hamburg-Altona, Hildesheim, Düsseldorf und Neu-Isenburg nach Livorno, ab München-Ost nach Ancona und Neapel. Hamburg - Livorno kostet je nach Datum und Buchungszeitpunkt 166–538 Euro (einfache Fahrt mit Pkw und zwei Personen im Liegewagen). Das scheint zwar kein preiswertes Vergnügen, aber man spart eine Übernachtung, die Autobahnvignette für Österreich oder die Schweiz sowie Benzingeld (im Fall Hamburg - Livorno für rund 1400 Kilometer) ein. Bei Last-Minute-Buchung ab sechs Tage vor Abfahrt 25% Ermäßigung; für Online-Buchung 15 Euro Rabatt, wenn man die Fahrkarten selber ausdruckt.

- **DBAutoZug,** www.autozug.de oder Tel. 0 18 05 24 12 24 (0,12 Euro/Min.).

Mit der Bahn

Auch mit dem Zug führt die Hauptroute nach Süden von München **über den Brenner und Florenz** nach Rom. Daneben ist auch die Anreise durch die Schweiz über Mailand/Florenz möglich. Von West- und Südwestdeutschland ist diese Route meist kürzer, wobei immer in Mailand und/ oder Florenz ungestiegen werden muss (Direktverbindung Dortmund/ Frankfurt/Stuttgart – Karlsruhe – Mailand/Florenz).

Attraktive Direktverbindungen

- **Euronight 286/287:** täglich ab München Hbf (21.03 Uhr) via Kufstein, Innsbruck nach Roma Tiburtina (an 8.09 Uhr). Rückfahrt ab Roma Tiburtina um 21.55 Uhr.
- **Eurocity 84/85:** täglich ab München Hbf (9.33 Uhr) via Kufstein, Innsbruck nach Roma Termini (an 20.10 Uhr). Rückfahrt ab Roma Termini um 7.42 Uhr.
- **Euronight 303/304 – 313/314:** täglich ab Basel (21.27 Uhr) und Zürich (23.09 Uhr) nach Roma Termini (an 9.50 Uhr). Rückfahrt ab Roma Termini um 20.40 Uhr.
- **Euronight 234/235:** täglich ab Wien Süd (19.35 Uhr) über Orvieto (an 7.54 Uhr) nach Roma Termini (an 9.05 Uhr). Rückfahrt ab Roma Termini um 19.51 Uhr, ab Orvieto um 20.44 Uhr.

Alle Nachtzüge haben Schlaf- und Liegewagen.

Kosten

Die einfache Fahrt mit dem **Eurocity** von München über den Brenner nach Roma Termini kostet etwa **125 Euro.** Die alternative Anfahrtsroute durch die Schweiz ist teurer als die Brennerstrecke durch Österreich.

Nach Einführung des neuen Preissystems der DB AG gibt es auch im grenzüberschreitenden Verkehr deutlich **ermäßigte Fahrkarten,** die an besondere Bedingungen geknüpft sind (z.B. Frühbucherrabatt) und die sich, wie bei der Bahn leider üblich, öfters mal ändern. 2006 wurde z.B. ein günstiges Sparnight- und Internetaktionspreisangebot für die beiden durchgehenden Züge München – Rom verkauft (29 Euro einfache Fahrt im Sitzwagen, ab 39 Euro im Liegewagen).

Man kann **Bahntickets** an jedem größeren Bahnhof direkt kaufen. Es geht aber auch ohne Warteschlangen online oder telefonisch; die Tickets erhält man dann per Post zugeschickt:

- **Deutsche Bahn,** www.bahn.de oder in Deutschland Tel. 1 18 61 (0,03 Euro/Sek., ab Weiterleitung zum Reiseservice 0,39 Euro/ Min.), automatische Fahrplanauskunft unter Tel. 0800-1 50 70 90 (kostenlos) bzw. aus Mobilfunknetzen Tel. 0 18 05 22 11 00.
- **Österreichische Bahn,** www.oebb.at oder in Österreich Tel. 05-17 17 (zum Ortstarif).
- **Schweizer Bahn,** www.sbb.ch oder in der Schweiz Tel. 0900-30 03 00 (1,19 SFr/Min.).
- **DB NachtZug,** www.nachtzugreise.de oder in Deutschland Tel. 0 18 05 14 15 14 (0,12 Euro/Min.) oder über obige Bahngesellschaften.

Es gibt bei den Bahngesellschaften regelmäßig **attraktive Angebote.** Damit man keines davon verpasst, kann man bei der DB oder SBB den Newsletter auf der Website abonnieren!

Ermäßigungen gibt es häufig mit der deutschen BahnCard, der österreichischen VORTEILScard oder den schweizer Halbtax-Abonennten. Überdies gibt es mitunter Frühbucher-Rabatte und Ermäßigungen für Online-Buchungen.

Tipp: Einzelfahrkarten zum Normaltarif für inneritalienische Strecken sind zurzeit in Deutschland gekauft ganz erheblich teurer als **am italienischen Bahnschalter** (bis zu 50%), dies gilt v.a. bei zuschlagsfreien Zügen!

- **Trenitalia,** www.trenitalia.it.

Sonstiges

Vorsicht: In den Nachtzügen kommt es immer wieder zu **Diebstählen!** Deshalb sollte man die Abteile gut verriegeln und keine Wertsachen in Koffern und Taschen lassen. Die Diebstahlsgefahr ist zwar nicht mehr so groß wie früher, aber sicher ist sicher.

Fahrradmitnahme von Deutschland nach Italien ist zurzeit im Brenner-Express (München ab 23.40, Florenz an 9.10 Uhr) möglich.

- **Radfahrerhotline** der Deutschen Bahn: Tel. 0 18 05 15 14 15.

Mit dem Bus

Die **Deutsche Touring (Eurolines),** das größte und umfassendste internationale Linienbusunternehmen, unterhält von zahlreichen deutschen Städten Verbindungen nach Italien, z.B. nach Rom. Aktuelle Informationen unter Tel. 0 69 79 03 50, www.deutsche-touring.com. Ticketkauf und Reservierungen kann man in DTG-Ticket-Centern in 14 deutschen Städten sowie in DER-Reisebüros und den Reisezentren der Deutsche Bahn vornehmen.

Buchtipps:
- Frank Littek
Fliegen ohne Angst
- Erich Witschi
Clever buchen, besser fliegen
(beide Bände Reise Know-How Praxis)

Mit dem Flugzeug

Für die Anreise nach Latium per Flugzeug bietet sich als **Ziel Rom** an. **Nonstop-Verbindungen** aus dem deutschsprachigen Raum mit Linienfluggesellschaften nach Rom-Fiumicino bestehen mit Alitalia von Frankfurt, München und Wien, mit Austrian Airlines von Wien, mit Lufthansa von Hamburg, Düsseldorf, Frankfurt und München, mit LTU von Düsseldorf sowie mit Swiss von Zürich. Die Flugzeit z.B. von Frankfurt nach Rom beträgt knapp zwei Stunden.

Daneben gibt es eine ganze Reihe von **Umsteigeverbindungen** nach Rom, die zwar billiger sein können als die Nonstop-Flüge, bei denen man aber auch eine längere Flugdauer einkalkulieren muss. Solche Verbindungen bestehen sowohl mit den bereits genannten Fluggesellschaften von anderen Flughäfen im deutschsprachigen Raum als auch mit Air France über Paris, mit Czech Airlines über Prag oder mit Malev über Budapest.

Zu den **Airports in Rom** und den Verbindungen von dort in die City siehe im Kapitel zu Rom.

Flugpreise

Je nach Fluggesellschaft, Jahreszeit und Aufenthaltsdauer in Italien bekommt man ein Economy-Ticket für einen Flug von Deutschland, Österreich und der Schweiz nach Rom und zurück ab **knapp über 100 Euro** (inkl. aller Steuern, Gebühren und Entgelte).

Indirekt sparen kann man als Mitglied eines Vielflieger-Programms:

- **www.skyteam.com:** Aeromexico, Air France, Alitalia, Czech Airlines, Delta Air Lines, KLM, Korean Air, Continental Airlines, Northwest Airlines (bald auch Aeroflot).
- **www.star-alliance.com:** Austrian Airlines, Lufthansa, Air Canada, Air New Zealand, All Nippon Airways (ANA), Asiana Airlines, bmi, LOT Polish Airlines, SAS Scandinavian Airlines, Singapore Airlines, Spanair, TAP Air Portugal, Thai Airways, United Airlines, US Airways, Varig (bald auch South African Airways und Blue1).

Für die Tickets der Linienairlines kann man bei folgenden zuverlässigen **Reisebüros** meist günstigere Preise als bei vielen anderen Reisebüros finden:

- **Jet-Travel,** Buchholzstr. 35, D-53127 Bonn, Tel. 02 28 28 43 15, Fax 28 40 86, info@jet-travel.de, www.jet-travel.de. Sonderangebote auf der Website unter „Schnäppchenflüge".
- **Globetrotter Travel Service,** Löwenstrasse 61, CH-8023 Zürich, Tel. 01-2 28 66 66, zh-loewenstrasse@globetrotter.ch, www.globetrotter.ch. Weitere Filialen siehe Website.

Billigfluglinien

Preiswerter kann man es bei den so genannten Billigfluglinien haben, sofern man sehr früh **auf der** jeweiligen **Website bucht** (beim Callcenter wird eine Zusatzgebühr fällig, der Anruf selbst kostet 0,12–0,20 Euro bzw. 0,12 SFr pro Minute). Es werden **keine Tickets ausgestellt,** sondern man bekommt nur eine Online-Bestätigung mit einer Buchungsnummer per Mail. Zur Bezahlung wird in der Regel eine **Kreditkarte** verlangt.

Im Flugzeug gibt es dann oft keine festen Sitzplätze, sondern **freie Platzwahl.** Alle **Serviceleistungen** werden **extra berechnet.** Geld sparen kann man, wenn man den Proviant schon

Mini-„Flug-Know-how"

Check-in

Nicht vergessen: Ohne einen **gültigen Reisepass oder Personalausweis** kommt man nicht an Bord!

Bei innereuropäischen Flügen muss man mindestens 1 Stunde vor Abflug am Schalter der Airline eingecheckt haben. Viele Airlines neigen zum Überbuchen, d.h. sie buchen mehr Passagiere ein, als Sitze im Flugzeug vorhanden sind, und wer zuletzt kommt, hat dann möglicherweise das Nachsehen.

Das Gepäck

In der **Economy Class** darf man in der Regel nur Gepäck bis zu 20 kg pro Person einchecken (steht auf dem Flugticket) und zusätzlich ein Handgepäck von 7 kg in die Kabine mitnehmen, welches eine bestimmte Größe von 55 x 40 x 23 cm nicht überschreiten darf. In der **Business Class** sind es meist 30 kg pro Person und zwei Handgepäckstücke, die insgesamt nicht mehr als 12 kg wiegen dürfen. Man sollte sich beim Kauf des Tickets über die Bestimmungen der Airline informieren.

Aus **Sicherheitsgründen** gehören Waffen, Messer, Scheren, Explosivstoffe, Munition, Feuerwerke, leicht entzündliche Gase (z.B. in Sprühdosen, Campinggas), entflammbare Stoffe (z.B. in Benzinfeuerzeugen, Feuerzeugfüllung) sowie Aktentaschen oder Sicherheitskoffer mit installierter Alarmvorrichtung nicht ins Passagiergepäck.

im Supermarkt kauft oder von zu Hause mitbringt.

Alle Billigairlines werden auf einen Blick vorgestellt unter www.billig-flieger-vergleich.de. **Für die Region interessant** sind:

- **Air Berlin,** www.airberlin.com oder (D)-Tel. 0 18 05 73 78 00, (A)-Tel. 08 20 40 00 11, (CH)-Tel. 0 08 48 73 78 00. Von vielen Städten in Deutschland sowie Zürich, Salzburg und Wien nonstop nach Rom-Fiumicino.
- **Blu Express,** www.blu-express.com. Von München nonstop nach Rom-Fiumicino.
- **BudgetAir,** www.budgetair.nl. Von Amsterdam nonstop nach Rom-Fiumicino.
- **Condor,** www.condor.com oder (D)-Tel. 0 18 05 76 77 57. Von München nonstop nach Rom-Fiumicino.
- **DBA,** www.flydba.com oder (D)-Tel. 0 18 05 35 93 22. Von München nonstop nach Rom-Fiumicino sowie von vielen anderen Städten in Deutschland über München.
- **Easy Jet,** www.easyjet.com oder (D)-Tel. 01 80 36 54 32, (CH)-Tel. 08 48 88 82 22. Von Berlin-Schönefeld, Dortmund, Basel-Mulhouse und Genf nach Rom-Ciampino.
- **Germanwings,** www.germanwings.com oder (D)-Tel. 0 18 05 95 58 55. Von Köln/Bonn und Stuttgart nonstop nach Rom-Fiumicino.
- **Hapag-Lloyd Express,** www.hlx.com oder (D)-Tel. 0180-5 09 35 09. Von Hannover nonstop nach Rom-Ciampino.
- **Ryan Air,** www.ryanair.com oder (D)-Tel. 0190-17 01 00. Von Weeze am Niederrhein, Eindhoven, Hahn im Hunsrück und Karlsruhe/Baden-Baden nonstop nach Rom-Ciampino.
- **SkyEurope Airlines,** www.skyeurope.com oder (A)-Tel. 01-99 85 55 55. Von Wien nach Rom-Fiumicino.
- **Sterling.dk,** www.sterlingticket.com. Von Billund nach Rom-Ciampino.

Last-Minute

Wer sich erst im letzten Augenblick für eine Reise nach Latium entscheidet oder gern pokert, kann Ausschau nach Last-Minute-Flügen mit Ziel Rom halten, die von einigen Airlines mit deutlicher Ermäßigung **ab etwa 14 Tage vor Abflug** angeboten werden, wenn noch Plätze zu füllen sind. Diese Last-Minute-Flüge lassen sich nur bei Spezialisten buchen (bei den Rufnummern werden 0,12–0,20 Euro bzw. 0,12 SFr pro Minute berechnet):

- **L'Tur,** www.ltur.com; (D)-Tel. 0 18 05 21 21 21, (A)-Tel. 08 20 60 08 00, (CH)-Tel. 08 48 80 80 88, sowie 140 Niederlassungen europaweit.
- **Lastminute.com,** www.de.lastminute.com, (D)-Tel. 0 18 05 77 72 57.
- **5 vor Flug,** www.5vorflug.de, (D)-Tel. 0 18 05 10 51 05.
- **www.restplatzboerse.at:** eine Quelle für Schnäppchenflüge für unsere Leser in Österreich.

lat_022 Foto: gh

Gemütliches Beisammensein in Bagnaia

Einfuhr-bestimmungen

Einreise nach Italien, Rückeinreise in EU-Land

Reisende dürfen Waren aus der EU **zum persönlichen Gebrauch oder als Geschenk steuerfrei** mitnehmen, die Mehrwertsteuer wird innerhalb der EU nur einmal im Kaufland erhoben. Bei Überschreiten der nachfolgenden Mengen an verbrauchsteuerpflichtigen Waren muss nachgewiesen werden, dass keine gewerbliche Verwendung beabsichtigt ist:

- **Alkohol:** 90 Liter Wein (davon max. 60 Liter Schaumwein), 110 Liter Bier, 10 Liter Spirituosen über 22% und 20 Liter unter 22% Vol.
- **Tabakwaren:** 800 Zigaretten, 400 Zigarillos, 200 Zigarren, 1 kg Tabak.
- **Anderes:** 10 kg Kaffee, 20 Liter Kraftstoff in einem Benzinkanister.

Waren, die **zu gewerblichen Zwecken** verwendet werden, müssen grundsätzlich beim Finanzamt zur Umsatzsteuer angemeldet werden und, sofern sie der Verbrauchsteuer unterliegen, auch beim Hauptzollamt.

Darüber hinaus gelten in allen EU-Mitgliedsstaaten weiterhin **nationale Ein-, Aus- oder Durchfuhrbeschränkungen,** z.B. für Tiere, Waffen, starke Medikamente etc. Nähere Informationen erteilen:

- **Deutschland:** www.zoll.de oder beim Zoll-Infocenter, Tel. 069-46 99 76-00.
- **Österreich:** www.bmf.gv.at oder beim Zollamt Villach, Tel. 04 24 23 32 33.
- **Schweiz:** www.zoll.admin.ch oder bei der Zollkreisdirektion in Basel, Tel. 06 12 87 11 11.

Rückeinreise in die Schweiz, Durchreise durch die Schweiz

Schweizer können bei Rückeinreise in die Schweiz pro Tag und Person folgende Mengen zollfrei einführen:

- **Alkohol:** 2 Liter bis 15% Vol. und 1 Liter über 15% Vol.
- **Tabakwaren:** 200 Zigaretten oder 50 Zigarren oder 250 g Pfeifentabak.
- **Anderes:** neu angeschaffte Waren für den Privatgebrauch (ausgenommen Lebensmittel) bis zu einem Gesamtwert von 300 SFr.

Wenn man keine Scherereien mit den Schweizer Zollbeamten haben will, hält man sich an diese Freimengen, auch wenn man eigentlich nur auf der Durchreise nach Deutschland ist. Sonst heißt es im Pechfall: viel Papierkram!

Hund und Katze

Für die EU-Länder gilt, dass man eine **Tollwutschutzimpfung** und einen **EU-Heimtierausweis** *(Pet Passport)* für Hund oder Katze haben muss. Dieser gilt in allen EU-Staaten und im Nicht-

Buchtipp:
- Mark Hofmann

Verreisen mit Hund
(Reise Know-How Praxis)

EU-Land Schweiz und kostet 10 Euro. Darüber hinaus muss das Tier mit einem **Microchip** oder übergangsweise bis zum Juli 2011 mit einer **lesbaren Tätowierung** gekennzeichnet sein.

● Weitere **Informationen** erteilt Ihr Tierarzt oder sind auf der Seite „Tiergesundheit/Reisen mit Haustieren" des Ministeriums für Verbraucherschutz, Ernährung und Landwirtschaft (www.verbraucherministerium.de) oder „Zoll/Reisen mit Tieren" unter www.bmf.gv.at bzw. für Schweizer unter „Privat/Grenzübertritt/Einfuhr von Heimtieren" unter www.zoll.admin.ch nachzuschlagen.

Essen und Trinken

Die Küche Latiums und Roms

Die traditionelle Küche Latiums und Roms war immer eine **Armeleuteküche** *(cucina povera),* die sich anders als im Piemont oder in der Toskana nicht in kulinarischen Experimenten versuchte. Die typisch latinische Küche ist bis heute **bodenständig und kräftig** geblieben und lebt wie überall in Italien von der guten Qualität der Grundprodukte. Seltsamerweise hat auch der prunksüchtige und zur Völlerei neigende Kirchenadel der Renaissance wenig Raffinesse in die latinische Kochkunst gebracht. Päpste, Kardinäle und Adelsherren aßen hier im Wesentlichen die gleichen Speisen wie das einfache Volk. Die Armut der einfachen Bevölkerung führte dazu, dass auch das „quinto quarto" (das fünfte Viertel) des Schlachtviehs in der Küche noch breite Verwendung fand: *trippa alla romana* (Kutteln auf römische Art), *rigatoni con la pajata* (Kalbsgekröse mit Röhrennudeln), *coda alla vaccinara* (geschmorter Ochsenschwanz), *cavoli al la romanesca* (Kohl mit Speck) waren die Fleischspeisen der weniger Betuchten. Ein feineres Gericht, das sich in ganz Italien großer Beliebtheit erfreut, ist *saltimbocca alla romana,* dünne Kalbsmedaillons mit Salbei und Schinken. In Latium wird **viel Gemüse** angebaut (Auberginen, Zucchini), besonders beliebt sind die *carciofi alla romana,* kleine, weiche Artischocken in Olivenöl.

Schäfer aus den Bergen des Apennin von Amatrice brachten die *amatriciana* nach Rom, eine Nudelsauce mit Tomaten, Peperoni, Schafskäse und *guanciale* (Schweinespeck), die sich größter Beliebtheit erfreut. An Marktständen erhält man frisch zubereitete *porchetta,* ein in ganz Mittelitalien verbreiteter Imbiss: Ein Jungschwein wird mit wildem Fenchel, Knoblauch, Rosmarin und Pfeffer gewürzt und am Spieß gebraten, dann scheibchenweise in ein *panino* eingeklemmt zum Verzehr aus der Hand verkauft. In Arricia in den Albaner Bergen soll es besonders gut sein.

Im Süden Latiums macht sich der **Einfluss der neapolitanischen Küche** bemerkbar, wie z.B. im typischen einfachen Spaghettigericht *aglio, olio, peperoncino* (Knoblauch, Öl, Peperoni). Wie im angrenzenden Kampanien stehen hier Wasserbüffel auf den Weiden, aus ihrer Milch wird die bei Kennern hoch geschätzte **mozzarella di bufala** hergestellt. Die Büffelmilch-

lat_025 Foto: gh

mozzarella schmeckt feiner und aromatischer als die industriell produzierten Mozzarella-Sorten, die wegen der besseren Haltbarkeit aus Kuhmilch gemacht werden.

In den Restaurants Latiums werden die deftigen Armeleutegerichte nur noch selten angeboten. Überwiegend gibt es die **italienischen Klassiker,** gelegentlich auch überraschende Verfeinerungen der ländlichen Traditionsküche. *Pasta* (Nudeln) in hundert Variationen, Vorspeisenteller mit Schinken, Salami, Pecorino-Käse und deftige Hauptgerichte mit Wildschwein, Kaninchen, Lamm, Wildtauben oder Perlhuhn bestimmen die Speisekarten.

Das heute gerne gezeichnete Bild von der leichten, fleischarmen mediterranen Küche mit viel Fisch gerät schnell ins Wanken, wenn man italienischen Familien beim Tafeln in den sonntäglichen Ausflugslokalen zuschaut. Das **Fleischgericht** ist der Höhepunkt der Mahlzeit, Gemüse ist meist nur Bestandteil der Nudelsauce oder Beilage, und ein größeres Angebot an Fischgerichten gibt es allenfalls dort, wo in der Umgebung Süßwasserfische ins Netz gehen. Meeresfisch kommt in der Küche Mittelitaliens immer seltener vor. Selbst in den traditionellen Fischerorten der tyrrhenischen

Frische Lebensmittel sind in Latium fast an jeder Straßenecke zu haben

Küste steht er, nachdem das Mittelmeer fast leergefischt worden ist, immer seltener auf dem Speiseplan. **Fisch und Meeresfrüchte** sind hier zwar aus der regionalen Küche nach wie vor nicht wegzudenken, wegen des knappen Angebots werden jedoch die Portionen in den Restaurants immer kleiner und/oder die Preise immer höher.

Viele der **Zutaten** kommen **frisch aus den Wäldern, Bergen, Seen und Flüssen** der ländlichen Umgebung. Im Apennin und den latinischen Mittelgebirgen leben noch Wildschweine in großer Zahl, und auch Steinpilze gedeihen hier prächtig. In den glasklaren Gebirgsbächen wimmelt es von Forellen. Schafherden weiden in den Hochebenen und Gebirgszonen. Etwas weiter unten an den Berghängen wachsen Ölbäume und Wein, in den Tälern werden allerlei Gemüsesorten angebaut. Der überall verbreitete Rosmarin wird gepflückt, um Röstkartoffeln sein intensives Aroma zu geben. Den vielen Wildkaninchen, Fasanen und Rebhühnern sind allerorten die Jäger auf der Spur, die Fischer ziehen immer noch Hecht, Schleie, Barsch und Aal aus dem Bolsena-See. Überall auf den Wiesen wachsen im Frühjahr vielerlei Wildgemüse, an den Waldrändern sprießt dann der beliebte wilde Spargel. Die vielen landwirtschaftlichen Betriebe halten Ziegen, Federvieh, Kaninchen und Schweine. Wie überall in Italien setzen die Bauern auf eine **hohe Qualität** ihrer Produkte, manche gehen sogar zur biologischen Anbauweise über. In Italien sind viele Verbraucher gerne bereit, für hochwertige Lebensmittel gutes Geld auszugeben. Manches Angebot eines deutschen Billig-Discounters wäre hier unverkäuflich.

Alles, was das Land gerade zu bieten hat, kommt weitgehend naturbelassen und ohne allzu komplizierte Rezepte zubereitet auf den Tisch. Zum Kochen wird das sehr milde und säurearme **Olivenöl** der Region verwendet. Es verfeinert den Eigengeschmack der Zutaten, ohne ihn zu verfälschen. Die besten Qualitäten stammen in Latium angeblich aus dem Gebiet der Bassa Sabina, größere Olivenkulturen gibt es auch an den Südhängen der Monti Lepini um Semoneta/Cori.

An der Nordgrenze der Region findet man unter Eichen den berühmten **Trüffel** *(tartufo)* – in vielen Variationen verfeinert er die Speisen. Vor allem als Vorspeise auf geröstete Weißbrotscheiben gestrichen *(crostini tartufata)* sowie zu Risotto und diversen Nudelgerichten wird er verwendet. Aber auch Kalbfleisch, Forellen und Omelettes gibt er sein eigenwilliges Aroma. (Bei *Tartufo* als Nachspeise handelt es sich allerdings um eine halbgefrorene Schokoeiskugel.)

Nudeln *(pasta)* nehmen bekanntermaßen in ganz Italien einen breiten Raum in der Küche ein. Wahrscheinlich brachten die Araber Siziliens im Mittelalter die Kunst der Herstellung der durch Trocknung haltbar gemachten Pasta nach Italien. Während der Deutsche durchschnittlich etwa 4–5 Kilo pro Jahr davon verzehrt – Tendenz steigend –, verbraucht der Italiener durchschnittlich die fünffache Menge. Nudeln gibt es in den verschiedensten Formen und Zubereitungsarten, wobei *spaghetti* nicht unbedingt an erster Stelle stehen, Bandnudeln *(tagliatelle, fettucine)* sind mindestens genauso häufig. Vor allem in Nord- und Mittelitalien wird auch gerne *pasta all'uovo,* Eiernudeln aus Weichweizenmehl, gegessen, im Süden fast ausschließlich die trockenere und härtere *pasta secca* aus Hartweizengrieß (Durumweizen) ohne Ei. (Dass man in Italien keine Eiernudeln isst, ist nur ein Gerücht.) In den Landrestaurants werden Nudeln öfters *fatto a casa, fatto a mano* oder als *pasta fresca* angeboten. Sie sind dann hausgemacht und meist *pasta all'uovo* (Eiernudeln), da der spröde Hartweizengrieß schwieriger von Hand zu verarbeiten ist.

Die Gänge des Menüs

Zum vollständigen Menü gehören in Italien eigentlich **Brot** *(pane),* **Vorspeise** *(antipasto),* **erster Gang** *(primo),* **zweiter Gang** als Hauptgericht *(secondo),* **Beilage** *(contorno),* **Nachtisch** *(dolce),* ein **Espresso** *(caffè)* und ein **Verdauungsschnaps** *(amaro).* Zum Essen wird reichlich Mineralwasser und Wein getrunken, die relativ preiswert sind. Vor allem in Pizzerien begleiten zunehmend Bier und Cola die Mahlzeiten.

Bei den **Vorspeisen** sind vor allem *antipasto misto* oder *antipasto all'italiano* beliebt, eine gemischte Platte mit Schinken, Salami und manchmal auch Oliven und Schafskäse. *Sottolio* oder *sottaceto* sind diverse in reichlich Olivenöl, Kräutern, Knoblauch und etwas Essig oder Zitrone eingelegte Gemüse wie Zucchini, Auberginen, Paprika, Pilze und Artischocken. In ganz Italien isst man gerne *crostini,* kleine geröstete und mit Trüffelmasse, Leberpastete oder einer Tomaten-Basilikum-Mischung bestrichene Weißbrotscheiben. Die einfachste und preiswerteste Variante ist die *bruschetta,* Röstbrot nur mit Salz, Knoblauch und Olivenöl. In ganz Italien beliebt ist *caprese,* Tomatenscheiben mit Basilikum und Mozzarella-Käse.

Bei den **primi** dominieren natürlich die Nudelgerichte. Dass es dabei viel mehr gibt als die obligaten Spaghetti mit Tomatensauce merkt man schnell bei einem Blick in die Speisekarten. Mit Spargel, Steinpilz, Trüffel, Tomaten, Radicchio, Rucola, Basilikum, Ente, Wildschwein, Hase, Schafskäse mit Spinat, Walnuss, Butter mit Salbei und Fisch und Muscheln werden die unterschiedlichsten Saucen gezaubert. In ganz Italien, sogar in Bologna, wird man jedoch meist nur ratlose Blicke ernten, wenn man „spaghetti bolognese" ordert. Die beliebte Tomaten-Hackfleischsauce heißt hier nur *sugo di carne* oder *al ragu.* Neben Pasta werden auch Suppen wie die dicke Dinkelsuppe *zuppa di farro* oder die Gemüsesuppe *minestrone* als erster Gang genommen. In ganz Italien als *primo* beliebt sind *gnocchi,* kleine Teigklöße aus Kartoffelmehl in Tomatensauce oder in Butter mit Salbei. Daneben gibt es auch Reisgerichte *(risotto)* als ersten Gang, häufig mit Meeresfrüchten oder Steinpilzen.

Beim **secondo** (Hauptgang) gibt es in der ganzen mittelitalienischen Küche ein breites Spektrum an Fleischgerichten. *Cinghiale* (Wildschwein), *coniglio* (Kaninchen), *agnello, abbacchio* (Lamm), *faraone* (Perlhuhn), *piccione* (Wildtaube), *tacchino* (Truthahn) kommen meist gegrillt oder kräftig gebraten ohne irgendeine Sauce auf den Tisch. Der toskanische Klassiker *bistecca fiorentina,* ein über offenem Feuer gegrilltes saftiges großes Rinderlendenstück, ist auch im Gebiet der Maremma im Nordwesten Latiums beliebt. Daneben gibt es überall auch die italienischen Standardgerichte wie *scaloppine al vino bianco/limone* (Kalbsschnitzel in Weißwein oder Zitrone) *cotelette di maiale/agnello* (Schweine-, Lammkottelets), *vitello tonnato* (Kalbfleisch mit Thunfischsauce) oder *arrosto misto,* gemischte Fleischplatte. Unter den Fischen kommt abseits der Küste die Forelle *(trota)* auf vielen Speisekarten vor. Gut und preiswert ist das Angebot an Süßwasserfischen aus den Vulkanseen Nordlatiums: Schleie *(tinca),* Aal *(anguilla),* Barsch *(persico)* und der *coregone* sind die häufigsten Arten.

Für **Vegetarier** ist die Auswahl bei den *secondi* gering. Manchmal gibt es gegrilltes Gemüse *(verdure grigliata)* oder Trüffelomelettes *(frittata tartufa-*

lat_028 Foto: gh

ta). Auch *caprese* (Tomaten, Mozzarella, Basilikum) wird gerne als Hauptgericht statt Vorspeise gegessen.

Unter **contorno** werden Gemüse und Salate zusammengefasst. Zumindest auf den Speisekarten der Restaurants werden sie meist stiefmütterlich behandelt. Manchmal erscheinen da nur *verdura cotta* (gekochtes Gemüse) und *insalata mista* (gemischter Salat). Das Kochgemüse (Spinat, Mangold, Artischocken usw.) wird lauwarm bis kalt in viel Olivenöl und etwas Zitrone auf den Tisch gebracht. Auch Kartoffeln *(patate)* gelten als Gemüse. Beilagen zum Hauptgericht in dem bei uns gebräuchlichen Sinn (Reis, Kartoffeln, Nudeln) gibt es generell nicht. Diesen Part übernimmt das Brot.

Beim **Nachtisch** (dolce) dominieren auch in Latium die italienischen Klassiker *tiramisu, zuppa inglese, gelati, zabaione, panna cotta.* Daneben wird auch hausgemachter Kuchen *(pasta)* gerne als Nachspeise angeboten. Hier gibt es viele lokale Spezialrezepte.

An **Getränken** hat so gut wie jedes Restaurant seinen *vino della casa,* offenen Hauswein, der oft ordentlich und fast immer ausgesprochen preiswert ist. Auch das Mineralwasser, das man *con gas* oder *senza gas* (mit oder ohne Kohlensäure) bekommt, ist spottbillig und von hervorragender Qualität. Ein halber Liter Hauswein plus ein Liter Mineralwasser ist in einfachen Restaurants schon für etwa 3 Euro zu haben. Bier ist hingegen relativ teuer, wird aber immer mehr getrunken.

Markt auf dem Campo de'Fiori in Rom

Frühstück

Das Frühstück hat in Italien **keinen hohen Stellenwert.** Meist geht man einfach in die nächste Bar und nimmt einen *cappuccino* mit süßer *pasta* (Kuchen) zu sich. Den *caffè* gibt es in vielen Variationen. Neben dem auch bei uns inzwischen fest eingeführten *cappuccino,* den man traditionell nur am Vormittag trinkt, gibt es den kräftig schwarzen kleinen *espresso* (Italiener bestellen ihn einfach als *caffè*), den *caffè lungo* mit etwas zusätzlichem Wasser, den *caffè corretto* mit einem Schuss Alkohol, *caffèlatte,* mit Milch, *caffè macchiato,* mit wenig Milch. Die Teekultur ist in Italien unterentwickelt. Das Äußerste an Qualität ist der in heißes Wasser getauchte Teebeutel britischer Herkunft.

Restaurantgebräuche

In diesem Buch sind die Restaurants mit Sternen klassifiziert. Diese beziehen sich auf den Preis und nicht auf die Qualität. Hinsichtlich der Preise in einem Restaurant gibt es oft starke Unterschiede. Das fixe Mittagsmenü oder das *menu turistico* liegt insbesondere bei gehobenen Restaurants oft deutlich unter dem durchschnittlichen Preisniveau des betreffenden Lokals.

Mit Blick auf die **Restaurantsitten** gibt es in Italien einige Abweichungen von dem bei uns Gewohnten:

Vor allem **in gehobenen Restaurants** wird man manchmal etwas schief angesehen, wenn man auf das Hauptgericht verzichtet und vielleicht nur einen Teller Nudeln und einen Salat bestellt. Am ehesten lässt man, wenn überhaupt, *antipasto, primo* oder *dolce* weg. Allerdings ist man im ländlichen Latium diesbezüglich lange nicht so verbohrt wie in der Toskana, wo schon vereinzelt Schilder an den Lokalen den Zutritt verwehren, falls man nicht beabsichtigt, ein vollständiges Menü zu bestellen. Lockerer geht es auf jeden Fall in Restaurants und Trattorien mit Pizzeria zu.

lat_030 Foto: gh

Im Lago di Vico tummeln sich Barsche und Hechte

Pane e coperto, Brot und Gedeck, werden fast immer mit einem festen Betrag von etwa 1–3 Euro gesondert in Rechnung gestellt. Manchmal wird auch noch **Bedienungsgeld** *(servizio)* in Höhe von 10–15% auf die Rechnung aufgeschlagen. Dies muss aber auf der Speisekarte ausdrücklich vermerkt sein.

In einfachen Lokalen liegen manchmal keine Speisekarten aus. Man muss sie dann extra anfordern. Manchmal gibt es einfach keine, weil der Wirt es gewohnt ist, seinen ihm meist gut bekannten Gästen sein täglich wechselndes Angebot mündlich *(a voce)* vorzutragen. Um späteren Überraschungen bei der Rechnung aus dem Weg zu gehen, sollte man in diesem Fall vor der Bestellung nach dem Preis fragen. Edelfisch und *bistecca fiorentina* werden auf den Speisekarten meist mit dem Preis je 100 Gramm *(etto)* angeboten.

Will man **bezahlen,** so ruft man die Bedienung mit „il conto, per favore". In einfacheren Restaurants und bei Überfüllung ist es manchmal aber auch üblich, beim Hinausgehen an der Kasse zu zahlen. **Trinkgeld** lässt man einfach nach Erhalt des Wechselgeldes auf dem Tisch liegen. Den Endpreis, wie bei uns üblich, einfach aufrunden zu wollen, schafft nur Verwirrung. Mit kleinen Münzen macht man beim Trinkgeld „brutta figura". Man gibt besser gar nichts als nur Mickerbeträge. Wie mir ein Aushilfskellner erzählte, werden die Italiener beim Trinkgeld immer knauseriger.

Nachlässige **Kleidung** wird nicht gerne gesehen, eine schlechte Figur machen auch Gäste, die ihren **Alkoholkonsum** nicht im Griff haben. (Betrunkene sieht man in Italien generell seltener als bei uns.)

Vor allem in teureren Restaurants und bei Überfüllung am Wochenende ist es nicht erwünscht, dass man ins Lokal stürmt und sich auf den erstbesten freien **Platz** setzt. Man wartet darauf, vom Kellner *(cameriere)* gesehen zu werden, der einem einen Platz anbietet, wobei man natürlich seine Wünsche äußern kann. Sonst kann es passieren, dass man wieder aufstehen muss, weil der Platz für angemeldete Gäste freigehalten werden soll. Telefonische **Reservierung** ist bei guten Restaurants üblich.

In Italien isst man zwischen 13 und 14 Uhr zu Mittag und ab 20 Uhr zu Abend. Um 18 Uhr, zur deutschen Essenszeit, ist es fast unmöglich, etwas Warmes auf den Teller zu bekommen.

Gastronomie

Il Bar

Die Bar ist in Italien ein klassischer **Alltagstreffpunkt für jedermann** und hat überhaupt nichts mit Nachtschwärmerei zu tun. Im Laufe des Tages kehrt man hier öfters ein, zum Frühstücken, auf einen *caffè* zwischendurch, während der Arbeitspause, um sich mit einem *panino* zu stärken – per Gesetz ist den öffentlichen Angestellten täglich eine Kaffeepause an der Bar erlaubt –, und abends auf einen *aperitivo* oder *amaro*. Anders als im deutschen Kaffeehaus ist die italienische Bar, jedenfalls in den Städten, ein unruhiger Platz mit lautem Stimmengewirr und einem ständigen Kommen und Gehen. Gemütlicher geht es in kleinen Dorfbars zu. Eine Gruppe Männer sitzt beim Kartenspiel zusammen, im Fernsehen läuft eine Fußballübertragung, die unter lauten Zurufen kommentiert wird, an der Theke wird über den neuesten Korruptionsskandal in der Politik oder die Qualität der Oliven in diesem Jahr diskutiert. Einige blättern in Zeitungen, die der *barista,* der Chef hinter der Theke, täglich für seine Kunden auslegt. Die *anziani,* die Dorfältesten, sitzen stundenlang draußen vor der Eingangstür und beobachten aufmerksam die Passanten. Die Bar ist neben der Piazza der Treffpunkt schlechthin.

Als Urlauber findet man hier ein geeignetes Ambiente, um zu **frühstücken** und auch um zwischendurch eine **Kleinigkeit** zu **essen:** Sandwich, gefüllt mit Artischocken und Thunfisch, knusprige *panini* mit Salami oder Tomaten und Mozzarella oder *tramezzini,* weiche Weißbrotschnitten gefüllt mit Majonäse, Schinken, Käse, Ei, Gemüse, Pilzen usw. Man wird hier auch nicht schief angesehen, wenn man nur ein Glas Mineralwasser trinkt oder vor dem Regen flüchtet.

Manchmal kostet der cappuccino „a tavolo" am Tisch mehr als „al banco", am Tresen. Dies ist kein Touristennepp, denn in gehobenen Bars vor allem in Rom ist ein Preisaufschlag für die Bedienung üblich.

Ristorante, Trattoria, Osteria

Heute ist es nicht mehr so einfach, diese drei Arten von Esslokalen voneinander abzugrenzen. Das **Ristorante** war ursprünglich ein bürgerlich-gehobenes Restaurant mit breitem, oft kreativem Angebot an Speisen, die **Trattoria** eher eine einfache Wirtsstube, oftmals ohne Speisekarte und mit wenigen, täglich wechselnden Gerichten nach Art des Hauses. In der Küche werkelte die *mamma* und hinter der Theke stand der *padrone* und schaute seinen Kindern beim Servieren zu. Als **Osteria** verstand sich eine Weinstube, eine Metzgerei oder ein Ladenlokal, in denen nur nebenbei einige Kleinigkeiten zu essen angeboten wurden. Heute sind die **Grenzen fließend** geworden. Viele Trattorien sind immer noch Familienbetriebe im echten Sinne. Manchmal verbergen sich aber auch teure Restaurants hinter der Bezeichnung, die vom kulinarischen Trend „zurück zu den unverfälschten Traditionen der Regionalküche“ profitieren wollen. Und so manche ehemals einfache Osteria bietet heute eine Auswahl an Gerichten wie ein Ristorante und versucht sich dabei in raffinierten Kochexperimenten. Um mehr Klarheit zu gewinnen, bleibt einem nur der Blick auf die Speisekarte, ins Innere, auf die Einrichtung und die Gäste.

Pizzeria

Ist dem Ristorante oder der Trattoria eine Pizzeria angeschlossen, kann man eigentlich immer davon ausgehen, dass es sich um ein eher **preiswertes Esslokal** handelt, da Pizza im gehobenen Ristorante nicht vorkommt; in guten Restaurants wird man bei der Frage nach einer Pizza unverständliche Blicke ernten. Noch vor 50 Jahren war diese in Mittelitalien kaum mehr verbreitet als in Bayern oder Westfalen. Sie galt lange als rein neapolitanische Spezialität und wurde mehr als Imbiss oder kleine Vorspeise gegessen. Erst in den letzten Jahrzehnten vollzog sie auch in Italien ihren kulinarischen Siegeszug nach Norden. Eine gute Pizza kommt aus dem Holzofen, ist dünn und knusprig und hat relativ wenig Belag. Dick belegte, aufgequollene Pfannenpizzen wären in Italien unverkäuflich.

Viele einfachere Speiselokale Latiums haben heute auch ihren Holzofen zum Pizzabacken; reine Pizzerien sind aber nach wie vor selten. In einem Esslokal mit Pizzeria wird nicht erwartet, dass man ein volles Menü bestellt, weswegen sie vor allem bei Leuten, die weniger Geld ausgeben wollen, beliebt ist. Abends trifft sich hier die Jugend. Zur Pizza trinkt man eher Bier oder Cola als Wein. In den Ristoranti/Trattorie mit Pizzeria gibt es in der Regel nur am Abend Pizza. Mittags werden die üblichen Gerichte angeboten.

Enoteca

Die Enoteca ist eigentlich nur eine **Weinhandlung** mit einer großen Auswahl edler Tropfen. Daneben kann man hier **manchmal auch** andere **kulinarische Spezialitäten der Region** bekommen, wie Olivenöl, Qualitätsessig, Saucen usw. Zur Weinprobe bieten einige Enotheken auch *merenda*, eine Brotzeit mit Schinken, Salami und Käse, an. In einigen gibt es sogar ein täglich wechselndes vollständiges Menü, darunter kleine raffinierte kulinarische Entdeckungen.

Für den kleinen Hunger – Pizza al taglio, Tavola calda, Rosticcerie, Porchetta

Für den Hunger zwischendurch gibt es neben dem sehr unterschiedlich ausfallenden Angebot der Bars (s.o.) vielerorts **Pizza al taglio.** In kleinen Ladenlokalen wird Pizza stückweise vom Blech verkauft; man isst sie direkt aus der Hand. Manche Pizza al taglio haben einfache Holztische und Bänke und bieten frisch gezapftes Bier vom Fass. Von ähnlichem Zuschnitt ist die **Tavola calda,** nur dass es hier eine breitere Auswahl an Speisen gibt. Das schnelle Sattwerden zu geringen Preisen steht im Vordergrund, nicht die Befriedigung kulinarischer Ansprüche. Manche sind nur eine Erweiterung einer Bar, andere lange Selbstbedienungstheken in der Nähe von Bahnhöfen, Bürogebäuden oder einer Universität.

Wer keine Lust auf Restaurants hat, kann auch in der **Rosticceria** allerlei Gerichte (Grillhähnchen, frittiertes Gemüse, Lasagne, Ofenkartoffeln) zum Essen im Stehen oder zum Mitnehmen bekommen. Die regionale Spezialität **La Porchetta,** eine Scheibe frisch am Spieß gegrilltes würziges Spanferkel, erhält man beim Metzger, auf dem Markt und an fahrenden Imbissständen. In vielen **Alimentari** (Lebensmittelläden) bekommt man *panini,* mit Salami, Schinken oder Käse belegte Brote, zubereitet. Butter aufs Brot zu streichen ist allerdings unüblich.

Pasticceria, Caffè

Auch auf den Nachmittagskaffee mit Kuchen muss man in Italien nicht verzichten. In der **Pasticceria** gibt es Süßes aller Art zu kaufen. Manchmal kann man sich auch an Tischen mit Stühlen niederlassen und wird mit warmen Getränken versorgt. Oder die Bar ist zur Pasticceria erweitert. Als **Caffè** geben sich die Bars etwas vornehmer. Hier gibt es immer ein ausreichendes Angebot an Sitzgelegenheiten, große Kuchenauswahl, in den ersten Häusern livrierte Kellner und stilvolles Mobiliar. Manche Traditionscaffès sind wahre Schmuckstücke aus vergangenen Zeiten, wie z.B. das Caffè Greco in Rom oder das Schenardi in Viterbo.

Weine

Archäologische Funde beweisen, dass lange vor den Römern bereits die Griechen und Etrusker die Kunst der Weinherstellung beherrschten. Die Weinstöcke wuchsen in der Antike in die Äste von Pappeln, Ulmen oder Ahorn hinein. Auch heute noch entdeckt man hin und wieder in abgelegenen Gebieten Winzer, die diese Methode des Weinbaus pflegen.

In Latium werden zu fast 90% **Weißweine** erzeugt, die auf den vulkanischen Böden hervorragend gedei-

Kleiner Gastronomie-Sprachführer

Buchtipp: Kauderwelsch **„Italienisch kulinarisch – Wort für Wort"**, erschienen im Reise Know-How Verlag. Hier finden Sie ausführlich alle Redewendungen rund ums Essen und außerdem Rezepte und Übersetzungen der Zutaten.

Al ristorante/Im Restaurant

Andiamo al ristorante! – Gehen wir ins Restaurant!
Lì c'e un tavolo libero! – Dort ist ein freier Tisch!
Ha un tavolo libero per due persone? – Haben Sie einen freien Tisch für 2 Personen?
Si, certo, venga! – Ja, sicher, kommen Sie!
Il menú, la lista (lista dei vini) per favore! – Die Speisekarte (Weinkarte) bitte!
Il coperto – Gedeck
Il pane, Il panino – Brot, Brötchen
Il coltello, La forchetta, Il cucchiaio – Messer, Gabel, Löffel
Il bicchiere – Glas
Il piatto – Teller
l'olio – Öl
l'aceto – Essig
Un mezzo litro di vino rosso – Einen halben Liter Rotwein
Una bottiglia di acqua minerale – Eine Flasche Mineralwasser
Come primo prendo i tortellini alla panna – Als 1. Gang nehme ich Tortellini mit Sahne
Come secondo mi porti il pesce, per favore – Als 2. Gang bringen Sie mir bitte Fisch
A me una porzione di scampi fritti – Mir eine Portion gebratene Scampi
Mi puo portare un secondo bicchiere? – Können Sie mir ein zweites Glas bringen?
Il conto, per favore! – Die Rechnung bitte!
Vorrei pagare – Ich möchte zahlen

Pasti, Piatti/ Mahlzeiten, Gänge

la (prima) colazione – Frühstück
il pranzo – Mittagessen
la cena – Abendessen
l'antipasto – Vorspeise
la minestra – Suppe
il primo (piatto) – 1. Gang
il secondo (piatto) – 2. Gang
il contorno – Beilage (Gemüse, Salate)
il dessert – Nachtisch

Bibite/Getränke

acqua naturale – Wasser
acqua minerale – Mineralwasser
con gas, frizzante – mit Kohlensäure
senza gas – ohne Kohlensäure
il succo di frutta – Fruchtsaft
l'aranciata – Orangenlimonade
il caffè – Kaffee (Espresso)
il cappuccino – Kaffee mit aufgeschäumter Milch
il latte – Milch
la panna – Sahne
il tè – Tee
la cioccolata – Kakao
il vino rosso, bianco – Rot-, Weißwein
vino sfuso, vino della casa, vino locale – offener Wein, Hauswein
lo spumante – Sekt
dolce/secco – süß/trocken
la birra (alla spina) – Bier (vom Fass)
il digestivo – Verdauungsschnaps
l'amaro – Magenbitter
il liquore – Likör
con/senza ghiaccio – mit/ohne Eiswürfel

Antipasti/Vorspeisen

acciughe – Sardinen
antipasto misto, affetato misto, antipasto all'italiano – gemischter Vorspeisenteller (Schinken, Salami)
bruschetta – in Olivenöl geröstetes Weißbrot mit Knoblauch

crostini con tartufo, di fegato – geröstete Weißbrotscheiben mit Trüffel, Leberpastete
insalata di mare – gemischte Meeresfrüchte
olive all'ascolane – mit Hack gefüllte, frittierte Oliven
pecorino – Schafskäse
prosciutto crudo – roher Schinken
salumi – Wurstwaren, Salami
sottolio, sottaceti – in Olivenöl eingelegtes Kochgemüse

Primi/Erster Gang

farfalle, fettuccine, fusilli, pappardelle, penne, pici, rigatoni, spaghetti, stringozzi, strozzapreti, tagliatelle ... Nudeln in vielerlei Formen
cappelletti, cannelloni, lasagne, ravioli, tortellini, vincigrassi ... Nudeln, meist mit Fleisch und/oder Käse gefüllt
cappelletti – Nudeln
... spinaci e ricotta – mit Spinat und Quarkkäse gefüllt
... agli olio – mit Knoblauch und Olivenöl
... all'amatriciana – mit Tomaten-Schinkenspeck-Sauce
... all'arrabiata – mit scharfer Tomatensauce
... all'burro e salvia – mit Butter und Salbei
... alla carbonara – mit Speck, Ei, Käse
... al cinghiale – mit Wildschweinfleisch-Sauce
... ai funghi porcini – mit Steinpilzsauce
... alla lepre – mit Hasenfleischsauce
... alla marinara – mit Meeresfrüchten
... alla norcina – mit Wurstbrät
... alla panna – in Sahnesauce
... alla pesce – in Fischsauce
... al pomodoro, al sugo – in Tomatensauce
... al ragú, al sugo di carne – in Tomatensauce mit Fleisch, Bolognese
... al salmone – mit Lachs
... al tartufo – in Trüffelsauce
... al vonghole – in Muschelsauce
gnocchi ai funghi, al sugo, ragú, burro e salvia usw. – Teigklößchen (in unterschiedlichen Saucen)
capelletti ... in brodo – gefüllte Nudeln in klarer Suppe
minestrone di verdure – Gemüsesuppe
zuppa di farro – Dinkelsuppe
zuppa di funghi porcini – Steinpilzsuppe
risotto ai funghi – Reis in Pilzsauce
polenta al sugo – Maismehlbrei mit Tomatensauce
caprese – Mozzarella mit Tomaten, Basilikum (auch als secondo)

Secondi/Hauptgerichte

abbacchio, agnello – Lamm
anatra – Ente
anguilla – Aal
arista di maiale – Schweinebraten
baccalà – Stockfisch
bistecca fiorentina – Rindersteak
carpa – Karpfen
cinghiale – Wildschwein
coniglio – Kaninchen
coteletta milanesi – paniertes Schnitzel
cozze ripieni – gefüllte Muscheln
fagiano – Fasan
faraone – Perlhuhn
fegato – Leber
frittata – Omelette
gamberi, gamberetti – Krebse
lepre – Hase
luccio – Hecht
maiale – Schwein
manzo – Rind
persico – Barsch
pesce – Fisch
pesce spada – Schwertfisch
petto di pollo – Hühnerbrust
pollo arrosto – gebratenes Huhn

piccione - Wildtaube
salsicce - Schweinebratwürste
saltimbocca alle romana - Kalbfleisch mit Schinken und Salbei
scaloppine - Kalbsschnitzel
sogliola - Seezunge
spada - Schwertfisch
stoccafisso - Stockfisch
tacchino - Truthahn
tinca - Schleie
tonno - Thunfisch
trippa - Kutteln
trota - Forelle
vitello - Kalbfleisch
vitello tonnato - Kalbfleisch mit kaltem Tunfisch

Zubereitungsarten

alla brace - über Holzglut gegrillt
arista - geschmort
arrosto - gebraten
affumicato - geräuchert
cotto, lesso - gekocht
ai ferri - gegrillt
al forno - im Backofen gegart
fritto, frittura - ausgebacken
alla griglia, grigliata - gegrillt
involtini - Rouladen
polpette - Hackbällchen
ripiene - gefüllt
spezzatino - Ragout
al limone - mit Zitrone
al vino bianco - in Weißwein
al marsala - in Marsala-Wein
allo spiedo, spiedino - am Spieß
al tartufo - mit Trüffel, Trüffelsauce

Contorni/ Beilagen (Gemüse, Salate)

asparagi - grüner Wildspargel
bietola - Mangold
carciofi - Artischocken
cavolo - Kohl
ceci - Kichererbsen
cetriolo - Gurke
cipolla - Zwiebel
fagioli, fave - dicke Bohnen
fagiolini - grüne Bohnen
finocchio - Fenchel
funghi - Pilze
insalata mista, verde, di pomodori - gemischter, grüner, Tomatensalat
lenticchie - Linsen
melanzane - Auberginen
patate fritte - Pommes Frites
perperoni - Paprika
piselli - Erbsen
pomodori - Tomaten
sedano - Stangensellerie
spinaci - Spinat
verdura cotta - gekochtes Gemüse

Formaggio/Käse

caciotta - milder Weichkäse aus Kuh- und Schafsmilch
grana, parmigiano - Parmesankäse
mozzarella (di bufala) - sehr milder Weichkäse (aus Büffelmilch)
pecorino - harter Schafskäse
ricotta - Frischkäse
scamorza - weicher Kuhmilchkäse

Dolci/Süßspeisen

cantucci vin santo - Mandelkekse in Likörwein getunkt
dolci fatti in casa - hausgemachte Süßspeise
macedonia - gemischter Obstsalat
pannacotta (con frutti di bosco) - festgekochte Sahne (mit Waldfrüchten)
semifreddo - Halbgefrorenes
tartufo nero, bianco - schwarze, weiße Kugel (halbgefrorenes) Eis
torta di mele - Apfelkuchen
zabaione - Weinschaumcreme
zuppa inglese - Vanillecreme mit Biskuits und Likör

Buchtipp:
- Barbara und Hans Otzen **Wein-Reiseführer Italien** (Reise Know-How Praxis)

hen. Trebbiano und Malvasia sind die wichtigsten Traubensorten. Nach wie vor wird ein großer Teil des Weines von traditionell wirtschaftenden kleinen Winzern gemacht. Einige größere Weinbaubetriebe stellen inzwischen qualitativ hochwertige D.O.C.-Weine *(di origine controllata)* her, die mit den besten Weinen Italiens konkurrieren. Aber auch unter den vielen einfachen Tafelweinen *(vino di tavola)* kann man ausgezeichnete Tropfen finden.

In Latium gibt es inzwischen insgesamt nicht weniger als 25 **Anbaugebiete,** die die hohen Qualitätsstandards für das **D.O.C.-Gütesiegel** erfüllen. Dazu zählt der viel getrunkene Frascati aus den Albaner Bergen, einer der ersten Weine Italiens, der nach Deutschland exportiert wurde. Aber auch die anderen D.O.C.-Anbaugebiete im Hügelland südlich Roms (Marino, Colli Albani, Colli Lanuvini, Velletri, Montecompatri) sind wegen ihrer qualitätsvollen Weißweine geschätzt. In Nordlatium um den Bolsena-See werden der bekannte Est-Est-Est produziert sowie der Aleatico di Gradoli, ein gehaltvoller süßer Dessertwein.

Der Weißwein aus der Gegend von Orvieto (Umbrien) wurde schon im Mittelalter an den Tafeln des Papstes serviert. Heute steht er auch in den Regalen vieler deutscher Weinhandlungen. Das ausgedehnte Anbaugebiet mit seinen Wärme speichernden Tuffböden liegt zu einem wesentlichen Teil in Latium.

Ein traditionelles **Rotweingebiet** ist das Hügelland am Rande des Apennin um Olevano Romano/Piglio, der hier angebaute Cesanese ist kein ganz großer Wein, bietet aber ein gutes Preis-Leistungsverhältnis.

Neben den traditionellen Produzenten von Alltagskonsumweinen gibt es in ganz Italien immer mehr **experimentierfreudige Winzer,** die nach französischem Vorbild Höchstqualitäten anstreben, wobei mit lagerfähigem Roten bekanntermaßen die größten Gewinne zu machen sind. Das Weingut Falesco im Hügelland zwischen Orvieto und Montefiascone zählt zu den renommiertesten Aufsteigern Italiens. Es produziert aus alten Rebstöcken den angeblich besten Est-Est-Est (Poggio dei Gelsi) sowie den teuren „Montiano" (ca. 25 Euro die Flasche), einen sortenreinen Merlot, der Jahr für Jahr höchstes Kritikerlob einheimst.

lat_037 Foto: gh

Feiertage

Gesetzliche Feiertage

- **1. Januar:** *Capodanno,* Neujahr
- **6. Januar:** *Epifania,* Fest der Erscheinung Christi, Hl. Drei Könige
- **Ostermontag**
- **25. April:** *Festa della Liberazione,* Tag der Befreiung vom Faschismus, Ende des Zweiten Weltkriegs
- **1. Mai:** *Festa del Lavoro,* Tag der Arbeit
- **2. Juni:** *Festa della Repubblica,* Gründung der italienischen Republik
- **15. August:** *Ferragosto,* Mariä Himmelfahrt
- **1. November:** *Ognissanti,* Allerheiligen
- **8. Dezember:** *Immacolata concezione,* Mariä Empfängnis
- **25. Dezember:** *Natale,* Weihnachten
- **26. Dezember:** *Santo Stefano,* Fest des hl. Stephanus

Karfreitag, Pfingstmontag, Christi Himmelfahrt, Fronleichnam und **Heiligabend** sind **normale Arbeitstage.** In vielen Orten Latiums gibt es neben den oben genannten Nationalfeiertagen den **Festtag des Stadtheiligen** als zusätzlichen **lokalen Feiertag,** an dem viele Läden und Behörden geschlossen bleiben, weil ein großes Fest veranstaltet wird.

Fällt der Feiertag auf einen Donnerstag, heißt es für viele Geschäfte und Firmen **„fare il ponte"** (die Brücke machen), d.h. man schließt für mehrere Tage. Ist das Wetter dann auch noch gut, strebt halb Italien für ein verlängertes Wochenende zu den Ausflugszielen. Eine Unterkunftsreservierung ist für diese Tage dringend zu empfehlen.

Finanzen

Mit der **Einführung des Euro** hat die Inflationsrate in Italien einen kräftigen Schub bekommen, was 2004 zu landesweiten Konsumentenstreiks führte. Deutlich niedriger als bei uns sind nach wie vor die Preise für Standardgetränke in Bars und Restaurants (Espresso, Cappuccino, Mineralwasser, offener Wein, nicht aber Bier) sowie öffentliche Verkehrsmittel, vor allem die Bahn (Kilometerpreis 60–70% unter deutschem Niveau). Das Autofahren verteuert sich auf langen Strecken durch beträchtliche Autobahngebühren. Vor allem Hotels und Restaurants haben die Euro-Umstellung für Preiserhöhungen genutzt, die Preise haben vielerorts inzwischen nordeuropäisches Niveau, besonders wenn noch Saisonaufschläge fällig werden.

Die Rückseiten der italienischen **Cent-Münzen** zeigen das Castel del Monte bei Andria (1 Cent), den Turm „Mole Antonelliana" in Turin (2 Cent), das Colosseum in Rom (5 Cent), den Kopf der Venus von *Alessandro Filipepi* (10 Cent), eine Bronzeskulptur von *Umberto Boccioni* (20 Cent) sowie das Standbild des *Marcus Aurelius* (50 Cent). Auf den **Euro-Münzen** sind die Proportionsstudie des menschlichen Körpers von *Leonardo Da Vinci* (1 Euro) und mit *Dante Alighieri* Italiens bedeutendster Dichter (2 Euro) zu sehen. Ausgesprochen wird der Euro in Italien „E-uro".

Besser und bequemer als Bargeld sind auf jeden Fall **Maestro- und Kre-**

lat_039 Foto: gh

ditkarten. Bankautomaten *(bancomat)* für Maestro-Karten sind zahlreich. Der maximale Abhebebetrag liegt zurzeit bei 250 Euro, je nach Hausbank wird dafür pro Abhebung eine Gebühr von ca. 1,30–4 Euro bzw. 4–6 SFr berechnet. Mancherorts werden allerdings an Wochenenden die Standleitungen zu den Zentralen gekappt, so dass der Kreditrahmen nicht abgefragt werden kann, und man geht leer aus. Kreditkarten werden fast mehr als bei uns akzeptiert; Hotels, Restaurants, Tankstellen, Supermärkte und Geschäfte mit dem Zeichen „Carta Si" nehmen sie an.

Innerhalb der EU-Länder sollte die Barauszahlung per Kreditkarte nicht mehr kosten als im Inland, aber je nach ausgebender Bank können das bis zu 5,5% der Abhebungssumme sein (am Schalter in der Regel teurer als am Geldautomaten). Für das bargeldlose Zahlen per Kreditkarte innerhalb der EU dürfen die ausgebenden Banken keine Gebühr für den Auslandseinsatz erheben; für Schweizer wird jedoch ein Entgelt von ca. 1–2% des Umsatzes berechnet.

Spartipp

Bei bestimmten Unterkünften, Veranstaltungsorten, Museen, Tourveranstaltern und Sportstätten etc. kann man **Rabatt** bekommen, wenn man im Besitz eines **Internatio-**

Das Colosseum in Rom

nalen Studentenausweises (ISIC) ist (siehe Stichpunkt „Discounts" unter www.isic.de). Dies gilt mit Einschränkungen auch für den Lehrerausweis (ITIC) oder Schülerausweis (IYTC). Den Ausweis muss man allerdings schon zu Hause bei STA Travel oder beim Studentenwerk o.Ä. erworben haben (10 Euro bzw. 20 SFr). Man muss Immatrikulationsbescheinigung/Schülerausweis, Personalausweis und Passbild vorlegen.

- **Deutschland,** in Bamberg und 4x in Berlin, z.B. Dorotheenstr. 30, Tel. 030-2 01 16 50 63, www.statravel.de.
- **Österreich,** in Graz, Innsbruck, Linz, Salzburg und in Wien: Garnisongasse 7, Tel. 01-14 01 48 70, www.statravel.at.
- **Schweiz,** in Bern, Genf, Lausanne und in Basel: Freiestr. 15, Tel. 058-4 50 41 70, www.statravel.ch.

Gesundheit

- **Erste Hilfe** bei Notfällen leistet der Notfalldienst **Pronto Soccorso** der Krankenhäuser, in kleineren Orten der notärztliche Dienst **Guardia Medica.** Die Telefonnummern sind in den Telefonbüchern beim jeweiligen Ort am Anfang unter *Pronto Soccorso* oder *Guardia Medica* zu finden.
- **Ärztliche Behandlung:** Die gesetzlichen Krankenkassen von Deutschland und Österreich garantieren eine Behandlung auch im akuten Krankheitsfall in Italien, wenn die medizinische Versorgung nicht bis nach der Rückkehr warten kann. Als Anspruchsnachweis benötigt man seit 2005 die **Europäische Krankenversicherungskarte,** die man von seiner Krankenkasse erhält.

Im Krankheitsfall besteht ein Anspruch auf ambulante oder stationäre Behandlung bei jedem zugelassenen Arzt und in staatlichen Krankenhäusern. Da jedoch die Leistungen nach den gesetzlichen Vorschriften im Ausland abgerechnet werden, kann man auch gebeten werden, zunächst **die Kosten der Behandlung** selbst zu tragen. Obwohl bestimmte Beträge von der Krankenkasse rückerstattet werden, kann doch ein Teil der Kosten beim Patienten bleiben.

Aus diesem Grund wird zusätzlich der Abschluss einer **privaten Auslandskrankenversicherung** dringend empfohlen. Diese sollte außerdem eine zuverlässige Reiserückholversicherung enthalten, denn der Krankenrücktransport wird von den gesetzlichen Krankenkassen nicht übernommen. Diese sind z.B. in Deutschland ab 5–10 Euro pro Jahr auch sehr günstig (siehe z. B. FinanzTest 07/05).

Schweizer sollten bei ihrer Krankenversicherungsgesellschaft nachfragen, ob die Auslandsdeckung auch für Italien inbegriffen ist. Sollte man keine Krankenversicherung mit Auslandsdeckung haben, kann man sich kostenlos bei Soliswiss (Gutenbergstr. 6, 3011 Bern, Tel. 0 31-3 81 04 94, info@soliswiss.ch, www.soliswiss.ch) informieren.

Zur **Erstattung der Kosten** benötigt man grundsätzlich ausführliche Quittungen.

Der Abschluss einer Jahresversicherung ist in der Regel kostengünstiger als mehrere Einzelversicherungen.

- Namen und Adressen **deutschsprachiger Ärzte** bekommt man über die Konsulate.
- Eine **Apotheke** *(farmacia)* ist an einem grünen Kreuz über dem Eingang zu erkennen. Sie haben meist Mo bis Fr von 9–13 und 16–20 Uhr geöffnet. Nacht- und Wochenddienste sind am Eingang vermerkt.

Information und Auskunftsstellen

Allgemeine Auskünfte zu Italien und seinen Provinzen erteilt das **staatliche italienische Fremdenverkehrsamt ENIT.** Für kostenlose Prospektbestellungen gilt von Deutschland, Österreich und der Schweiz die gebührenfreie Service-Telefonnummer 00 80 00 04 82 542. Für mündliche Auskünfte wendet man sich telefonisch an die jeweilige ENIT-Landesvertretung (s.u.). Im Web kann man sich unter www.enit-italia.de, www.enit.at oder www.enit.ch informieren.

In Deutschland

- Kaiserstr. 65, 60320 **Frankfurt/Main,** Tel. 069-23 74 34, Fax 23 28 94, enit.ffm@t-online.de, Mo bis Fr 10–17 Uhr.
- Kontorhaus Mitte/Friedrichstr. 187, 10117 **Berlin,** Tel. 030-2 47 83 98, Fax 2 47 83 99, enit-berlin@t-online.de, Mo bis Fr 10– 17 Uhr.
- Lenbachplatz 2, 80333 **München,** Tel. 089-53 13 17, Fax 53 45 27, enit-muenchen@t-online.de, Mo bis Fr 10–17 Uhr.

In Österreich

- Kärntner Ring 4, 1010 **Wien,** Tel. 01-5 05 16 39, Fax 5 05 02 48, delegation.wien@enit.at, Mo bis Do 9–17, Fr 9–15.30 Uhr.

In der Schweiz

- Uraniastr. 32, 8001 **Zürich,** Tel. 043-4 66 40 40, Fax 4 34 66 40 41, info@enit.ch, Mo bis Fr 10–17 Uhr.

In Latium

Detaillierteres Informationsmaterial als beim staatlichen italienischen Fremdenverkehrsamt bekommt man über die **Informationsbüros (Azienda di Promozione Turistica/APT) der fünf Provinzen Latiums:**

- **APT Frosinone,** Via Aldo Moro 465, 03100 Frosinone, Tel. 0 77 58 33 81, Fax 07 75 83 38 37, info@apt.frosinone.it, www.apt.frosinone.it.
- **APT Latina,** Via Duca del Mare 19, 04100 Latina, Tel. 07 73 69 54 04, Fax 07 73 66 12 66, info@aptlatinaturismo.it, www.aptlatinaturismo.it.
- **APT Rieti,** Via Cintia 87, 02100 Rieti, Tel. 07 46 20 11 46, Fax 07 46 27 04 46, aptrieti@apt.rieti.it, www.apt.rieti.it.
- **APT del Comune di Roma (Stadt),** Via Parigi 11, 00185 Roma, Tel. 06 48 89 91, Fax 0 64 81 93 16, info@aptroma.com, www.romaturismo.it.
- **APT della Provincia di Roma (Provinz),** Via XX Settembre 26, 0187 Roma, Tel. 06 42 13 81, Fax 06 42 13 82 21, info@aptprovroma.it, www.aptprovroma.it.

In allen größeren Städten und den Touristenorten findet man staatliche Fremdenverkehrsämter, die als **Ufficio Informazioni** oder unter dem Kürzel **I.A.T.** firmieren.

- **IAT Viterbo,** Via Ascenzi 4, Tel. u. Fax 07 61 32 59 92, infotuscia@libero.it, www.tusciainforma.it.

Vielerorts gibt es eine **Pro Loco** (lat. „für das Wohl des Ortes"). Diese Kommunalvereine organisieren Veranstaltungen wie Dorffeste *(sagre),* Ausstellungen, Musikveranstaltungen, Turniere usw. Vor allem in kleineren Gemeinden fungieren sie auch als örtliche Touristeninformation.

Notfall

Diplomatische Vertretungen

Deutschland

- **Rom:** *Ambasciata di Germania,* Via San Martino della Battaglia 4, Tel. 06 49 21 31; in dringenden Fällen am Wochenende und nach Feierabend Tel. 0 33 57 90 41 70.
- **Mailand:** *Consolato Generale di Germania,* Via Solferino 40, Tel. 0 26 23 11 01.
- **Neapel:** *Consolato Generale di Germania,* Via Crispi 69, Tel. 08 12 48 85 11.

Österreich

- **Rom:** *Ambasciata di Austria,* Via Pergolesi 3, Tel. 0 68 44 01 41; Konsularabteilung: Viale Liegi 32, interno 1, Tel. 0 68 55 29 66.
- **Mailand:** *Consolato Generale di Austria,* Piazza del Liberty 8/4, Tel. 02 78 37 43 oder 78 35 45.
- **Neapel:** *Consolato Honorario di Austria,* Corso Umberto I Nr. 275, Tel. 0 81 28 77 24.

Schweiz

- **Rom:** *Ambasciata di Svizzera,* Via Barnaba Oriani 61, Tel. 06 80 95 71.
- **Mailand:** *Consolato Generale di Svizzera,* Via Palestro 2, Tel. 0 27 77 91 61.
- **Neapel:** *Consolato Generale di Svizzera,* Via dei Mille 16, 4° piano, Tel. 08 14 10 70 46.

Wird der **Reisepass oder Personalausweis im Ausland gestohlen,** muss man das bei der örtlichen Polizei melden. Darüber hinaus sollte man sich an die nächste diplomatische Auslandsvertretung seines Landes wenden, damit man einen Ersatz-Reiseausweis zur Rückkehr ausgestellt bekommt (ohne kommt man z.B. nicht an Bord eines Flugzeuges!).

Auch in **dringenden Notfällen,** z.B. medizinischer oder rechtlicher Art, sind die Auslandsvertretungen bemüht, vermittelnd zu helfen.

lat_042 Foto: gh

Telefonnummern und Anlaufstellen

- **Unfallrettung, allgemeiner Polizeinotruf – 113:** Medizinische Soforthilfe bei Unfällen, **Pronto Soccorso,** ist über diese Nummer landesweit anzufordern. Sie führt zu den Krankenhäusern mit Erste-Hilfe-Station, die es in fast allen größeren Ortschaften gibt. Über die 113 muss die Polizei bei allen Unfällen mit Personenschäden verständigt werden.
- **Polizeinotruf – 112:** Dies ist die landesweite polizeiliche Notrufnummer, z.B. bei Straftaten wie Autoeinbrüchen. Bei Unfällen mit Verletzten ist die **113** zu wählen.
- **Feuerwehr – 115:** Bei Feuer und Waldbränden ist die *Vigili del Fuoco* zu verständigen.
- **Pannenhilfsdienst – 116:** Der italienische Automobilclub **A.C.I.** unterhält einen Straßenhilfsdienst *(Soccorso Stradale).* An den Autobahnen stehen etwa alle 2 km gelbe Notrufsäulen. Der **ADAC** hat eine deutschsprachig besetzte Notrufstation in Mailand, Tel. 02/66 15 91.
- Den **deutschen ADAC** erreicht man in Italien unter Tel. 02-66 15 91; den **ÖAMTC** unter 02-66 15 95 53. Der **TCS** ist nur in der Schweiz erreichbar (00 41-22-4 17 22 20).
- Bei **Unfällen nur mit Sachschäden** ohne polizeiliche Beteiligung ist bei der Unfallaufnahme daran zu denken, Versicherungsnummer sowie Name und Anschrift der Versicherung des Unfallgegners zu notieren.
- Bei der Polizei gibt eine verwirrende Vielfalt von Zuständigkeiten: Die **Polizia Stradale** (hellblaue Uniform) kontrolliert v.a. den Stra-

ßenverkehr außerhalb der Städte, **Vigili Urbani** regeln den Stadtverkehr. Für die Kriminalitätsbekämpfung sind die **Polizia** des Innenministerium und/oder die **Carabinieri** des Verteidigungsministeriums zuständig, die sich z.T. gegenseitig die Kompetenzen streitig machen. Daneben gibt es noch die unbeliebte **Finanzpolizei** *(Guardia di Finanza)*, mit der man es auch als Tourist zu tun bekommen kann, wenn man sich in Geschäften, Hotels, Restaurants keine Rechnung *(scontrino, ricevuta fiscale)* ausstellen lässt.

● Bei **Verlust oder Diebstahl der Geldkarte** sollte man diese umgehend sperren. In Deutschland gibt es seit dem 1. Juli 2005 dafür die einheitliche **Sperrnummer 00 49-11 61 16** für Maestro-/EC-, Kredit-, Krankenkassen- und Handykarten.

In Österreich und der Schweiz gelten folgende Nummern:

● **Maestro-Karte,** A: Tel. 00 43-1-2 04 88 00; CH: Tel. 0041-1-2 71 22 30; UBS: Tel. 00 41-84 88-8 86 01; Credit Suisse: Tel. 00 41-80 08-0 04 88.

● **MasterCard und VISA,** A: Tel. 00 43-1-7 17 01 45 00 (Euro/MasterCard) bzw. Tel. 00 43-1-71 11 17 70 (VISA); CH: Tel. 00 41-44-2 00 83 83 für alle Banken außer Credit Suisse, Corner Bank Lugano und UBS.

● **American Express,** A: Tel. 00 49-69-97 97 10 00; CH: Tel. 00 41-1-6 59 66 66.

● **Diners Club,** A: Tel. 00 43-1-50 13 50; CH: Tel. 00 41-1-8 35 45 45.

Bei **Maestro-Karten** muss man für die computerisierte Sperrung seine Kontonummer nennen können.

In ganz Italien gelten die folgenden Notrufnummern:

● **112:** Polizei, Straftaten
● **113:** Polizei, Unfallrettung
● **115:** Feuerwehr
● **116:** Pannendienst des ACI
● **118:** Ärztlicher Notruf, Erste Hilfe

Öffnungszeiten

In Italien herrscht bei den *orari di apertura* **fröhliches Durcheinander,** ein System ist nicht so recht zu erkennen. Oft grinst einem das Schild „chiuso" entgegen, obwohl doch eigentlich geöffnet sein sollte. Im Extremfall gibt es fünf oder sechs jahreszeitlich sich jeweils ändernde Öffnungszeiten, die dann auch noch zusätzlich bei den Wochentagen differieren. Bei Museen und Informationsbüros sind Zeiten und Ruhetage ständig in Bewegung. Die Angaben im Buch sollten nur als Orientierung gesehen werden.

● Die Siesta ist heilig. Über **Mittag** machen so gut wie alle eine lange Pause, die im Hochsommer auch mal bis 17 Uhr reichen kann. Ist dennoch ausnahmsweise geöffnet, muss mit missmutigen Angestellten gerechnet werden.

● **Lebensmittelgeschäfte** *(Alimentari):* Mo bis Sa von 8.30/9–12.30/13 Uhr und von 16–19/19.30 (Winter) bzw. 17–20 Uhr (Sommer). In der Regel haben Alimentari einen Nachmittag in der Woche, oft Mittwoch, geschlossen. Vor allem kleinere Läden öffnen auch sonntag Vormittag. Obwohl es kein striktes Ladenschlussgesetz gibt, bleiben auch in Italien am Sonntag die Ladentüren überwiegend geschlossen. Durchgängig geöffnet sind einige Einkaufszentren an den Stadträndern, von denen es allerdings in Latium nicht allzu viele gibt.

● **Sonstige Geschäfte:** In der Regel Mo bis Sa von 9–13 und 16–19.30/20 Uhr. Die Ladenschlusszeiten variieren stark und werden besonders auf dem Land und von kleinen Läden nicht so genau genommen. Montag vormittag bleiben Bekleidungsläden, Geschäfte für Haushaltswaren, Buchhandlungen und viele andere Verkaufsstellen geschlossen. In Touristenzentren und während der Badesaison an der Adria sind viele Geschäfte auch das ganze Wochenende über geöffnet.

● **Banken:** Mo bis Fr 8.30–13.45 und 14.45–15.30 Uhr.
● **Post:** Kleinere Postämter Mo bis Sa nur vormittags 8–13.45 Uhr, in größeren Städten durchgehend bis 19.25 Uhr und manchmal sogar sonntags am Vormittag für einige Stunden.
● **Info-Büros:** Die größeren Regionalbüros (I.A.T./A.P.T.) 8.30–13/14 und 16–19.30 Uhr. Ufficio Informazione und Pro Loco sehr unterschiedlich; in der Hauptsaison meist Mo bis So von 9–14 und 16–20 Uhr, in der übrigen Zeit oftmals geschlossen oder nur wenige Stunden täglich offen.
● **Kirchen:** Kirchen sind meist von Sonnenaufgang bis Sonnenuntergang geöffnet. Oft bleiben sie über den Mittag für mehrere Stunden geschlossen, öfters von 12–16 Uhr. Während der Messen sind Kirchenbesichtigungen unerwünscht. Kleine Landkirchen sind meist generell verschlossen und werden nur zu Messen und Andachten geöffnet (oft werktags gegen 17–18 Uhr, sonntags gegen 9–10 Uhr). Manchmal kann man den Kirchenschlüssel bekommen. Fast immer sitzt irgendjemand am Kirchplatz, der gerne den Weg zum Kustoden weist.
● **Museen:** Große örtliche und jahreszeitliche Unterschiede. Generell gilt, dass immer eine Mittagspause eingelegt wird. Montags ist Ruhetag. Kleinere Museen sind im Winter ganz geschlossen oder nur am Wochenende geöffnet, größere im Sommer auch bis in den frühen Abend.

Post

Das **Porto** für Postkarten und Briefe innerhalb Italiens, in EU-Länder und in die Schweiz beträgt einheitlich 0,41 Euro. Die **Postlaufzeiten** ins Ausland können bei normaler Frankierung im Einzelfall leicht mal zwei Wochen betragen! Seit kurzem bietet die italienische Post den etwas teureren, aber deutlich schnelleren Service der **Posta Prioritaria** an. Ein Brief/eine Postkarte ins Ausland kosten dann 0,67 Euro.

Briefmarken *(francobolli)* werden **in den Tabakläden** *(tabacchi)* verkauft, die durch ein Schild mit weißem T auf schwarzem Grund gekennzeichnet sind, oder natürlich auf dem Postamt. Die Ämter in kleineren Orten sind meist nur vormittags geöffnet.

Rauchverbot

Vietato fumare – **Rauchen verboten!** Seit dem 10. Januar 2005 müssen Tabakliebhaber in Italien im **Restaurant** auf ihren geliebten Glimmstengel verzichten. Als dritter Staat Europas, nach Irland und Norwegen, hat das Land ein striktes Rauchverbot an öffentlichen Plätzen eingeführt – trotz der heftigen Proteste der Gastronomie- und Tabaklobby. Es gilt in allen der Allgemeinheit zugänglichen Räumlichkeiten, u.a. in Bars, Restaurants, Hotels, Ämtern, am Arbeitsplatz, in öffentlichen Verkehrsmitteln. Geraucht werden darf nur noch in mit einem Lüftungssystem versehenen, abgetrennten speziellen Raucherräumen oder vor der Tür an der frischen Luft.

Die **Geldbußen** für Uneinsichtige sind saftig. Bis zu 250 Euro können die Strafgelder für einen Einzelverstoß reichen, bei Rauchen in der Gegenwart von Kindern und Schwangeren verdoppelt sich die Summe. Mit stillschweigender Duldung durch mitfühlende Gastwirte kann nicht gerechnet werden, Bar- oder Restaurantbesitzern, die gegen unerlaubtes Rauchen nicht sofort einschreiten, drohen Bußgelder von bis zu 2200 Euro. Erste Erfahrungen zeigen, dass das Rauchverbot angenommen wird.

Reisen im Land

Mit dem Auto

Verkehrsvorschriften

Die Verkehrsvorschriften entsprechen im Großen und Ganzen den Regelungen in Deutschland. **Tempolimits:** 50 km/h innerorts, 90 km/h auf Landstraßen, 110 km/h auf Schnellstraßen *(superstrada)* und 130 km/h auf Autobahnen *(autostrada).* An Sonn- und Feiertagen und in der Hauptreisesaison darf auf der Autobahn nur 110 km/h gefahren werden.

Die **Promillegrenze** liegt bei **0,5;** es besteht eine **Gurtanlegepflicht,** auch wenn viele Autofahrer sich nicht daran halten. Auch tagsüber muss immer **mit Abblendlicht** gefahren werden. Alle Autofahrer müssen eine rote oder gelbe **Warnweste** tragen, wenn sie sich außerhalb geschlossener Ortschaften auf der Fahrbahn aufhalten. Auch in Italien besteht **Handyverbot am Steuer.**

Unnachgiebig geahndet werden Wenden, Rückwärtssetzen und Spurwechsel im Mautstellenbereich und auf Autobahnzu- und abfahrten. Generell müssen Verkehrssünder mit **saftigen Bußgeldern** rechnen. Wer zwischen 10 und 40 km/h zu schnell fährt, kann z.B. mit einem Bußgeld von bis zu 460 Euro belegt werden. Italienische Polizisten pflegen einen eher preußischen Stil. Wird man erwischt, sollte man sich im eigenen Interesse höflich und einsichtig verhalten.

Autobahngebühr

Für die Benutzung der meisten Autobahnen, die grün ausgeschilderten *autostrade,* muss eine besondere Gebühr bezahlt werden. Diese beträgt etwa **5 Cent pro Kilometer.** Bei der Auffahrt passiert man eine Zahlstelle, wo man per Knopfdruck am Automaten ein Ticket bekommt.

Abgerechnet wird bei der Ausfahrt. Man kann **bar bezahlen** (ausreichend Kleingeld bereithalten!) **oder** durch elektronische Abbuchung von der **Viacard.** Diese ist für 25 oder 50 Euro bei Automobilclubs, an Grenzübergängen, Raststätten und Mautstellen erhältlich. Auch mit Viacard muss bei der Einfahrt das Autobahnticket gezogen werden. Bei der Ausfahrt benutzt man die gesondert ausgewiesene Viacard-Spur und schiebt das Ticket und anschließend die Viacard in den Automaten der Zahlstelle. Inzwischen werden an den meisten Mautstellen auch **Kreditkarten** akzeptiert. Als *superstrada* klassifizierte vierspurige Schnellstraßen sind gebührenfrei.

Parkplatzsuche

In den größeren Städten und Touristenzentren sollte man unbedingt den Hinweisschildern zu den **offiziellen Parkplätzen** folgen, die meist zentrumsnah am Rande der Innenstadtzonen eingerichtet wurden. Sicherlich findet man mit etwas Geduld auf eigene Faust auch eine Parklücke im Straßengewirr der Altstadt, die allerdings oft für den Verkehr ganz oder zeitweise gesperrt ist - auch wenn das viele ignorieren. Wer aber den italienischen Verkehr nicht gewohnt ist, wird da so manches Mal ins Schwitzen kommen. Oft genug findet man sich nach langer Irrfahrt dort wieder, wo man vor einiger Zeit in das Zentrum hineingefahren ist. Die bewachten Parkplätze und Parkhäuser kosten zwischen 0,50 und 2 Euro pro Stunde. Sie sind meist schon am Stadtrand ausgeschildert; ansonsten folgt man einstweilen dem Schild „centro". Behindertenparkplätze gibt es fast überall auch im Zentrum. Der Ausweis ist deutlich sichtbar auszulegen.

Ist der **Bordstein** schwarz-gelb **markiert,** besteht Parkverbot. Blaue Farbe bedeutet, dass gebührenpflichtig (Parkscheinautomat) geparkt werden darf, Weiß, dass Parken kostenfrei zulässig ist. Auch wenn die Italiener sich trotz saftiger Strafzettel oft nicht an die Halteverbote halten, sollte man dies, besonders in den größeren Städten, nicht nachahmen. Es kann dann schon passieren, dass das Auto abgeschleppt wird. In diesem Fall wendet man sich an die Stadtpolizei, die *Vigili Urbani.* In kleineren Ortschaften gibt es meist keine Parkplatzprobleme. Solange man keine Ausfahrt oder andere Fahrzeuge behindert, kann man fast überall das Auto einige Stunden stehen lassen. Im Übrigen werden die Parkvorschriften von Ort zu Ort mit sehr unterschiedlicher Strenge durchgesetzt, und nur die Einheimischen wissen, wo man die Verbote ignorieren kann.

Benzin, Tanken

Benzin ist etwa genauso teuer wie in Deutschland, Dieselkraftstoff ist auch in Italien preiswerter. Bleifreies Benzin (*senza piombo* oder *benzina verde*) gibt es inzwischen an allen Tankstellen; Öffnungszeiten in der Regel von 7–13 und 16–20 Uhr.

In größeren Ortschaften gibt es **Tankstellen,** die rund um die Uhr geöffnet haben oder Self-service mit Geldautomaten. In abgelegenen Gegenden und vor allem an Sonn- und Feiertagen ist es manchmal nicht leicht, an Benzin zu kommen. Rechtzeitig volltanken sollte man auch bei angekündigten Streiks. Oft gibt es dann drei bis vier Tage lang nur an den Autobahnen geöffnete Tankstellen.

Pannen und Unfälle

Die Mitnahme der **Grünen Versicherungskarte** *(carta verde)* ist obligatorisch. Bei Unfällen mit Personenschaden ist die Einschaltung der Polizei generell vorgeschrieben (Unfallrettung *pronto soccorso* und Polizeinotruf: Tel. 113). Die auch für ADAC- oder ÖAMTC-Mitglieder in der Regel kostenpflichtige Pannenhilfe wird vom **Italienischen Automobilclub ACI** organisiert.

Kleinbahn von Viterbo nach Civita Castellana

lat_047 Foto: gh

- **Pannenhilfedienst** *(soccorso stradale):* Notrufnummer 116 bzw. 8 00 11 68 00 (Handy).
- Der **deutschsprachige Hilfsdienst des ADAC** ist in Italien unter der Telefonnummer 02 66 15 91 erreichbar, der des **ÖAMTC** unter 02 66 15 95 53; der TCS ist nur in der Schweiz selbst erreichbar unter Tel. 00 41-22-4 17 22 20.

Autoeinbrüche und -diebstähle

Sie sind in Latium in Kleinstädten und auf dem Land eher selten. Überhaupt ist die Kriminalitätsrate hier gering. Anders ist die Situation inzwischen in größeren Städten, vor allem natürlich in Rom, wo es auch immer mehr Beschaffungskriminalität von Drogenabhängigen sowie professionelle Bettler- und Diebesbanden gibt, die sich keine „gute" Gelegenheit entgehen lassen. Parken Sie hier ihr Auto nicht in abgelegenen Gassen, und lassen sie keinerlei Gepäckstücke sichtbar im Wageninnern liegen! Einen Diebstahl sollte man wegen eventueller Versicherungsansprüche unverzüglich **bei der Polizei melden.** Ansonsten hat die Anzeige meist nur statistische Bedeutung, da vor allem in Rom die Polizei Besseres zu tun hat, als der

Buchtipp:

- RA Michael Nissen, Friedrich Köthe

Bordbuch Südeuropa für Unfall, Panne und Verkehr

Dieser Praxis-Ratgeber informiert über spezielle Verkehrsregeln und Einreisebestimmungen, Strafen, Notrufe und viele weitere Fragen rund ums Autofahren und hilft, Unfälle und Pannen zu regulieren und seine Rechtsansprüche durchzusetzen. Erschienen im Reise Know-How Verlag, Bielefeld.

Freie Fahrt für freie Bürger - italienische Verkehrsregeln

Für viele, die den bei uns vorschriftsmäßig geregelten Verkehr gewohnt sind, erscheint der **chaotische Verkehrsalltag** Italiens zunächst wie ein Albtraum. Trotz der saftigen Bußgelder hält sich kaum jemand an die Geschwindigkeitsbegrenzungen, geschweige denn an Überholverbote. Das angemessene Tempo bestimmt jeder Fahrer nach eigenem Gutdünken. Auf engen Kurvenstraßen schießen plötzlich lebensmüde Motorradfahrer mit 150 km/h an einem vorbei, während man auf gut ausgebauter Landstraße unvermittelt auf eine Autoschlange trifft, die sich hinter einem Bauern im uralten Fiat Cinquecento gebildet hat. Völlig unbeeindruckt von genervten Nachfolgern zuckelt er mit Tempo 50 gemütlich dahin. In Einbahnstraßen ist es nicht selten, dass einem ein Auto entgegenkommt, und manch einer wartet immer noch darauf, beim Einfädeln hineingelassen zu werden. Der italienische Autofahrer sieht Regelungen und Bestimmungen oft nicht als strenge Vorschriften, sondern als wohlgemeinte Ratschläge. Aber so weit es geht, entscheidet jeder für sich. Wer Vorfahrt hat, wird oft vor Ort an der Kreuzung per Handzeichen bestimmt. Im Stadtverkehr herrscht mancherorts das raue Gesetz des Dschungels.

Wenn jemand an einer Kreuzung oder hinter einem auf der Autobahn aufblinkt, bedeutet das nicht etwa, dass man netterweise vorbei- oder hineingelassen wird. Im Gegenteil, kurzes Aufblinken heißt in Italien „attenzione – mach' Platz, jetzt komm' ich!". Doch falls Sie ein entgegenkommendes Auto anblinkt, kann man sicher sein, dass man bald an einem Polizeiposten vorbeikommt. Also spätestens jetzt anschnallen und das Tempolimit einhalten. Radargeräte sind noch wenig in Gebrauch, allerdings werden tagtäglich bei zahlreichen Straßenkontrollen Führerschein, Wagenpapiere, Steuermarken und Versicherungen nachgeprüft. Ausländische Autos werden zwar seltener angehalten, wenn es aber doch mal passiert, sollte man sich höflich, respektvoll und einsichtig zeigen. Italienische Polizisten sind nämlich alles andere als locker und lässig, wenn es um ihre Autorität und die Beachtung von Verkehrsbestimmungen geht.

Wer nach dem oben Gesagten mit einem überdurchschnittlich hohen Blutzoll auf den Straßen Italiens rechnet, täuscht sich. Die Disziplinlosigkeit der italienischen Autofahrer ist weit weniger gefährlich, als zu vermuten wäre. Denn jeder rechnet jederzeit mit dem Fehlverhalten der anderen, fährt entsprechend aufmerksam und beharrt nicht auf formalen Vorfahrtsrechten. Vor allem in geschlossenen Ortschaften mit ihren engen Straßenzügen wird langsamer als bei uns gefahren – auch wegen der vielen Falschparker, die die Straßen blockieren, der häufigen Missachtung von Vorfahrtsrechten sowie der manchmal überraschenden Verkehrsführungen der örtlichen Straßenplaner. Hat man sich erst einmal an den etwas unkonventionellen Fahrstil gewöhnt, verliert der Straßenverkehr in Italien schnell seine Schrecken.

ausufernden Kleinkriminalität nachzuspüren.

Mietwagen

Autoverleih heißt im Italienischen **autonoleggio.** Unter dieser Bezeichnung sind auch die Adressen der örtlichen Vermieter in den gelben Seiten, den *pagine gialle,* zu finden.

Autovermieter wie Avis, Hertz, Interrent finden sich an den Flughäfen und in einigen großen Ortschaften (z.B. Orvieto, Viterbo, Rieti, Formia). Daneben gibt es noch einige kleine Einzelunternehmen, die nicht immer billiger sein müssen. Bei den internationalen Vermietern ist es meist günstiger, schon im Ausland zu buchen. Wie in Deutschland beträgt das Mieter-Mindestalter 21 Jahre. Die Preise liegen auf deutschem Niveau. Fast immer muss eine **Kreditkarte** vorgelegt werden. Wer keine feste Hoteladresse angeben kann, muss u.U. damit rechnen, keinen Wagen vermietet zu bekommen, wenn er nicht mit dem Handy erreichbar ist.

Öffentliche Verkehrsmittel

Man kann ganz Latium problemlos mit **Bahn und Bus** bereisen. So gut wie jeder Ort ist an das öffentliche Verkehrsnetz angeschlossen. Selbst auf dem flachen Land gibt es regelmäßig verkehrende Busse. Vor allem, wenn man in erster Linie die gut angeschlossenen großen Kunst- und Kulturstätten der Region besuchen will, ist der eigene fahrbare Untersatz entbehrlich. Gelegentlich braucht man etwas Geduld und Muße wegen der Lücken im Fahrplan oder Verspätungen. Aber zum Glück gibt es ja die Bar um die Ecke, die bei der Überbrückung der Wartezeiten hilft. Auf jeden Fall ist man mit Bahn und Bus näher am italienischen Alltag, als innerhalb der vertrauten Blechwände des eigenen Autos.

Bahn

Die **italienischen Staatsbahnen (FS)** sind besser als ihr Ruf. Die Züge sind meist **sauber** und vor allem **preiswert** (Kilometerpreis etwa 6 Cent). Die Pünktlichkeit ist in erster Linie auf der völlig überlasteten Hauptstrecke Rom - Latina - Formia - Neapel ein Problem, eine neue Strecke über Cassino wird jedoch gerade gebaut. Auf den übrigen Strecken sind Verspätungen nicht übermäßig häufig.

Der **Eurostar** ist das Flagschiff der FS, außerdem gibt es **Intercity, Express, Interregio, Diretto, Treno Regionale** und **Treno Locale.** Eurostar und Intercity sind zuschlagpflichtig und deshalb für kurze Strecken innerhalb der Region relativ teuer.

Fahrkarten *(biglietti)* sind vor Fahrtantritt zu lösen. Es gibt sie auch in Reisebüros. Für Kurzstrecken bekommt man z.T. in Tabacchis und Bars Fahrkarten nach Kilometerstufen *(biglietti a fasce kilometri),* insbesondere in Orten

Buchtipp:
- Erich Witschi, **Unterkunft und Mietwagen clever buchen** (REISE KNOW-HOW Praxis)

mit geschlossenem Fahrkartenschalter. Nachlösen im Zug ist unverhältnismäßig teuer, selbst dann, wenn der Bahnhofsschalter dicht ist. Es wird erwartet, dass man sich auf jeden Fall vor Fahrtantritt ein *biglietto a fasce kilometri* besorgt. Wer öfters Bahn fährt, sollte sich einen kleinen Vorrat von 10-km-Tickets anschaffen. Nachlösen im Zug ist dann bei geschlossenem Bahnschalter ohne Aufschlag möglich.

Fahrkarten müssen **vor Fahrtantritt entwertet** werden, sonst sind sie nicht gültig! Dazu sind an den Bahnsteigzugängen kleine gelbe Stempelautomaten angebracht. Nach ihrer Entwertung gelten die Fahrkarten bis 200 km sechs Stunden. Darüber sind sie 24 Stunden gültig. Fahrtunterbrechungen sind in der Geltungsdauer unbeschränkt zulässig. Internationale Fahrkarten gelten auch für die Strecke innerhalb Italiens länger.

Der **Kilometerpreis** sinkt mit steigender Entfernung. So kosteten 2006 21–30 km etwa 1,80 Euro, 91–100 km etwa 4,60 Euro, 300–350 km etwa 14,50 Euro. Bei Eurostar oder Intercity kommen noch Zuschläge hinzu, die ebenfalls vor Fahrantritt zu kaufen und zu entwerten sind. Die Strecke Rom – Florenz (320 km) kostet z.B. im zuschlagfreien Interregio (3:30 Std. Fahrzeit) 14,50 Euro, im Intercity (2:30

Std.) ca. 25 Euro, im Eurostar (1:40 Std.) ca. 30 Euro.

Die **Eurostar-Züge** sind generell **reservierungspflichtig.** Eine Reservierung ist bis eine Stunde vor Abfahrt möglich. Die Fahrkarte mit der Platzreservierung gilt nur für den gebuchten Zug, eine Umbuchung ist allerdings bis zur Abfahrt kostenfrei zulässig. Es ist auch möglich, den Zugführer nach Einfahrt des Zuges am Bahnsteig anzusprechen, um noch eine Mitfahrerlaubnis zu bekommen, wofür jedoch eine saftige Nachlösegebühr von 8 Euro fällig wird.

Am Freitagnachmittag und mehr noch an Sonn- und Feiertagen ab spätem Nachmittag sind die Züge übervoll; v.a. in Fernzügen muss dann oft gestanden werden. Wenn möglich, sollte man diese Zeiten meiden.

Wer öfter die Bahn nimmt, sollte sich einen **Gesamtfahrplan** *(orario generale)* besorgen. Man erhält ihn preiswert an den Bahnhofskiosken. Manchmal gibt es am Schalter die kostenlosen Regionalfahrpläne mit allen Zug- und den wichtigsten Busverbindungen. Das Zugangebot weist über den Tag gesehen oft große Lücken auf (vor allem zwischen 9 und 12 sowie 14 und 16 Uhr).

- **Fahrplaninfo im Internet:** www.bahn.de (auch für Italien), www.trenitalia.it.

Bus

Fast alle Orte sind mit dem **Linienbus** von den Zentralorten aus erreichbar. Die Fahrpreise sind unwesentlich höher als bei der Eisenbahn. Die Fahrkarten, auf denen nicht der Zielort, sondern nur die Preisstufe vermerkt ist, bekommt man im Regelfall nicht im Bus, man muss sie sich am Busbahnhof, in Tabakläden *(tabacchi),* Zeitschriftenläden oder Bars vor Fahrtantritt besorgen. Wer viel Bus fährt, sollte sich die gängigen Preisstufen (1–5) auf Vorrat kaufen.

Der öffentliche Linienverkehr wird in ganz Latium von der halbstaatlichen Gesellschaft **Compagnia Trasporti Laziali Spa (Cotral)** betrieben. Die Überlandbusse sind bis auf seltene Ausnahmen blau, während im Stadtverkehr eingesetzte Fahrzeuge fast immer orangefarben lackiert sind. Auch für die Stadtbusse müssen Fahrkarten vor Fahrtantritt gekauft werden.

Der Bus hat gegenüber der Bahn den Vorteil, bis mitten in die Stadt zu fahren, während einige Bahnhöfe au-

In den Fahrplänen heißt:

- **fer. (feriale):** werktags
- **fer. escl. sab. (feriale escluso sabato):** werktags außer samstags
- **fest. (festivo):** sonn- und feiertags
- **sc.** oder **scol. (scolastico):** an Schultagen, also nicht während der langen Sommerferien zwischen Ende Juni und Anfang September
- **non sc.** oder **non scol. (non scolastico):** nur an Tagen außerhalb der Schulzeit
- **sosp. (sospeso) il ...:** ausgenommen am ...
- **estivo:** im Sommer (Mitte Juni bis Mitte September)
- **invernale:** im Winter (übrige Zeit des Jahres)

ßerhalb der Zentren liegen. Allerdings sind die Busse **langsamer,** fahren manchmal unerwartete Umwege oder bleiben im Stau stecken. Im Regelfall ist man mit der Bahn dann doch schneller an seinem Ziel.

In Rom fahren die **Überlandbusse** seit einigen Jahren nicht mehr zum Hauptbahnhof Termini im Stadtzentrum, sondern enden außerhalb an den Metro-Stationen Anagnina, Laurentina, Lepanto, Ponte Mammolo, Saxa Rubra oder Tiburtina.

Die **Busabfahrten** sind ungleich über den Tag verteilt. Morgens und in den Mittagsstunden fahren die Busse meist in kurzen Abständen. Schülermassen auf dem Schulweg veranstalten dann manchmal einen Höllenlärm in überfüllten Fahrzeugen. An Sonn- und Feiertagen fahren erheblich weniger Busse als unter der Woche. Auf vielen Nebenstrecken ruht dann der Verkehr völlig.

Oft, aber nicht immer, hängen **Fahrpläne** aus. Auskünfte bekommt man dort, wo man auch die Fahrkarten kaufen kann. Lieber einmal mehr als zu wenig nach Abfahrtszeiten und -orten fragen. Manchmal hat sich etwas geändert, was auf den aushängenden Plänen noch nicht vermerkt ist.

Größere **Verspätungen** sind selten, kleinere hingegen häufig. Auf Nebenstrecken und vor allem bei letzten Fahrten am Samstag kann es vorkommen, dass der Bus bis zu zehn Minuten vor der Zeit startet.

- **Fahrplaninfo im Internet:** www.cotralspa.it/linee_orari.asp.

Taxi

Das Taxi als Verkehrsmittel auch für kürzere innerstädtische Routen ist in Italien weniger gebräuchlich als bei uns. **Taxistände** gibt es nur in einigen wenigen größeren Städten und Touristenorten an Bahnhöfen und Hauptplätzen. In kleineren Orten auf dem Lande muss man das Taxi telefonisch vorbestellen, wobei lange Wartezeiten und Absagen wegen zu kurzer Fahrtstrecke einzukalkulieren sind. Die Preise entsprechen in etwa deutschem Niveau; auf dem Lande kann man sie öfters frei aushandeln, während in den Städten Taxameter gebräuchlich sind. Wer ohne Preisabsprache bei ausgeschaltetem Taxameter losfährt, kann sich auf böse Überraschungen bei der Bezahlung am Fahrtziel gefasst machen.

Per Anhalter

Trampen auf längeren Strecken wird in Italien im Allgemeinen nicht gerne gesehen und ist auch **nicht üblich.** Auch wegen Sicherheitsbedenken wird man kaum mitgenommen. Tramper gelten allgemein als etwas dubiose Figuren, die man besser nicht in sein Auto lässt. Dies gilt nicht, wenn man in mit Bus und Bahn schlecht erschlossenen Regionen ohne größeres Gepäck kurze Strecken mitfahren will. Auf Autobahnen einschließlich der Auffahrten und Tankstellen ist Trampen neuerdings untersagt, das Bußgeld bei Verstößen kann bis zu 100 Euro betragen.

Reisezeit und Klima

Latium liegt in der mediterranen Klimazone, die durch **heiße, trockene Sommer** und **milde Winter** gekennzeichnet ist. Entgegen einem gängigen Vorurteil sind jedoch die Gesamtniederschlagsmengen nicht niedriger als in unseren Breiten. Sie liegen zwischen 760 mm in Rom und 1300 mm in den Hochlagen des Apennin (Monte Terminillo, Monti della Laga). Die Niederschläge fallen jedoch jahreszeitlich sehr ungleich verteilt, unwetterartiger Regen mit Überschwemmungen und Erdrutschen ist häufiger als nördlich der Alpen.

Zwei wesentliche Faktoren bestimmen die Wetterlage der Region: das **Meer** sowie der sich quer durch das Land von Nordwesten nach Südosten ziehende Bergrücken des **Apennin** und seiner Ausläufer. Die im Tyrrhenischen Meer gespeicherte Wärme macht sich überall in Latium über die typischen Westwindlagen positiv bemerkbar. Der Gebirgsbogen des Apennin schirmt die Region gegen kalte Luftmassen aus dem Nordosten ab. Das bewegte Landschaftsrelief führt jedoch oft zu **starken lokalen Unterschieden** im Wettergeschehen – für die Meteorologen ist Mittelitalien ein ausgesprochen schwieriges Terrain. Die vielen Mittelgebirgszüge und der Apennin verhindern das freie Zirkulieren der Luftmassen, die Gebirge bilden oft Wetterscheiden, die die Wolken nicht überwinden können. Innerhalb Latiums gibt es naturgemäß deutliche Unterschiede zwischen der wärmeren Küstenregion südlich von Rom um Terracina/Gaeta und dem etwas kühleren Nordosten um Rieti.

Jahreszeiten

Im zeitigen **Frühjahr** sind verlässliche Wetterprognosen am allerschwierigsten. März und April können durchaus schon warmes Wetter für den Cappuccino auf der Terrasse im Freien bringen. Öfters allerdings regnet es tagelang. Manchmal blickt man sogar nach dem Aufstehen überrascht auf vom Schnee weiß bestäubte Hügel, Folge eines plötzlichen Wintereinbruchs. Im Verlauf des Mai beginnt sich das Wetter zu stabilisieren. Neben regnerischen Tagen kommt es auch schon zu längeren Schönwetterperioden. Im Juni hat die Sonne deutlich die Oberhand. Manchmal wird es schon sommerlich heiß.

Der **Sommer** bringt von Ende Juni bis etwa Mitte September fast immer nur von kurzen heftigen Gewittern unterbrochene heiße und trockene Tage. Die Hitze dringt dabei bis ins Hochgebirge vor. In den tieferen Lagen verschwimmen die Silhouetten der alten

Buchtipps:
- Hans Hörauf
Wann wohin reisen?
- Friederike Vogel
Sonne, Wind und Reisewetter
(beide Bände REISE KNOW-HOW Praxis)

Klimatabelle Rom

Durchschnittliche Niederschläge in Rom pro Monat in mm

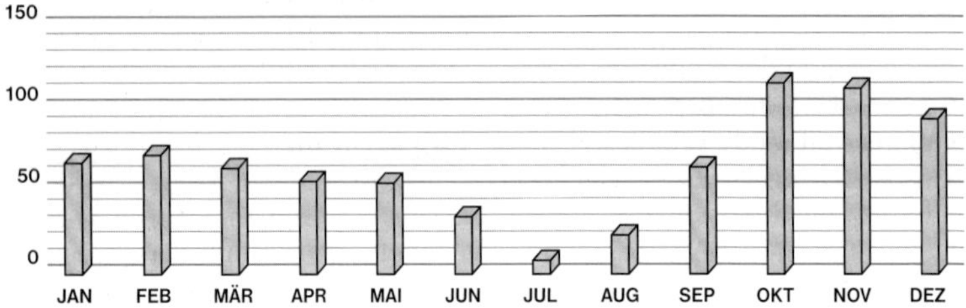

Durchschnittliche Regentage in Rom pro Monat

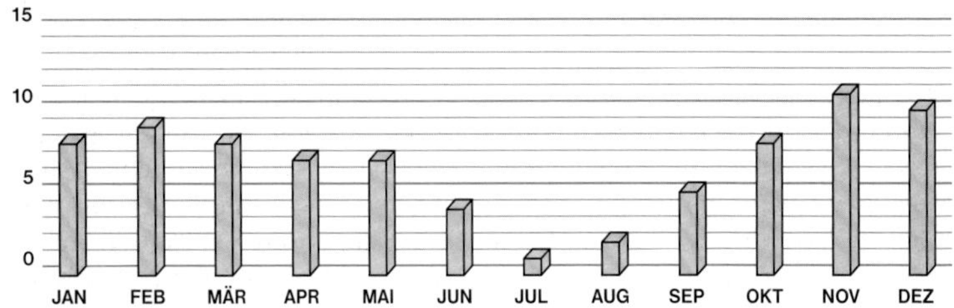

Durchschnittliche Temperaturen in Rom in °C

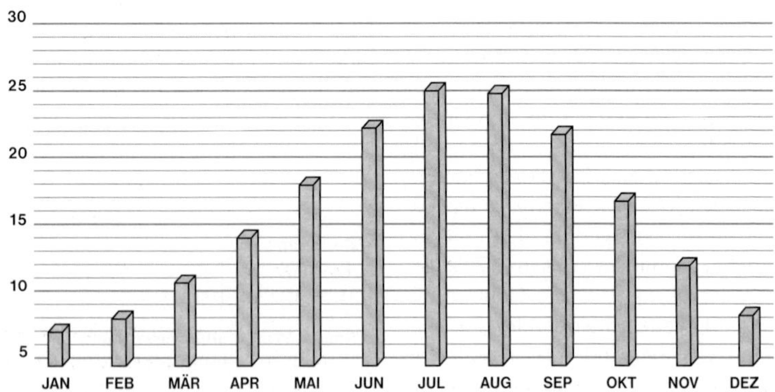

Städte im weiß flimmernden Dunst des Sfumato. Ab Mitte September wird es dann merklich kühler.

Im **Herbst** bringt der beginnende Oktober vor allem in den Bergen oft eine erste kurze Periode starken Niederschlags. Dieser folgen bis in den November hinein aber auch immer wieder längere Schönwetterperioden. Im November wird es schnell kalt, im Gebirge fällt der erste Schnee.

Im **Winter** herrschen an der Küste und im Hügelland relativ milde Temperaturen. Die Durchschnittstemperatur des Januars liegt in Rom bei 7,5 °C. Die Niederschlagsmengen sind Januar/Februar geringer als im Spätherbst. Neben grau-bedeckten Tagen gibt es Perioden mit strahlendem Sonnenschein unter hohem blauem Himmel. Das Wettergefälle zwischen Gebirge und Ebenen kehrt sich bei winterlichen Hochdrucklagen öfters um. Während Nebelbänke die Talböden tagelang in lichtlose Kälte tauchen, wölbt sich über den Bergen ein wolkenloser eisig-blauer Himmel. Lange Frostperioden sind nicht häufig, kommen aber vor. In den Kammlagen des Apennin liegt manchmal meterhoch Schnee.

Reisezeit

Die optimale Reisezeit ist natürlich v.a. **vom Klima abhängig.** Dementsprechend sind für das latinische Hügelland **Frühling** und **Herbst** die besten Jahreszeiten. Das weiß inzwischen jeder, und so ist vor allem die Kunst- und Kulturmetropole **Rom** in dieser Zeit sehr voll. Dies gilt besonders für die Osterfeiertage und die Woche zwischen den beiden Feiertagen 25. April und 1. Mai. Vor allem um Ostern sollte man Rom besser meiden.

Die **Natur** ist wegen der Pflanzenblüte am schönsten zwischen Mitte Mai und Mitte Juni bzw. Mitte Juli (Hochlagen des Apennin).

Noch stärker als bei uns ist **in Italien** der **Hochsommer Hauptreisezeit.** Im Juli und August zieht es die halbe Bevölkerung aus den Städten ans Wasser oder, in deutlich geringerem Maße, ins Gebirge. Absoluter Höhepunkt für italienische Urlauber ist die Zeit um **Ferragosto** (Mariä Himmelfahrt am 15. August), in der es niemanden zu Hause hält. Das ländliche Latium, das abseits der üblichen Touristenrouten liegt, ist aber auch in der Hochsaison kaum überfüllt. Lange Besichtigungsfahrten mit dem Auto sind bei der auf dem Land lastenden Hitze aber wenig erfreulich. Besser ist es, sich in ein höher gelegenes Ferienhaus, möglichst mit Schwimmbad, einzumieten und sich auf kleine Touren in die nähere Umgebung zu beschränken.

Die **Badesaison** reicht **von Juni bis Anfang Oktober,** wobei manche Hotels erst Mitte Juni öffnen und schon Mitte September wieder dicht machen. Im Juli/August ist an den beliebten Badeküsten Südlatiums (Terracina, Ponzianische Inseln) meist alles ausgebucht.

Der **September,** der meist verlässlich gutes Wetter bringt, und auch noch der **Oktober** sind beliebte Reisemonate. Im **November** kommt der Touristenstrom fast vollständig zum Erliegen. Spätherbst und **Winter** sind eine optimale Reisezeit für diejenigen, die das italienische Alltagsleben erfahren oder sich in Ruhe der Kunst der Regionen widmen wollen. Dies gilt vor allem für Rom. Viele Kunstschätze, Kirchen und Museen hat man in dieser Zeit fast für sich alleine. Ein preiswertes Hotelzimmer zu finden macht dann keine Probleme. Das Wetter kann zwar kalte, aber traumhaft schöne Tage blauen Himmels bringen.

Buchtipps:
- Volker Heinrich
Kommunikation von unterwegs
- Volker Heinrich
Handy global – mit dem Handy im Ausland
(beide Bände REISE KNOW-HOW Praxis)

Vorwahlen und Auskunft

- **Vorwahl vom Ausland nach Italien:** 0039. Die erste Null der italienische Vorwahl muss mitgewählt werden.
- **Vorwahlen von Italien ins Ausland:** 0049 nach Deutschland, 0043 nach Österreich, 00 41 in die Schweiz. Anders als beim Telefonieren nach Italien die erste Null der örtlichen Vorwahl im Ausland nicht mitwählen.
- **Innerhalb Italiens:** In Italien muss **auch bei innerörtlichen Gesprächen immer die Ortskennzahl mitgewählt werden,** also in Viterbo z.B. die 07 61 plus die Nummer des Angerufenen, auch wenn dieser ebenfalls in Viterbo wohnt. Im vorliegenden Buch sind immer die vollständigen Rufnummern inkl. Ortskennzahl angegeben.
- **Telefonauskunft: Inland 12** (gebührenfrei), **Ausland 176.**

Telefon

Telefonkarten *(scheda telefonica),* erhält man in Tabacchi-Läden und Zeitschriftenkiosken. Vor dem Gebrauch muss man die Ecke abknicken. In den meisten Telefonkabinen kommt man heutzutage mit Bargeld oder den *gettoni,* speziellen Telefonmünzen, nicht mehr weiter. Bei der enormen Beliebtheit des Funktelefons ist zu erwarten, dass öffentliche Telefonzellen weiter abgebaut werden.

Das eigene **Mobiltelefon** lässt sich in Italien problemlos nutzen, denn die meisten Mobilfunkgesellschaften haben Roamingverträge mit den italienischen Gesellschaften Vodafone, TIM, Wind (alle drei GSM 900/1800 MHz und 3G) sowie H3G (3G). Wegen hoher Gebühren sollte man bei seinem Anbieter nachfragen, welcher der **Roamingpartner** günstig ist und diesen per **manueller Netzauswahl** voreinstellen. Nicht zu vergessen sind die **passiven Kosten,** wenn man von zu Hause angerufen wird (Mailbox abstellen!). Der Anrufer zahlt nur die Gebühr ins heimische Mobilnetz, die teure Rufweiterleitung ins Ausland zahlt der Empfänger. Wesentlich preiswerter ist es, sich von vornherein auf **SMS** zu beschränken.

Die etruskische Nekropole von San Guiliano

Meist zentral in Städten und größeren Orten oder Touristenhochburgen unterhält die staatliche Telefongesellschaft **SIP Telefonzentralen** mit 20 oder mehr Fernsprechapparaten. Beliebt sind auch ohne nennenswerte Abschirmung an der Wand angebrachte öffentliche Telefone, die offensichtlich bevorzugt an sehr lauten Örtlichkeiten (z.B. unter dem Bahnhofslautsprecher) platziert werden. Man muss sich dann schreiend unterhaltend, was die Stimmkräfte stärkt und den Umstehenden ein wenig Abwechslung bringt.

Bars mit Telefonzeichen (Wählscheibe) über dem Eingang besitzen einen öffentlichen Fernsprecher. Dies kann ein normaler Apparat mit Zähler, ein Münz- oder Kartenautomat sein.

Von Italien aus nach Deutschland zu telefonieren ist deutlich teurer als umgekehrt. Günstiger wird es Mo bis Fr nach 18.30 Uhr, Sa nach 13 Uhr sowie sonn- und feiertags. Bei Ferngesprächen vom Hotelzimmer sind meist erhebliche Aufschläge zu zahlen!

lat_057 Foto: gh

Unterkunft

An guten und/oder preiswerten Unterkünften herrscht in Latium **kein Mangel.** Vom einfachen Dorfhotel bis zur besternten Luxusherberge, von der schlichten Ferienwohnung auf dem Lande zum Edelagriturismo in den historischen Räumlichkeiten eines restaurierten Klosters, vom kargen Zeltplatz in den Bergen bis zum perfekt ausgestatteten Campingarreal am Bolsena-See oder an der Küste mit Bar, Disco und Vergnügungspark reicht die Bandbreite. Für die Metropole **Rom** muss allerdings eine **Einschränkung** gemacht werden: Hier gibt es zwar insgesamt über 1000 Hotels und Pensionen, allerdings liegen die Preise deutlich über dem Landesdurchschnitt, und vor allem das Angebot an preisgünstigen und qualitativ akzeptablen Unterkünften ist knapp.

Hotels

Alle Hotels werden durch die staatlichen Aufsichtsbehörden kontrolliert und **mit einem bis zu fünf Sternen klassifiziert.**

Die **Preisgestaltung** ist an keine amtlichen Vorgaben gebunden, jedoch ist der Hotelier verpflichtet, die Preise mindestens einmal jährlich bekannt zu geben. Änderungen sind kurzfristig möglich (die Angaben zu Übernachtungspreisen in diesem Buch, die überwiegend auf dem offiziellen, zu Beginn eines Jahres herausgegebenen Hotelverzeichnis beruhen, können deshalb nur einen ungefähren Anhaltspunkt bieten). Im Hotelzimmer muss allerdings der aktuell gültige Übernachtungspreis durch Aushang kenntlich gemacht werden. Er differiert in den meisten Häusern zwischen **Hochsaison** (*alta stagione,* Hochsommer und Feiertage) und **Nebensaison** *(bassa stagione).* Vor allem in Touristengegenden (Rom, tyrrhenische Küste, Ponzianische Inseln) sind die saisonalen Preisschwankungen beträchtlich; in der Nebensaison kann man hier mit ordentlichen Abschlägen rechnen. Das **Frühstück** ist im Preis nicht inbegriffen, es sei denn, der Hotelier oder die Preisliste weisen ausdrücklich darauf hin.

Die **Anzahl der Sterne** ist in der Regel ein verlässlicher Anhaltspunkt für den generellen Komfort des betreffenden Hauses. Über Lage, Ästhetik, Atmosphäre, Lärmbelästigung usw., auf die es ja auch wesentlich ankommt, ist damit natürlich noch nichts gesagt. Es versteht sich, dass Fünf- und Viersternehäuser im Hinblick auf Komfort kaum Wünsche offen lassen. Drei Sterne klassifizieren vom Standard her gute Mittelklasse. Im ländlichen Latium sind auch die Zwei-Sterne-Hotels fast immer angenehme Häuser, oft alteingesessene Familienbetriebe. Bei Hotels mit nur einem Stern muss man nicht unbedingt in einer schmuddeligen Billigbleibe nächtigen. Die Mängel liegen meist nicht im Bereich Sauberkeit oder Zimmerzuschnitt, sondern sind karge Ausstattung, nicht richtig funktionierende Duschen, Heizungen, Beleuchtung oder durchhängende Matratzen. Eine Einschränkung ist auch hier für die Stadt Rom zu machen, wo es bei Hotels der beiden unteren Kategorien auch unerfreuliche, unsaubere Absteigen geben kann.

Innerhalb der Sterne-Kategorien gibt es je nach Lage und Zimmerausstattung **große Unterschiede.** Zimmer ohne Bad sind natürlich beträchtlich preiswerter, werden aber immer weniger angeboten. Die Bezeichnung „pensione" bedeutet nur, dass es im Hotel auch Voll- oder Halbpension gibt. Das Hotelfrühstück ist in den Häusern der unteren Kategorien meist ausgesprochen karg, es besteht oft nur aus einem Kaffee und zwei Scheiben Weißbrot oder Zwieback mit Marmelade. *Caffè* oder *cappuccino* mit *pasta* oder Schinken- bzw. Käsepanini in der Bar um die Ecke sind fast immer vorzuziehen.

Hotelverzeichnisse erhält man nach den Provinzen Frosinone, Latium, Rom, Rieti und Viterbo getrennt in den jeweiligen regionalen Fremdenvekehrsämtern. Ein Gesamtverzeichnis für ganz Latium gibt es derzeit nicht. Die Broschüren enthalten auch umfangreiche Informationen zu Campingplätzen, Agriturismo-Betrieben (Unterkunft auf Bauernhöfen) und Privatvermietern (Bed & Breakfast).

Preiskategorien im Buch

Übernachtungspreis im Doppelzimmer (DZ) für zwei Personen, in der Regel ohne Frühstück, außerhalb der Hochsaison. Einzelzimmer (EZ) kosten im Schnitt 25–35% weniger.

€	**bis 50 Euro**
€€	**50–75 Euro**
€€€	**76–100 Euro**
€€€€	**101–150 Euro**
€€€€€	**mehr als 150 Euro**

Privatzimmer

Nachdem in den letzten Jahren einige der im Interesse der Hotelbesitzer errichteten bürokratischen Hürden abgebaut wurden, gibt es inzwischen auch in Italien ein zunehmend breiteres Angebot an privaten Zimmervermietern. Unter **Affitacamere** sind hotelähnliche Unterkünfte mit maximal sechs Zimmern zusammengefasst, die im Regelfall für einen zusammenhängenden Zeitraum von sieben Tagen vermietet werden müssen. Diese Regelung kann in Orten ohne Hotel sowie in der Hauptsaison aufgehoben werden. Hinter dem Begriff Affitacamere verbirgt sich ein **qualitativ breites Spektrum** von der schlichten, preiswerten Herberge bis zu einem vornehmen, teuren Haus in einem historischen Palazzo.

Private Zimmervermieter, die einige Zimmer in ihrer eigenen Wohnung zur Verfügung stellen, firmieren unter **Bed & Breakfast.** Das Angebot wird von Jahr zu Jahr größer. Neben klassischen B&B mit Familienanschluss gibt es vor allem in touristischen Regionen in dieser Kategorie auch hotelartig organisierte Unterkünfte. Vor allem in Rom, aber auch z.B. in Tivoli oder Viterbo bietet Bed & Breakfast eine bedenkenswerte Alternative zu den teuren Hotels.

Die meisten Privatzimmer (Doppelzimmer) kosten um die **35–60 Euro** pro Nacht inkl. Frühstück, in Rom liegen auch hier die Preise etwas höher. Inzwischen gibt es aber auch bei den Bed & Breakfast vornehm-schicke Unterkünfte in Privatvillen, die dann auch nicht mehr ganz billig sind.

- **Bed & Breakfast Italia** ist ein Zusammenschluss von über 1000 privaten Zimmervermietern, von denen viele in Rom und Umgebung liegen; www.bbitalia.it.

Agriturismo – Ferien auf dem Bauernhof

Ursprünglich war der Agriturismo eine zusätzliche Einnahmequelle der Landwirte. Sie vermieteten ein oder zwei einfach eingerichtete Zimmer an Gäste, die, ob bei der Weinernte oder beim Brotbacken, auch gerne mal mithalfen. In den letzten Jahren kam es im ländlichen Italien zu einem richtiggehenden Agriturismo-Boom. Die Regionalverwaltungen, aber auch die EU, unterstützten Entwicklungen hin zu „sanftem" und **naturnahem Urlaub**

lat_060 Foto: gh

mit Zuschüssen. Besonders **Familien mit Kindern** wählen diese Art von Ferienaufenthalt. Während die Eltern die „langweiligen" Kirchen besichtigen, können sich die Kleinen mit Tieren beschäftigen oder in der Natur austoben.

Die meisten Agriturismo-Betriebe bieten außer Idylle und frischer Luft auch verschiedene Möglichkeiten für einen **Aktivurlaub,** wie Reiten, Mountainbiking, Trekking und Wandern, Kochkurse, Trüffelsuche mit Hunden und vieles mehr. Immer mehr haben auch ihr kleines Schwimmbad vor der Haustür.

Üblicherweise gehört zu einem Agriturismo auch eine kleines **Esslokal,** in dem man, nicht nur als Pensionsgast, mit typischen Produkten der Umgebung und hausgemachten Köstlichkeiten verwöhnt wird. Die **landwirtschaftlichen Produkte,** meist Wein, Öl, Getreide, Eingemachtes, werden direkt am Hof verkauft.

Allerdings ist nicht zu übersehen, dass sich immer mehr Agriturismo-Betriebe auf eine gehobene Kundschaft ausrichten und Unterkünfte auf dem Niveau von Drei- oder gar Viersternehotels bieten – zu entsprechenden Preisen natürlich. Mit klassischen „Ferien auf dem Bauernhof" hat dieser **Edel-Agriturismo,** der öfters von finanzstarken Investoren aus Rom oder Mailand betrieben wird, nichts mehr zu tun.

Sperlonga – der schönste Ort an der latinischen Küste

Eine Auswahl von Adressen für ganz Italien stellt das **Buch „Urlaub auf dem Bauernhof"** vor, das in Deutschland beim Landschriften-Verlag in Bonn erhältlich ist.

Einige Agriturismo-Betriebe sind in diversen nationalen und regionalen **Verbänden** zusammengefasst. Hier gibt es weiteres Informationsmaterial.

- **Agriturist** ist der größte nationale Verband. Der jährlich erscheinende Katalog in italienischer Sprache ist erhältlich bei: Agriturist, Corso Vittorio Emanuele 101, 00186 Roma, Tel. 0 66 85 23 97, Fax 06 68 30 85 78, www.agriturist.it.

Ferienwohnungen

Leichter als allein stehende Häuser sind unabhängige Ferienwohnungen zu finden. Vor allem, wenn man mit Kindern unterwegs ist, ist die Ferienwohnung neben dem Agriturismo eine **angenehme, praktische und kostengünstige Unterkunftsmöglichkeit.** Man kann von dort aus Tagesausflüge unternehmen oder auch mal faul einen Tag „daheim" im Garten verbringen und sich selbst in der Küche mit den typischen Produkten der Gegend kulinarische Leckerbissen preisgünstig zubereiten.

Im Internet, aber auch über Anzeigen in den größeren Tageszeitungen wie „Süddeutsche Zeitung" oder „Die Zeit" findet man zahlreiche schöne Feriendomizile.

Die Wohnungen sind **nicht klassifiziert;** die untere Preisgrenze liegt bei etwa **250 Euro pro Woche,** nach oben ist die Skala offen.

Klöster

Eine oft sympathische und günstige Unterbringung bieten einige Klöster, die als **Case religiose di ospitalità** firmieren. Heute werden unverheiratete Paare meist nicht mehr wie früher abgewiesen; an die Klosterordnung muss man sich allerdings schon halten. Im Herbst und Winter kann es vorkommen, dass die Pforte schon um 21 Uhr geschlossen wird, im Sommer fällt die Klappe gegen 22 Uhr endgültig zu. Nichts für Nachtschwärmer, die aber ohnehin im ländlichen Latium kein gutes Betätigungsfeld finden. Oft ist ein Mindestaufenthalt von zwei Tagen Voraussetzung und/oder Halb- oder Vollpension obligatorisch. Die Preise für ein Doppelzimmer liegen meist bei **35–50 Euro.** Religiöse Häuser gibt es in Latium u.a. in Rom, Frascati, Grottaferrata, Viterbo, Rieti, Subiaco und Fiuggi.

Jugendherbergen

Die **Ostelli per la gioventú** stehen in der Regel jedermann **auch ohne Ausweis** offen. In manchen stehen neben den Schlafsälen auch einfache Doppelzimmer zur Verfügung. Jugendherbergen gibt es in Latium u.a. in Rom, Tuscania, Civitella Cesi bei Blera, am Monte Terminillo, in Sperlonga und in Contigliano bei Rieti.

- **Infos** im Internet: www.ostellionline.org.

Spartipp

Rabatte bekommt man bei den Jugendherbergen, wenn man einen **Internationalen Jugendherbergsausweis** hat, den man schon im Heimatland erwerben muss. Tipp: Kann man auch als Familie beantragen.

- **Deutsches Jugendherbergswerk,** Bismarckstr. 8, 32756 Detmold, Tel. 0 52 31-7 40 10, www.jugendherberge.de, 12–20 Euro.
- **Österreichischer Jugendherbergsverband,** Schottenring 28, 1010 Wien, Tel. 01-53 35 35 30, www.oejhv.or.at, 10–20 Euro.
- **Schweizer Jugendherbergen,** Schaffhauserstr. 14, 8042 Zürich, Tel. 01-3 60 14 14, www.youthhostel.ch, 22–55 SFr.

Camping

Wer gerne mit Zelt oder Campingmobil in den Urlaub fährt, wird in Latium eine ganze Reihe **idyllisch gelegener und gepflegter Campingeinrichtungen** vorfinden. Viele Römer oder Norditaliener haben das ganze Jahr über ihren Wohnwagen auf Campingplätzen stehen; oft ist es üblich, dass die Frau mit Kindern, Oma und dem halben Haushalt mitsamt Waschmaschine und Fernseher ab Juli ans Meer oder an die Binnenseen zieht. Der Mann kommt an Wochenenden und in den Ferien nach.

Neben den offiziellen Campingplätzen gibt es seit neuestem auch **Agricamping.** Das sind Agriturismo-Betriebe, die einige Stellplätze mit Strom, Toiletten und Waschräumen zur Verfügung stellen.

Wildzelten ist natürlich verboten, wer aber spät abends wirklich mal keinen Campingplatz mehr erreicht, kann meist ohne Probleme am Straßenrand campieren. Polizei und Carabinieri drücken in einem solchen Ausnahmefall schon mal ein Auge zu.

Ein breiteres, auch von deutschen Touristen gern genutztes Angebot an schönen Campingplätzen gibt es in Latium vor allem rund um den **Bolsena-See.**

Versicherungen

Zum Thema „Auslandskrankenversicherung" siehe unter „Gesundheit".

Zunächst ein **Tipp:** Für alle abgeschlossenen Versicherungen sollte man die Notfallnummern notieren und mit der Policenummer gut aufheben! Bei Eintreten eines Notfalles sollte die Versicherungsgesellschaft sofort telefonisch verständigt werden!

Ob es sich lohnt, **weitere Versicherungen** abzuschließen (z.B. Reiserücktritts-, Reisegepäck-, Reisehaftpflicht- oder Reiseunfallversicherung) ist individuell abzuklären. Gerade diese Versicherungen enthalten **viele Ausschlussklauseln,** sodass sie nicht immer Sinn machen.

Die **Reiserücktrittsversicherung** für 35–80 Euro lohnt sich nur für teure Reisen und für den Fall, dass man vor der Abreise einen schweren Unfall hat, schwer erkrankt, schwanger wird, gekündigt wird oder nach Arbeitslosigkeit einen neuen Arbeitsplatz bekommt, die Wohnung abgebrannt ist u.Ä. Nicht gelten hingegen: Terroranschlag, Streik, Naturkatastrophe etc.

Auch die **Reisegepäckversicherung** lohnt sich seltener, da z.B. bei Flugreisen verlorenes Gepäck oft nur nach Kilopreis und auch sonst nur der Zeitwert nach Vorlage der Rechnung ersetzt wird. Wurde eine Wertsache nicht im Safe aufbewahrt, gibt es bei Diebstahl auch keinen Ersatz. Kameraausrüstung und Laptop dürfen beim Flug nicht als Gepäck aufgegeben worden sein. Gepäck im unbeaufsichtigt abgestellten Fahrzeug ist ebenfalls nicht versichert. Die Liste der Ausschlussgründe ist endlos ... Überdies deckt häufig die Hausratsversicherung schon Einbruch, Raub und Beschädigung von Eigentum auch im Ausland.

Eine **Privathaftpflichtversicherung** hat man in der Regel schon. Hat man eine **Unfallversicherung,** sollte man prüfen, ob diese im Falle plötzlicher Arbeitsunfähigkeit aufgrund eines Unfalls im Urlaub zahlt. Auch durch manche Kreditkarten oder eine Automobilclub-Mitgliedschaft ist man für bestimmte Fälle schon versichert. Die Versicherung über die Kreditkarte gilt jedoch meistens nur für den Karteninhaber!

Ist man von Europa mit einem Fahrzeug unterwegs, ist der **Europaschutzbrief** eines Automobilclubs eine Überlegung wert. Wird man erst in der Notsituation im Ausland Mitglied, gilt diese Mitgliedschaft auch nur für dieses Land, und man ist in der Regel verpflichtet, fast einen Jahresbeitrag zu zahlen, obwohl die Mitgliedschaft nur für einen Monat gültig ist.

Wandern

Wer ein Land wirklich erleben will, muss den Asphalt hinter sich lassen, die Wanderschuhe anziehen und Schritt für Schritt in die Natur vordringen. Eine Landschaft vom Autofenster oder von einem Aussichtspunkt aus zu genießen, ist sicherlich nicht ohne Reiz, aber nicht vergleichbar mit dem Gefühl, sich „mitten drin" zu befinden. In Latium lassen sich **herrliche Wanderungen** unternehmen. Vor allem die einsamen, unbekannten Bergzüge des Apennin, aber auch die verborgenen Tuffsteintäler Etruriens mit ihren etruskischen Nekropolen und Prozessionswegen bilden lohnende Ziele.

Geht man allerdings einfach aufs Geratewohl los, so steht man bald vor **unerwarteten Hindernissen.** Der Weg verliert sich in der wuchernden Macchia, oder das Sperrschild eines Grundstücksbesitzers verwehrt den Weitermarsch. Gutes Kartenmaterial und verlässliche Wegemarkierungen sind nur vereinzelt vorhanden. In den Talebenen, an den Küsten und auch im Hügelland um Rom ist das Land zu zivilisiert und zersiedelt, als dass das Wandern Spaß machen würde.

lat_064 Foto: gh

Sorgfältige **Routenplanung** ist deshalb unerlässlich. Der Reiseteil dieses Führers enthält einige **Vorschläge für Wandertouren,** die in die landschaftlich abwechslungsreichsten Gebiete Latiums führen. Wegen der genannten Schwierigkeiten sind die Wegbeschreibungen recht detailliert gehalten. Die Touren sind in Bezug auf Weglänge oder der zu überwindenden Höhenmeter nicht immer ganz mühelos zu gehen, stellen aber ausnahmslos keine großen sportlichen oder bergsteigerischen Anforderungen. Weitere Routenvorschläge für lohnende Tageswanderungen findet man auch im **Wanderbuch Rom-Latium** (Bergverlag Rother, München 2003). Umfangreiche Informationen zu Wandern in Italien bietet die Internetseite von *Christoph Hennig:* www.italienwandern.de.

Bei der **Ausrüstung** sollte man darauf achten, dass man wegen des manchmal steinigen Untergrundes Trekking- oder feste Wanderschuhe an den Füßen hat. Von Mai bis Oktober ist an Sonnenschutz (Kopfbedeckung, Creme, Sonnenbrille) zu denken. Die Wege verlaufen über lange Strecken in schattenlosem Gelände. Eine Wasserflasche, die man unterwegs an Quellen frisch auffüllen kann, sowie ausreichender Proviant sind unerlässlich; nur bei den wenigsten Wanderungen kann man sich unterwegs versorgen. Auch einen Regenschutz sollte man immer dabei haben. Mit plötzlichen Wetterumschwüngen ist im Gebirge immer zu rechen.

Ideale **Wanderzeiten** sind natürlich **Frühjahr** und **Herbst.** Abgesehen von gelegentlichen Regenschauern kann eigentlich nichts schief gehen. Bis in den Frühsommer hinein sind die Bergwiesen des Apennin mit einem farbigen Blütenteppich bedeckt. Von Ende Juni bis Ende August empfiehlt es sich, in den frühen Morgenstunden aufzubrechen oder aber den späten Nachmittag bis zur Dämmerung zu nutzen. Während der heißen Mittagsstunden sollte man sich ein Beispiel an den Südländern nehmen und Siesta halten. Auch während der Wintermonate, von November bis Februar, gibt es immer wieder schöne Sonnentage, in den Hochlagen des Apennin liegt dann allerdings meist tiefer Schnee.

Unterwegs in der Nähe von Vicovaro

Buchtipp:
- Gunter Schramm
Trekking-Handbuch
(Reise Know-How Praxis)

lat_066 Foto: gh

Land und Leute

lat_067a Foto: gh

lat_067b Foto: gh

Ziegenherde in den Monti Lepini

Fresken in der Krypta des Doms von Anagni

Forum Romanum

Landschaften, Städte, Sehenswürdigkeiten

Der Naturraum der Region Latium ist durch eine ungewöhnliche landschaftliche **Vielfalt und Gegensätzlichkeit** gekennzeichnet. Von kilometerlangen Sandstränden an flachen schnurgeraden Küsten über sanft geschwungenes, von kleinen Schluchten durchzogenes Hügelland mit Getreidefeldern, Weinbergen und Olivengärten, Mittelgebirgen mit dunklen Eichen- und Buchenwäldern bis zu den baumlosen weiten Hochgebirgsalmen an der Grenze zu den Abruzzen reicht das Spektrum.

Geologisch lassen sich dabei **zwei Hauptzonen** unterscheiden: Das **Gebiet Nordwestlatiums,** von der Grenze zur Toskana bis in die Albaner Berge südlich von Rom, wurde durch vulkanische Aktivitäten geformt. Vor etwa zwei Millionen Jahren begann sich dieser Landstrich, der bis dahin vom Meer bedeckt war, aus dem nur einige isolierte Kalkinseln (Monte Soracte, Monte Circeo) aufragten, durch tektonische Faltungen allmählich anzuheben. Durch die dann vor etwa 600.000 Jahren einsetzenden Vulkanausbrüche wurden riesige Mengen von Asche und Lavabrocken an die Oberfläche befördert. Das ausgeworfene Material verfestigte sich in den folgenden Jahrtausenden und wurde zu **Tuffgestein.** Dieses poröse und leicht zu bearbeitende Material prägt bis heute das Bild der Landschaft und der historischen Orte Nordwestlatiums. Die Bäche und Flüsse gruben nach und nach gewundene kleine Täler in das nachgiebige Gestein, dabei entstanden an zahlreichen Stellen isolierte Plateaus und Bergrücken mit steil abfallenden Abbruchkanten. Auf diesen strategisch günstig gelegenen und besser zu schützenden Tuffinseln errichteten die Menschen von der Frühzeit bis ins späte Mittelalter ihre Siedlungen.

Östlich und südlich der sanft gerundeten vulkanischen Hügelgebiete verlaufen die geologisch älteren, aus **Kalkgestein** aufgebauten Gebirgszüge des die ganze italienische Halbinsel durchziehenden **Apennin.** Mit klaren Konturen begrenzen die an vielen Stellen bis auf über 2000 Meter ansteigenden Bergketten den östlichen Horizont. An klaren Tagen kann man sie sogar von den Hügeln Roms aus problemlos sehen. Die in Nord-Süd-Richtung verlaufenden Apenninen erreichen ganz im Süden Latiums mit den **Monti Aurunci** das Meer und formen hier eine landschaftlich abwechslungsreiche Küste mit Buchten und Vorgebirgen. Weiter nördlich finden sich nahe der Küste mit der pontinischen Ebene und der latinischen **Maremma** größere flache Gebiete, die landschaftlich meist eintönig wirken.

Über die Städte und Sehenswürdigkeiten der Region wirft natürlich **Rom** mit seiner unüberschaubaren Fülle an alter Kunst und Architektur seinen riesenhaften Schatten, unter dem alles andere zu verschwinden scheint. Anliegen dieses Reisehandbuchs ist es jedoch, den großen „Rest“ stärker in den Vordergrund zu rücken. Auch außerhalb der Millionenmetropole gibt es jede Menge kultureller Sehenswürdigkeiten, darüber hinaus viel schöne Natur.

Etrurien – der Norden Latiums

Im Norden Latiums zwischen dem **Tiber** und der tyrrhenischen Küste liegt das frühe Kernland der Etrusker, das in der römischen Antike unter der Bezeichnung *Etrurien* eine eigene, bis in die heutige Toskana reichende Provinz bildete. Das Gebiet durchziehen kleine, mit dichtem Grün überwucherte Schluchten, wo man auf die eigenartigen **etruskischen Totenstädte** (Nekropolen) trifft. Es ist ein besonderes Erlebnis, in die heute meist abseits der besiedelten Orte gelegenen Täler hinunterzusteigen, die immer noch eine eigenartige Magie „jenseits der modernen Zeit“ ausstrahlen. Landschaftliche Höhepunkte bilden auch die fünf Seen nördlich von Rom, die die Krater erloschener Vulkane füllen. Vor allem der auch zum Baden gut geeignete **Lago di Bolsena** ganz im Norden Latiums bietet schöne Landschaften und eine gut ausgebaute touristische Infrastruktur. Schnell erreichbar sind von hier aus die Orte um Pitigliano in der Südtoskana und das auf steilem Fels kauernde umbrische Orvieto; obwohl schon in anderen Regionen gelegen, sind dies typisch „latinische“ Tuffsteinorte im geschichtlichen Kernland der Etrusker.

Latium auf einen Blick

- **Einwohner:** 5.100.000
- **Fläche:** 17.203 km²
- **Bevölkerungsdichte:** 297 Einwohner pro km² (134 ohne die Stadt Rom, 192 Italien insgesamt)
- **Ausdehnung:** Nordwest-Südost ca. 220 km, Nordost-Südwest 60–130 km
- **Provinzen:** Rom (3.670.000 Einw.), Frosinone (480.000), Latina (500.000), Rieti (150.000), Viterbo (300.000)
- **Größte Städte:** Rom (2.830.000 Einw., Regionalhauptstadt), Latina (108.000), Viterbo (60.000), Frosinone (48.300), Civitavecchia (48.000), Tivoli (46.000), Rieti (43.000)
- **Topographie:** Ebenen 19,8%, Hügelland 54,1%, Gebirge 26,1%
- **Höchste Erhebungen:** Monte Gorzano 2458 m, La Meta 2242 m, Monte Terminillo 2216 m
- **Hauptgewässer:** Bolsena-See, See von Bracciano; die nicht schiffbaren Flüsse Tevere (Tiber), Sacco und Liri
- **Wirtschaftsstruktur:** Bruttosozialprodukt nach Sektoren: Verwaltung und Dienstleistung 78%, Industrie 20%, Landwirtschaft 2%

lat_069 Foto: gh

Land und Leute

Auch die zahlreichen **mittelalterlichen Kleinstädte und Dörfer** Nordlatiums scheinen manchmal in einer vergangenen Epoche stehen geblieben zu sein. Die alten Ortskerne mit ihren schmalen verwinkelten Gassen und eng aneinander gebauten bescheidenen Tuffsteinhäusern sind oft halbverlassen, die Bewohner sind in neuere Viertel an den Rändern gezogen. Bekannte Sehenswürdigkeiten Nordlatiums sind die große **Etruskernekropole von Cerveteri** mit ihren vielfältigen Grabformen und **Tarquinia** mit seinen einzigartigen etruskischen Grabmalereien. Unter den Orten des Mittelalters sind die **Provinzhauptstadt Viterbo** mit vielen Relikten aus dieser Epoche sowie das beschauliche **Tuscania** mit kunstgeschichtlich interessanten romanischen Kirchen hervorzuheben. Unbedingt sehenswert sind auch die manieristische Adelsvilla in **Caprarola** und der aus der gleichen Epoche stammende skurrile **Skulpturenpark von Bomarzo.**

Nordöstlich von Rom

Das Land im Nordosten von Rom wird nur selten besucht, nur das noch im Einflussbereich der Hauptstadt gelegene **Tivoli** mit der antiken Villa Adriana und der Villa d'Este, einer weiteren manieristischen Adelsvilla mit schönen Wasserspielen, sieht viele Touristen.

Östlich des Tibers erstreckt sich zunächst noch das typisch mittelitalienische Hügelland der Ölbäume, Gemüsegärten und Rebflächen, die **Bassa Sabina.** Dann beginnen mit den **Sabinerbergen** die hintereinander gestaffelten, dünn besiedelten, mit Eichen und Buchen bewaldeten Höhenzüge der **Apenninen.** Je weiter man nach Osten vordringt, umso nordischer wirkt das Land. Um den Hauptort der Provinz, das abseits gelegene **Rieti,** öffnet sich die **Conca Reatina,** eine von Bergen eingerahmte große Ebene. In den Bergen und Wäldern am Rande der Hochfläche wirkte im Mittelalter der *hl. Franz von Assisi,* der hier vier kleine Klöster gründete, die noch heute den ursprünglichen naturverbunden Geist des heiligsten Heiligen der Italiener vermitteln.

Östlich der Conca Reatina erhebt sich markant als isolierter Vorposten des Apenninenhauptkammes der **Monte Terminillo** (2216 m), an seiner Südwestseite breitet sich ein kleines Ferien- und Skigebiet aus, das zunehmend unter Schneemangel leidet, die Nord- und Ostseite bieten viel ursprüngliche Natur.

Noch einsamer wird das Land im äußersten Nordosten der Region an den Grenzen zu den Marken und Abruzzen, wo sich die menschenleeren **Monti della Laga** mit dem höchsten Berg Latiums, dem **Monte Gorzano** (2458 m), erheben. Hier gelangt man in unberührte Bergeinsamkeiten mit Hochgebirgsweiden, Wasserfällen und den zwei verästelten Stauseen **Lago di Turano** und **Lago di Salto.**

Südöstlich von Rom

Das Gebiet im Südosten Roms zeigt sehr unterschiedliche Landschaften.

Die Täler der **Flüsse Sacco** und **Liri,** die sog. **Ciociaria,** waren noch im 19. Jahrhundert ein Gebiet von sprichwörtlicher Armut. Heute liegt hier eine der dynamischsten Entwicklungszonen Mittelitaliens; die Autobahn und die neue Schnellbahnstrecke nach Neapel, einige Kleinindustrie mit Zementfabriken und ein großes Fiat-Werk bei Cassino haben nicht gerade zu einer positiven Bereicherung des Landschaftsbildes geführt.

Abseits der unmittelbaren Talzonen findet man jedoch zwischen gesichtsloser moderner Architektur sehenswerte mittelalterliche Stadtzentren, die teilweise noch von den wuchtigen, mehr als 2500 Jahre alten Poligonalmauern aus vorrömischer Zeit eingegrenzt sind. Orte wie **Segni, Palestrina, Anagni, Alatri, Ferentino** oder **Arpino** existierten schon als bedeutsame, aus Stein erbaute Städte, mit Tempelheiligtümern, Türmen und Toren, als Rom noch ein unbekanntes kleines Dorf mit bescheidenen Holzhütten war.

Nach Osten, zur Grenze zu den Abruzzen hin, wird das Land immer gebirgiger und einsamer. Die Berge steigen mancherorts auf über 2000 Meter an (**Monte Viglio,** 2156 m, **Monte del Passeggio,** 2064 m). Die unberührte Natur mit ihren Buchenwäldern und Blumenwiesen ist ein wenig bekanntes Wanderparadies, wo man selbst im Hochsommer stundenlang unterwegs sein kann, ohne einen anderen Menschen zu treffen.

Das abseits gelegene Bergland im Südosten Roms war Schauplatz eines für die europäische Religions- und Zivilisationsgeschichte höchst bedeutsamen Geschehens. Im **Tal von Subiaco** nahm im 6. Jahrhundert das **abendländische Klosterwesen** seinen Anfang, auf dem **Monte Cassino** diktierte der *hl. Benedikt von Nursia* die bis heute das christliche Mönchsleben prägenden Ordensregeln *(ora et labora).* Die spektakulär gelegenen, mit zahlreichen Kunstwerken geschmückten **Benediktinerklöster von Subiaco und am Montecassino** bilden die herausragenden Sehenswürdigkeiten Südostlatiums.

Bären, Wölfe und Gämsen durchstreifen die Laubwälder und die steinigen, bis auf gut 2200 Meter ansteigenden Hochgebirgskämme im äußersten Südosten der Region. Das älteste Naturschutzgebiet Italiens, der **Nationalpark der Abruzzen,** erfasst auch einen Teil des latinischen Apennin.

Südlatium

Im Süden Roms setzt sich mit den auf etwa 900 Meter ansteigenden **Albaner Bergen** zunächst noch die sanft gerundete vulkanische Landschaft Nordwestlatiums fort. Inmitten von Laubwäldern und der Rebhänge des weltbekannten **Frascati-Weins** liegen einige schöne alte Orte **(Albano Laziale, Castel Gandolfo, Rocca di Papa),** zwei runde Seen mit teilweise noch unverbauten Ufern füllen die Krater erloschener Vulkane **(Lago Albano, Lago di Nemi).** Leider macht sich das immer weiter ins Umland ausfransende nahe Rom mit vielen unpassenden Neubauten, Verkehrsaufkommen und großem Besucherandrang an den Wochenenden unangenehm bemerkbar.

Erheblich einsamer sind die sich südlich anschließenden, geologisch schon zum Kalkapennin gehörenden Gebirgszüge der **Monti Lepini, Monti Ausoni** und **Monti Aurunci.** Die bis zu 1500 Meter hohen Berge sind von mediterraner Steineichenmacchia und kargen Schafweiden bedeckt, in den höheren Lagen wachsen vereinzelt schattige Buchenwälder. Das Bergland, das nur durch wenige Straßen erschlossen ist, lässt sich auf langen Wanderungen erkunden, von den offenen Höhen genießt man außerordentliche Fernblicke vom Meer bis zu den Abruzzen. An den Hängen findet man einige schöne mittelalterlich geprägte Orte, wobei vor allem das pittoreske **Sermoneta** und das uralte **Cori** in den Monti Lepini zu nennen sind.

Die den Monti Lepini westlich vorgelagerte **pontinische Ebene** wurde erst in der Zeit vor dem Zweiten Weltkrieg besiedelt, nachdem die sich hier erstreckenden Sümpfe endgültig trockengelegt worden waren. Zuvor war dies ein lebensfeindlicher, wegen der grassierenden Malaria gefürchteter Landstrich. Die um 1930 in der entwässerten Ebene neu angelegten Orte (Latina, Sabaudia) sind touristisch uninteressant.

Den **Küstenstreifen** bildet hier ein riesiger schnurgerader Sandstrand, der auch im Hochsommer noch freie Badeplätze bietet. An seinem Südende steht isoliert der steile Kalkberg des **Monte Circeo** am Meer, ursprünglich eine Insel, auf der die legendäre Zauberin *Circe* aus *Homers* „Odysseus" ihre magischen Kräfte entfaltete. Südlich des Monte Circeo setzt sich die Meeresküste mit weiteren langen Sandstränden fort. **Terracina** mit einer kleinen Altstadt um den romanischen Dom, vor allem aber das malerische **Sperlonga,** sicherlich der schönste Küstenort Latiums, sind hier die Haupttouristenorte. Im Hinterland von Terracina bildet das **Zisterzienserkloster von Fossanova** ein architektonisches Juwel des Mittelalters.

Südöstlich von Sperlonga drängen die Monti Aurunci bis unmittelbar ans Meer und formen eine landschaftlich abwechslungsreiche Küste mit Buchten und Vorgebirgen. **Gaeta** liegt auf einer Halbinsel am weit geschwungenen Golf von Neapel, über dem sich kahle Berge auftürmen. Geschichtlich gehörte dieser Landstrich lange Zeit zum Königreich von Neapel, und auch in der lebhaft-lauten, farbigen Alltagsatmosphäre ist unverkennbar, dass man hier im Süden Italiens angekommen ist.

Noch mehr südlich-mediterranes Flair bietet der **Archipel von Ponza.** Seine fünf winzigen Inseln, davon zwei bewohnt, sind vulkanischen Ursprungs und zeichnen sich durch unverbaute Felsküsten und idyllische Badebuchten mit glasklarem Wasser aus.

Korkeichenwald in den Monti Ausoni

Flora und Fauna

Pflanzenwelt

Weite Teile Latiums sind von einer ausgesprochen vielfältigen Vegetation bedeckt. In ihr mischen sich **mediterrane, mitteleuropäische und** sogar **alpine Elemente.** Ihren spezifischen Reiz gewinnt die Natur Mittelitaliens aus dem kleinräumigen Wechsel zwischen dem vom Menschen gestalteten Kulturland mit seinen Weinbergen, Olivenhainen und Obstbaumwiesen und der oft unmittelbar angrenzenden Wildnis der Macchia, der Steineichen-, Kiefern- und Buchenwälder.

In den tieferen Zonen breitet sich am Rande des Kulturlandes auf sonnenexponierten Flächen und auf den Küstenhügeln manchmal die **Macchia** aus. So bezeichnet man einen trockenen Niederwald aus immergrünen Hartlaubgewächsen wie Steineichen, phönizischem Wacholder, Mastixstrauch und Baumheide, unter die sich zum Teil intensiv duftende Blütenpflanzen wie Stechginster, Stechwinde, Zistrose, Rosmarin und Thymian mischen. Im Herbst leuchten hier und da die gelb-roten, essbaren Früchte des Erdbeerbaumes aus dem Buschwerk hervor. Die Pflanzen der Macchia sind an trockene, sonnige Standorte angepasst. Lederartige verdickte

lat_073 Foto: gh

lat_074 Foto: gh

Blattoberflächen oder Stachelbildung mindern z.B. die Verdunstung. Oft bildet der Macchiawald ein undurchdringliches, dorniges Pflanzengeflecht. In den durch fortschreitende Erosion entstehenden Degradationsformen besteht er nur noch aus buschhohem Gestrüpp. Ursprünglich bedeckten auf der ganzen Apenninhalbinsel in den tieferen Lagen ausgedehnte Macchiawälder die Hänge. Heute sind sie durch Gewinnung von Kulturland, Holzeinschlag, Viehverbiss und Waldbrände stark dezimiert. Einen typischen Macchiawald findet man beispielsweise noch in Südlatium (Monti Lepini) und im kleinen Küstengebirge des Monte Circeo. Hier wächst auch die **kretische Zwergpalme,** die einzige in Europa natürlich vorkommende Palmenart.

Der ursprüngliche Charakterbaum – nicht nur der Macchia, sondern des ganzen Mittelmeerraumes – ist die **Steineiche.** Der Kalkböden bevorzugende immergrüne Baum besitzt kleine, eiförmige, dunkelgrüne, an den Rändern leicht gezackte Blätter mit glänzend ledriger Oberfläche. Nur durch seine Eichelfrüchte zeigt er seine botanische Verwandtschaft mit den bei uns heimischen Eichenarten. Die Größe der Steineiche variiert beträchtlich. In der Antike gab es noch ausgedehnte Hochwälder, die in den letzten Jahrhunderten weitgehend abgeholzt wurden. Die das ganze Jahr in mystisches Dunkel gehüllten Waldungen galten den Römern vielerorts als heiliger Hain der Götter. Das Fällen der Bäume war hier verboten. Und auch die Mönche des Mittelalters, die sich zur Meditation bevorzugt in die Steineichenwälder zurückzogen, stellten die Wälder unter ihren Schutz.

Eine der Steineiche verwandte Form ist die seltenere **Korkeiche,** die leicht an der zur Korkgewinnung abgeschälten Rinde zu erkennen ist. Darunter wird ein kräftig rotbraun gefärbter Stamm sichtbar. Größere Bestände an Korkeichen gibt es noch in Südlatium, u.a. in den Monti Ausoni bei Monte San Biagio.

Karge Berglandschaft am Lago della Ducchessa

Unter die Macchia mischen sich fast überall diverse **Kiefernarten,** u.a. die anspruchslose, wärmeliebende Aleppokiefer, die manchmal auch größere Waldungen bilden.

Die **Pinie** mit ihrer markanten Schirmform kommt vor allem an der tyrrhenischen Küste bei Rom noch in größeren Beständen vor (Pineta di Castel Fusano, Pineta Sacchetti). Sie wird manchmal als Zier- oder Nutzbaum angepflanzt. Ihre essbaren Samen, die Pinienkerne *(pinoli),* finden in der Küche für Nudelsaucen und Kuchen Verwendung.

Häufig sind auch diverse kleinere sommergrüne Eichenarten. Vor allem die **Flaumeiche** ist bis in die mittleren Bergzonen überall weit verbreitet. Unter ihrem Wurzelgeflecht wachsen die begehrten **Trüffelknollen.** Auch durch gezielte Aufforstungen haben sie vielerorts die für die Region eigentlich charakteristischere Steineiche verdrängt.

In abgelegenen Bergtälern ist auch hier und da die **Edelkastanie** anzutreffen. Sie galt in den vergangenen Jahrhunderten als Brotbaum der armen Leute. In den Zeiten großer Not wurden die Esskastanien zu Backmehl vermahlen.

In den höher gelegenen Regionen des Apennin breitet sich ab etwa 1000 Metern Höhe eine dem Mitteleuropäer vertraute Waldgemeinschaft aus. *Faggeta* heißt im Italienischen der **Laubmischwald,** in dem die **Buchen** dominieren. Daneben kommen viele uns vertraute Baumarten hiesiger Mittelgebirge vor (Ahorn, Esche, Bergulme), allerdings – bis auf vereinzelte Weißtannen und Lärchen – kaum Nadelbäume.

Die weiten **Bergwiesen** in den Höhenlagen des Apennin sind im Frühsommer in eine üppige Blütenpracht getaucht. Sie begeistern auch ohne besonderes Interesse für seltene **Wildblumen.** Neben den alltäglichen Pflanzen wie Klatschmohn, Kornblumen, Margeriten und Krokusarten lassen sich zahlreiche seltenere Blütenpflanzen entdecken, wie diverse **Orchideenarten** oder die farblich hervorstechende **Feuerlilie.**

In den Hochlagen der Monti della Laga und der Abruzzen finden sich mit Alpenveilchen, Edelweiß und Enzian typisch **alpine Pflanzen.**

Unter den importierten Pflanzen sind neben den die Uferpromenaden und Parks säumenden Palmen vor allem der Ölbaum und die Zypresse zu nennen. Den **Ölbaum** brachten wahrscheinlich griechische oder etruskische Seefahrer als Nutzpflanze nach Italien, die **Zypresse** stammt, wie der Name schon sagt, wahrscheinlich aus Zypern. Es gibt sie in zwei Unterarten. Die Ursprungsform mit breiten ausladenden Ästen unterscheidet sich nicht sehr von anderen Nadelbäumen. Die auffälligere, schlank-hoch aufstrebende dunkle Säulenzypresse wurde schon in der Antike aus ästhetischen Gründen angepflanzt. Noch heute erfreut sie den Fotografen bei der Suche nach markanten Akzenten für die Bildgestaltung. In langen Reihen säumen sie die Auffahrten zu herrschaftlichen Villen, und auf den Hügelkuppen

Der Ölbaum

Überall im mittelitalienischen Hügelland bedecken bis auf etwa 600 Meter Höhe die Terrassenkulturen des Ölbaums die Hänge. Mit seinen silbrig-grün in der Sonne flimmernden Blättern und den oft bizarr verwachsenen Stamm- und Astformen strahlt er Würde und Individualität aus. Unter den Charakterpflanzen des mediterranen Raums nimmt er unstreitig den ersten Platz ein.

Seit 4000 Jahren kultivieren die Menschen des Mittelmeerraums die Pflanze nicht nur zu Ernährungszwecken. In der Antike verwendete man das Olivenöl als Brennstoff für Lampen, nutzte es als Seife und Medizin oder salbte den ganzen Körper mit ihm ein. Ursprünglich kommt der Ölbaum aus Kleinasien. Schon bei den Ägyptern war er wegen seiner Heilkraft bekannt. Den Griechen galt der Ölbaumzweig als Friedenssymbol. Sie pflanzten Olivenbäume in allen von ihnen gegründeten Kolonien. Wahrscheinlich legten die Etrusker nach griechischem Vorbild die ersten Olivenhaine in Mittelitalien an.

Der Ölbaum ist eine **immergrüne Pflanze, die nur in wärmeren Klimazonen gedeiht.** Lange Frostperioden mit Temperaturen von unter -5 °C verträgt er nicht; die Bäume brechen dann auseinander und sterben ab. Im Winter 1984/1985 fielen in Mittelitalien Ölbäume in so großer Zahl dem Frost zum Opfer, dass man hier heute fast nur noch junge, relativ kleine Exemplare sieht. Unter optimalen Umständen kann sich der Baum in Hunderten von Jahren zu einem alten, knorrig-verwachsenen Prachtexemplar entwickeln.

Um ausreichend Früchte zu tragen, muss der Baum jedes Jahr im Januar zurückgeschnitten werden. Im Mai zeigt er kleine, unscheinbar weiße Blüten. Gegen November beginnen die **Oliven** nach und nach die Farbe zu wechseln, von Hellgrün über Blaugrün zu Schwarzlila. Frisch vom Baum gepflückt schmecken Oliven extrem bitter. Genießbar werden sie erst, nachdem die Bitterstoffe entzogen wurden. Dies geschieht je nach Region oder Hausrezept unterschiedlich: in Salzlauge eingelegt, im Ofen getrocknet, aufgekocht, in Öl eingelegt oder einfach nur dem Frost ausgesetzt.

Die grünen Tafeloliven werden schon unreif im September vom Baum geholt, die eigentliche **Ernte** für die Ölherstellung beginnt Anfang November. Gepflückt wird nach wie vor in erster Linie mit der Hand. Es gibt zwar auch Maschinen, die den Baum so lange rütteln, bis die letzte Olive ins Netz fällt. Diese Methode schadet jedoch der Pflanze. Bei der schonenderen Methode steigt man mit Leitern auf den Ölbaum, und mit einer Art Kamm oder mit den bloßen Händen streift und zieht man die Oliven von den Zweigen. Das Netz wird dann zusammengezogen, und die Oliven werden in Kisten oder Säcke gefüllt. Sobald nach vielen langen Tagen die Oliven gesammelt wurden, geht es zum *Frantoi,* der **Ölmühle;** ein wahrer Festtag nach der Mühsal der Erntearbeit. Während man wartet, bis das Olivenöl aus der Presse rausrinnt, sitzt man bei Wein und am Kamin geröstetem Weißbrot mit Olivenöl, Knoblauch und Salz *(Bruschette)* zusammen, erzählt sich dieses und jenes, diskutiert über die Ernte und atmet den starken, aber angenehmen Duft der frisch gepressten Oliven ein.

Aus der italienischen Küche ist das **Olivenöl** nicht wegzudenken. Es ist die Basis vieler Rezepte. In den Olivengegenden Italiens konsumiert eine Familie cirka einen Liter Öl pro Woche. Abgesehen davon, dass es gut schmeckt, wird dem Öl auch Heilwirkung beigemessen. Es gilt als optimales Mittel für Magen- und Darmkrankheiten, hilft angeblich bei Verstopfung, regt die Gallenblase und die Nieren an und beschleunigt den Abbau von Nierensteinen. In der modernen Ernährungslehre wird vor allem die Wirkung als Mittel zur Senkung der schädlichen Cholesterin-Variante betont.

Wichtig ist es, wirklich gutes Olivenöl zu gebrauchen. Die **Qualität** hängt wesentlich vom Säuregehalt ab, der bei hochwertigen Ölen nicht über 1% liegen soll. Je früher man erntet, desto niedriger ist der Säuregehalt. Allerdings geben später geerntete Oliven mehr Öl ab. Auch beim Olivenöl gewinnt man somit Qualität auf Kosten der Quantität. Deshalb, aber auch wegen des großen Arbeitsaufwands, kann wirklich gutes Olivenöl nicht billig sein. Je nach Jahrgang, Gebiet und Qualität kostet ein Liter hochwertiges Olivenöl zwischen 5 und 15 Euro. In jeder Hinsicht am günstigsten bekommt man es vor Ort bei den Olivenmühlen. Ein Ölbaum trägt zwischen 20 und 40 kg Oliven. Fünf Kilo braucht man, um einen Liter Öl zu gewinnen. Bei der **Kaltpressung** werden die Oliven von Blättern und Zweigen gereinigt und auf Steinrädern gemahlen. Die Olivenpaste wird dann auf ringförmige, geflochtene Strohmatten aufgetragen, die anschließend übereinander gelegt und gepresst werden. Die austretende Flüssigkeit wird aufgefangen und kommt in eine Zentrifuge, mit der das Olivenöl vom Fruchtwasser geschieden wird. In einigen Ölmühlen werden die Oliven während des Mahlvorgangs erhitzt, was den „Vorteil" hat, dass die Früchte mehr Öl abgeben. Erhitztes Olivenöl verliert allerdings an Geschmack, Vitaminen und Heilwirkung. Manchmal steht auf den Etiketten „Sansa di Olive". Dies bedeutet, dass das Öl aus einer Zweitpressung stammt. Wirklich erstklassiges Öl ergibt nur die kalte Erstpressung. An der Bezeichnung „extra vergine" ist sie auf den Etiketten zu erkennen.

lat_077 Foto: gh

zeichnen sie sich als isolierte Ausrufezeichen mit klarer Silhouette gegen den Himmel ab. Wie im Vorderen Orient umstehen Zypressen auch in Italien häufig die Friedhöfe. Der Baum gilt als Symbol für geläuterte Reinheit und die nach oben, zum Göttlichen, strebende Seele der Verstorbenen.

Tierwelt

Die Fauna Mittelitaliens ist relativ **arm an größeren Arten** – die Jagdleidenschaft der Italiener ist mit der Grund dafür. Immer noch kann jedermann im Herbst die Flinte schultern und außerhalb der Naturparks oder privater Jagdreviere auf so gut wie alles schießen, was sich in freier Natur bewegt.

Recht weit verbreitet sind noch **Wildschweine** und **Wildkaninchen,** seltener Fuchs, Dachs, diverse Marderarten und die sehr scheue Wildkatze. Lieblingstier der Jäger ist neben dem Wildkaninchen, das sich als *coniglio al cacciatore* auf den Speisekarten der Landrestaurants wiederfindet, das Wildschwein. Als Gulasch oder Zutat zur beliebten Nudelsauce *al cinghiale* landet es in den Kochtöpfen. Außer auf dem Teller ist es nicht leicht ein Wildschwein vor die Augen zu bekommen. Es sind sehr scheue und vorsichtige Tiere, die sich tagsüber im Dickicht der Wälder verbergen. Sie sehen schlecht, hören und riechen dafür aber umso besser. Wahrscheinlicher ist es, ihre Spuren zu entdecken, durchfurchte Schlammlöcher und zerwühltes Erdreich. Sich im Dreck suhlen ist ihre Lieblingsbeschäftigung, Wurzeln und Knollen sind ihr Leibgericht. In den Randgebirgen Latiums sind Wildschweine noch zahlreich, und da sie außer dem Menschen und den wenigen Apenninwölfen keine Feinde haben, vermehren sie sich zum Leidwesen der Landwirte stark. Nachts kommen sie aus den Wäldern, reißen Zäune ein, zerwühlen Felder, legen Weinstöcke, Obst- und Ölbäume frei und fressen deren Wurzeln. Die **Wildschweinjagd** ist in Italien **erlaubt,** aber in manchen Gebieten wie den Naturparks darf jährlich nur eine begrenzte Anzahl geschossen werden. In manchen Jahren vermehren sie sich dann so stark, dass sie zur Nahrungssuche in großen Rudeln in die Täler einfallen.

Über Jahrhunderte wurde im Apennin versucht, mit Gift, Fallen und Schießpulver den ewigen Feind des Menschen, den **Wolf,** auszurotten. Zum Glück ist das bis heute nicht gelungen. Hoch oben, in den abgelegensten Gegenden, gibt es ihn noch – zum Leidwesen der Schäfer und Bauern, denen immer wieder mal ein Tier gerissen wird. Man schätzt, dass heute noch 400 bis 500 Wölfe in den Apenninbergen leben. In den einsamen Gebirgsregionen der Monti della Laga, Monti Simbruini und Monti Ernici kann man sie manchmal nachts heulen hören. Zu Gesicht bekommt man die scheuen Tiere so gut wie nie. Der **Apenninenwolf** ist etwas kleiner als die in Nord- und Osteuropa vorkommenden Unterarten. Dem Menschen wird er nicht gefährlich. Seit er in den 1970er Jahren im Nationalpark der

Abruzzen unter Schutz gestellt wurde, vermehrt er sich auch anderswo wieder. Dabei wandert er immer weiter nach Norden. Der ganz Italien bis zu den Alpen durchziehende, kaum besiedelte Höhenrücken des Apennin, der nach den Tunnelbauten der letzten Jahrzehnte von keiner wichtigen Verkehrsschneise mehr durchschnitten wird, lässt das Ausweichen nach Norden aus dem zu eng gewordenen Schutzgebiet zu. Inzwischen ist der Apenninenwolf in der Südschweiz und in den provenzalischen Alpen angekommen.

Im Nationalpark der Abruzzen, der zu einem kleinen Teil auch die Region Latium erfasst, kommen der scheue *orso bruno marsciano,* eine Unterart des europäischen **Braunbärs,** und die endemische **Abruzzengemse** vor. **Reh** und **Hirsch** wurden in den letzten Jahrzehnten wieder eingebürgert.

Fast überall in den Hochlagen des Apennin kann man inzwischen auf Gruppen **halbwilder Pferde** treffen. Es handelt sich wohl überwiegend um Bestände, die sich aus Tieren entwickelt haben, die im Zuge der Mechanisierung der Landwirtschaft von ihren Besitzern in die Wildnis entlassen wurden.

Auf den Wanderwegen liegen öfters die langen, spitzen, schwarz-weiß gemusterten Stacheln, die das **Stachelschwein** verloren hat (*istrice* oder *porcospino*). Das nachtaktive Tier verkriecht sich tagsüber in tiefe Höhlen, wo es in Gruppen haust. Manchmal teilen sich die Tiere die Höhle auch mit dem Dachs. Das Stachelschwein wiegt ca. 15 Kilo und wird bis zu 70 Zentimeter lang. Der Kopf ist mit borstigen Haaren bedeckt. Ab dem Kragen wachsen ihm 20 bis 30 Zentimeter lange Stacheln, die es bei Gefahr aufstellt und sich so vor seinen Feinden schützt. Häufig verlieren sie diese beim Kampf oder auch am Eingang ihrer Höhle.

Im Gelände kann man öfters den heiseren Schrei des auffliegenden **Goldfasans** *(fagiano)* hören, ebenfalls beliebtes Jagdobjekt, genauso wie die noch häufigen **Rebhühner** und **Wachteln.** Die **Vogeljagd mit Netzen,** die leider in Italien immer noch nicht verboten ist, führt dazu, dass man außerhalb der Schutzgebiete weniger **Singvögel** als in nördlicheren Breiten in den Wäldern sieht und hört.

Die **Greifvögel** sind mit den auch bei uns vertrauten Arten vertreten (Habicht, Sperber, Wespenbussard, Wanderfalke, Rohrweihe, Milan). In den dichten Bergwäldern in den mittleren Lagen des Apennin mit seinen Kalksteinwänden haust der **Uhu,** und über den Grenzbergen zum Abruzzennationalpark ziehen noch einige **Steinadler** ihre Kreise. In den Montagne della Duchessa kann man manchmal den majestätischen **Gänsegeier** hoch am Himmel schweben sehen, der am benachbarten Monte Velino in den Abruzzen ein streng geschütztes Brutgebiet hat.

Raschelndes Laub zu Füßen des Wanderers stammt meist von der flüchtenden **Mauereidechse.** Die unscheinbaren braunen Tiere sonnen sich überall in großer Zahl an den al-

lat_080 Foto: gh

ten Schichtsteinmauern. Mehr für das Auge bietet die gar nicht so seltene, größere und leuchtend-grün gefärbte **Smaragdeidechse.**

Auch diverse Schlangenarten sind in Latium heimisch, **giftige** kleine **Vipern** und ungiftige größere Nattern. Schlangen halten sich oft an sonnenexponierten Steinflächen in der Nähe von Wasserläufen auf. Weit verbreitet, aber nicht sehr häufig ist die giftige **Aspisviper,** sie kommt u.a. im Valle Fota in den Monti Lepini vor. Es handelt sich um eine kleine braune Schlange mit kurzen dunklen Querstreifen auf dem Rücken. Theoretisch es ist relativ einfach, sie zu erkennen. Wie alle Vipern hat sie einen vom Körper deutlich abgesetzten dreieckigen Kopf, längliche vertikale Pupillen und einen relativ dicken Rumpf mit dünnem kurzem Schwanzende. Im Gegensatz dazu geht bei den ungiftigen Natternarten der längliche Kopf gleichmäßig in den Rumpf über, das stark verdünnte Schwanzende fehlt, die Pupillen sind rund. Allerdings wird man bei der Begegnung mit einer Viper wenig Gelegenheit haben, dem Tier allzu tief in die Augen zu schauen, da es sehr scheu ist. Man muss schon direkt über sie stolpern, um von ihnen gebissen zu werden. Für kleinere Säugetiere ist der **Biss** sofort tödlich, für den Menschen aber meist weniger gefährlich, als immer wieder behauptet wird. Das Gift beginnt nach 3 bis 6 Stunden zu wirken. Man hat also meist genug Zeit,

Karte Völker Latiums S. 81

das nächste Krankenhaus aufzusuchen. Erste Anzeichen einer Vergiftung sind Schweißausbrüche und Durst. Die Bisswunde der Aspisviper bildet die Form eines Dreiecks. Sie sollte gereinigt und der Arm oder Fuß abgebunden werden. Dann sollte der Verletzte möglichst ruhig gehalten werden, damit das Gift nicht zu schnell in die Blutbahnen gerät.

Häufiger als Vipern sind diverse **ungiftige Natternarten,** darunter einige von beträchtlicher Größe, wie die angriffslustige **Zornnatter** oder die bis zu 2 Meter lange harmlose **Äskulapnatter.** In den niedrigeren Lagen des Apennin und in den Kalkgebirgen Südlatiums braucht man im Sommer nicht viel Glück, um sie zu Gesicht zu bekommen, wenn auch oft nur tot – der aufgewärmte Asphalt der Landstraßen übt auf die wechselwarmen Tiere eine große Anziehungskraft aus. Daneben halten sie sich auch im Geäst der Bäume auf und jagen manchem Wanderer einen leichten Schreck ein, wenn sie mit leisem Zischeln aus den Zweigen zu Boden gleiten.

Giftig, aber nicht sehr häufig – die Aspisviper

Geschichte und Politik

Die Frühzeit – Etrusker und Latiner

Wie Funde von Knochen und einfachen Werkzeugen belegen, lebten an den Küsten Latiums schon vor etwa 200.000 Jahren die Menschen der **Altsteinzeit.** Vor allem der Monte Circeo mit seinen schützenden Kalksteinhöhlen scheint ein früher Siedlungsschwerpunkt gewesen zu sein. Vor etwa 130.000 Jahren tauchte hier der *Homo neandertalensis* auf, der vor etwa 20.000 Jahren durch den modernen Menschen, den *Homo sapiens,* verdrängt wurde.

Noch im 2. Jahrtausend v.Chr. führten die Menschen ein halbnomadisches Leben als Sammler und Jäger. Der Ackerbau steckte noch in den Anfängen, die Werkzeuge waren primitiv, die wenigen Siedlungen bestanden aus einfachsten Reisig- und Schilfhütten, dauerhafte Städte aus Stein und staatliche Strukturen existierten noch nicht. Zum **Ende des 2. Jahrtausends v.Chr.** machte sich ein allmählicher Wandel bemerkbar, die Techniken der Metallbearbeitung wurden entwickelt, die halbnomadische Lebensweise zugunsten einer Existenz als Ackerbauer in dauerhaft angelegten Dörfern mit reetgedeckten Hütten aus Lehmziegeln aufgegeben. Die Bevölkerung wuchs rasch an. Von indogermanischen Stämmen aus Griechenland vertriebene **Pelasger** wanderten nach Latium ein; die aus wuchtigen Blöcken gefügten Festungsmauern der uralten Städte im Südosten der Region (Segni, Alatri, Arpino) erinnern an die Megalithkultur Mykenes auf Kreta.

Die italische **Urbevölkerung** dieser Zeit setzte sich aus zahlreichen lockeren **Stammesverbänden** zusammen, südlich vom heutigen Rom siedelten u.a. die Latiner und Volsker, im Osten Herniker, Equer und Samniten, im Nordosten Sabiner und Umbrer. Das Gebiet im Nordwesten Latiums gehörte zu einer eigenständigeren Zivilisation, die, nach einem Fundort bei Bologna, als sog. **Villanova-Kultur** bezeichnet wird.

Im 8. Jahrhundert v.Chr. traten auf dem Gebiet der Villanova-Kultur die **Etrusker** auf. Die Herkunft dieses Volkes, das über eine eigenständige Sprache und Schrift verfügte, ist Gegenstand eines endlosen Gelehrtenstreits. Sind sie aus dem Orient eingewandert, oder handelt es sich um ein ursprünglich auf der Apenninhalbinsel heimisches Volk, das durch den frühen Kontakt mit den entwickelteren Völkern des östlichen Mittelmeerraumes kulturell profitierte? Vor allem italienische Historiker bevorzugen natürlich die letztgenannte These, wahrscheinlich wird man aber nie zu einem eindeutigen Ergebnis kommen, obwohl

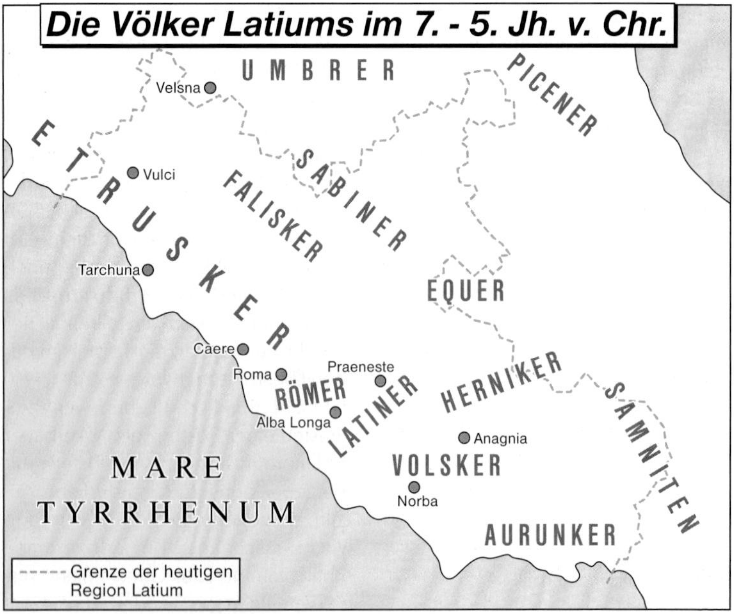

die etruskische Kultur durch zahlreiche archäologische Funde dokumentiert ist. Auf jeden Fall schufen die Etrusker ab dem 8. Jahrhundert v.Chr. die **erste Hochkultur auf europäischem Boden.** Sie bauten befestigte Städte mit gepflasterten Straßen und öffentlichen Gebäuden, entwickelten als Bündnis unabhängiger Stadtstaaten erste staatsrechtliche Strukturen und verbesserten die Landwirtschaftstechniken und die Verfahren der Metallherstellung entscheidend. Ihre Seehandelskontakte reichten bis nach Griechenland und in den Vorderen Orient. Daneben schufen sie eine differenzierte Kunst und Religionskultur, die sich in den reich geschmückten **Totenstädten** widerspiegelt. Die Etrusker übten einen großen kulturellen Einfluss auf die benachbarten Völker aus, der auch in die Zeit der Römerherrschaft hineinwirkte. Der Siedlungsraum der Etrusker erstreckte sich zeitweise von der Po-Ebene bis südlich von Rom, vom Tyrrhenischen Meer bis zum Tiber, Kerngebiet der frühen kulturellen Blütezeit (8. bis 5. Jahrhundert) war das heutige Nordlatium, wo mit Tarquinia, Cerveteri, Veji und Vulci die vier bedeutendsten Etruskerstädte lagen. Sie gehörten zum etruskischen **Zwölf-Städte-Bund,** zwischen dem 7. und 5. Jahrhundert v.Chr. der beherrschende Machtfaktor in Mittelitalien. Die Etrusker waren hervorragende Seefahrer. Lange Zeit konnten sie die Herrschaft über das Tyrrhenische Meer auch gegenüber den Flottenverbänden der griechischen Kolonisten, die sich in Süditalien festgesetzt hatten, behaupten. Einen einschneidenden Machtverlust brachte allerdings im Jahr 474 v.Chr. die **Seeschlacht von Cumae,** bei der die verbündeten Etrusker und Karthager von den griechischen Seestreitkräften vernichtend geschlagen wurden.

Unter römischer Herrschaft

Verhängnisvoller als der Konflikt mit den Griechen war für die Etrusker und die italischen Stämme der unaufhaltsame Aufstieg des römischen Imperiums. In den ersten Jahrhunderten nach seiner legendären Gründung war Rom nur eine bescheidene Siedlung aus Pfahlbauten, die sich noch nicht mit den etruskischen Städten messen konnte. Der **expansive Charakter des neuen Stammes** wurde allerdings bald deutlich. 672 v.Chr. wurde Alba Longa erobert und dem Erdboden gleichgemacht, die latinische Einwohnerschaft wurde in die römische Gemeinschaft eingegliedert. Auch andere Orte in der näheren Umgebung wurden angegriffen und bezwungen.

Im 6. Jahrhundert v.Chr. herrschten etruskische Könige über Rom, das von den Errungenschaften in Architektur, Wasserbautechnik und Verwaltung der überlegenen Kultur Etruriens profitierte. 509 v.Chr. wurde der **letzte Etruskerkönig Tarquinius Superbus,** der im Laufe seiner Regentschaft zum verhassten Tyrannen geworden war, von der Revolte des *Brutus* aus der Stadt vertrieben.

Damit begann die **Periode der römischen Republik.** Der Stadtstaat wurde nun von gewählten Magistraten mit Konsuln und einem Senat an der Spitze regiert. Die Bevölkerung wurde streng geschieden in die **Patrizier,** die Angehörigen der Adelsschicht, und das gewöhnlichen Volk der **Plebejer,** das anfangs keinerlei politische Beteiligungsrechte hatte, sich aber zunehmend größeren Einfluss erkämpfte. Damit verbunden war der stetige **Machtzuwachs der Römer** nach außen, die sich vor allem auf den Gebieten der Heeresorganisation, Verwaltung und Ingenieurskunst ihren Nachbarn zunehmend überlegen erwiesen. Nach und nach eroberte Rom weite Gebiete Mittelitaliens und beendete dabei die Eigenständigkeit der latinischen Stämme (Volsker, Herniker usw.) sowie der Etrusker. Die vollständige Zerstörung des Etruskerheiligtums Velsna (Orvieto) 264 v.Chr. war ein einschneidendes Ereignis auf dem Weg zur unangefochtenen Dominanz der Römer. Damit endete auch die eigenständige Geschichte Latiums, das nun völlig von Rom abhängig geworden war.

Gegen Ende des 2. Jahrhunderts v.Chr. löste sich das politische System der Republik auf. Diverse Heeresführer und **Potentaten,** die zur Krisenbewältigung und für weitere Eroberungskriege vorübergehend mit diktatorischen Befugnissen ausgestattet waren *(Marius, Sulla, Pompeius, Cäsar),* missbrauchten ihre Machtstellung und entzogen sich, gestützt auf ihre militärische Stärke, dem politischen Führungsanspruch des gewählten Senats. Die daraus resultierenden **Bürgerkriege** des 1. Jahrhunderts v.Chr. endeten letztlich mit dem Sieg des *Octavian* über den Rivalen *Marc Anton* 31 v.Chr. in der Schlacht von Actium.

Mit dem unangefochtenen Triumph *Octavians,* des späteren **Augustus,** begann um die Jahrtausendwende die **römische Kaiserzeit.** Die Institutionen der Republik existierten nur noch pro forma weiter, faktisch lag jetzt alle Macht in den Händen des imperialen Herrschers. Nach innen begann eine lange Periode des Friedens, die **Pax Romana.** Die wichtigsten Städte der annektierten Regionen bekamen das römische Bürgerrecht verliehen. Damit ging ein enormer **wirtschaftlicher Aufschwung** einher. Durch die Entwässerung der versumpften Ebenen wurde neues Ackerland gewonnen und die Malariagefahr gebannt. Überall entstanden **repräsentative Bauten** - Theater, Arenen, Thermen, Stadttore -, von denen sich viele bis heute als Ruinen erhalten haben.

Ganz so friedlich war diese Periode jedoch weder nach innen noch nach außen. Die **Eroberungskriege** gingen zunächst mit unveränderter Aggressivität weiter. Unter der Herrschaft **Kaiser Hadrians** (117–138) hatte das römische Imperium seine größte Ausdehnung erreicht, das Mittelmeer wurde zum *mare nostrum,* zum Binnenmeer Roms, römische Statthalter regierten von Spanien bis nach Palästina, von Brittanien bis nach Nordafrika. Der äußere Glanz, der wesentlich von der Ausbeutung der eroberten Gebiete getragen wurde, verdeckte die innere Schwäche des Reiches, das u.a. auf

Romulus, Remus und der Raub der Sabinerinnen

Den **Gründungsmythos Roms** schildert der römische Geschichtsschreiber *Titus Livius* (27 v.Chr. bis 14 n.Chr.): Nach der Niederlage gegen die Griechen erreichte der trojanische Held *Aeneas* mit seinen Gefährten nach langer Irrfahrt die tyrrhenische Küste bei Ostia. Die Trojaner wurden vom König der Latiner freundlich empfangen und in den Stamm aufgenommen. Der Sohn des *Aeneas, Ascanius,* gründete die Stadt Alba Longa (beim heutigen Albano Laziale), die zum wichtigsten Siedlungsplatz der Region anwuchs.

Der König von Alba Longa hatte zwei Söhne, *Numitor,* seinen rechtmäßigen Nachfolger, und *Amulius.* Der machtgierige *Amulius* verjagte jedoch *Numitor,* tötete dessen beiden Söhne und bestimmte die Tochter des *Numitor, Rhea Silvia,* zur Tempeldienerin, die nach den geltenden religiösen Geboten Jungfrau bleiben musste. *Rhea Silvia* hielt sich nicht an das Keuschheitsgelübde und gebar die **Zwillinge Romulus und Remus,** wobei sie die Vaterschaft dem Kriegsgott *Mars* höchstpersönlich zuschrieb.

Amulius glaubte ihr nicht. Er ließ *Rhea Silva* einkerkern und befahl, die Säuglinge, deren spätere Rache und Herrschaftsansprüche er fürchtete, in den Tiber zu werfen. Da jedoch gerade Hochwasser das Land überschwemmte, kamen die beauftragten Diener nicht ans tiefe Wasser in der Flussmitte. So setzten sie die Zwillinge in einem Korb in seichtem Gewässer aus, der allerdings schon bald wieder an Land geschwemmt wurde. Eine Wölfin bemerkte die Zwillinge am Ufer und säugte sie, bis ein vorbeiziehender Schäfer sie fand und zu sich nahm. *Romulus* und *Remus* wuchsen in der Hirtenfamilie des *Faustulus* und dessen Gattin *Laurentia* auf.

Als sie erwachsen waren, beschlossen sie, am Tiberufer, genau da, wo sie als Säuglinge angestrandet waren, einen neuen Ort zu gründen. *Romulus* grub eine quadratische Furche in den Boden des Palatin-Hügels, die *urbs quadrata,* die Keimzelle des antiken Rom, und bat die Götter, jeden hart zu bestrafen, der diese Grenze missachtete. *Remus* erzürnte *Romulus,* indem er spottend über den Graben sprang und wurde von den Göttern auf der Stelle getötet. Nach einer anderen Version erschlug *Romulus* seinen Bruder im Zorn. Auf jeden Fall wurde *Romulus* zum ersten Herrscher der neuen Gründung, aus der später das große Rom werden sollte.

Die neue Gemeinschaft litt bald unter einem Mangel an Ehe- und Hausfrauen, weswegen die Römer den benachbarten **Sabinerstamm** überfielen und deren Frauen raubten. Nach vielerlei Kriegshändeln kam es jedoch durch die Vermittlung des weiblichen Geschlechts zu einer unerwarteten Aussöhnung ohne weiteres Blutvergießen. Die Römer verbündeten sich mit den Sabinern, der neue gemeinsame, größere Stamm gewann an Macht und Einfluss.

Die legendären Anfänge Roms sollen sich im Jahre 753 v.Chr. ereignet haben. Lange ging man davon aus, dass die Römer ihre Gründungsgeschichte im Nachhinein erfunden hätten. Neuere Ausgrabungen brachten jedoch an der Nordseite des Palatin-Hügels die Reste einer von einem Graben begleiteten Wehrmauer des 8. Jahrhundert v.Chr. ans Tageslicht, die als Relikte der Stadtbefestigung des *Romulus* gedeutet werden könnten.

dem dürftigen geistig-religiösen Fundament des als gottähnlich verehrten Kaisers gründete. Zur Erbauung der Massen wurden immer rohere Spiele, blutige Tierhatzen und Gladiatorenkämpfe, veranstaltet.

Vor diesem Hintergrund ist verständlich, dass die neue, anfangs friedliche Religion des **Christentums** in Rom und Latium schnell viele Anhänger fand. Viele Stadtchroniken berichten von frühen christlichen Heiligen, die ihr Leben als Märtyrer während der immer wieder aufflammenden blutigen Christenverfolgungen verloren. Erst im Jahre 311 unter **Konstantin dem Großen** wurde das Christentum toleriert. Gleichzeitig leitete dieser Kaiser die machtpolitische Aufteilung des römischen Imperiums in einen Westteil mit der Metropole Rom und einen Ostteil mit **Byzanz** (Konstantinopel) als Hauptstadt ein.

Im **Westreich** waren die Nachfolger *Konstantins des Großen* immer weniger in der Lage, den Machtanspruch des Staates gegenüber einer reich gewordenen, in Luxus lebenden Oberschicht von Senatoren, Staatsbeamten, Heerführern und vor allem Großgrundbesitzern durchzusetzen, die ihre Steuerprivilegien nicht aufgeben wollten. Dem Zentralstaat fehlten zunehmend die Ressourcen, um die Verteidigungs- und Infrastrukturaufgaben im Riesenreich zu bewältigen. Eine

lat_086 Foto: gh

Provinz nach der anderen ging in kriegerischen Auseinandersetzungen verloren, Straßennetz, Kanal- und Entwässerungsbauten verfielen, mühselig entwässerte Talebenen begannen wieder zu versumpfen. Während das byzantinisch-oströmische Reich noch bis ins 15. Jahrhundert hinein existierte, zerfiel Westrom schnell unter den Eroberungsschlägen der von Norden anstürmenden germanischen Völker. 476 musste der letzte Kaiser Westroms zugunsten des Germanenführers *Odoaker* abdanken.

Das frühe Mittelalter – Goten, Byzantiner, Langobarden und fränkische Kaiser

In den kriegerischen Jahrhunderten der Völkerwanderungszeit hatten die Gebiete des heutigen Latium besonders zu leiden. Als Durchgangsland für die sich auf Rom zu bewegenden germanischen Heere wurden sie immer wieder Opfer kriegerischer Aggressionen. Den „barbarischen" Stämmen aus dem Norden war die Hochkultur der Römerstädte unbekannt, die zunächst vor allem als lohnende Objekte der Zerstörung und anschließenden Ausplünderung gesehen wurden. Insbesondere der Durchzug der **Westgoten** unter **Alarich** im 5. Jahrhundert zog das Land schwer in Mitleidenschaft. **Hungersnöte** und **Epidemien** brachten die Entvölkerung weiter Landstriche. Der Prozess der Verwilderung und Versumpfung des gerodeten und trockengelegten Agrarlandes, der schon in der Endzeit der Römer eingesetzt hatte, beschleunigte sich noch einmal.

Die Engelsburg in Rom – ursprünglich ein Grabbau für Kaiser Hadrian

Im 6. Jahrhundert dominierten machtpolitisch zunächst die germanischen **Ostgoten.** Sie waren von den Hunnen aus der russischen Steppe am Don nach Westen gedrängt worden. Nach der Einnahme Roms versuchten die Ostgoten unter ihrem charismatischen König **Theoderich** eine Politik des Ausgleichs und der zivilen Befriedung in Italien einzuleiten. Nach der Ermordung *Theoderichs* 526 begann jedoch bald wieder der Krieg. Der Kaiser von Byzanz (Ostrom), **Justinian** (527–565), schickte seine Heere von Konstantinopel nach Italien, um das römische Imperium in seinen alten Grenzen wiederherzustellen. Unter den genialen Heerführern *Belisar* und *Narses* gelang es Byzanz, die Stadt Rom und weite Teile Italiens den Ostgoten wieder abzutrotzen. Es entstand ein **byzantinischer Teilstaat** (Exarchat) auf italienischem Boden, der von Ravenna aus regiert wurde.

Schon 568 kam der nächste Eroberungszug, der diesmal von einem westgermanischen Stamm angeführt wurde. Aus Skandinavien und dem Unterelberaum drängten die **Langobarden** unter **Alboin** nach Süden und entrissen Ostrom weite Teile Nord- und Mittelitaliens. Ein Stück Adriaküste sowie einen schmalen Landstreifen, der längs der Via Flaminia durch Umbrien nach Rom führte, konnte Byzanz zunächst erfolgreich verteidigen. Die Langobarden, deren Hauptstadt in Pavia bei Mailand lag, beherrschten im 6./7. Jahrhundert auch größere Teile Mittel- und Süditaliens (Herzogtümer von Spoleto und Benevent). Die Byzantiner wurden von ihnen schließlich endgültig aus Italien vertrieben.

Im Jahre 774 beendeten **fränkische Heere,** die vom **Papst** ins Land geholt worden waren, die Macht der Langobarden. Damit begann ein weiteres Kapitel in der komplexen Machtbeziehung zwischen der Kirche und den germanischen Völkern. Die römischen Päpste reklamierten zunehmend auch einen weltlichen Herrschaftsanspruch für sich. Als legitime Nachfolger der in Rom bestatteten Kirchenapostel *Petrus* und *Paulus* wollten sie sich in ihrem Umkreis keiner diesseitigen Macht unterwerfen. Um ihre Ansprüche u.a. gegen die Langobarden abzusichern, hatten sie allerdings eine Schutzmacht nötig, die sie in den mächtig gewordenen Frankenkönigen fanden. Diese durften sich im Gegenzug mit dem römischen Titel des Caesaren (Kaiser) schmücken, womit sie die führende Stellung innerhalb der Hierarchie der europäischen Königshäuser einnahmen. Formale Grundlage der päpstlichen Ansprüche war die von der Kurie gefälschte Urkunde der **„Konstantinischen Schenkung",** wonach Kaiser *Konstantin der Große* im Jahr 330, als er seine Residenz von Rom nach Konstantinopel verlegte, die Gebiete Westroms dauerhaft an Papst *Sylvester* und seine Nachfolger übertragen haben sollte. Diese hätten damit auch das Recht, die Kaiserwürde zu verleihen. Mit der so genannten **„Pippinischen Schenkung"** legitimierte der Frankenkönig *Pippin I.* die von ihm nicht als solche erkannte päpstliche Fälschung.

Sein Nachfolger **Karl der Große** wurde im Jahre 800 zum Kaiser gekrönt. Auch die von 919–1024 regierenden sächsischen **Ottonenkönige** respektierten die päpstlichen Rechte, begaben sich nach Rom und wurden mit dem Kaisertitel ausgestattet. Damit war der Keim für die **Entstehung des Kirchenstaates von Rom** gelegt, der rasch zu einem wichtigen neuen politischen Machtfaktor in Italien werden sollte.

Im 9./10. Jahrhundert bedrohten immer wieder die von Osten heranstürmenden Heere der noch heidnischen **Ungarn** und **Slawen** die Apenninhalbinsel. Von Nordafrika kamen **sarazenische Seefahrer** über das Meer, um die Städte und Klöster zu plündern. Letztlich konnte sich jedoch keiner der Angreifer dauerhaft in Italien festsetzen.

Das hohe Mittelalter – Guelfen und Ghibellinen und der Aufstieg der freien Städte

Im 11. Jahrhundert versuchten die **deutschen Kaiser** zunehmend die Macht des Papstes einzuschränken. Gleichzeitig begann ein stetiger Aufstieg der **Städte Nord- und Mittelitaliens,** die mal die eine, mal die andere

Seite unterstützten, um dabei ihre Autonomie zur *libero comune,* dem selbst verwalteten, von gewählten Konsuln regierten Stadtstaat zu erweitern. Tragende Schicht war hier ein durch Handel und Handwerk reich und selbstbewusst gewordenes **städtisches Bürgertum.** Auch durch das Aufblühen der einer strengen Arbeitsethik unterworfenen **benediktinischen Klostergemeinschaften** erlebte das Land im hohen Mittelalter einen stetigen wirtschaftlichen Aufschwung.

Wegen der Nähe zum päpstlichen Rom war die **Unabhängigkeit der Städte** Latiums kürzer und stärker gefährdet als weiter nördlich. Insbesondere **Viterbo,** das von seiner Lage an der wichtigsten Pilgerroute Via Francigena profitierte, konnte sich jedoch lange gegen Rom nicht nur behaupten, sondern sogar zeitweise mit ihm um die Vorherrschaft im Lande rivalisieren. In **Rom** selbst war die Macht des Adels und des Papstes zu dieser Zeit geschwächt, auch hier etablierte sich zeitweise eine bürgerliche Selbstverwaltung *(comune di roma).*

Formal blieben die aufblühenden Stadtstaaten zwar weiter dem Papst oder dem deutschen Kaiser unterworfen. Doch der Papst war noch zu schwach, um sich gegen die selbstbewussten Städte durchzusetzen. Auch war die geistliche Autorität des Papstes in dieser Zeit schweren Anfeindungen ausgesetzt. Von Südwestfrankreich her drang die religiöse Erneuerungsbewegung der **Katharer** (Ketzer) auch in die Städte Nord- und Mittelitaliens, wo sie in allen Schichten der Bevölkerung zahlreiche Anhänger gewann. Sie lehnte jegliche päpstliche Autorität entschieden ab.

Der deutsche Kaiser war wiederum meist zu weit entfernt, um seine Ansprüche dauerhaft auch militärisch abzusichern. Die **staufischen Herrscher** zogen im 12./13. Jahrhundert immer wieder mit ihren Heeren durch Italien, bauten militärische Stützpunkte, Trutzburgen und zerstörten feindliche und unterstützten freundliche Städte. Kaiser **Barbarossa,** wegen seines roten Bartes (ital. *barba rossa)* so genannt, war davon überzeugt, als Herr des Heiligen Römischen Reiches Deutscher Nation zum legitimen Nachfolger *Cäsars* und der Römerkaiser auserwählt zu sein. Insgesamt sechsmal führte ihn deswegen sein Weg über die Alpen nach Mittelitalien. Unter dem großen Stauferkaiser **Friedrich II.** (1198–1250), der von **Sizilien** aus regierte, verschärfte sich der Konflikt nochmals. Die Stadtstaaten Nord- und Mittelitaliens teilten sich in die Parteien der **kaisertreuen Ghibellinen** (von Waiblinger/Staufer) und der **päpstlichen Guelfen** (von Welfen, den Feinden der Staufer in Deutschland). Die meisten schlugen sich auf die guelfische Seite, da vom Papst weniger Gefahr für die Autonomie zu drohen schien. Vor allem die reichen Städte im Norden Italiens (Venedig, Genua, Florenz, lombardischer Bund) unterstützten ihn. Der geniale *Friedrich II.,* in Italien geborener Herrscher deutscher Abstammung und Bewunderer der überlegenen arabischen Kultur, schuf in Sizilien das wohl effektivste Staatswesen seiner Zeit. Dabei bediente er sich des Wissens jüdischer und islamischer Gelehrter und Philosophen, mit denen er vorurteilsfrei kommunizierte. Trotz der wirtschaftlichen Unterlegenheit gegenüber den reichen guelfischen Stadtstaaten Norditaliens konnte er den Kampf um die Vorherrschaft über Italien bis zu seinem Tod 1250 offen halten.

Erst nachdem der Papst 1266 die Unterstützung der **französischen Krone** gewonnen hatte, fiel die Entscheidung zugunsten Roms. Das entsandte Heer des **Karl von Anjou** konnte 1266–1268 Sizilien und danach auch Süditalien erobern und beendete damit endgültig die Herrschaft der Staufer in Italien. Der letzte Staufer, der jugendliche *Konradin,* wurde 1268 auf dem Marktplatz von Neapel öffentlich hingerichtet.

Im 13./14. Jahrhundert wurde das Papsttum zunehmend zu einem Spielball widerstreitender Machtinteressen, die Konfliktlinien wurden nun unüberschaubar. Verschiedene **Adelsfamilien** Latiums versuchten auch mit militärischer Gewalt Einfluss auf das päpstliche Rom zu nehmen *(Colonna, Gaetani, Orsini, Conti di Vico),* gleichzeitig gingen die Konflikte zwischen dem französischen König und den deutschen Kaisern, zwischen Aristokratie und Bürgertum weiter. Die Päpste mussten mehrfach hinter die dicken Mauern der Papstburgen von Anagni und Viterbo fliehen, zeitweise agierten drei von den verfeindeten Mächten unterstützte Päpste blutig gegeneinander. Von 1309–1377 zwang der französische König den **Papst** ins **Exil von Avignon.** In Rom scheiterte 1347 der republikanische Reformversuch des Volkstribuns **Cola di Rienzo** am Widerstand des Adels.

Im Kirchenstaat

Letztlich ging aber das Papsttum als Sieger aus den Konflikten hervor. Schon im 14. Jahrhundert hatten die Päpste von ihrem Exil in Avignon aus einen ersten erfolgreichen Versuch unternommen, ihre weltliche Macht im Zentrum Italiens wiederherzustellen. Der entsandte päpstliche Stellvertreter, der unbeugsame spanische **Kardinal Gil d'Albornoz,** legte mit den 1357 verkündeten so genannten **„Aegidischen Konstitutionen"** den theoretischen Grundstein für den neuen Kirchenstaat von Rom. Der Flickenteppich der verfeindeten Adelsherrschaften Mittelitaliens sollte einem politisch und administrativ ganz auf den Vatikan ausgerichteten **Zentralstaat** weichen. Kardinal *Albornoz* ließ erste Zwingburgen errichten, u.a. in Viterbo, um jeden späteren Widerstandsversuch im Keim ersticken zu können.

Im Verlauf des 15. und 16. Jahrhunderts dehnten die inzwischen nach Rom zurückgekehrten Päpste, die Zwiste zwischen den diversen Königen und Feudalherren geschickt nutzend, ihre Macht mit politischen und militärischen Mitteln immer weiter aus. Der Kirchenstaat etablierte sich als unangefochtenes weltliches Herrschaftsgebilde, das weite Teil Mittelitaliens (Umbrien, Marken, Latium) regierte.

lat_091 Foto: gh

Land und Leute

Im Süden und Osten grenzte der Vatikanstaat an das aragonesische Königreich von Neapel, das auch die Gebiete des heutigen Latium südlich von Terracina erfasste.

Die Anfänge der päpstlichen Regierungszeit waren zunächst von einem **kulturellen Aufschwung** begleitet. Durch kirchliche Aufträge gefördert schufen die Künstler hervorragende Renaissancewerke. Bedingt durch die überall neu entstehenden Buchdruckereien verbreiteten sich die an antiken Idealen ausgerichteten fortschrittlichen Ideen des italienischen **Humanismus** in der Geisteswelt. Im ländlichen Latium begann jedoch schon im 15. Jahrhundert ein deutlicher Niedergang. Die Kirche steckte nun alle ihre finanziellen Ressourcen in den glanzvollen Ausbau der Kapitale Rom, wo sich die berühmtesten Künstler ihrer Zeit versammelten (*Raffael, Michelangelo, Bramante* usw.), um im Auftrag der Päpste und des Adels ihre Werke für die Ewigkeit zu schaffen.

Weite Teile Latiums wurden dagegen zu **rückständigen, verarmenden Regionen,** an denen die neuen kulturellen Entwicklungen weitgehend spurlos vorübergingen. Das Land gehörte der Kirche oder Großgrundbesitzern, die wenig Interesse an einer Verbesse-

Kunst für den Kirchenadel – Gemälde im Palazzo Farnese (Caprarola)

rung der Lage der einfachen Bevölkerung hatten. Mancherorts strahlte allerdings der Glanz Roms ins latinische Umland aus, auf ihren Landsitzen errichteten die Mitglieder der immer reicher werdenden Adelssippen an einigen Orten prächtig geschmückte **manieristische Villen** (Villa d'Este in Tivoli, Palazzo Farnese in Caprarola), in sich abgeschlossene feudale Inseln in einem Land bäuerlicher Armut. Den Päpsten und Kirchenfürsten dieser Zeit war ein ausgeprägter Hang zur Selbstbereicherung (Ablasshandel) und zum Nepotismus, der gezielten Förderung des eigenen Clans, gemeinsam. Um 1500 erlebte das Papsttum unter dem gewalttätigen *Alexander VI.* eine Zeit tiefster Dekadenz.

Die **kulturelle Stagnation der romfernen Gebiete Latiums** dauerte von der Renaissance bis in die beginnende Neuzeit. Dies ist der Hauptgrund dafür, dass sich hier die Orte im Zentrum oft noch heute in einem geschlossenen mittelalterlichen Bild präsentieren. Über Jahrhunderte wurden kaum größere Neubauten errichtet. Es fehlten die finanziellen Mittel, und wegen der nicht mehr wachsenden Bevölkerung bestand auch keine Notwendigkeit, die Städte zu erweitern. Viterbo hatte im 18. Jahrhundert beispielsweise deutlich weniger Einwohner als im 13. Jahrhundert. Latium blieb für Jahrhunderte ein ländliches Gebiet der **Bauern** und **Schäfer,** in dem nur das **Brigantentum,** die berufsmäßige Räuberei, blühte. Die Kapitale Rom erlebte hingegen mit der nach dem **Konzil von Trient** (1540) einsetzenden **Gegenreformation** einen weiteren künstlerischen Aufschwung. Die in Pracht und Glanz regierenden Päpste des Barocks nutzten die Kunst, vor allem die Malerei, propagandistisch für die Ziele des Katholizismus, die berühmtesten Baumeister ihrer Zeit *(Bernini, Borromini)* schufen in der Ewigen Stadt nochmals architektonische Meisterwerke.

Im italienischen Zentralstaat

Zu einer ersten Unterbrechung der Herrschaft der Päpste kam es 1798 mit dem **Einmarsch der Truppen Napoleons,** die allerdings binnen eines Jahres mit Hilfe Österreichs besiegt werden konnten. Wenige Jahre später drang Napoleon erneut nach Mittelitalien vor und begründete eine kurzlebige, französisch kontrollierte Römische Republik. 1814 waren die napoleonischen Statthalter aus Italien wieder vertrieben und die alten Machtverhältnisse restituiert.

Mit Napoleon waren aber nicht nur Soldaten, sondern auch die französischen **Revolutionsideen** von Freiheit, Gleichheit und Brüderlichkeit ins Land gekommen. Sie fanden zunehmend in weiten Bevölkerungskreisen Zuspruch. Das Land erwachte aus seiner Lethargie. 1831 und 1848 brachen gegen das päpstliche Regime gerichtete **Volksaufstände** aus, die ohne dauerhaften Erfolg blieben. Bald darauf geriet dann aber fast ganz Italien in den Sog des **Risorgimento** (Wiedergeburt), einer nationalen Bewegung, die das in weltliche und kirchliche Feudalherrschaften zersplitterte Italien zu einem republikanischen Einheitsstaat mit einem König an der Spitze machen wollte. Patrioten wie **Guiseppe Mazzini** und **Guiseppe Garibaldi** wollten alle fremden Herrscher aus dem Land verbannen, die Österreicher aus dem Norden, die Bourbonen aus dem Süden und vor allem den reaktionären Kirchenstaat des Vatikans in der Mitte des Landes. Eine treibende Kraft der Bewegung war auch die von Frankreich gestützte erste konstitutionelle Monarchie Italiens in Piemont, deren geistiger Kopf der Minister **Benso di Cavour** war. 1859 konnte die Bewegung des Risorgimento entscheidende Erfolge verbuchen. Von Sizilien rückte die kleine Freischärlerarmee *Garibaldis* („Marsch der Tausend") unaufhaltsam auf Neapel zu, um die Bourbonen zu vertreiben, von Norden her eroberten piemontesische Einheitstruppen das Land. Auf ihrem Marsch nach Rom wurden sie im ganzen Kirchenstaat als Befreier vom päpstlichen Joch begeistert empfangen. 1860 konnte der Widerstand der päpstlichen Truppen endgültig gebrochen werden.

Ähnlich wie Deutschland ist Italien damit eine **„späte Nation"**, die erst nach vielen Widerständen und Kämpfen aus diversen unabhängigen Königreichen und Fürstentümern entstand. Bis heute sind die politischen Strukturen durch einen ausgeprägten **Regionalismus** gekennzeichnet. Die Hoffnungen, die die einfache Bevölkerung in den neuen Einheitsstaat gesetzt hatte, erfüllten sich jedoch nicht. Der Plan einer Föderation autonomer Regionen wurde bald fallen gelassen, stattdessen schufen die Architekten des neuen Italien eine rigide **zentralistische Verwaltungsstruktur** nach dem Vorbild Piemonts. Vor Ort lag die Macht in Händen der Präfekten, die direkt der Regierung in Rom unterstanden. Weite Teile des Landes blieben damit auch im neuen Italien periphere Regionen, die von außen regiert wurden. Das Wahlrecht war so vielen Einschränkungen unterworfen, dass nur eine privilegierte Schicht von ca. 2% der Bevölkerung Stimmrecht hatte, die etwa 75% Analphabeten waren von vornherein ausgeschlossen. Auch der neue Zentralstaat tat wenig für die Entwicklung der **ländlichen Regionen,** die **weiter verarmten,** weshalb er hier zunehmend unpopulär wurde. Die meisten Bewohner sahen in ihm bald vor allem eine Institution zur Steuereintreibung und Militärdienstverpflichtung; die Steuerlast war 1880 in Italien höher als in jedem anderen Staat Europas. Das distanziert-misstrauische Verhältnis der Italiener zum Staat, das in den ersten Jahrzehnten des neuen Italien entstand, hat sich bis heute erhalten. Ebenso hat hier wohl der italienische Anarchismus eine seiner Wurzeln.

Latium blieb im 19. Jahrhundert eine fast ausschließlich agrarisch geprägte Region, in der reiche **Großgrundbesitzer** das Sagen hatten. Der Einfluss dieser jede Veränderung ablehnenden Schicht vergrößerte sich noch dadurch, dass der neue Staat das von den Klöstern konfiszierte Land an diese und nicht an die besitzlosen Kleinbauern übergab. Viele verarmte Menschen nicht nur im besonders rückständigen Süditalien versuchten ihrem Armutsschicksal durch Auswanderung nach Südfrankreich, in die USA oder gar nach Südamerika zu entkommen.

Zu **Beginn des 20. Jahrhunderts** verbesserte sich die ökonomische Lage der Bevölkerung etwas. Durch staatliche Förderung und eine Steuerreform begünstigt entstanden neue Industrien, die Region wurde durch Eisenbahnlinien und Straßen erschlossen. Die Pachtsysteme auf dem Land wurden durch eine erstarkende Gewerkschaftsbewegung aufgebrochen. Nicht nur aus dem sozialistischen Lager, sondern auch aus Teilen der katholischen Kirche kamen jetzt Reformimpulse. Mit dem Sieg des **Faschismus** nach **Benito Mussolinis** „Marsch auf Rom" 1922 wurden diese Kräfte jedoch rasch überall zerschlagen. Die Faschisten etablierten erneut die alte Machtstruktur mit der konservativen Schicht der großen Landherren an der Spitze. Es entstand ein autoritäres Regime, jegliche Opposition wurde, auch durch den skrupellosen Einsatz der faschistischen Schlägerbanden, der *squadre*, im Keim erstickt.

Im Jahre 1936 schlossen *Hitler* und *Mussolini* einen Beistandspakt, 1941 trat Italien auf Seiten Deutschlands in den **Zweiten Weltkrieg** ein. Als sich im Juli 1943 die Niederlage gegen die Alliierten abzuzeichnen begann, wurde *Mussolini* durch eigene Leute entmachtet und durch *Badoglio* ersetzt. Aus der Haft befreit konnte *Mussolini* unter dem Schutz der Nazis in Norditalien die **Republik von Salò** begründen, während von Süditalien her die Alliierten immer weiter vorrückten, wobei viele Städte vor allem im Süden Latiums schwere Kriegsschäden erlitten. Im ganzen Land unterstützte eine schlagkräftige Partisanenbewegung die Alliierten bei ihrem Vormarsch nach Norden.

Nach dem Zweiten Weltkrieg

Nach dem Ende des Zweiten Weltkrieges begann in ganz Italien ein rasanter **kultureller und wirtschaftlicher Wandel.** Italien war Gründungsmitglied der EWG und erlebte sein Wirtschaftswunder. Vielerorts entstanden neue Industriebetriebe, vor allem Klein- und Mittelbetriebe, oft in Familienbesitz. Die ländliche Armut verschwand in den meisten Regionen fast vollständig. In den 1960er Jahren war der allgemeine Lebensstandard enorm angestiegen. Industriegürtel am Rand der Städte wuchsen immer weiter ins Umland, während sich die agrarisch geprägten Regionen durch Landflucht entvölkerten. Allerdings besteht bis heute ein großer Unterschied zwischen dem dynamischen Norden, wo das Durchschnittseinkommen heute höher liegt als in Deutschland, und dem mafiös beeinflussten ärmeren Süden, der trotz aller staatlichen Förderprogramme der *cassa per il mezzogiorno* die Wohlstandslücke nicht schließen konnte. Die Ablehnung der Bewohner Süditaliens im Norden des Landes zeigt manchmal fast schon rassistische Züge („Erdfresser").

Dieser **Wandel** von der Agrar- zur Industrie- und Dienstleistungsgesellschaft ist auch **innerhalb Latiums** regional sehr unterschiedlich ausgeprägt. Neben Rom und seiner unmittelbaren Umgebung bilden die Flusstäler von Sacco, Liri und Tiber, die pontinische Ebene und das Umland von Viterbo und Rieti dynamische Entwicklungszonen. Vielerorts findet man jedoch heute noch weite, dünn besiedelte Landstriche, die das Bild bäuerlichen Lebens vergangener Jahrhunderte widerspiegeln, vor allem an den Nord- und Ostgrenzen der Region.

Auf der **politischen Ebene** waren die letzten 40 Jahre von heftigen Auseinandersetzungen und Gegensätzen gekennzeichnet, die, auch was die kriminelle Energie der Beteiligten betrifft, weit über das hinausgingen, was man weiter nördlich gewohnt ist. Tragende politische Kraft war von 1948 bis 1993 die Partei der **Christdemokraten,** seit 1972 unter ihrem Führer **Giulio Andreotti,** einem mit allen Wassern gewaschenen skrupellosen Machtpolitiker. Heute wird kaum noch ernsthaft in Zweifel gezogen, dass die regierenden Christdemokraten unter *Andreotti* heimlich feste Bande zur **Mafia** knüpften, die die wichtigen Wählerstimmen im Süden Italiens sicherte, im Gegenzug Einflussnahme zu ihren Gunsten in Mafiaprozessen erhielt. Verhaftete Mafiabosse kamen regelmäßig in der Revisionsinstanz wieder frei. Ministerpräsident *Andreotti* unternahm wohl auch nichts gegen die Ermordung seines von den Roten Brigaden gefangen gehaltenen Vorgängers *Aldo Moro,* der ein Bündnis von historischer Dimension zwischen Christdemokraten und Kommunisten versuchen wollte.

In den politischen Strukturen des Landes machten sich **mafiöse Verstrickungen** und extreme **Korruption** immer mehr breit. Mutige Untersuchungsrichter und Staatsanwälte bekämpften diese in den 1990er Jahren in der von breiten Bevölkerungskreisen gestützten Anti-Korruptions-Kampagne „mani pulite" (saubere Hände) erfolgreich. Binnen kurzer Zeit verschwanden korrupte Politiker in den Gefängnissen und etablierte Parteien wie die Christdemokraten *Andreottis* und die verbündeten (Schein-) Sozialisten *Bettino Craxis* von der Bildfläche. *Andreotti* wurde unter Mordanklage gestellt. Man beschuldigte ihn eines Auftrages zur Beseitigung eines Journalisten, der seinen mafiösen Verbindungen auf die Spur gekommen war.

In den Wahlen von 1994 kam ein rechtes Dreierbündnis aus den neu gegründeten Parteien der Forza Italia des Unternehmers **Silvio Berlusconi,** der Neofaschisten und der separatistischen Lega Nord an die Macht, das aber schon bald seine parlamentarische Mehrheit einbüßte. Ab 1996 regierte eine linke Koalition unter **Romano Prodi,** der 1998 vom Chef der linken Demokraten, **Massimo D'Alema,** abgelöst wurde. Der unter Korruptionsverdacht stehende Medienunternehmer *Berlusconi* hatte seine Ambitionen auf den Sessel des Ministerpräsidenten aber nicht aufgegeben. Seine drei großen Privatsender nutzte er bedingungslos für seine machtpolitischen Ziele. Seine Chancen stiegen wieder, als die Anti-Korruptions-Bewegung im Land an Schwung und breiter Unterstützung verlor, nachdem die Justiz begonnen hatte, auch kleinere Politiker und Geschäftsleute auf dem flachen Land hinter Gitter zu bringen.

Bei den Wahlen im Mai 2001 gewann das rechte Dreierbündnis aus **Berlusconis Forza Italia,** den **Neofaschisten unter Franco Fini** sowie der sezessionistischen **Lega Nord unter Umberto Bossi** erneut die Mehrheit. Ministerpräsident wurde wiederum *Berlusconi.* Er ist nun Herrscher über alle Kanäle, denn als Regierungschef steht er automatisch auch den staatlichen Fernsehanstalten (RAI) vor. Mit einem geschätzten Vermögen von bis zu 13 Milliarden Euro – genaue Zahlen weiß außer *Berlusconi* selbst wohl niemand – gilt er als reichster Mann Italiens. Der Aufstieg seines riesigen Firmenimperiums Fininvest, das sich vor allem bei Großbauinvestitionen engagierte, basierte auch auf kriminellen Machenschaften. In diversen Prozessen, u.a. wegen Richterbestechung, Bilanzfälschung und Steuerhinterziehung im großen Stil, steht er unter Anklage. An seiner Schuld bestehen wenig Zweifel. Durch zahlreiche Gesetzesänderungen versucht er den Richtern und Staatsanwälten prozessuale Fesseln anzulegen.

Der greise Ex-Ministerpräsident *Andreotti* wurde im November 2002 in Perugia wegen Anstiftung zum Mord zu 24 Jahren Haft verurteilt, in letzter Instanz dann allerdings ein Jahr später wieder freigesprochen.

Bei den **Regionalwahlen** im Frühjahr **2005** musste die Koalition *Berlusconis* eine schwere Niederlage einstecken. Nur in vier Regionen bekam sie noch eine Mehrheit. Auch in Latium, das traditionell im Norden der Region eher links, im Süden eher rechts wählt, gewann das Linksbündnis. Dabei sind nach Auffassung der politischen Kommentatoren nicht die kriminellen Machenschaften des Ministerpräsidenten, sondern die Wirtschaftsprobleme Hauptursache für die Niederlage. Im EU-Vergleich unterdurchschnittliches Wirtschaftswachstum bei hoher Staatsverschuldung und Arbeitslosigkeit sowie die massiven Preissteigerungen für Alltagsgüter bei allenfalls gleich bleibendem Nettoeinkommen der Arbeitnehmer haben den Stern *Berlusconis* und seiner Koalition zum Sinken gebracht.

2006 versucht die Allianz *Berlusconis,* durch eine Manipulation des Wahlrechts – Rückkehr zum Verhältniswahlrecht und Befreiung von Listenverbindungen, die es vor allem am rechten politischen Rand gibt, von der 5%-Klausel – die Chancen des Machterhalts zu verbessern. Dennoch gewinnt das Mitte-Links-Bündnis unter **Romano Prodi** mit einer hauchdünnen Mehrheit von nur einigen tausend Stimmen die Parlamentswahl im April. *Berlusconi* zeigt sich als schlechter Verlierer und bezweifelt die Korrektheit der Auszählung.

Verwaltung

Die Republik Italien ist in **20 Regionen** gegliedert, die in etwa den Bundesländern in Deutschland entsprechen. Darunter besitzen fünf eine größere Autonomie (u.a. Südtirol). Latium gehört bezüglich seines Status zu den „normalen" Regionen. In der Verwaltungshierarchie darunter existieren **94 Provinzen;** in Latium sind dies Viterbo, Rieti, Rom, Latina und Frosinone.

Allgemein scheint die öffentliche Verwaltung in Italien **bürokratischer als überall sonst in Westeuropa** zu sein. Wie lange in Italien Ansässige übereinstimmend berichten, ist sie manchmal von geradezu unbarmherziger Härte, Willkür und Verbohrtheit: Da wird ein Autofahrer in Haft genommen, weil er aus der falsch gewählten Zahlstelleneinfahrt der Autobahn drei Meter zurückgesetzt hat, was ihm als Wenden auf der Autobahn ausgelegt wird. Ein Weinbauer muss ein saftiges Bußgeld zahlen, weil er mit seinem Laderoller einem Kunden eine Weinkiste 200 Meter vom Hof zu dem an der Straße parkenden Auto transportiert hat, wofür eine besondere Lebensmitteltransportberechtigung notwendig gewesen wäre. Ein Fahrgast wird auf offener Strecke von der Polizei aus dem überfüllten Linienbus geworfen, weil nach irgendeiner obskuren Vorschrift auf diesem Abschnitt im Bus nicht mehr gestanden werden darf usw. usf. Die Proteste der Betroffenen fallen bei solchen Gelegenheiten vergleichsweise verhalten aus. Man weiß, dass sie ohnehin wenig nutzen werden. Lieber wartet man auf eine günstige Gelegenheit, bei der man es „dem Staat" heimzahlen kann.

Also regelt man die Dinge möglichst vor Ort ohne offizielle Beteiligung, was meist schneller und effektiver ist. Eine unstreitige Forderung über die Zivilgerichte einzuklagen, kann sich z.B. allein in der ersten Instanz bis zu zehn Jahre hinziehen. Mancher Kleinbetrieb wird dadurch in den vermeidbaren Konkurs getrieben. Das Gesagte gilt vor allem, wenn es um die zentralstaatliche Verwaltung geht (Post, Bahn, Carabinieri). In den **lokalen Behörden** vor Ort scheint **effizienter** gearbeitet zu werden, z.B. wenn es darum geht, Stadtfeste zu organisieren, Museen und Bibliotheken einzurichten, Theater zu restaurieren, Festivals oder Konzerte zu veranstalten oder die für die Touristen interessanten Bauten und Kunstwerke in Ordnung zu halten.

Wirtschaft

Bis heute ist Italien ein **wirtschaftlich gespaltenes Land** geblieben. Während Norditalien mit den alten Industriemetropolen Mailand, Genua und Turin seit langem prosperiert, ist der Süden des Landes, der *mezziogiorno,* trotz zahlreicher Förderprogramme eine landwirtschaftlich geprägte, rückständige Region geblieben. Neben dem reichen Norden der Großindustrie und dem arm gebliebenen agrarischen Süden entwickelte sich nach dem Krieg rasch das „dritte Italien", das Teile des Nordens und das Zentrum des Landes umfasst und wo schon seit einigen Jahrzehnten ein reger Industrialisierungsprozess abläuft. Trotz aller ländlicher Idyllen ist deshalb auch Latium nicht mehr als wirtschaftlich rückständig einzustufen. Selbst an den Rändern der Region gibt es keine wirklichen Armutsgebiete mehr. Schon in den 1950er Jahren wurde die Region nicht mehr in die staatliche Förderung für unterentwickelte Regionen durch die *Cassa di Mezzogiorno* einbezogen. Die **Umstrukturierung** der reinen Agrar- **zur Industrie- und Dienstleistungsgesellschaft** gelang auffallend zügig und ohne tiefgreifende Einschnitte. Noch in den 1950er Jahren arbeitete die Mehrzahl der Erwerbstätigen in der Landwirtschaft. Heute werden in Latium noch ganze 2% des Bruttosozialprodukts im Agrarsektor erwirtschaftet.

Die wirtschaftliche Entwicklungsdynamik war jedoch geographisch sehr unterschiedlich ausgeprägt. Die Industrialisierung fand schwerpunktmäßig in einigen begrenzten Zonen statt, vor allem das nähere Umland Roms profitierte. Im ländlichen Latium bildet hingegen nur die Ciociaria, das Tal des Sacco im Südosten der Hauptstadt, einen Entwicklungsschwerpunkt. Neben Transport und Logistik zählen die **High-Tech-Bereiche** Elektrotechnik, Luft- und Raumfahrt, Software und Te-

lat_098 Foto: gh

lekommunikation sowie die Pharmabranche und die Filmindustrie zu den wichtigsten Wirtschaftssektoren. Zahlreiche international agierende Konzerne haben Dienstleistungs- und Verwaltungsstrukturen nach Rom verlagert. Der hohe Anteil an neuen dynamischen Wirtschaftszweigen und der boomende Dienstleistungssektor haben dazu geführt, dass die Provinz Rom der dynamischste Wirtschaftsraum Italiens geworden ist und 2004 erstmalig in den Wachstumsraten die traditionelle Nr. 1 Mailand überflügeln konnte.

Aber trotz aller industrieller Entwicklung: Rom ist nach wie vor auch die Stadt der Beamten und Bürokraten. Der aufgeblähte italienische **Bürokratismus** hat hier seinen traditionellen Mittelpunkt. Fast alle wichtigen staatlichen Institutionen sind in der Stadt mit ihren Machtzentralen vertreten. Etwa 200.000 öffentliche Bedienstete haben ihren Arbeitsplatz in der Innenstadt, die selbst nur noch ca. 160.000 ständige Einwohner zählt. Der Ruf Roms hat darunter gelitten, staatliche Ineffizienz, Korruption, Verschwendung von Steuergeldern und Machtmissbrauch verbindet man mit seinem Namen. In ganz Italien, vor allem in dem um Effizienz bemühten Norden des Landes, begegnet man diesem Rom, „der großen Diebin", mit von Herzen kommender Abneigung.

Die Tomba dei Rilievi
in der Etruskermetropole von Cerveteri

Kunst und Architektur

Nach einer Statistik der UNESCO besitzt Italien mehr als die Hälfte aller bedeutenden Kunstwerke der Welt. Die Metropole Rom mit ihrer unüberschaubaren Fülle an großer Architektur, Bildhauerei und Malerei hat daran natürlich einen ganz wesentlichen Anteil. Aber auch im ländlichen Latium lässt sich vieles entdecken, unbekannte Bauwerke und Kunstschätze, die in jedem anderen Land als Italien bekannte Sehenswürdigkeiten von Rang wären. In fast jedem Ort gibt es interessante Kunst und Architektur: etruskische Gräber, römische Ruinen, mit Fresken geschmückte romanische und gotische Kirchen, mittelalterliche Stadtpaläste, trutzige Wehrburgen, alte Stadtmauern mit Toren und Türmen, manieristische Adelsvillen und in besonders großer Zahl die Sakralbauten des Barock der päpstlichen Gegenreformation.

Etrusker und italische Völker

Von der Kultur der von den Römern ab dem 5. Jahrhundert v.Chr. nach und nach unterworfenen altitalischen Völker, die auf dem Gebiet des heutigen Latium siedelten (Latiner, Volsker, Herniker, Sabiner usw.), ist so gut wie nichts geblieben. In einigen Orten Südlatiums (Segni, Norma, Alatri, Ferentino, Arpino, Veroli) trifft man noch auf die Reste der gewaltigen, aus wuchtigen Steinblöcken mörtellos gefügten **Befestigungsmauern der Volsker und Herniker.** Von der in Nordlatium vorherrschenden Villanova-Kultur (10. bis 8. Jahrhundert v.Chr.) sind **Keramiken, Bronzebehältnisse** (Urnen für die Totenasche) und kleine künstlerisch gestaltete **Plastiken** (Menschen, Tierfiguren) gefunden worden, die u.a. im Archäologischen Museum von Tarquinia zu sehen sind.

Von den bei den römischen Eroberungen zerstörten Städten der Etrusker mit ihren Tempeln, Palästen, Stadtmauern, Toren und Wohnhäusern haben sich nur wenige Fundamente erhalten. Die etruskische Kunst und Kultur ist jedoch noch heute in den zahlreichen **Nekropolen** sichtbar. In Nordlatium findet man die Totenstädte zwischen Rom, der Küste und dem Bolsena-See in größerer Zahl. Die beiden interessantesten sind **Cerveteri** mit seinen vielfältigen Grabformen und **Tarquinia,** dessen Fresken einen einzigartigen Einblick in die Malerei der Frühantike geben. Von besonderem Interesse sind auch die in Tuffsteintälern verborgen **Grabanlagen** im Westen Viterbos (San Giuliano, Norchia, Blera, San Giovenale, Castel d'Asso) und in der Südtoskana bei Sovana. Die hier gefundenen **Schmuck- und Kunstgegenstände,** darunter zahlreiche nach griechischem Vorbild bemalte Vasen und Keramiken, sind zu einem großen Teil in die Museen Roms gewandert, wo die bedeutendsten Sammlungen etruskischer Kunst im **Museo Etrusco der Villa Giulia** und im Etruskermuseum des Vatikans **(Museo Gregoriano Etrusco)** zu besichtigen sind. Außerhalb Roms besitzt vor allem das **Archäologische Museum von Tarquinia** eine große Zahl etruskischer Kunstwerke, aber auch die kleineren Sammlungen von Vulci, Viterbo, Tuscania oder Civita Castellana zeigen interessante Funde.

Die römische Antike

Nicht nur in Rom, sondern auch in zahlreichen kleineren Orten Mittelitaliens stößt man noch auf bauliche Zeugnisse der römischen Antike. Allerdings gibt es nur in der Hauptstadt gut erhaltene Großbauten. Die „heidnische" Architektur der antiken Städte mit ihren glatt behauenen Blöcken musste in den christlichen Jahrhunderten meist als bequemer Steinbruch herhalten, aus dem man sich hemmungslos bedienen konnte. So findet man überwiegend nur noch **Grundmauern und Ruinenfelder.** Erst im 19. Jahrhundert begann man auch in Italien, sich auf das historische Erbe zu besinnen und das noch Verbliebene unter Schutz zu stellen oder zu restaurieren. Fast alle noch erhaltenen Bauwerke stammen aus der langen Friedensperiode der Pax Romana.

In Rom findet man natürlich auf Schritt und Tritt die Überbleibsel der repräsentativen Bauten der Kaiserzeit, Ausdruck der imperialen Herrschaft und des Reichtums dieser Epoche: der später zur Kirche umgewandelte und daher hervorragend erhaltene Tempel des **Pantheons,** die Bauten des **Forum Romanum** und des **Trajansforums** mit der 40 Meter hohen Trajanssäule, das gigantische Amphitheater des **Colosseums,** das monumentale Grabmal der **Engelsburg,** die einst riesigen **Thermen des Caracalla und des Diokletian,** die mit Reliefs geschmückten Anlagen der **Ara Pacis** (Friedensaltar des *Augustus*) und des **Konstantinbogens** – um nur die Bekanntesten zu nennen.

In der Campagna vor den Toren der Stadt lohnen die ausgedehnten Ausgrabungen von Ostia Antica, des einstigen Hafen Roms, sowie der Villa Adriana, der repräsentativen Sommerresidenz Kaiser *Hadrians* bei Tivoli, eine Besichtigung.

Anschauliche Beispiele der hoch entwickelten römischen Ingenieurskunst sind die zur Wasserversorgung Roms errichteten **Aquädukte,** deren Bögen vielerorts noch im Gelände auszumachen sind, und die große **Zisterne von Albano Laziale.**

Außerhalb Roms finden sich nur kleinere, aber dennoch interessante **Ausgrabungsstätten** (Ferento, Lucus Feroniae, Civitavecchia, Terracina, Cassino). In dem schon in vorrömischer Zeit begründeten **Fortuna-Heiligtum von Praeneste** (Palestrina) entdeckte man mit dem **Nilmosaik** eines der schönsten antiken Kunstwerke seiner Art überhaupt, in der **Tiberius-Grotte bei Sperlonga** die interessante hellenistische Figurengruppe des *Odysseus.*

Das frühe Mittelalter

Aus dem frühen Mittelalter (6. bis 10. Jahrhundert), als Ostgoten, Byzantiner und Langobarden über weite Teile Mittelitaliens herrschten, haben sich nur wenige archäologische Zeugnisse erhalten. Während der überaus instabilen Zeiten der Völkerwanderung mit ihren vielen Kriegen und Verwüstungen konnte es zwangsläufig kaum Initiativen zur Errichtung repräsentativer Bauten geben. Nur in der Metropole Rom, das als Papstresidenz eine gewisse Bedeutung behielt, entstanden neue **Kirchen** (S. Cosma e Damiano, S. Maria in Aracoeli, San Clemente, S. Maria Maggiore, S. Prassede), die später vielfach umgebaut wurden. Vor allem in ihrem kostbaren **Mosaikschmuck** zeigen sie noch den vorherrschenden Stil der griechisch-byzantinisch beeinflussten Kunst der Entstehungszeit. S. Sabina (5. Jahrhundert) mit der ältesten geschnitzten Holztür der christlichen Kunst ist noch im Ursprungszustand erhalten.

Aus der Zeit der germanischen Langobarden findet man vereinzelt noch die einfachen **Reliefs** mit der für diese Kultur typischen Flechtbandornamentik, u.a. in Castel S. Elia bei Civita Castellana und San Giovanni in Argentella bei Palombara Sabina.

In den zahlreichen römischen Provinzstädten – nicht nur in Italien – hat man über den antiken Ruinen nirgendwo etwas ausgraben können, was die in den schriftlichen Dokumenten dargestellte Geschichte des Frühmittelalters auch archäologisch bestätigen könnte. Die Zeit vom frühen 7. bis ins frühe 9. Jahrhundert gilt als die **dunkle Epoche** der europäischen Geschichte. Auch von den in diese Periode fallenden ersten benediktinischen Klostergründungen im Tal von Subiaco haben sich keinerlei architektonische Zeugnisse erhalten.

Romanik und Gotik

Der wirtschaftliche und kulturelle Aufschwung, der ab dem 11. Jahrhundert in Italien einsetzte, machte sich bald auch in Kunst und Architektur bemerkbar. Der romanisch-gotische Baustil der kommunalen Blütezeit des 11. bis 14. Jahrhunderts ist bis heute vielerorts in den zahllosen Rathäusern, Stadtkirchen, Klosteranlagen und Wehrbauten **reichhaltig dokumentiert.** Dies gilt in Latium vor allem für den Norden (Etrurien), wo die nach Rom führende **Via Francigena,** die wichtigste Pilgerroute des Mittelalters, Wohlstand brachte. Noch die kleinste Stadt besitzt hier ihren mittelalterlichen Palazzo Comunale, den Torre Civica oder die Mura Medioevale, die mit Toren und Zinnenkranz versehene, das *centro storico* einschließende Befestigungsmauer. Nicht nur Viterbo, sondern auch viele Kleinstädte und Dörfer im weiteren Umland haben bis heute ihre mittelalterlich-verwinkelte Struktur bewahrt (Vitorchiano, Cività di Bagnoregio, Barbarano Romano, Calcata sowie Pitigliano, Sovana und Sorana in der Südtoskana). Aber auch in Süd- und Ostlatium gibt es eine ganze Reihe von Orten, die sich heute noch im Zentrum im Bild dieser Epoche zeigen, wie Segni, Sermoneta, Anagni oder Subiaco. Die Metropole Rom und der Vatikan büßten in dieser Zeit nicht nur machtpolitisch, sondern auch im Hinblick auf Kunst und Architektur ihre das Umland dominierende Stellung vorübergehend ein.

Die **romanische Baukunst** besticht durch ihre einfachen, klaren Formen und Strukturen. Die Kirchen wirken oft gerade durch ihre strenge und klare Architektur eindrucksvoll. Nichts soll hier die Konzentration auf das Gebet und die religiöse Meditation beein-

lat_102 Foto: gh

Kreuzgang im Kloster von Fossanova

trächtigen. Schmuckelemente und Baudekor sind meist auf die Kapitelle und die Fassaden beschränkt. In skurrilen steinernen Fratzen, Dämonen, allerlei Menschlein und Fabelwesen zeigt sich oft auch noch Heidnisches.

Mitte des 13. Jahrhunderts entwickelte sich in Frankreich aus der Romanik ein neuer Architekturstil. Italienische Gelehrte bezeichneten ihn in Anspielung auf die germanischen Eroberer der Völkerwanderungszeit als „gotisch", was heißen sollte „nordisch-barbarisch". Die neue Stilrichtung der **Gotik** konnte sich in Mittelitalien nur in abgeschwächter Form durchsetzen. Wesentliche Elemente der italienischen Romanik blieben erhalten. Die gotischen Kirchen sind hier nicht so hoch aufstrebend, manchmal sogar ohne Spitzturm, die gotischen Rathäuser weiterhin wehrhaft-trutzige Bauten, an denen nur Fassadendetails und Fensterformen den neuen Stil zeigen.

Die interessantesten **mittelalterlichen Sakralbauten** Latiums sind San Clemente und San Lorenzo fuori le mura in Rom, San Pietro und Santa Maria Maggiore in Tuscania, die Dome von Anagni, Ferentino und Terracina sowie die Klöster von Farfa, Subiaco, Fossanova und Casamari. Der in der Zeit der Gotik begonnene Dom von Orvieto (Umbrien) gehört zu den prachtvollsten Kirchenbauten ganz Italiens. Im äußersten Süden Latiums macht sich normannisch-sizilianischer Architektureinfluss bemerkbar (Domturm von Gaeta).

In einigen Kirchen und Klöstern Latiums findet man noch gut erhaltene

Die Kunst der Cosmaten

Eine spezifische, neben der großen Architektur und Malerei späterer Epochen zu Unrecht oft übersehene Kunstform ist die **Marmor- und Mosaikornamentik des latinischen Mittelalters.** Zwischen dem 12. und 13. Jahrhundert arbeiteten in Rom sieben Familienwerkstätten, die sich nach dem Vornamen eines ihrer ersten Mitglieder, *Cosmas,* als Cosmaten bezeichneten. Zur Ausschmückung der vielen neu erbauten oder umgestalteten Kirchen schufen sie ornamentale Fußböden und farbig-goldene Marmorverzierungen für Kanzeln, Osterleuchter und Chorschranken.

Das antike Rom war zu dieser Zeit ein großer Steinbruch, Säulen und Fassadenfragmente von römischen Tempeln und Palästen lagen überall herum. Die Cosmaten zersägten sie in kleine Stücke und schufen aus ihnen ihre filigranen Einlegearbeiten. Vorbild dürfte dabei neben der antiken Mosaikkunst auch die arabisch beeinflusste Ornamentik Süditaliens gewesen sein.

Die Cosmatenkunst erscheint manchmal wie ein in Marmor übersetztes Muster eines Orientteppichs. Mit ihren ineinander verschlungenen Ornamenten wirkt sie fast spielerisch leicht, dennoch schafft sie gleichzeitig den von den kirchlichen Auftraggebern geforderten feierlich-sakralen Gesamteindruck.

Mehr als 200 Kirchen und Klöster Latiums wurden von den Cosmaten ausgeschmückt. Beispiele für ihre Kunst findet man z.B. in San Clemente und San Lorenzo fuori le mura in Rom oder in den Domen von Anagni und Terracina.

Reste der ursprünglichen romanischen **Freskenausmalung.** Der Malstil wirkt oft unbeholfen, schematisch, die Personen stehen statisch nebeneinander gereiht und sind nicht individualisiert. Das „strenge“ Vorbild der formelhaften byzantinischen Kunst war noch lange in Latium stilprägend. Die Bilder beeindrucken dennoch immer wieder durch ihre tiefreligiöse Ausstrahlung. Nicht der künstlerische Ausdruck stand in dieser Zeit im Vordergrund, sondern das Anliegen der Auftraggeber, der einfachen und leseunkundigen Bevölkerung das Evangelium bildlich nahe zu bringen. Urheberrecht und Künstlersignatur waren noch unbekannt. Die Individualität des Malers und seines Stils waren noch nicht von Bedeutung. Die interessantesten Freskenzyklen dieser Periode findet man im Dom von Anagni und in Castel S. Elia südlich von Viterbo, aber auch viele unbekannte kleine Landkirchen zeigen noch schöne Beispiele mittelalterlicher Malerei.

Renaissance und Barock

Schon Ende des 13. Jahrhunderts kündigte sich in der Toskana der neue **Malstil der Renaissance** an. Künstler wie *Cimabue* (1240–1302), *Giotto di Bondone* (1267–1137), *Simone Martini*

lat_104 Foto: gh

(1284–1344) oder *Pietro Lorenzetti* (1280–1348) begannen sich von der schematischen, flächigen und jenseitsbetonten Darstellungsweise des Mittelalters zu lösen. Sie malten lebendiger wirkende Szenen mit in Ansätzen individualisiertem emotionalem Ausdruck der dargestellten Personen sowie Hintergrundlandschaften und Architektur in angedeuteter Tiefendimension. Im konservativen Latium setzte sich dieser neue Stil zunächst nur vereinzelt durch. Mit dem Weggang der Päpste aus Rom erlahmte hier vorübergehend der künstlerische Elan. Interessantes Anschauungsmaterial aus der Übergangszeit vom Mittelalter zur Renaissance findet man u.a. im Kloster Sacro Speco bei Subiaco.

In der Malerei vollzog sich im 15. Jahrhundert die **endgültige Abkehr von der formelhaften symbolischen Darstellungsweise** des Mittelalters. Das Bild war zu einem wirklichen Fenster in die Welt geworden, das nun durch die entwickelte **Tiefenperspektive** optische Realität wiedergab. Die Personen wurden nicht mehr nur als abstrakte Träger eines Bildthemas gesehen, sondern als reale Menschen aus Fleisch und Blut mit individuellen Zügen. Zugleich bekamen weltliche Elemente in der Malerei größeres Gewicht: Stadtarchitektur, Landschaften, Mobiliar, Haustiere usw. wurden jetzt realitätsgetreu in die Bildkompositionen aufgenommen. Allerdings stand in Latium, anders als in der Toskana, zunächst die religiöse Thematik weiter im Mittelpunkt.

In der **Architektur** wurden die Maße und Formen der Antike vorbildhaft, Kirchenfassaden dieser Zeit ahmen antike Tempelfronten nach, die Anlage neuer Orte erfolgte in Abkehr von enger mittelalterlicher Unordnung in planmäßigen Strukturen sich rechtwinklig kreuzender Straßen.

Mit der Konsolidierung der Macht des Kirchenstaates begann in Rom **Mitte des 15. Jahrhunderts** ein **enormer künstlerischer Aufschwung.** Die Päpste holten aus allen Regionen Italiens die berühmtesten Künstler ihrer Zeit in die Stadt, Maler wie *Fra Angelico, Botticelli* und *Michelangelo* aus der Toskana, den in den Marken geborenen *Raffael, Pinturicchio* aus Umbrien, um nur einige wenige zu nennen. Berühmte Baumeister *(Bramante, Vignola, Antonio da Sangallo, Michelangelo)* entwarfen neue Paläste und Kirchen. Von dieser Periode des Kunstschaffens zehrt Rom noch heute, Kunstliebhaber aus aller Welt begeistern sich an den Stanzen *Raffaels* und dem Werk *Michelangelos* in der Sixtinischen Kapelle. Daneben entwickelte sich jedoch auch eine eigene **latinische Malschule,** wichtige Vertreter sind *Antoniazzo Romano* und *Antonio di Viterbo,* genannt *Pastura.*

Im romfernen ländlichen Latium wird diese Entwicklung nur vereinzelt in den **repräsentativen Landvillen des Kirchenadels** sichtbar (Villa d'Este

Manieristische Gartenkunst in der Villa Lante in Bagnaia

in Tivoli, Palazzo Farnese in Caprarola, Villa Lante in Bagnaia). Nach an antiken Idealen ausgerichteten Gestaltungsprogrammen, die u.a. vom Renaissancehumanisten *Annibale Caro* konzipiert wurden, entstanden im 16. Jahrhundert einige großartige, zum Teil auch rätselhaft-befremdliche (Parco dei Mostri von Bomarzo) **manieristische Garten- und Palastanlagen** mit mythologischen Skulpturen, Wasserspielen sowie großflächigen, farbenprächtigen Ausmalungen. Als Architekt wirkte hier u.a. der berühmte Renaissancebaumeister *Vignola,* unter den Malern des Manierismus ragen die Gebrüder *Zuccari* hervor.

Mehr noch als in der Renaissance war das päpstliche Rom in der **Zeit des Barocks** auch in künstlerischer Hinsicht eine Metropole von Weltrang. Die auch mit Hilfe des neuen Jesuitenordens energisch vorangetriebene Gegenreformation stärkte Macht und Reichtum der Päpste, die repräsentative Plätze und breite Straßen anlegen ließen. Bald dominierten die vielen Kuppeln der neu errichteten Barockkirchen die Silhouette der Stadt. Weiterhin waren die berühmtesten Architekten und Künstler Italiens für die päpstliche Kurie tätig, *Gianlorenzo Bernini* und *Francesco Borromini* waren die herausragenden Baumeister. 1626 wurde mit der **Peterskirche** die größte Kathedrale der Christenheit geweiht. Bis heute ist das architektonische Bild im touristischen Zentrum Roms entscheidend durch den Barockstil geprägt (Piazza Navona, Fontana di Trevi, Spanische Treppe usw.).

Vor allem in der unmittelbaren Umgebung Roms entstanden auch im ländlichen Latium viele neue **Barockkirchen.** In den romfernen Gebieten der Region finden sich hingegen vergleichsweise wenige Bauten aus dieser Stilepoche.

Sowohl Architektur als auch Malerei des Barocks erscheinen manchmal trotz der fortgeschrittenen Beherrschung der handwerklichen Techniken weniger ansprechend. Sie besitzen nicht mehr die spirituelle Tiefe der mittelalterlichen Kunst, nicht mehr die gestalterische Raffinesse der Renaissance. Die überladenen Bildwerke mit religiösen Themen wirken in ihrer gekünstelten Dramatik oft stereotyp. Es war vor allem **Propagandakunst der Gegenreformation** des Kirchenstaates. Die großen Bilder, mit denen die vielen barock umgestalteten Kirchenräume ausgestattet wurden, sollten den Gläubigen vor allem die katholischen Dogmen nahe bringen; dem Barock Mittelitaliens fehlt oft die spielerische Leichtigkeit. Selbst in relativ kleinen Orten wie z.B. in Genzano oder Vicovaro entstanden als Demonstration kirchlicher Macht übergroße, wuchtig wirkende Bauten.

Romantik

Zu Beginn des 19. Jahrhunderts, in der Zeit der Romantik, zog es zahlreiche, vorrangig deutsche, Künstler aus dem kalten Norden in das Umland Roms, wo diverse **Künstlerkolonien** entstanden (Olevano Romano, Ariccia, Tivoli). In zahllosen Werken verewigten die romdeutschen Maler die vorindustrielle Idylle der Campagna Romana, sie hängen allerdings fast ausnahmslos nicht in den Museen Latiums.

Moderne

Wie in ganz Italien hat die Klassische Moderne des 20. Jahrhunderts auch in Latium **keine nachhaltigen Spuren** hinterlassen. Das päpstliche Rom war zu dieser Zeit auch in künstlerischer Hinsicht ein Hort des Konservativismus, und das übrige Land spielte zu Beginn der Neuzeit nicht nur politisch und ökonomisch, sondern auch kunstgeschichtlich eine untergeordnete Rolle. Die Kunst bekam nun aus Frankreich die wichtigsten Impulse, Impressionismus wie Expressionismus fanden in der italienischen Kunst kaum Nachahmer.

Rom – Metropole im Wandel

Seit Jahrhunderten ist Latium geprägt von dem starken Gegensatz zwischen den dünn besiedelten, vergessenen Gebieten an der Peripherie der Region und der pulsierenden und dynamischen Metropole Rom. Das Bild vom **römischen Alltag,** das viele Besucher der Stadt dabei immer noch im Kopf mitbringen, ist das des Lebens in einer zwar großstädtischen, aber dennoch überschaubaren nachbarlichen Verbundenheit der einfachen Leute, der sich mit ihrem alten Viertel identifizierenden Großfamilien der Handwerker, Arbeiter und Kleinhändler. Der Wandel, der in den letzten Jahrzehnten stattgefunden hat, ist jedoch unübersehbar. Der lebenslustige, laute *popolo romanesco,* wie man ihn unter anderem in den Filmen *Fellinis* kennen lernt, wird immer mehr verdrängt durch die blässlich-reservierte Modernität der Leute mit Geld und Einfluss.

Immer mehr Bewohner der unteren und mittleren Einkommensschichten, viele kleine Handwerker und Ladenbesitzer mussten in den letzten Jahrzehnten die Innenstadt Roms verlassen – fast immer nicht ganz freiwillig. Die schon in den 1950er Jahren einsetzende **Bodenspekulation** hat hier die Mieten in astronomische Höhen getrieben. Selbst für Berufsgruppen wie Ärzte, Rechtsanwälte oder Lehrer ist das Wohnen hier zu teuer geworden. Viel Wohnraum wurde von den Investoren in lukrativere Büroflächen, Bankfilialen, Geschäftszeilen für teure Markenwaren, Edelrestaurants, Nobelwohnungen usw. umgewandelt. „Die Stadtregierung hat in der Nachkriegszeit in zynischer Weise jegliche moderne urbanistische Planungspolitik abgelehnt und nur dem exklusiven Kult der Rendite durch Spekulation gefrönt, alle Ratschläge der Fachleute wurden über Bord geworfen ...", urteilte schon vor 20 Jahren der renommierte italienische Urbanist *Antonio Cederna.*

Immer mehr einfache Leute, die wie überall die „Seele" der Stadt ausmachten, mussten in anonyme Neubauviertel ziehen, die an den Stadträndern und entlang des Autobahnrings hochgezogen wurden. Schon in den 50er Jahren des letzten Jahrhunderts, als eine Einwanderungswelle aus dem landwirtschaftlichen, verarmten Süditalien Rom erreichte, entstanden baulich eher schäbige und schlecht erschlossene neue Wohnbezirke an der Peripherie. Mehr als 250.000 Menschen haben in den letzten 50 Jahren ihren Wohnsitz im *centro storico* aufgeben müssen, wo heute mehr Verwaltungsangestellte arbeiten als Menschen leben. Der durch die **Entvölkerung der Innenstadt** bedingte enorme Pendlerverkehr in die Innenstadt, der mangels guter öffentlicher Verkehrsmittel zu 60% mit dem eigenen Pkw stattfindet, führt zu täglichem Verkehrschaos und Rekordwerten bei der Luftverschmutzung. In den sich immer weiter ins Umland ausdehnenden seelenlosen Vorortsiedlungen lösen sich die alten nachbarschaftlichen Beziehungen auf, stattdessen steigt hier die Kriminalitätsrate und es blüht der Drogenhandel.

Neben dem Rom der einfachen Leute gab es schon immer das Rom der Politiker, Bürokraten, der hohen Vertreter der Kurie und der hier besonders eitlen **Schickeria** aus Kunst, Film, Fernsehen und Mode. Deren gut betuchte Vertreter wollen und müssen natürlich nicht an den Stadtrand ziehen. Stattdessen lebt man, sorgsam abgeschirmt von Nachbarn und Straßenleben, in schick restaurierten und begrünten Innenstadtvillen. In ihrem Bestreben nach Exklusivität und Abgrenzung schafft diese Schicht, wie auch in anderen westlichen Metropolen, eine atmosphärisch eher langweilige globale Konformität. Zu dieser trägt auch der immer größer werdende Strom der **Pauschaltouristen** bei, die mit Billigfliegern für einen Fünf-Tage-Kurzurlaub in Massen angekarrt werden, und die auf immer den gleichen Wegen die immer gleichen Sehenswürdigkeiten abklappern und für die ein möglichst standardisierter Komfort bereitgehalten werden muss.

Erst seit der Wahl eines grünen Bürgermeisters Anfang der 1990er Jahre werden die wichtigsten Problemfelder der Stadtentwicklung, wie die Bodenspekulation, der Einwohnerverlust der Innenstadt und das Verkehrschaos infolge jahrzehntelanger Vernachlässigung des öffentlichen Verkehrs, in Angriff genommen. Eine engagierte **Stadtentwicklungspolitik** kann die Prozesse jedoch nur abmildern, der Bau zweier U-Bahn-Linien hat die Verkehrssituation im Zentrum verbessert, in den neu eingerichteten großen Fußgängerbereichen kann man die Sehenswürdigkeiten des *centro storico* in Muße erkunden.

Aussagen über die Menschen einer Stadt oder Region zu machen, ist bei der heutigen Tendenz zur Vermischung und Nivellierung sicherlich problematisch. Bei den Italienern gel-

Der Trevi-Brunnen – einer der vielen touristischen Anziehungspunkte in Rom

lat_109 Foto: gh

ten die **Bewohner Roms** als *menefreghisti,* was so viel heißt wie dickfellig, gleichgültig, indifferent. Auch ausgeprägter Eigensinn, Gewitztheit und ein Hang zum Ordinären und Lauten werden ihnen nachgesagt, ihre Unpünktlichkeit und ihr Chaotismus sind sprichwörtlich. Auch stehen die Römer nicht gerade im Ruf herzlicher Gastfreundschaft, in den Läden wird man als auswärtiger Besucher manchmal wortkarg und missmutig bedient. Auf Fremde schaut man in der Stadt der Städte etwas von oben herab, insbesondere wenn diese als fordernde Touristen auftauchen, die keine Bereitschaft erkennen lassen, sich näher auf die Stadt und ihre Bewohner einzulassen. Wer aber wirkliches Interesse an Land und Leuten zeigt und dabei vielleicht auch noch ein paar Brocken Italienisch spricht, wird bald merken, dass man auch die Sympathien der Römer gewinnen kann.

Lebendige Provinz

Im Hügelland um den Bolsena-See, im Tal von Rieti oder in den Bergen von Subiaco verläuft der Alltag naturgemäß in einem völlig anderen Rhythmus als in der hektisch-lauten Hauptstadt Italiens. Während sich in Rom alle Widersprüchlichkeiten der Moderne zeigen, scheint auf dem Lande vielerorts die Zeit in der Vergangenheit stehen geblieben zu sein. In den vielen alten Kleinstädten und Dörfern der Region geht es ausgesprochen ruhig zu.

Im ländlichen Mittelitalien scheint die intensivere Verbindung zur Natur und die gleichzeitige Ferne der kulturellen Metropolen einen etwas ernster wirkenden, bodenständigeren, bis heute stärker durch die Religion geprägten **Menschentypus** geschaffen zu haben. Mit dem italienischen „dolce vita" hat er wenig im Sinn, und das immer noch gängige Klischee vom extrovertierten Italiener, voll von überschäumendem Temperament, passt auf ihn im Allgemeinen nicht. In Latium ist dabei ein gewisses Nord-Süd-Gefälle festzustellen, an den Küsten im äußersten Südzipfel der Region ist man auch atmosphärisch schon näher an Neapel.

Der für Italien typische **lokale Gemeinschaftsgeist** ist in den Städten und Dörfern auf dem Lande ausgeprägt und intakt. Der Begriff der Provinzialität hat hier nicht den üblichen negativen Beiklang der Rückständigkeit – vor allem in Mittelitalien zeigt man sich überall ausgesprochen selbstbewusst und lebendig und pflegt mit viel Engagement lokale Traditionen. In vielen größeren und kleineren Städten des Landes zeigt sich eine pulsierende, weitgehend **intakte Alltagskultur.** Das *centro storico,* die historische Altstadt, wird überall mit Stolz vorgezeigt und mit viel Liebe und Aufwand herausgeputzt. Der Hauptplatz im alten Zentrum ist immer der Mittelpunkt des kommunalen Gemeinschaftslebens. Hier trifft man sich allabendlich in großer Zahl zur *passeggiata,* Ritualen des Sehens und Gesehenwerdens. Für zwei Stunden füllt sich dann die Piazza mit flanierenden und diskutierenden Menschen aus allen Altersschichten, und ein vielstimmig summender Chor hallt von den Fassaden am Platz wider.

Auch in den in großer Zahl veranstalteten **historischen Stadtfesten** zeigt sich die lebendige Gemeinschaftlichkeit. Sie gehen meist auf lange zurückliegende geschichtliche Ereignisse zurück und werden oftmals seit Jahrhunderten nach gleichem Ritual gefeiert. Wer ihnen beiwohnt, merkt sehr schnell, dass er nicht Zuschauer eines touristisch organisierten Spektakels ist. Mit einem hohen Maß an Emotionen nehmen die Bewohner an ihren großen Festen teil, auf die man sich monatelang vorbereitet hat. Die selbstbewusste Provinzialität zeigt sich daneben auch in der Pflege örtlicher Handwerkstraditionen oder der alten Dialekte.

Von der lebendigen Urbanität alter mittelitalienischer Städte könnten moderne Stadtplaner einiges lernen. Sie lebt vor allem vom **Gleichgewicht** zwischen der Zurückgezogenheit auf Familie und nachbarliches Umfeld, die in den Winkeln der Altstadtgassen ihre Orte hat, und dem öffentlichen Bereich der Plätze, die als Foren für das städtische Gemeinschaftsleben dienen. Die Wohnung war und ist im ganzen Mittelmeergebiet ein geschützter Raum, in den Fremde nicht so ohne weiteres hineingelassen werden. Als Treffpunkt, wo man sich besprechen kann, gibt es ja die Piazza.

Allerdings ist nicht zu übersehen, dass sich die **alten Stadtkerne** vielerorts **langsam entvölkern.** Die engen Gassen bieten zu wenig Raum, um heutigen Ansprüchen an komfortables Wohnen zu genügen, und die Anfahrt mit dem Auto gestaltet sich oft schwierig. Die mittelalterlichen Stadtanlagen waren nicht auf Expansion ausgerichtet, sondern politisch konzeptioniert. Im Mittelpunkt standen die Wahrung der städtischen Identität, die in den freien Kommunen *(libero comune)* ihren höchsten Ausdruck fand, sowie die nachbarliche Verbindung in geschlossenen Vierteln *(quartiere, terziere)*. Dies war auch eine Frage des Schutzes vor Feinden und Kriminalität. Das alte Band ist noch heute im Ablauf der historischen Stadtfeste sichtbar, die oft in einem ritualisierten Wettkampf zwischen den verschiedenen Stadtteilen gipfeln.

An manchen Stellen macht sich die Abwanderung aus den Innenstädten auch im Landschaftsbild unangenehm bemerkbar, beispielsweise in den Hügeln der Bassa Sabina, im Tibertal oder in der Ciociaria, wo wahllos in die Landschaft gesetzte **Neubauviertel** entstanden sind. Helle, meist einfallslos gebaute Betonhäuser setzen in der grünen Wiesen- und Hügellandschaft die ästhetischen Akzente. In Italien existiert kein effizientes Baurecht, das den Landschaftsschutz einbezieht. Einen geschützten Außenbereich, in dem das Bauen auf eigenem Grund außerhalb geschlossener Orte nur unter Vorbehalt möglich ist, kennt man nicht – und ließe sich wohl auch nicht durchsetzen. Man ist froh, die beengten Wohnverhältnisse der Altstädte mit ihren unzureichenden sanitären Verhältnissen und fehlenden Parkmöglichkeiten hinter sich zu lassen.

Die **sozialen Verluste** des ausgefächerten Siedelns werden erst langsam bewusst. Sie zeigen sich z.B. in viel Autoverkehr zu allen Anlässen. Millionen Schüler müssen täglich mit Schulbussen kreuz und quer durchs Land gekarrt werden. Die alten lebendigen Nachbarschaftsbeziehungen drohen zu verschwinden. So weit wie in den USA ist man allerdings noch lange nicht. Das *centro storico* bleibt fast überall nicht nur ideeller Hauptbezugspunkt des lokalen Selbstbewusstseins, sondern – trotz aller Parkplatzprobleme – auch Standort der wichtigsten kommunale Einrichtungen. Auch wenn man nicht mehr im alten Ort nebeneinander wohnt, versucht man die alten Verbindungen aufrechtzuerhalten.

Sacra Famiglia

Wie in ganz Italien hat man auch in Latium nur begrenztes Vertrauen in den als korrupt geltenden Zentralstaat und seine ineffizienten, überbürokratisierten öffentlichen Institutionen. Wenn es um die Lösung der anstehenden Probleme geht, verlässt man sich lieber auf sein unmittelbares Umfeld. An erster Stelle steht dabei immer noch die Familie, wobei dies auch in Italien nur

lat_112 Foto: gh

noch **selten die traditionelle Großfamilie** mit mehreren Generationen unter einem Dach ist. Familiäre Bande bieten verlässlich Schutz und Hilfe und gewährleisten die materielle Grundversorgung besser als jede Bürokratie. Vor allem in ländlichen Regionen sieht man das in ganz Italien bis heute so. Es ist selbstverständlich, dass man sich gegenseitig unterstützt, wenn Not am Mann ist, in der Landwirtschaft oder beim Hausbau aushilft oder für Schulden anderer Familienmitglieder einspringt. Bei der Vergabe von Arbeitsplätzen oder bei behördlichen Entscheidungen zählt die verwandtschaftliche Beziehung oft immer noch mehr als Zeugnisse, Leistung oder formale Rechtsposition.

Umgekehrt bedeuten enge Familienbande natürlich auch **Kontrolle und Eingrenzung.** Eltern haben bis ins hohe Alter ein waches Auge auf das, was ihre „Kleinen" so anstellen. Ein unabhängiges Studentenleben fern der Familie ist z.B. wenig verbreitet. Es wird erwartet, dass man am Wochenende zu Hause ist. Ansonsten ist Besuch der Mutter angesagt, die ohnehin schon lange mal nach dem Rechten sehen wollte. In keinem anderen Land Europas gibt es so viele Nesthocker wie in Italien; glaubt man den Statistiken, lebten 2005 noch 67% der 30-jährigen Männer im „Hotel Mamma", bei den Mittvierzigern war es immer noch ein Fünftel.

Die *mamma* ist immer noch der Mittelpunkt der Familie. Auf den Straßen und Plätzen dominieren zwar eindeutig die Männer, innerhalb der Mauern des Heims regiert hingegen meist das weibliche Geschlecht. Wie es der Schriftsteller *Luigi Barzini* in seinem Buch „Gli Italiani" ausdrückt: „Die **Männer** lenken das Land, doch die **Frauen** lenken die Männer. In Italien herrscht das geheime Mutterrecht."

Allerdings ist unübersehbar, dass auch in Italien die **traditionellen Werte** von Ehe und Familie stetig **an Bedeutung verlieren,** gleichzeitig wird der geistige Einfluss der katholischen Kirche immer geringer. Auch in Italien stehen immer mehr Gotteshäuser leer und verfallen. Die Scheidungsrate nimmt Jahr für Jahr zu. Die Geburtenrate ist inzwischen die niedrigste in ganz Europa. Vor allem in den Städten gibt es auch in Italien immer mehr Einzelhaushalte. Der äußere Schein der funktionierenden Ehe ist jedoch nach wie vor sehr wichtig. Die über lange Jahre hingehaltene heimliche Geliebte in der Nachbarstadt, die hinter der Fassade einer intakten Ehe verborgen gehalten wird, ist in Italien ein weit verbreitetes Phänomen.

Die Freizeitmöglichkeiten sind begrenzt – Jugendliche in San Martino al Cimino

lat_114 Foto: gh

Lago di Bolsena und Umgebung

lat_115a Foto: gh

lat_115b Foto: gh

Die Kirche San Donato
in Civita di Bagnoregio

Etruskischer Hohlweg bei Sovana

Tuffsteinort Farnese

Einleitung

Ganz im Norden Latiums, nahe der Grenze zu Umbrien und der Toskana, füllt die stille blaue Wasserfläche des Lago di Bolsena den Krater eines lange erloschenen Vulkans. Der nahezu kreisrunde See liegt eingebettet in das sanft geschwungene Hügelland der auf kaum mehr als 600 Meter ansteigenden **Monti Volsini.** Im bunten Wechsel reihen sich Wiesen, Weiden, Getreidefelder, Olivengärten und kleine Waldstücke aneinander – eine ruhige, typisch mittelitalienische Landschaft ohne dramatische Akzente.

Vor etwa 600.000 Jahren war dies ein Gebiet heftiger vulkanischer Explosionen, die enorme Mengen Lava und Gesteinsbrocken hinausschleuderten und die unterirdischen **Magmakammern** leerten. Die durchlöcherte Bodendecke brach schließlich ein. Das sich in der abflusslosen Senke sammelnde Regen- und Grundwasser bildete dann allmählich den See aus.

Der **Bolsena-See** misst in Nord-Südrichtung etwa 18 Kilometer, vom West- zum Ostufer sind es etwa zwölf Kilometer, die Uferlänge beläuft sich auf etwa 42 Kilometer. Die Tiefe beträgt maximal 151 Meter, für ein Binnengewässer ein beachtlicher Wert. Auch deshalb ist er sauber und gut zum Baden geeignet. Allerdings sind die Ufer die ersten 10–20 Meter zunächst meist flach, um dann unvermittelt steiler abzufallen. Die Uferzonen des Lago di Bolsena sind über weite Strecken unverbaut geblieben, dichte Schilfgürtel wechseln mit kleinen Strandabschnitten aus dunklem feinkörnigem Lavasand. Inmitten der blauen Wasserfläche liegen zwei kleine Inseln, die idyllische **Isola Bisentina** und die winzige **Isola Martana.**

Geschichtlich ist man hier in uraltem Etruskerland, bei Bolsena oder Orvieto – die Fachleute streiten noch über die genaue Lage – befand sich das politische Zentrum dieses Volkes. Im Mittelalter profitierte die Region von der Lage an der **Via Francigena,** der Straße der Franken, auf der Kaiser, Könige und viele fromme Pilger, Adelige, Mönche und einfache Bauern, von Norden kommend Richtung Rom strebten.

Der sommerliche Badetourismus hat in den letzten Jahrzehnten stetig zugenommen, die Besucherzahlen halten sich jedoch noch in Grenzen. Um den **Hauptort Bolsena** sind einige Campingplätze und kleinere Ferienanlagen entstanden, die sich aber bisher zum Glück nicht besonders störend im Landschaftsbild bemerkbar machen. Für italienische Verhältnisse kommt es fast einem Wunder gleich, dass die notorischen Erschließer, die fast die gesamte italienische Mittelmeerküste verschandelt haben, hier nicht zum Zuge kamen. Die Gegend um den See lag lange Zeit abseits des touristischen Interesses, und heute ist das Umweltbewusstsein im ländlichen Mittelitalien so fest verankert, dass mit den ganz schlimmen Bausünden nicht mehr gerechnet werden muss.

Diverse **Fischarten** tummeln sich im See, die einigen Fischern noch ihre Existenz sichern. Neben den schon im Mittelalter von geistlichen und weltlichen Herren wegen ihrer hohen Qualität geschätzten Aale *(anguilla),* an denen sich 1285 Papst *Martin IV.* bei einem üppigen Gelage zu Tode schlemmte, gibt es Hechte, Barsche, Schleien und den köstlichen *coregone.*

Mehrere alte, bescheiden wirkende Kleinstädte und Dörfer erheben sich mit alten Mauern am See oder im umgebenden Hügelland. Das **in Ufernähe** gelegene **Bolsena,** der touristische Hauptort am See, aber auch das in schöner Aussichtsposition **auf dem Kraterrand** liegende **Montefiascone** sind ideale Standquartiere für Besichtigungstouren in die Umgebung.

Auch **abseits des Sees** ist die dünn besiedelte und kaum industrialisierte Landschaft im äußersten Norden Latiums von unspektakulärem, doch unbestreitbarem Reiz. An den Kraterrändern und im Hügelland in der Umgebung des Sees trifft man auf zahlreiche malerische Kleinstädte und Dörfer. Fast alle besitzen sie noch die für Etrurien, das geschichtlich durch die Etrusker geprägte Land nördlich Roms, typische Ortsanlage: Auf steilen aus dem Tal aufsteigenden Tuffsteinplateaus stehen, mit dem Fels verwachsen und eng aneinander gebaut, die bescheidenen, bis heute mittelalterlich geprägten Wohnviertel. Das halbverlassene, winzige **Civita di Bagnoregio** einige Kilometer östlich des Sees ist hierfür ein besonders pittoreskes Beispiel.

Zu den nahe gelegenen, klassischen Ausflugszielen des Bolsena-Sees außerhalb Latiums gehört das **umbrische Orvieto** mit seinem großartigen gotischen Dom und der spektakulären, typisch latinischen Stadtanlage auf steilem Tufffelsen. Westlich des Lago di Bolsena liegen schon auf dem Gebiet der **Südtoskana** die pittoresken Orte **Pitigliano, Sovana** und **Sorano,** die geschichtlich mit Nordlatium durch die Kultur der Etrusker verbunden sind. In der Umgebung findet man die für diese Kultur so prägenden **Totenstädte** (Nekropolen) und die in das weiche Tuffgestein eingeschnittenen **etruskischen Hohlwege.**

Auf latinischer Seite unbedingt sehenswert ist 15 Kilometer südlich des Lago di Bolsena die freundliche Kleinstadt **Tuscania** mit ihren bau- und kunstgeschichtlich hochinteressanten romanischen Kirchen. In gleicher Entfernung vom See liegt die mittelalterlich geprägte ehemalige Papststadt **Viterbo,** ein lebhaftes Provinzzentrum mit 60.000 Einwohnern, das zu Beginn des Kapitels zu Nordlatium beschrieben ist.

Bolsena

⇗ III, C2

- **4120 Einwohner**
- **350 m üNN**
- **PLZ 01023**

Der **touristische Hauptort am See** ist bei Deutschen sehr beliebt. Im Hochsommer, wenn in großer Zahl bleiche Nordländer auf der Suche nach Sonne und Erholung die Hotels und Campingplätze am nahe gelegenen See-

lat_118 Foto: gh

ufer bevölkern, holen die Besitzer von Lebensmittel- und Gemüseläden, Bäckereien und Fleischgeschäften ihre deutschsprachigen Schilder raus. Außerhalb der kurzen Badesaison im Juli/August lebt die Stadt hingegen ihren italienischen Alltagsrhythmus, Ruhe und provinzielle Beschaulichkeit kehren zurück. Bolsena besitzt ein schönes Ortsbild, das *centro storico* zieht sich mit alten Tuffsteinhäusern die Hügelflanke hinauf, beim höchsten Punkt stehen die kantig-abweisenden Mauern des mittelalterlichen Castello.

Der Landstrich um Bolsena kann auf eine lange **Geschichte** zurückblicken. Unter dem Wasserspiegel des Sees wurden Reste einer Pfahlbausiedlung aus dem 8. Jahrhundert v.Chr. entdeckt. Auch die Etrusker hinterließen ihre Spuren. Das lange in der Nähe des Ortes vermutete etruskische Velsna mit dem der Schutzgöttin *Voltumna* geweihten Hauptheiligtum dieses rätselhaften Volkes, das bis heute nicht genau lokalisiert werden konnte, lag nach neueren Erkenntnissen allerdings wahrscheinlich weiter östlich näher beim heutigen Orvieto. Um 280 v.Chr. zerstörten die Römer das etruskische Velsna und siedelten die überlebenden Bewohner in den neuen Ort Volsinii um, aus dem das heutige Bolsena wurde.

Bolsena-See –
Blick auf die Isola Bisentina

Um 300 lebte in Bolsena die noch heute hier hoch verehrte frühchristliche Märtyrerin *Santa Christina*. Früh ging die Stadt nach dem Ende der Langobardenherrschaft Ende des 8. Jahrhunderts in den Besitz des Kirchenstaates über. Im Mittelalter kam Bolsena durch seine Lage an der **Frankenstraße,** der wichtigsten Wegeverbindung zwischen den Ländern nördlich der Alpen und Rom, zu Wohlstand. Viele Pilger wollten auf ihrer Reise in die Ewige Stadt das Grab der *hl. Christina* besuchen. Nach dem für die katholische Kirche so wichtigen „Blutwunder von Bolsena" im Jahre 1263 (siehe entsprechenden Exkurs) nahm die Bedeutung als Pilgerstation nochmals zu, die Stadt erfreute sich päpstlicher Förderung.

Heute ist der **sommerliche Badetourismus** die wichtigste Einnahmequelle, es gibt ein breites Angebot an Hotels und Campingplätzen. Von Verhältnissen wie an Adria oder Riviera ist man aber auch in der Hochsaison noch weit entfernt, der Typus Reisender, der nach Bolsena kommt, sucht weniger lautes Strandleben, sondern eher beschauliche Ruhe und intakte Natur. Die Deutschen kommen von Mai bis September, italienische Gäste fast ausschließlich im Juli/August.

Besichtigung

Kirche Santa Cristina

Hauptsehenswürdigkeit ist die Kirche Santa Cristina an der gleichnamigen Piazza am südöstlichen Altstadtrand. Sie ist der **Ortsheiligen** geweiht, die von ihrem Vater, dem kaiserlichen Stadtpräfekten in der Zeit der Christenverfolgungen des Kaisers *Diokletian,* umgebracht wurde, weil sie gegen seinen Willen zum neuen Glauben übergetreten war. Der Legende nach warf man sie in den See, an einen großen Stein angebunden, der sie jedoch auf unerklärliche Weise nicht in die Tiefe zog, sondern zurück ans Ufer brachte. Das Wunder beeindruckte die noch heidnische Bevölkerung, nicht aber den grausamen Vater, der seine Tochter foltern und schließlich von Bogenschützen mit Pfeilen durchbohren ließ.

Die ursprünglich romanische Kirche des 11. Jahrhunderts bildet heute eine komplexe Baustruktur. Über Jahrhunderte, vor und nach dem Blutwunder von 1263, wurde an ihr weitergebaut. In der Außenansicht zeigt der kantige **Campanile** (13. Jahrhundert) noch den romanischen Ursprung. Der mittelalterlichen Hauptkirche wurde Ende des 15. Jahrhunderts eine elegante,

Das Blutwunder von Bolsena

Ein Wunder, das sich im Jahre 1263 in Bolsena ereignete, beschert der katholischen Bevölkerung Deutschlands noch heute einen zusätzlichen Feiertag, gleichzeitig war es der Anlass für den Dombau von Orvieto. Einem böhmischen Mönch waren Zweifel am katholischen Dogma der **Transsubstantiation,** der realen Verwandlung von Hostie und Messwein in Christi Blut, gekommen. Um seinen Glauben zurück zu gewinnen, begab er sich auf eine Pilgerreise zum Papst in Rom. Unterwegs zelebrierte er in Bolsena eine Messe und betete um ein göttliches Zeichen. Und schon passierte es: Aus der Hostie tropfte plötzlich Blut auf das Messtuch, wo es ein Kreuz abbildete. Der Mönch begab sich sofort ins nahe gelegene Orvieto, um Papst *Urban IV.,* der sich dort gerade aufhielt, von dem wundersamen Geschehen zu berichten. Der Papst erkannte sofort die günstige Gelegenheit. Er tat alles, um das die offizielle kirchliche Lehre bestätigende Ereignis zu legitimieren und im Gedächtnis der Gläubigen festzuhalten. Er begründete das bis heute von den Katholiken gefeierte **Fronleichnamsfest.** Als Erinnerung an das Wunder und zur Aufbewahrung des „corporale", des blutbefleckten Messtuches, initiierte er die Errichtung des Doms von Orvieto.

Damit wollte der Papst wahrscheinlich auch der sich von Südwestfrankreich her nach Nord- und Mittelitalien ausbreitenden **„Ketzerbewegung" der Katharer** entgegenwirken, die in ganz Nord- und Mittelitalien ihre Anhänger hatte. Diese lehnte nicht nur viele katholische Dogmen und Praktiken ab, u.a. auch die Lehre von der Transsubstantiation, sondern bekämpfte auch den für die Kirche so lukrativen Ablasshandel. Darüber hinaus wandte sie sich entschieden gegen den allumfassenden Autoritätsanspruch des Papstes. Im 13. Jahrhundert drohte die Katharerbewegung eine wirkliche Gefahr für den Fortbestand der katholischen Kirche und der päpstlichen Macht zu werden. Da kam dem Papst das Blutwunder von Bolsena gerade recht, demonstrierte es doch der vielerorts mit der katharischen Gegenkirche sympathisierenden Bevölkerung handgreiflich die Richtigkeit der katholischen Tradition.

von den Brüdern *Francesco* und *Benedetto Buglione* aus Florenz gestaltete **Renaissancefassade** vorgesetzt. Ihr Aufbau und die plastischen Motive zeigen die Rückbesinnung auf die Ideale der Antike, neben einer Madonna aus blau-weiß bemalter Terrakotta über dem Portal sieht man Steinreliefs ohne christlichen Bezug, Waffen, Helme, Meerestiere und seltsame Menschenköpfe. Rechts an die Hauptkirche wurde im 15. Jahrhundert das schlichte **Oratorio di San Leonardo,** links 1693 die barocke Kuppelkirche **Capella del Miracolo** angebaut, letztere mit einer vorgeblendeten klassizistischen Fassade von 1863.

Der schöne dreischiffige **Innenraum** zeigt sich noch in den einfachen Formen der Romanik. Er besitzt einige sehenswerte Kunstwerke. In der vom rechten Seitenschiff zugänglichen **Capella del Rosario,** auch als *Capella del Santissimo Sacramento* bezeichnet, steht ein detailreicher Renaissancealtar aus bemalter Terrakotta mit Fruchtgirlanden und zwei anmutigen Engelswesen, ebenfalls ein Werk der Gebrüder *Buglione*. In den Bildfeldern der Sockelzone ist das Martyrium der *hl. Christina* in Szene gesetzt. Die Märtyrerin mit dem um den Hals gebundenen Stein erkennt man auch im Freskenzyklus sienesischer Künstler (15. Jahrhundert) an der linken Wand.

Die **Capella di San Lucia** in der rechten Apsis schmücken Renaissance-Fresken von *Giovanni di Ferraris* (1498), die die neue Sicht der Tiefenperspektive aufgreifen. Eine Keramikbüste von 1497 stellt wiederum die *hl. Christina* dar. Der **Hauptaltar** ist aus frühmittelalterlichen Fragmenten zusammengesetzt, hinter ihm steht ein Goldtafelbild der Jungfrau Maria von *Pietro di Sano* (15. Jahrhundert). An der linken Seite öffnet sich ein romanisches Portal (11. Jahrhundert) mit figürlichen Steinreliefs (Die hl. drei Könige/Die klugen Jungfrauen), in der Kapelle rechts davon sind die Reliquien der *hl. Christina* ausgestellt.

Durch das Portal betritt man die elegante und lichte Kuppelkirche **Capella del Miracolo** mit zwei großformatigen Barockgemälden, das linke mit einem Drachentöter und einem schwungvollen Engel im Sturzflug Richtung Fegefeuer, das rechte mit verklärten Madonnen – typische Barocktheatralik. In einem kleinen blau-goldenen Altarschrein ist die Steinplatte mit dem Blutstropfen des Blutwunders von 1263 ausgestellt.

An die helle Capella del Miracolo schließen sich die dunklen Gewölbe der **Grotta di S. Christina** an. Im Vorraum, der **Capella del Corpo di Christo,** tragen vier antike Säulen einen steinernen Baldachin (Ziborium) aus dem 9. Jahrhundert, unter dem die Steinplatte der *hl. Christina* aufbewahrt ist. Auf ihr sind zwei Fußabdrücke zu sehen, die nach der Legende von der Märtyrerin stammen. Die ältesten Freskenfragmente an den Wänden stammen aus dem 8. Jahrhundert. Nach rechts öffnet sich die **Capella San Michele** (Michaelskapelle) mit einem weiteren Buglione-Altar aus farbig bemalter Terrakotta (Darstellung des Blutwunders).

Links vom Ziborium hinter einem Gitter liegen auf zwei Ebenen die **Gruft der hl. Christina** und die **Katakomben.** Im oberen Teil steht ein Sarkophag mit fein gearbeiteter Liegefigur der *hl. Christina* aus der Werkstatt der *Buglione* (1496), links sieht man erste frühchristliche Grabstellen. In der Unterkirche befindet sich der einfache römische Sarkophag, in dem 1880 die Gebeine der Heiligen aufgefunden wurden. Dahinter erstrecken sich ausgedehnte Katakomben aus römischer und langobardischer Zeit. Sie dienten nicht als Fluchtraum, sondern als Begräbnisstätte; viele fromme Christen wollten der *hl. Christina* nach dem Tode nahe sein.

● **Kirche Santa Cristina,** tgl. 9–12 u. 15.30–19 Uhr, von Oktober bis April nachmittags nur von 15–17 Uhr.

Der Ort

Mittelpunkt Bolsenas ist die **Piazza Matteotti** mit dem Info-Büro und der **Kirche San Francesco,** einem schlichten Bau des 13. Jahrhunderts mit Resten gotischer Wandbemalung, der heute für Theateraufführungen genutzt wird. Westlich des Hauptplatzes erstreckt sich das alte Zentrum. Enge Pflastergassen ziehen sich den Hang hinauf, Blumenschmuck an den Fassaden lockert das dunkel-mittelalterliche Ambiente auf. Die ebene Via Cavour führt zur gemütlichen kleinen **Brunnenpiazza von San Rocco** mit Bars zum Draußensitzen. Durch das **Stadttor Arco di San Francesco** (1598) gelangt man von der **Piazza Matteotti** hinauf zum **Castello Monaldeschi,** der imposanten mittelalterlichen Burg von Bolsena. Die Innenräume wurden 1815 von den Bürgern Bolsenas weitgehend zerstört, damit sie nicht in die Hände des verhassten *Lucien Bonaparte,* des Bruders und Statthalters *Napoleons,* fielen. In den wieder hergestellten Burgsälen ist heute das **Museo Territoriale del Lago di Bolsena** untergebracht. Es vermittelt einen weiten Überblick über Geschichte und Geologie des Bolsena-Sees mit Exponaten zu Vulkanismus und zur Entstehung des Sees, frühen Pfahlbausiedlungen, zur Kultur der Etrusker und Römer, zur Tradition des Fischfangs. Von der Burgterrasse bietet sich eine schöne Aussicht über den See (tgl. 10–13 u. 15.30–19 Uhr, 3,50 Euro Eintritt).

Von der Burg sind es wenige Schritte auf der Straße nach Orvieto zu den **Ausgrabungen des römischen Volsinii.** Die Ruinen liegen zwar schön auf einer Hangterrasse mit Zypressen und Olivenbäumen, außer antiken Fundamenten und Mauerresten gibt es jedoch nicht viel zu sehen (außer Mo 8–13.30 Uhr). Unterhalb der Burg sieht man links der Hauptstraße ein **Stück der etruskischen Stadtmauer** des 4. Jahrhunderts v.Chr. und zwei römische Grabhäuschen mit Giebeldach.

Zwischen der Durchgangsstraße Montefiascone – Acquapendente und dem Seeufer erstreckt sich der neue **Ferienort Bolsena,** von der Piazza Matteotti führt die schnurgerade Viale Colesanti zum fünf Gehminuten entfernten Kreisverkehr beim kleinen **Segel- und Freizeithafen.** Westlich und

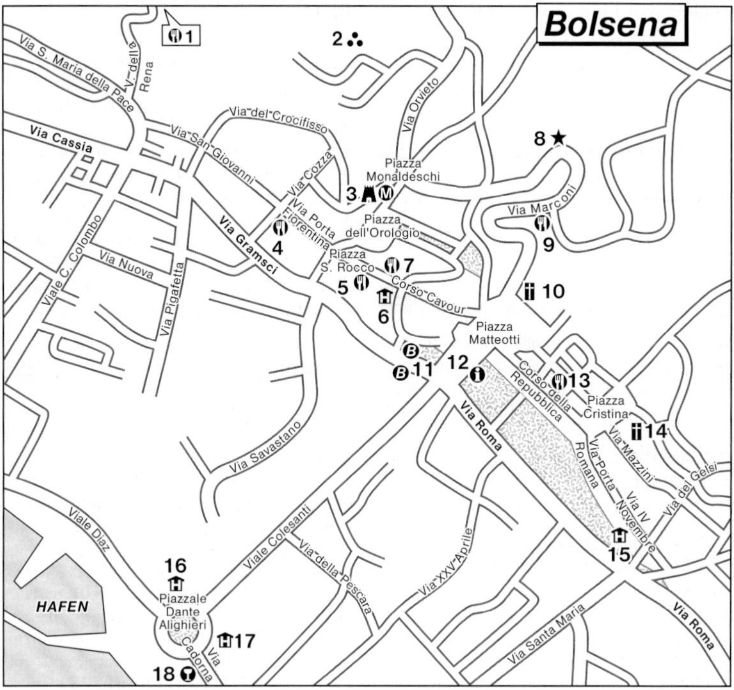

1 Trattoria da Angelo e Piero
2 Römische Ausgrabungen
3 Burg/Archäologisches Museum
4 Trattoria Da Picchietto
5 Trattoria La Pietra
6 Pension Italia
7 Trattoria-Pizzeria La Travernetta
8 Römische Grabhäuser
9 Pizzeria Tanaquilla
10 San Francesco
11 Bushaltestelle
12 Infobüro
13 Trattoria-Pizzeria del Corso
14 S. Christina
15 Hotel Zodiaco
16 Hotel Royal
17 Columbus Hotel sul Lago
18 Bar La Spiaggetta

Lago di Bolsena

östlich von hier säumen Hotels, Restaurants, Bars und Campingplätze die von Platanen beschattete Strandpromenade.

Touristeninformation

- **Pro Loco,** an der zentralen Piazza Matteotti, Tel. 07 61 79 99 23, Fax 07 61 79 60 56, www.comunebolsena.it.

Unterkunft

Im Juli/August ist wegen des großen Andrangs auch italienischer Badetouristen Vorbuchung ratsam. Es gibt etwa zwölf Hotels im Ort und der näheren Umgebung.

Am Seeufer

- ****Royal€€€-€€€€, Piazza D. Alighieri 8, beim Kreisverkehr am Hafen, komfortables Haus mit Swimmingpool und Dachterrasse, wenige Schritte vom Ufer entfernt, Tel. 07 61 79 70 48/9, Fax 07 61 79 60 00, royal@bolsenahotel.it.
- Gleich nebenan liegt das preisgünstigere ***Columbus Hotel sul Lago€€-€€€, ein angenehmes, gutbürgerliches Haus mit recht geräumigen Zimmern mit Klimaanlage, Via Colesanti 27, Tel. 07 61 79 90 09, Fax 07 61 79 81 72, www.atihotels.it.
- An der Uferstraße 1 km südlich vom Kreisverkehr liegt das ***Le Naiadi sul Lago€€-€€€, ein neueres Haus mit ordentlichem Komfort, einige Zimmer haben Balkon und den begehrten Seeblick, Viale Cadorna 95.
- Etwa 1,5 km nördlich außerhalb an der Hauptstraße nach Acquapendente liegen unmittelbar am See zwei weitere neuere Mittelklassehotels, beide haben direkten Strandzugang und eigenes Restaurant: Das etwas komfortablere ist das ***Lido€€-€€€, die ruhigeren Zimmer mit Seeblick sind etwas teurer, Via Cassia km 114 IX, Tel. 07 61 79 90 26, Fax 07 61 79 84 79, lidohotel@bolsnea.it; das ziemlich nüchterne ***Eden€€ liegt 500 m näher beim Ort und ist etwas billiger, Via Cassia km 114 II, Tel. 07 61 79 19 15, Fax 07 61 79 63 43, info@hoteledenbolsena.com.

Im Ort

- ***Zodiaco€€, kleines neueres Stadthotel am Südostrand des Stadtzentrums bei der Porta Romana, keine besonders idyllische Lage, aber ruhig und für Bolsena recht preiswert, geräumige Zimmer mit ordentlichem Komfort, Via IV Novembre 8, Tel. 07 61 79 87 91, 07 61 79 62 10, hotelzodiaco@tin.it, www.touring.it/zodiaco.
- *Pensione Italia€, Familienpension mit wenigen, recht geräumigen, in etwas altmodischem Design ausgestatteten Zimmern, z.T. ohne Bad, ruhige Lage inmitten der Altstadt, Corso Cavour 53, Tel. 07 61 79 91 93.

Camping

Die Campingplätze sind in der Regel nur in der Zeit von Anfang Mai bis Ende September geöffnet.

- Am nächsten zum Zentrum Bolsenas liegen **Camping La Pineta,** ein schattiger, ordentlich ausgestatteter Platz am Nordende der Uferstraße Via A. Diaz, für 280 Pers./ 11.000 m², Tel. u. Fax 07 61 79 98 01, und der etwas kleinere, gemütliche **Camping Il Lago** südlich vom Kreisverkehr beim Hafen, letzterer mit eigenem kleinem Sandstrand, für 160 Pers./8000 m², Tel. u. Fax 07 61 79 91 91.
- Ein größerer, ansprechender Platz ist **Camping Internazionale Blu** unmittelbar am Ufer 2 km südlich Bolsenas, ruhige Lage mit viel Schatten, gute Ausstattung mit Ristorante, Bar und eigenem Einkaufsladen, 500 Pers./25.000 m², zum Ort führt ein von dicht wachsendem Schilfrohr beschatteter Uferweg; Località Pietre Lanciate, SS Cassia km 111 VI, Tel. u. Fax 07, 61 79 91 97, www.blucamping.it.
- **Massimo,** etwa 3 km nördlich von Bolsena liegt dieser gut ausgestattete angenehme Platz, auch Appartements, unter deutscher Leitung und bei deutschen Gästen beliebt, mit eigenem Strandzugang, 180 Pers./ 7000 m², an der Via Cassia nach Acquapendente, Tel. u. Fax 07 61 79 87 38, massimo.bolsena@libero.it, www.massimo.info.
- **Mario** liegt, noch weiter außerhalb, am Nordostufer des See abseits der Durchgangs-

straße auf dem Gemeindegebiet von San Lorenzo, Nuova, ruhige Lage mit Bäumen und Strandzugang, Restaurant und Einkaufsladen, 260 Pers./10.000 m², Tel. 07 63 72 74 85.

Essen und Trinken

- **Da Picchietto**€€-€€€, Via Porta Fiorentina 15, beliebtes Restaurant mit gemütlicher Gartenlaube zum Draußensitzen, Fischspezialitäten, Tel. 07 61 79 91 58, Mo Ruhetag.
- Eine weitere empfehlenswerte Adresse für Fisch aus dem See ist die Altstadttrattoria **La Pietra**€€, hier gibt es z.B. die nach traditionellem Rezept gekochte Fischsuppe *sbroscia,* Corso Cavour 75, Tel. 07 61 79 87 30, Do u. Fr Mittag geschlossen.
- **Trattoria-Pizzeria La Tavernetta**€-€€, Corso Cavour 54, die alteingesessene Familientrattoria bietet Traditionsküche ohne Schnick-Schnack, darunter auch Fisch aus dem See, freundlicher und aufmerksamer Service, Tel. 07 61 79 89 79.
- **Antica Trattoria del Corso**€-€€, atmosphärisch, qualitativ und preislich ähnlich dem La Tavernetta, Menü mit ¼ Wein u. *caffè* zu 15 Euro, mit Fisch zu 20 Euro, auch Pizza, Corso della Repubblica 39/41, Tel. 07 61 79 80 78, Mo Ruhetag.
- Etwas außerhalb am nördlichen Stadtrand die **Trattoria da Angela e Piero**€€-€€€, schöne ruhige Lage im Grünen auf einer Hangterrasse, Via della Rena, Di Ruhetag, vom Zentrum hierher braucht man zu Fuß etwa 10 Min., Tel. 07 6179 92 64.
- **Pizzeria Tanaquilla**€, beliebter Jugendtreff an der Hauptstraße zur Burg, bis spät in die Nacht geöffnet, Mo Ruhetag, Via Marconi 100.

Bolsena – der touristische Hauptort am gleichnamigen See

Verkehrsmittel

Bus

- Werktags etwa stündlich mit COTRAL über Montefiascone nach **Viterbo,** So nur 2 Busse; werktags öfters Verbindungen nach Acquapendente/Gradoli.
- Werktags 1x mit SIRA nach **Siena** (Bolsena ab 8.50 Uhr, Siena ab 14.15 Uhr) sowie nach **Sorano/Pitigliano** (Bolsena ab 14.15 Uhr, Pitigliano ab 6.15 Uhr).
- Werktags 2x mit atc Terni nach **Orvieto** Bahnhof (Bolsena ab 6.45, 16.10 Uhr, Orvieto ab 14.05, 17.25 Uhr); Infos im Internet unter www.atcterni.it.

Einkaufen

- **Enoteca Mariottini,** gut sortierte Weinhandlung in der Viale Colesanti 32.
- **Wochenmarkt** am Dienstagvormittag auf der Piazza Matteotti.

Feste

- An **Fronleichnam** findet wie in vielen italienischen Orten das große **Blumenfest der Infiorata** statt. Die Straßen im Zentrum Bolsenas sind dann mit Blütenteppichen bedeckt. Eine äußerst arbeitsaufwendige Angelegenheit, zu deren Gelingen viele Hände nötig sind: Massen von Blüten müssen gepflückt, sortiert, zur Frischhaltung mit Wasser benetzt werden, die Motive, neben Ornamenten auch Personen, werden auf dem Pflaster vorgezeichnet, dann am Morgen des Festtags ausgelegt - nur damit der Wind in kurzer Zeit alles wieder hinwegfegt.
- Das **Fest der hl. Christina** am 23./24. Juli; mit viel Pathos stellt die Jugend Bolsenas das Martyrium der *hl. Christina* szenisch dar.

Ausflug

- In der Saison, abhängig vom Bedarf, geführte **Besichtigungstouren zur Isola Bisentina,** am ehesten am Mi, Sa u. So, Auskunft: **Navigazione Alto Lazio,** Tel. 07 61 79 80 33, www.navigazionealtolazio.it.

Sonstiges

Fahrradverleih

- Gibt es in der Touristensaison **bei der gemütlichen Strandbar La Spiaggetta** 50 m südlich des Kreisverkehrs; 8 Euro für einen halben, 14 Euro für einen vollen Tag.

Sprachschule

- **Scuola Italiana Senzaparole,** Gruppen- und Einzelunterricht, je nach Kenntnisstand werden die Schüler in sechs Leistungsstufen unterrichtet, man hilft bei der Unterkunftssuche; Kontaktadresse in Deutschland: Scuola Italiana Senzaparole, Lange Reihe 117, 20099 Hamburg, Tel. 0 40/24 37 39, senzaparol@aol.com.

Montefiascone ↗ III, C3

- **12.700 Einwohner**
- **590 m üNN**
- **PLZ 01027**

Die **lebendige Kleinstadt** erstreckt sich **auf dem Kraterrand** gut 200 Höhenmeter über dem Bolsena-See. Weithin sichtbar erhebt sich die große runde Kuppel des Doms über den Häusern der Altstadt. Von hier genießt man weite Ausblicke hinunter zum Bolsena-See und über die weiten Getreideebenen des nördlichen Latium bis zu den fernen dunklen Bergrücken des mittleren Apennin. Für italienische Verhältnisse und auch im Vergleich zum benachbarten Bolsena ist Montefiascone ein noch ziemlich junger Ort, entstand er doch „erst" vor etwa 1500 Jahren in den unsicheren Zeiten der Völkerwanderungen als hoch gelegener Zufluchtsort für die vor den germanischen Horden Schutz suchenden Bewohner der Ebenen.

Aufgrund seiner das Umland beherrschenden, strategisch günstigen Position an der **Via Francingena** gewann Montefiascone im Mittelalter an Bedeutung. Päpste und weltliche Herrscher hielten sich zeitweise in seinen Mauern auf, die Gegend um den Bolsena-See war so etwas wie ein Erholungs- und Rückzugsgebiet der Kirchenfürsten Roms und Latiums. Die im 12. Jahrhundert errichtete päpstliche Burg wurde ein wichtiger Stützpunkt des Kirchenstaates bei der Rückeroberung der Macht nach dem Exil von Avignon. Überregional bekannt ist das Städtchen noch heute wegen seines in der Umgebung produzierten **Weißweines „Est, Est, Est"**, an dem sich einst der Augsburger Prälat *Johannes Fugger* zu Tode soff. Im 17. und 18. Jahrhundert richteten Erdbeben schwere Zerstörungen an, weswegen das historische Zentrum baulich in wesentlichen Teilen aus der Barockzeit stammt.

Besichtigung

Die kunstgeschichtlich interessanteste Kirche von Montefiascone ist nicht der Dom, sondern **San Flaviano** östlich unterhalb der Ortskerns, für Italien ein eher untypischer Bau des Mittelalters, zweigeteilt in Ober- und Unterkirche. (Zugang über die zentrale Piazza Roma und die von hier abwärts führende Via San Flaviano). Die interessantere Unterkirche ruht auf gedrungenen Säulen mit abwechslungsreichen Kapitellen, vom vorletzten vorne rechts blickt ein skurriles Männlein, das sich am Barte zupft, auf den Betrachter. Die Wände der Kirche bedecken zahlreiche, z.T. gut erhaltene Fresken des 14. bis 16. Jahrhunderts. Zu den älteren Malereien gehören die thematisch „dunklen" Bilder an der linken Seite. Neben der Leidensgeschichte der *hl. Katharina,* die zu Tode gemartert wird (Eingangswand), ist der Kindermord von Bethlehem aus der Werkstatt des *Pastura* zu sehen (Ende 15. Jahrhunderts), im Portalbogen darüber ist mit schönen Gerippen, die drei vornehmen Reiterinnen begegnen, der Triumph des Todes in Szene gesetzt – im Denken des Mittelalters war der Tod allgegenwärtig. In der etwas nüchtern wirkenden Oberkirche stehen der Thron und Altar Papst *Urbans IV.* (1262).

Der **Dom Santa Margherita** ist ein Zentralbau von beeindruckenden Ausmaßen, über dem Kirchenschiff auf achteckigem Grundriss wölbt sich eine große Kuppel. Der Bau wurde 1519 im Stil der Renaissance begonnen, erst im 17. Jahrhundert in barocken Formen im Wesentlichen vollendet, die Arbeiten an der großen, vom Bernini-Schüler *Carlo Fontana* entworfenen Kuppel konnten erst im 19. Jahrhundert abgeschlossen werden. Der Innenraum wirkt repräsentativ und feierlich. In der mittleren Kapelle der linken Seite ist eine Terrakotta-Altartafel der florentinischen Künstlersippe der *Della Robbia* bemerkenswert. Links gleich hinter dem Eingang führen Treppen hinunter zur geräumigen Krypta von 1483, wo

Est, Est, Est, – zu viel davon ist auch nicht gut

In San Flaviano erinnert eine Grabplatte an den im Jahre 1114 in Montefiascone auf nicht ganz natürliche Weise aus dem Leben geschiedenen Augsburger Prälaten **Johannes Fugger.** Im Gefolge Kaiser *Heinrichs V.,* der mit dem Papst wegen des Rechts auf die Einsetzung der Bischöfe (Investitur) im Streit lag, war er im Jahr 1111 auf der Via Francigena Richtung Rom unterwegs. Der geistliche Herr war allem Anschein nach ein wackerer Trinker; was er auf der beschwerlichen Reise offenbar am meisten fürchtete, war, schlechten Wein vorgesetzt zu bekommen. Deshalb hatte er eigens seinen Diener *Martin* mitgenommen, der seinem Herrn vorauseilen musste, um die Weinqualität in den diversen Gasthäusern am Wege vorzukosten. War der vorgesetzte Tropfen gut, malte er ein „Est" (es gibt ihn) an die Tür. In Montefiascone war der Diener derart begeistert, dass er euphorisch „Est, Est, Est" ans Gasthaus schrieb. Der Augsburger Prälat schloss sich dem Urteil an, ließ den Kaiser alleine weiterziehen – und gelangte nie nach Rom und auch nicht zurück in die Heimat. „Est, Est, Est – wegen zu viel davon ist mein Herr *Johannes Fugger* hier verstorben", ließ der Diener auf die Grabplatte in San Flaviano schreiben, nachdem sich der hohe Geistliche zu Tode gesoffen hatte.

unter der von acht Säulen getragenen Kuppel der Leichnam der Ortsheiligen *Lucia Filippini* aufgebahrt ist.

Oberhalb des Domes beim höchsten Punkt des Ortes steht die **Ruine der Rocca dei Papi,** der ehemaligen „Burg der Päpste". Drumherum erstreckt sich ein kleiner Park, von dessen Rand sich ein schöner Ausblick auf die glatte Wasserfläche des Lago di Bolsena eröffnet.

Touristeninformation

- **Ufficio Turistico Comunale,** Largo Plebiscito 1, Tel. u. Fax 07 61 82 08 84, www.comune.montefiascone.vt.it.

Unterkunft

- *****Urbano V**€€€, mitten im alten Zentrum, an der Hauptgasse, liegt dieses kleine, aber feine Hotel, es ist in einem alten Stadtpalazzo untergebracht, die Zimmer sind sparsam, aber mit Stil eingerichtet, Corso Cavour 107, Tel. 07 61 83 10 94, Fax 07 61 83 41 52, www.hotelurbano-v.it.
- *****La Carozza d'Oro**€€€, schöne Lage am See an der Uferstraße nach Marta, ordentlicher Komfort, einige Zimmer mit Blick aufs Wasser, wenige Schritt zum Strand, an der Uferstraße nach Marta, Lungolago 95, Tel. 07 61 83 81 57, Fax 07 61 82 02 11, carozzadoro@inwind.it.
- ****Dante**€, altmodisch-einfaches Traditionshotel mitten im alten Zentrum, es gibt renovierte Zimmer mit eigenem Bad oder sehr preiswerte Zimmer mit altmodischem Mobiliar und ohne eigenes Bad, Via Nazionale 2, Tel. 07 61 82 60 15.

Camping

- **Camping Amalasuntha,** größerer Platz etwa 5 km außerhalb am Seeufer westlich von Marta, schattige Plätze unter Pinien, an der Uferstraße, zum See sind es nur wenige

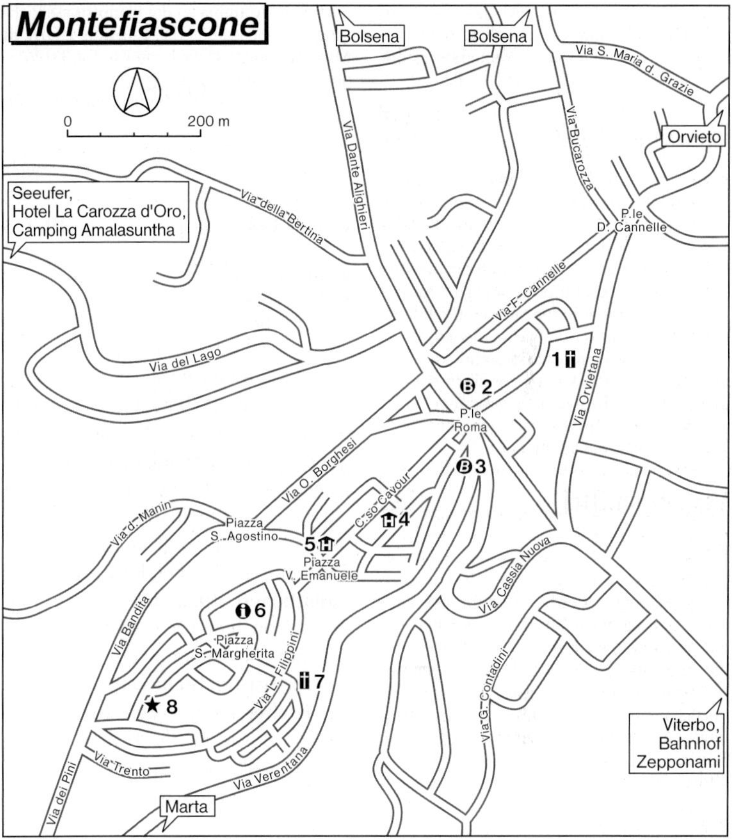

- 1 S. Flaviano
- 2 Busbahnhof
- 3 Bushaltestelle Rg Marta/Capochinante
- 4 Hotel Urbano
- 5 Hotel/Trattoria Dante
- 6 Touristeninformation
- 7 Dom
- ★ 8 Rocca dei Papi

Schritte, 3,2 ha für max. 700 Gäste, saubere Sanitäranlagen, Bar, Tavola Calda, kleines Lebensmittelgeschäft, Juni bis September geöffnet, Tel. 07 61 8254 94, Fax 07 61 82 63 04.

Essen und Trinken

- Das zum **Hotel Dante** gehörende Speiselokal ist noch eine **Trattoria**€-€€ im ursprünglichen Sinn, die Speisekarte ist in ein altes Schulheft gekritzelt, in der vom Gastraum einsehbaren Küche rührt stoisch die beleibte Mama in den Kochtöpfen und gibt Anweisungen an die durch den Speiseraum flitzenden Kinder, die die Gäste bedienen. Pizza wird natürlich nicht serviert, stattdessen gibt es solide Traditionsküche, vor allem die Nudelgerichte sind vorzüglich, gebratener Fisch aus dem See wird ebenfalls geboten. Deutsche Speisekarte, Di Ruhetag.

Verkehrsmittel

Bahn

Bahnhof 2,5 km südlich des Zentrums an der Straße nach Viterbo beim Ortsteil Zepponami; Züge nach **Viterbo** sowie über Attigliano, der Umsteigestation für den Interregio Richtung Orvieto und Florenz, nach **Orte,** wo Anschluss nach Rom besteht. Werktags gegen 7.30 Uhr eine schnelle Direktverbindung nach **Roma Tiburtina,** gut 1 Stunde Fahrzeit; Rückfahrt ab Roma Tiburtina gegen 19.10 Uhr.

Bus

Werktags etwa stündlich nach **Viterbo, Bolsena, Acquapendente** und **Marta/Capodimonte.** Sonn- und feiertags nur wenige Busse. Werktags 5x nach **Bagnoregio.** Stadtbusverbindung zum Bahnhof im Vorort Zepponami, in der Badesaison auch zum Seeufer.

Einkaufen

- Der **Weißwein „Est, Est, Est"** ist sicherlich keine schlechte Wahl als Begleiter zum gebratenen Fisch aus dem Bolsena-See. Neben der großen Cantina an der Hauptstraße Richtung Viterbo bietet die **Cantina L'Oro di Martino** eine Auswahl von Est, Est, Est-Weinen sowie Grappa, Honig und Olivenöl; Via Lucia Filippini 16, im Zentrum in der Nähe des Doms.

Marta

↗ III, C3

- **3400 Einwohner**
- **335 m üNN**
- **PLZ 01010**

Einige Kilometer westlich von Montefiascone, unmittelbar am See, liegt dieser beschauliche Ort. Mit kleinem und gut erhaltenem mittelalterlichem Kern zieht er sich mit Bögen und schmalen Gassen die Hügelflanke hinauf. Beim höchsten Punkt ragt ein achteckiger Turm in den Himmel, letzter **Rest der päpstlichen Burg** des 13. Jahrhunderts. Von hier oben bietet sich ein schöner Blick auf den See.

Marta ist noch ein wirkliches **Dorf der Fischer.** Frühmorgens tuckern ihre kleinen Boote in den Hafen, um die Fänge anzulanden, tagsüber kann man ihnen beim Werkeln an ihren Booten und beim Flicken der Netze zuschauen. Die traditionsbewussten Fischer von Marta haben sich in einer Kooperative zusammengeschlossen, gefangen und vermarktet werden u.a. *luccio* (Hecht), *persico* (Barsch), *tinca* (Schleie), der *coregone* (entfernt der Forelle verwandt) und *anguilla,* die schon im Mittelalter hochgeschätzten Aale des Bolsena-Sees.

Am Wochenende herrscht einiger Betrieb, in den auf Fisch aus dem See spezialisierten Restaurants ist dann mittags manchmal kein freier Platz mehr zu bekommen, die übrige Zeit geht es hier hingegen ausgesprochen geruhsam zu.

Nach Osten Richtung Montefiascone verläuft eine breite Erdstraße am Ufer entlang, von ihrem äußersten Ende führt ein kurzer Wanderweg zu lauschigen **Badeplätzen im Schilf,** ehe das Gelände eines Bauernhofs beginnt (privat, nicht betreten!).

Zur Gemeinde Marta gehört die heute unbewohnte und bis auf weiteres unzugängliche **private Isola Martana.** Bis ins Mittelalter war die Insel dicht bevölkert, aus dieser Zeit haben sich die Ruinen einer mittelalterlichen Burg und einer Kirche aus dem 9. Jahrhundert erhalten. Im Jahre 535 war die Insel Schauplatz eines tödlichen Dramas: *Amalasuntha,* die Tochter und legitime Nachfolgerin des großen Gotenherrschers *Theoderich* wurde hier durch ihren eigenen Gatten, ihren machtgierigen Vetter *Theodohad,* ins Jenseits befördert. Kaum war der Bund fürs Leben geschlossen, ließ er *Amalasuntha* auf der Isola Martana festsetzen und schließlich erdrosseln, um die Macht ganz an sich zu reißen.

Touristeninformation

- **Pro Loco,** Via Laertina 57.

Unterkunft

- ****Da Otello**€€€, dem gleichnamigen Ristorante angeschlossenes kleines Hotel mit nur 7 Zimmern am Seeufer beim Ortszentrum, einfach-modern eingerichtete Zimmer mit Balkon und Seeblick; der für ein Zwei-Sterne-Haus zu hohe Übernachtungspreis (DZ 82 Euro) relativiert sich bei der kaum teureren Halbpension (42–47 Euro pro Person); Via Laertina 5, Tel. u. Fax 07 61 87 16 27.
- Einige Kilometer östlich an der Uferstraße liegen das **Hotel Carrozzo d'Oro***** und der **Campingplatz Amalasuntha;** siehe unter Montefiascone.

lat_131 Foto: gh

Fischer bei Marta

Essen und Trinken

An der Uferpromenade werben fünf Restaurants mit frisch gefangenem Seefisch, u.a. das **Da Gino al Miralago**€€ mit deutschsprachiger Speisekarte und die **Trattoria La Jolanda** mit Aussichtsterrasse unmittelbar am Seeufer.

Verkehrsmittel

Bus

Werktags etwa stündlich nach **Viterbo, Montefiascone** und **Capodimonte;** seltener nach **Gradoli, Acquapendente, Farnese, Manciano;** So nur 2 Busse nach Viterbo.

Fest

- Jedes Jahr am 14. Mai findet unter großer Anteilnahme der Bevölkerung die **Barabbata** statt, ein farbenfroher Festzug der Bauern und Fischer zur Kirche Madonna del Monte mit der Darstellung alter landwirtschaftlicher Traditionen.

Capodimonte und Isola Bisentina ⇗III, C3

- **1700 Einwohner**
- **335 m üNN**
- **PLZ 01010**

Der beschauliche Ort liegt pittoresk auf einer schmalen in den See hineinragenden Landzunge, auf der sich dominant das **Castello Farnese** erhebt. Die von *Antonio di Sangallo d. J.* entworfene Renaissanceburg diente vom 16. bis 18. Jahrhundert als Sommerresidenz eines der mächtigsten Adelsgeschlechter Italiens, der *Farnese* (siehe bei Caprarola). Sie ist Privatbesitz und daher nicht zu besichtigen.

Hinter der Burg erstreckt sich mit bescheidenen Häusern das kleine mittelalterliche Viertel. Westlich unterhalb des Ortes liegt der **kleine Yachthafen,** wo auch die Boote zur Isola Bisentina starten, dahinter beginnt eine lange, von Platanen beschatte **Seepromenade** mit einigen Bars und Restaurants. Wie im benachbarten Marte ist die Stimmung in Capodimonte ausgesprochen beschaulich.

Etwa drei Kilometer nordwestlich des Ortes erhebt sich am Seeufer der **Hügel von Bisenzio.** Hier lag die schon in etruskischer Zeit gegründete Stadt **Bisentium,** die erst Anfang des 19. Jahrhunderts wegen der Malariagefahr endgültig aufgegeben wurde. Vom mittelalterlichen Bisentium hat sich nichts erhalten, von der Etruskerstadt nur eine **Grabhöhle** an der Seeseite unterhalb der Hügelspitze, ein stiller meditativer Platz mit Ausblick auf den See, die Isola Bisentina und die Halbinsel von Capodimonte. (Der zehnminütige Weg zur Hügelspitze von Bisenzio beginnt an dessen Westseite hinter dem an der Uferstraße Capodimonte – Gradoli gelegenen Kirchlein von Sant'Agapito.)

Im See vor Capodimonte liegt die kleine **Isola Bisentina.** Die idyllische, zur Nordostseite mit steilen Felsen aus dem See aufsteigende Vulkaninsel war lange Zeit als Privatbesitz für die Allgemeinheit nicht zugänglich. Seit einigen Jahren kann man im Rahmen organisierter Ausflugstouren von Bolsena oder Capodimonte aus hier anlanden und einen kurzen Spaziergang durch die grüne Natur unternehmen.

Auf der Insel gibt es neben schöner mediterraner Vegetation mit bis zu 500 Jahre alten Steineichen insgesamt acht Kirchen und Kapellen, fünf davon wurden um 1450 am Weg zum **Monte Tabor** errichtet, mit 56 Metern über dem Wasserspiegel die höchste Erhebung des Inselchens. Auf einem Steilfelsen über dem Seeufer steht die **Capella del Crocifisso** mit einem dem florentinischen Meister *Benozzo Gozzoli* zugeschriebenen Kreuzigungsfresko. Beim Anleger erhebt sich im kleinen *giardino all'italiano* der große überwucherte Renaissancebau der **Chiesa SS. Giacomo e Christofero,** im heute leeren Innenraum der Kuppelkirche sieht man an der rechten Seite das Grabrelief des *Ranuccio Farnese* mit dem Einhorn, dem Wappentier des Farnese-Clans. An die Kirche schließt sich der Kreuzgang eines ehemaligen Franziskanerkonvents an. In der Inselmitte gelangt man durch einen finsteren Tunnel in ein spärlichst beleuchtetes Gefängnisgewölbe des 13. Jahrhunderts, in dem man christliche „Ketzer", die ihren Glaubensvorstellungen nicht abschwören wollten, einkerkerte. Papst *Urban VI.,* der von 1261–1264 auf dem Stuhl Petri saß, löste das selbst für mittelalterliche Verhältnisse menschenunwürdige Gefängnis auf.

Touristeninformation

- **Pro Loco,** Via Roma 31, Tel. 07 61 87 10 67.

Unterkunft

- ****Riva Blu**€€, Via dei Pini 3, einfache, ästhetisch anspruchslose Unterkunft wenige Schritte vom Seeufer entfernt, Tel. u. Fax 07 61 87 02 55.

Verkehrsmittel

Bus

Werktags etwa stündlich nach **Viterbo, Montefiascone** und **Capodimonte;** seltener über Valentano nach **Gradoli/Acquapendente** oder **Farnese/Manciano** (Südtoskana); So nur 2 Busse nach Viterbo.

lat_133 Foto: gh

Bolsena-See bei Capodimonte

Bootsausflug

- **Bootsausflug zur Isola Bisentina:** In der sommerlichen Badesaison etwa 2–3x tgl. mit zweistündiger Inselführung (Gesamtpreis 11 Euro); in der übrigen Zeit nur unregelmäßiger Verkehr je nach Bedarf, am ehesten bei gutem Wetter vormittags um 11 Uhr am Mi, Sa und vor allem So.

Gradoli, Valentano und Latera

Valentano und Latera ↗II, B2/3

Erhöht auf dem südwestlichen Kraterrand in fünf Kilometer Entfernung vom See liegt mit der obligaten Farnese-Burg, einigen Barockkirchen und alten Stadttoren der vergleichsweise lebhafte Ort **Valentano** (2890 Einwohner). Wegen unpassender Neubauten ist er allerdings weniger pittoresk als andere Orte im Norden Latiums.

Unversehrter ist Richtung Gradoli das Ortsbild des abseits des Sees gelegenen **Latera** (1150 Einwohner), dessen Häuser sich um den Kirchturm auf der Hügelkuppe scharen.

Gradoli ↗II, B2

- **1900 Einwohner**
- **470 m üNN**
- **PLZ 01010**

Das zwischen grünen Weinhügeln gelegene Gradoli ist der interessanteste Ort an der Westseite des Lago di Bolsena. Zwischen den kleinen Häusern des *centro storico* stehen dominant die große Barockkirche **Chiesa della Maddalena** und der **Palazzo Farnese,** der von *Alessandro Farnese,* dem späteren Papst *Paul III.,* anlässlich der Vermählung seines Sohnes *Pierluigi* mit der Orsini-Tochter *Girolama* in Auftrag gegeben wurde. Wenn zwei so machtbewusste Adelsdynastien zusammenkommen, muss Großes gebaut werden; der elegante, vom berühmten Renaissancearchitekten *Antonio da Sangallo d. J.* entworfene Palast sprengt die Dimensionen des bescheidenen Hügelstädtchens. Die Residenz wurde so platziert, dass man von den Repräsentationssälen den Blick auf den Bolsena-See genießen konnte. Heute erledigen hier die Angestellten der Stadtverwaltung ihre prosaischen Aufgaben. Ein Teil des Palazzo wurde für die Allgemeinheit als **Museo del Costume Farnesiano** (Sammlung von Kleidungsstücken der Renaissance) zugänglich gemacht.

Der **Weinbau** spielt rund um Gradoli eine wichtige Rolle, eine Spezialität ist der Süßwein „Aleatico di Gradoli" mit beträchtlichen 18% Alkoholgehalt.

Eine nicht durchgehend asphaltierte Straße führt unterhalb von Gradoli am **östlichen Seeufer** entlang nach Capodimonte. Kleine Wiesenflächen und schmale, von dichtem Schilf gesäumte Vulkansandstrände bieten hier schöne Rast- und Badeplätze, u.a. nördlich der schlichten mittelalterlichen Malteserkirche Sant Magno, wo nur ein anfangs für Fahrzeuge gesperrter erdiger Fahrweg unmittelbar am Ufer verläuft. Mehrere Trattorien und Bars am westlichen Seeufer, z.T. nur in der Badesaison, sorgen für das leibliche Wohl.

Touristeninformation

- **Pro Loco,** Piazza V. Emanuele 30, Tel. u. Fax 07 61 45 68 10.

Unterkunft

- ***Albergo Ripetta€€-€€€, alteingesessenes Kleinstadthotel am Rand des alten Ortskerns, mit nüchtern-einfachen, aber ordentlich ausgestatteten Zimmern, einige mit Balkon und Blick zum fernen See, Via Roma 38, Tel. 07 61 45 61 00, Fax 07 61 45 68 17, info@laripetta.it, www.laripetta.it.

Camping

- **Camping La Grata,** ruhige Lage am Uferfahrweg unterhalb von Gradoli, schattige Plätze, zum See sind es nur wenige Schritte, Tel. 07 61 45 65 32.

Essen und Trinken

- Einen guten Ruf hat das **Ristorante des Albergo Ripetta**€€, Fischspezialitäten, Terrasse zum Draußensitzen, Tel. 07 61 45 61 00, Mo Ruhetag.
- **Trattoria-Pizzeria da Massimo,** an der Uferstraße auf halbem Weg zwischen Capodimonte und Gradoli, gemütliche, einfache Familientrattoria mit Tischen im Freien, allerdings nicht unmittelbar am Ufer, natürlich gibt es frischen Fisch aus dem See, Tel. 87 01 48, Fr Ruhetag.
- Im **Ristorante Il Purgatorio** bei der Kirche Sant'Magno sitzt man man in einem gemütlichen Garten unmittelbar am Wasser, auch Pizzeria, Tel. 3 68 51 43 22, außer Do von 12.30–14.30 u. 19.30–22.30 geöffnet.
- **Trattoria da Giggetta,** weiter nördlich am Uferfahrweg ebenfalls mit schöner Außenterrasse unmittelbar am See, nach dem Dolce kann man aufstehen und gleich ins Wasser springen, die Trattoria hat einen eigenen Badesteg, Tel. 45 61 38, Mo Ruhetag.

Bus

- Werktags etwa 8x nach **Viterbo** über Bolsena oder Valentano/Capodimonte.

Fest

- **Pranzo del Purgatorio** am Aschermittwoch, großes Gemeinschaftsessen zu Beginn der Fastenzeit nach altem Ritual, bei dem nur Männer die Speisen zubereiten dürfen.

Grotte di Castro

↗ II, B2

- **3150 Einwohner**
- **470 m üNN**
- **13 km westlich von Bolsena**
- **PLZ 01025**

Der kleine Ort in den Hügeln über dem nördlichen Seeufer besitzt die für Nordlatium idealtypische **Ortsanlage** mit erdfarbenen Tuffsteinhäusern, die eng aneinander gebaut auf einem lang gestreckten Felshügel über dem Tal stehen. Bemerkenswerte Sehenswürdigkeiten gibt es hier nicht, nur das übliche verwinkelte *centro storico.* Die Stadtverwaltung hat zwei Wege durch die Altstadt, einen *percorso medievale* und einen *percorso rinascimentale,* ausgeschildert, ohne dass Castro mehr zu bieten hätte als andere latinische Tufforte: enge Durchlässe, schmale Gassen, alte, z.T. unpassend restaurierte Fassaden, eine barock umgestaltete Kirche des Mittelalters.

Etwa drei Kilometer unterhalb des Ortes an der Straße zum See liegt der Zugang zur **etruskischen Nekropole Pianezze** (Di bis Do 16–19, Fr bis So 10–13 u. 16–19 Uhr). Die einfachen Etruskergräber, von denen die ältesten aus dem 7. Jahrhundert v.Chr. stammen, liegen in der Nähe des Eingangs.

Man kann aber auch auf einer ausgeschilderten, etwa sieben Kilometer langen Wanderroute das freundlich-grüne Hügelland von Castro intensiver erkunden, wo man auf weitere kleinere architektonische Zeugnisse aus Antike und Mittelalter trifft.

Touristeninformation

- **Pro Loco,** Via Roma, Tel. 07 63 79 80 03, comunegrottedicastro@tin.it.

Acquapendente ⇗ II, B1

- **5870 Einwohner**
- **410 m üNN**
- **20 km nordwestlich von Bolsena**
- **PLZ 01021**

Im Mittelalter war Acquapendente eine wichtige Pilgerstation an der Frankenstraße. In der Hauptkirche bewahrte man Steine auf, die angeblich aus der Gerichtshalle des *Pilatus* in Jerusalem stammten. Im tief religiös geprägten Mittelalter, als noch der kleinsten Reliquie hohe Verehrung zuteil wurde, war dies Grund genug, der Stadt einen Besuch abzustatten. Die Steine aus Jerusalem brachten den Bürgern von Acquapendente Wohlstand. Im 12. Jahrhundert war der Ort zeitweise ein Stützpunkt des Stauferkaisers *Barbarossa.* Lange Zeit profitierte die Stadt, zumindest was das Hotel- und Gaststättengewerbe anging, auch von ihrer Lage unmittelbar an der **Via Cassia,** über die bis zum Bau der Autobahn der gesamte Fernverkehr von Rom nach Norditalien rollte.

Interessantestes Bauwerk ist der in der ersten Hälfte des 12. Jahrhunderts errichtete, Mitte des 18. Jahrhunderts zu einer stattlichen Barockkirche umgebaute **Dom San Sepolcro** am südlichen Ortsrand an der Durchgangsstraße. Die Oberkirche wurde im Zweiten Weltkrieg durch Bomben schwer beschädigt. Sehenswert ist hier im rechten Querschiff ein Altar aus farbig bemalter Terrakotta (1522) im Stil der florentinischen Renaissancewerkstatt der *Della Robbia* mit Fruchtgirlanden und anmutigen Engeln. Eindrucksvoll ist vor allem die Krypta, die wahrscheinlich noch aus dem 10. Jahrhundert stammt – ein steinerner unterirdischer Säulenhain. Die variantenreich gearbeiteten Kapitelle zeigen neben Pflanzenornamenten rätselhaft-heidnisch wirkende Köpfe von Widdern und Fabelwesen. In der Krypta ist unter einem Baldachin das Jesusgrab von Jerusalem nachgebildet, ein hier aufbewahrter Stein soll laut Legende die Blutspuren der Geißelung Jesu tragen.

Im Ort selber lohnt vielleicht noch ein Blick in die Kirche **San Francesco** (auch *Santa Maria*), ursprünglich ein gotischer Hallenbau, an dessen Seiten die Zwölf Apostel aufgereiht sind, eine Holzschnitzarbeit aus dem 17. Jahrhundert.

Die Krypta des Doms San Sepolcro

lat_137 Foto: gh

Touristeninformation

- **Pro Loco,** Via Rugarella 10, Tel. u. Fax 07 63 73 43 34, Infobüro an der Hauptstraße gegenüber vom Dom San Sepolcro, hier bekommt man gegen eine geringe Gebühr eine Übersichtskarte zum Naturschutzgebiet am Monte Rufeno mit den sieben von der Parkverwaltung markierten Wanderrouten.

Unterkunft, Essen und Trinken

- ****Aquila d'Oro€**, an der Via Cassia am nördlichen Ortsausgang von Acquapendente, sehr schlichte und sehr preiswerte Unterkunft, wegen des Straßenverkehrs möglichst Zimmer zur Rückseite nehmen, auch die angeschlossene **Trattoria€** bietet günstige Preise bei akzeptabler Qualität, Tel. 07 63 73 41 75, Fax 07 63 73 00 22.

Proceno und der Monte Rufeno

↗ II, B1

Einige Kilometer nordwestlich von Acquapendente träumt, bewacht von den Zinnentürmen einer Burg, das abseits gelegene Hügeldorf Proceno vor sich hin. Vom hoch gelegenen Ort bieten sich weite Ausblicke ins bergige Umland. Schon in etruskischer Zeit war dieser Platz besiedelt, in der Umgebung hat man einige **Nekropolen** aus dieser Epoche entdeckt. Im Mittelalter profitierte auch Proceno vom Pilgerstrom der Via Francigena. Heute ist hier tiefste Provinz.

Falls geöffnet, lohnt ein Blick in die gotische Kirche **San Martino** beim Ortseingang mit Bildwerken, die der Schule *Piero Lorenzettis* zugeschrieben werden (14./15. Jahrhundert), sowie im Ort in die barocke **Chiesa S. S. Salvatore,** ebenfalls mit einigen mittelalterlichen Fresken (links vom Altar). Die seit dem 12. Jahrhundert in ihrer Grundstruktur unverändert erhaltene Burg ist nicht allgemein zugänglich, sie dient heute als stilvolle Ferienunterkunft.

Nordöstlich von Acquapendente erstreckt sich an der Grenze zu Umbrien und der Toskana die **Riserva Naturale di Monte Rufeno.** Das Naturschutzgebiet umfasst eine abseits gelegene, unspektakuläre Landschaft mit ursprünglichen Eichenwäldern um den **Paglia-Fluss** und den 739 Meter hohen **Monte Rufeno.** An den Hängen stehen die für Mittelitalien typischen **Podere,** aus Bruchsteinen errichtete, kantige alte Bauernhäuser, von denen viele heute zu Ruinen zerfallen.

Eine schöne aussichtsreiche Fahrtroute durch diesen Landstrich führt auf kurvigen Nebenstraßen über das abgelegene **Trevinano** und das **Podere Monaldeschi** zum hübschen, über dem Tibertal gelegenen umbrischen Hügeldorf **Allerona,** wo Weinberge und Olivengärten den Eichenwald verdrängen.

Über **Castel Viscardo** gelangt man zurück auf latinisches Gebiet. An der Südflanke der Berge stehen hier weithin sichtbar die Zinnentürme von **Torre Alfina** über dem Land. Die in historisierendem Stil Ende des 19. Jahrhunderts wieder aufgebaute mittelalterliche Burg, eine Art latinisches Neuschwanstein, lastet mit abweisenden dunklen Mauern auf dem bescheidenen Dorf darunter. „Klingeln verboten, Besucher unerwünscht" steht am verrammelten Burgtor. Hier residiert der exzentrische Millionär und Manager des Fußballklubs von Perugia, *Luciano Gaucci,* der schon mal pressewirksam den Sohn des lybischen Staatschefs *Ghadafi* in die Mannschaft aufnahm – was den Abstieg in die zweite Liga auch nicht verhinderte.

Unterkunft, Essen und Trinken

- Etwas untertrieben als bloße *Affitacamere* (Zimmervermietung) firmiert die Unterkunft in den Mauern des **Castello di Proceno**€€€€. Die Besitzerin hat die mittelalterliche Burg einfühlsam in ein stilvolles, gemütliches Feriendomizil verwandelt; die mit viel Sinn fürs Detail komfortabel eingerichteten Räume bieten z.T. schöne Ausblicke ins Umland, angeschlossen sind eine **Bar-Enoteca** und ein **Ristorante** fürs Dinieren bei Kerzenschein, für die Gäste wurde auf dem Areal ein Swimmingpool angelegt; DZ je nach Ausstattung und Saison 100–135 Euro; Corso Regina Margherita 153/155, 01020 Proceno, Tel. u. Fax 07 63 71 00 72, castello.proceno@orvienet.it, www.castellodiproceno.it.
- In einsamer Lage etwa 3 km oberhalb von Trevinano an der Straße nach San Casciano/Allerona liegt das zur **Pension mit Trattoria** umgewidmete rustikale Bauernhaus **Podere La Monaldesca**€-€€; solide Regionalküche mit Bioprodukten und frischen Zutaten der Umgebung, in den Wäldern wachsen viele Pilze und leben Wildschweine, handgemachte Nudeln, Mi geschlossen, Oktober bis März nur Sa/So, in der angeschlossenen Pension 5 Doppelzimmer zu 50 Euro, Halbpension 40 Euro.
- Im hoch gelegenen Dorf Trevinano 10 km nördlich von Acquapendente bietet die **Dorftrattoria Da Gianfranco**€-€€ die für die Gegend typische kräftige Landküche, *zuppa di funghi* (Steinpilzsuppe) und *papardella al cinghiali* (hausgemachte Nudeln mit Wildschwein) finden sich u. a. auf der Speisekarte, Mo Ruhetag, Via Bourbon del Monte 37, Tel. 71 70 42.

Civita di Bagnoregio

III, C/D2

- **3800 Einwohner**
- **480 m üNN**
- **12 km östlich von Bolsena**
- **PLZ 01022**

Zwölf Kilometer östlich von Bolsena bietet Civita di Bagnoregio einen fantastischen Anblick: Seine braunen alten Tuffsteinhäuser stehen dicht aneinander gedrängt in luftiger Höhe auf einem isolierten, steil aufsteigenden **Felssockel,** drumherum erstrecken sich bizarr zerfurchte **Erosionstäler.** Bis Ende des 17. Jahrhunderts bildete das Dorf mit dem benachbarten Bagnoregio eine zusammenhängende Stadt, dann schuf ein Erdbeben, bei dem ein Teil des Stadtfelsens einbrach, eine trennende Kluft. Das alte Zentrum lag östlich in Civita, heute „il paese che muore", „das sterbende Dorf", genannt. Der Untergrund ist an vielen Stellen brüchig, schon im Mittelalter stürzten Gebäudeteile und ganze Häuser in den Abgrund, weswegen die Bewohner ihren Ort nach und nach verließen. Als deutsche Truppen 1944 auch noch den Hauptzugangsweg, die zum Dorf führende Schluchtbrücke, in die Luft sprengten, wollte kaum noch einer bleiben. Heute wohnen kaum mehr als zehn Menschen dauerhaft in Civita, wo keine Autos

fahren können und das nach wie vor nur zu Fuß von Bagnoregio aus auf einer neuen schmalen Betonbrücke zu erreichen ist.

Seit einigen Jahren zieht allerdings **neue Geschäftigkeit** in die alten Mauern ein. Der Tourismus hat das Dorf entdeckt. Dass Civita ein höchst malerischer Platz ist, hat sich bis Rom herumgesprochen, vor allem sonntags treten sich die Besucher gegenseitig auf die Füße. Vor 20 Jahren gab es nur die Bar an der Dorfpiazza, heute widmen sich daneben diverse Trattorien, Bruschette- und Pizzalokale den leiblichen Bedürfnissen der Besucher. In einige einst verlassene, liebevoll restaurierte Häuser sind betuchte Zweitwohnungsbesitzer eingezogen. Vom Sterben lässt sich inzwischen in Civita offensichtlich ganz gut leben, und um den Tod aufzuhalten, arbeitet man an Plänen, wie das den Ort tragende Felsplateau dauerhaft stabilisiert werden kann.

Man erreicht den **alten Ortskern** durch das mittelalterliche Stadttor und tritt gleich auf die stimmungsvolle kleine Piazza – eine perfekte Kulisse für einen Historienfilm. An der Ostseite steht mit Campanile des 12. Jahrhunderts und Renaissancefassade die Kirche **San Donato,** bis 1699 Bischofskirche. Im Sammelsurium des Innenraums sind u.a. die Sargreliquien der *hl. Donatus* und *Vittoria,* einige Fresken des 16. Jahrhunderts und ein Holzkreuz aus der Schule *Donatellos*

(15. Jahrhundert) zu entdecken. Die Gasse rechts der Kirche führt zu einer **Ölmühle** aus dem 16. Jahrhundert, die Besichtigung ist an sich kostenlos, aber eine „offerta", eine kleine Spende, wird schon erwartet. Einige Schritte weiter bittet eine ältere Dame Spaziergänger auf ihre mit altem Gerümpel voll gestellte **Gartenterrasse,** von der man eine prächtige Aussicht über erodierte Hänge ins Tibertal genießt; fällt die anschließende „offerta" zu gering aus, muss mit leicht missmutigen Blicken gerechnet werden.

Von Bagnoregio, dem belebten westlichen Ortsteil, führt ein einziger langer Straßenzug nach Civita. Dabei passiert man zunächst den **Dom S. Nicolo,** einen reich ausgestatteten Barockbau von 1699, danach, an der Piazza Plebiscito, die gotische Kirche **S. Agostino** mit Fresken des 14. und 15. Jahrhunderts. Das Denkmal davor erinnert an den in Bagnoregio geborenen *hl. Bonaventura,* einen der bedeutendsten Kirchenlehrer aus der Frühzeit des Franziskanerordens (1221–1274), der die Vita *San Francescos* in der heute gültigen Form niedergeschrieben hat.

Im Dreieck zwischen Bagnoregio, dem nördlich gegenüber auf einer natürlichen Aussichtsterrasse gelegenen **Lubriano** (980 Einwohner) und dem von einer Burg bewachten malerischen Hügeldorf **Civitella d'Agliano** (1810 Einwohner) erstreckt sich das Gebiet der **Calanchi.** Infolge der schon in römischer Zeit betriebenen Waldabholzung ist hier eine eigenartige trockene Erosionslandschaft mit steilen Erdfurchen, vegetationslosen Steilhängen und Geländeabbrüchen entstanden, die man auf ausgeschilderten Wanderwegen näher erkunden kann (Routenvorschlag im Rother-Wanderbuch).

Ein fantastischer Anblick – Civita di Bagnoregio

Touristeninformation

- **Pro Loco,** Via Matteotti 2, Tel. 07 61 78 08 33.

Unterkunft

- ****Fidanza**€€, Via Fidanza 25, bürgerliches Kleinstadthotel im Zentrum von Bagnoregio, durchschnittlicher Komfort, Tel. u. Fax 07 61 79 34 44.
- ******La Tana dell'Istrice**€€€€-€€€€€, teure und stilvolle Unterkunft im alten Zentrum von Civitella d'Agliano, die sich in einem Palazzo des 16. Jahrhunderts versteckt, im Keller lagert das **Mottura-Weingut,** dem das Hotel gehört, seine edlen Tropfen werden auch im zugehörigen **Ristorante** kredenzt; Piazza Unità d'Italia, Tel. 07 61 91 45 01, Fax 07 61 91 48 15, www.motturasergio.it.

Essen und Trinken

- **Hostaria del Ponte**€€, an der Brücke von Civita, auf der Aussichtsterrasse speist man mit Blick auf das „sterbende Dorf", Tel. 79 35 65, Mo Ruhetag.
- Im Nachbarort Lubriano das **Vecchio Mulino**€€, bei der kleinen Barockkirche Madonna del'Poggio am Ortsausgang nach Bagnoregio, auf den ersten Blick eine einfache und familiäre Trattoria, die toskanisch beeinflusste Küche bringt aber keineswegs nur Allerweltskreationen auf den Tisch, Via Marconi 25, Tel. 07 61 78 05 05, Mo Ruhetag.

Einkaufen

- Das **Weingut Sergio Mottura in Civitella d'Agliano** produziert nach den Richtlinien des biologischen Landbaus. Für seinen in Eichenholzfässern gereiften *Latour a Civitella* aus der weißen Grecchetto-Traube erhielt es 2004 von der italienischen Weinbibel *Gambero Rosso* die Höchstnote. Neben dem *Latour* (15 Euro) wird der preisgünstigere *Poggio della Costa* (9 Euro) gut bewertet; klassische Orvieto-Weiße gibt's schon ab etwa 6 Euro; 01020 Civitella d'Agliano, Loc. Poggio della Costa 1, Tel. 07 61 91 45 33.

Westlich des Lago di Bolsena

Im dünn besiedelten **Hügelland** zwischen Bolsena-See und der Südgrenze zur Toskana, in das sich nur selten ein Tourist verirrt, verstecken sich einige kleinere Sehenswürdigkeiten.

Von Valentano oder Latera führen Straßen vom See weg hinunter in die etwas öde wirkende flache Senke eines weiteren ehemaligen Kraters. Im Untergrund sind immer noch vulkanische Aktivitäten zu verzeichnen, im Gelände verlaufen Rohrleitungen, die thermische Wärme transportieren. Versteckt in den Hügeln nördlich der Ebene liegt der **Lago di Mezzano,** ein kleiner See mit einem Umfang von zwei Kilometern und einer Tiefe von 36 Metern. Wahrscheinlich handelt es sich um einen ehemaligen Nebenvulkankrater des Lago di Bolsena. Auf dem Grund hat man Kleinfunde aus der Bronzezeit gemacht, die heute in der Villa Giulia in Rom ausgestellt sind. Das auch zum Baden geeignete Gewässer ist eine Oase der Ruhe mit unbebauten Ufern, die nur über eine holprige Erdpiste erreichbar sind. Sie führt gegenüber der Einmündung von Valentano in die Straße Latera - Farnese den Hang hinauf und gabelt sich nach zwei Kilometern; beide Abzweige führen zum See. Rechts geht es zum **Bauernhaus Fra Viaco,** von hier fünf Minuten abwärts zu einer Absperrung, wo links ein Pfad zu einem kleinen Wiesenplatz am nahen Ufer beginnt. Der linke Fahrweg führt in einen Wald, wo etwa zwei Kilometer nach der Fahrweggabelung rechts ein deutlicher Weg in fünf Minuten hinunter zum Seeufer mit Wiesenpicknickplätzen führt.

Westlich von Valentano liegen die beiden bescheidenen latinischen Tuffsteinorte Ischia di Castro und Farnese. In **Ischia di Castro** (2660 Einwohner, 385 m üNN) bewacht der unvollendete Ruinenpalazzo der Farnese (um 1540) den Eingang zum alten Ortskern, das örtliche Museum bewahrt einige etruskische Exponate und die abgenommenen mittelalterlichen Apostelfresken aus der Eremitenkirche Poggio Conte im Fiora-Tal (siehe Kurzwanderungen im Fiora-Tal).

Das benachbarte **Farnese** (1860 Einwohner, 370 m üNN) 45 Kilometer nordwestlich von Viterbo war im 12. Jahrhundert Stammsitz des Familienclans gleichen Namens, der erfolgreiche Heerführer und hohe geistige Würdenträger hervorbrachte (siehe bei Caprarola). Der abseits gelegene Ort bietet ein malerisches Bild mit altem verwinkeltem Kern auf steilem Felssockel über grünen Tälern. Nördlich beginnt das **Naturschutzgebiet Selva del Lamone,** unspektakuläre grüne Hügel mit ursprünglichen Wäldern, in denen überall dunkle Stein- und Geröllfelder aus erkalteter Lava aus dem Boden treten und die sich nur zu Fuß erkunden lassen (Wanderweg im Rother-Wanderbuch).

Etwa sieben Kilometer östlich von Farnese liegen die **Ruinen von Castro,** einige vom Wald überwucherte Überreste einer Mitte des 17. Jahrhunderts untergegangenen Stadt, einst Bischofssitz und Hauptort des Herzogtums der *Farnese*. Zu sehen ist wenig, einige Grundmauern, ein im Waldboden eingesunkenes elegantes Kirchenportal der Renaissance, zwei etruskische Gräber sowie grüne Natur um das idyllische Tal des Baches Fosso Olpeta. Von Papst *Innozenz X.* entsandte Truppen machten Castro 1649 dem Erdboden gleich. Anlass für die Strafexpedition waren die Weigerung des Herzogs, seine Schulden bei der Kurie zu begleichen, und die ihm angelastete Ermordung des von Rom eingesetzten Stadtbischofs. „Hic fu Castro", „hier war Castro", ließ *Innozenz X.* auf einer im Ruinenfeld aufgestellten Steinsäule lapidar vermerken, nachdem das Zerstörungswerk vollbracht war (beschilderte Zufahrt von der Straße nach Manciano kurz nach dem Abzweig Richtung Pitigliano).

In den Höhlen um das **Tal der Fiora** einige Kilometer weiter östlich an der Grenze zur Toskana lebten im Mittelalter zahlreiche christliche Eremiten, zwei ihrer schlichten, nur zu Fuß erreichbaren Felskirchen, die **Chiusa del Vescovo** und der **Eremo Poggio Conte,** verstecken sich im Grün idyllischer Bachtäler (siehe Kurzwanderungen im Fiora-Tal).

Essen und Trinken

- In Farnese bietet die kleine **Osteria La Piazetta del Sol**€€€ verfeinerte Landküche auf gutem Niveau, Mo, Di, Do nur abends ab 20 Uhr, Mi Ruhetag, im alten Ortskern, Via XX Settembre 129, Tel. 07 61 45 86 06.

Verkehrsmittel

Bus

- Von Viterbo werktags häufiger über Marta/Capodimonte/Valentano nach **Ischia/ Farnese,** vier Busse fahren weiter nach Manciano in der Südtoskana, wo man Anschluss nach Pitigliano hat.
- Direktbus nach **Pitigliano** mit RAMA werktags um 14.10 (ab Ischia) bzw. 14.25 (ab Farnese); ab Pitigliano werktags um 6.30 u. 13.30 Uhr.

Wanderungen

Kurzwanderungen im Fiora-Tal

- **Zur Chiusa del Vescovo**

(insgesamt 45 Minuten)

Der Weg beginnt an der Straße von Manciano nach Canino etwa 1 km südlich der Einmündung der von Farnese kommenden Route, wo eine Brücke über den Olpeta-Bach führt. 50 m nördlich der Brücke führt ein breiter Weg durch ein Eisentor talaufwärts. Dieser steigt kurz etwas an und senkt sich dann auf eine lange Wiesenfläche. Nach etwa 15 Min. ab der Olpeta-Brücke werden links oberhalb im Fels die Eremitenhöhlen sichtbar. Steigt man auf steilem Pfad ganz zur Felswand hinauf, so erkennt man, dass es sich um mehrere verbundene Grotten handelt, die auch für kultische Zwecke genutzt wurden (45 Min. Fußweg).

• Zur Eremitenkirche von Poggio Conte
(1:15 Stunden reine Wegzeit)

Dieser Weg beginnt in der Linkskurve der Straße nach Canino etwa 750 m südlich der Brücke über den Olpeta-Bach. Bei einer Erläuterungstafel zum „Sentiero dei Briganti" zweigt nach rechts ein Fahrweg ab, der sich nach 50 m gabelt. Man geht rechts, steigt im Linksbogen ins Tal der Fiora hinunter. Der gemütliche Weg folgt ein Stück dem linken Ufer und verliert sich schließlich nach etwa 25 Min. beim Ende einer langen Viehweide. Geradeaus führt ein Pfad in den Wald hinein, der nacheinander mit drei Holzstegen über den feuchten Untergrund leitet. Hinter dem dritten biegt man nach links in eine dunkle Waldsenke mit überhängender Steilwand. Nach Regenperioden ergießt sich der Strahl eines Wasserfalls in den kleinen Talkessel. Links von diesem führt ein schmaler Pfad 50 m hinauf zu einer Felsgrotte mit einem einfachen, in den Tuffstein geschlagenen Eingangsportal und Altartisch im Innern. Dies ist die mittelalterliche Eremitenkirche von Poggio Conte, die ursprünglich mit wertvollen Wandfresken geschmückt war. Wegen der Diebstahlsgefahr wurden sie abgenommen und ins Museum von Ischia di Castro gebracht.

Vulci

⇗ **VI, B2**

Etwa 15 Kilometer nördlich der Küste beim heutigen Montalto lag die **alte Etruskerstadt** Vulci, in der frühen Antike einer der bedeutendsten Siedlungsplätze Italiens. Heute findet man hier in der dünn besiedelten, spröden Weite Nordwestlatiums im Wesentlichen nur noch ein großes Ruinenfeld sowie eine höchst malerisch einsam in der Landschaft stehende mittelalterliche Klosterburg, neben der sich eine mehr als 2000 Jahre alte Steinbrücke elegant über den Fiora-Fluss schwingt.

Seit dem 9. Jahrhundert v.Chr. war Vulci besiedelt, seine **Blütezeit** lag im **6./5. Jahrhundert v.Chr.,** als man hier in großem Stil Bronzen und Keramiken in attischem Stil für den Export produzierte. Vulci stand an der Spitze des etruskischen Widerstands gegen die römischen Eroberer und leistete hartnäckige Gegenwehr. Erst 280 v.Chr., erheblich später als die Etruskerstädte weiter südlich (Tarquinia, Caere, Veii), musste es sich endgültig den Heeren Roms beugen, die die Stadt aber verschonten. Im 9./10. Jahrhundert wurde Vulci immer wieder von plündernden sarazenischen Piraten bedrängt. Die Bewohner wanderten in eine neue Stadt an der toskanischen Küste ab, Vulci verfiel zu Ruinen. Nur die Zisterziensermönche, durch ihre Ordensregel auf ein arbeitsames Leben fernab der großen Städte verpflichtet, blieben und verschanzten sich hinter dicken Mauern.

Das **Castello von Vulci** wurde im 12./13. Jahrhundert an der Stelle einer von den Sarazenen zerstörten Abtei *(Abbadia)* errichtet. Mit seinen abweisenden Mauern erscheint es mehr als Festung denn als christliches Kloster. Daneben ruht die 32 Meter hohe, elegant gewölbte mittelalterliche **Ponte dell'Abbadia** auf etruskischen und römischen Fundamenten. Die Brücke führt über die **Fiora,** die hier eine kurze Schlucht mit steilen Felswänden durchfließt – ein überraschender An-

Vulci – Ponte dell'Abbadia

blick in diesem weitgehend flachen Landstrich. Das Kastell von Vulci diente bis ins 19. Jahrhundert als Zollstation an der Grenze des Kirchenstaates zur Toskana. Heute ist in den Räumlichkeiten ein kleines **Museum** mit etruskischen Funden der Umgebung untergebracht (geöffnet Di bis So 8.30–19 Uhr).

Rund um Vulci hat man Tausende von Etruskergräbern entdeckt, die über Jahrhunderte systematisch ausgeplündert wurden. Schon die Römer waren hier aktiv, um sich der schon damals hoch geschätzten Kunstwerke der Etrusker zu bemächtigen. Im 19. Jahrhundert war *Lucien Bonaparte,* der Bruder *Napoleons,* eine treibende Kraft der **Grabräuberei.** In großem Stil ließ er Gräber leer räumen, um die besten Fundstücke, Goldschmuck und griechische Vasen, gegen gutes Geld an Sammler zu verkaufen. Noch vor 50 Jahren zerwühlten die Bauern der Umgebung den Untergrund auf der Suche nach Etruskerschätzen. Heute werden allenfalls noch Kleinfunde gemacht, der Beruf des *tombaroli,* des Grabräubers, stirbt langsam aus, stattdessen blüht das Fälscherhandwerk. Nur mit „Originalfunden" kann man die steigende Nachfrage der Reichen und Superreichen befriedigen, die ihre oft auf banalstem Macht- und Gewinnstreben beruhende Position, heute wie in der Antike, durch die Beschäftigung mit hoher und höchster Kunst geistig adeln wollen.

lat_145 Foto: gh

Die **römischen Ausgrabungen von Vulci** liegen einige Kilometer südlich vom Ponte dell'Abaddia entfernt (über die moderne Flussbrücke Richtung Montalto fahren und den beschilderten Fahrweg links nehmen). Sie dürften nur für Spezialisten von Interesse sein. Gut erhalten hat sich ein längeres Stück der römischen Fernstraße mit originaler Pflasterung. Beim Rundgang durch die Ruinen kommt man auch zur Schlucht der Fiora mit dem **Laghetto,** einem idyllischen See unter Felsen, über dem leuchtend blaue Libellen schwirren.

Die zahlreichen **Nekropolen der Umgebung** sind ohne genaue Ortskenntnisse nicht einfach zu finden, ohnehin sind die meisten Gräber durch Grabräuber stark beschädigt oder zerstört worden. Am interessantesten ist vielleicht noch die nach seinem Entdecker benannte **Tomba François** über dem Westufer der Fiora (Zufahrt über den 500 Meter östlich der Abtei von der Straße nach Canino südlich abzweigenden Fahrweg, nach zwei Kilometern erneut rechts Richtung Fiora fahren; zur Besichtigung beim Museum anfragen). Das einst mit schönen Malereien geschmückte Kammergrab des 4. Jahrhunderts v.Chr. besitzt einen dreißig Meter langen Zugangstunnel *(dromos),* der durch einen Vorraum zur zentralen Grabkammer führt, an die sich sieben kleinere Grabnischen anschließen; nebenan steht der große, noch nicht ganz ausgegrabene **Tumulus** (Hügelgrab) **von Cuccumelletta.**

Tuscania

↗VII, C1

- **7670 Einwohner**
- **165 m üNN**
- **23 km westlich von Viterbo**
- **PLZ 01017**

Die angenehm beschauliche, aber keineswegs unlebendige Kleinstadt liegt im grünen, sanft geschwungenen Hügelland 23 Kilometer westlich von Viterbo. Sie bewahrt ein gut erhaltenes historisches Zentrum mit alten Mauern, Türmen, Toren, kleinen Brunnenplätzen und einigen kunstgeschichtlich hochinteressanten romanischen Kirchen. Dies überrascht umso mehr, als Tuscania immer wieder von schweren Erdbeben heimgesucht wurde, zuletzt noch 1971, als ganze Straßenzüge in Schutt und Asche fielen. Zum Glück kam man nicht auf die Idee, Wiederaufbau im Stil „moderner" Stadtplanung zu betreiben.

Bis vor etwa 20 Jahren war das schöne Tuscania ein weißer Fleck auf der touristischen Landkarte. Im einzigen Hotel des Ortes konnte man für damals ganze 40 Mark nächtigen und in der zugehörigien Trattoria vorzüglich speisen; heute ist daraus ein gehobenes Haus mit feinem Ristorante geworden. Der italophil-gediegene Landtourismus à la Toskana hat auf der Suche nach unverbrauchten Zielen offensichtlich auch Nordlatium entdeckt.

Geschichte

In etruskischer Zeit war Tuscania als Tusena zeitweise Mitglied des Zwölf-

Städte-Bundes und ein wichtiges Provinzzentrum an der Fernstraße der Via Claudia. Auch unter römischer Herrschaft behielt es seine Bedeutung. Im frühen Mittelalter brachten die von Norden einfallenden Germanenvölker auch hier Vertreibung und Zerstörung. 569 eroberten die Langobarden den Ort. Das hohe Mittelalter, als Tuscania **Bischofssitz** war, brachte eine neue Blüte. Zeitweise konnte sich der Ort den rivalisierenden Machtansprüchen von Papst und deutschem Kaiser entziehen und als **libero comune,** als unabhängiger, von gewählten Prioren (Konsuln) regierter Stadtstaat, behaupten. Im 15. Jahrhundert plünderten und verwüsteten mehrfach Söldnerheere verschiedener Condottiere und die Soldateska König *Heinrich VIII.* Tuscania gründlich, wovon es sich nie ganz erholte. Ende des 15. Jahrhunderts war die einst blühende Stadt zu einem von Rom abhängigen unbedeutenden Provinzort mit schrumpfender Einwohnerzahl geworden.

Aus der Blütezeit der *libero comune* stammen die beiden Hauptsehenswürdigkeiten Tuscanias, die romanischen Kirchen San Pietro und Santa Maria Maggiore, die heute außerhalb der Stadtmauern liegen. Bei ihrer Errichtung markierten sie noch, von dichter Bebauung umgeben, zusammen mit dem Palazzo dei Priori, den Kern des mittelalterlichen Ortes. Mit den Zerstörungen des 15. Jahrhunderts verlagerte sich das Zentrum weiter nach Westen zum heutigen Stadtareal, die dazwischen liegenden Bezirke verfielen zu Ruinen.

Besichtigung

Nördlich an der Außenseite der Stadtmauer erhebt sich die Renaissancekirche **Santa Maria del Riposo,** die 1495 anstelle einer durch die Truppen *Karl VIII.* zerstörten Vorgängerkirche errichtet wurde. Durch ein reich verziertes Portal von 1522 betritt man den klar gegliederten, hell wirkenden Innenraum. In den Seitennischen finden sich sehenswerte Bildwerke von *Scalabrino da Pistoia,* einem Raffael-Schüler. Schon ganz im neuen Stil der Renaissance zeigen sie einen szenischen Bildaufbau mit individualisierten Personen und die Freude an der wiederentdeckten Tiefenperspektive. Die Hauptszenen spielen vor fernen Landschaftsszenerien im Stil der umbrischen Renaissance *(Perugino, Pinturicchio).* Sehr schön sind z.B. die bewegte „Kreuzabnahme" vorne rechts und die „Anbetung der Könige" im linken Seitenschiff; am Altar steht eine Goldbildtafel mit Madonnenbildnis von *Pastura.* (Wenn geschlossen, zur Besichtigung gegenüber im letzten Haus vor dem Archäologiemuseum klingeln.)

Rechts der Kirche schließen sich ein Kreuzgang und die ehemaligen Konventsgebäude an, in denen heute das kleine **Museo Archeologico** untergebracht ist. Ausgestellt sind vor allem Funde aus den etruskischen Nekropolen der Umgebung Tuscanias (Terrakotta-Sarkophage) sowie mittelalterliche Keramiken (geöffnet Di bis So 8.30–19.30 Uhr).

Man betritt das von einer Ringmauer umfasste **centro storico** an seiner

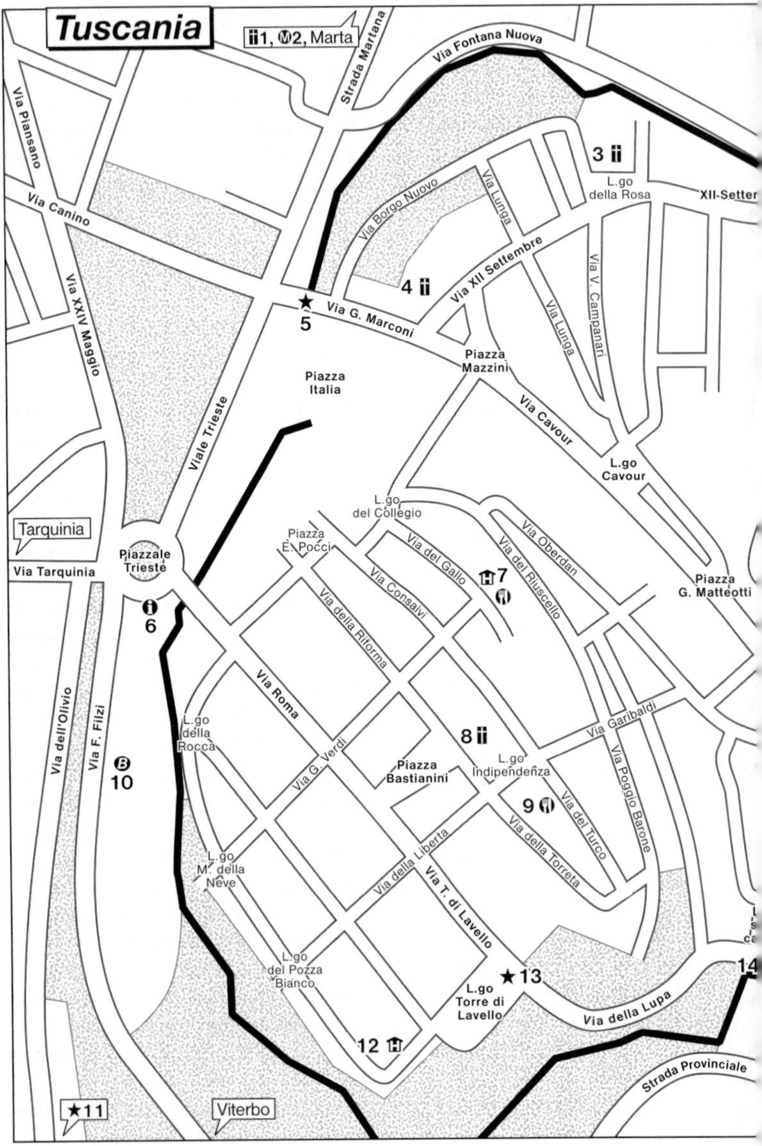
Tuscania
1, 2, Marta
Strada Martana
Via Fontana Nuova
Via Piansano
Via Canino
3
L.go della Rosa
XII Setter
Via Borgo Nuovo
Via Lunga
Via XII Settembre
4
Via V. Campanari
Via G. Marconi
5
Via XXIV Maggio
Piazza Mazzini
Piazza Italia
Via Cavour
Viale Trieste
L.go Cavour
L.go del Collegio
Tarquinia
Piazza E. Pocci
Via del Gallo
Via Oberdan
Piazzale Trieste
Via Tarquinia
Via Consalvi
7
Via del Riuscello
Piazza G. Matteotti
6
Via della Riforma
Via Roma
Via Garibaldi
L.go della Rocca
8
Via dell'Olivio
Via F. Filzi
10
Via G. Verdi
Piazza Bastianini
L.go Indipendenza
Via Poggio Barone
9
Via del Turco
Via della Torreta
L.go M. della Neve
Via della Liberta
Via T. di Lavello
L.go del Pozza Bianco
13
L.go Torre di Lavello
14
Via della Lupa
12
Strada Provinciale
11
Viterbo

Nordwestseite durch die **Porta San Marco.** Der Hauptstraßenzug Via Marconi/Via Cavour/Via Rivellino teilt die alte Stadt in ein westliches und ein östliches Viertel. Durch die Erdbebenfolgen und den Wiederaufbau in den verschiedenen Stilepochen ist das Bild architektonisch nicht ganz einheitlich.

Die hinter dem Stadttor von der Via Marconi nach links (östlich) abzweigende Via XII Settembre führt zu drei kleinen Kirchen des Mittelalters. **San Marco** ist ein schlichter romanischer Bau des 14. Jahrhunderts. Im einschiffigen Innenraum haben sich einige Freskenfragmente aus dem 14. Jahrhundert (anmutiger Engel einer Verkündigungsszene) und ein Holzkruzifix des 15. Jahrhunderts erhalten. Etwa 100 Meter weiter öffnet sich links der Via XII Settembre ein kleiner Platz mit der Kirche **Santa Maria della Rosa** (14. Jahrhundert). Trotz verziertem Säulenportal und Fensterrose wirkt die breite Fassade blockhaft-streng. Der weiträumige Innenraum auf untypisch asymmetrischem Grundriss birgt einige schöne Kunstwerke: in der rechten Apsis den hölzernen Hochaltar des umbrischen Künstlers *Pierino d'Amelia,* in der Mitte das verehrte Bild der *Madonna Liberatrice,* der „Madonna der Befreiung", auf deren Fürbitten angeblich 1495 die vollständige Zertörung Tuscanias durch die Truppen *Karl VIII.* abgewendet werden konnte. Renaissancebilder und einen Renaissancebogen mit Steinreliefs findet man im linken Seitenschiff. Die bescheidene spätromanische Kirche **San Silvestro** am Ende der Via XII Settembre (14.

lat_150 Foto: gb

Jahrhundert) zeigt innen an der Eingangswand ein Fresko aus der Entstehungszeit mit dem seltenen Thema „Lebensbaum Jesse". Durch die Via dell'Anessione und die von Bögen überspannte Via degli Archi, einem Straßenzug mit mittelalterlicher Bebauung, gelangt man von hier hinunter zum schönen gotischen **Palazzo Spagnoli** (14. Jahrhundert) an der Einmündung in die Via Rivellino.

Der kleine Hauptplatz Tuscanias beim Dom im westlichen Altstadtbezirk, die **Piazza Bastianini,** ist von Renaissancefassaden geprägt. In seiner Mitte steht ein großer Zierbrunnen mit vier Wasser speienden Putten (16. Jahrhundert). Außen wenig interessant ist der **Dom San Giacomo** an der Ostseite, ein nüchterner Bau des 18. Jahrhunderts. Im Innern, in der Kapelle im rechten Seitenschiff, finden sich sehenswerte Bildwerke aus den mittelalterlichen Malschulen von Siena und Viterbo. Bemerkenswert vor allem die Werke des *Andrea di Bartolo* aus Siena: Seine Altartafel der Madonna mit Kind mit vor Goldhintergrund steif aufgereihten Heiligen wirkt fast noch byzantinisch, während die lebendigeren Szenen aus dem Leben Jesu in der Predella darunter schon auf den neuen Malstil der Renaissance weisen. Südlich der Piazza Bastianini steht am Rande des *centro storico* der **Palazzo Lavello,** ein nach dem Erbeben 1971 in den originalen Formen des Mittelalters rekonstruierter Palast. Nebenan reckt sich der kantige **Torre di Lavello** (Anfang des 15. Jahrhunderts) in den Himmel. Von einer kleinen Parkanlage bietet sich ein schöner Blick zum ehemaligen Akropolisfelsen des etruskischen Tusena, wo sich heute die Kirche **San Pietro** erhebt.

Auf dem weiteren Weg nach Santa Maria Maggiore/San Pietro gelangt man vom Torre di Lavello über die Pflastergasse Via della Lupa auf die geräumige **Piazza Basile** mit dem **Palazzo Comunale** von 1600 und dem Teatro Rivellino. Unterhalb am Rande der Altstadt stehen die Ruinenmauern der ehemaligen **Klosterkirche San Francesco,** eine vollständig mit spätmittelalterlichen Fresken, u.a. einer großen Kreuzigungsszene, ausgemalte Kapelle ist unversehrt erhalten (Besichtigung evtl. über das in den Konventsgebäuden untergebrachte Hotel). Weiter südlich erheben sich westlich der Straße nach San Pietro auf einem Hügelrücken die zerbrochenen Mauern des **Palazzo dei Priori** (Castello Rivellino) im Gelände, im Mittelalter Sitz der freien Kommune.

Kirchen Santa Maria Maggiore und San Pietro

Östlich des alten Zentrums liegen zwei der interessantesten romanischen Kirchenbauten nicht nur Latiums, sondern ganz Italiens. Die in der zweiten Hälfte des 11. Jahrhunderts begonnene Kirche **Santa Maria Maggiore** steht etwas versteckt unterhalb der Stadtmauer zwischen dem alten Ort und dem Hügel von San Pietro (geöffnet tgl. 9–13 sowie 15–19 Uhr von Mai bis September bzw. 14–17 Uhr von Oktober bis April). An gleicher Stelle standen schon ein römischer Tempel und ein frühchristlicher Bau des 8. Jahrhunderts. Santa Maria Maggiore ist ein weitgehend unverfälscht erhaltener romanischer Bau. Die **Fassade** mit drei Portalen, Zwerggalerie und einer markanten Fensterrose zeigt interessante Steinplastik. Löwen tragen Säulen mit den Figuren von *Petrus* (rechts) sowie *Paulus* (links), dem Diebe 1967 den Kopf abschlugen. Im Bogenfeld über dem Portal sieht man eine etwas streng wirkende Madonna mit Kind, das Gotteslamm (rechts) und die alttestamentarische Legende vom Isaakopfer. Nicht klar zu deuten sind die eigenartigen Figuren (Vogelmenschen) in den Bögen über den Seitenportalen.

Der **Innenraum** wirkt schlicht und würdevoll, die recht gut erhaltenen Fresken spiegeln die ursprüngliche reiche Farbigkeit der Kirche wider. Die Säulenkapitelle sind mit Figuren verziert, das Gesims über den Bögen zeigt mit den Tierkreissymbolen Vorchristliches. Die fein gearbeitete Kanzel aus Marmorplatten mit Flechtbandornamentik stammt wahrscheinlich aus dem Vorgängerbau des 8. Jahrhunderts. In der Apsis stehen ein gotischer Altarbaldachin und ein Bischofsstuhl.

San Pietro

lat_152 Foto: gh

Santa Maria Maggiore

An der Stirnwand über dem Bogen der Apsis findet sich ein großes **Fresko „Das Jüngste Gericht".** Ganz oben thront Christus als Weltenrichter im Strahlenkranz umgeben von Engeln, Aposteln und Heiligen. Darunter steigen die Auferstandenen aus ihren Gräbern. Auf der rechten Seite werden den Sündern schon einmal die zu erwartenden Höllenqualen vor Augen geführt: Engel treiben die Verdammten mit Heugabeln ins Feuer, wo sie von Teufeln und Schlangen drangsaliert werden, zwei an einem Baum Erhängte sind zu sehen, andere Sünder werden durch den Leib des Luzifer getrieben, zuletzt in den Schlund eines Dämonen ausgeschieden. Den Teufel nennen die Bewohner Tuscanias respektlos „Cacanime", „Seelenscheißer".

Die Ende des 11. Jahrhunderts begonnene Kirche **San Pietro** erhebt sich weithin sichtbar mit rot-braunen Tuffmauern über grünen Weiden und kleinen Kornfeldern auf einem Hügelrücken (Öffnungszeiten wie Santa Maria Maggiore). Die Kirche und der angrenzende Bischofspalast sind von einer schützenden Mauer umgeben, ein kantiger Fluchtturm verstärkt den Eindruck einer Wehrburg. Von Weitem betrachtet wirkt der Gebäudekomplex archaisch-streng, aus der Nähe zeigen sich jedoch zahlreiche schöne architektonische Details. Im oberen Teil der **Fassadenwand** sieht man über einer von geflügelten Drachen bewachten Zwerggalerie eine in ein Viereck eingefasste und von den vier Evangelistensymbolen umgebene filigrane Fensterrose. Das umgebende Marmorfeld bevölkert neben christlicher Symbolik (Lamm Gottes, Erzengel, Propheten) auch Heidnisches, wie rechts die zwei Dämonenköpfe, aus denen Schlangen herauswachsen. Der **Innenraum** bietet fast unverändert das Bild einer Kirche des hohen Mittelalters. Er besitzt zwei typische Altarbaldachine (Ziborien), einen im Hauptchor, einen im rechten Seitenschiff, Fußboden mit ornamentalen Marmoreinlegearbeiten (Cosmaten) und Chorschranken aus einem Vorgängerbau mit Flechtbandornamentik (8. Jahrhundert). Im linken Seitenschiff stehen etruskische Sarkophage, die Säulen tragen große Kapitelle mit Pflanzenornamentik. Bemerkenswert ist auch die von wieder verwendeten römischen Säulen getragene neunschiffige Krypta mit Freskenresten aus dem 12. Jahrhundert.

Etruskernekropolen

Die zahlreichen etruskischen Nekropolen in der Umgebung Tuscanias sind nicht immer einfach zu finden. Sie wurden allesamt von Grabräubern gründlich ausgeplündert. Was an Fundstücken übrig blieb, ist vor allem in die Museen Roms gewandert. Einige interessante Exponate sind jedoch auch im Archäologischen Museum von Tuscania zu besichtigen. Als Anlage noch anschaulich erhalten ist die große **Tomba della Regina** mit komplexer Raumstruktur auf mehreren Etagen. Sie liegt etwa einen Kilometer südlich der Stadt beim Kirchlein Madonna dell'Olivo (Besichtigung über das Archäologische Museum von 10.30–12.30 u. 16.30–18.30 Uhr außer Mo, Anfahrt über die von der Piazzale Trieste westlich wegführende Via dell'Olivo).

Von den übrigen Gräberstätten ist noch am ehesten die **Necropoli della Pescheria** zu erreichen. Sie liegt 1,5 Kilometer nordöstlich der Stadt am Rande des Grabens des Maschiolo-Baches. Hinter dem Friedhof folgt man der rechts abzweigenden Strada Le Carceri 600 Meter zu einem alten Eisentor rechter Hand. Dahinter beginnt zwischen zwei Zypressen ein überwachsener Pfad abwärts Richtung Bachtal. Nach 250 Metern beschreibt er einen Linksbogen und führt über eine Hangterrasse zur **Tomba a Casa** aus dem 6. Jahrhundert v.Chr., einem frei stehenden Grab in der Form eines Häuschens; links davon öffnen sich drei Kammergräber, dasjenige ganz links besteht aus mehreren Räumen.

In der Umgebung im **Tal des Rio Maschiolo** ließen sich weitere Etruskergräber aufspüren, was allerdings mit einiger Kraxelei im Gelände verbunden wäre (keine Zäune überklettern, denn die Grabstellen liegen teilweise auf den privaten Ländereien der Bauern!).

Touristeninformation

- **Infobüro** im Holzhäuschen vor dem Stadttor Porta di Poggio an der Piazzale Trieste, geöffnet außer Mo von 10–12 u. 16–18 Uhr.

Unterkunft

- ******Al Gallo***€€€-€€€€, gehobene Unterkunft in einem alten restaurierten Stadthaus, stilvoll mit altem Mobiliar eingerichtete Zimmer, Via del Gallo 22, Tel. 07 61 44 33 88, 07 61 44 36 28, www.algallo.it.
- **Convento San Franceso**€€, angenehme Unterkunft in den Räumen eines ehemaligen Franziskanerklosters am unteren Rand der Altstadt; ansprechend modern eingerichtete Zimmer, einige mit Blick in ein grünes Tal und auf San Pietro; firmiert als *casa per ferie* (Ferienhaus), ist aber eher ein normales Hotel auf 3-Sterne-Niveau; Largo della Pace, Tel. 07 61 44 40 94, www.holidayhouseintuscia.com.
- Mehrere **Bed & Breakfast** im alten Zentrum, u.a. die gemütliche, oft gelobte **Locanda di Mirandolina**€€, schöne Lage beim kleinen Aussichtspark, Via del Pozzo Bianco 40/42, Tel. 33 91 08 49 62, DZ mit Bad 60 Euro.
- **Ostello Palazzo Ranucci**€, kleine private Jugendherberge mit fünf schlichten Vierbett-

zimmern in einem Stadtpalazzo im Zentrum, Übernachtungspreis 15 Euro pro Person, Via della Torretta 8, Tel. 07 61 44 50 67.

Essen und Trinken

- Das **Ristorante**€€€-€€€€ **des Al Gallo** gilt in Tuscania allgemein als die erste Adresse, was die Qualität der Speisen angeht, das gilt allerdings auch im Hinblick auf die Höhe der Preise, gediegenes Ambiente, Mo Ruhetag, Tel. 07 61 44 33 88.
- **Palazzo Ranucci**€€-€€€, das Restaurant über der Jugendherberge bietet keineswegs Einfachstkost, sondern Traditionsküche in interessanten Variationen, im Sommer sitzt man auf einer Terrasse mit Blick auf die Dächer Tuscanias, Di Ruhetag, Tel. 07 61 44 50 67.
- Die **Trattoria-Pizzeria Le Sette Cannelle**€€ am Südrand der Altstadt serviert gut-durchschnittliche Regionalgerichte zu angemessenen Preisen, freundlicher heller Speisesaal, aufmerksamer Service, Largo Sette Cannelle 7/8, Di Ruhetag, Tel. 07 61 44 46 35.
- Neben dem Palazzo Lavello bietet die sehr einfach eingerichtete, preiswerte **Osteria da Alfreda**€ nur mittags ein kleines, wechselndes Angebot an Pasta und Hauptgerichten, im Sommer auch Tische im Freien, Largo Torre di Lavello, Do Ruhetag.

Verkehrsmittel

Bus

Werktags etwa stündlich nach **Viterbo;** seltener nach **Tarquinia** (7x), **Valentano** (6x), **Civitavecchia, Ischia di Castro** und **Acquapendente.**

Ausflug in die Südtoskana

Pitigliano

II, A2

- **4400 Einwohner**
- **313 m üNN**
- **31 km westlich von Bolsena**
- **PLZ 58 017**

Rostbraune Steinhäuser wachsen aus einem steil aus dem Waldgrün aufragenden Tuffsteinfelsen empor, in dem Steingebirge erkennt man einen wuchtigen Palazzo und die Bögen eines Aquäduktes, über allem wacht der kantige Turm des Doms. Das mittelalterliche Pitigliano vermittelt ein Bild aus längst vergangenen Zeiten, das selbst für italienische Verhältnisse von ungewöhnlicher Unversehrtheit ist. Kein Neubau stört das malerische Ensemble, das im Glanz der abendlichen Illumination einen fast außerirdischen Anblick bietet.

Ein schöner Blick auf den Ort eröffnet sich z.B. von der Kirche **Madonna delle Grazie** an der Straße nach Manciano, wo jeder auf die Bremse tritt – was findige Bewohner nutzen, um gleich nebenan in einer Gewölbecantina ihre Produkte feilzubieten. Der Weinbau ist eine wesentliche ökonomische Grundlage des Ortes, der *Bianco di Pitigliano* überregional bekannt. Daneben gewinnt der Tourismus zunehmend an Bedeutung, immer mehr

Restaurants, Unterkünfte, Enotheken und Feinkostgeschäfte haben in den letzten Jahren ihre Pforten geöffnet.

Pitigliano auf dem Felsen zeigt eine typisch latinische Anlage, an drei Seiten den Ort umfließende Bäche haben einen tiefen Graben in den Tuff geschliffen. Auf dem in das Tal hineinragenden Felsrücken baute man in gut zu verteidigender Position die mittelalterliche Stadt, die zunächst den langobardischen *Aldobrandeschi* unterstand. Durch Heirat ging der Besitz auf den römischen Familienclan der *Orsini* über. 1608 konnte das Medici-Herzogtum der Toskana seinen Machtbereich bis hierher ausdehnen.

Die Grenze zum Kirchenstaat verlief südöstlich der Stadt. Von dort vertriebene **Juden** fanden Schutz in Pitigliano, das sich mit dem Beinamen „La Piccola Gerusalemme", „Das kleine Jerusalem", schmückte. Es entwickelte sich ein blühendes jüdisches Kulturleben, Mitte des 19. Jahrhunderts gehörten etwa 20% der Bevölkerung dieser Religionsgemeinschaft an. Die Rassenideologie der italienischen Faschisten wurde ab 1936 zu einer massiven Bedrohung für die jüdische Bevölkerung, die zum Glück die Zeichen der Zeit erkannte und rechtzeitig floh. Heute leben keine Juden mehr in Pitigliano, das Andenken an ihre Kultur wird je-

lat_155 Foto: gh

doch weiterhin gepflegt. In der wieder aufgebauten Synagoge finden wieder jüdische Feierlichkeiten statt.

Besichtigung

Große Sehenswürdigkeiten gibt es in Pitigliano nicht zu bestaunen, ein Rundgang durch die verwinkelte Altstadt ist jedoch unbedingt empfehlenswert. Den Eingang zum alten Ort bewacht die 1313 fertig gestellte **Burg der Orsini,** die den Ort auf der schwächer befestigten Bergseite sichern sollte. 1545 ließen die *Orsini* die karge mittelalterliche Burg, dem Stil der Zeit entsprechend, in einen vornehmeren Palazzo umgestalten. Dabei entstand der repräsentative Innenhof mit Zierbrunnen und geschmücktem Eingangsportal. Zur besseren Wasserversorgung baute man den **Aquädukt,** dessen Bögen noch heute an der Südseite des Burgplatzes stehen. Im Orsini-Palast ist heute das **Kunst- und Archäologiemuseum** von Pitigliano untergebracht, in den sparsam bestückten 18 Räumen ist vor allem sakrale Kunst aus den Kirchen der Umgebung zu sehen, im Kellergewölbe findet man eine alte Ölmühle und eine Zisterne (geöffnet 10–13 u. 15–17 Uhr im Winter, 15–19 Uhr im Sommer, außer August Mo geschlossen).

Der **Dom Santi Pietro e Paolo** ist innen wie außen ein typischer Barockbau mit einem prachtvollen Hauptaltar und einigen Bildern des aus Pitigliano stammenden *Francesco Zuccarelli.* Von der mittelalterlichen Ursprungskirche blieb beim Umbau im 18. Jahrhundert nur der Campanile erhalten.

Am Südrand des alten Zentrums versteckt sich die ehemalige **Synagoge** von 1598, die im 18. Jahrhundert einen Umbau im Stil des Rokoko erfuhr. Sie wurde wie auch das sich anschließende kleine Judenviertel mit den beiden Gassen Vicolo Goito und Vicolo di Riforme von den Faschisten im Zweiten Weltkrieg zerstört. Nach einer Restaurierung stehen die Synagoge und das ehemalige Ghetto seit 1995 Besuchern offen (tgl. außer Sa 10–12.30 u. 15–17.30; im Sommer 16–19 Uhr, 2,50 Euro Eintritt).

Der **Felsen von Pitigliano** ist an vielen Stellen über mehrere Etagen von Gängen und dunklen Gewölben durchlöchert, die ersten gruben die Etrusker, heute lagert und reift in der dunklen Kühle der Weißwein *Bianco di Pitigliano.* Hier ist auch das private **Museo Giubbonaia** untergebracht, eine Sammlung alter Gerätschaften für Handwerk, Landwirtschaft und Haushalt (nahe der Burg, unregelmäßige Öffnungszeiten).

Die Gegend von Pitigliano war in etruskischer Zeit offenbar dicht besiedelt, südlich der Stadt liegen die kleinen **Nekropolen von Gradoni und S. Giovanni** mit einfachen Gräbern des 7. bis 3. Jahrhunderts v.Chr. Das Gelände wurde als archäologisches Freilichtmuseum mit Rekonstruktionen einer Wohnstätte des 11. Jahrhunderts v.Chr., eines etruskischen Hauses und Darstellungen von Gräbnis- und Totenritualen didaktisch aufbereitet.

Eine Besonderheit Pitiglianos sind die in der näheren Umgebung des Ortes in den Tuff gegrabenen stimmungsvollen **etruskischen Hohlwege** (Vie della Cava), die z.T. freigelegt und als Wanderrouten markiert wurden (siehe weiter unten die Wanderung nach Sovana).

Touristeninformation

- **Piazza Garibaldi,** beim Osteingang zur Altstadt, Tel. 05 64 61 71 11, www.comune, pitigliano.gr.it.

Unterkunft

- ****Guastini**€€, gut geführtes Traditionshotel unmittelbar beim Eingang zum alten Zentrum, die Zimmer sind z.T. recht klein, bieten aber eine prächtige Aussicht auf den Altstadtfelsen, Via Petruccioli 4, Tel. 05 64 61 60 65, Fax 05 64 61 66 52, www.albergoguastini.it.

Essen und Trinken

- **Il Tuffo Allegro**€€€, oft empfohlenes, beliebtes und nicht ganz billiges Restaurant im alten Ort, auf der Speisekarte stehen u.a. Lamm- und Wildgerichte, handgemachte *gnudi,* eine Art Ravioli, *sfratto* und *tozzetti,* Süßspeisen nach jüdischer Tradition, Reservierung ist zu empfehlen, Vicolo della Costituzione 1, Tel. 05 64 61 61 92, Di und Mi mittags geschlossen.
- Durchschnittlich gute und dabei recht preiswerte Küche bietet das **Restaurant des Hotels Guastini**€€, Tel. 05 64 61 60 65.

Bus

Werktags Verbindungen mit RAMA nach **Sorano** (9x), **Sovana** (4x), **Manciano/Grosseto** (5x); werktags um 6.30 u. 13.30 Uhr nach **Farnese/Valentano** mit Anschluss nach Viterbo; Info im Internet www.griforama.it, Link „linee e orari"; mit SIRA werktags um 6.15 Uhr über Sorano nach **Bolsena,** zurück ab Bolsena um 14.15 Uhr; Hauptbushalt im Zentrum an der Via S. Chiara, Fahrkarten in der Bar bei der Bushaltestelle.

Einkaufen

An **Feinkostgeschäften** herrscht kein Mangel. Mehrere **Weinhandlungen** an der Via S. Chiara verkaufen den *Bianco di Pitigliano,* im Angebot ist auch der nach jüdischen Reinheitsgeboten produzierte koschere „Piccola Gerusalemme" (rot und weiß). Einen guten Ruf hat u.a. die **Cantina Doganella** in der Via S. Chiara 21. Ein gut sortiertes Feinkostgeschäft ist in der Altstadt die **Enoteca Ghiottornia,** Via Roma 111, neben Pitigliano-Weinen gibt es auch Aceto, Amaro, Vin Santo, Nudeln, Marmeladen, Honig.

Sovana ⇗II, A2

- **150 Einwohner**
- **295 m üNN**
- **8 km nordwestlich von Pitigliano**
- **PLZ 58010**

Etwa acht Kilometer nordwestlich von Pitigliano träumt das kleine, alte Sovana vor sich hin. Kaum zu glauben, dass es im Mittelalter zeitweise der bedeutendste Ort der Region war. In dieser Epoche profitierte Sovana von seiner Stellung als Bischofsstadt und Stammsitz der über weite Teile der Südtoskana herrschenden *Aldobrandeschi,* einem aus einem germanischen Langobardengeschlecht hervorgegangenen Adelsclan. Nach einer kurzen Blütezeit im 11. und 12. Jahrhundert geriet der Ort ab dem 13. Jahrhundert in Vergessenheit, nachdem die *Aldobrandeschi,* die 1312 von den *Orsini* beerbt wurden, in die besser zu verteidigenden Orte Pitigliano und Sorano auswichen. In Sovana wurde 1020 *Ildebrando (Hildebrand von Sovana)* geboren, der später als **Papst Gregor VII.** zu einem der bedeutendsten Nachfolger auf dem Stuhl Petri wurde. Als entschiedener Gegner der Idee vom Heiligen Römischen Reich Deutscher Nation unter kaiserlichem Primat demütigte er

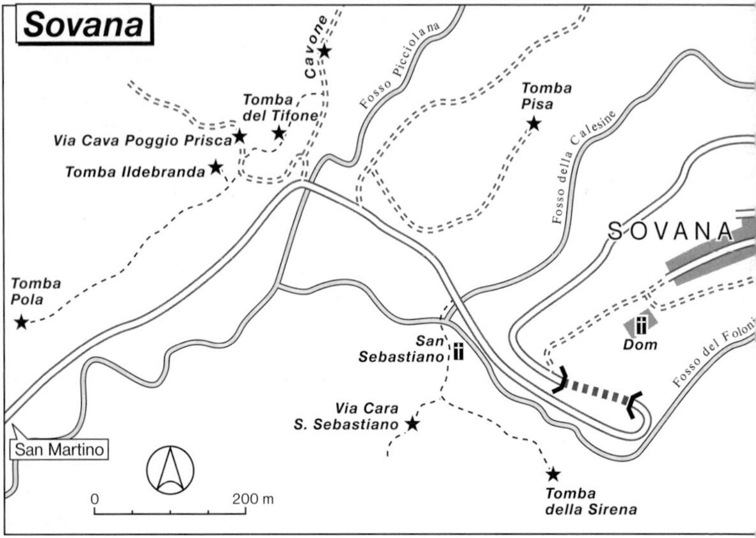

1077 den Frankenkönig *Heinrich IV.* zum „Gang nach Canossa". Schon in der Zeit der Etrusker muss Sovana eine wichtige Ansiedlung gewesen sein, in der Umgebung findet man zahlreiche Nekropolen und die eindrucksvollen, bis zu 10 Meter tief in das Vulkangestein geschnittenen etruskischen Hohlwege. Heute zählt Sovana kaum 150 Einwohner, mit seinem schön herausgeputzten mittelalterlichen Ortskern wirkt es etwas museal. Nur der Tourismus hält den Ort am Leben.

Besichtigung

Der alte Ortskern besteht im Wesentlichen aus einem einzigen Straßenzug. Er beginnt an der Ostseite bei der imposanten Ruine der **Burg der Aldobrandeschi** (11. Jahrhundert). Über die Via del Pretorio gelangt man zum Mittelpunkt Sovanas, der länglichen **Piazza del Pretorio.** Die Stirnseite nimmt der **Palazzetto del'Archivo** (13. Jahrhundert) ein, ein schmales, einfaches mittelalterliches Gebäude mit kleinem niedlichem Glockengiebel. An der nördlichen Längsseite erhebt sich die mit Wappen geschmückte Fassade des **Palazzo Pretorio** (12./13. Jahrhundert), Sitz eines kleinen **Museums** mit etruskischen Funden aus den Nekropolen der Umgebung (geöffnet tgl. 9–13 u. 15–19 Uhr, November bis Februar nur Sa/So, 2 Euro Eintritt, 7 Euro inkl. Nekropole). Die altehrwürdige gedrungene Kirche **Santa Maria** gegenüber ist weitgehend in den romanischen Formen des 12. Jahrhunderts erhalten. Im schlich-

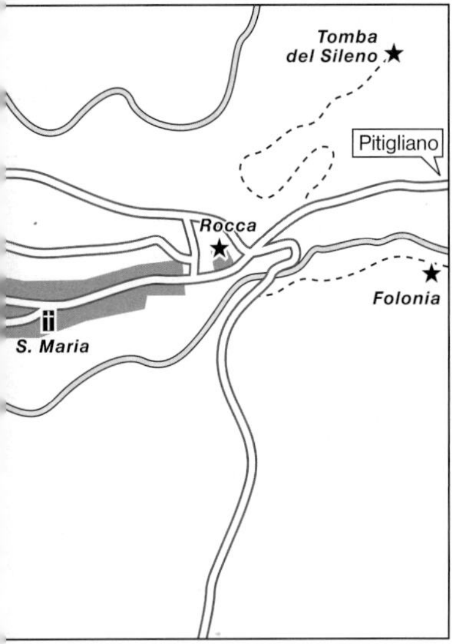

ten Innenraum ist ein vorromanischer Altarbaldachin mit langobardischer Reliefornamentik (Pfauen, Weintrauben, Ranken, Flechtbänder) bemerkenswert (8./9. Jahrhundert), an den Wänden finden sich einige schöne Fresken des 15./16. Jahrhunderts, die Älteren finden sich in der vollständig ausgemalten Kapelle an der Südwand (Verkündigung, Heilige).

Links vom Palazzetto del'Archivo beginnt der alte Pflasterweg zu dem am Westrand des Stadtfelsens gelegenen **Dom Santi Petro e Paolo.** Er wurde zwischen 1153 und 1178 in romanischen Formen an der Stelle einer älteren Vorgängerkirche errichtet – ein archaisch wirkender Bau, solide und erdverbunden, ganz im Geist des Mittelalters. An der Nordwand findet man das später zur Seite versetzte ursprüngliche Hauptportal mit zwei Löwenköpfen und feinen Reliefverzierungen, neben Ornamentik sind Tiere (zwei Pfauen) und seltsame menschliche Wesen zu erkennen. Das relativ breite Hauptschiff ruht auf kurzen massiven Säulen. Nur wenige Schmuckelemente finden sich im Innenraum. Eine hervorragende Steinmetzarbeit zeigt das zweite Kapitell links, der unbekannte Künstler hat auf engstem Raum mehrere alttestamentarische Themen in naiv-kraftvoller Formensprache dargestellt: *Daniel* in der Löwengrube, das Opfer *Isaaks, Abraham* und seine Frauen, der Zug durch das Rote Meer, der Sündenfall mit einer *Eva* neben dem Schlangenbaum, die ihre Blößen zu verdecken sucht.

In den Tälern westlich der Stadt liegen die interessantesten **etruskischen Nekropolen** von Sovana, die man auf der rechts vom Dom absteigenden Pflastergasse auch zu Fuß erreichen kann. Am Friedhof vorbei gelangt man in die Straße nach San Martino und geht auf ihr links durch einen gut 100 Meter langen Tunnel. Etwa 250 Meter weiter zweigt unmittelbar hinter einer Bachbrücke ein Weg nach links zur ehemaligen Kapelle **San Sebastiano** ab, wo die Eintrittsgebühr zu entrichten ist. Hinter dem Kirchlein steigt ein Pfad zum südlichen Talhang an. Bei der folgenden Gabelung rechts gehend gelangt man zum Beginn des engen, zwischen hohen Steilwänden ansteigenden **Etruskerweges Via Cava di San Sebastiano,** der Abzweig links führt an diversen Halbwürfelgräbern

lat_160 Foto: gh

vorbei. Das Interessanteste ist die **Tomba della Sirena** (3. Jahrhundert v.Chr.) mit einem stark verwitterten Relief einer Sirene oder Scylla mit Fischschwänzen im Giebelfeld und einer links vom Eingang aufgestellten weiblichen Statue, die erst vor wenigen Jahren hier ausgegraben wurde.

Etwa 250 Meter weiter Richtung San Martino führt rechts ein breiter Weg gleich zu einem Parkplatz mit Kassenhäuschen. Von hier 50 Meter nach links ansteigend wird die **Tomba Ildebranda** erreicht (3./2. Jahrhundert v.Chr.), ein aus dem Fels gemeißeltes repräsentatives Tempelgrab mit Treppenaufgang, Podium und einer Vorhalle mit Kassettendecke, die von zwölf verzierten Säulen getragen wurde, von denen eine noch aufrecht steht. Die kleine Grabkammer für nur eine einzige Person und schwache Reste von Reliefschmuck und Malereien deuten darauf hin, dass es sich um das Grab eines etruskischen Fürsten handelt. Etwa 400 Meter westlich der Tomba Ildebranda findet man mit der **Tomba Pola** (3. Jahrhundert v.Chr.) ein weiteres, allerdings einfacheres und weniger gut erhaltenes Tempelgrab. An der Ostseite der Tomba Ildebranda öffnet sich der **etruskische Hohlweg Via Cava Poggia Prisca,** beim Eingang des Tuffeinschnitts führt rechts ein Pfad zu weiteren Gräbern, u.a. zur **Tomba del Tifone** (2. Jahrhundert v.Chr.) mit einem wegen der starken Verwitterung kaum erkennbaren Kopf in der Fassade. Im Tal trifft der Pfad auf einen Weg, der nach links ansteigend gleich zwischen den senkrechten Tuffwänden des **Cavone** verschwindet. Dies war der wichtigste Prozessionsweg zur Totenstadt von Sovana. Er ist breit genug, um noch heute den Bauern die Auffahrt mit dem Traktor zu ihren Feldern auf der Hochfläche oberhalb zu ermöglichen. Auf halber Strecke ist an der linken Wand das eingemeißelte archaische Sonnenzeichen der Swastika zu erkennen.

Wer noch nicht genug von etruskischen Grabhöhlen hat: Zwei weitere Nekropolen findet man an der Ostseite des Ortes unterhalb der Burgruine in den Bachtälern **Fosso della Calesi-**

Tomba Ildebranda in Sovana

ne (Tomba del Sileno) und **Fosso Folonia** nördlich und südlich der Straße nach Pitigliano.

Touristeninformation

- Von April bis Oktober **Infobüro im Palazzo Pretorio,** 9–13 u. 15–19 Uhr geöffnet.

Unterkunft

- ******Scilla**€€€€, kleines Hotel mit nur 8 komfortablen und ästhetisch ansprechend eingerichteten Zimmern, außerhalb der Saison erhebliche Preisnachlässe (€€), Via Rodolfo Siviero 1/3, Tel. 05 64 61 65 31, Fax 05 64 61 43 29, www.scilla-sovana.it.
- ******La Taverna Etrusca**€€€, ansprechendes kleines Hotel im Zentrum, Piazza del Pretorio, Tel. 05 64 61 61 83, Fax 05 64 61 41 93.
- **Affitacamere**€€ (Privatzimmer) bei der Bar della Taverna an der Piazza del Pretorio 8/12, Tel. 05 64 61 40 73 *(Roberto Santarelli)* oder 05 64 61 61 86 *(Mariella Scopetoni)*.

Essen und Trinken

- Das gehobene **Ristorante Taverna Etrusca**€€€ an der Piazza Pretorio bietet ausgezeichnete Küche in stilvollem Ambiente, Gartenterrasse, Mi Ruhetag, Tel. 05 64 61 61 83.
- Deutlich preisgünstiger ist die einfache **Trattoria-Pizzeria Tavernetta**€-€€ am Hauptplatz, kulinarische Höhenflüge darf man hier nicht erwarten, bodenständige Küche, gute Pizzen, Terrasse im Freien mit Blick auf die Piazza, Do Ruhetag.

Sorano

⇗ II, B2

- **4190 Einwohner**
- **380 m üNN**
- **20 km nördlich von Pitigliano**
- **PLZ 58010**

Auch Sorano, der dritte der südtoskanischen Tufforte, bietet eine faszinierende Ansicht mit dicht aneinander gedrängten alten Häusern auf steilem Felsen über tief eingeschnittenen Bachtälern. Es ist von den drei südtoskanischen Tufforten in gewisser Weise am ursprünglichsten erhalten, nur wenige Besucher kommen hierher. Im historischen Zentrum zeigen sich immer noch Zeichen des Verfalls mit bröckelnden Mauern und unbewohnten Häusern. Der Felsen von Sorano ist nicht so stabil wie der von Pitigliano, mehrfach stürzten Häuserteile in den Abgrund, weswegen immer mehr Bewohner abwanderten. In den letz-

lat_161 Foto: gh

Sorano in der Südtoskana

ten Jahrzehnten wurde allerdings einiges mit Erfolg unternommen, um den Untergrund zu stabilisieren und die Bewohner zum Bleiben zu bewegen. Der Tourismus zeigt erste zaghafte Ansätze, es dürfte nicht mehr lange dauern, bis auch Sorano aus seinem Dornröschenschlaf erwacht.

Geschichtlich teilte Sorano das Schicksal Pitiglianos, nach den *Aldobrandeschi* herrschte die latinische Adelssippe der *Orsini* über die Stadt, die 1608 dem Herzogtum der Toskana zufiel. An der Südseite beherrscht die **Fortezza** die Stadt, eine mächtige, von den *Orsini* 1552 ausgebaute wehrhafte Renaissancefestung mit Rundbastionen. In den z.T. mit ornamentalen Malereien geschmückten Räumen findet man heute ein gehobenes Hotel und das örtliche **Museum** zur Kultur des Mittelalters.

Die Hauptkirche **Collegiata di San Nicola di Bari** besitzt ein Marmortaufbecken von 1563 und einige Gemälde des 16. Jahrhunderts. Mitten im alten Ort erhebt sich der **Sasso Leopoldini** über die Dächer des mittelalterlichen Viertels, ein abgeflachter Felsblock, der im 18./19. Jahrhundert mit steilen Mauern zu einer Wehranlage ausgebaut wurde. Die dabei entstandene Terrasse kann man der Aussicht wegen besteigen (2 Euro Eintritt).

Auch Sorano besitzt mit der **Via Cava San Rocco** seinen mit Steilwänden in den Tuffstein gegrabenen **etruskischen Hohlweg.** Eine lohnende kleine Wanderung folgt ihm hinauf zu einem schönen Rast- und Aussichtsplatz: Hinter dem Sasso Leopoldini folgt man dem Gassenzug Via Maestro Sagro/Via del Lato/Via dei Merli. Durch das mit dem Wappen der *Medici* geschmückte Stadttor **Porta dei Merli** (16. Jahrhundert) gelangt man auf einen breiten Weg, der ins **Lente-Tal** absteigt. Unten angelangt zweigt man nach links ab und überquert den Fluss, wandert dann fünf Minuten im Tal, bis man einen Seitenzufluss der Lente gekreuzt hat. Gleich darauf geht es erneut links abzweigend auf einen in etwa dem Lente-Nordufer folgenden Weg. Dieser führt nach einigen Minuten vom Wasserlauf weg und zwischen die Tuffwände der Via Cava San Rocco. Im Dunkel des Etruskerweges gewinnt man stetig an Höhe. Am Ausgang des Hohlweges steht die Kapelle **San Rocco.** Hinter dem Gebäude zweigt man nach links auf einen Pfad ab, der durch ein Eichenwäldchen um die Hügelflanke herum auf einen Felsrücken mit Rastbänken und einem ersten Blick auf Sorano führt. Ein beschilderter schmaler Pfad steigt vom Rand des Plateaus Richtung Lente-Tal die Hügelflanke zur nächsten Hangterrasse hinunter, wo sich die **Grabhöhlen einer einfachen Felsnekropole** öffnen. Eindruckvoller ist der Blick hinüber zum zerborstenen, steil aus dem Flusstal aufsteigenden Stadtfelsen von Sorano.

Etwa fünf Kilometer östlich von Sorano, im Norden von San Quirico, liegt der verlassene Tuffsteinort **Vittozza,** ein malerisches Ruinenensemble mit Resten mittelalterlicher Befestigungen und zahlreichen in den Fels gegrabenen Wohnhöhlen.

Touristeninformation

- **Piazza Busatti,** beim Eingang zum alten Ortskern, Tel. u. Fax 05 64 63 30 99.

Unterkunft

- ******Della Fortezza€€€€***, ausgesprochen vornehmes Haus in den Räumen der Orsini-Burg hoch über der Altstadt, stilvoll mit altem Mobiliar eingerichtete Zimmer mit schöner Aussicht, Tel. 05 64 63 20 10, Fax 05 64 63 32 09, www.fortezzahotel.it.

Essen und Trinken

- **Fidanza€€**, größeres Ristorante mit durchschnittlicher Küche, nicht besonders gemütlich eingerichtet, bei der Porta Ferrini am Eingang zum alten Ortskern, Mi Ruhetag, Tel. 05 64 63 30 56.

Wanderung – Etruskerwege zwischen Pitigliano und Sovana

Die kleine Wanderung verbindet die beiden schönen alten Orte Pitigliano und Sovana. Nach dem Aufstieg durch die Via Cava di San Guiseppe, den vielleicht schönsten Prozessionsweg der Etrusker, wandert man über eine mit Buschwerk bestandene kleine Hochfläche, wo man noch die in den Stein geschliffenen Spurrillen der etruskischen Wagenräder ausmachen kann. In Sovana könnte man die Wanderung um eine Besichtigung der Nekropolen erweitern (2 Stunden zusätzlich). Zurück folgt man dem Hinweg, wobei man kurz vor Pitigliano eine Abkürzung nehmen kann. Alternativ kann man auch mit dem Linienbus zurück nach Pitigliano fahren.

Dauer: Pitigliano – Sovana 2:15 Std., Rückweg 1:30 Std. **Anstiege:** Insgesamt etwa 300 Höhenmeter. **Bus** Sovana – Pitigliano: werktags um 7.23, 10.10, 13.10, 19.05, 20.38 Uhr; die von San Martino kommenden Busse der Gesellschaft RAMA halten auf Höhe der Tankstelle an der nördlich um den Ortskern herumführenden Durchgangsstraße.

Der Wegverlauf:

Von der Orsini-Burg folgen wir der Via Zuccarelli an der Synagoge vorbei zur Kirche von San Rocco, erreichen hier geradeaus auf der Via Aldobrandeschi das westliche Ende des Stadtfelsens (10 Min.). Über Treppen nach rechts abwärts verlässt man durch die Porta di Sovana den alten Ortskern. Bei der Verzweigung hinter dem Tor nehmen wir den geradeaus an Tuffhöhlen vorbeiführenden Weg, halten uns bei einer Gabelung nach 100 m rechts. Wir sind auf dem kurzen etruskischen Hohlweg **Via Cava Poggio Cani,** der sich im Linksbogen zur Straße Pitigliano – Sovana senkt. Wir folgen der Via kurz nach rechts über den Fluss Lente hinweg (20 Min.) und nehmen dahinter den Uferweg nach links.

Nach 100 m beginnt rechts die **Via Cava di San Guiseppe.** Durch den dunklen etruskischen Hohlweg gelangen wir auf einen ebenen Saumpfad über dem dicht-grün bewachsenen Bachtal. Dann geht es nach rechts nochmals bergan durch einen in den Tuff gegrabenen Weg; am Anfang des Einschnitts links oben das Bildnis des *San Guiseppe*. Beim Ausgang des Hohlweges halten wir uns rechts, gelangen auf einem breiteren Weg zu einer Nebenstraße. Dieser folgen wir

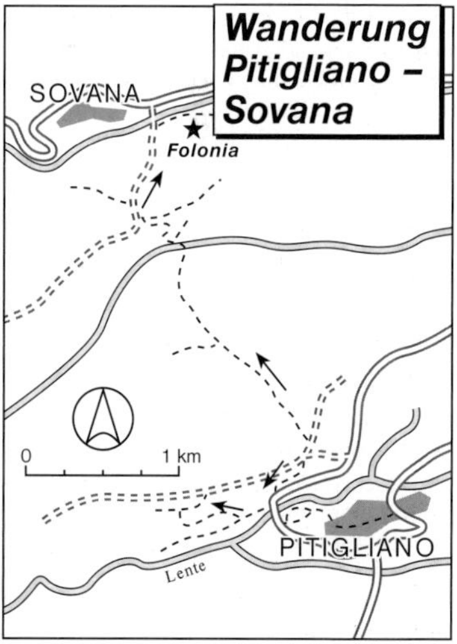

Lago di Bolsena

etwa 20 Min. zwischen Feldern nach Norden. Etwa 200 m nachdem von rechts der rot-weiß markierte Pfad der **Via Cava Annunziata** (Hinweisschild) eingemündet ist, gabelt sich das Sträßchen (1:10 Std.). Wir gehen links und nehmen 50 m weiter einen nach links abwärts führenden Fahrweg (rot-weiße Markierung, Hinweis zum Agriturismo Sassotondo).

Etwa 15 Min. später, da, wo der Hauptweg nach links durch ein Holztor schwenkt, nehmen wir eine geradeaus, rechts von einer Einzäunung auf Sovana zu abzweigende Wegspur (weiter rot-weiße Markierung). Sie führt über ein steiniges, mit Buschwerk bestandenes Plateau, wo mehrfach etruskische Wagenspuren im Stein erscheinen. Durch Wald absteigend gelangen wir auf schönem Pfad zu einem Bachgraben bei einer Brückenruine und kurz dahinter auf eine Talwiese (1:30 Std.). Auf ihr gehen wir 50 m nach links, nehmen dann einen rechts am oberen Wiesenrand beginnenden Pfad. Als etruskischer Hohlweg führt er gut 5 Min. ansteigend zu einem Fahrweg, der 100 m nach links auf ein Asphaltsträßchen trifft.

Wir biegen nach rechts, bleiben gut 10 Min. auf der Straße, bis sie sich kurz vor Sovana zwischen Tuffwänden in einen Graben senkt (1:50 Std.). Ein hier rechts abzweigender Pfad führt auf einem Abstecher (15 Min. hin und zurück) durch eine dunkle Waldsenke, an einem Bach entlang, zur **Nekropole von Folonia** mit einfachen Gräbern aus der etruskischen Spätzeit (2. Jahrhundert v.Chr.). Die Straße steigt dann kurz zur Ruine der Aldobrandeschi-Burg hinauf. Auf der links an ihr vorbei abzweigenden Straße erreicht man nach wenigen Minuten die Piazza del Pretorio im Zentrum Sovanas (2:15 Std. einschließlich Abstecher).

Rückweg: Man folgt dem Hinweg bis zum **Abzweig der Via Cava Annunziata,** verlässt hier das Sträßchen nach links (3 Std.) und folgt dem engen, in den Tuff geschnittenen etruskischen Hohlweg. Dieser fällt in Kehren steil ab (Vorsicht bei Nässe!) und trifft bei der Straßenbrücke über die Lente wieder auf den Hinweg. Diesem folgt man durch die Via Cava Poggio Cani zurück zum Ausgangspunkt (3:45 Std.).

Orvieto – die Stadt auf dem Felsen ⇗III, D1

- **23.000 Einwohner**
- **325 m üNN**
- **23 km nordöstlich von Bolsena**
- **PLZ 05018**

Orvieto (in **Umbrien**) hat eine außergewöhnliche Lage: Die Kirchen, Palazzi und Häuser der alten Stadt drängen sich auf einem nach allen Seiten steil abfallenden, lang gestreckten Felsplateau. Wie eine Insel aus Stein ragt der Fels von Orvieto aus dem Paglia-Flusstal hervor. Farblich dominiert das Gelbbraun des vulkanischen Tuffgesteins, wodurch der Ort im äußersten südlichen Winkel Umbriens schon einen latinischen Anstrich bekommt.

Eine **Stadt am Abgrund:** Etrusker, Römer und die Menschen des Mittelalters haben ein ausgedehntes System unterirdischer Gänge in den porösen Felssockel aus Vulkangestein gegraben, um unter der Erde Vorratslager, Weinkeller, Zisternen und Zufluchtsräume anzulegen. Durch die Erschütterungen des modernen Verkehrs geraten die auf löchrigem Grund stehenden Fundamente immer mehr in Bewegung. In den letzten Jahrzehnten mussten zunehmend aufwendige Stützkonstruktionen angelegt werden, um ganze Häuserzeilen vor dem Abrutschen in die Tiefe zu bewahren.

Zwischen den braunfarbenen Bauten auf dem Fels wächst strahlend weiß der **Dom** empor. Er gilt als eine der schönsten Kirchen Italiens und zieht Touristen in Massen an. Aber auch abseits des Doms ist Orvieto eine sehenswerte Stadt. Da der steil abfallende Rand des Plateaus eine natürliche Grenze gegen Zersiedlung und moderne Stadterweiterung bildet, ist das **historisch gewachsene Zentrum** noch intakt. Das neue Orvieto, das sich von Autobahn und zwei Fernbahnlinien durchschnitten westlich des Stadtfelsens ausdehnt, scheint hier oben weit entfernt. Trotz der viele Besucher, die auf dem Weg nach Rom einen Zwischstop einlegen, ist Orvieto keineswegs zu einer reinen Touristenstadt geworden. Abseits des Domplatzes prägt der Alltagsrhythmus der Einheimischen das Stadtleben.

Mit der aufkommenden Industrialisierung im 19. Jahrhundert stellte sich in Orvieto die Frage, wie man die Verkehrsverbindung zwischen der sich ausdehnenden Unterstadt *(Orvieto Scalo)* und dem alten Zentrum auf dem Tuffplateau verbessern könnte. Bis dahin musste man den steilen Weg mühsam auf dem Rücken eines Esels zurücklegen. Als neue technische Errungenschaft entwickelte Orvieto eine mit Wasser betriebene **Standseilbahn,** grub ein Tunnel unter der Burg Albornoz hindurch und verband so den Bahnhof mit der Altstadt. Die zwischenzeitlich stillgelegte Bahn wurde vor einigen Jahren modernisiert und wieder in Betrieb genommen – auch, um die Touristenautos mit ihren schädlichen Auswirkungen auf die Statik des Tuffplateaus besser fernhalten zu können. Busse und Lastwagen dürfen seit kurzem ohnehin nicht mehr ins Zentrum fahren.

lat_165 Foto: gh

Eine der wichtigsten Erwerbsquellen in der Umgebung Orvietos ist der **Weinbau.** Der in großen Mengen produzierte, strohgelb-trockene *Orvieto classico* reift in den feuchten Tuffkellern der Stadt. Er ist einer der beliebtesten Konsumweine Italiens, der inzwischen auch die Regale manch deutscher Supermarktkette füllt. Weniger bekannt ist die süße Variante, der Dessertwein *Abboccato.*

Geschichte

Bei Orvieto lag mit **Volsinii** oder **Velsna** eine der wichtigsten Städte der Etrusker. Neben Perugia und Todi war es einer der drei umbrischen Orte im etruskischen Zwölfstädtebund. Deren politische Führer trafen sich jährlich einmal zu kultischen Handlungen und zum Fällen wichtiger Entscheidungen. Das Hauptheiligtum und die Versammlungsstätte der etruskischen Stadtstaaten, das *Fanum Voltumna,* lag auf dem Gebiet Orvietos.

Volsinii muss wohl besonders hartnäckig Widerstand gegen die römischen Eroberer geleisten haben. Antike Quellen berichten davon, dass die Stadt nach einem blutig niedergeschlagenen Aufstand 264 v.Chr. vollständig zerstört wurde. Die Bewohner wurden zwangsweise in eine neue Stadt am Bolsenasee umgesiedelt. Aus dem römischen Volsinii Novi wurde das heutige Bolsena.

Am Platz der alten Etruskerstadt entstand erst nach dem Untergang des römischen Imperiums eine neue Siedlung. Ab dem 6. Jahrhundert entwickelte sich auf dem Fels ein neuer Ort. Der Name **Urbs Vetus,** „alter Ort", aus dem das heutige Orvieto wurde, erinnerte an die große etruskische Vergangenheit. Durch die besondere Lage auf einer gut zu sichernden Felsbastion gewann Urbs Vetus schnell wieder an Bedeutung.

Im **Mittelalter** gehörte es zu den **unabhängigen Stadtstaaten** und musste sich gegen Siena, Perugia und Viterbo behaupten. Ab dem 13. Jahrhundert residierte der päpstliche Hof mehrfach in Orvieto. Zwischen den papsttreuen Guelfen unter der Sippe der *Monaldeschi* und den kaiserlichen Ghibellinen unter den *Filippeschi* tobte in dieser Zeit ein heftiger Machtkampf. Die siegreichen Monaldeschi befehdeten sich anschließend untereinander und schafften 1347 die freie Kommune endgültig ab. Die Periode blutiger Feudalfehden ging 1450 zu Ende, nachdem der Kirchenstaat endgültig die Herrschaft über die Stadt an sich gerissen hatte. 1527 floh der Papst von Rom ins sichere Orvieto, nachdem er beim so genannten „Sacco di Roma" den plündernden Truppen des Habsburgerkaisers *Karl V.* glücklich entkommen war. Die folgenden Jahrhunderten unter dem Kirchenstaat bis zur italienischen Einigung 1860 verliefen ohne besondere geschichtliche Ereignisse.

Besichtigung

Wie in fast allen alten Städten Umbriens macht es wenig Sinn, mit dem Auto ins historische Zentrum zu fahren, denn Parkraum ist knapp und teuer, und die dicht beieinander liegenden Sehenswürdigkeiten sind fast alle bequem zu Fuß zu erreichen. Die kurze Fahrt mit der Standseilbahn vom Bahnhof gibt zudem einen guten Eindruck von der besonderen Lage der Stadt. Beim Endunkt der Bahn an der Piazza Cahen beginnt der lange Corso Cavour, der zur zentralen Piazza della Repubblica hinaufführenden Hauptweg durch die Altstadt.

Auf der Höhe des Teatro Mancinelli beginnt die Fußgängerzone. Hier zweigt auch nach links die Via Cesare Nebbia zum Domplatz ab. Der interessantere, höhergelegene Teil der Altstadt erstreckt sich zwischen Dom und

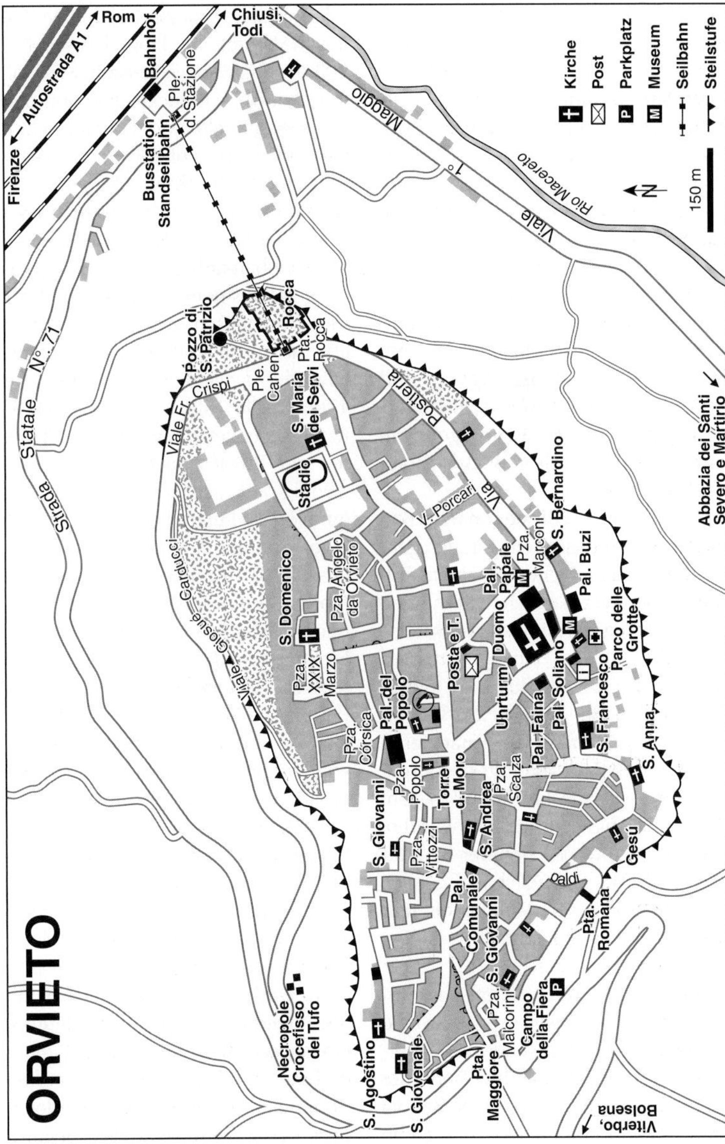
ORVIETO
Firenze
Autostrada A1
Rom
Chiusi, Todi
Bahnhof
Busstation
Standseilbahn
Ple. d. Stazione
Viale 1° Maggio
Rio Macereto
Strada Statale N° 71
Pozzo di S. Patrizio
Rocca
Pta. Rocca
Ple. Cahen
Viale Fr. Crispi
S. Maria dei Servi
Stadio
Via Postierla
V. Porcari
Viale Giosuè Carducci
S. Domenico
Pza. Angelo da Orvieto
Pza. XXIX Marzo
Pza. Corsica
Pal. del Popolo
Pza. Popolo
Posta e T.
Uhrturm
Duomo
Pal. Papale
Pza. Marconi
S. Bernardino
Pal. Buzi
Parco delle Grotte
Pal. Soliano
Pal. Faina
S. Francesco
S. Anna
Torre d. Moro
Pza. Scalza
S. Andrea
S. Giovanni
Pza. Vittozzi
Pal. Comunale
Gesù
Pta. Romana
Pza. S. Giovanni
Campo della Fiera
Pza. Malcorini
Pta. Maggiore
S. Agostino
S. Giovenale
Necropole Crocefisso del Tufo
Viterbo, Bolsena
Abbazia dei Santi Severo e Martirio
Kirche
Post
Parkplatz
Museum
Seilbahn
Steilstufe
N
150 m

San Giovenale am Westrand des Tuffplateaus.

Dom Santa Maria

Der Dom zieht alle Blicke auf sich. Von ferne betrachtet erhebt er sich als markante Spitze aus dem Häusergewirr des Tuffplateaus. Noch beeindruckender wirkt die Kirche, wenn man vor der 50 Meter hohen, blendend weiß in das Blau des Himmels strebenden Fassade steht. Die ganze Vorderfront ist über und über mit **Säulen, Statuen, Reliefs, Bronzefiguren und Mosaiken** ausgeschmückt. Allerdings wirkt der prunkvolle Dom irgendwie fremd in einer Stadt geduckter brauner Tuffhäuser.

Der im Jahre 1288 begonnene Bau einer derartig großen Kirche geht wahrscheinlich nicht auf einen Entschluss der mittelalterlichen Kommune oder des Stadtbischofes zurück, sondern beruhte auf einer bewussten päpstlichen Entscheidung, an dieser Stelle ein unübersehbares Zeichen für den Glauben zu setzen. Finanzieren mussten den Bau allerdings die Bürger der Stadt, die für ihre Spenden vom Papst mit Ablässen bedacht wurden. Über 150 Jahre zog sich der Bau der Kirche hin, der anfänglich maßgeblich von dem Sieneser Architekten und Bildhauer *Lorenzo Maitani* gestaltet wurde.

Ungewöhnlich für umbrische Kirchen ist die dekorative schwarz-weiße Streifung der Seitenwände, die wahrscheinlich auf arabische Vorbilder zurückgeht. Über die im Orienthandel aktive Stadt Pisa fanden die architektonischen Einlüsse auch in Mittelitalien Verbreitung (Dom von Siena).

Die repräsentative **Fassade** wirkt mit ihren vielen Schmuckelementen, den Dreiecksgiebeln und Spitztürmchen wie ein ins riesenhafte vergrößerter gotischer Goldschrein. An ihrer Gestaltung haben Künstler aus mehreren Jahrhunderten mitgewirkt. Die dekorativen, lebhaft-farbigen Mosaiken, überwiegend aus dem 17. bis 19. Jahrhundert, sind hübsch anzuschauen, gelten aber als künstlerisch weniger wertvoll. Die schöne, filigrane Fensterrose von 1366 wurde 1556 in eine viereckige Renaissanceumrahmung mit den Figuren der Zwölf Apostel gestellt. Aufwendig sind auch die Portale gestaltet: raffiniert gedrechselte Säulen und farbige, an Arabesken erinnernde Ornamentik. Vier Bronzeplastiken des 14. Jahrhunderts ragen aus der Fassade hervor. Sie symbolisieren die vier Evangelisten *Matthäus* (Engel), *Markus* (Löwe), *Johannes* (Adler) und *Lukas* (Stier). Die Reliefs der Bronzetür des Hauptportals wurden erst 1964–1970 von einem modernen Künstler geschaffen.

Besonders bemerkenswert sind die Bildhauerarbeiten in der Sockelzone der Domfassade. Die schon zwischen 1320 und 1330 entstandenen Reliefs wirken in ihrer lebhaften Darstellung und Körperhaftigkeit fast schon modern. Dargestellt sind auf den ersten drei Pfeilern Szenen aus der Schöpfungsgeschichte, dem alten Testament und aus dem Leben Jesu. Am vierten Pfeiler ganz rechts wird dem Sünder in expressiver Weise vor Augen geführt, welche Höllenqualen nach dem Weltgericht auf ihn warten.

Im Gegensatz zur Fassade beeindruckt der **Innenraum** gerade durch seine weitgehende Schmucklosigkeit. Dadurch kommt der großzügige, weite Raumeindruck unbeeinträchtigt zur Geltung. Auch innen wurde das dekorative schwarz-weiße Streifenmuster fortgesetzt. In der Apsis sind ein schönes gotisches Chorgestühl mit Intarsien, ein Glasfenster von 1325 und einige Fresken zu sehen. Den Bildzyklus mit Szenen aus dem Marienleben schuf der aus Orvieto stammende *Ugolino di Prete Ilario* (um 1375).

Beim Ende des linken Seitenschiffes öffnet sich die **Capella del Corporale.** In einem wertvollen gotischen Goldreliquiar wird hier das blutbefleckte Messtuch des Wunders von Bolsena aufbewahrt. Am Fronleichnamsfest wird es in einer feierlich-farbigen Prozession durch die Stadt getragen. Die Kapelle wurde 1357–64 wiederum von *Ugolino di Prete Ilario* mit Fresken ausgemalt. Der Bilderzyklus der rechten Seite zeigt das Wunder und dessen Legitimierung durch den Papst. Auf der linken Wand sind weitere Hostienwunder dargestellt, darunter die Geschichte eines jüdischen Kindes, das zur katholischen Messe gegangen war. Die Eltern steckten das abtrünnige Kind in den Ofen, wo es jedoch durch die wundersame Kraft der empfangenen Hostie unversehrt blieb. Auch Orvieto hatte wahrscheinlich eine jüdische Gemeinde, die Papst und Kirche für die den Christen durch das Neue Testament verbotene Zinsgeschäfte brauchten – Ursprung des Bildes vom Juden als Wucherer und kapitalistischer Geschäftemacher.

Der Capella del Corporale gegenüber liegt die **Capella di San Brizio** mit dem Freskenzyklus **„Das Erscheinen des Antichristen und das Jüngste Gericht“,** der als eines der bedeutendsten Bildwerke der Frührenaissance gilt. Er wurde zwischen 1499 und 1504 von der Künstlerwerkstatt des aus der Toscana stammenden **Luca Signorelli** geschaffen. Die anatomisch genaue Darstellung der menschlichen Körper war für die damalige Zeit ungewöhnlich und bedeutete eine endgültige Lösung von der flächig-mittelalterlichen Malweise. Eine derartig genaue Abbildung von komplex verwobenen Menschengestalten hatte es bis dahin noch nie gegeben. Die Fresken von *Signorelli* dienten späteren Renaissancekünstlern, darunter auch *Michelangelo,* als wichtige Studienobjekte für ihre eigenen Arbeiten.

Das selten abgebildete Thema der „Predigt des Antichristen“ an der linken Wand vorne geht auf das Markusevangelium zurück. Danach wird prophezeit, dass dem Ende der Welt das Erscheinen eines falschen Christus vorausgeht, dessen Schreckensherrschaft mit der Ankunft des wahren Herrn beim jüngsten Gericht vernichtet wird. *Signorelli* hat sich dem Thema mit viel Liebe zum Detail gewidmet: zu sehen ist der auf einem Podest stehende falsche Prophet, der in Haltung und Aussehen Jesus ähnelt. Sein Begleiter, ein glatzköpfiger Teufel mit ro-

lat_170 Foto: gh

ten Hörnern flüstert ihm Anweisungen ins Ohr. Links davon sammelt eine Frau in der Menge Spenden für den Antichristen. Dieser beeindruckt das Volk, indem er einen Toten zum Leben erweckt. Rechts von der Hauptfigur ist eine Menschengruppe in Ratlosigkeit abgebildet, Märtyrer werden von den Schergen des Antichristen enthauptet. Im Hintergrund jagt bedrohlich eine Gruppe dunkler Gestalten durch einen Tempel. Allerdings kündigt sich das Ende des Verführers schon an: Ein Engel sendet Feuerstrahlen aus, um ihn und seine Gehilfen zu töten. Ganz links unten hat sich *Signorelli* mit einem Selbstporträt verewigt; neben ihm steht in der Kutte eines Dominikanermönches sein Lehrer *Fra Angelico.* Die Bildfolge setzt sich chronologisch mit dem „Weltuntergang" an der Eingangswand fort: Die Sonne verfinstert sich, Menschen flüchten vor dem Feuerregen, Häuser stürzen bei einem Erdbeben zusammen. An der rechten Wand folgt die „Auferstehung des Fleisches", wo nackte Körper sich mühsam aus dem Boden hervorwinden und Skelette wieder menschliche Gestalt annehmen. Daneben sind „Die Verdammten" in einem vewirrenden Knäuel nackter Leiber in komplexen anatomischen Verrenkungen abgebildet. Manche Figuren sind – als Ausdruck ihrer tierischer Triebhaftigkeit – am Unterleib behaart. Geflügelte Teufel stürzen in schwungvollem Flug mit ihrer menschlichen Fracht zur Hölle. Wie so oft erscheint die Darstellung des Bösen künstlerisch besonders eindrucksvoll. An der Stirnwand rechts vom Fenster werden die Verdammten von den Wächtern des Satans zur Hölle geführt. Den Hintergrund bildet ein antikes Motiv mit dem griechischen Totenfluss Acheron und dem Höllenrichter Minos. Links vom Fenster werden die Auserwählten von Engeln in das Paradies geleitet, das an der linken Wand neben der Predigt des Antichristen zu sehen ist. Musiziernde Engel begleiten die Seeligen, streuen Blumen und verteilen Kronen – im Vergleich zu den Szenen zuvor eine eher verhaltene Veranstaltung.

Wahrlich beeindruckend –
die Fassade des Doms von Orvieto

Der Domplatz

Den Domplatz säumen Andenkengeschäfte, Bars und ein Hotel. Wenn die vielen Touristen gegen Abend endlich abgezogen sind, kann sich die Jugend hier wieder im Rollschuhlaufen üben. Am Platz stehen drei Palazzi mit den Museen Orvietos. Der **Palazzo Faina** mit dem **Museo Archeologico Civico e Faina** gegenüber vom Dom zeigt eine Sammlung bemalter griechischer Vasen, sowie Sarkophage und Skulpturen aus etruskischer Zeit, u.a. einen großen Kriegerkopf (Saal 1) und Tempelfiguren aus Terrakotta (Saal 2).

Der mittelalterliche, stark restaurierte **Palazzo Soliano** rechts vom Dom beherbergt das **Museo dell'Opera del**

Duomo mit Gemälden, Marmor- und Holzskulpturen des 14. bis 16. Jahrhunderts, u.a. eine großes Polyptychon des Sienesen *Simone Martini* (1320).

Der **Palazzo Papale** (13. Jahrhundert) im hintersten Winkel rechts vom Dom diente dem päpstlichen Hofstaat bei seinen oft längeren und nicht immer freiwilligen Aufenthalten in Orvieto als Residenz. Von der Piazza Marconi her lässt sich die noch gut erhaltene mittelalterliche Baustruktur erkennen. Im Palazzo ist das **Museo Archeologico Nazionale** untergebracht, das u.a. die abgenommenen, leider verblassenden Wandmalereien einer etruskischen Grabanlage zeigt.

Vom äußersten Ende des Domplatzes nach rechts gelangt man zum **Parco delle Grotte,** einer Gartenterrasse am Rande des Felsplateaus. Hier beginnt zweimal täglich eine etwa einstündige Führung durch das Labyrinth der Tuffsteingrotten (*Orvieto Underground,* 5,50 Euro, Beginn um 11, 12.15, 16, 17.15 Uhr vom Infobüro am Domplatz).

Vom Domplatz durch die westliche Altstadt

Vom Domplatz führt die **Fußgängermeile Via dell'Duomo** weiter ins Zentrum. Gleich zu Beginn der Gasse steht rechts ein mittelalterlicher **Uhrturm,** auf dessen Turmdach man vom Domportal aus „Maurizio" sieht: So nennen die Bürger Orvietos das bronzene Glockenmännchen, das ihnen seit langer Zeit verlässlich die Stunde schlägt.

An Restaurants, Keramik- und Feinkostgeschäften vorbei trifft man auf den Corso Cavour mit dem wappengeschmückten **Torre del Moro.** Auf den 47 Meter hohen mittelalterlichen Geschlechterturm aus braunem Tuffgestein kann man hinaufsteigen und herrliche Ausblicke über die Dächer Orvietos genießen (tgl. 10–19 Uhr, November bis Februar 13–14.30 Uhr geschlossen, 2,60 Euro). Geradeaus am Turm vorbei gelangt man nach wenigen Schritten auf die Piazza del Popolo mit dem alten Rathaus von Orvieto. Der elegante **Palazzo del Popolo** (1157–1280) mit schönen dreibogigen Schmuckfenstern spiegelt den Bürgerstolz der mittelalterlichen *libero comune* wieder. Auf dem Rathausplatz findet morgens der Obst- und Gemüsemarkt Orvietos statt.

Der Corso Cavour, der Laufweg der allabendlichen *passegiata,* führt an weiteren Läden mit Kunsthandwerk und Kulinarischem (Schinken, Käse, Olivenöl, Orvietowein) entlang. Bei Haus Nr. 30 zweigt die schmale Via Albani ab, wo der beliebte Holzdesigner *Michelangeli* seine originellen Arbeiten ausstellt. Unterhalb mündet der Corso Cavour in die Piazza della Repubblica mit dem großen **Palazzo Communale,** der im 16. Jahrhundert so grundlegend umgestaltet wurde, dass vom Ursprungsbau des 13. und 14. Jahrhunderts heute fast nichts mehr zu erkennen ist. Daneben erhebt sich die Kirche **Sant'Andrea** mit ungewöhnlichem Glockenturm aus Tuffziegeln in Form eines polygonalen mittelalterlichen Wehrturms. Das Innere der Kirche (11.

bis 14. Jahrhundert), die auf noch auszugrabenden etruskischen, frühchristlichen und langobardischen Fundamenten ruht, lässt sich auf Anfrage beim Kustoden an der rückseitigen Via Cipriano Manette 17 besichtigen.

Bei der Piazza della Repubblica beginnt das wenig besuchte **westliche Altstadtviertel.** Es besitzt keine besonderen Kunstschätze, lohnt aber wegen der malerischen, ruhigen Gassen und der schönen Ausblicke einen Rundgang. Von der Piazza führt schräg nach links die Via della Loggia dei Mercanti weg. An einem Geschlechterturm vorbei, aus dem schon Gesträuch herauswächst, gelangt man geradeaus zum Palazzo Ranieri (13. bis 16. Jahrhundert). Von der Piazza Ranieri halbrechts durch den Bogen eines mittelalterlichen Häuserkomplexes wird die kleine Piazza San Giovanni am Rand des Plateaus von Orvieto erreicht. Vom Kirchplatz genießt man weite Ausblicke in die Landschaft und auf das älteste Stadtviertel mit seinen latinisch wirkenden, gedrungenen Häusern, deren einheitlich braunen Tuffsteinmauern mit dem anstehenden Fels verwachsen. Die Kirche **San Giovanni Evangelista** ist profanisiert. Der Klosterinnenhof wird heute für Ausstellungen und Kulturveranstaltungen genutzt. Ein Fußweg folgt von hier aus dem Verlauf der noch auf etruskischen Fundamenten ruhenden Stadtmauer abwärts und über das Stadttor Porta Maggiore hinweg wieder bergan zur Piazza San Giovenale mit der gleichnamigen Kirche. Vom Rand der Tuffsteinfelsen eröffnet sich ein weiter Ausblick nach Norden in das von Erosionshängen *(calanchi)* begleitete Tal des Paglia-Flusses.

Die bescheidene romanische Kirche **San Giovenale** aus dem 11. Jahrhundert lohnt unbedingt einen Besuch, vermittelt sie doch einen noch sehr ursprünglichen Eindruck von einer mittelalterlichen Kirche. Man betritt den fast vollständig mit Fresken ausgemalten, archaisch wirkenden Innenraum durch einen Seiteneingang. Rechts vom Hauptportal ist eine Kreuzigung zu sehen, links ein mystischer Lebensbaum *(arbor vitae)* mit dem *hl. Franziskus,* beides Werke anonymer umbrischer Meister des frühen 14. Jahrhunderts. Die „Verkündigung" und „Geburt Jesu" vorne rechts werden *Ugolino di Prete Ilario* zugeschrieben (zweite Hälfte 14. Jahrhunderts). Bemerkenswert sind auch der Altar mit langobardischer Flechtbandornamentik und das Kanzelpult mit romanischen Skulpturen (Engel zwischen Löwe und Stier). Manche Fresken bedürfen allerdings dringend einer Restaurierung – Spende nicht vergessen!

Von San Giovenale führen die Via Volsinia/Via Malabranca zurück Richtung Piazza della Repubblica; bei der Via Malabranca Nr. 22 mit schönem Säuleninnenhof bietet sich nochmals ein schöner Altstadtblick. In Haus Nr. 28 der unterhalb verlaufenden Via della Cava befindet sich der Zugang zum unterirdischen **Pozzo della Cava.** Man kann sechs miteinander verbundene, in den Tuff gegrabene Höhlen begehen, die im 14. Jahrhundert als Keramikbrennöfen genutzt wurden

(Scherbenfunde). Ein 36 Meter tiefer Brunnen *(pozzo)* wurde schon von den Etruskern begonnen, dann unter Papst *Clemens VII.*, der auch den bekannteren Pozzo San Patrizio am anderen Stadtende graben ließ, im 16. Jahrhundert erweitert. Die Besitzer der Bar-Trattoria über der Anlage haben die verschütteten Grotten 1986 zufällig entdeckt und eigenhändig freigelegt (geöffnet 8–20 Uhr außer Mo, 1,70 Euro).

Weitere Sehenswürdigkeiten

San Domenico

Für besonders Kunstinteressierte lohnt die Besichtigung der Kirche San Domenico mit dem **Grabmal des Kardinals Guillaume de Bray** von *Arnolfo di Cambio* (um 1285), dem Architekten des Florentiner Doms. Es gilt als ein Hauptwerk gotischer Bildhauerkunst in Italien, das vielen späteren Grabbauten als Vorbild diente. Der Sarkophag mit der liegenden Figur des Kardinals ruht auf gedrehten Säulen. Ganz oben thront die *hl. Maria* zwischen weiteren Säulen und gotischen Heiligenfiguren. Die feinen Mosaikornamente verweisen auch hier auf orientalischen Einfluss.

Pozzo San Patrizio

Auf jeden Fall sehenswert ist der **Pozzo San Patrizio** bei der Piazza Cahen am Ostende der Altstadt (Seilbahnstation). Papst *Clemens VII.* ließ den Tiefbrunnen 1527 hier anlegen, nachdem er im Jahr zuvor beim „Sacco di Roma" vor den plündernden Truppen des Habsburgerkaisers *Karl V.* aus dem Vatikan nach Orvieto hatte flüchten müssen. Um auch einer langen feindlichen Belagerung standhalten zu können, musste die Trinkwasserversorgung Orvietos gesichert werden. Der 62 Meter tiefe und 13 Meter breite Brunnenschacht durchstößt das Tuffplateau und sammelt das Sickerwasser der darunter liegenden Lehmschicht. Zwei voneinander unabhängig zu begehende Wendeltreppen führen in die Tiefe. Sie wurden so breit angelegt, dass auch beladene Maultiere problemlos aneinander vorbeikommen konnten (Besichtigung tgl. 10–18 Uhr, April bis September bis 19 Uhr, ganz unten im Schacht ist es deutlich kühler als draußen, also Pullover oder Jacke nicht vergessen!).

Crocefisso del Tufo

Die **etruskische Nekropole** liegt am Nordfuß des Tuffplateaus, an der Straße von der Piazza Cahen zum Bahnhof. Die regelmäßig angelegte kleine Gräberstadt aus der Glanzzeit des etruskischen Volsinii wurde im 6. Jahrhundert v.Chr. in den Fels gegraben. Kleine Grabhäuschen aus glatt behauenen Tuffsteinen stehen an regelmäßig verlaufenden Straßen. Auf den steinernen Türbalken ist in Rechts-links-Schrift der Name des Verstorbenen eingemeißelt. Die heute nicht mehr vorhandenen Sarkophage standen auf steinernen Bänken im Innern.

Abbazia dei Santi Severo e Martirio

Die **romanische Abtei** am Fuße des Tuffplateaus unterhalb des Domes dient heute teilweise als stilvolles Hotel. Von der Klosteranlage des 12. Jahrhunderts hat man einen schönen Blick auf die Stadt. Der auffallende zwölfeckige Campanile ähnelt dem Turm von Sant'Andrea im Zentrum.

Touristeninformation

- **I.A.T. dell'Orvietano,** Piazza Duomo 24, Tel. 07 63 34 17 72, Fax 07 63 34 44 33, www.orvieto.umbria2000.it, info@iat.orvieto.tr.it.

Unterkunft

Hotels im Zentrum

- ****Maitani**€€€€, Via Lorenzo Maitani 5, Tel. 07 63 34 20 12, Fax 07 63 34 20 11, www.argoweb.it/hotel-maitani/, vornehmes, etwas angestaubt altmodisches Traditionshotel wenige Schritte vom Domplatz, ruhig, stilvoll, gut geführt.
- ****Aquila Bianca**€€€-€€€€, Via Garibaldi 13, Tel. 07 63 34 12 46, Fax 07 63 34 22 73, www.argoweb.it/hotel-aquilabianca/, etwas preiswerter, aber weniger stilvoll als das Maitani, im historischen Zentrum gelegen.
- ***Reale**€€€, Piazza del Popolo 27, Tel. u. Fax 07 63 34 12 47, www.orvietohotels.it, alteingesessenes Haus mit Stil, zentral in einem Barockpalazzo beim alten Rathaus, mit seinen Stuckdecken und alten Möbeln fast schon ein Antiquitätenmuseum.
- ***Duomo**€€€, Vicolo di Maurizio 7, Tel. 07 63 34 18 87, Fax 07 63 39 49 73, hotelduomo@tiscalinet.it, www.orvietohotelduomo.com, angenehmes, ästhetisch renoviertes Haus mitten im Zentrum wenige Schritte vom Domplatz entfernt.
- ***Virgilio**€€-€€€, Piazza Duomo 5, trotz der Lage im historischen Zentrum ein nüchtern-modernes Haus mit wenig Atmosphäre, ruhige kleine Zimmer, z.T. mit Domblick, moderne Einrichtung Tel. 07 63 34 18 82, Fax 07 63 34 37 97, www.hotelvirgilio.com, info@hotelvirgilio.com.
- ***Filippeschi**€€-€€€, Via Filippeschi 23, Tel. u. Fax 07 63 34 32 75, www. argoweb.it/hotel_filippeschi, zentrale Lage, guter Komfort, für ein Drei-Sterne-Hotel sehr preiswert.
- **Posta**€€, Via Luca Signorelli 18, angenehmes einfaches Haus im Zentrum, schöner Innenhof mit kleinem Garten, Zimmer z.T. ohne Bad, Tel. u. Fax 07 63 34 19 09, www.orvietohotels.it.

Hotels außerhalb der Altstadt

- Am Fuße des Stadtfelsens liegt ****La Badia**€€€€€, Località la Badia 8, Tel. 07 63 30 19 59, Fax 07 63 30 53 96, E-mail: labadia.hotel@tiscalinet.it, Internet: www.labadiahotel.it, stilvoll-gehobene Anlage in der zum Hotel umgebauten mittelalterlichen Abbazia dei Santi Severo e Martirio, schöner Blick auf den Stadtfelsen, großzügiger Park, Schwimmbad, Tennisplatz.
- Ebenfalls in der Nähe des Bahnhofs liegt das ****Umbria**€€, Via Monte Nibbio 1, Tel. 07 63 30 19 40, Fax 07 63 30 56 46, www.argoweb.it/hotel_umbria, freundliches Familienhotel, nicht ganz ruhig gelegen.
- Mehrere Hotels in der Unterstadt *Orvieto Scalo,* u.a. das einfache ****Picchio**€, Via G. Salvatori 17, Tel/Fax 07 63 30 11 44, dan_test@libero.it, www.bellaumbria.net/hotel-picchio, in einer ruhigen Straße beim Bahnhof.

Zimmervermietung

- **Patrignani Ricci Fiora**€, Via dell'Olmo 1, bei der Piazza dell'Erbe, einfache Zimmer ohne eigenes Bad, DZ ab 180 Euro pro Woche, Tel. 07 63 34 10 83.

Essen und Trinken

- **I Sette Consoli**€€€, Piazza Sant'Angelo 1a, Tel. 07 63 34 39 11, liebenswertes Lokal in restauriertem alten Gemäuer, schöner Innenhof, elegantes Restaurant mit feiner Küche zu leicht gehobenen, aber nicht übertriebenen Preisen. Empfehlenswert sind zum Beispiel die Gnocchi mit Zucchini und Minzblättern oder das Schweinefilet mit wildem Fenchel, Mi Ruhetag.
- **La Grotta**€€€, Via Luca Signorelli 5, Tel. 07 63 34 13 48, beliebtes Restaurant im Zentrum in der Nähe des Doms, einfaches Ambiente, gute Küche, Di Ruhetag.

- **Trattoria dell'Orso**€€-€€€, Via della Misericorda 18–20, Tel. 07 63 34 16 42, in der einfachen Trattoria herrscht gute Stimmung und das Essen ist vorzüglich; die Wirte stammen zwar aus Süditalien, bieten jedoch klassische umbrische Regionalküche, liebevoll und kompetent zubereitet. Mo abend und Di geschlossen.
- **La Volpe e l'Uva**€€-€€€, „Der Fuchs und die Weintraube", Via Ripa Corsica 1, Tel. 07 63 34 16 12, Ruhetag Mo. Dieses in vielen Führern gelobte Lokal hat meine Erwartungen etwas enttäuscht. Das Essen ist nicht schlecht, und einige originelle Gerichte weichen vom Normalstandard ab. Aber richtig begeistert war ich nicht, und den New Yorker Feinschmeckern am Nebentisch, die das Restaurant sogar in ihrem amerikanischen Führer gefunden hatten, ging es ähnlich.
- **Il Pozzo della Cava**€, Via della Cava 26, kleines sympatisches Lokal, einfach-solide umbrische Küche, Tel. 0 76 34 23 73, nur mittags geöffnet, Di Ruhetag.
- **Antica Cantina**€-€€, Piazza Monaldeschi 18, solide umbrische Landküche, kleines vegetarisches Menü zu 10 Euro, reichhaltigeres *menu degustazione* zu 18 Euro.

Verkehrsmittel

Bahn

- **Bahnhof** in **Orvieto Scalo** am Fuße des Stadtfelsens (mit Gepäckaufbewahrung). Etwa alle 15 Min. fährt die *funicolare* (Standseilbahn) von hier ins Zentrum.
- Alle 2 Stunden Interregio nach **Rom** über Attigliano (Umsteigen nach Viterbo) und Orte sowie nach **Florenz** über Castiglione (Trasimener See), Terontola (Umsteigen nach Perugia).
- Zusätzliche ICs nach **Rom** (8x), **Neapel** (2x), **Florenz, Bologna** (8x), **Venedig** (3x) und **Mailand** (3x).
- Direkte Nachtverbindung täglich von und nach **Wien** (Euronight Remus).

uh_s9_8 Foto: gh

Bus

- **Hauptbushaltestelle** am Bahnhof und an der Piazza Cahen.
- **Regionalverbindungen** nach Todi, Bolsena sowie Narni über Lugnano und Amelia.
- **Stadtverkehr:** Von der Piazza Cahen am Endpunkt der funicolare vom Bahnhof erschließen zwei Kleinbuslinien das Zentrum. Linie A fährt auf direktem Weg zum Domplatz, Linie B fährt mit einem Schlenker an San Domenico vorbei zur Piazza della Repubblica.

Parken

- Zu empfehlen ist es, sein Gefährt auf dem großen Stellplatz für Busse, Camper und Autos in **Orvieto Scalo** hinter dem Bahnhof abzustellen und mit der Standseilbahn (funicolare) ins Zentrum zu fahren.
- Ein günstig gelegener Parkplatz befindet sich am **Campo della Fiera** unter der Südwestecke des Tufffelsens von Orvieto. Von hier führen ein Lift und eine Rolltreppe unter der Stadt hindurch bis hinauf ins Zentrum.
- Ansonsten folgt man den Wegweisern „centro". Die Sraße kurvt nördlich um das Felsplateau herum zur Piazza Cahen beim unteren (östlichen) Ende der Altstadt. Einen Parkplatz findet man bei der **Endstation der funicolare.**

Feste und Veranstaltungen

- Die **Festa della Palomba,** das große Taubenfest am Pfingssonntag, wird seit dem 15. Jahrhundert gefeiert. Ein an einem Drahtseil befestigter Käfig mit einer lebenden Taube saust von Feuerwerk und Böllerschüssen begleitet vom Turm von San Francesco zur Domtreppe hinunter. Der Vogel soll den Heiligen Geist symbolisieren. Engagierte Tierschützer hoffen, dass dieser bald auch auf die Verantwortlichen niederkommt, um sie zu einem für die Tauben erträglicheren Festablauf zu veranlassen.
- Am Vortag des **Fronleichnamsfestes** Anfang Juni ziehen Fahnenschwenker, Musiker und festlich im Stil des 14. Jahrhunderts gekleidete Bürger durch die Straßen Orvietos. Der Festtag selbst wird mit einer feierlichen Prozession in historischen Gewändern gefeiert, bei der der Reliquienschrein mit dem *corporale* durch die Stadt getragen wird.

Sonstiges

Post

- Via Cesare Nebbia, nicht weit vom Dom.

Autoverleih

- **Avis,** Viale 1 Maggio 46, in Orvieto Scalo 500 m vom Bhf entfernt, Tel. 07 63 39 30 07, Fax 07 63 39 05 48.
- **Mangiavacchi,** Via del Carcia 19, Tel. 07 63 34 14 92, Fax 07 63 30 03 56.

Fahrradverleih

- **Ciclo e Trekking Natura e Aventura,** Piazza del Popolo 17, Tel. u. Fax 07 63 34 24 84.

Signorellis Jüngstes Gericht im Duomo Santa Maria

lat_178 Foto: gh

Nordlatium

lat_179a Foto: gh

lat_179b Foto: gh

Calcata

Der Palazzo Farnese in Caprarola

Blera – Nekropole La casetta il Terrone

Im Land der Etrusker – von Viterbo nach Rom

Südlich des Lago di Bolsena erstreckt sich zwischen Tiber und der Maremmaküste eine auf den ersten Blick unspektakuläre Landschaft lang gestreckter, sanft ansteigender Hügelzüge, aus denen vereinzelt die durch die Erosion gerundeten Kuppen ehemaliger Vulkangebirge aufragen. Die bis gut 1000 Meter hohen **Monti Cimini** südlich Viterbos bilden die höchsten Erhebungen, ansonsten werden meist nur Höhen von 400 bis 600 Meter erreicht. Vor etwa 600.000 Jahren bedeckten riesige glühende Magmaströme diese Region. Die erkalteten und verwitterten vulkanischen Gesteine und Sedimente bildeten fruchtbare Böden aus, bis heute ist daher das nördliche Latium ganz überwiegend landwirtschaftlich geprägt. Vor allem im Westteil, zur Küste hin, gibt es größere Weideflächen und Getreidefelder, ansonsten werden Gemüse, Wein und Oliven angebaut, an den Hängen der Monti Cimini erstrecken sich große Haselnusskulturen.

Zwischen den Hügelkämmen öffnen sich immer wieder unvermittelt kleine **Schluchten,** die die Bäche in das weiche vulkanische Gestein gegraben haben – verborgene Landschaftsidyllen mit von üppig wucherndem Grün bewachsenen rostfarbenen Steilfelsen. Neben dem zuvor beschriebenen Lago di Bolsena gibt es zwei weitere, auch zum Baden geeignete, schöne Binnenseen, den ruhigen **Lago di Vico** südlich von Viterbo und den schon im Einflussbereich Roms liegenden, stärker erschlossenen **Lago di Bracciano.**

Zahlreich wie kaum irgendwo sonst in Europa sind die architektonisch **mittelalterlich geprägten Kleinstädte und Dörfer,** darunter viele unbekannte Schönheiten, wo nichts touristisch herausgeputzt wurde (Vitorchiano, Bagnaia, Barbarano, Calcata, Ronciglione usw.). Das Baumaterial, der weiche, erdfarbene vulkanische Tuffstein, gibt den Orten einen archaischen Anstrich. Kleinere Kunstschätze, wie eine romanische Kirche mit alten Fresken, einen reich geschmückten Barockdom, die Burg aus dem Mittelalter oder den Palazzo aus der Renaissance gibt es überall zu entdecken.

Das nördliche Latium bildete zusammen mit der Südtoskana und dem südwestlichen Umbrien das **Kernland der Etrusker.** Auf ihre **Totenstädte** mit den in das leicht zu bearbeitende Vulkangestein hineingebauten Höhlengräbern trifft man in Nordlatium in großer Zahl. Auch wenn die Grabräuber des 19. und 20. Jahrhunderts alle bekannten Grabstätten geplündert und teilweise auch zerstört haben, sind die etruskischen Nekropolen lohnenswerte Ziele. Sie liegen oft abseits der heute bewohnten Orte in verwunschen wirkenden Bachtälern und Felsschluchten (Norchia, Castel d'Asso, San Guiliano).

Die gut 60.000 Einwohner zählende **Provinzhauptstadt Viterbo,** der einzige größere Ort Nordlatiums, war im 13. Jahrhundert zeitweise Papstresidenz, es besitzt noch sein gut erhaltenes mittelalterliches Viertel. In der Umgebung sind die **manieristischen Adelsvillen von Caprarola** (Palazzo Farnese), **Bagnaia** (Villa Lante) und **Bomarzo** (Parco dei Mostri) unbedingt sehenswert.

Die **Küste der latinischen Maremma** zwischen der Südgrenze der Toskana und Rom besitzt zwar einige nette Badestrände mit feinem dunklem Vulkansand, ist aber doch mit ihrem flachen und kahlen Hinterland landschaftlich insgesamt zu einförmig, um wirklich zu begeistern – wie schon *D. H. Lawrence* in seinen Reisenotizen bemerkte: „... eine merkwürdig verlassene Küste; das Meer wirkt dort seltsam matt und eingesunken, wie leblos; das Land scheint seinen letzten Seufzer von sich gegeben zu haben und nunmehr in ständiger Trägheit zu verharren." Nicht weit vom Meer findet man allerdings die beiden wohl bemerkenswertesten Zeugnisse der etruskischen Kultur überhaupt: Die **Gräber von Tarquinia** sind wegen ihrer farbigen Fresken einzigartig, die **Nekropole von Cerveteri** besitzt auf engem Raum Grabarchitektur von ungewöhnlicher Vielfalt.

Viterbo

↗VII, D1

- **60.200 Einwohner**
- **325 m üNN**
- **100 km nordwestlich von Rom**
- **PLZ 01100**

Die im hohen **Mittelalter nach Rom bedeutendste Stadt Latiums** liegt in der weiten, sanft geschwungenen Ebene zwischen Bolsena-See und den Monti Cimini 100 Kilometer nordwestlich von Rom. Das von einer intakten, fünf Kilometer langen Stadtmauer des 13. Jahrhunderts eingefasste und von kantigen Geschlechtertürmen überragte alte Stadtzentrum ist absolut sehenswert. Es besitzt vor allem um das Viertel San Pellegrino viel Mittelalterliches mit engen Gassen, Torbögen, Gewölbedurchgängen, Brunnenplätzen, romanischen Kirchen und alten Fassaden mit den typischen Außentreppen. Bei regenverhangenem Himmel bringt allerdings der für den Bau der meisten Häuser verwendete graue Peperin-Stein eine etwas dunkle Stimmung in die alten Viertel.

Aus der für Viterbo großen Zeit des Mittelalters, als in der Stadt Päpste residierten, haben sich zahlreiche **Kirchen und Paläste** erhalten, dennoch ist Viterbo nicht so malerisch wie z.B. Siena oder Assisi. Über lange Zeit ging man hier mit dem Stadtbild und der historischen Bausubstanz ziemlich achtlos um, außerhalb des San-Pellegrino-Viertels wurden ungeschickte Neubauten ins Zentrum platziert, auch brachten Bombenangriffe im Zweiten Weltkrieg bleibende Schäden. Erst in den letzten Jahrzehnten besinnt man sich stärker auf die Bewahrung der alten Bauten und Kunstwerke, versucht man die provinzielle Abgeschlossenheit aufzulösen.

Der Tourismus spielt bis heute keine allzu große Rolle im Stadtgeschehen, das auch deshalb **unverfälschtes italienisches Alltagsleben** zeigt. Das moderne Viterbo, ein dynamisches Mittelzentrum, dehnt sich mit neuen Vierteln und Gewerbegebieten immer weiter ins Umland aus, auf den Zufahrtsstraßen kommt es immer wieder zu langen Staus.

Geschichte

Viterbo ist wahrscheinlich eine etruskische Gründung, blieb aber bis ins frühe Mittelalter nur ein Ort von untergeordneter Bedeutung. Einen Einschnitt brachte das 8. Jahrhundert, als der Langobardenkönig *Desiderius* den Ort als Grenzfeste gegen Rom ausbaute, Grundlage einer über Jahrhunderte andauernden Rivalität der beiden Städte. Das hohe Mittelalter war die große Zeit des an der wichtigen Pilger- und Handelsroute **Via Francigena** gelegenen Ortes, der ein Schauplatz der großen Auseinandersetzungen zwischen Kaiser, Papst und Gegenpäpsten wurde. Etwa ab 1100 konnte sich die Stadt trotz der Nähe zum kirchlichen Machtzentrum Rom als *libero comune,* als von Papst und Kaiser **unabhängige Stadtrepublik** behaupten, die von gewählten Konsuln regiert wurde. In der großen Zeit der Städtefreiheit zählte Viterbo zeit-

lat_183 Foto: gh

weise um die 80.000 Einwohner, mehr als heute.

Zwischen 1145 und 1281 residierten in Viterbo zeitweise die **Päpste,** die hier vor den Bürgerrevolten Roms hinter dicken Mauern Schutz suchten. Im Konflikt zwischen Kirche und Kaiser unterstützte Viterbo nicht immer die päpstliche Sache, sondern wechselte mehrfach die Seiten. 1164 wurde *Friedrich I. (Barbarossa)* freudig begrüßt, unter seinem Schutz fielen Truppen Viterbos 1167 plündernd in das verhasste Rom ein. Anfang des 13. Jahrhunderts stellte die freie Kommune die „ketzerische Sekte" der Patarener unter ihren Schutz, was zur Exkommunikation der gesamten Bewohnerschaft führte. Zugunsten des Papstes wirkte hingegen die 1233 geborene Stadtheilige *Santa Rosa,* die schon als junges Mädchen in der Bevölkerung Viterbos als Heilige hoch verehrt wurde und großen Einfluss hatte. Sie forderte Papsttreue und ließ sich auch nicht durch den Bann des Stauferkaisers *Friedrich II.* von ihrer Haltung abbringen. 1251 starb sie im Alter von nur 18 Jahren.

Im Jahre 1354 nahmen die Truppen des spanischen Kardinals *Albornoz* die Stadt für den Kirchenstaat ein. Versuche der Rückeroberung städtischer

Palazzo dei Papi – die gotische Loggia

Unabhängigkeit mit Hilfe der Truppen des ghibellinischen Grafen *von Vico* scheiterten Ende des 14. Jahrhunderts endgültig. Über Jahrhunderte blieb Viterbo ein Ort ohne größere Bedeutung, der nicht über seine mittelalterliche Stadtmauer hinauswuchs. Mit der Zuerkennung des Status der **Provinzhauptstadt 1927** begann ein neuer wirtschaftlicher Aufschwung. Im Jahr 1944 war Viterbo Ziel alliierter Bomberflotten. Heute lebt die Stadt vor allem von Verwaltung, Dienstleistungsgewerbe und Kleinindustrie.

Besichtigung

Von der Piazza della Rocca zur Piazza del Plebiscito

Von Norden tritt man durch die Porta Fiorentina auf die weite **Piazza della Rocca** mit Stufenbrunnen von 1575 und der **Rocca** an der Nordseite. Sie wurde 1354 als Zwingburg durch den spanischen Kardinal *Albornoz* errichtet. Auf diesen tatkräftigen und machtbewussten Kirchenmann geht der Bau mehrerer derartiger Burganlagen in Mittelitalien zurück (Spoleto, Narni), die fast überall als ungeliebtes Symbol des alleinigen päpstlichen Herrschaftsanspruches angesehen wurden. Der in den folgenden Jahrhunderten mehrfach umgestaltete Bau beherbergt heute das **Archäologische Museum** von Viterbo, das vor allem etruskische Funde aus dem nahe gelegenen Acquarossa zeigt (geöffnet Di bis So 8.30– 19.30 Uhr).

Die Kirche **San Francesco** an der Nordecke der Piazza, ein gotischer Bau des 13. Jahrhunderts, wurde im Zweiten Weltkrieg weitgehend zerstört, 1953 unter Entfernung barocker Zufügungen in originalen Formen wieder aufgebaut. Der kahle Innenraum birgt einige interessante Grabmale: Besonders schön ist im Querschiff rechts die mit farbigen ornamentalen Mosaiken (Cosmaten) verzierte gotische Begräbnisstätte für den 1276 gestorbenen Papst *Hadrian V.,* die vermutlich von dem bedeutenden toskanischen Bildhauer und Baumeister *Arnolfo di Cambio* stammt. Ein weiteres Grabmal in ähnlichem Stil für den 1268 verstorbenen Papst *Clemens IV.* befindet sich links davon im nördlichen Querarm. Das Grab des römischen Stadtpräfekten *Pietro di Vico* (1268) gegenüber der Grablege *Hadrians* ist ebenfalls mit farbigen Marmoreinlegearbeiten verziert, einfacher gestaltet sind die Gräber der Kardinäle *Landriano* (1445) und *Marco da Viterbo* (1369).

In der Nordostecke der Altstadt, jenseits der Piazza Verdi mit dem klassizistischen Stadttheater von 1850, steht das **Wallfahrtsheiligtum Santuario di Santa Rosa,** ein architektonisch nicht besonders interessanter Bau des 19. Jahrhunderts mit Kuppel von 1908. In der südlichen Seitenkapelle ist in einem Goldschrein der auf wundersame Weise mumifizierte Leichnam der Stadtheiligen *Santa Rosa* aufgebahrt – eine Heilige, die vom Papst mangels nachgewiesener Wunder zu Lebzeiten bis heute als solche nicht anerkannt ist. Die Verehrung in Viterbo beruht auf dem mutigen Widerstand, den sie, ein 17-jähriges Mädchen von nur 1,29 Meter Körpergröße, gegen die Truppen des mächtigen Stauferkaisers *Friedrich II.* entfacht und angeführt haben soll sowie auf wundersamen posthumen Heilungen an der Grabstätte. Auch die Verschonung Viterbos von der großen Pestepidemie 1643 schreibt man ihrem hilfreichen Eingreifen zu, weswegen bis heute jährlich ein großes Fest zu ihren Ehren gefeiert wird. Im nördlichen Seitenschiff ist am zweiten Altar ein schönes Goldaltarbild von *Antonio da Viterbo,* gen. *Balletta,* zu sehen (1441).

Der **Corso Italia** mit den sich anschließenden Gassen **Via Roma** und **Via Saffi** bildet mit seinen kleinen Geschäften, Bars und Cafés das lebendige **Zentrum der Altstadt.** Zur allabendlichen *passegiata* füllt sie sich mit flanierenden Menschen, ein Laufsteg des Sehens und Gesehenwerdens. Das altmodische **Gran Caffè Schenardi** (Hausnummer 11) von 1818, in dem sich jahrelang eine weltweit operierende Imbisskette eingenistet hatte, erstrahlt seit kurzem wieder in altem Glanz, nebenan öffnet sich die kleine **Piazza delle Erbe** mit einem schönen, von steinernen Löwen bewachten Brunnen.

Oberhalb steht an der Via dell'Orologio (Nr. 32) der ansehnliche **Palazzo dei Mazzatosta,** ein Bau aus dem 15. Jahrhundert. **San Giovanni in Zoccoli** (12. Jahrhundert) gehört zu den zahlreichen romanischen Kirchen der Stadt, die Fassade lockert eine von Greifen flankierte Fensterrose auf, den schlichten Innenraum schmückt vorne rechts ein weiteres facettenreiches Altarbild aus der Werkstatt *Ballettis* (Madonna mit Kind und Heiligen von 1441).

Außerhalb der hier gut erhaltenen mittelalterlichen Stadtmauer, gegenüber der Porta della Verità, steht die um 1160 errichtete Klosterkirche **Santa Maria della Verità.** Im Innenraum ist rechts die Capella Mazzatosta mit einem Bilderzyklus des Frührenaissancemeisters *Lorenzo da Viterbo* ausgemalt (1469). Die leider beschädigten und nur schlecht beleuchteten Fresken hinter einem Absperrgitter zeigen Szenen aus dem Marienleben, in der „Vermählung" taucht in den umgebenden Figuren die Gesellschaft *Viterbos* auf. Beachtenswert ist auch ein verzierter Renaissancebogen an der rechten Kirchenwand.

Im ehemaligen Konvent der Kirche ist heute das **Museo Civico** untergebracht (geöffnet Di bis So 9–19 Uhr, von November bis März nur bis 18 Uhr). Teil des Museums ist der schöne **gotische Kreuzgang,** wo Sarkophage aus der Etruskernekropole Norchia ausgestellt sind. Im Erdgeschoss befindet sich die archäologische Sammlung. Zu sehen sind Alltagsgegenstände aus etruskischer und römischer Zeit (Vasen, Spiegel, Schmuck usw.). Wichtigstes Ausstellungsstück der Pinakothek im Obergeschoss ist eine Pietà von *Sebastiano del Piombo* aus dem Jahr 1524, ein Meisterwerk der Hochrenaissance.

San Sisto kurz vor dem östlichen Stadttor Porta Romana ist eine der ältesten Kirchen Viterbos. Sie wurde im

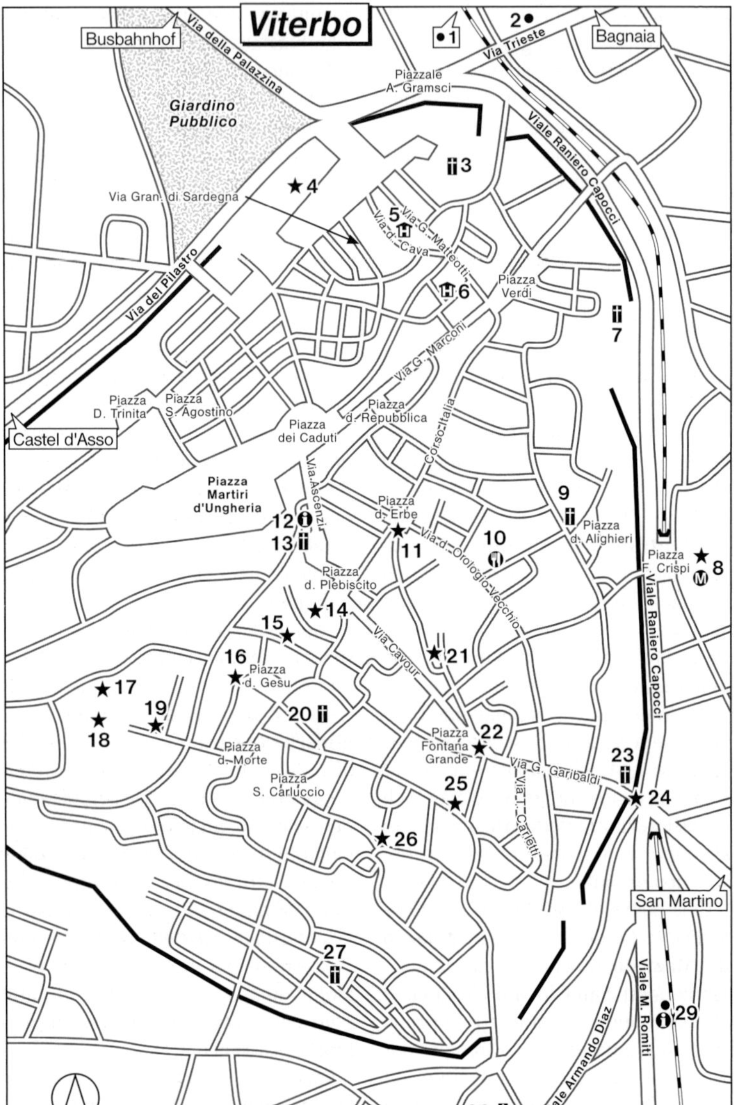
Viterbo
Busbahnhof
Via della Palazzina
1
2
Via Trieste
Bagnaia
Piazzale A. Gramsci
Giardino Pubblico
Viale Raniero Capocci
3
4
Via Gran. di Sardegna
5
Via G. Matteotti
Via d. Cava
Via del Pilastro
6
Piazza Verdi
7
Via G. Marconi
Piazza D. Trinita
Piazza S. Agostino
Piazza d. Repubblica
Corso Italia
Piazza dei Caduti
Castel d'Asso
Via Ascenzi
Piazza Martiri d'Ungheria
9
Piazza d. Erbe
12
13
Piazza d. Alighieri
11
10
Via d. Orologio Vecchio
Piazza F. Crispi
8
Piazza d. Plebiscito
14
15
Via Cavour
21
16
Piazza d. Gesu
17
19
18
20
Piazza Fontana Grande
22
Piazza d. Morte
23
Via G. Garibaldi
Via T. Carletti
Piazza S. Carluccio
25
24
26
San Martino
27
Viale M. Romiti
29
Viale Armando Diaz
28

- 1 Bahnhof Porta Fiorentina
- 2 Bahnhof Kleinbahn Roma Nord
- 3 San Francesco
- 4 Rocca
- 5 Hotel Leon d'Oro
- 6 Hotel Venezia
- 7 Santa Rosa
- 8 S. Maria della Verità, Museo Civico
- 9 S. Giovanni in Zoccoli
- 10 Ristorante Richiastro
- 11 Piazza delle Erbe
- 12 Touristeninformation
- 13 Santa Maria della Salute
- 14 Palazzo Comunale
- 15 Palazzo Chigi
- 16 Il Gesu
- 17 Papstpalast
- 18 San Lorenzo
- 19 Palazzo Farnese
- 20 S. Maria Nuova
- 21 Casa Poscia
- 22 Fontana Grande
- 23 S. Sisto
- 24 Porta Romana
- 25 Palazzo Gatti
- 26 Palazzo d. Alessandri
- 27 S. Andrea
- 28 San Pietro
- 29 Touristeninformation, Bahnhof Porta Romana

— Verlauf der mittelalterlichen Stadtmauer

9. Jahrhundert auf den Fundamenten eines römischen Tempels errichtet und im 12. Jahrhundert wesentlich erweitert, wobei man die Apsis in die Stadtmauer hineinbaute. Der Campanile rechts der Kirche stammt noch vom Ursprungsbau des 9. Jahrhunderts, dahinter steht auf der Stadtmauer der „neue" Glockenturm aus dem 12. Jahrhundert. Der stimmungsvolle, einheitlich aus grauem Stein erbaute Innenraum ruht auf mächtigen Säulen mit abwechslungsreicher Steinplastik in den Kapitellen. Im hoch gelegenen Chorraum ist an der rechten Seitenwand ein farbenfrohes festliches Frührenaissancegemälde von *Neri di Bici* bemerkenswert (Madonna mit Kind zwischen Heiligen von 1457). Links vom Choraufgang führt eine Treppe hinunter in die katakombenartige Krypta.

Unterhalb ziert die 1278 fertig gestellte **Fontana Grande** die Piazza gleichen Namens, der älteste der zahlreichen Zierbrunnen Viterbos. Nahebei ist die **Casa Poscia** ein typisches vornehmes Wohnhaus des 14. Jahrhunderts mit Außentreppe, höher gelegter Eingangstür und Balkon.

Die **Piazza del Plebiscito** bildet vom Mittelalter bis heute das **politische Zentrum Viterbos.** Der mehrfach umgebaute **Palazzo del Podestà** an der Nordseite wird von einem 44 Meter hohen Turm aus dem 13. Jahrhundert überragt, unten prangt in Stein gehauen das Stadtwappen Viterbos mit Löwe, Adler und Palme. Der Löwe als Symbol von Macht und Stärke Viterbos taucht noch ein weiteres

Mal auf in der Reliefszene eines gegenüber in der Wand der Kirche **S. Angelo in Spatha** vermauerten antiken Sarkophags.

Die Südseite der Piazza nimmt der neuere **Palazzo della Prefettura** ein, die westliche Längsseite der vielfach umgebaute **Palazzo Comunale** (14. bis 17. Jahrhundert). Zur Rückseite besitzt er eine schöne Aussichtsloggia mit Blick über Altstadtdächer, der mit zwei Löwen geschmückte Zierbrunnen stammt aus dem 17. Jahrhundert. Die Innenräume dienen noch heute als Sitz der Stadtregierung. Zu besichtigen sind die zwei reich mit Fresken ausgemalten Ratssäle im ersten Stock.

Die **Sala di Consiglia** zeigt legendäre Gestalten aus der Entstehungssaga Viterbos (1558), die **Sala Regia** bekam Ende des 16. Jahrhunderts einen großen Bildzyklus mit Szenen aus der Stadtgeschichte Viterbos (Sa/So Zugang über die Treppe im Innenhof, in der Woche über die Via Ascenzi 1; geöffnet 9–13 u. 15.30–18.30 Uhr, Sa/So morgens erst ab 10 Uhr).

An der Nordseite des Palazzo Comunale steht das profanisierte Kirchlein von **Santa Maria della Salute,** ein Zentralbau auf dem Grundriss eines Kleeblatts, das gotische Portal von 1320 ist mit filigranen Steinreliefs verziert (Weinranken, Kreuzigung, Himmelfahrt *Mariens,* Taten christlicher Nächstenliebe).

lat_188 Foto: gh

Das mittelalterliche Viterbo – von der Piazza del Plebiscito zum Quartiere San Pellegrino

Südlich der Piazza del Plebiscito führt die Via San Lorenzo zum Papstpalast und den am ursprünglichsten erhaltenen mittelalterlichen Viertel. Der **Palazzo Chigi** ist allerdings ein Bau der Renaissance, ein Blick in den frei zugänglichen Innenhof zeigt eine Loggia mit Portalen und schöner Holzdecke. In der Nähe öffnet sich die kleine **Piazza von Il Gesu,** einem schlichten romanischen Kirchlein des 11. Jahrhunderts mit Tierfiguren auf dem Dach, gegenüber reckt sich der wuch-

Brunnen im Hof des Palazzo Comunale

tige **Torre di Borgognone,** ein besonders prächtiges Exemplar eines Geschlechterturms, in den Himmel.

Oberhalb der Via San Lorenzo lohnt ein Blick in die **Kirche von Santa Maria Nuova** (12. Jahrhundert), von der Außenkanzel predigte 1266 der Dominikanermönch *Thomas von Aquin* zu den Bürgern von Viterbo, um sie von Sünde und Ketzertum abzubringen. Der dreischiffige romanische Innenraum ruht auf Säulen mit verzierten Kapitellen und besitzt sehenswerte Malereien: in Wandnischen rechts zwei Kreuzigungsdarstellungen (13./14. Jahrhundert), in der linken Apsis eine Altartafel mit Christus zwischen *Maria* und *Johannes* (13. Jahrhundert), im linken Seitenschiff u.a. Fresken von *Balletta* und *Pastura* (15. Jahrhundert). An die Chorseite der Kirche schließt sich ein stimmungsvoller kleiner **Kreuzgang** vom Ende des 11. Jahrhunderts an (geöffnet 10–12 u. 15–17 Uhr, im Sommer bis 18 Uhr).

Die Via San Lorenzo führt dann zur Brunnenpiazza della Morte mit der romanischen **Loggia di San Tommaso,** einstmals Sitz einer Handwerkergilde, und hier nach rechts biegend zur **Piazza San Lorenzo** mit Dom und Papstpalast, einst das religiöse Zentrum Viterbos. Kurz vor dem Platz steht rechts der Straße der **Palazzo Farnese,** ein gotischer Bau des 15. Jahrhunderts, nach der Überlieferung der Geburtsort des einflussreichen Papstes *Paul III. Farnese* (1534–1549), der tatkräftig die Gegenreformation betrieb. Links beim Platzeingang erhebt sich mit zweibogiger Loggia die schmale **Casa di Valentino della Pagnotta** aus dem 15. Jahrhundert.

Die ursprünglich aus dem 12. Jahrhundert stammende, im 14. Jahrhundert gotisch umgestaltete **Kathedrale San Lorenzo** bekam um 1560 eine neue, etwas nüchtern wirkende Fassade vorgeblendet. Der einst freistehende, im oberen Teil schwarz-weiß gestreifte Campanile wurde im 14. Jahrhundert neben das Hauptschiff gesetzt. Der dreischiffige Innenraum zeigt sich heute wieder in den strengen und klaren Formen der Romanik, nachdem beim Wiederaufbau nach Bombenschäden des Zweiten Weltkriegs die späteren Zufügungen überwiegend wieder entfernt wurden. Die Kapitelle der 20 Säulen, die das Hauptschiff von den Seitenschiffen trennen, sind reich verziert (Pflanzenornamente, Fabelwesen). Bemerkenswerte Kunstwerke sind u.a.: vorne links an der Eingangswand das Grabmal Papst *Johannes XXI.* (13. Jahrhundert), vorne rechts ein marmorner Taufbrunnen von 1470 mit Figurenreliefs, ein umbrisches Madonnenbildnis von 1450 in der ersten Seitenkapelle rechts, das Tafelbild „Redentore e Santi" an der linken Seitenwand von *Gerolamo da Cremona* (1472) sowie das mittelalterliche Bildnis der *Madonna della Carbonara* links vom Altar (12. Jahrhundert).

Der **Palazzo dei Papi** rechts vom Dom, der Papstpalast, wurde zwischen 1257 und 1267 errichtet. Auffälligster Teil in der breit gelagerten Gebäudefront ist eine elegante siebenbogige gotische Loggia mit feinen Stein-

Die Päpste in Viterbo

Im Jahre 1265 verlegte **Alexander IV.** die Papstresidenz nach Viterbo, wo er sich hinter den dicken Mauern eines mittelalterlichen Palazzo verschanzte. In dem von Bürgerkriegen heimgesuchten Rom konnte er sich nicht länger sicher fühlen. Nach dem Tod Alexander IV. konnten sich die Kardinäle drei Jahre lang nicht auf einen Nachfolger verständigen, auch bedingt durch den Einfluss des deutschen Kaisers *Karl I.*, der im Hintergrund gegen eine Einigung intrigierte, um die päpstliche Macht und den französischen Einfluss zu schwächen. Schließlich griff der Franziskaner *Bonaventura* ein: Der schon zu Lebzeiten hoch angesehene Ordensführer nutzte die Wertschätzung der Bevölkerung für die Franziskanergemeinschaft und brachte die Stadtregierung von Viterbo dazu, die Kardinäle im Papstpalast in einen kargen Raum einsperren zu lassen, den sie bis zu einer Entscheidung nicht verlassen sollten. Als dies nicht half, ließ man kurzerhand das Dach abdecken und setzte die hohen Würdenträger, die ein bequemes Leben gewohnt waren, auf karge Kost. Hunger, Kälte und Regen ließen die Kardinäle schnell ihre Streitigkeiten begraben und *Gregor I.* zum Nachfolger wählen. **Martin IV.** verlegte 1281 die Papstresidenz zurück nach Rom, weil auch Viterbo nie ein wirklich sicherer Ort für die päpstlichen Machthaber war. Bei der sich monatelang hinziehenden Papstwahl jenes Jahres hatten verärgerte Bürger Viterbos, die das üppige Wohlleben der versammelten Kardinäle auf Kosten der Bürger nicht länger hinnehmen wollten, das Konklave erstürmt und zwei Kardinäle entführt, eingekerkert und misshandelt.

metzarbeiten und einer Aussichtsterrasse mit Brunnen. Im Übrigen zeigt der Bau eher nüchtern-abweisende Wehrarchitektur des Mittelalters. Der Eindruck der Strenge setzt sich im Innern fort. Zugänglich ist der heute weitgehend kahle Saal der Konklave (Papstwahl).

Geht man die Treppen unter der Loggia hinunter, trifft man auf einen Weg, der nach links an den kahlen Mauern des Papstpalastes entlang zur **Porta di Valle,** Teil der **mittelalterlichen Stadtbefestigung,** führt. Die Ausdehnung des noch gut erhaltenen Mauerrings belegt den relativ hohen Status Viterbos im 13. Jahrhundert.

Von der Piazza del Morte gelangt man über die Via Pietra di Pesce/Via Maggiore zur Piazza S. Carluccio. Hier beginnt das **Quartiere San Pellegrino,** das baulich sehr ursprünglich erhaltene mittelalterliche Viertel der Handwerker und Händler. Die Via San Pellegrino führt unter Bögen zum Mittelpunkt dieses Stadtbezirks, der kleinen **Piazza San Pellegrino** beim **Palazzo degli Alessandri** (13. Jahrhundert), wo sich ein perfektes Bild des Mittelalters mit hoch aufstrebenden eckigen Türmen, unverputzten alten Mauern und romanischen Bögen bietet. Ein Streifzug durch die angrenzenden Gassen führt an den gedrungenen Häuserfronten des 13. Jahrhunderts entlang. Am Ende der Via Cardinale La Fontain trifft man mit dem **Palazzo Gatti** auf eine kleine Wohnburg des 14. Jahrhunderts.

Auf der von der Via S. Pellegrino abzweigenden Via di Pianoscarano gelangt man durch einen Taleinschnitt und über eine Bachbrücke zu einem Aussichtspunkt mit Blick auf das Altstadtviertel. Über die Dächer erheben sich die Ruinen kantiger, fensterloser **Geschlechtertürme,** im Mittelalter die Wehr- und Prestigebauten reicher Sippen („Geschlechter"). Die herrschenden Familienclans der Stadt stellten mit den Türmen ihren Reichtum und Machtanspruch zur Schau, je höher, umso einflussreicher war die Sippe. Bei den häufigen Konflikten konnten sie auch als Fluchtburg genutzt werden. Die meisten Geschlechtertürme sind auf halber Höhe abgebrochen, die erzwungene Kappung war im Mittelalter Symbol der Demütigung und Bestrafung einer unterlegenen Sippe. Die im 14. Jahrhundert beginnende uneingeschränkte Herrschaft des Kirchenstaates duldete keine lokalen Machthaber neben sich, sodass fortan „kastrierte" Geschlechtertürme nicht wieder aufgebaut werden durften.

Auf der anderen Talseite beginnt das ebenfalls noch mittelalterlich geprägte **Quartiere Pianoscarano.** Es wirkt bescheidener als das Quartiere Pellegrino, die einfachen Häuser sind ohne Außentreppen, Balkone und bauliche Verzierungen, hier am äußersten Rande der Altstadt lebten ärmere Bevölkerungsschichten. Im Viertel trifft man auf die **Fontana di Pianoscarano,** einen gut erhaltenen Brunnen von 1367, und die vielfach umgebaute Kirche **S. Andrea** mit einer Krypta des 12. Jahrhunderts. Auch an der Südostseite der Altstadt, um die Porta San Pietro und den Palazzo dell'Abate (17. Jahrhundert), ist die **Stadtmauer** seit dem 13. Jahrhundert fast unverändert erhalten geblieben.

Touristeninformation

- **I.A.T. Via Romiti 8** (im Bahnhof Porta Romana), Tel. 07 61 30 47 95, Fax 07 61 22 09 57.
- **Ufficio Informazioni,** Via Ascenzi 4, Tel. u. Fax 07 61 32 59 92, infotuscia@libero.it.
- **Internet:** www.viterboonline.com

Unterkunft

- ******Venezia***€€-€€€, in einem Palazzo des 17. Jahrhunderts untergebrachtes kleineres Haus im Zentrum unterhalb der Piazza della Rocca, freundlicher Service, ordentlicher Komfort, Via del Pavone 23, Tel. 07 61 30 33 56, Fax 07 61 30 98 48, www.gattei.it/venezia.
- *****Leon d'Oro**€€, preisgünstiges Haus in gleicher Lage wie das Venezia, freundlich-korrekter Service, vom Komfort her durchaus in Ordnung, das etwas angegraute Ambiente der 1960er Jahre ist weniger ansprechend, Via della Cava 36-42, Tel. 07 61 34 44 44, Fax 07 61 34 44 47.
- Im Pellegrino-Viertel gibt es mehrere **Bed & Breakfast,** u.a. das mit altem Mobiliar eingerichtete **Il Galeone**€€ mit nur 3 Zimmern und Dachterrasse, Via San Pellegrino 40, Tel. 34 75 09 98 29, www.il-galeone.it, das einfache **Arcobaleno**€ im Viertel unterhalb der Piazza San Pellegrino, Via delle Piaggarelle, Tel. 07 61 33 29 56, und gleich nebenan das noch preiswertere, schlichte **Merlani**€, Via Valle Cupa 15, Tel. 07 61 34 11 56.

Essen und Trinken

- Im oft gelobten **Richiastro**€€€ begibt man sich auf die Spuren vergessener ländlicher Kochtraditionen, die wie so oft in Italien ganz und gar nicht der Vorstellung von der leichten mediterranen Küche entsprechen: Suppen mit Kastanien, Kichererbsen, Kohl, Dinkel und Saubohnen stehen neben Schweinefleischspießen und Lammbraten mit Arti-

Nordlatium

schocken auf der Speisekarte, auch das Ambient ist rustikal, Via della Marocca 16, nur Do Abend bis So Abend geöffnet, Tel. 07 61 22 18 09.

- Eine klassische Familientrattoria ist das **Porta Romana**€€-€€€ beim gleichnamigen Stadttor, gute Nudelgerichte, wie die Tortelli mit verschiedenen Füllungen, Via della Bonta 12, So Ruhetag.
- Diverse günstige Familientrattorien im Zentrum mit dem klassischen Angebot an Speisen wie z.B. das beliebte und fast immer volle **Tre Re**€-€€, in einer Seitengasse der Piazza delle Erbe, gemütlicher Gastraum, im Sommer einige Tische draußen in enger Gasse, Do Ruhetag, Tel. 07 61 50 46 19.
- Wenige Schritte entfernt bietet das ruhigere, seit 1903 bestehende **Quattro Stagioni**€€ ordentliche Qualität und ein preisgünstiges Menu Turistico, Via Calabresi 8, So Ruhetag, Tel. 07 61 30 58 98.
- Im Viertel unterhalb der Piazza della Rocca liegt neben dem Hotel Leon d'Oro das beliebte **Ristorante Taverna dal Padrino**€€, Via della Cava 22/24, Menu Turistico zu 15 Euro, auch Pizzeria, lockeres Ambiente, Tel. 07 61 34 27 43.
- Für schmale Geldbeutel gibt es nahebei das sehr preiswerte **Fratelli Duri**€, schlichtes Ambiente, etwas langsamer Service, kulinarische Raffinessen darf man nicht erwarten, Pasta und Pizza sind aber durchaus okay, Via Gran di Sardegna 27, So Ruhetag.

Verkehrsmittel

Bahn

- Vom **Hauptbahnhof Porta Fiorentina** werktags stündlich, sonn- und feiertags alle 2 Stunden Zug über Oriolo/Bracciano nach **Roma San Pietro** (Petersplatz)/**Roma Ostiense** (Fahrzeit 1:40 Std.); die Züge halten auch im Bhf Porta Romana 200 m südlich des gleichnamigen Stadttors.
- Nahe beim Bhf Porta Fiorentina an der Straße nach Bagnaia liegt die Station der **Kleinbahn Viterbo – Roma Piazzale Flaminio;** werktags 8x, sonn- und feiertags 4x über Bagnaia/Soriano/Vignanello/Fabrica nach **Civita Castellana;** morgens und mittags zusätzliche Schülerzüge bis Vignanello, die 2006 z.T. noch mit uralten Elektrotriebwagen gefahren wurden; bis Rom braucht man auf dieser Strecke 2:30 Std.!

Bus

- Neuer, etwas unglücklich gelegener **Busbahnhof** ca. 15 Gehminuten vom Zentrum entfernt (Fußweg von der Porta Fiorentina durch den Stadtpark, rechts halten, auf die Hauptstraße zum neuen Einkaufszentrum Tuscia vorgehen, links von diesem der Busbahnhof); einige Linien fahren vom Busbahnhof zunächst an der Stadtmauer entlang (u.a. Busse nach Rom/Caprarola/Ronciglione), sodass man auch im Zentrum zusteigen kann.
- Werktags mindestens stündlich über Capranica/Sutri zur Metro-Station **Roma Saxa Rubra,** sonn- u. feiertags etwas seltener (Fahrzeit 1:30 Std.).
- Werktags häufiger in alle **Orte der Umgebung,** u.a. nach Tuscania, Tarquinia, Capodimonte, Bolsena, Montefiascone, Acquapendente, Farnese, Blera, Ronciglione, Caprarola, Bomarzo, Orte, Bagno Regio; sonn- u. feiertags nur 1–2 Busse auf diesen Strecken.
- Die **Stadtbuslinie 11** fährt vom Busbahnhof vorbei an der Porta Romana nach San Martino al Cimino.

Einkaufen

- Sa großer **Markt** auf der Piazza della Rocca sowie kleinerer Markt auf der Piazza del Gesu bei der gleichnamigen Kirche
- **Salumeria Cencioni,** Via Cairoli 18, Feinkostgeschäft mit guter Auswahl an Wurst- und Käsespezialitäten.

Feste

- Jedes Jahr am 3. September wird die **Fiera di Santa Rosa,** das große Fest in Erinnerung an die Stadtheilige *Santa Rosa,* gefeiert. Ganz Viterbo ist dann auf den Beinen. Höhepunkt ist die abendliche Prozession der **Macchina di Santa Rosa,** bei der 100 festlich gekleidete junge Männern einen 30 Meter hohen, 5 Tonnen schweren und durch viele Kerzen beleuchteten Turm mit der Statue der Heiligen an der Spitze auf ihren Schultern durch die verdunkelten Straßen der Altstadt tragen; zur Fiera di Santa Rosa, heute mehr ein Volksfest als eine religiöse Feier, strömen Besucher von nah und fern in die Stadt.

- Alljährlich im Juni wird ein **Festival der Barockmusik** veranstaltet.
- Daneben gibt es von Frühling bis Herbst immer wieder **kulturelle Veranstaltungen** auf den Plätzen der Stadt (Konzerte, Theater, Ausstellungen usw.).

In der Umgebung Viterbos

San Martino al Cimino ⇗VII, D1

Das sechs Kilometer südlich von Viterbo am Hang der Monti Cimini gelegene kleine San Martino (3900 Einwohner), das auf eine frühmittelalterliche Gründung des Klosters von Farfa zurückgeht, erhielt im 17. Jahrhundert die bis heute unverändert gebliebene regelmäßig geplante Ortsanlage. Hinter dem Stadttor zieht sich eine schnurgerade Hauptachse den Hang hinauf, die von gleichmäßig gebauten niedrigen Häuserzeilen gesäumt wird. Am höchsten Punkt erhebt sich dominant die doppeltürmige **Zisterzienserkirche,** daneben steht der ehemalige **Palazzo der Adelsfamilie der Pamphili,** die ab dem 16. Jahrhundert den Ort besaßen. Vom Kirchplatz überblickt man das Dorf und die zum Meer hin abfallende sanfte Hügellandschaft Nordlatiums.

Die **Klosterkirche** wurde im 13. Jahrhundert durch den französischen Reformorden der Zisterzienser errichtet, deren Lehre auch im mittelalterlichen Latium Anhänger fand. Die Zisterziensermönche hatten ein arbeitsames Leben zu führen, in all ihrem Tun sollten sich Demut und Bescheidenheit ausdrücken. Letzteres galt auch für die Architektur ihrer Klöster, die ohne aufwendiges Baudekor, farbige Fenster oder großflächige Wandmalereien auszukommen hatten. Die zisterziensischen Ideale werden in San Martino vor allem im Innenraum der Kirche deutlich. Das Hauptschiff zeigt eine großzügige klare Gliederung, schmucklose einfache Formen, glatt behauenen Stein. Die zweitürmige Hauptfassade ist hingegen weniger zisterziensisch, galten doch markante Turmbauten als Ausdruck menschlicher Anmaßung. In San Martino wurden sie nachträglich Mitte des 17. Jahrhunderts zur Stützung des Hauptschiffes angebaut.

Ferento, Acquarossa ⇗III, D3

Etwa zehn Kilometer nördlich an der Straße nach Bagnoregio liegen die **Ruinen von Ferento,** eine etruskische Gründung, später wichtige Römerstadt und bis ins 12. Jahrhundert Konkurrentin des benachbarten Viterbo. Dessen Truppen zerstörten 1172 Ferento unter dem Vorwand, die Bewohner der Stadt hätten sich den Katharern („Ketzern") zugewandt. Von der mittelalterlichen Stadt sind nicht einmal Mauerreste geblieben. Vom antiken Ferentium konnten hingegen das Theater und eine Thermenanlage ausgegraben werden. Die römischen Ruinen liegen einsam zwischen Getreidefeldern in sanfter Hügellandschaft – ein Platz der Ruinenromantik. Neben dem Theater mit seinen Bögen sind ein Straßenstück mit antiker Pflasterung und die Grundmauern von Thermen zu sehen (Di bis So 9–13.30 Uhr, 2005 wegen Grabungsarbeiten bis auf weiteres geschlossen).

In der Nähe an der Straße nach Vitorchiano liegen versteckt im hügeligen Gelände die wenigen **Überreste von Acquarossa,** einer etruskischen Siedlung des 6./7. Jahrhunderts v.Chr., die nur etwa 200 Jahre existierte. Außer wenig anschaulichen Mauerstücken und Fundamenten ist wenig vor Ort geblieben. Die Grabungsfunde sind ins Archäologiemuseum von Viterbo gewandert. Der gelb beschilderte Fußweg nach Acquarossa zweigt in der Talsenke kurz hinter der Bachbrücke von der Straße nach Vitorchiano links ab. Der vorhergehende Abzweig vor der Bachbrücke links führt nach 50 Metern zu einem kleinen Wasserfall, dem der eisenhaltige Boden eine rötliche Färbung verleiht (Acquarossa = rotes Wasser).

Castel d'Asso

⇗ VII, D1

Etwa zehn Kilometer südwestlich von Viterbo liegt versteckt in einem Tal die **Etruskernekropole** Castel d'Asso. Bei der Anfahrt kommt man über **Bagni di Viterbo,** die seit der Römerzeit genutzten Heilquellen von Viterbo. Nebenan dampft der **Bullicame,** ein kleiner, 60 Grad warmer Kratersee, von *Dante* in der „Göttlichen Komödie" als Treffpunkt der Huren geschildert.

Auf einer südlich von Bagni di Viterbo rechts abzweigenden asphaltierten Stichstraße erreicht man die etruskische Gräberstadt mit zahlreichen Würfelgräbern des 4. bis 2. Jahrhunderts v.Chr. Bemerkenswert sind die **Tomba Orioli** rechts des Hauptweges mit einer Scheintür im Untergeschoss und etruskischen Zahlen auf der Fassade sowie am linken unteren Ende der Gräberstadt die **Tomba Grande,** eine besonders große Grabanlage mit langem Zugangstunnel, wo 40 Sarkophage aufgefunden wurden. Auf der anderen Talseite steht der kantige Turm des namensgebenden mittelalterlichen Kastells.

Madonna della Quercia

⇗ VII, D1

Etwa zwei Kilometer außerhalb, an der Straße nach Bagnaia, steht die große und sehenswerte **Renaissancekirche** Madonna della Quercia. Die „Madonna der Steineiche" wurde zwischen 1470 und 1524 an der Stelle eines unter einer Eiche stehenden wundertätigen Madonnenbildes errichtet, das der Legende nach einen vor einer Räuberbande Flüchtenden unsichtbar werden ließ. Die Fassade aus grauem Peperin-Stein flankiert ein wuchtiger, freistehender Glockenturm, über den Portalen sieht man blau-weiße Terrakotta-Arbeiten im Stil der Florentiner Künstlerfamilie der *Della Robbia*. Der in klaren architektonischen Formen gestaltete dreischiffige Innenraum wird von einer vergoldeten Kassettendecke überdacht. Hinter dem Altar steht ein hübsches, 1490 von *Andrea Bregno* geschaffenes Marmortempelchen mit dem wundertätigen Gnadenbild der *Maria*. Angeblich wirkte es noch 1944, als zwölf britische Fliegerbomben auf den Ort und die Kirche fielen, ohne dass es einen Toten gab. Sehenswert sind auch das Chorgestühl mit Intarsien (1514) in der Apsis und die barocke Prachtorgel.

Rechts vom Hauptaltar führt ein Durchgang an der holzgetäfelten Sakristei mit Deckenfresken vorbei in einen stimmungsvollen **Kreuzgang,** dessen unterer Teil 1487 noch in gotischen Formen errichtet wurde.

lat_195 Foto: gh

Im centro storico von Bagnaia

Nordlatium

Bagnaia und die Villa Lante

↗VII, D1

- **4870 Einwohner**
- **390 üNN**
- **6 km östlich von Viterbo**
- **PLZ 01031**

Die **Villa Lante** in Bagnaia sechs Kilometer östlich von Viterbo gehört sicherlich zu den schönsten manieristischen Gartenanlagen Latiums. Im Gegensatz zum ungleich größeren, aus der gleichen Stilepoche stammenden Palazzo Farnese von Caprarola oder der prächtigen Villa d'Este von Tivoli wirkt sie in ihren relativ bescheidenen Ausmaßen anmutig und freundlich. In der regelmäßigen Anlage der Villa und in dem von fantasievollen Skulpturen geschmückten und in geometrischen Formen angelegten *Giardino all'Italiano* zeigen sich aber auch hier die typischen Aspekte der latinischen Adelskultur des 16. Jahrhunderts: die Verbindung von Kunst und Natur, wobei die ungeordnete Natur dem menschlichen Gestaltungswillen unterworfen wird, die Abwendung von mittelalterlicher Frömmigkeit und Spiritualität, die durch von antiken Sagen beeinflussten Privatmythologien ersetzt werden, die Betonung des fließenden Wassers als

Quell des Lebens und Sinnbild für Reichtum und Überfluss, die Distanziertheit zur Alltagswelt der einfachen Menschen. Auch die in sich abgeschlossene vornehme Villenanlage von Bagnaia steht in starkem Kontrast zu den schlichten Tuffsteinhäusern des angrenzenden mittelalterlich verwinkelten Dorfes (geöffnet November bis März Di bis So 8.30–16 Uhr, 1.–15.4. u. 16.9.–31.10. bis 17.30 Uhr, 16.4.–30.9. bis 18.30 Uhr).

Vor der Villa trifft man zunächst auf den **Pegasus-Brunnen.** Eine halbrunde Fassadenwand mit steinernen Musenfiguren umrahmt einen Teich, aus dem die Skulpturen des *Pegasus* und geflügelter Nymphen auftauchen.

Die **Villa** selbst besteht aus den zwei parallel angeordneten Hauptgebäuden. Die Palazzetti sind innen nicht zugänglich, die offenen Loggien sind mit z.T. beschädigten Fresken ausgemalt, im ersten Palazetto erkennt man die Stadtansichten von Caprarola und Capodimente. Davor erstreckt sich der mit geometrisch geschnittenen Buchsbaumhecken angelegte **Giardino all' Italiano,** in der Mitte steht der Mohrenbrunnen mit den schwarzen Figuren von Tänzern.

Hinter dem Palazzo setzt sich der Garten mit ansteigenden **Terrassen** fort. Auf der ersten, die von großen Platanen beschattet ist, öffnet sich links die Grotte des *Neptuns,* rechts

lat_196 Foto: gh

die Venusgrotte, aus dem „Brunnen der Lichter" in der Mitte sprudelten einst 70 Wasserfontänen. Darüber steht ein langer Steintisch für die üppigen Festgelage im Freien, in der Mitte verläuft eine Wasserrinne, an der sich die Gäste erfrischen und reinigen konnten. An seinem Ende ergießt sich Wasser in einen mit zwei Kolossalfiguren – Symbole für die Flüsse Tiber und Arno – geschmückten Brunnen, der durch eine originelle Wassertreppe gespeist wird. Ganz oben stehen der Delphinbrunnen und zwei Gartenpavillons, die Loggien der Musen.

Westlich der Villa erstreckt sich ein kleiner **Park** mit schönen Steineichen, hier findet man auch eine Bar.

Im Ort **Bagnaia** selbst lohnt ein kleiner Rundgang durch das enge *centro storico*. Durch das Tor des Stadtturms tritt man auf eine kleine Piazza, mit der das mittelalterlich verwinkelte, festungsartig auf einen Felsrücken gebaute Dorf beginnt. Das Turmtor besitzt immer noch die alten Holztüren, mit denen früher der Zugang zum Dorf für die Nachtstunden verriegelt wurde. In den Gassen kontrastiert freundlichfarbiger Blumenschmuck mit den dunklen Tuffsteinmauern, man lebt in enger Nachbarschaft, vor den Häusern sitzen die Alten und verfolgen aufmerksam das Geschehen.

Der Mohrenbrunnen
im Garten der Villa Lante

Unterkunft

- ****Biscetti**€€, angenehmes familiäres Kleinstadthotel in einem Neubau am westlichen Stadtrand (nahe Bahnhof), mittlerer Komfort, preiswert, Via Generale Gandin 11a, Tel. 07 61 28 82 52, Fax 07 61 28 92 54, www.hotelbiscetti.com.

Essen und Trinken

- Das empfehlenswerte **Restaurant des Hotel Biscetti**€€ hat eine lange Tradition, Pilz-, Lamm- und Wildgerichte stehen auf der Speisekarte, Via Gandin 11, Do Ruhetag, Tel. 07 61 28 82 52.

Verkehrsmittel

Bus

- Etwa halbstündlich **Stadtbus** von Viterbo über Madonna della Quercia nach Bagnaia.
- **COTRAL-Überlandbusse** nach Orte, Soriano, Vitorchiano und Bomarzo, die vor der *farmacia* (Apotheke) bei der Bahnschranke halten (Fahrkarten im nahen Bahnhof).

Bahn

- Bahnhof an der **Kleinbahnstrecke** Viterbo – Soriano – Civita Castellana – Roma Nord.

Vitorchiano

↗ III, D3

- **2510 Einwohner**
- **380 m üNN**
- **12 km nordöstlich von Viterbo**
- **PLZ 01030**

Einige Kilometer nordöstlich von Bagnaia trifft man mit Vitorchiano auf einen weiteren der vielen gut erhaltenen, mittelalterlich geprägten Orte Nordlatiums. Er steht eng gebaut im Schutze starker Mauern auf einem lang gestreckten, ins Tal vorspringenden Felsrücken. Einen Blick auf die hier besonders schöne Stadtsilhouette mit ihren mit dem Fels verwachsenen Häusern und Türmen vor dem Hintergrund der dunkelgrünen Monti Cimini hat man von der westlich am Ortskern vorbeiführenden Straße nach Grotte Santo Stefano. Die starke Befestigung zur Bergseite hin wurde im Mittelalter notwendig, als Vitorchiano ein treuer Verbündeter Roms gegen das verfeindete Viterbo wurde. Innen besitzt der Ort keine nennenswerten Sehenswürdigkeiten, jedoch einige malerische Winkel und Gassen.

Unterkunft

● ****Locanda St. Agnese€€€, gehobene Unterkunft mitten im alten Zentrum in den Räumen eines ehemaligen Konvents von 1366, einfach, aber dennoch komfortabel und mit Stil eingerichtete Räume, Piazza Sant'Agnese 12, Tel. 07 61 37 30 07, Fax 07 61 37 18 74, locanda.s.agnese@libero.it.

Verkehrsmittel

Bus

● Werktags 8x über Bagnaia nach **Viterbo.**

Bomarzo

↗ III, D3

- **1460 Einwohner**
- **263 m üNN**
- **21 km nordöstlich von Viterbo**
- **PLZ 01020**

Auch das kleine Bomarzo weist ein schönes Ortsbild auf. Das Dorf mit alten Mauern liegt im Schutze einer

lat_198 Foto: gh

Burg auf einem Hügelrücken über grünen Tälern. Der den Ort beherrschende wuchtige **Palazzo Orsini** aus dem 16. Jahrhundert ist nicht zugänglich. Auch das bescheidene Bomarzo ist ein Dorf mit **Dom.** Der architektonisch nicht weiter bemerkenswerte Bau steht an der kleinen Piazza hinter dem Orsini-Palast, wo das älteste Viertel mit schmalen Gassen und gedrungenen Häusern mit den typischen Außentreppen beginnt. Von den Rändern des alten Ortes bieten sich weite Ausblicke hinunter ins Tibertal.

Parco dei Mostri

Hauptsehenswürdigkeit ist der einen Kilometer westlich außerhalb am Fuß

lat_199 Foto: gh

des Stadtberges gelegene Parco dei Mostri, der eigenwilligste und rätselhafteste der manieristischen Gärten in Latium. Stumme Monster, Riesenstatuen, Höhlengesichter, ein Tempietto und ein schiefes Haus verstecken sich unter dem grünen Blätterdach des kleinen Parks, der anders als z.B. bei der Villa Lante in Bagnaia nicht in regelmäßige Formen gezwungen wurde. Nach der Intention des Erbauers sollte die Natur nicht der Kunst unterworfen werden. Der Sinn bleibt dem Betrachter verborgen, und auch das, was der Schöpfer des **„Sacro Bosco"**, des „Heiligen Hains", Graf *Vico Orsini* (1523–1585), zu seinem Werk sagte, trägt nur wenig zur Erhellung bei. Ein psychologisches Element, der brutale Vater und der frühe Tod seiner geliebten Ehefrau *Giulia Farnese* und seines Freundes *Orazio,* könnten die Anlage beeinflusst haben, in der ein düsterer und pessimistischer Zug unverkennbar ist. Letztlich bleibt die private Mythenwelt des *Vico Orsini* wohl ewig ein Rätsel. Geformt wurde sie aus antiken Gestalten, wobei wie in Caprarola der Renaissancehumanist und Erforscher der griechischen Geistes- und Götterwelt *Annibale Caro* wichtige Anregungen gab.

Das „Schiefe Haus" im Parco dei Mostri

Ansicht von Bomarzo

Am Eingang zum eigentlichen Park begrüßen zwei geflügelte Sphingen den Besucher. Nach links kommt man an den Kopfstatuen von Satyren vorbei zu einem weit aufgerissenen **„Aztekenmaul"** mit Weltkugel auf dem Kopf. Geht man nach rechts eine Treppe abwärts, so trifft man auf einen **Giganten,** der einen Menschen foltert. Daneben steht ein **Brunnen mit geflügeltem Pferd** *(Pegasus),* hinter diesem eine **Schildkröte** mit weiblicher Statue auf dem Rücken. An der Nymphengrotte mit vier Reliefs und dem Brunnen der Delphine vorbei erreicht man im hinteren Teil des Parks das **„Schiefe Haus",** in dem man sich laut Warnschild nicht länger als zehn Minuten aufhalten soll. Und tatsächlich: In den geneigten kahlen Räumen wird einem schnell schwindelig. Trügerisch ist selbst die Sicherheit des Heims, will dieser seltsame Bau vielleicht sagen.

Auf der Terrasse darüber stehen große Vasen, eine **bärtig-zottelige Gottheit** *(Neptun),* zwei weibliche Figuren, ein **Kriegselefant** mit Turm auf dem Rücken und totem Legionär im Rüssel. Ein **Hund und** ein **Löwe** kämpfen mit einem Drachen. Dahinter öffnet sich schreckhaft ein **Riesenmaul,** durch das man eine Höhle mit Bank betritt. „Lasst jeden Gedanken fahren, ihr, die ihr eintretet", steht über dem Rachen, der als Tor zur Hölle gesehen wird.

Die Terrasse darüber säumen steinerne Pinienzapfen, am Ende stehen **zwei Bären mit einer Rose,** dem Wappen der *Orsini,* zwischen den Pfoten. Dahinter sitzen mit unterschwellig sexueller Symbolik **zwei Frauenfiguren** mit gespreizten Beinen, die als Drachenschwänze enden. An einem dreiköpfigen Hund vorbei gelangt man hinauf zum **Tempietto,** einer kleinen Kirche, die christliche und antike Formen verbindet. Der harmonische Bau am höchsten Punkt des Parks symbolisiert vielleicht, dass nur das Streben zum Göttlichen Erlösung von Gefahr und Leid bringen kann.

- **Parco dei Mostri,** der Park von Bomarzo war lange Zeit verwahrlost, heute wirkt er touristisch leicht übererschlossen, was sich u.a. am saftigen Eintrittspreis von 8 Euro zeigt; geöffnet tgl. von 8 Uhr bis 1 Stunde vor Sonnenuntergang, maximal bis 19.30 Uhr; bei der Anfahrt mit dem Auto folgt man im Ort der Beschilderung, zu Fuß nimmt man unterhalb des Palazzo Orsini die Gasse Via del Lavatoio abwärts zu einer Asphaltstraße, die nach links in 5 Min. zum Rechtsabzweig zum Parco dei Mostri führt.

Verkehrsmittel

Bus

Werktags etwa 7x nach **Viterbo** und zum Bahnhof von **Orte;** die Busse halten an der Straßengabelung 500 m südlich des alten Ortskerns vor der *farmacia* (Apotheke).

Orte

⇗ VIII, B1

- **8100 Einwohner**
- **135 m üNN**
- **30 km östlich von Viterbo**
- **PLZ 01028**

Unten im Tal liegt das neue **Orte Scalo,** Verkehrsknotenpunkt und wichtige Bahnstation, das mittelalterliche **Orte Vecchio** erhebt sich vier Kilometer nördlich, von Autobahntrasse und Fernbahnlinie eingerahmt, auf einem steilen Tuffsockel über einer Schleife des Tibers. Leider ist das malerische Ortsbild im Zentrum durch einige einfallslose Neubauten und ungeschickte Renovierungen beeinträchtigt. Das in einer strategisch wichtigen Position gelegene etruskische Horta war mehrfach Ziel römischer Eroberungszüge. 306 und 281 v.Chr. wurden hier etruskische Heere besiegt. In christlicher Zeit war Orte bis 1437 als Bischofsstadt ein religiöses Zentrum.

Das verwinkelte, recht ausgedehnte *centro storico* weist nur kleinere Sehenswürdigkeiten auf. Den Mittelpunkt bildet die **Piazza della Libertà,** die von der hellen Fassade des spätbarocken **Doms Santa Maria Assunta** dominiert wird. In der Platzmitte führt eine Treppe ins Gewölbe der **Fontana Sotteranea,** einst der Waschbrunnen der Frauen, der von einer schon in römischer Zeit angelegten Wasserleitung gespeist wird. Wenige Schritte unterhalb des Domplatzes an der Via Matteotti steht auf den Fundamenten eines Römertempels das Kirchlein **San Silvestro,** ein romanischer Bau des 12. Jahrhunderts mit schönem Campanile. Es beherbergt heute das **Museo Diocesano,** das eine interessante Kunstsammlung mit einem byzantinischen Madonnen-Mosaik (8. Jahrhundert) und Bildwerken aus Mittelalter und Renaissance besitzt. Die nahe gelegene Kirche **Sant'Agostino** (12. bis 13. Jahrhundert) mit dem Bildnis der *Madonna del Rosario* an der linken Wand (16. Jahrhundert) ist Sitz der wohltätigen Bruderschaften von Orte, die seit dem 11. Jahrhundert existieren und im Mittelalter hier ein Hospital unterhielten.

Touristeninformation

- **Pro Loco,** an der Hauptpiazza, Tel. 07 61 40 32 40.

Unterkunft

- ****Calu**€€, in Orte Scalo gegenüber vom Bahnhof, mittlerer Komfort, mit ordentlichem Restaurant, Via Giovanni XXXIII, Tel. 07 61 40 01 47, Fax 07 61 40 07 19, calidoriluciano@libero.it.

Essen und Trinken

- Wenige Schritte von der Hauptpiazza bietet in einem Kellergewölbe die oft gelobte, bürgerliche **Taverna Roberteschi**€€-€€€ außer Sa/So ein preiswertes Menu Turistico aus Vorspeise, 1. und 2. Gang, Dolce, Wasser und ¼ Liter Hauswein für 20 Euro; Mo Ruhetag, Tel. 07 61 40 29 48.

Verkehrsmittel

Bahn

- In Orte zweigt von der **Hauptbahnlinie Rom – Florenz** die Strecke nach Ancona ab; häufige Intercity oder Interregio nach Rom sowie nach Orvieto, Chiusi (Umsteigen nach Siena), Terontola (Umsteigen nach Perugia/Assisi) und Florenz.
- Richtung **Ancona** fahren die Züge über Terni (Umsteigen nach Rieti, L'Aquila), Spoleto, Foligno (Umsteigen nach Assisi); recht häufige Verbindung, z.T. auch Eurostar (Reservierungspflicht!); Nebenbahnlinie nach **Viterbo** über Montefiascone-Zepponami.

Bus

Werktags öfters Verbindungen nach **Bagnaia/Viterbo,** z.T. über Bomarzo, sowie nach **Vignanello** und **Soriano;** So ruht der Verkehr.

Feste

- **Processione del Cristo Morto,** am Abend des Karfreitags ziehen vermummte Kapuzenmänner, Mitglieder der Bruderschaften von Orte, mit Gesängen und Darstellungen der Passionsgeschichte durch die verdunkelte Altstadt; die Karfreitagsprozession von Orte wird seit dem 13. Jahrhundert unverändert zelebriert und gilt damit als das älteste Ritual dieser Art in ganz Italien.
- **Ottava de Sant'Egidio,** wiederbelebtes mittelalterliches Stadtfest vom Abend des 31. August bis zum Höhepunkt am zweiten Septembersonntag, dem *Palio degli Arcieri,* einem Wettstreit der Bogenschützen.

Soriano nel Cimino

↗VIII, A1

- **7930 Einwohner**
- **480 m üNN**
- **17 km östlich von Viterbo**
- **PLZ 01038**

Über der am **Nordosthang des Monte Cimino** gelegenen lebhaften Kleinstadt stehen die abweisenden Mauern einer mittelalterlichen Burg. Das im 13. Jahrhundert erbaute **Castello Orsini** diente bis 1989 als Gefängnis. Die lange Nutzung als Strafanstalt hat ihre Spuren hinterlassen, die meisten Burgräume wirken etwas verwahrlost und sind fast vollständig ihrer ursprünglichen Ausstattung beraubt. Schön ist das weite Panorama ins grüne Umland, bedrückend der Blick in die ehemaligen „Celle di Massima Punizione" (Zellen maximaler Bestrafung), enge, fast lichtlose Schächte, wie man sie eher in Menschenrechte missachtenden Diktaturen erwarten würde (im Juli/August geöffnet außer Mo 10.30–13 u. 15–18.30 bzw. 16–19.30 Uhr, von September bis April nur Sa/So).

Am unteren Ende der Stadt an der Straße nach Viterbo liegt der **Palazzo Chigi-Albani,** der 1562 im Auftrag von Kardinal *Madruzzo* durch den Baumeister *Jacopo Barozzi da Vignola* errichtet wurde, der als Architekt auch am Bau der Villa Lante in Bagnaia sowie des Palazzo von Caprarola mitwirkte. Wegen Baufälligkeit und Einsturzgefahr ist der Palast seit langen Jahren verschlossen. Auch die fantasievolle manieristische Brunnenanlage im Eingangsbereich ist bis auf weiteres nicht zugänglich. In ihrem rätselhaften Skulpturenschmuck entspringt sie der gleichen geistigen Zeitströmung, die sich auch im Parco dei Mostri von Bomarzo oder in der Villa Lante zeigt. In den Brunnenskulpturen erkennt man neben der Figur des *Moses* einen nackten gehörnten Satyr über einer liegenden Frauengestalt, eine Eule und Ziegenböcke, links erscheint der große bärtige Kopf des *Pan,* darüber ein Flöte blasender Jüngling: Die Privatmythologie des Kirchenmannes *Madruzzo* hatte offensichtlich ein ausgeprägt erotisches Element. *Pan, Satyr* und Ziegenbock in Verbindung mit dem fließenden Wasser symbolisieren Fruchtbarkeit, Fülle und sexuelle Kraft.

Touristeninformation

- **Pro Loco,** Via S. Maria 28, Tel. 07 61 74 60 01, www.proloco.soriano-nel-cimino.vt.it.

Unterkunft

● ***Gli Oleandri€€, hübsche Zimmer, einfache Bäder, einige Räume mit Blick auf die Burg, aber auch etwas Straßenlärm, schöner Garten, Via C. Battisti 51, Tel. 07 61 74 83 83, Fax 07 61 74 82 22, www.glioleandri.com.

Essen und Trinken

● **Ai Tre Scalini**€€, familiäre Trattoria beim Dom, in der Saison Pasta mit Steinpilzen vom Monte Cimino, einfach, freundlich, gut, Via Vittorio Emanuele III 1, Tel. 07 61 72 99 70, Mi und zweite Junihälfte geschlossen.

Verkehrsmittel

Bahn

Station an der **Kleinbahnstrecke Rom – Viterbo,** Züge über Bagnaia nach Viterbo sowie über Vignanello-Civita Castellana nach Rom, So nur 4 Züge. Gut 5 Gehminuten außerhalb des Zentrums (Treppen links vom Dom hinuntergehen und 250 m der Straße nach Viterbo folgen.)

Bus

Werktags häufiger Verbindungen nach **Viterbo** und zum Bahnhof in **Orte.**

Fest

● **Sagra della Castagna,** großes Kastanienfest am zweiten Wochenende im Oktober, Wettkämpfe und Umzüge in mittelalterlichen Kostümen.

Von Soriano nach Caprarola

Vignanello und Vallerano ↗VIII, A1

Die zwei nur gut einen Kilometer auseinander liegenden Orte Vignanello und Vallerano im Osten des Monte Cimino besitzen beide noch ein gut erhaltenes kleines historisches Zentrum. In der Umgebung bedecken Weinberge, Kastanienwälder und Haselnusspflanzungen die Hügel.

Das etwas größere **Vignanello** (4800 Einwohner) erstreckt sich über einen Höhenrücken zwischen einem nach Plänen *Vignolas* erbauten Tor der Spätrenaissance an der Westseite und der Piazza della Repubblica mit großer Barockkirche und Burg an der Ostseite, dazwischen verläuft schnurgerade entlang rötlich-verblichener Fassaden der Hauptstraßenzug Corso Mazzini. Das blockhafte **Castello Ruspoli** am östlichen Ende des Corso Mazzini ist eine weitere manieristische Adelsvilla, sehenswert ist der zugehörige mit einem regelmäßigen Muster aus Buchsbaumhecken angelegte *Giardino all' Italiano.* Der Adelspalast wurde im 16. Jahrhundert auf den Mauern einer mittelalterlichen Burg errichtet und durch Graf *Sforza-Marescotto* im Stil der Zeit großzügig als vornehme Landvilla ausgestaltet. Leider ist der Palazzo in der Regel verschlossen. Der schöne Garten ist nur an Sonntagen zwischen 10.30 und 18 Uhr im Rahmen geführter Rundgänge zugänglich, die Besichtigung des Hauptgebäudes mit dem repräsentativen *Piano Nobile* ist von April bis Dezember u.U. nach Voranmeldung unter Tel. 0 66 87 61 47 möglich. Ansonsten muss man sich mit einem Blick auf die Außenmauern begnügen, z.B. von der gemütlichen Terrasse des Caffè Moderno aus – trotz des Namens vor allem ein Treffpunkt der Alten.

Das benachbarte **Vallerano** (2450 Einwohner) besitzt keine besonderen Sehenswürdigkeiten, beim Bummel durch die Gassen des selten besuchten Ortes trifft man auf die **Renaissancekirchen Santa Maria del Ruscello** (1604) und **San Vittore** (15. Jahrhundert), letztere mit schöner Kassettendecke, sowie den **Barockbau S. Andrea** (18. Jahrhundert) mit einem Madonnenbildnis aus dem 15. Jahrhundert.

Carbognano ↗VIII, A2

Östlich von Caprarola liegt Carbognano (2020 Einwohner), einmal mehr mit gut erhaltenem mittelalterlichen Kern und dem obligaten **Palazzo** der mächtigen *Farnese,* die in fast jedem Dorf ihres Herrschaftsbereiches ihre Wehr- und Repräsentationsbauten hinterlassen haben.

Fabrica di Roma ↗VIII, A2

Auch das benachbarte Fabrica di Roma (5100 Einwohner) besitzt sein **Castello Farnese,** ein düsterer, in der Regel verschlossener Bau des 15. Jahrhunderts. Freundlicher erscheint gegenüber der Renaissancedom **Collegiata di San Silvestro** mit großflächiger Apsisausmalung vom Anfang des 16. Jahrhunderts.

Corchiano ↗VIII, B2

Bei Corchiano (3000 Einwohner) steht etwas außerhalb Richtung Fabrica, bei der Bahnbrücke, die dem berühmten Florentiner Architekt *Guiliano di Sangallo* (1445–1516) zugeschriebene Kirche **Santa Maria del Soccorso,** ein Bau in den klaren eleganten Formen der Renaissance mit einigen Fresken im Innenraum.

Verkehrsmittel

Bus

Von allen Orten werktags öfters Busse nach **Viterbo,** von Vignanello/Valentano auch einige Fahrten zum Bahnhof in **Orte Scalo.**

Bahn

In Vignanello und Fabrica Bahnstation an der **Kleinbahnstrecke Roma Piazzale Flaminia – Civita Castellana – Soriano – Viterbo,** in Vallerano und Corchiano Bedarfshalte.

Caprarola (im Hintergrund der Monte Soracte)

lat_205 Foto: gh

Nordlatium

Caprarola

↗VIII, A2

- 5000 Einwohner
- 520 m üNN
- 18 km südöstlich von Viterbo
- PLZ 01032

Die Ansicht von Caprarola wird ganz beherrscht vom **Palazzo Farnese,** einem der sehenswertesten manieristischen Bauwerke Mittelitaliens. Der Palast erhebt sich mit zugleich abweisend wie elegant wirkenden hellen Fassaden am höchsten Punkt des Ortes. Darunter ducken sich die kleinen braunen Tuffsteinhäuser von Caprarola. Gegenüber dem mittelalterlich verwinkelten Ort wirkt der massige Palazzo, zu dem die Dorfbewohner keinen Zutritt hatten, wie ein Fremdkörper. Am westlichen Ortsrand steht die **Barockkirche Santa Teresa,** vom Kirchplatz bietet sich ein schöner Blick auf den Palazzo Farnese und den alten Ortskern vor dem Hintergrund des gezackten Kalkberges Monte Soracte.

Palazzo Farnese

Geschichte

Der Palazzo Farnese wurde in seiner heutigen Form in der zweiten Hälfte des 16. Jahrhunderts als Erweiterungsbau einer schon vorhandenen Renaissancefestung erbaut. Die Palastherren, die Familie *Farnese,* waren zu Macht und Einfluss gelangt, nachdem ein weibliches Familienmitglied, genannt

„La Bella Giulia", zur Geliebten des berüchtigten Borgia-Papstes *Alexander VI.* geworden war. Der Bruder der schönen *Julia* nutzte die Beziehung, um erst Kardinal und später selbst **Papst** zu werden. Als **Paul III.** spielte er eine wichtige Rolle in der Geschichte der katholischen Kirche. Er initiierte die Gegenreformation, wozu er nicht nur den Jesuitenorden einsetzte (1540), sondern auch die Inquisition in Rom einführte (1542), er leitete das wichtige Reformkonzil von Trient (1545) und belegte König *Heinrich VIII.* wegen dessen unchristlicher Lebensweise mit dem Bann (1538), was letztlich zur Abtrennung der englischen Kirche führte. Daneben nutzte er seine Position vor allem dazu, sich und seinen Clan hemmungslos zu bereichern. Einer seiner Enkel, Kardinal *Alessandro Farnese,* von der gleichen Gier nach Macht und Reichtum getrieben wie sein Großvater, ließ den Palazzo von Caprarola errichten.

Verschiedene Künstler und Architekten waren zwischen 1559 und 1583 an der Gestaltung des Palastes beteiligt, vor allem **Giacomo Barozzi,** genannt *Vignola,* der berühmteste Baumeister des italienischen Manierismus, der Schriftsteller, Humanist und Übersetzer griechischer Schriften **Annibale Caro,** der nach den Vorgaben des

lat_206 Foto: gh

Auftraggebers für das geistige Programm des Bauwerks verantwortlich zeichnete, sowie die in ihrer Zeit weithin geschätzten manieristischen Maler **Taddeo** und **Federico Zuccari.**

Besichtigung

Eine **doppelläufige Rampe,** deren Breite auch die Auffahrt mit einer Kutsche erlaubte, führt zu einer großen Terrasse vor dem **Hauptgebäude.** Dessen fünfeckiger Grundriss stammt noch von der ursprünglichen Renaissancefestung. Über einen repräsentativen Treppenaufgang gelangt man zum Haupteingang. Der ungewöhnliche Hauptteil der Palastanlage bildet einen **Kreis im Fünfeck.** Nach dem Aussterben des Farnese-Clans im 18. Jahrhundert wurden sämtliche Ausstattungsstücke des Palastes (Möbel, Wandteppiche, Statuen) von den Erben, den Bourbonenherrschern, nach Rom und Neapel weggeschafft, in den heute leeren Räumen kommen dadurch aber die großen Fresken umso besser zur Geltung.

Die **Eingangshalle** ist mit Grotesken, Stadtansichten und Bildern der Häfen von Messina und Malta, Stützpunkte der päpstlichen Flotte im Kampf gegen die Osmanen, geschmückt. Dahinter öffnet sich ein runder **Innenhof** mit zweistöckigem Loggienumgang, um den sich die Palasträume gruppieren. Über die von 20 Säulen getragene Wendeltreppe **Scala Regia** gelangt man zum **Piano Nobile,** dem repräsentativen Hauptgeschoss mit den Gemächern des Kardinals. Im **Salone Regio** zeigt das große Deckenfresko die legendäre Erschaffung des Lago di Vico durch einen Keulenstoß des Gottes *Herkules,* dessen Werkzeug die Auftraggeber, nicht ganz unbescheiden, mit dem Lilienwappen der Farnese verzieren ließen. An den Wänden sind Ansichten von Städten im Besitz der Farnese zu sehen (Parma, Piacenza). Rechts vom Eingang steht ein für die Zeit typischer, aus Natursteinen erbauter **Zierbrunnen.** Von der Loggia bietet sich ein schöner Blick auf Caprarola und den Monte Soracte.

lat_207 Foto: gh

Der Palazzo Farnese thront über dem Ort

Brunnen in der Parkanlage des Palazzo

Die folgende **Hauskapelle** auf rundem Grundriss ist vollständig mit gut erhaltenen Zuccari-Fresken ausgemalt (Bibelszenen, Heilige). Die **Sala dei Fasti Farnesiani** (Saal der farnesischen Ruhmestaten) zeigt u.a. ein berühmtes Gemälde aus der Werkstatt der *Zuccari:* Kardinal *Alessandro Farnese* steht mit Kaiser *Karl V.* und dem französischen König mit großem Gefolge vor den Toren von Paris, das der Künstler mangels genauer Ortskenntnis in eine Berglandschaft gesetzt hat. Die **Antecamera del Concilio,** der Saal des Konzils von Trient, rühmt in großen Bildern *Alessandro Farnese,* der als Papst *Paul III.* im Jahre 1545 das Reformkonzil von Trient einberief.

Anschließend betritt man drei Räume an der Nordseite, die der Kardinal im Sommer bewohnte, die **Sala dell' Aurora** (Raum der Morgenröte, Schlafzimmer), die **Sala dei Lanifici** (Wollweberzimmer, Ankleideraum) und die **Sala dei Filosofi** (Philosophensaal, Studierzimmer), jeweils mit auf das entsprechende Thema bezogenen Ausmalungen der Gebrüder *Zuccari.* Danach folgen, an der Spitze des Fünfecks, ein **Turmzimmer** mit Landschaftsansichten und schöner Zedernholzdecke sowie dahinter die Winterwohnung an der Westseite des Palastes. In diesem Trakt befinden sich die **Sala della Penitenza** (Saal der Buße), die **Sala dei Giudizi** (Saal der Urteile) und die **Sala dei Sogni** (Saal der Träume), ebenfalls jeweils mit themenbezogenen Fresken (Eremitenleben, *Salomons* Urteil, *Jacobs* Traum von der Himmelsleiter usw.). Sie stammen aus der Werkstatt des *Giacomo Bertoia,* einem der Nachfolger der *Zuccari,* die wegen der besseren Verdienstmöglichkeiten nach Rom abgewandert waren.

Fresken von besonderer Schönheit zeigt schließlich die **Sala dei Angeli** (Engelssaal) mit biblischen Engelsszenen von *Raffaellino da Reggio* und *Bertoia.* Die besondere Akustik des Raumes macht auch leises Flüstern in den Ecken deutlich vernehmbar. Die folgende **Sala del Mappamondo** mit Entdeckerporträts und aufgemalten Weltkarten veranschaulicht das geographische Wissen des 16. Jahrhunderts, die Decke ziert ein Sternenhimmel mit den Figuren der Sternbilder.

Zum Palast gehört eine **Parkanlage,** im unteren Teil im regelmäßig angelegten Stil des *Giardino all'Italiano,* weiter oben als natürlicher Wald. Eine Wassertreppe leitet hier hinauf zu einem Brunnen mit den allegorischen Figuren von Arno und Tiber. Auf der von weiteren mythischen Figuren gesäumten Terrasse dahinter steht der **Miniaturpalazzo Pallazina,** in dem sich die Herren der *Farnese* mit ihren Mätressen vergnügten.

• **Palazzo Farnese,** geöffnet Di bis So 8.30–18.45 Uhr, Park 8.30–12 u. 14 Uhr bis 1 Stunde vor Sonnenuntergang, geführte Rundgänge, Fotografierverbot in den Innenräumen.

Unterkunft

• ****Il Farnese€**, bescheidenes und preiswertes Kleinstadthotel, 2 km außerhalb Richtung Lago di Vico, Via Circonvallazione, Tel. 07 61 64 60 29, Fax 07 61 64 63 84.

• **La Bella Venere,** siehe unter Lago di Vico.

Weltliche Gelüste – Kirchenfürsten der Renaissance

Der Palazzo Farnese ist der zu Stein gewordene Ausdruck der feudalen Gesinnung der Kirchenfürsten des 15./16. Jahrhunderts. Auf der Grundlage materiellen Überflusses führten diese ein Leben ohne die Zwänge und Nöte des Alltags. Viele der Kirchenherren besaßen keinerlei theologische Ausbildung. Ihre Macht und ihr Einfluss beruhten auf päpstlichen **Privilegien, Ablasshandel** und der skrupellosen **Ausbeutung** kirchlichen Landbesitzes, wodurch sie immer größere Reichtümer anhäuften. Der **Nepotismus,** die Ämtervergabe allein auf der Grundlage von Sippenbindungen, war gang und gäbe.

Auf dieser ökonomischen Basis konnten die kirchlichen Feudalherren ein Leben nach eigenen Gesetzen führen, das weitgehend unabhängig von den sozialen, kulturellen und ökonomischen Bedingungen der Durchschnittsbevölkerung war. Obwohl die Päpste und Kardinäle Männer der Kirche waren, prägte oft das Gegenteil christlicher Normen ihr Handeln und Denken. Dies wird auch in der Kunst ihrer Bauten sichtbar, wo der Bezug zu den christlichen Glaubensinhalten zurücktritt und Motive aus fernen antiken Götterwelten und Legenden aufgegriffen werden.

Anstelle der Mönchsorden des Mittelalters, die spirituelle Gemeinschaften waren und das Ego bekämpften und die zumindest in ihren Idealen egalitäre Elemente einbezogen, bestimmten in der Renaissance vielerorts **egozentrische Fürstenclans** die offizielle Kirche. Die Gebote des Neuen Testaments hatten bald kaum noch Bedeutung. Unter den Kirchenmännern dieser Zeit gab es durchaus geachtete und den Idealen der Kirche dienende Männer, viele waren hingegen von sehr zweifelhaftem Charakter. Einen „Höhepunkt" brachte 1492 die mit Bestechungsgeld erkaufte Wahl des spanischen Kardinals *Rodrigo Borgia* zum **Papst Alexander VI.,** von dem jeder wusste, dass er zahlreiche Liebschaften hatte, aus denen mindestens fünf Kinder hervorgegangen waren. Seinen erst 26 Jahre alten Schwiegersohn *Alessandro Farnese* versorgte er bald nach der Wahl mit einem lukrativen Kardinalsposten, ebenso seinen Sohn *Cesare,* den dies nicht davon abhielt, mit den päpstlichen Truppen plündernd und mordend über das Land zu ziehen.

Im Jahre 1510 kam der einfache Mönch **Martin Luther** nach Rom, wo er das spirituelle Zentrum der Christenheit finden wollte. Was er zu sehen bekam war das dekadente Rom der *Borgia.* Mit großer Enttäuschung und Verbitterung kehrte er in seine Heimat zurück.

lat_209 Foto: gh

Verkehrsmittel

Bus

Nach **Roma Saxa Rubra** über Ronciglione werktags 7x, sonn- und feiertags 2x; werktags 8 x nach **Viterbo.**

Ronciglione und Lago di Vico

⇗ VIII, A2

- **7580 Einwohner**
- **442 m üNN**
- **22 km südöstlich von Viterbo**
- **PLZ 01037**

Die recht lebhafte, freundliche Kleinstadt **Ronciglione** zwei Kilometer südlich des Lago di Vico hatte ab dem Mittelalter eine gewisse Bedeutung als Station an der nach Rom führenden Fernstraße **Via Francigena.** Sie ist zweigeteilt zum einen in den Ort der Renaissance und des Barock mit breiten Straßen (Via Roma, Via Farnesina) und zum anderen in das südlich anschließende, in sich abgeschlossen auf einem Felssockel über dem Tal des Vicano-Baches stehende, eng gebaute kleine mittelalterliche Viertel.

Von der zentralen **Piazza V. Emanuele** mit Bars und Geschäften gelangt man über die Via del Lavatoio/Via Solferino zur **Piazza Principe di Napoli** mit dem Rathaus **Palazzo Apostolico** (16. Jahrhundert), wo das mittelalterliche und das „neue" Ronciglione zusammentreffen. Der Renaissancebrunnen am Platz ist mit Einhorn und Lilie geschmückt, dem Familienwappen des mächtigen Farnese-Clans aus Caprarola, dem Ronciglione zeitweise gehörte. Östlich erhebt sich die wuchtige Fassade des Ende des 17. Jahrhunderts errichteten **Doms SS. Pietro e Caterina Martire,** ein architektonisch geschlossener Bau des Barock mit prunkvoll überladener Innenausstattung und zahlreichen Gemälden, darunter ein älteres Erlösertryptichon von *Francesco da Viterbo* (zweite Hälfte des 15. Jahrhunderts).

Rechts am Dom vorbei gelangt man zur düsteren **Ruine der Rocca** (15. Jahrhundert). Dahinter führt die Gasse Borgo di Sopra durch das **mittelalterliche Ronciglione** mit verwinkelten Gassen, engen Durchlässen und Bögen, wo farbiger Blumenschmuck und zum Trocknen rausgehängte Wäsche mit den Erdtönen des Tuffgesteins kontrastieren. Die verfallene Kirche **Sant' Andrea** am oberen Ende der Gasse mit schönem Glockenturm (1430) weist in der Fassade Marmorplatten mit eingearbeiteter Flechtbandornamentik auf. Am unteren Ende des *centro storico* erhebt sich am Rande des Tuffrückens **Santa Maria della Providenza,** eine mehrfach umgebaute kleine mittelalterliche Kirche mit gut erhaltenem romanischen Glockenturm aus dem 12. und Freskenresten aus dem 13. bis 15. Jahrhundert.

Nördlich von Ronciglione liegt der **Lago di Vico,** der drittgrößte der latinischen Vulkanseen. Der von Haselnusswaldungen umgebene, zwölf Qua-

Das mittelalterliche Viertel von Ronciglione

dratkilometer große See mit 23 Kilometern Uferlinie ist maximal 50 Meter tief. In der glatten Wasserfläche spiegeln sich die dicht bewaldeten Hänge der **Monti Cimini.** Im sauberen Wasser schwimmen Barsche und Hechte, aus dem dichten Schilf des Ufers dringen Unken- und Vogelrufe. Seit 1982 ist das Gebiet **Naturreservat,** Motorboote dürfen auf dem See nicht mehr fahren. Nur ein paar Häuser an der Südseite und ein Hotel und Campingplatz an der Nordseite säumen die Ufer. Am Wochenende, wenn die Picknickausflügler anrollen, wird es manchmal laut und lebhaft. In der Woche ist der See hingegen ein idealer Platz für Liebhaber ruhiger Natur. **Baden** im See ist erlaubt, allerdings ist das Wasser recht kühl und wegen des vielen Schilfs kommt man auch nicht überall ans Ufer. Es gibt aber auch einige kleinere Strandabschnitte mit dunklem Vulkansand (u.a. an der Nordseite bei Hotel und Campingplatz).

Touristeninformation

- **Pro Loco,** Corso Umberto I 20, Tel. 07 61 62 54 60.

Unterkunft

- ***La Bella Venere**€€€, das empfehlenswerte Mittelklassehotel liegt einsam unmittelbar am Nordufer des Lago di Vico, einige Zimmer haben Seeblick; Fahrradverleih und

lat_211 Foto: gh

Tennisplatz, ein kleiner Strand mit dunklem Vulkansand beginnt gleich beim Hotel; Loc. Lago di Vico, 01032 Caprarola, Tel. 07 6161 23 42, Fax 07 61 61 23 44.

Camping

- An der Nordseite des Lago di Vico liegt der **Camping Natura,** netter Platz mit Bäumen, 200 m zum Seeufer, 20.000 m² für 220 Pers., Trattoria, Bar, Einkaufsladen, Kanuverleih, auch einfache kleine Holzbungalows (16 m²) sind zu mieten, Tel. u Fax 07 61 61 23 47, www.lagodivico.it.

Essen und Trinken

- Frisch gefangenen Fisch aus dem Vico-See gibt es z.B. im **Ristorante€€ des Bella Venere,** Tel. 07 61 61 23 42, Di Ruhetag.

Verkehrsmittel

Bus

Werktags etwa 12x, sonn- und feiertags 4x nach **Roma Saxa Rubra;** nur werktags nach **Viterbo** (10x); nach **Caprarola** werktags 7x, sonn- u. feiertags 2x; die Busse halten nicht mehr im Zentrum, sondern nur an der westlich um den Ortskern herumführenden Durchgangsstraße.

Bahn

Die auf manchen Karten noch eingezeichnete Bahnlinie nach Capranica/Orte ist stillgelegt.

Fest

- Anfang Februar traditionsreicher **Karneval** mit einem Rennen reiterloser Pferde.

Civita Castellana

↗VIII, B2

- **15.800 Einwohner**
- **150 m üNN**
- **37 km südöstlich von Viterbo**
- **PLZ 01033**

Schon vor fast 3000 Jahren war der **von der Treia umflossene Felsrücken** von Civita Castellana besiedelt. Das hoch gelegene, z.T. steil abfallende Tuffplateau, eine natürliche Festung, bot einen idealen Siedlungsplatz, den auch die Baumeister des Mittelalters nutzten. Die heutige Anlage der Stadt geht auf diese Epoche zurück, durch ungeschickte Modernisierungen und Neubauten ist das alte Ortsbild der Kleinstadt allerdings weniger geschlossen als in anderen Städten Nordlatiums. Sehenswert sind vor allem der Dom und die Burg der *Borgia.*

Als Falerii Veteres war Civita in der Antike der Hauptort des vorrömischen Stammes der **Falisker,** die in engem kulturellem Austausch mit den benachbarten Etruskern standen. Der durch zwei steile Tuffschluchten geschützte Ort war im 4. Jahrhundert ein Zentrum der faliskischen Keramikproduktion. Die Falisker leisteten den römischen Truppen hartnäckig Widerstand. Nach der endgültigen Eroberung 241 v.Chr. wurden die überlebenden Bewohner der Stadt zwangsweise in einen neuen, in der Ebene gelegenen und daher weniger gut zu verteidigenden Ort (Falerii Novi) umgesiedelt. Erst im Mittelalter wurde der besser zu sichernde alte Siedlungsplatz über der Treia erneut in Beschlag genommen. Ende des 10. Jahrhunderts taucht erstmalig in den Chroniken der neue Name Civita Castellana auf, das in den folgenden Jahrhunderten zur Bischofsstadt aufstieg. Bis heute ist die Keramikproduktion, die die Kaolin- und Tonvorkommen der Umgebung nutzt, ein wichtiger Zweig der lokalen Wirtschaft geblieben.

Man erreicht den alten Ortskern von Osten über die Brücke **Ponte Clementino** (1709), die hier das tief eingeschnittene Tal der Treia überspannt. Interessantestes Bauwerk im *centro storico* ist der **Dom** des 12. Jahrhunderts, der im 18. Jahrhundert im Stil des Barock umgebaut wurde. Nur der Glockenturm, die Vorderfront und Teile des Fußbodens innen zeigen sich noch im Originalzustand. Die Vorhalle aus hellem Marmor ist mit schönen Mosaikarbeiten aus der Werkstatt der Cosmaten geschmückt (1210). Die farbigen Mosaiken zeigen neben ornamentalen Motiven die Evangelistensymbole und das Gotteslamm. Am Hauptportal ist ein Löwe mit einem Menschen im Maul zu sehen, im Portalbogen ein Mosaik des segnenden Christus. Im hellen, barock umgestalteten Innenraum schmücken wiederum Cosmaten-Ornamente den Fußboden, als Altartisch dient ein frühchristlicher Sarkophag. Ältester Teil der Kirche ist die auf schlanken Säulen ruhende Krypta des 7./8. Jahrhunderts.

Die nahe gelegene **Rocca dei Borgia** wurde 1492 durch den spanischen Kardinal *Rodrigo Borgia,* den späteren Papst *Alexander VI.,* errichtet. Die Anlage der fünfeckigen, von oktogonalen Türmen flankierten Zwingburg geht auf den berühmten Renaissancebaumeister *Antonio da Sangallo d. Ä.* zurück. Der monumentale Innenhof wird von zweistöckigen Arkadengängen gebildet, die Burgräume, die noch im 19. Jahrhundert als düsteres Verlies des Kirchenstaates dienten, beherbergen heute ein kleines **Archäologisches Museum** mit Funden aus der Kultur der Falisker (geöffnet 8–19 Uhr außer Mo). Zu sehen sind neben Keramiken, Gefäßen, Terrakottafiguren u.a. zwei Baumstammsarkophage (Saal 4) – die Falisker bestatteten ihre Toten in ausgehöhlten Baumstümpfen – sowie in Saal 5 Weihegaben aus Ton in der Form von Körperteilen (Finger, Fuß, Vagina).

Vom **antiken Falerii Novi,** dem Ort, in den die Römer die Falisker im 3. Jahrhundert zwangsweise umsiedelten, ist heute nur noch ein Ruinengelände geblieben. Es liegt sieben Kilometer nordwestlich von Civita an der Straße nach Fabrica. Eindrucksvoll ist der große, fünf Meter hohe und zwei Kilometer lange **Mauerring** mit Toren und Türmen, der von Pflanzen überwuchert einsam in der Landschaft steht – eines der am besten erhaltenen Beispiele römischer Verteidigungsanlagen. Von Westen kommend betritt man durch das Jupitertor das Innere des Mauerrings, wo bis ins Mittelalter noch Menschen siedelten. Aus dieser Zeit stammt die restaurierte romanische Kirche **Santa Maria,** ein strenger, schmuckloser Bau, mit vier antiken Tempelsäulen auf römischen Fundamenten errichtet (geöffnet nur Sa/So von 9–13 Uhr).

Spaziergang auf der Via Amerino

Über die Via Amerino war Falerii Novi an das römische Fernstraßennetz angebunden. Einige Kilometer südlich der Mauern hat sich ein Abschnitt der antiken Straße erhalten, die hier durch eine **Felsnekropole** führt, deren älteste Gräber aus der Zeit der Falisker stammen. Die etwa einstündige Wanderung zu den Ausgrabungen beginnt an der SS 311 Civita Castellano - Nepi zwischen den Kilometerschildern 11 und 12.

Ein abzweigender Fahrweg mit dem Straßenschild „Via Amerino" führt 300 Meter nördlich zu einer Gabelung vor einem Grundstückstor. Der Weg links senkt sich zur fein gefügten **Römerbrücke über den Fosso Tre Ponti** - als solche nur erkennbar, wenn man rechts vor der Brücke auf einem Pfad ins Bachtal hinuntersteigt. Hinter der Brücke steigt der Weg etwas an und führt zwischen die Tuffwände einer Nekropole mit einigen **Höhlengräbern** aus römischer Zeit. Ein Pfad führt hinter den Felsen rechts abwärts zum Bach Fosso Maggiore, den man auf einem Holzsteg überquert. Links ansteigend wird gleich das große **Faliskergrab Tomba della Regina** erreicht, dahinter verläuft bergwärts ein gut erhaltenes gepflastertes Teilstück der Via Amerino zwischen den Höhlengräbern der **Nekropole der Cavo degli Zucchi.**

Touristeninformation

- **Infobüro** in der Via Roma 6, Tel. 07 61 59 81 27.

Essen und Trinken

- **La Giaretta**€€, familiäre Trattoria mit guter bodenständiger Küche, Via Ferretti 108, Mo geschlossen, Tel. 07 61 51 33 98.

Verkehrsmittel

Bahn

Kleinbahnzüge nach **Roma Piazzale Flaminia** (werktags 10x, So 4x) und nach **Soriano – Bagnaia – Viterbo** (werktags 8x, So 4x).

Bus

Verbindungen nach **Roma Saxa Rubra** (werktags 14x, So 4x), **Castel S. Elia/Nepi** (werktags 9x, So 4x), **Calcata** (werktags 6x, So 2x).

Nepi und Castel Sant'Elia

Nepi

↗ VIII, B2

- **6250 Einwohner**
- **230 m üNN**
- **38 km südöstlich von Viterbo**
- **PLZ 01036**

Das auf das etruskische Nepet zurückgehende, strategisch günstig auf einem Tuffplateau gelegene Nepi war immer wieder Schauplatz kriegerischer Auseinandersetzungen. Mitte des 6. Jahrhunderts wurde es durch die von Norden heranstürmenden Langobarden unter *Alboin* vollständig zerstört und erst ab dem 9. Jahrhundert wieder besiedelt. Heute ist es eine friedliche, etwas schläfrig wirkende Provinzkleinstadt mit einigen kleineren Sehenswürdigkeiten. In der Nähe sprudelt eine **Mineralwasserquelle,** das Tafelwasser aus Nepi wird in ganz Latium geschätzt.

Wie im benachbarten Civita Castellana ließ der spanische Kardinal *Rodrigo Borgia,* der spätere Papst *Alexander VI.,* um 1460 eine Burg zur Sicherung seiner Herrschaft errichten, deren düstere Mauern noch heute den Eingang zum alten Ortskern bewachen. Im **Castello Borgia** lebten zeitweise *Cesare* und *Lucrezia Borgia,* die Kinder (!) des verruchtesten Papstes der Kirchengeschichte, der nicht nur das Zölibat, sondern auch ansonsten so gut wie alle christlichen Gebote missachtete. Sein Sohn *Cesare* war auch nicht viel besser, er ließ den Ehemann seiner Schwester vergiften, um einen Machtkonkurrenten loszuwerden, und zog plündernd und mordend mit seinen kirchlichen Söldnern bis nach Umbrien und in die Südtoskana. Auch der an die Borgia-Burg anschließende wehrhafte mittelalterliche **Mauerring,** der stellenweise noch auf etruskischen Fundamenten ruht, bezeugt die von militärischen Konflikten geprägte Stadtgeschichte.

Außerhalb der Stadtmauern sieht man die Bögen eines großen Brückenbauwerks, um 1725 errichtetes Teilstück eines Aquäduktes. Mittelpunkt der Altstadt ist die Piazza del Comune mit dem **Palazzo Comunale,** einem harmonischen Bau mit repräsentativer Fassade, im 16. Jahrhundert nach Plänen des Renaissancebaumeisters *Antonio Sangallo* begonnen, im 18. Jahrhundert in barocken Formen vollendet. Wenige Schritte entfernt an der Via Matteotti steht der **Dom Santa Maria Assunta.** Die 1831 an der Stelle eines romanischen Vorgängerbaus neu errichtete prachtvolle Kuppelkirche zeigt die typischen großen plakativen Bildwerken aus dieser Epoche. Von der mittelalterlichen Ursprungskirche ist nur die Krypta (1180) geblieben, ein kleiner Wald schlanker Säulen mit variantenreich verzierten Kapitellen (Pflanzenornamente, Fabelwesen).

Castel Sant'Elia ↗VIII, B2

- **1920 Einwohner**
- **210 m üNN**
- **40 km südöstlich von Viterbo**
- **PLZ 01030**

Gut zwei Kilometer östlich von Nepi liegt über dem dicht bewaldeten schluchtartigen Tal des Baches Massa das kleine Castel Sant'Elia. Seine Häuser stehen am Rande steil abfallender Tuffwände. Am östlichen Ortsrand trifft man auf das **Santuario San Michele Arcangelo,** eine Wallfahrtskirche bei einem Franziskanerkonvent, in dem heute polnische Fratres leben. Eine überdachte Treppe führt hinunter zu dem in den Fels gebauten **Eremitenheiligtum Santa Maria ad Rupes** (tgl. von 8.15–17 Uhr, von April bis September bis 19 Uhr geöffnet). Schöner ist allerdings der rechts vom Treppenzugang beginnende Weg der **Strada SS Giovanni Paolo II,** der mit Ausblicken in die Schlucht an Votivkapel-

lat_216 Foto: gh

len und Höhlen vorbei talwärts führt. Im Kirchlein von Santa Maria wird ein anrührendes Madonnenbild des 16. Jahrhunderts verehrt.

Falls das folgende Tor geöffnet ist, kann man dem Weg weiter, ganz hinunter zur **Basilica di Sant'Elia** folgen, einer der ursprünglichsten romanischen Kirchen der gesamten Region. Der turmlose Bau liegt von Zypressen eingerahmt auf einer Hangterrasse über dem von rostbraunen Tufffelsen flankierten Valle Massa. Das verborgene Tal war schon den Faliskern ein heiliger Ort, wo Naturgottheiten verehrt wurden, die Römer errichteten hier einen Diana-Tempel. Um 500 lebte in der Taleinsamkeit eine Gemeinschaft von Einsiedlern um den *hl. Anastasius,* der am Ort der Basilica eines der ersten Benediktinerklöster überhaupt gründete. Im 8./9. Jahrhundert wurde die Kirche erneuert, ihre heutige Gestalt erhielt sie im Wesentlichen zwischen 1000 und 1100.

Vom Bau des 8./9. Jahrhunderts stammt noch die Portaleinfassung mit Steinreliefs, in die hier und da kleine menschliche Körper eingewoben sind – eines der seltenen Beispiele langobardisch-germanischer Flechtbandornamentik. Der klar strukturierte **Innenraum** wirkt in seiner schlichten Würde eindrucksvoll. Wieder verwendete antike Säulen mit verzierten Kapitellen teilen ihn in drei Schiffe. Ein Triumphbogen spannt sich zwischen Lang- und Querhaus sowie Hauptapsis. Der ornamentale Fußboden ist eine Cosmatenarbeit, Mosaikschmuck findet sich auch am Altarbaldachin (Ziborium). Die Kanzel ist aus Marmorplatten mit langobardischen Steinreliefs zusammengesetzt. Die Apsis schmücken kunstgeschichtlich wertvolle, gut erhaltene Fresken aus der Zeit um 1100. Ihre lebhaften Farben und die in den Details fantasievolle Ausschmückung sind ungewöhnlich in einer Epoche, in der noch der byzantinische streng-formelhafte Darstellungsstil Norm war. Die kleine Krypta beherbergt die Särge der Ortsheiligen *S. Anastasio* und *S. Nonnoso.*

● **Basilica di Sant'Elia,** geöffnet 25.3.–31.10. Di bis Fr 17–19 Uhr, Sa/So 10–12 u. 17–19 Uhr, die übrige Zeit des Jahres Di bis Fr 14–16, Sa/So 10–12 u. 14–16 Uhr.

Verkehrsmittel

Bus

Werktags 9x, sonn- u. feiertags 4x nach **Roma Saxa Rubra** und **Civita Castellana.**

Monte Soracte ⇗ VIII, B2

Südöstlich von Civita Castellana ragt ein kleiner Bergzug **weithin sichtbar** aus dem sanften Hügelland des Tibertals empor. Der Monte Soracte (Monte Soratte) ist gerade einmal 691 Meter hoch, wirkt aber durch seine isolierte Lage, Steilheit und markante Silhouette erheblich höher als er ist. Auch geologisch hebt sich der aus kristallinem Kalkgestein bestehende Berg von der aus vulkanischem Tuff aufgebauten Umgebung ab.

Seit Urzeiten galt der Monte Soracte als heilig. Er wurde zum **Ort religiöser Kulte und Praktiken** auserwählt, wo man höheren Kräften nahe sein wollte. In der Zeit der italischen Stämme verehrte man hier den *Apollo Soranus,* den Gott der Sonne, dessen Priester „mitten durchs Feuer fest auf glühenden Kohlen gehen konnten", wie der antike Schriftsteller *Vergil* berichtet. Weitgehend unerforscht ist der antike Kult der Sorano-Wölfe; dem *Apoll* geweihte Menschen mussten dabei für eine gewisse Zeit wie Wölfe leben.

Im frühen Mittelalter lebten christliche Eremiten in den zahlreichen Höhlen des Bergstockes. Andere Motive hatten deutsche Faschisten, die die Grotten im Zweiten Weltkrieg zeitweise als Gefechtsstand nutzten. Heute ist der Berg ein **Naturschutzgebiet.**

Auf dem Gipfel des Monte Soracte steht die bescheidene romanische Kirche **San Silvestro,** die im Wesentlichen aus dem 8. Jahrhundert stammt. Der Innenraum ist leider nur am Wochenende geöffnet (Sa/So 10–16, Juli/August 10–13 Uhr). Allein wegen der herrlichen Aussicht lohnt dennoch

Die Konstantinische Schenkung

In frühchristlicher Zeit lebte verborgen in den Eremitenhöhlen am Monte Soracte zeitweise **Papst Sylvester I.,** der vor den Christenverfolgungen des Kaisers *Konstantin* hierher geflohen war. In Rom grassierte zu dieser Zeit die Lepra. Der Legende nach erschien *Sylvester* dem Kaiser in einer Traumvision als Erretter von der Seuche. *Sylvester,* um Hilfe gebeten, kehrte nach Rom zurück und brachte wundersame Heilung. *Konstantin,* der später das Christentum zur neuen Staatsreligion und Byzanz zur neuen Hauptstadt des Römischen Reiches bestimmte, soll daraufhin die Stadt Rom dem Papst zum Geschenk gemacht haben. Diese sog. „Konstantinische Schenkung" hat es jedoch nie gegeben, die Schenkungsurkunde war eine von der römischen Kurie gefertigte dreiste **Fälschung.** Bis zu ihrer Aufdeckung im Spätmittelalter erfüllte sie den beabsichtigten Zweck, die weltlichen Herrschaftsansprüche der Päpste auf Rom und dessen Umland durch einen auch für den Kaiser verbindlichen Rechtstitel zu legitimieren.

der Weg hier hinauf, wobei man das letzte Stück ab der Kirche **Madonna delle Grazie** auf jeden Fall zu Fuß zurücklegen muss.

Von Sant'Oreste (s.u.) aus dauert der **Wanderweg** hin und zurück etwa zwei Stunden, wobei ca. 250 Höhenmeter Anstieg zu bewältigen sind. Man folgt etwa 300 Meter der Hauptstraße Richtung Rignano, bis diese mit einer Linkskurve abfällt. Auf der hier geradeaus abzweigenden Nebenstraße erreicht man in etwa 30 Min. die Kirche Madonna delle Grazie. Auf schmalem Weg braucht man dann noch ca. 15 Min. bis zur Kirche San Silvestro auf dem Gipfel.

Sant'Oreste ⇗VIII, B2

- **3500 Einwohner**
- **434 m üNN**
- **46 km nördlich von Rom**
- **PLZ 00060**

Auf halber Höhe am Südhang des Berges liegt in schöner Aussichtsposition der kleine Ort Sant'Oreste. Beim Gang durch den malerisch verwinkelten Ortskern trifft man auf den **Palazzo Canali** von 1589, der heute als Rathaus dient, sowie die Kirche **San Lorenzo** von 1566 mit einem älteren Glockenturm aus dem 15. Jahrhundert. Beide Bauten gehen angeblich auf den berühmten Renaissancebaumeister *Vignola* zurück.

Touristeninformation

- **Pro Loco,** Piazza di Piemonte, Tel. 07 61 57 98 95, www.prolocosantoreste.com.

Verkehrsmittel

Bus

Verbindung zur **Bahnstation von Sant' Oreste** an der Nebenbahn Civita Castellana – Roma Piazzale Flaminia; auch einige durchgehende Busse nach **Roma Saxa Rubra.**

Calcata ⇗VIII, B3

Das winzige Dorf steht höchst pittoresk auf einem steil aus dem **Tal des Treia-Baches** aufsteigenden Tuffplateau – das perfekte Bild eines latinischen Dorfes des Mittelalters. Kein Neubau stört außen wie innen das malerische Bild. Über Jahrzehnte standen viele Häuser leer, dann kamen immer mehr Neubürger auf der Suche nach Ruhe und Ursprünglichkeit, darunter Aussteiger und Freaks. Inzwischen blüht der Handel, immer mehr Läden nisten sich in die alten Häuser ein, feilgeboten werden Antiquitäten, Kunsthandwerk, Keramiken, Duftseifen und -öle, indische Stoffe, Orientteppiche usw. usf. Auch an Bars, Cafés und Trattorien herrscht kein Mangel. Die alteingesessenen Bewohner, die noch vor 30 Jahren den Ort fast für sich alleine hatten, sind fast alle in ein neues Dorf oberhalb abgewandert. Am Wochenende sollte man Calcata besser meiden, dann fallen die Römer ein, auf der engen Zufahrtsstraße tobt der Kampf um die knappen Parkplätze und die Gassen sind dicht bevölkert.

Sehenswürdigkeiten im eigentlichen Sinne hat Calcata nicht zu bieten, die wenigen Reste der faliskischen **Nekro-**

pole Narce südlich des Ortes lohnen nicht die Mühe der Kraxelei im steilen Gelände. Die **Dorfkirche** bewahrte lange eine wertvolle Reliquie - die hochheilige Vorhaut Jesu, die einmal pro Jahr in einer feierlichen Prozession durchs Dorf getragen wurde. Seit 1983 ist das vorbei, Diebe drangen in die Kirche ein und stahlen den mit Juwelen verzierten Aufbewahrungsschrein - anders als im Mittelalter war das Motiv wohl nicht der Inhalt, sondern die Verpackung.

Die umgebende Landschaft des Treia-Tals, die seit einigen Jahren als **Riserva Naturale** unter Naturschutz steht, lädt ein zu schönen **Wanderungen.** Mit vielen Windungen durchfließt die Treia ein üppig-grünes, von rotbraunen Tufffelsen gesäumtes idyllisches Tal. Einige der alten, ehemals unter der dichten Vegetation verschwundenen Verbindungswege wurden für die Wanderer freigelegt und mit Markierungen versehen. Das bei der Bar am Platz vor dem Eingang zum alten Ortskern nach rechts absteigende Pflastersträßchen führt z.B. nach 100 Metern auf Weg 013 Richtung Civita Castellana. Der anfangs breite Spazierweg mit schönem Blick zurück auf Calcata senkt sich allmählich ins Tal der Treia und folgt als schmaler Wanderpfad mit einigem Auf und Ab dessen Lauf nach Norden.

Sutri

↗VIII, A2

- **4300 Einwohner**
- **270 m üNN**
- **33 km südöstlich von Viterbo**
- **PLZ 01015**

Das kleine Sutri, das lange vor Rom existierte, zählt sich zu den **ältesten Städten Latiums.** Sein Name geht auf die Etruskergottheit *Sutrinas* zurück, aus der später bei den Römern der Gott *Saturn* wurde. Im 4. Jahrhundert v.Chr. war das an der antiken Fernstraße **Via Cassia** gelegene Sutri zwischen Römern und Etruskern hart umkämpft. An einem einzigen Tag im Jahre 380 v.Chr. verlor Rom die Stadt und eroberte sie zurück, endgültig, woraus sich die lateinische Redewendung „ire sutrium" ableitete, was so viel wie „eine schwierige Sache schnell und gründlich erledigen" bedeutete. Auch im Mittelalter war das an der **Via Francigena** gelegene Sutri von einiger Bedeutung. Der langobardische Eroberer *Luitprand* schenkte es 728 dem Papst - der erste päpstliche Landbesitz außerhalb Roms. Päpste und Kaiser hielten sich mehrfach hier auf. Mit der Synode von Sutri 1046 beendete der deutsche Kaiser *Heinrich III.* den Streit um die Nachfolge Petri, indem er drei konkurrierende Kardinäle aus der Stadt vertrieb, um an ihrer Stelle den Bischof von Bamberg als *Clemens II.* zum neuen Papst zu bestimmen - übrigens vor dem aktuellen Papst *Benedikt XVI.* der letzte deutsche Papst.

Heute ist Sutri nur noch eine bescheidene latinische Provinzstadt, die, wie so oft in diesem Landstrich, mit einem mittelalterlich geprägten *centro storico* aufwarten kann. An dessen Südrand erhebt sich der **Dom,** ein ursprünglich romanischer Bau, der im 18. Jahrhundert barockisiert wurde. Von der Vorgängerkirche stammen noch der Glockenturm von 1207, der Mosaikfußboden (Cosmaten) und ein byzantinisches Christusbildnis in der zweiten Kapelle links. Ältester Teil ist die stimmungsvolle siebenschiffige Krypta (9. Jahrhundert), die von zierlichen Säulen mit abwechslungsreich gearbeiteten Kapitellen getragen wird.

Südlich außerhalb des alten Zentrums, fünf Gehminuten vom Dom entfernt, steht neben der Fernstraße Via Cassia das **Amphitheater** von Sutri (geöffnet Di bis Sa 8.30–18.30, So 8.30–13.30 Uhr, Mo geschlossen, Eintritt frei). Es wurde nicht wie sonst freistehend errichtet, sondern in das anstehende Tuffgestein gegraben, weswegen es manche Historiker für eine Anlage der Etrusker halten – ein archaisch wirkender Bau, um das relativ kleine grüne Oval stehen die Sitzreihen mit ausgetretenen Felsstufen, aus denen das Gras hervorsprießt. Manche Forscher gehen davon aus, dass auch die Etrusker schon gewalttätige Gladiatorenkämpfe kannten, die dann allerdings immer Teil eines religiösen Rituals und nicht Volksbelustigung wie bei den Römern waren.

lat_220 Foto: gh

In den Tufffelsen beim Amphitheater verbirgt sich eine ausgedehnte **etruskische Nekropole** mit einfachen Kammer- und Nischengräbern. Diejenigen im Felsrücken an der Südseite entlang der Via Cassia sind am besten erhalten, ein Grab besitzt noch eine verzierte Fassadenrahmung.

Etwa 200 Meter nördlich des Amphitheaters findet man den Eingang zur kleinen **Felskirche Madonna del Parto** („Madonna der guten Geburt"). Sie liegt im Schoße des Berges, an einem Platz, der über 2500 Jahre lang Ort religiöser Kulte war. Die Höhle, in die die Kirche hineingebaut ist, diente im 6. Jahrhundert v.Chr. als etruskische Grabstätte. Ab etwa dem 2. Jahrhundert trafen sich hier die Anhänger der **Mithras-Sekte,** um ihre esoterischen Rituale abzuhalten. Eine erste christliche Andachtsstätte entstand schon im 5./6. Jahrhundert. Der Innenraum ist durch Tuffpfeiler in drei Schiffe gegliedert. Auf den Felsbänken an den Längsseiten lagerten die Jünger des Mithras-Kultes bei ihren rituellen Banketten. An den Wänden haben sich einige Fresken des Mittelalters erhalten. Noch recht gut erkennbar ist die Darstellung der Michaelslegende an der Eingangswand, die von einem anonymen Maler des 14. Jahrhunderts stammt (Besichtigung auf Anfrage beim Kustoden des Amphitheaters).

Das (wahrscheinlich etruskische) Amphitheater von Sutri

Ein ausgeschilderter **kurzer Spaziergang** führt von Madonna del Parto durch grüne Natur und an weiteren Grabhöhlen vorbei um die Rückseite des Felsrückens herum. In etwa 20 Minuten gelangt man zurück zum Amphitheater.

Oben auf dem Hügelkamm, zu dem ein Sträßchen hinaufleitet, erstreckt sich ein kleiner **Park** mit der heute innen völlig kahlen Adelsvilla der *Savorelli* (18. Jahrhundert), einem Barockkirchlein, einer mittelalterlichen Burgruine und – beim Südende – einem Aussichtspunkt mit Blick hinunter ins Amphitheater.

Touristeninformation

- **Pro Loco,** Piazza del Comune 31, Tel. 07 61 60 03 30, nur Fr bis So geöffnet, www.comune.sutri.vt.it.

Unterkunft

- ****Sutrium**€€, kleines, einfaches Kleinstadthotel mit acht ordentlichen, ästhetisch etwas bieder eingerichteten Zimmern, frisch renoviert, zentrale Lage, Piazza San Francesco, Tel. 07 61 60 04 68.

Essen und Trinken

- **La Locanda di Saturno**€€€, durch einen dunklen Hinterhof geht es in einen freundlichen Speiseraum, gute und kreative gehobene Landküche, vor allem am Wochenende ist Vorbuchung ratsam, Tel. 07 61 60 83 92, Di bis Fr nur abends, Sa/So auch mittags geöffnet, Mo Ruhetag.
- Die freundliche **Trattoria La Sfera d'Oro**€€ mitten im Zentrum am verkehrsberuhigten kleinen Rathausplatz bietet ordentliche hausgemachte Küche, gut z.B. die Pilzsuppe und die selbst gemachten Nudeln mit Wild-

schweinsauce *(papardelle al cinghiale),* freundlicher Service, im Sommer auch Tische im Freien, Piazza del Comune 36, Di geschlossen, Tel. 07 61 60 00 30.

Verkehrsmittel

Bus

Werktags recht häufig Bus nach **Rom** und über Vetrella nach **Viterbo,** sonn- und feiertags etwas seltener; die Busse halten an der Via Cassia gegenüber der Nekropole bei der Einmündung der aus dem Ortszentrum kommenden Straße.

Lago di Bracciano

Etwa 35 Kilometer nördlich von Rom liegt eingebettet in eine sanft-grüne Landschaft der fast kreisrunde Lago di Bracciano. Der bis zu 165 Meter tiefe, von Quellen gespeiste See füllt den Krater eines vor langer Zeit erloschenen Vulkans. Mit einer Oberfläche von knapp 60 Quadratkilometern und einem Umfang von 31 Kilometern ist er nach dem Lago di Bolsena das zweitgrößte Binnengewässer Latiums. Nördlich des Sees erheben sich die bis auf gut 600 Meter ansteigenden **Monti Sabatini,** ein dicht bewaldetes, durch die Erosion abgerundetes ehemaliges Vulkangebirge. An der stellenweise verschilften, flacheren Südseite dominieren Felder und Viehweiden.

Drei hübsche Ortschaften liegen am See: der von einem mächtigen Kastell überragte **Hauptort Bracciano** sowie die beiden bescheidenen sommerlichen **Bade- und Erholungsorte Trevignano und Anguillara.**

Der Bracciano-See ist eines der beliebtesten Naherholungsgebiete der Römer. Sein Wasser ist relativ sauber, was der noch recht reiche Fischbestand (Aale, Schleien) belegt. Es gibt einige **kleine Badestrände,** und der See ist auch mit öffentlichen Verkehrsmitteln gut zu erreichen. Entsprechend voll wird es hier an Wochenenden, Fest- und Feiertagen. Wer die ruhige Seeumgebung, die bisher trotz einiger neuer Hotelbauten und Ferienanlagen landschaftlich noch weitgehend intakt ist, ohne Massenandrang genießen möchte, sollte während der Woche kommen.

Bracciano ↗XIII, C1

- **11.000 Einwohner**
- **290 m üNN**
- **45 km südlich von Viterbo, 50 km nordwestlich von Rom**
- **PLZ 00062**

Die angenehme Kleinstadt auf halbem Wege zwischen Rom und Viterbo liegt aussichtsreich auf einem Hügel westlich über dem See. Der Ort ist geteilt in ein westliches, neueres Viertel und das östliche verwinkelte *centro storico* mit engen Gassen, Torbögen und alten Fassaden. Überragt wird es von den mächtigen Mauern und Bastionen des Castello Orsini-Odescalchi.

Castello Orsini-Odescalchi

Das außen mittelalterlich wehrhaft, innen vornehm-feudal wirkende Kastell von Bracciano ist seit seiner Entstehung im 15. Jahrhundert ununterbrochen bewohnt. Die mächtige Feudalsippe der *Orsini* ließ die große Anlage 1470–85 errichten. Seit dem Ende des 15. Jahrhunderts, als die Truppen des verruchten Borgia-Papstes *Alexander VI.* die Burg vergeblich belagerten, war sie nie mehr Objekt kriegerischer Auseinandersetzungen. Mächtige Feudalherren, Päpste und Könige hielten sich zeitweise in der Burg von Bracciano auf, die 1696 in den Privatbesitz der noch heute hier wohnenden römischen Adelssippe der *Odescalchi* überging. Wegen ihres guten Erhaltungszustandes, der historischen Innenausstattung mit einigen interessanten Kunstwerken sowie der schönen Lage über dem See ist die Burg ein beliebtes Ausflugsziel geworden, seitdem die Innenräume der Allgemeinheit zugänglich gemacht wurden.

Der **Mauerring** der Burg wird von sechs mächtigen Rundtürmen flankiert. Ein Aufgang führt in ein **gotisches Gewölbe** mit Ziehbrunnen, einer Bärenfigur, Symbol der *Orsini* (*orso* = Bär) und einem Madonnenbildnis im Renaissancerahmen. Von hier gelangt man über Treppen zum nördlichen Wohntrakt. Die repräsentativen Säle im ersten und zweiten Stock des Nordflügels sind zu besichtigen.

Den ersten Raum, das **Turmzimmer Camera Papalina** (Papstzimmer), schmücken manieristische Freskenausmalungen von *Taddeo Zuccari* (Sternzeichen). Hier residierte zeitweise der 1481 vor der Pest in Rom geflohene Papst *Sixtus IV.* Auch das folgenden **Studiolo** (Studierzimmer) zeigt Zucchari-Fresken (1561) sowie eine schöne Kassettendecke von 1500 mit dem Orsini-Wappen. Die **Camera di Umberto I.** (Raum III) mit bemalter Holzdecke und Himmelbett (beide 15. Jahrhundert) diente als Schlafgemach. Die **Sala del Trittico** (Raum IV) mit Kamin des 16. Jahrhunderts ist mit den Flügeln eines Altartryptichons aus umbrisch-märkischer Schule geschmückt (Verkündigung und Kreuzigung, 16. Jahrhundert).

Die **Sala del Pisanello** (Raum V) ist mit einem schönen Freskenzyklus eines unbekannten Renaissancemeisters ausgemalt, „ciclo femminile" genannt. Es sind nur Frauen dargestellt – bei der Alltagsarbeit, wenn die Männer draußen unterwegs sind, um „Großes" zu vollbringen.

Die folgende **Sala Cesari** (Raum VI) zeigt mit dem großen Bildwerk aus der Werkstatt des *Antoniazzo Romano* (1487) das interessanteste Kunstwerk der Burg. Dargestellt ist der Besuch des *Piero de Medici* mit Gefolge bei *Gentile Virginio Orsini,* einem der Erbauer des Schlosses von Bracciano. Benannt ist der größte Burgraum nach den zwölf aufgestellten Büsten antiker Herrscher (Cäsaren).

Die zwei Marmorbüsten in der **Sala Orsini** (Raum VII) stammen vom berühmten Barockkünstler *Gianlorenzo Bernini.* Sie stellen *Paolo Giordano Orsini* und seine später von ihm eigenhändig erdrosselte Gemahlin *Isabella de Medici* dar. Wegen einer neu entflammten Liebschaft mussten die Medici-Tocher und auch der noch vorhandene Ehemann der Angebeteten ihr Leben lassen – harte Zeiten. Als ein Verwandter des Opfers als *Sixtus V.*

zum Papst gewählt worden war und Rache schwor, musste der *Orsini* die Flucht nach Norditalien antreten, wo er einsam und verarmt starb.

Durch die **Sala del Leone** (Raum VIII) mit venezianischen Gemälden gelangt man in das Schlafgemach der **Sala di Isabella** oder **Camera Rossa** (Raum IX) mit Originalmobiliar des 16. Jahrhunderts und bemalter Holzdecke aus der Künstlerwerkstatt des *Antoniazzo Romano* (1491). Neben dem Bett gibt es eine Falltür. Der Legende nach empfing die schöne *Isabella* viele heimliche Liebhaber, die nach „Gebrauch" rasch in einen tiefen Schacht entsorgt wurden.

Über eine Wendeltreppe gelangt man zu den meist weniger interessanten acht Burgsälen des zweiten Stocks. Die **Camera Gotica** (Raum XI) ist im imitierend gotischen Stil ausgestaltet. Der **Herkulessaal** (Raum XII) ist mit einem Freskenzyklus zu den Taten des *Herkules* ausgemalt, als „ciclo maschile" ist er das Gegenstück zum „ciclo femminile" in Raum V. In der **Sala d'Armi** (Raum XIII) mit ihren italienischen und deutschen Turnierrüstungen (15./16. Jahrhundert) und einer geharnischten Reiterfigur bekommt man einen guten Eindruck vom Kriegshandwerk vergangener Jahrhunderte. Die **Sala Etrusca** (Raum XVI) zeigt bescheidene etruskische Grabungsfunde aus Cerveteri und Palo.

Zum Abschluss der Führung gelangt man in den **Burghof** mit Loggia und einem Orsini-Bär vor fein gearbeitetem Renaissanceportal. Hier befinden sich auch die Räume der Burgküche. Schließlich geht es über den mit Zinnen bewehrten Mauerkranz, von wo sich ein herrlicher Ausblick auf die roten Ziegeldächer Braccianos und die blaue Wasserfläche des Sees eröffnet.

- **Castello Orsini-Odescalchi,** geöffnet Di bis Sa 10–12 u. 15–17 Uhr, So 9–12.30 u. 15–17.30 Uhr; August auch Mo; April bis September nachmittags bis 18.30 Uhr, etwa stündlich geführte Rundgänge von ca. 1 Std. Dauer.

Der Ort

Hinter der Burg, zum See hin, duckt sich das bescheidene mittelalterliche Dorf Bracciano. Von der kleinen Piazza Sanminiati am östlichen Ortsrand bietet sich nochmals ein weiter Ausblick über den Lago Bracciano (Hinweis „Belvedere"). Beim Gang durch das kleine *centro storico* trifft man auf die Kirchen **Santa Maria Novella** mit großflächiger Barockausmalung in der Apsis und **Santo Stefano** mit einem Barockgemälde von *Domenichino* (Heilige und Mitglieder der Adelssippe der *Orsini,* 17. Jahrhundert) sowie dem 1315 von toskanischen Künstlern geschaffenen Salvator-Tryptichon auf dem rechten Seitenaltar.

Touristeninformation

- **Ufficio Turistico Comunale,** Piazza IV Novembre 5, Tel. 06 99 84 00 62, Fax 06 99 80 94 28, info@lakebracciano.com, Info-Pavillon auf dem Rathausplatz.

Unterkunft

- *****Alfredo Hotel**€€€-€€€€, modern eingerichtetes Hotel 50 m vom See entfernt, das im Hinblick auf Komfort wenig Wünsche offen lässt, freundlich-korrekter Service, Swimmingpool, Tennisplatz, Via Circumlacuale,

lat_225 Foto: gh

Tel. 06 99 80 21 68, Fax 06 99 80 54 55, www.alfredohotels.com.

- ****Da Alfredo**€€, einfach-rustikales Haus direkt am Seeufer, Komfort akzeptabel, freundlich-lockere Atmosphäre, gemütliche, in den See hineingebaute Restaurant-Terrasse, Via della Sposetta Vecchia, Tel. 06 99 80 55 85, Fax 06 99 80 91 40.
- ****Villa Maria**€€, freundlicher Familienbetrieb an der Straße vom Ort zum See ca. 300 Meter vom Ufer entfernt, außen eher nüchterner Bau, innen ansprechend eingerichtete Zimmer, einige mit Seeblick, mittlerer Komfort, Via del Lago 24, Tel. 06 99 80 50 43, Fax 06 99 80 30 34.
- ****Casina del Lago**€-€€, direkt am See, einfach und sympathisch, gute Lage, von der Qualität der Zimmer her jedoch eher unterer Durchschnitt, z.T. ohne Bad, Via Lungolago Arenti 9, Tel. 06 99 80 54 75, Fax 06 99 80 54 54.

Camping

- **Camping Azzurro,** beim Seeufer 2 km nördlich von Bracciano an der Straße nach Trevignano, gemütlicher, etwas enger schattiger Platz mit eigenem Vulkansandstrand, saubere sanitäre Anlagen, Bar, Pizzeria, wochenweise werden auch Holzhäuschen für 2 bis 5 Personen vermietet (ab ca. 250 Euro für 2 Pers.), 1.4.–30.9., Via Settevene Palo 16, Tel. u. Fax 06 99 80 50 50, www.campingazzurro.it.

Essen und Trinken

- **Vino e Camino**€€€, gehobene Enoteca mit kleiner, aber kreativer Auswahl an Speisen, ausgezeichnete Weinkarte, zwangloser Service und eher einfaches Ambiente, am Burgplatz, Piazza Mazzini 11, Mo geschlossen, Tel. 06 99 80 34 33.
- Ebenfalls am Burgplatz bietet die beliebte **Trattoria del Castello**€€ die klassische Auswahl an latinischen Gerichten, Piazza Mazzini 1, Tel. 06 99 80 43 39, Mi geschlossen.

Bracciano am gleichnamigen See

• **La Fontanella**€-€€, beliebte einfache Trattoria-Pizzeria im Zentrum, wo sich mittags die Angestellten der Behörden und Betriebe einfinden, Durchschnittsküche zu günstigen Preisen, Via F. Silla 1, Tel. 06 99 80 45 40, Mi Ruhetag.

Bahn

Nach Rom und Viterbo nimmt man am besten den Zug, der Bahnhof liegt nahe beim Zentrum. Halbstündlich nach **Roma San Pietro** (Bahnhof beim Petersdom) und **Roma Ostiense** (knapp 1 Stunde Fahrzeit); werktags stündlich über Manziana/Oriolo nach **Viterbo** (45 Min.), So alle 2 Stunden.

Bus

Häufig Direktverbindung nach **Roma Lepanto**/Metrostation Linie A (1 Std. Fahrzeit). Werktags ca. 6x, So 4x nach **Trevignano/Anguillara** auf der Linie Manziana – Rom; werktags zusätzliche Verbindungen nach Trevignano.

Schiff

Im Sommer **Fährboote** nach **Trevignano** und **Anguillara.**

Einkaufen

• Mi vormittags großer **Wochenmarkt** am Platz vor der Burg (Piazza Mazzini).
• **Antiquitätenmarkt** im Zentrum am zweiten Wochenende im Monat.

Fest

• **Szenische Darstellung der Leidensgeschichte Jesu am Karfreitag** vor und auf den Mauern der Burg.

Trevignano Romano ↗ VIII, A3

Das am Nordufer des Lago di Bracciano gelegene Trevignano ist eine hübsche Kleinstadt mit familiärer Strandpromenade und einem kleinen alten Zentrum, um das die Durchgangsstraße glücklicherweise herumführt. Der Ort war als Sabatia schon in der Zeit der Etrusker besiedelt, im Mittelalter blühte er im Schutz der Burg der *Orsini* erneut auf. Der **Palazzo Comunale** (Rathaus) mit einem Portal des 15. Jahrhunderts beherbergt ein kleines **Antikenmuseum** mit etruskischen und römischen Funden. Nebenan steht das Kirchlein **Santa Caterina** (8./9. Jahrhundert) auf den Fundamenten eines Römertempels. In der **Chiesa di San Bernadino** wird ein Stein verehrt, auf dem der große Heilige seine Predigten gehalten haben soll. Die **Chiesa Santa Maria Assunta** am Fuße des Burghügels besitzt ein sehenswertes Renaissancewerk von einem unbekannten Meister des 16. Jahrhunderts in der Nachfolge *Raffaels.* Von der ehemaligen **Burg der Orsini** auf der Hügelspitze über der Altstadt findet man nur noch Ruinen, der Aufstieg lohnt aber wegen des schönen Seepanoramas.

Anguillara Sabazia ↗ XIII, C1

Mehr noch als Trevignano ist Anguillara an der Südostseite des Sees ein beliebtes Ausflugsziel der Römer. Es liegt ausgesprochen schön auf einer in den See hineinragenden Hügelkuppe und besitzt eine von Mauern umgebene kompakte kleine Altstadt. Im 15. Jahrhundert herrschte hier der grausame Clan der aus Deutschland eingewanderten *Anguillara,* deren letzte Vertreter von den *Orsini* auf Geheiß des Papstes massakriert wurden, nachdem sie neben ihren Raubzügen auch noch begonnen hatten, die Wirtschaft des

Heiligen Stuhls in Rom durch die Herstellung von Falschgeld zu ruinieren.

Ein Spaziergang durch die Gassen eröffnet immer wieder Durchblicke auf die glänzende Wasserfläche des Sees. Das sich mit bis zu 15 Meter dicken Mauern schützende **Castello Orsini** (15. Jahrhundert) dominiert die Silhouette des Ortes. Eine vor kurzem durchgeführte Restaurierung brachte einige Fresken im Stil *Raffaels* ans Tageslicht. Westlich des Ortes erstreckt sich dunkler Vulkansandstrand.

Vier Kilometer nordöstlich liegt einsam zwischen Feldern und grünen Hügeln der kleine **Lago di Martignano,** ein weiterer Vulkansee. Die unverbauten Ufer bieten an mehren Stellen schöne Badeplätze.

Nordwestlich von Bracciano

Auf der Fahrt von Bracciano Richtung Viterbo lohnen einige kleinere Sehenswürdigkeiten einen Zwischenstopp. Südlich von **Manziana** findet man in den Wäldern immer noch Plätze mit vulkanischen Aktivitäten, wie die stinkenden Schwefelquellen von **Caldara di Manziana,** wo in kleinen Tümpeln warmes Wasser gluckst und blubbert (Zugang beim südlichen Ortsausgang von Maziana, beschilderte Wanderwege).

Etwa sechs Kilometer östlich von Manziana liegen auf einem Hügelrücken die **Ruinen von Monterano,** die man über **Canale Monterano** erreicht. Wegen der Malariagefahr wurde der Ort um 1800 von seinen Bewohnern aufgegeben. Für den Besucher durchaus reizvoll sind die verwunschenen Ruinen mit von Schlingpflanzen überwucherten alten Mauern. Irgendwie fremdartig wirkt die einsam in der Landschaft stehende Ruine einer einst vornehmen Barockkirche, die *Gian Lorenzo Bernini* zugeschrieben wird. Um den Ort erstreckt sich das Naturschutzgebiet **Riserva Naturale Monterano** mit ursprünglichen Wäldern und verwunschen wirkenden Bachtälern (Tourenvorschlag im Rother-Wanderbuch).

Weiter nördlich kommt man durch **Oriolo Romano,** einen für diese Region sehr neuen Ort. Er entstand erst im 16. Jahrhundert auf regelmäßigem Grundriss um den Feudalsitz **Palazzo Altieri** (16./17. Jahrhundert). Die teilweise mit prächtigen manieristischen Fresken (mythologische Szenen, Grotesken, Stadt- und Landschaftsansichten) ausgemalten Räume im Untergeschoss können besichtigt werden, ebenso die Sammlung von Bildnissen und Porträts sämtlicher Nachfolger auf dem Stuhl Petri bis in unsere Tage (geöffnet außer Mo 8.30–19 Uhr, 2 Euro Eintritt).

Capranica liegt wie viele Orte Etruriens mit engem verwinkeltem Ortskern auf einem Tufffelsen. Am Ortsausgang steht an der Straße nach Viterbo die von *Vignola* entworfene **Renaissancekirche Madonna del Piano** mit einer einen antiken Tempel imitierenden Fassade und feierlich wirkendem Innenraum – ein Schmuckkästlein der Renaissance, mit Kassettendecke und reich geschmückter Marienikone am Altar.

In **Vetralla** könnte man sich den Barockdom **Sant'Andrea** mit Gemälden aus dem 18. Jahrhundert und die ältere, kunstgeschichtlich interessantere **Chiesa di San Francesco** (11. Jahrhundert) am östlichen Altstadtrand anschauen. Letztere zeigt Mittelalterliches: Cosmatenornamente am Fußboden, massige Säulen mit fein gearbeiteten Pflanzenkapitellen, diverse Fresken des 14. bis 16. Jahrhunderts und die Krypta eines Vorgängerbaus.

Bahn

In Manziana und Oriolo halten die Züge der Linie **Roma Ostiense – Bracciano – Viterbo,** werktags stündlich, So alle 2 Std.

Bus

Von Capranica und Vetralla auch sonntags häufiger Busse auf der Linie **Viterbo – Sutri – Roma Saxa Rubra;** werktags auch mehrfach Bus von Bracciano über Manziana nach Canale Monterano.

Zwischen Lago di Vico und Tarquinia

Zwischen dem Lago di Vico und der Mittelmeerküste von Tarquinia erstreckt sich nur dünn besiedeltes, flachhügeliges Land mit Getreidefeldern, Wein- und Obstbaumgärten und kleinen lichten Waldstücken, wo vor allem Eichen, Kastanien und Haselnussbäume wachsen. Es gibt hier nur einige wenige Kleinstädte und Dörfer, die fast ohne jegliche Industrie existieren. Auf den ersten Blick erscheint diese abseitig gelegene bäuerlich geprägte Region ohne besonderen touristischen Reiz. Wer sich jedoch für die Kultur der Etrusker interessiert, kann hier einiges entdecken. Einige **größere und Hunderte kleiner und kleinster etruskischer Nekropolen** liegen versteckt in der Umgebung der kleinen **Tuffsteinorte Blera, Barbarano Romano** und **Civitella Cesi,** die ihrerseits mit gut erhaltenen mittelalterlichen Ortskernen aufwarten können. Die etruskischen Grabstätten belegen, dass dieser Landstrich in der Antike, als hier die wichtige Fernstraße **Via Claudia** verlief, eine größere Bedeutung als heute hatte. Die Nekropolen sind lohnende Ziele für **kurze Wanderungen** in freundlichem Hügelland. Meist liegen die Gräberstädte der Etrusker versteckt in landschaftlich schönen, von rostbraunem Tuffgestein eingefassten Bachtälern.

Norchia ↗VII, C2

Etwa acht Kilometer westlich von Vetralla liegt einsam in der Landschaft die **etruskische Nekropole** von Norchia (Anfahrt über die N 1 Richtung Tarquinia/Civitavecchia, nach vier Kilometern beschilderter Abzweig nach rechts). Die zahlreichen Gräber mit ihren vielfältigen Formen liegen überwiegend am gestuften Steilhang eines bewaldeten, von Felsen gesäumten Einschnitts, den die Bäche Pile, Biedano und Aqualta in den Tuff gegraben haben. Die auf einem Hügelrücken darüber stehenden baulichen Überreste eines im 15. Jahrhundert von seinen Bewohner verlassenen Dorfes vervollständigen das malerische Ruinenen-

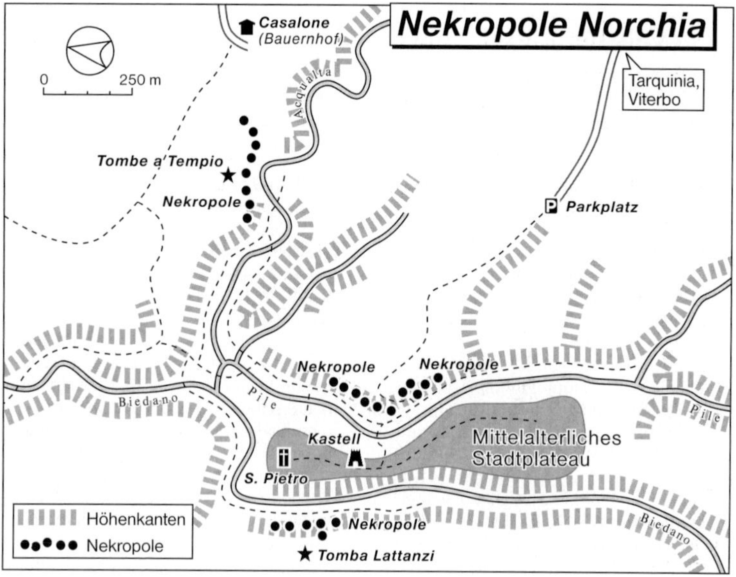

semble. Das nur zu Fuß erreichbare Norchia ist auch landschaftlich ein schöner Ort, der irgendwie außerhalb der modernen Zeit zu existieren scheint. Einzig Vogelgezwitscher unterbricht die Stille, meist hat man den Platz für sich allein.

In etruskischer Zeit lag hier die Stadt **Orcla,** ein zu Tarquinia gehörendes Handelszentrum, das auch noch in der Frühzeit der Römer blühte. Die meisten Gräber stammen aus der etruskischen Spätzeit (4. bis 2. Jahrhundert v.Chr.). Warum das im Mittelalter an gleicher Stelle neu entstandene Norchia im 15. Jahrhundert endgültig aufgegeben wurde, ist nicht überliefert.

Vom Ende der Stichstraße (kleiner Parkplatz) führt ein Weg zwischen Feldern zum Rand des **Tals des Fosso delle Pile.** Auf abschüssigem Tuffsteinpfad geht es von hier abwärts in die Nekropole (Vorsicht bei Nässe, Rutschgefahr!). Knapp über dem Talgrund findet man auf zwei Terrassen am steilen Osthang, links und rechts des Pfades, zahlreiche Grabstellen, darunter auch diverse Würfel- und Halbwürfelgräber mit Scheintüren und Resten von Fassadenornamenten.

Im Talgrund verläuft ein gemütlicher **Wanderweg.** Nach rechts (Norden) führt er am beschilderten Linksabzweig zu den mittelalterlichen Ruinen von Norchia vorbei zu einer Verzweigung, wo sich links mittels eines Holzsteges der **Fosso Aqualta** trockenen Fußes überqueren lässt. Am nördli-

Ein Volk der Rätsel – die Etrusker

Im 8. Jahrhundert v.Chr. tritt im westlichen Mittelitalien mit den Etruskern wie aus dem Nichts ein neues Volk in die Geschichte ein, das den Forschern nach wie vor Rätsel aufgibt. Für etwa fünf Jahrhunderte, bis zum Beginn der unumschränkten Herrschaft der Römer, waren sie im Gebiet zwischen Tiber, Arno und der tyrrhenischen Küste die **prägende zivilisatorische Kraft.** Während die benachbarten altitalischen Völker (Umbrer, Sabiner, Samniten, Volsker) noch in einfachen bronzezeitlichen Dörfern mit bescheidenen Holzhütten lebten, bauten die Etrusker bald große Städte mit festen Steinhäusern, gepflasterten Straßen und entwickelten Wasserversorgungssystemen, in ihren Tempeln und den Totenstädten (Nekropolen) offenbart sich eine verfeinerte Religion und Kunst. Als gute Seefahrer waren sie in der Lage, Handelsbeziehungen im gesamten Mittelmeerraum aufzubauen, in der Technik der Erzgewinnung und Metallverarbeitung nahmen sie schnell eine führende Rolle ein.

Die **Herkunft** der Etrusker ist mit endgültiger Sicherheit nicht geklärt, da es von ihnen kaum Schriftzeugnisse gibt und ihre Sprache nur in Ansätzen entschlüsselt werden konnte. Vor allem italienische Wissenschaftler vertreten gerne die These, dass es sich um ein ursprünglich italisches Volk handelte, das durch den Handelskontakt mit den höher entwickelten Mittelmeerkulturen der Phönizier und Griechen eine ökonomische und künstlerische Blüte erlebte. Vieles spricht jedoch dafür, dass die Etrusker ein zugewandertes Volk orientalischen Ursprungs waren. Dies würde u.a. die Entstehung einer neuen Hochkultur auf einem begrenzten Gebiet Mittelitaliens innerhalb weniger Jahrzehnte besser erklären. Die etruskische Sprache ist, nach allem was man weiß, nicht indoeuropäischen Ursprungs. Eine auf der Ägäisinsel Lemnos entdeckte Steinstele zeigt zwei Inschriften in einer bis dahin unbekannten Sprache, die nach neueren linguistischen Erkenntnissen sowohl eine Verwandtschaft zum Etruskischen als auch zum anatolischen Sprachraum aufweist. Auch wurde die typisch etruskische Kunst der Zukunftsweissagung durch Beobachtung des Vogelfluges, der Blitze sowie der Eingeweideschau durch besonders ausgebildete Seher *(Haruspices)* schon zuvor von Babyloniern und Hethitern im Vorderen Orient praktiziert. Die im Vergleich zu Italikern und Griechen höhere Stellung der etruskischen Frau wird manchmal als Nachwirkung der matriarchalisch geprägten Kultur Kleinasiens gewertet.

Die **Einwanderungstheorie** vertrat schon der griechische Geschichtsschreiber *Herodot.* Er berichtet von einer schrecklichen Hungersnot, die das im Gebiet der heutigen Westtürkei siedelnde Volk der Lyder heimgesucht habe. Der lydische König habe sein Volk in zwei Gruppen aufgeteilt, der eine Teil sollte in der Heimat bleiben, der andere unter der Führerschaft seine Sohnes *Tyrrhenos* in der Ferne neuen Lebensraum suchen. Nach langer Irrfahrt hätten sich die lydischen Auswanderer an der Westküste der Apenninhalbinsel niedergelassen. Deshalb nannten die Griechen die Etrusker auch Tyrrhener.

Nach einer dritten – vermittelnden – Theorie haben sich die Etrusker durch die **Vermischung** eines eingesessenen altitalischen Volkes der sog. Villanova-Zeit mit einer Gruppe von kulturell fortgeschritteneren Zuwanderern aus Vorderasien entwickelt.

Die Etrusker waren als lockeres **Bündnis autonomer Stadtstaaten** organisiert, die jeweils durch einen aus der Adelsschicht stammenden Priesterkönig *(Lucomon)* regiert wurden. Einmal im Jahr trafen sich die zwölf bedeutendsten Lucomonen im Heiligtum Fanum Voltumnae beim heutigen Orvieto (Umbrien) zu religiösen Feierlichkeiten, wobei auch gemeinschaftliche Angelegenheiten geregelt wurden. Zu keiner Zeit bildete sich jedoch ein zentral regierter Einheitsstaat heraus. Die wichtigsten Stadtstaaten waren Veio, Caere (Cerveteri), Tarquinia und Vulci im heutigen Latium, Velsna (Orvieto) und Perugia in Umbrien sowie Roselle, Vetulonia, Volterra, Chiusi, Cortona und Arezzo in der Toskana. Vor allem in der frühen etruskischen Blütezeit lag im Hinblick auf die Größe und Bedeutung der Städte das Zentrum des Volkes im Gebiet des heutigen Nordlatium und nicht, wie gerne behauptet, in der Toskana.

Eine wesentliche **ökonomische Basis** für den etruskischen Wohlstand waren der Abbau, die Verhüttung und der Export der reichen Erzvorkommen auf Elba, in den Colle Metallifere bei Vetulonia/Volterra und den Tolfabergen im Hinterland von Caere. Durch den zunehmenden Handelsverkehr im Mittelmeer begannen die Etrusker schon im 7. Jahrhundert v.Chr. griechische Kultureinflüsse aufzunehmen, sichtbar wird dies z.B. im Import und der nachahmenden Herstellung unzähliger Keramiken mit Motiven aus der griechischen Mythologie im 6./5. Jahrhundert. Die schwarze Bucchero-Keramik, ein begehrtes Exportgut, wurde hingegen von den Etruskern erfunden.

Den Höhepunkt ihrer Machtentfaltung erreichten die Etrusker im 6. Jahrhundert v.Chr., zeitweise reichte ihr Gebiet von Neapel bis in die Po-Ebene. Die etruskischen Seestreitkräfte beherrschten das Tyrrhenische Meer, die griechischen Kolonisten und Eroberer Süditaliens konnten auf Distanz gehalten werden. Die Etrusker selbst scheinen jedoch, anders als ihre Feinde, **keine expansive Eroberungs- und Kolonialisierungspolitik** betrieben zu haben, ihnen zuzuschreibende Stadtgründungen an fernen Küsten sind auch aus der Periode ihrer Seeherrschaft im Tyrrhenischen Meer nicht bekannt. Unter etruskischem Einfluss stand lange Zeit auch Rom, bis Ende des 6. Jahrhunderts wurde es von Königen aus Tarquinia regiert.

Mit der **Niederlage gegen die Griechen in der Seeschlacht von Cumae** im Jahre 474 v.Chr. verloren die Etrusker entscheidend an Einfluss. Noch einschneidender war jedoch der **Machthunger Roms.** Die Eroberung der Stadt Veio 396 v.Chr. durch die Römer markiert den Beginn des Niedergangs der etruskischen Herrschaft auch an Land. 280 v.Chr. fiel Vulci als letzte große Etruskerstadt an die neue imperiale Macht, die nun endgültig und unangefochten in Etrurien regierte. In römischer Zeit lebten etruskische Kultur und Sprache noch bis ins 1. Jahrhundert v.Chr. fort. Der etruskische Einfluss auf das Leben der Römer ist kaum zu überschätzen, der Gewölbebau, die entwickelten Wasserbautechniken, die Erzverhüttung, aber auch religiöse Praktiken, wie die später zu den Gladiatorenkämpfen degenerierten Opfer- und Wettkampfrituale oder die Zukunftsschau durch speziell ausgebildete Priester *(Auguren),* gehen auf sie zurück.

Einblicke in den Alltag und das religiöse Denken der Etrusker geben vor allem die zahlreich erhaltenen **Totenstädte (Nekropolen),** hier vor allem die farbigen Wandmalereien von Tarquinia. Offensichtlich glaubte man, dass sich im Jenseits das Leben in irdischen Formen fortsetzen würde, also gestaltete man die Grabanlagen wie Wohnhäuser und versorgte die Verstorbenen mit Gerätschaften für das Alltagsleben, wie Werkzeuge, Waffen und Schmuck. Die Wandmalereien zeigen die Etrusker vor allem in ihrer Frühzeit (8. bis 5. Jahrhundert) als **heiteres und sinnenfrohes Volk,** erst später, mit einsetzendem Machtverlust, überwiegen die düsteren Motive. Zahlreich sind in der Blütezeit die Darstellungen von Tänzern, Musikern, Gauklern und Wein einschenkenden Dienern bei Bankett-, Spiel- und Gauklerszenen. Sportliche Wettkämpfe und Jagdausflüge scheinen Teil der Alltagskultur gewesen zu sein. Auch die Begräbniszeremonien waren offensichtlich von üppigen Gelagen mit Musik und Tanz begleitet.

Auffällig ist auch die **freiere und selbstständigere Stellung der Frau.** Ihre gleichberechtigte Anwesenheit bei Festen und Banketten galt den Griechen und Römern, die im Alltag eine patriarchalisch dominierte strikte Geschlechtertrennung praktizierten, geradezu als obszön. Auch wegen ihrer sexuellen Unbekümmertheit wurden die Etrusker von den Römern als ein Volk der Lasterhaftigkeit geschmäht, den Griechen galten sie als eine Gesellschaft der Weinsäufer beiderlei Geschlechts. In seinen etruskischen Reisetagebüchern bemerkt *D. H. Lawrence* hierzu ironisch: „Außerdem waren die Etrusker lasterhaft. Wir wissen es, weil ihre Feinde und diejenigen, die sie ausgelöscht haben, es so gesagt haben ... Wer ist nicht lasterhaft für seine Feinde. Für meine Verleumder bin ich ein Paradebeispiel des Lasters."

lat_232 Foto: gh

chen Steilhang des sich danach rechts öffnenden Tals des Aqualta gibt es eine weitere, nicht ganz einfach zu findende Nekropole: Man folgt einer Pfadspur die Wiese hinauf, biegt 50 Meter vor deren Ende bei einer Furt nach links, um 50 Meter auf einem Grasstreifen steil den Hang zu einigen Felsen hinaufzusteigen. Ein schmaler ebener Hangpfad führt von hier 250 Meter nach rechts durch einen Waldsaum zur Nekropole mit den beiden ursprünglich in dorischen Tempelformen errichteten **Tombe a Tempio** (4. Jahrhundert v.Chr.). Bei genauer Betrachtung sind im Giebelfeld Reliefspuren eines von einem geflügelten Dämonen begleiteten Trauerzugs und ein rundes Gesicht auszumachen. Auch um das westlich des Stadthügels von Norchia verlaufende **Biedano-Tal** gibt es etruskische Gräber, darunter die große **Tomba Lattanzi.** Nach Norden endet der am Biedano verlaufende Talweg bei einer Ruine, in der Antike kreuzte hier die Via Claudia auf einer Brücke den Bach, um dann durch den 400 Meter langen, von bis zu zehn Meter hohen Tuffwänden gebildeten **Hohlweg der Cava Buia** zu einer Hochebene anzusteigen (2005 verwehrten militärische Sperrschilder den Durchgang.)

In der etruskischen Gräberstadt von Norchia

Der Aussicht wegen lohnend ist auch der Aufstieg zu den Ruinen des mittelalterlichen Norchia auf dem Hügel zwischen dem Fosso delle Pile und dem Biedano. Hält man sich auf der Höhe rechts, gelangt man zu den mittelalterlichen **Ruinen des Kastells und der Kirche San Pietro,** deren Chor noch aufrecht steht. Auf dem von der Ruine des Kastells südlich über den Stadthügel weiterführenden Pfad erreicht man einen Aussichtspunkt mit schönem Blick auf die verschachtelten Felsgräber der großen Nekropole über dem Fosso delle Pile.

Barbarano Romano ⇗ VII, D2

- **900 Einwohner**
- **335 m üNN**
- **25 km südlich von Viterbo**
- **PLZ 01010**

Touristen verirren sich nur selten nach Barbarano Romano, trotz des stimmungsvollen mittelalterlichen Ortskerns und der schönen Lage auf einem von grünen Tälern umgebenen Tuffplateau. Die Gemeindeverwaltung ist sehr bemüht, die Bausubstanz im alten Zentrum zu bewahren, und auch die umgebende Natur wurde 1984 als **Parco Regionale Marturanum** unter Schutz gestellt. Der Ort entwickelte sich im 12. Jahrhundert an der Stelle der an der Via Claudia gelegenen antiken Stadt Marturanum, von der nichts geblieben ist.

Der markante Rundturm der **Porta Romana** bewacht als Teil der starken mittelalterlichen Stadtbefestigung den Eingang zum *centro storico* mit seinem farbenfrohen Blumenschmuck an erdfarbenen Tuffsteinfassaden. Bei einem Rundgang trifft man auf die barock umgestaltete Hauptkirche **Santa Maria Assunta.** Rechts vom Eingang steht das qualitätsvolle, beidseitig bemalte Tryptichon del Salvatore des Sienesen *Ventura Salimbeni* (1567–1613), das im Gegensatz zur großflächigen Apsisausmalung noch ohne barocke Theatralik auskommt. In der ehemaligen Kirche Sant'Angelo zeigt das kleine **Museo Archeologico** zwei etruskische Sarkophage, griechische Vasen und Exponate aus der Zeit der vorausgehenden Villanova-Kultur (geöffnet Do bis So 10–13 u. Sa/So 15–18 bzw. im Sommer 16–19 Uhr).

Nekropole von San Guiliano ⇗VII, D2

Hauptsehenswürdigkeit ist die drei Kilometer außerhalb gelegene, von schwedischen Archäologen ausgegrabene Nekropole von San Guiliano. Die **zahlreichen Gräber** in den unterschiedlichsten Formen stammen überwiegend aus der etruskischen Frühzeit (7. bis 5. Jahrhundert v.Chr.). Sie liegen in schöner, von kleinen Bächen durchflossener Hügellandschaft. Mit dem Auto folgt man von Barbarano der Hauptstraße östlich Richtung Vejano, biegt am Ortsrand nach links in die Nebenstraße nach Villa San Giovanni ab und erreicht zwei Kilometer weiter bei einem gelben Hinweisschild den Rand der durch Wanderpfade erschlossenen Gräberstadt (Fußweg von Barbarano zur Nekropole siehe Wanderung unten).

Ein ebener Pfad führt 100 Meter nach links zum eindrucksvollen **Hügelgrab Tomba Cima** (um 640 v.Chr.) mit Hauptzugang an der Nordseite und mehreren Kammern, die zum Teil mit Elementen von Hausarchitektur ausgestaltet sind (Deckenbalken, Por-

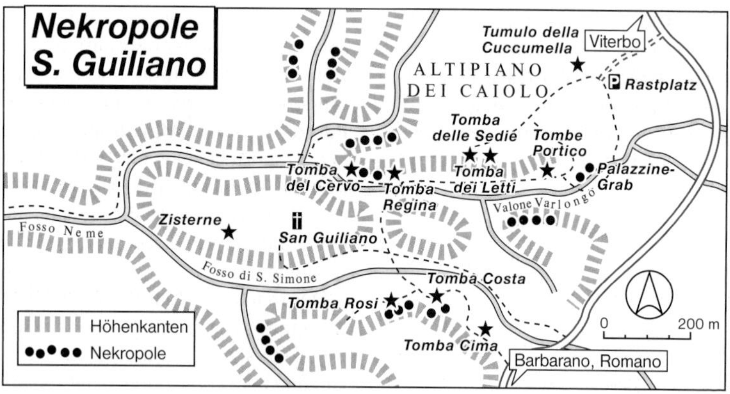

talrahmungen). Hinter der Tomba Cima senkt sich der Pfad in ein schattiges Tal, linker Hand sieht man mehrere gegen den Waldhang gebaute Gräber, das letzte, die **Tomba Costa** (5. Jahrhundert), zeigt eine Scheintür an der Eingangsseite. Etwa drei Minuten danach lohnt ein kurzer Abstecher nach links zu einem **Grab mit Steinleisten** an der Fassade und der **Tomba Rosi** (6. Jahrhundert v.Chr.), einem Würfelgrab mit Vorraum und drei parallelen Kammern. Der Hauptpfad geradeaus überquert den Bach Fosso di San Simone und erreicht am Fuße eines Felsens mit Wehrmauern eine Lichtung, wo ein breiterer Grasweg kreuzt (Rastbank rechts).

Ein Abstecher nach links führt mit etwa zehnminütigem Anstieg auf den Hügel der ehemaligen Etruskersiedlung mit dem malerisch verfallenen romanischen Kirchlein **San Guiliano** (12. Jahrhundert) - ein schöner Platz für eine Picknickpause im Gras unter Eichen. Etwa 200 Meter westlich von San Guiliano öffnet sich in der Wiese der gestufte Zugang zu einer Zisterne aus römischer Zeit.

Zurück bei der Wegkreuzung bei der Rastbank nimmt man den Pfad links Richtung „Tomba Regina", der als Hohlweg zwischen Felsen 200 Meter zu einer Gabelung führt, wo man rechts durch einen Bachgraben zu einem beschilderten Querpfad kommt. Bevor man links zur großen Tomba Regina weitergeht, könnte man auf einer Wegschleife nach rechts weitere, z.T. weniger bekannte Gräber aufsuchen: Zunächst passiert der Pfad die **Tombe Portico,** eine Reihung von Höhlengrabstätten links im Fels. Bei der folgenden Verzweigung links ansteigend erreicht man den offenen Höhenrücken **Altopiano del Caiolo,** über den ein Bohlenweg verläuft. Links am Rand einer Felsterrasse öffnen sich zur Talseite hin überdachte Gräber, u.a. die **Tomba delle Sedie e Carri** und die **Tomba dei Letti,** letztere mit Treppenzugang und zwei hintereinander liegenden Kammern.

Bergan führt der Bohlenweg am zusammengestürzten **Tumulo della Cuccumella** vorbei zum Ende eines Fahrwegs bei einem Rastplatz (Holzhäuschen). Davor geht es rechts auf einem etruskischen Hohlweg ins Vallone Varlongo hinunter. Im Tal folgt man dem Bach, kreuzt diesen und gelangt am **Palazzine-Grab** vorbei zurück zu den Tombe Portico. Auf dem Hauptpfad geradeaus erreicht man fünf Minuten später die **Tomba Regina.** Hinter der hohen Fassade des Halbwürfelgrabs aus dem 5. Jahrhundert v.Chr. verbirgt sich eine relativ kleine Grabkammer, in der Geräusche seltsam nachhallen. Etwa 200 Meter weiter steht am Talpfad die **Tomba del Cervo,** links von ihr führt eine steile Treppe zwischen Tuffwänden aufwärts. Nur schwach zu erkennen ist an der linken Seite ein kleines Relief, auf dem ein Hirsch von einem Wolf oder Hund angegriffen wird.

Unterkunft

● ***Marturanum**€, schlichte Unterkunft mit einfach eingerichteten Zimmern bei der Porta Romana, preiswert, Via Novembre 2, Tel. 07 61 41 43 68.

Bus

Werktags 5x nach **Blera** (Umsteigen Richtung Viterbo); werktags 6x, So 3x über Oriolo/Bracciano nach **Roma Saxa Rubra.**

Wanderung bei Barbarano: die Nekropole von San Guiliano und das Tal des Biedano

Die etruskische Gräberstadt von San Guiliano ist ein schönes Ziel für eine **gemütliche Wanderung** im Hügelland von Barbarano. Der Rückweg führt durch das idyllische **Tal des Biedano.** Eine etwas schwieriger zu gehende längere Variante, bei der man zweimal den Bach kreuzen muss, verläuft zum benachbarten Blera. Nach starken Regenfällen ist dieser Abschnitt nicht zu empfehlen. Von Blera zurück nach Barbarano verkehren einige wenige Linienbusse.

Dauer: 3:45 Std. (Rundweg) bzw. 4:45 Std. Variante Blera. **Anstiege:** beide Varianten etwa 250 m. **Schwierigkeitsgrad:** nicht sehr anstrengende Wanderung, allerdings im Tal des Neme und am Biedano bei Blera z.T. schmale, etwas überwachsene Pfade. **Bus** von Blera nach Barbarano werktags um 7, 12.30, 14.25, 17.20 Uhr, sonn- u. feiertags um 9.40 u. 16.30 Uhr.

Der Wegverlauf:

Von der **Porta Romana,** dem östlichen Eingangstor zum alten Zentrum von Barbarano, geht man gegenüber vom Albergo Marturanum zum Ende der Piazza Diaz an der Stadtmauer und folgt rechts einem breiten Pflasterweg 3 Min. zum Brunnen **Fonte del Pisciarello** hinunter. Dahinter kreuzen wir auf einer Steinbrücke einen Bach und steigen nach rechts auf einem etruskischen Hohlweg gut 5 Min. zu einem Fahrweg an; man biegt nach links (10 Min.). An einem Grundstück und einem Linksabzweig vorbei erreicht man ein Haus mit Löwenfiguren am Tor, wo der breite Weg nach links biegt. Wir gehen jedoch weiter geradeaus, auf altem steinigem Weg abwärts, zuletzt durch einen Bachgraben (25 Min.). Dahinter steigen wir leicht links auf etwas überwachsenem Pfad 5 Min.

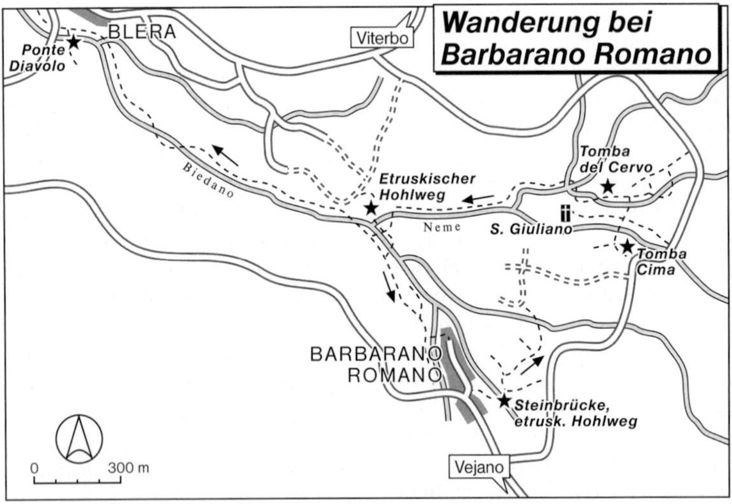

zu einem hellkiesigen Fahrweg an. Der breite Weg führt nach rechts zu einer Kreuzung (35 Min.), wo es erneut nach rechts geht. Der Fahrweg führt zwischen Olivenbäumen, Weinreben, Feigenbäumen und Kastanien östlich leicht ansteigend in gut 10 Min. zur **Straße Barbarano – Villa San Giovanni.** 200 m nach links weist ein gelbes Schild auf den links abzweigenden Pfad zur **Tomba Cima** (50 Min.).

Wir durchwandern die Nekropole von San Guiliano bis zur **Tomba del Cervo** (s.o., 2 Std. ohne Besichtigungszeit). Von dieser folgen wir dem geradeaus (westlich) absteigenden Hauptpfad im Tal, der gleich zweimal hintereinander den Bach kreuzt. Wo der Pfad nach rechts in ein dunkles bewaldetes Seitental mit weiteren einfachen etruskischen Felsgräbern biegt, gehen wir, den Seitenbach (2:10 Std.) kreuzend, geradeaus. Auf schmalem Pfad folgen wir durch dichten Laubwald mit umgestürzten Bäumen dem Lauf des **Fosso del Neme.** Die Route scheint sich manchmal zu verlieren, in der Nähe des Bachlaufs gibt es jedoch durchgängig eine Pfadspur. Schließlich kreuzen wir den Neme nach links und gelangen 5 Min. später ins **Biedano-Tal.** Auf einem Querpfad nach rechts wird erneut der Neme-Bach gekreuzt, der hier in den Biedano mündet (3 Std.). Dahinter führt ein Abstecher (Hinweis **„Risalita Quercete"**) nach rechts auf ansteigendem Pfad in 5 Min. zwischen die Wände eines in den Tuff gegrabenen etruskischen Hohlweges. Wir gehen zurück zum Neme und kreuzen auf einem alten Steindamm den Biedano zu einem weiteren Querpfad am Südufer (3:15 Std.).

Rückweg: Richtung Barbarano biegen wir nach links. (Rechts würde es nach Blera gehen.) Der gemütliche Pfad führt das malerische, von rötlichen Tufffelsen überragte Tal hinauf. An einer Höhle vorbei erreichen wir einen breiteren Weg, folgen ihm 200 m geradeaus zu einigen Rastbänken am Fuße des Stadtfelsens von Barbarano (3:35 Std.). Auf dem gepflasterten alten Zugangsweg links hoch ins Dorf erreichen wir an etruskischen Kammern vorbei das Stadttor **Porta Canale** und den Kirchplatz von Santa Maria. Auf der Hauptgasse nach rechts geht es zurück zum Ausgangspunkt Porta Romana (3:45 Std.).

Variante nach Blera:

Bei 3:15 Std. biegt man nach rechts auf den im Biedano-Tal westlich weiterführenden Pfad. Er kreuzt den Bach, senkt sich über Holzstufen an einem Damm vorbei, wo sich der Biedano in einen Tümpel ergießt (3:30 Std.). 20 Min. später verläuft der Weg mit einem Zwischenanstieg unmittelbar durch ein kleines natürliches Tuffsteintor. 5 Min. danach werden Steinstufen bei einer überwachsenen Brücke und einige Ruinen passiert. Nach weiteren 10 Min. muss der Biedano nach links gekreuzt werden, gut 5 Min. später geht es wieder auf die rechte Seite. Man passiert einige Höhlen rechts des Pfades (4:15 Std.), der danach stellenweise etwas überwachsen ist. Wo die über das Biedano-Tal führende hohe Straßenbrücke von Blera unterquert wird, führt ein Linksabzweig 50 m zur Römerbrücke **Ponte Diavolo.** Auf dem Tuffweg geradeaus ansteigend erreichen wir bald Blera (4:45 Std.).

Blera ⇗ VII, D2

- **3180 Einwohner**
- **270 m üNN**
- **25 km südlich von Viterbo**
- **PLZ 01010**

Weitere etruskische Nekropolen findet man unmittelbar am Ortsrand des kleinen Blera, bis zum Bau der Straßenbrücke über die **Biedano-Schlucht** einer der abgelegensten Orte Latiums. Auch die Gräber hier stammen überwiegend aus der etruskischen Frühzeit (7. bis 5. Jahrhundert v.Chr.), sind aber meist einfacher gestaltet als diejenigen in Norchia oder San Giuliano. Die Bewohner Bleras benutzen sie heute manchmal als Geräteschuppen, Stall, Wein- und Vorratskeller.

In der Antike profitierte Blera wie Norchia von der Lage an der Fernroute **Via Claudia,** im Mittelalter war der

Ort zeitweise **Bischofssitz.** Aus dieser Epoche stammt noch die Anlage des historischen Ortskerns, der allerdings weniger liebevoll gepflegt erscheint als im benachbarten Barbarano.

Den Mittelpunkt des *centro storico* bildet die **Piazza Santa Maria** mit der ehemaligen Bischofskirche. Der ursprünglich romanische, mehrfach umgestaltete Bau hat außen ein Renaissanceportal, innen Freskenschmuck des 16. Jahrhunderts, eine Altartafel des 15. Jahrhunderts (Himmelfahrt *Mariens*) sowie eine Krypta des 12. Jahrhunderts mit fein gearbeitetem römischen Sarkophag, in dem der Stadtheilige *San Vivenzio* ruht.

Zur **Nekropole Pian del Vescovo** im **Tal des Biedano** führt eine Kurzwanderung (1:30 Std.): Auf der Via Roma durchquert man das alte Zentrum, nimmt am westlichen Ortsrand links das Sträßchen Piagge di Sotto, biegt nach wenigen Metern scharf nach rechts auf einen Erdweg. Dieser senkt sich über Gärten und vorbei an Tuffwänden mit ersten Grabhöhlen ins Tal des Biedano-Baches, den man auf einer restaurierten römischen Brücke der Via Claudia (2. Jahrhundert v.Chr.) kreuzt (knapp 30 Min. ab Blera). Dahinter gabelt sich der Weg, am Felshügel zwischen den beiden Abzweigen beginnt das Areal der Nekropole mit einigen Höhlengräbern. Der Talweg links führt an weiteren Grabstätten im Fels vorbei, rechts geht es kurz hinauf auf den **Pian del Vescovo** mit zahlreichen Tumuli. Die verschiedenen Grabstätten sind z.T. nur mit etwas Kraxelei im steilen Gelände aufzuspüren.

Statt auf gleichem Weg zurück nach Blera zu gehen, kann man die folgende, interessantere Variante nehmen, die kurz ein wenig Trittsicherheit verlangt: Man folgt dem Hinweg fünf Minuten und biegt dann vor dem Abschnitt zwischen Tufffelsen nach rechts auf einen Pfad (Hinweis „Percorso B"). An einem kurzen etruskischen Felsweg rechter Hand vorbei erreicht dieser nach fünf Minuten eine steile Stufung, die rechts zu einem schmalen Dammweg über den Biedano hinunterführt. Vom anderen Ufer steigt der Pfad zwischen bemoosten Steinen zu einem breiten Weg an. Dieser erreicht nach links in 15 Min. den Fuß des Tuffrückens von Blera. Rechts steht hier das Kirchlein **Madonna della Selva,** geradeaus weist ein gelbes Schild zur 50 Meter entfernten **Cava Buia,** einem düsteren etruskischen Hohlweg zwischen steilen Wänden. Bei Madonna della Selva führt bei einem mittelalterlichen Turmhaus eine Steinbrücke über den Bach, auf dahinter rechts ansteigendem Asphaltweg geht es nach Blera hoch. Ganz oben weist ein gelbes Schild nach rechts durch die Bögen des Brunnenhauses auf den Pfad hinunter zur **Ponte del Diavolo,** einer weiteren römischen Biedano-Brücke der Via Claudia, über der sich hoch die moderne Straßenbrücke spannt.

Eine **zweite Nekropole,** im Tal des Rio Canale an der Nordseite des Stadtberges gelegen, erreicht man über die Via del Suffragio, die einige Schritte östlich des Eingangs zum alten Ortskern vor einem gelben Kirchlein von

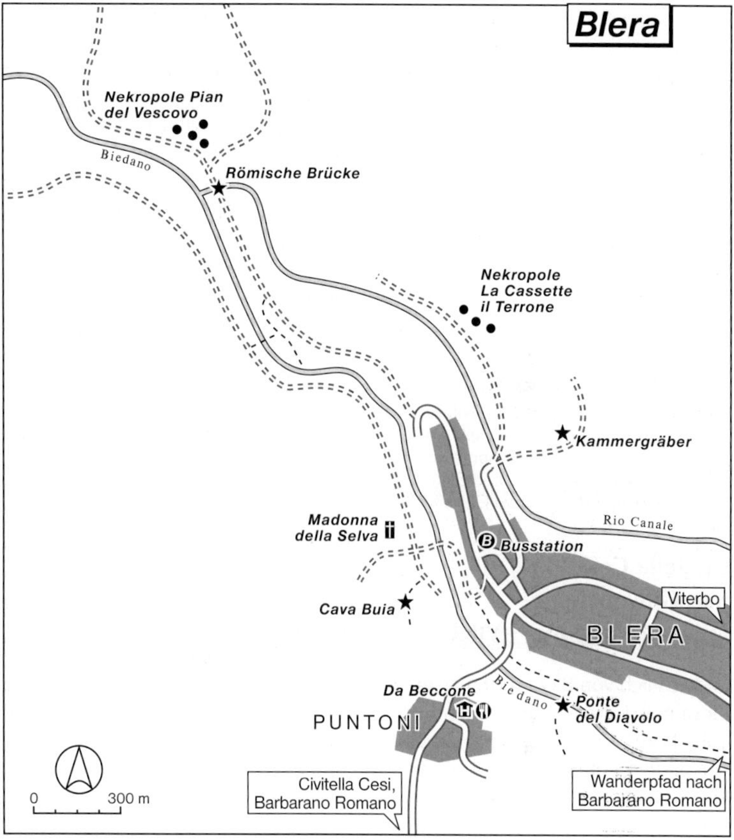

der Via Umberto I abzweigt. Nach fünf Minuten endet der Asphalt im Talgrund bei einem Umspannturm, der rechts abzweigende Erdweg passiert nach kurzem Anstieg einige einfache Kammergräber. Weiter im Tal geradeaus gehend erreicht man nach kurzer Strecke die rechts oberhalb einer Wegkurve gelegene **Nekropole La Casetta il Terrone,** das interessanteste Grabensemble Bleras mit ornamentierten Würfelgräbern und Spuren von Wandmalereien in der Grotta Dipinta.

Unterkunft

● *****Da Beccone**€€, neueres Haus im modernen Ortsteil südlich der Biedano-Brücke, ordentlicher Komfort, allerdings sehr nüchtern-moderne Zimmereinrichtung, wegen des Ausblicks angenehmer sind die Zimmer im Obergeschoss, Swimmingpool, kleiner Garten und angeschlossenes ordentliches **Ristorante**€€, Via G. Marconi 26, Tel. 07 61 47 92 10, Fax 07 61 47 17 83.

Essen und Trinken

•**La Torretta**€-€€, beliebte, einfache und gemütliche Dorftrattoria, empfehlenswert die hausgemachten Bandnudeln, *Wildschwein alla cacciatore* und die *bistecca* von den Maremma-Rindern, Piazza Giovanni XXIII 9, Mi Ruhetag, Tel. 07 61 47 91 89.

Bus

Werktags 11x nach Viterbo, 8x nach Roma Saxa Rubra (4x über Barbarano/4x über Capranica), 5x nach Tarquinia u. Civitavecchia; werktags 5x Kleinbus nach Civitella Cesi, der auch am Abzweig zur Nekropole von San Giovenale hält; Hauptbushalt in Blera beim Eingang zum alten Ort (Piazza Giovanni XIII).

Civitella Cesi, San Giovenale, Luni sul Mignone ↗VII, C/D2/3

Südwestlich von Blera trifft man in der einsamen Landschaft am Rande der Tolfa-Berge über den gewundenen Flussläufen von Vescia und Mignone auf ein mittelalterliches Dorf und zwei weitere uralte Siedlungen der Etrusker - irgendwie geheimnisvoll wirkende weltabgeschiedene Plätze, die vor allem auch wegen der schönen Natur den Besuch lohnen.

Das am „Ende der Welt" gelegene **Civitella Cesi** hockt im Schutze der Burg des 12. Jahrhunderts auf einem isolierten Bergrücken. Schlendert man die „Hauptstraße" entlang, kann man sicher sein, von neugierigen Blicken verfolgt zu werden. Hier kennt jeder jeden und Fremde kommen selten ins Dorf, das immerhin mit einer Bar, einem Alimentari und einer regelmäßigen Busverbindung nach Blera aufwarten kann. In Civitella endet die Asphaltstraße, nach Süden führt nur eine extrem steinige Piste zur Straße Tolfa – Manziana weiter, die man, will man keinen Platten oder Schlimmeres riskieren, mit normalem Pkw besser nicht befährt.

Von der Asphaltstraße nach Civitella Cesi weist etwa drei Kilometer nach dem Abzweig von der Hauptstraße Blera/Barbarano - Monterano Romano rechts ein Schild auf den Fahrweg zu den zwei Kilometer entfernten **etruskischen Ausgrabungen von San Giovenale,** einem von der Eisenzeit bis ins hohe Mittelalter besiedelten Ort. Der Weg vom Parkplatz nach links steigt kurz zur **Nekropole von Vignale** hinauf, die linker Hand mit der **Tomba della Sedia** (6. Jahrhundert v.Chr.) und einem Würfelgrab gegenüber beginnt. Ein Pfad führt von hier an weiteren Grabstellen vorbei, hinter denen links ein schmaler in den Tuffgrund eingesunkener Etruskerweg *(tagliata)* zu zwei erst in jüngster Zeit ausgegrabenen **Tumuli** aus dem 7. Jahrhundert v.Chr. hinaufleitet. Das vordere große Hügelgrab besteht aus mehreren Grabkammern, der Eingang des zweiten überwölbt ein aus Steinblöcken zusammengefügter archaischer Bogen.

Der rechte Weg führt vom Parkplatz zunächst zu den **Grundmauern einer etruskischen Siedlung** (7. Jahrhundert v.Chr., linker Hand unter großem

Schutzdach), danach auf das schmale **Hügelplateau von San Giovenale.** Bei den wenigen Mauerresten des Kastells und der Kirche der im 15. Jahrhundert aus unbekannten Gründen aufgegebenen mittelalterlichen Stadt bietet eine Wiese mit Laubbäumen einen herrlichen Rast- und Picknickplatz mit Ausblick zu den Tolfa-Bergen.

Die **Ausgrabungen von Luni sul Mignone** am Zusammenfluss von Vescia und Mignone dürften nur für Spezialisten von Interesse sein, allein die abwechslungsreiche Landschaft lohnt die etwas abenteuerliche Anfahrt, bei der man Eisenbahn spielen muss: Die etwa acht Kilometer lange Zufahrtspiste verläuft auf den letzten Kilometern auf der Trasse der schon vor Jahrzehnten stillgelegten Bahnlinie Orte - Civitavecchia. Der breite Fahrweg nach Luni beginnt 200 Meter westlich der heute als Viehstall genutzten **Bahnhofsruine von Civitella Cesi** an der Straße Blera - Monte Romano (SP Barbaranese Km 9,5, verblichenes Hinweisschild nach Luni). Nach etwa drei Kilometern senkt sich die Piste leicht rechts in eine Senke mit der für den allgemeinen Verkehr offensichtlich nicht gesperrten Bahntrasse, die kurz darauf in einem eingleisigen, 300 Meter langen Tunnel verschwindet - zu schmal für eventuellen Gegenverkehr, der zum Glück nur selten vorkommt. Schließlich endet die Trasse hinter der **Bahnhofsruine von Monte Romano** und einer seltsamerweise neu errichteten Bahnhochbrücke über den Mignone. Wagt man sich hinauf, hat man einen schönen Ausblick ins Flusstal.

lat_241 Foto: gh

Auf dem Felsrücken von Luni sul Mignone

Am Anfang der Brücke führt ein schmaler Pfad 30 Meter nach links zu einer kurzen Leiter, die auf den Felsrücken von **Luni** hinaufhilft, der vielleicht ältesten Siedlung ganz Mittelitaliens. Unter einem Schutzdach sieht man Grundmauern einer voretruskischen Ansiedlung (13./12. Jahrhundert v.Chr.). Auf dem Bergrücken dahinter und im Flusstal darunter ließen sich weitere Mauerreste aus diversen Epochen, von der Eisenzeit über die Etruskerperiode bis ins Mittelalter, aufspüren. Wie so oft haben sich die Menschen der Frühgeschichte einen landschaftlich besonderen Platz für ihre Wohn- und Kultstätten ausgesucht. Der isolierte Felsrücken von Luni liegt in gut zu sichernder Position hoch über dem Mignone-Fluss, der sich zwischen grünen Waldbergen talwärts windet.

Für den **Rückweg** zur Bahnhofsruine von Monte Romano kann man alternativ auch dem über den Höhenrücken von Luni verlaufenden Pfad folgen. Etwa 200 Meter hinter einem Steingraben mit Resten von Steinhütten der sog. Apennin-Kultur geht es links zwischen Felsen in den Wald hinunter, wo man bei einer Gabelung erneut links geht und in ein Bachtal absteigt. Vor einer Furt scharf links auf den Pfad einbiegen, der parallel zum Bach verläuft, diesen später kreuzt und kurz zur Bahntrasse ansteigt, die man 200 Meter vor der Bahnhofsruine erreicht.

Eine **Wanderung** von der Bahnhofsruine Civitella Cesi nach Luni sul Mignone dauert insgesamt etwa fünf Stunden. Der Ausgangspunkt ist auch mit dem Linienbus Blera – Tarquinia/Civitavecchia erreichbar (Wegbeschreibung im Rother-Wanderbuch).

Tarquinia

↗ VI, B2

- **14.250 Einwohner**
- **135 m üNN**
- **48 km südwestlich von Viterbo**
- **PLZ 01016**

Das in den Hügeln fünf Kilometer oberhalb der Küste gelegene Tarquinia war in der Antike der reichste und bedeutendste Ort der Etrusker. Bis heute erhält man hier einen **einzigartigen Einblick in die Sitten und Gebräuche der etruskischen Hochkultur.** Während die Nekropolen von Cerveteri, Norchia, Barbarano oder Vulci ihrer Kunstschätze im Wesentlichen beraubt wurden und heute nur noch die nackte Baustruktur zeigen, haben sich um Tarquinia zahlreiche Grabstätten mit großflächigen farbigen Wandmalereien erhalten, die von größtem kunsthistorischem Wert sind. In ihnen werden in oft sinnlich-heiteren Szenen das Alltagsleben und die religiöse Riten der Etrusker in anschaulicher Weise lebendig. Neben dem wegen seiner Kunstschätze berühmten etruskischen Tarquinia gibt es jedoch auch noch die meist übersehene **Stadt des Mittelalters,** die mit ihren romanischen Kirchen, kantigen Wehrtürmen und verwinkelten Gassen einen Rundgang lohnt.

Die etruskischen Kunstschätze sind teilweise im hochinteressanten Museum von Tarquinia, teilweise noch vor Ort, in der **Nekropole von Monterozzi,** zu besichtigen. Allerdings bedrohte hier der seit dem 19. Jahrhundert einsetzende Besucherstrom den Bestand der Fresken. Die Atemluft und Körperausdünstungen des modernen Menschen enthalten einfach zu viel Säure, die die Wandfarben nach und nach zerstören würde. Aus diesem Grund ist heute nur eine beschränkte Anzahl wechselnder Gräber für Besucher zugänglich.

Geschichte

Grabfunde des 9. Jahrhunderts v.Chr. belegen die Existenz einer ersten Siedlung der voretruskischen Villanova-Kultur, die auf dem Hügel La Civita etwa einen Kilometer östlich des heutigen Stadtzentrums lag. Als Tarchuna oder Tarchna wurde dieser Ort Mitglied des etruskischen Zwölferbundes. Ab etwa dem 8. Jahrhundert v.Chr. nahm Tarchuna/Tarchna einen stetigen Aufschwung, der auf der Ausbeutung und dem Export der reichen **Erzvorkommen** in den nahe gelegenen Tolfa-Bergen beruhte. Diese sichere Einkommensbasis erlaubte es dem Stadtstaat Handelsbeziehungen bis nach Griechenland und in den Vorderen Orient zu knüpfen und immer weiter auszubauen. Der Kontakt zu den entwickelten Kulturen des östlichen Mittelmeerraums verfeinerte auch die Alltagskultur der immer wohlhabender werdenden Bevölkerung, deren Oberschicht sich nicht nur mit importierten Luxuswaren umgab, sondern auch Künstler und Kunsthandwerker des Ostens für sich arbeiten ließ, die wiederum das einheimische Kunstschaffen nachhaltig befruchteten.

Dieses goldene Zeitalter endete schließlich auch in Tarchuna mit dem unaufhaltsamen **Aufstieg Roms,** das 308 v.Chr. die Stadt endgültig einnehmen konnte. Auch im römischen Tarquinia lebten etruskische Kultur und etruskische Religion noch einige Zeit fort, wobei sie allerdings unter der Herrschaft der fremden Eroberer ihre unbeschwerte und lebensfrohe Seite einbüßten.

Die römische Provinzstadt Tarquinia auf dem Hügel La Civita verfiel in der Zeit der Völkerwanderung unter den wiederkehrenden Eroberungszügen der Eindringlinge aus dem Norden. Etwa im 7. Jahrhundert gründeten die

lat_243 Foto: gh

Etruskische Bildhauerkunst im Archäologischen Museum von Tarquinia

1	S. Giacomo	6	S. Pancrazio	★ 11	Palazzo Vitelleschi
2	Chiesa del Salvatore	★ 7	Palazzo dei Priori		Archäologisches Museum
3	S. Annunziata	8	S. Martino	12	Hotel San Marco
4	San Francesco	★ 9	Stadtmauer		
★ 5	Palazzo Comunale	10	Dom		

13 Touristeninformation, Busstation
★ 14 Porta di Castello
15 S. Maria di Castello
16 Hotel Tarconte

wenigen verbliebenen Bewohner auf einem nahe gelegenen, besser zu verteidigenden und weniger von der Malaria heimgesuchten Höhenrücken einen neuen Ort, den sie Corneto nannten. Im hohen Mittelalter nahm auch Corneto, wie einst das etruskische Tarchuna bedingt durch den florierenden Seehandel, einen stetigen Aufschwung. Die Stadt umgab sich mit einem wehrhaften Mauerring, in dessen Schutz Kirchen, Klöster, Hospitäler und die kantigen Wohntürme der führenden Familienclans errichtet wurden. Die selbstbewusste Stadt konnte sich im 12. bis 14. Jahrhundert wie im benachbarten Tuscania oder Viterbo den Status der *libero comune,* einer von Papst und Kaiser unabhängigen **Stadtrepublik,** erkämpfen. Im 15. Jahrhundert endete die städtische Freiheit, die auf ihre Söldnertruppen gestützten Feudalherren nahmen die Herrschaft an sich, die sie allerdings schon bald wieder an die für den Papst in Rom kämpfenden Verbände verloren. Unter der unangefochtenen Herrschaft des Kirchenstaates im 16. bis 19. Jahrhundert blieb Corneto eine unbedeutende Kleinstadt, die 1922 in Erinnerung an die große etruskische Vergangenheit ihren Namen zurück in Tarquinia änderte.

Besichtigung

Museo Archeologico

Am unteren Eingang zum alten Ort steht der zwischen 1436 und 1490 erbaute **Palazzo Vitelleschi.** Der harmonisch gegliederte Innenhof des ehemaligen Kardinalspalastes mit seiner von gotischen Bögen gebildeten doppelstöckigen Loggia beherbergt heute das Museo Archeologico von Tarquinia. Im Erdgeschoss sind mit Reliefs verzierte Stelen, Grabplatten und Sarkophage ausgestellt, die besten Stücke sind in Saal 10 und 11 zu finden: der **Sarcofago del Sacerdote** mit Resten farbiger Malereien und der **Sarcofago del Magnate** mit Reliefdarstellungen vom Kampf zwischen griechischen Kriegern und Amazonen (Ende des 4. Jahrhunderts v.Chr.). Im ersten Stock sind etruskische und griechische Keramiken zu sehen, wohlhabende Etrusker importierten massenhaft Vasen aus Griechenland. Interessant sind auch die Kleinfunde aus der Villanova-Zeit, wie ein niedliches Räucherwägelchen in Hirschform oder die Hüttenurnen zur Aufbewahrung der Asche der Verstorbenen.

Im zweiten Stock besitzt das Museum mit den zwei geflügelten Pferden ein Meisterwerk etruskischer Bildhauerkunst, die Skulptur zierte den Giebel der **Ara della Regina,** eines der Hauptheiligtümer Tarchunas. Nebenan sind vier etruskische Gräber mit originalen Malereien aufgebaut. Die **Tomba della Nava** zeigt an der linken Wand eine Meeresszene, ein Schiff mit Matrosen, seltenes Zeugnis der etruskischen Seefahrt. Die schönsten Malereien weist jedoch die **Tomba Triclinio** auf. Die Figuren, wie der Doppelflötenspieler oder der grazile junge Tänzer mit blauem Umhang, sind feiner gearbeitet als die thematisch ähnlichen Darstellungen in der Tomba Leopardi der Monterozzi-Nekropole.

- **Museo Archeologico,** geöffnet Di bis So 8.30–19.30 Uhr, Einlass bis 18.30 Uhr, Eintritt 4 bzw. 6,50 Euro mit Besichtigung der Monterozzi-Nekropole.

Rundgang durch den Ort

Ein Rundgang vom Palazzo aus durch die Stadt des Mittelalters führt zu den typischen kantigen und fensterlosen **Geschlechtertürmen** und einer beträchtlichen Anzahl von Kirchen aus

lat_246 Foto: gh

Die Kirche Santa Maria Castello

der Zeit, als die christliche Lehre und der Glaube an das Leben nach dem Tode das Denken der Menschen prägten. Lebendiger Mittelpunkt der Altstadt ist die weitläufige **Piazza Nazionale** mit dem von einer großen Freitreppe flankierten Rathaus **Palazzo Comunale** (13. bis 17. Jahrhundert), im Mittelalter Sitz der Regierung des Stadtstaates von Corneto. Im oberen Teil des *centro storico* zeigt die Bettelordenskirche **San Francesco** an der Straße zur Monterozzi-Nekropole schmucklose klare Architektur im Übergang von der Romanik zur Gotik, die kleinere **Chiesa S. Annunziata** eine schöne Fassade des 12. Jahrhunderts mit Zackenbandornamentik und Fensterrose. In der Nähe stehen die zwei schlichten kleinen Bauten der **Chiesa del Salvatore** und der profanisierten **Chiesa San Giacomo,** in der ein moderner Künstler aus Metallresten Skulpturen bastelt. Von hier hat man einen guten Blick auf die Stadtsilhouette mit ihren Geschlechtertürmen. Unterhalb erstreckt sich ein etwas ärmlich wirkendes, mittelalterlich verwinkeltes Viertel um die Kirche von **San Martino** (11. Jahrhundert) und die ebenfalls profanisierte **Chiesa San Pancrazio** (12./13. Jahrhundert), die mit eigenwillig gezacktem Turmaufsatz an der Rückseite des Palazzo Comunale steht. Daneben erhebt sich der wehrhafte **Palazzo dei Priori,** ein aus vier Geschlechtertürmen zusammengewachsener Wohnkomplex. Der **Dom S. Agapito** von 1656 enthält in dem von einem älteren Vorgängerbau stehen gebliebenen Chor einen schönen Freskenzyklus von *Antiono da Viterbo,* gen. *Pastura* (um 1508) mit Szenen aus dem Marienleben, die in ihrer räumlichen Gliederung (Tiefendimension) den neuen Stil der Renaissance ankündigen.

Westlich von hier passiert man die **Stadtmauern** mit dem Turmtor **Porta di Castello,** das sich der Aussicht wegen besteigen lässt. Westlich erblickt man am Altstadtrand die Kirche **Santa Maria Castello** (1121–1208), ein besonders stilrein erhaltener Bau des Mittelalters. Der von wuchtigen Pfeilern getragene, lichtdurchflutete und fast leere dreischiffige Innenraum zeigt eine bewegte architektonische Raumgliederung, zur ursprünglichen Ausstattung zählen der ornamentale Fußboden, ein großes achteckiges Taufbecken, Chorschranken, eine Kanzel (1209) und ein Altarbaldachin (1168).

Die Nekropole von Monterozzi

Tausende von Etruskergräbern gibt es in der Umgebung Tarquinias, davon besitzen etwa 150 Reste von Wandmalereien, die interessantesten findet man in der Monterozzi-Nekropole am östlichen Stadtrand. Zu Fuß erreicht man das Gelände an der Kirche San Francesco vorbei über die Via Porta Tarquinia/Via Ripagrette.

Hinter dem Eingang trifft man zunächst auf einige **pilzförmige Steinurnengräber** aus der den Etruskern vorausgehenden Villanova-Kultur (10. bis 8. Jahrhundert v.Chr.). In dieser Epoche wurden die Verstorbenen verbrannt, ihre Asche in bikonischen Urnen oder Urnen in Hüttenform in der Erde beigesetzt.

Die **Tomba dei Giocolieri** (510 v.Chr.), das „Grab der Gaukler", zeigt künstlerisch hochwertige Malereien, neben einem Akrobaten, einem bärtigen Musiker mit Doppelflöte und einer Tänzerin sind ein blauer Panther und ein roter Löwe zu sehen. Die symbolische Bedeutung der Tierdarstellungen ist bis heute nicht entschlüsselt. Insgesamt reflektiert dieses Grab die heitere optimistische etruskische Frühzeit, als das spielerische Element in der Kunst der Etrusker dominierte. Die **Tomba del Cacciatore** (um 500 v.Chr.), das „Grab des Jägers", soll ein Jagdzelt nachahmen. Holzpfosten halten eine schachbrettartig gemusterte Decke, an den Wänden sind Jagdwild (Vögel, Hirsche) und Reiter mit Hunden zu erkennen.

Die am nördlichen Hügelrand gelegene **Tomba Pulcella** (Ende 5. Jahrhundert v.Chr.) besitzt einen langen Dromos (Zugang), der zu einer mit rotfarbigen Malereien geschmückten Grabkammer führt. Dargestellt ist eine anmutige Bankettszene. Die **Tomba Fiore di Loto** (Mitte 6. Jahrhundert v.Chr.) weist nur noch einige wenige Reste von Malereien auf, neben einfachen Blumendekorationen zwei geschmeidige Raubkatzen an der Stirnseite zu Seiten der namensgebenden Lotusblüte.

Das „Grab der Löwin" (510 v.Chr.), die **Tomba Leonessa,** zeigt zwei Pantherweibchen im Giebelfeld an der Rückwand (fälschlich für Löwinnen gehalten). Die Malereien sind hier recht gut erhalten. Die dargestellten Personen wirken heiter und gelassen. Zu sehen sind ein Weinkelch zwischen zwei Musikanten, links davon eine Tänzerin, rechts ein tanzendes Paar, an den Seitenwänden auf der Kline, dem Speisebett, liegende Männer beim Bankett, einer hält ein Ei, vielleicht ein Symbol für die Wiedergeburt im Jenseits. Darunter fliegen Enten und springen Delphine. Am Beispiel des Tänzerpaars sieht man, dass Männer immer flächig rot, Frauen hell mit Umrisslinie gemalt wurden.

Die **Tomba della Cascia e Pescia** („Grab der Jagd und des Fischfangs", 530 v.Chr.) ist ein Zweiraum-Grab mit einigen verblichenen Malereien, die den Verstorbenen die Freuden des vergangenen Lebens ins Jenseits mitnehmen lassen sollen. An den Wänden der ersten Kammer erkennt man eine heimkehrende Jagdgesellschaft, in der zweiten eine Meeresszene mit Fischern, aus den Wellen springenden Delphinen und flatternden Vögeln. Ein Taucher stürzt sich wagemutig in die Fluten. Im Giebelfeld der Rückwand sieht man ein Paar auf der Kline, die Frau reicht dem Mann (der Verstorbene?) einen geflochtenen Kranz.

Die **Tomba del Fustigiazioni** (490 v.Chr., „Grab der Züchtigung"), hat ihren Namen von einer Darstellung zweier Männer, die offensichtlich eine Frau mit Schlägen züchtigen. In die Szene wird ein erotisches Element hineingedeutet, die Etrusker waren bei den Römern als ein Volk der lockeren Sitten verufen. Die **Tomba Cardarelli** (510–500 v.Chr.) zeigt mit kämpfenden Tieren, Tänzern, Musikanten, einem Mann, der eine Weinschale trägt, und zwei Faustkämpfern an der Eingangsseite die typischen Elemente der „optimistischen", lebensbejahenden etruskischen Blütezeit.

Anders die **Tomba dei Caronti** aus der dunkel-pessimistischen etruskischen Spätzeit (150–125 v.Chr.), in die ein gewundener, getreppter Dromos hinunterführt. Die zwei Scheintüren der Grabkammer sind von den Figuren des *Charon* mit dem Hammer flankiert, in der griechischen Mythologie Begleiter in die Unterwelt. Ab dem 4. Jahrhundert begannen die Etrusker die von Dämonen und Ungeheuern bevölkerten düsteren Jenseitsvorstellungen der Griechen zu übernehmen.

Die Darstellungen der **Tomba Claudio Bettini** (5. Jahrhundert v.Chr.) zeigen wiederum heitere Tanz- und Musikszenen. Die vielleicht am besten erhaltenen Malereien bewahrt die **Tomba dei Leopardi** (470 v.Chr.). Die Farben sind kräftig, Figuren und Szenen plakativ, im Vergleich zu den thematisch ähnlichen Malereien der Tomba del Triclinio im Museum aber auch etwas grober; schön an der rechten Wand der Dreierzug eines Kitharaspielers, eines schreitenden Musikanten mit Doppelflöte und eines Mannes mit Trinkschale in kräftig-klarem Profil. An der Rückwand sind drei Paare mit Dienern beim Bankett unter zwei Leoparden im Giebelfeld zu sehen. Die **Tomba dei Baccanti** (510–500 v.Chr.) nebenan verziert im Giebelfeld ein Hund und ein Raubtier, die eine Gazelle jagen, an den Wänden ein orgiastisches Fest mit offensichtlich angetrunkenen Gästen.

● **Nekropole von Monterozzi,** geöffnet außer Mo von 9 Uhr bis 1 Stunde vor Sonnenuntergang, spätestens bis 18.30 Uhr, Eintritt 4 bzw. 6,50 Euro inkl. Museo Archeologico.

Weitere interessante, unregelmäßig geöffnete Gräber findet man entlang der Straße zur Monterozzi-Nekropole weiter stadtauswärts (beim Eintrittsgebäude nachfragen, ob geöffnet): zunächst die **Tomba dell'Orco** (4. Jahrhundert v.Chr.) mit dem oft wiedergegebenen Bildnis der pessimistisch blickenden Aristokratin *Velia* und die aus vier Räumen bestehende **Tomba degli Scudi** mit großem Totenmal und griechischem Dämon (um 300 v.Chr.). Nochmals interessante Malereien aus der etruskischen Blütezeit zeigen am Ostrand der Nekropole die **Tomba del Barone** (Ende 6. Jahrhundert v.Chr.) mit interessantem Reiterfries und die **Tomba dei Tori** („Grab der Stiere", 540 v.Chr.) mit zwei Liebespaaren zwischen Stieren und einer Szene der griechischen Mythologie (*Achill* lauert dem trojanischen Reiter *Troilos* auf). Die **Tomba dei Auguri** (530 v.Chr.) zeigt kräftige, gedrungene und muskulöse Personen bei Spielen zu Ehren des Verstorbenen, darunter die grausame Szene des *Phersu* mit spitzem Hut, der einen bissigen Hund auf einen Mann hetzt, der sich wegen eines über den Kopf gebundenen Sackes kaum wehren kann. Man vermutet hier ein rituelles Bestrafungs- oder gar Hinrichtungsopfer eines Verurteilten anlässlich der Totenfeier.

Auf dem **Hügelrücken La Civita** nordöstlich der Nekropole jenseits des Tales hat man die Grundmauern der etruskischen Stadt Tarchuna mit dem Tempelbezirk der **Ara della Regina** („Altar der Königin") ausgegraben – ein melancholisch stimmender Platz in der einsamen Weite der latinischen Maremma (beschilderter Abzweig von der Straße nach Monterano/Viterbo).

Touristeninformation

• **I.A.T.,** Büro am unteren Altstadtrand nahe beim Palazzo Vitelleschi, Barriera S. Giusto, Tel. 07 66 84 92 82.

lat_250 Foto: gh

Tolfa (auf dem Hügel die Burgruine Rocca dei Frangipane)

Unterkunft

• ***__Tarconte__€€€, neueres Haus mit ansprechend eingerichteten Zimmern, guter Komfort, ruhige Lage, 5 Min. vom historischen Zentrum entfernt, Zimmer z.T. mit Balkon und Blick zur fernen Küste, Via della Tuscia 21, Tel. 07 66 85 61 41, Fax 07 66 85 65 85, hoteltarconte@libero.it.

• **__San Marco__€€, im Zentrum gegenüber vom Archäologischen Museum, ansprechend eingerichtete Zimmer, ordentlicher Komfort, ruhigere Zimmer nach hinten mit Blick in den Innenhof eines ehemaligen Klosters, Piazza Cavour 18, Tel. 07 66 84 22 34, Fax 07 66 84 23 06, info@san-marco.com.

Essen und Trinken

• **Arcadia**€-€€, das freundliche Restaurant in einem Gewölbe neben dem Palazzo Vitelleschi wirbt mit der Güte frisch gefangenen Fischs, gut z.B. das *carpaccio misto di mare,* angeboten wird auch ein preiswertes Menu Turistico für 10 Euro, Via Mazzini 6, Mo Ruhetag, Tel. 07 66 85 55 01.

Verkehrsmittel

Bahn

Bahnhof 3 km unterhalb der Altstadt; etwa alle 2 Stunden Interregio über Civitavecchia nach **Rom** (Fahrzeit 1:30 Std.) und über Grosseto nach **Pisa;** häufig Stadtbus zwischen Zentrum und Bahnhof.

Bus

Hauptbushalt am Platz wenige Schritte unterhalb des Palazzo Vitelleschi; werktags nach **Viterbo** 10x, **Civitavecchia** 10x, **Tuscania** 6x, **Blera** 5x; So nur 2x nach Viterbo; Fahrkarten im Tabacchi neben dem Albergo San Marco.

Fest

- **Giostra dei Sponsali,** Darstellung eines mittelalterlichen Hochzeitsfestes, drei Tage am ersten Augustwochenende.

Tolfa

VII, C3

- **2550 Einwohner**
- **480 m üNN**
- **20 km östlich von Civitavecchia**
- **PLZ 00059**

Etwa 20 Kilometer östlich der Hafen- und Industriestadt Civitavecchia beginnt die sanft-grüne, bis auf gut 600 Meter ansteigende **Mittelgebirgslandschaft der Tolfa-Berge.** Bei der Anfahrt auf kurviger Nebenstraße bieten sich schöne Ausblicke auf die schnurgerade Küstenlinie. Die mediterrane Macchia weicht dabei nach und nach lichten Laubwäldern. Das Binnenland zwischen Küste und Bracciano-See ist über weite Strecken nur dünn besiedelt. Angeblich durchstreifen immer noch Wölfe das Gebiet.

Dichtere Bebauung findet man nur um Allumiere und den **Hauptort Tolfa,** der sich mit seinem mittelalterlichen Kern hinter einem Felsrücken Schutz sucht. Auf dessen Spitze steht markant die **Burgruine Rocca dei Frangipane,** zu der ein gepflasterter Weg hinaufleitet. Der Ausblick von ganz oben ist das Schönste an Tolfa, das ansonsten keine besonderen Sehenswürdigkeiten zu bieten hat. Im Kreuzgang des Barockklosters **Santa Maria della Sughera** beim westlichen Ortseingang ist ein bescheidenes **Antikenmuseum** untergebracht, das Kleinfunde aus den diversen etruskischen Nekropolen der Umgebung zeigt (geöffnet Mi, Fr, Sa, So von 9–13, Sa auch von 16–19 Uhr). In den Bergen von Tolfa schürften die Etrusker Erze und Mineralien, die über die drei Häfen von Caere (Cerveteri) in den gesamten Mittelmeerraum exportiert wurden - eine wichtige ökonomische Grundlage für die etruskische Herrschaft vom 8. bis 5. Jahrhundert v.Chr.

Verkehrsmittel

Bus

Werktags öfters nach **Civitavecchia** (Domplatz), So nur 5x; werktags 6x, So 3x nach **Roma Saxa Rubra** über Manziana/ Bracciano.

Einkaufen

In Tolfa gibt es eine lange Tradition der **Lederverarbeitung** (Reitsättel, Taschen usw.), die allerdings unter der asiatischen Billigkonkurrenz leidet; **Geschäfte an der Hauptstraße Via Roma: Lamberto** (Nr. 75), **La Catana** (Nr. 89) und **Tonino** (Nr. 135).

Civitavecchia

VI, B3

- **48.000 Einwohner**
- **10 m üNN**
- **75 km nordwestlich von Rom**
- **PLZ 00053**

Die **größte Hafenstadt Latiums** hat touristisch wenig zu bieten. Civitavecchia wurde im Zweiten Weltkrieg heftig bombardiert und bietet daher heute das Bild einer modernen Stadt.

Vom historischen Ortskern blieb kaum etwas erhalten. Die besondere Bedeutung Civitavecchias beruhte immer auf seinem Hafen. In der Antike entwickelte sich die an der Fernstraße **Via Aurelia** gelegene Stadt zum wichtigsten Handelszentrum Roms, nachdem das an der Tibermündung gelegene Ostia mit zunehmender Verlandung mit Frachtschiffen immer schwieriger zu erreichen war. Heute legen von Civitavecchia die **Fähren nach Sardinien** ab, was vor allem in der Hauptsaison zu viel Verkehr und starkem Andrang von Reisenden führt.

Den Eingang zum Fährhafen bewacht das **Forte Michelangelo,** eine große Renaissancefestung, die 1508 unter der Leitung von *Bramante* begonnen und 1558 unter *Michelangelo* fertig gestellt wurde. Wegen der militärischen Nutzung muss man sich mit einem Blick auf die Außenmauern begnügen. Am Largo Cavour 50 Meter oberhalb der Festung steht der **Palazzo Clemente XIII** mit dem Archäologischen Museum, nebenan an der Piazza Vittorio Emanuele der wieder aufgebaute barocke **Dom.** Hinter diesem verlaufen einige ältere Gassenzüge mit mediterranem Flair, letzter Rest der Altstadt von Civitavecchia.

Etwa vier Kilometer östlich des Stadtzentrums, jenseits der Autobahn, hat man die **Reste der großen römischen Thermenanlage Terme Taurine** ausgegraben (geöffnet außer Mo ab 9 Uhr bis Eintreten der Dunkelheit, Bushalt an der Cotral-Linie nach Tolfa). Schon die Etrusker nutzten die warmen Quellen der Aquae Tauri, die Römer bauten in republikanischer Zeit eine erste Badeanstalt, in der Zeit der Kaiser *Hadrian* und *Trajan* bestand ein ausgedehnter Komplex mit Warm-, Lau- und Kaltbädern, Solarium, Gymnastik- und Ruheräumen, Bibliothek und Lesezimmer, deren komplexe Grundstruktur noch gut zu erkennen sind. Die römischen Thermen waren nicht reine Bade- und Sportstätten, sondern Zentren geselligen Lebens, wo man sich vor allem ungestört treffen konnte, um private, geschäftliche oder politische Dinge zu besprechen.

Nahebei sprudeln die 30 bis 56 Grad warmen **Heilquellen,** die die Terme Taurine mit Wasser versorgten und wo man sich noch heute ins warme Nass begeben kann (**Terme Ficoncella,** tgl. 8–20 Uhr geöffnet, geringe Eintrittsgebühr).

Touristeninformation

- **I.A.T.,** Viale Garibaldi 42, Tel. 0 76 62 53 48.

Unterkunft

Die Hotels im Zentrum von Civitavecchia sind unverhältnismäßig teuer. Einigermaßen preiswert ist nur das angenehme ****Roma**€€ im kleinen Altstadtviertel oberhalb des Doms; kleine, aber ordentlich ausgestattete Zimmer, freundlicher Service, Via Montegrappa 27, Tel. u. Fax 07 66 22 03 97.

Essen und Trinken

- **La Bomboniera**€€€, beliebtes, nicht ganz billiges Ristorante nahe beim Hafen, die Wirtsleute kommen aus Sardinien, Spezialität sind Fischgerichte und Nachtische auf sardische Art, Corso Marconi 50, Mo Ruhetag, Tel. 0 76 62 57 44.

● **Trattoria Zi Righetta**€€, familiäres kleines Speiselokal im älteren Viertel hinter dem Dom mit gut-durchschnittlicher Küche, auch hier steht frischer Fisch auf der Speisekarte, Piazza A. Saffi 10, Tel. 0 76 62 88 15.

Verkehrsmittel

Bahn

Werktags halbstündlich, So stündlich Regionalzug nach **Roma Termini** (1:15 Std. Fahrzeit); IC alle 2 Stunden nach Roma Termini und Neapel bzw. Pisa/La Spezia/Genua; Bahnhof 10 Min. südlich vom Hafen.

Bus

Werktags 10x, So 2x nach **Tarquinia/Viterbo,** nur werktags 5x Blera, 2x **Tuscania;** mindestens stündlich nach **Tolfa** sowie über Santa Marinella/Santa Severa/Ladispoli auf der Via Aurelia zur Metrostation **Roma Cornelia** (nach Rom ist der Zug deutlich schneller); Bushalt beim Dom.

Einkaufen

● Großer, farbiger **Markt** (Lebensmittel, Kleidung) vormittags beim Mercato Coperto im Viertel oberhalb des Doms bei der Piazza Regina Margherita.

Die Küste südlich von Civitavecchia

Die Küste zwischen Civitavecchia und den Vororten Roms besitzt einige längere Abschnitte mit im Sommer ziemlich vollen Sandstränden, Malerisches ist allerdings dünn gesät.

Santa Marinella ⇗XII, A1

Santa Marinella ist als Badeort auch keine Offenbarung, viel Beton steht am langen Sandstrand. Das in einem kleinen Park in Meeresnähe gelegene wehrhafte **Castello Odescalchi** aus dem 16. Jahrhundert ist leider nicht zu besichtigen. Im Hafen unterhalb des Castello landen immer noch morgens einige Fischerboote ihren Fang an, wie fast überall im Mittelmeer gehen jedoch auch hier die Erträge wegen Überfischung stetig zurück.

Santa Severa ⇗XII, A1

Santa Severa (1000 Einwohner) einige Kilometer weiter südlich, ein kleinerer Badeort, ist im Zentrum ebenfalls von architektonisch einfallslosen modernen Betonbauten geprägt. Einzige Sehenswürdigkeit ist einen guten Kilometer südlich die pittoreske zinnenbewehrte **Seefestung.** Als Trutzburg gegen Sarazenen und Piraten wurde sie um 1000 auf etruskischen Grundmauern errichtet, ab dem 14. Jahrhundert mit Rundbastionen verstärkt. Im Schutz des Mauerrings entwickelte sich ein winziges, heute verlassenes mittelalterliches Dorf. Die Kapelle ist mit Fresken des 15. Jahrhunderts geschmückt, ein dichter Palmenhain beschattet die Dorfpiazza, nach Norden schließt sich ein langer Sandstrand an. An der Südseite des Festungsdorfes liegen die **Ruinen von Pyrgi,** die wenig anschaulichen Überreste der etruskischen Hafenstadt Pyrgoi. Im 6./5. Jahrhundert v.Chr. stand hier eine größere Tempelanlage, die von den verbündeten Phöniziern und Etruskern gemeinsam genutzt wurde. Im 4. Jahrhundert wurde das Heiligtum bei einem Flottenangriff der um die Seeherrschaft im Mittelmeer konkurrierenden Griechen zerstört.

Ladispoli ⇗XII, B2

Auch bei Ladispoli erstrecken sich Badestrände. Einige Kilometer südlich des Ortes liegt unmittelbar am Meer **Palo,** ein winziger musealer Küstenort im Schutz des Palazzo Odescalchi (1640), in dessen Nähe man die Ruine einer römische Villa mit farbigen Mosaiken (3./4. Jahrhundert v.Chr.) ausgegraben hat. In etruskischer Zeit lag hier einer der drei Häfen von Caere (Cerveteri). Drumherum erstreckt sich ein **kleines WWF-Schutzgebiet** mit einem Restbestand des ursprünglichen Küstenwaldes.

Seit einigen Jahren ist das Ganze eine neofeudale Exklave, die sich, für den gewöhnlichen Erdenbürger unzugänglich, hinter Zäunen verschanzt. Einer der reichsten Männer der Welt, *Jean Paul Getty,* erwarb den **Palazzo Odescalchi** und ließ ihn 1990 zu einem der teuersten und luxuriösesten Hotels der Welt umgestalten. Der „Pöbel" Roms ist hier offensichtlich unerwünscht, die Vorortzüge zwischen Rom und Civitavecchia fahren heute am Bahnhof von Palo durch. Das Hotel verbirgt sich diskret hinter einem hohen verschlossenen Holztor, einfach mal hingehen ist nicht drin. Die Übernachtungspreise liegen laut Hotelverzeichnis zwischen 600 und 1400 Euro! Auch der Küstenwald und der Strandabschnitt von Palo waren 2005 für die Allgemeinheit gesperrt.

Cerveteri ⇗XII, B2

- **11.000 Einwohner**
- **80 m üNN**
- **46 km nordwestlich von Rom**
- **PLZ 00052**

Die bescheidene Kleinstadt lässt heute kaum noch erahnen, das hier in der Antike eine der wichtigsten und größten Etruskerstädte lag, die in ihrer Blütezeit bis zu 80.000 Einwohnern zählte. Das **etruskische Kysri, römisch Caere,** rivalisierte mit dem benachbarten Tarchuna (Tarquinia) um die Vorherrschaft im Zwölfstädtebund. Auch Kysri profitierte von der Ausbeutung der damals noch reichen Erzvorkommen der Tolfa-Berge, die über drei der Stadt zugehörige Seehäfen in den ganzen Mittelmeerraum exportiert wurden. Ab dem 7. Jahrhundert wuchs die Einwohnerschaft auch durch griechische Einwanderer, und wie in Tarchuna versuchte sich eine reich gewordene Oberschicht von Kaufleuten und Adeligen in aufwendigen Kunstwerken und Grabanlagen zu verewigen. Auch müssen die Bewohner von Kysri/Caere Fachleute für aufwendige Totenfeierlichkeiten gewesen sein, nannten doch die Römer derartige Feste *caeremoniae,* woraus sich das Wort Zeremonie ableitet. In römischer Zeit wurde Caere, das den neuen Herren erbitterten Widerstand geleistet hatte, rasch zu einem unbedeutenden Provinzort.

In der näheren Umgebung Cerveteris erstreckt sich eine ausgedehnte **etruskische Totenstadt.** Durch die schon in der Römerzeit einsetzende Grabräuberei wurde sie fast aller Kunstschätze beraubt. Den Rest besorgten im 19. Jahrhundert übereifrige Archäologen, die die letzten noch vor Ort zu findenden Ausstattungsstücke in die großen Museen Europas verbrachten. Auch finden sich in Cerveteri keine den Grabfresken von Tarquinia vergleichbaren Wandmalereien mehr. Allerdings ist die gut erhaltene Grabarchitektur von einzigartiger Vielfalt. Insbesondere die dicht an dicht stehenden großen Tumulus-Gräber sind ungewöhnlich und in dieser Größe und Anzahl nur in Cerveteri zu sehen. Nirgendwo sonst kann man sich einen so guten Überblick über die verschieden Grabformen der Etrusker verschaffen.

Die größten Gräber, die **Tumuli – Hügelgräber** mit runden Erdaufschüttungen auf zylindrischem Sockel – mit bis zu 50 Metern Durchmesser, langen Eingangstunneln (Dromos) und verwinkelten Grabkammern, entstanden in der etruskischen Blütezeit zwischen dem 7. u. 5. Jahrhundert v.Chr. Warum gerade in Cerveteri große Tumulusgräber relativ zahlreich angelegt wurden, ist nicht geklärt. Daneben gibt es in Reihen angeordnete, in den Fels geschlagene einfachere **Kammergräber** mit eckigem Umriss und schlichte **Höhlengräber,** die wahrscheinlich die geringere soziale Stellung der Verstorbenen widerspiegeln. Die Toten wurden in den Grabkammern ohne Sarkophag offen auf Steinbänken liegend bestattet, der poröse, luftdurchlässige Tuffstein führte zu einer raschen Verwesung.

Die **Hauptnekropole La Banditaccia** liegt etwa zwei Kilometer nördlich

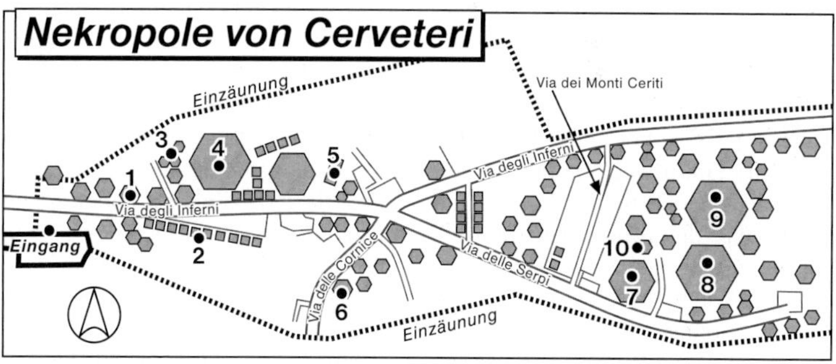

- 1 Tomba dei Capitelli
- 2 Felsgräber
- 3 Archaische Zone
- 4 Großtumulus (Tomba dei Vasi Greci)
- 5 Tomba dei Rilievi
- 6 Tomba della Cornice
- 7 Tumulo Maroi
- 8 Tumulo Mengarelli
- 9 Tumulo del Colonello
- 10 Tumulo Policromo

außerhalb des heutigen Zentrums. Eine schmale Straße führt zu der einsam in der Landschaft liegenden Gräberstadt, einem ausgesprochen stimmungsvollen Platz. Die ausladenden Kronen der Schirmpinien beschatten die sich zwischen den Gräbern hindurchschlängelnden Erdwege. An den etruskischen Tuffsteinmauern sonnen sich Eidechsen, aus dem Mauerwerk sprießen Gräser und Wildblumen, und außer Vogelgezwitscher dringt kaum ein Laut an das Ohr des Besuchers – latinische Campagna ohne die störenden Attribute der Moderne. Dies gilt allerdings nicht für die Wochenenden, wenn aus Rom Tagesausflügler in großer Zahl anrücken.

Besichtigung

Die Gräber

Die Zufahrtsstraße von Cerveteri führt an ersten einfacheren etruskischen Gräbern vorbei zu einem **eingezäunten Areal,** das die interessantesten Grabanlagen eingrenzt.

Etwa 50 Meter nach dem Eingangspavillon passiert der in die Nekropole führende **Hauptweg Via degli Inferi** einige Tumuli aus dem 6. Jahrhundert v.Chr., u.a. die **Tomba dei Capitelli** (dritter Grabhügel links). Sie besitzt mehrere Kammern sowie zwei Säulen, deren Kapitelle Ornamentschmuck zeigen. Die Grablegen der Frauen besitzen am Kopfende die steinerne Nachbildung eines Hausgiebels, Hinweis auf die Stellung der Frau als Herrscherin über den häuslichen Bereich. Gegenüber säumen **einfache Felsgräber** aus der etruskischen Spätzeit (4./3. Jahrhundert) den Weg, vor denen kurze **Steinstümpfe** *(cippi)* stehen. Sie bezeichnen das Geschlecht der hier Bestatteten, die zylindrische Form steht für den Mann, die Würfelform (Haus) für die Frau.

Nach links führt ein Durchgang zur archaischen Zone mit den **ältesten Gräbern,** fünf kleinen **Steintrögen** zur Aufbewahrung von Aschenurnen (9. Jahrhundert v.Chr.). Sie stammen aus der den Etruskern vorausgehenden Villanova-Kultur, als man die Toten noch verbrannte.

Die Via degli Inferi passiert einige weitere ältere große Hügelgräber linker Hand, wie die **Tomba dei Vasi Greci** (6. Jahrhundert v.Chr.), einen typischen Großtumulus mit hausartigem Innenraum, der ursprünglich mit 180 griechischen Vasen geschmückt war, und führt dann zur **Tomba dei Rilievi** aus der etruskischen Spätzeit (um 350 v.Chr.), einem Höhlengrab (Hypogäum) ohne Tumulus, in das eine Treppe hinunterführt. Es besitzt noch die ursprünglichen Stuckdekorationen, die Werkzeuge, Waffen, Hausgeräte, Möbel und sogar eine Hauskatze abbilden. Die etruskischen Gräber waren nicht nur mit steinernen Sitzbänken und Bettstellen den Wohnhäusern nachgebildet, sondern auch mit Gerätschaften, Hausrat und Schmuck ausgestattet, denn die Toten sollten sich im Jenseits ganz wie zu Lebzeiten im eigenen Haus fühlen. Ein Relief an der Stirnwand zeigt die mythologischen Figuren des Höllenhundes *Zerberus,* Bewacher des Eingangs zur Unterwelt, und des Fährmanns *Charon,* Seelenbegleiter auf der Reise ins Jenseits.

Etwa 50 Meter hinter der Tomba dei Rilievi erreicht man eine Dreiwegeverzweigung. Ein kurzer Abstecher ganz nach rechts führt zur **Tomba della Cornice** (6. Jahrhundert v.Chr.) mit steinernem Saum um die Türöffnungen und zwei Steinstühlen an den Eingangsseiten. In der von der Verzweigung links weiterführenden Via degli Inferi sind noch die tiefen Spurrillen zu sehen, die die Bronzeräder der Leichenwagen über Jahrhunderte in den Stein geschliffen haben.

Zwischen der Via degli Inferi und der leicht rechts verlaufenden **Via delle Serpi** erstreckt sich ein weiteres Areal mit zahlreichen Gräbern. Zunächst passiert man entlang der zwei quer verlaufenden Wege Via dei Monti della Tolfa/Via dei Monti Ceriti reihenhausartig angeordnete Kammergräber, danach zahlreiche weitere Hügelgräber. Die größeren unter ihnen, der **Tumulo Maroi,** der **Tumulo Mengarelli** mit neun Meter tief unter die Erde führendem Eingangskorridor und mehreren Räumen, der von einem Graben umgebene, innen sehr einfache **Tumulo del Colonello** und der aus verschiedenfarbig schattiertem Stein errichtete **Tumulo policromo,** stammen aus der Blütezeit der etruskischen Kultur (7./6. Jahrhundert v.Chr.). Die kleineren, einfacher gebauten sind jüngeren Datums (4. bis 2. Jahrhundert v.Chr.).

Weitere Gräber findet man etwa 500 Meter östlich außerhalb des eingezäunten Areals, wenn man dem am Zaun entlang führenden Fahrweg etwa zehn Minuten immer geradeaus bis vor ein großes Feld folgt und hier nach rechts auf einen schmaleren Hohlweg abzweigt. Dies ist die heilige Straße, die die Banditaccia-Nekropole mit der etruskischen Stadt verband. An Tuffwänden mit einfachen in den Fels geschlagenen Grabhöhlen vorbei gelangt man in ein stilles Bachtal – ein ausgesprochen stimmungsvoller Platz in friedlicher Natur.

- **Nekropole La Banditaccia,** geöffnet Di bis So von 8.30 Uhr bis 1 Stunde vor Sonnenuntergang, spätestens bis 19 Uhr, 2 Euro Eintritt.

Der Ort

Anders als Tarquinia blieb das mittelalterliche Cerveteri ein relativ unbedeutender, heute etwas verschlafen wirkender Provinzort. Ein **Mauerring** umfasst das eng bebaute kleine Ortszentrum, das nur einen kleinen Teil der ehemaligen Etruskerstadt einnimmt. An die Ostseite schließt sich das Areal des **Palazzo Ruspoli** (13. bis 16. Jahrhundert) an. Dessen weitläufiger Innenhof mit Brunnen dient tagsüber als Spiel- und Sportplatz der Dorfjugend, abends als Treffpunkt der Alten. In den Räumen des Palastes ist heute das **Museo Nazionale Cerite** mit zahlreichen Etruskerfunden aus den Nekropolen der Umgebung untergebracht (geöffnet Di bis So 8.30–18.30 Uhr). Innerhalb der Festungsmauern befindet sich auch die Hauptkirche Cerveteris **Santa Maria Maggiore.** Vom Ursprungsbau des 12. Jahrhunderts ist nur noch das Querschiff erhalten geblieben, sehenswert im Innenraum ist eine „Madonna mit Heiligen" von *Lorenzo da Viterbo* (1472).

Touristeninformation

- **Pro Loco,** Piazza Risorgimento 19, Tel. 06 99 55 19 71.

Essen und Trinken

Im kleinen Ortskern von Cerveteri gibt es **drei beliebte Esslokale** mit Tischen zum Draußensitzen: die **Trattoria Cavallino Bianco**€€, die etwas einfachere **Trattoria-Pizzeria Roma**€-€€ an der Burgmauer und die schlichte, preiswerte **Trattoria-Pizzeria Jolly Inn**€ – am Wochenende scheint halb Rom anzureisen; eine Bar findet sich auf dem Gelände der Banditaccia-Nekropole.

Verkehrsmittel

Etwa stündlich **Bus nach Rom,** Metrostation Cornelia; in der Regel schneller ist es, mit dem halbstündlich verkehrenden **Regionalzug Roma Termini – Civitavecchia** in 45 Min. bis zur Bahnstation Cerveteri-Ladispoli zu fahren und hier in den Bus umzusteigen (Bushalt 200 m nördlich des Bahnhofs an der Kreuzung bei der Bahnbrücke).

Ceri

↗XII, B2

Einige Kilometer östlich von Cerveteri trifft man mit dem winzigen Ceri auf einen weiteren typisch latinischen Tuffsteinort, der sich mit alten Mauern auf einem Felssockel über grünen Tälern erhebt. Die enge Zufahrtsstraße führt durch düstere Gemäuer auf eine gemütliche kleine Piazza mit farbigen, bescheiden wirkenden Häusern im Schatten des **Palazzo Torlonia** aus dem 15. Jahrhundert. Die Wallfahrtskirche **Santuario Madonna di Ceri** nebenan bewahrt einen romanischen Freskenzyklus, der um 1250 von unbekannten Meistern geschaffen wurde. Dargestellt sind vor allem Szenen aus dem Alten Testament (Sündenfall und Vertreibung aus dem Paradies, Isaakopfer, die Arche Noah). Unter der Woche hat man den Ort fast für sich allein, am Wochenende treten sich die Ausflügler aus Rom gegenseitig auf die Füße.

Essen und Trinken

Die beiden Restaurants in Ceri leben vor allem vom sonntäglichen Ausflugsverkehr. Am Ortseingang liegt die **Trattoria Sora Lella**€-€€, Mi Ruhetag, Tel. 06 99 20 72 84, im Ort mit schöner Aussichtsterrasse zum Draußensitzen das **Ristorante La Rocca**€€, Do Ruhetag, Tel. 06 99 20 72 06; beide Lokale bieten u.a. Fleischgerichte vom Holzkohlegrill.

Isola Farnese und Veji

↗XIII, D1

Nördlich von Rom steht das winzige **Isola Farnese** einmal mehr von Bachtälern umgeben auf einem isolierten Tufffelsen. Die wenigen Häuser ducken sich unter die **Burg der Farnese** (Besichtigung nur im Sommer von 9–14 Uhr außer Mo). Ruhe ist hier erste Bürgerpflicht, Lärm und Hektik der nahen Millionenmetropole scheinen unendlich weit entfernt. Die schlichte Dorfkirche **San Pancranzio** bewahrt einige etwas naiv wirkende Fresken des 15. Jahrhunderts.

Ganz in der Nähe liegen die **etruskischen Ausgrabungen von Veji,** vom 8. bis 6. Jahrhundert v.Chr. einer der wichtigsten etruskischen Orte überhaupt, der von einem der zwölf Lukomonen (Priesterkönige) regiert wurde (siehe Exkurs zu den Etruskern). Die Nähe zu Rom führte früher als anderswo in Etrurien zu Konflikten mit der agressiven neuen Macht. Römische Truppen konnten das stark befestigte Veji 396 v.Chr. nach zehnjähriger Belagerung einnehmen, nachdem sie heimlich einen Tunnel durch den Fels gegraben hatten, um den Verteidigern in den Rücken zu fallen - der Anfang vom Ende der etruskischen Herrschaft in Mittelitalien.

Etwa 200 Meter westlich des Ortes zweigt die Straße zum **Grabungsgelände** ab (gelbes Hinweisschild). Am Friedhof vorbei gelangt man in ein grünes Tal, wo ein Bach über eine Felsstufe in den **Tuffkessel Gola del Mola** donnert. Die Überreste Vejis liegen verstreut auf einem Tuffplateau, das von Bachgräben durchzogen ist. Die Grundmauern und wenigen Ruinen an sich sind nicht besonders interessant, bieten allerdings einen guten Anlass, eine kleine Wanderung in schöner Landschaft zu unternehmen. Es gibt zwei beschilderte Wege, der erste, vor dem **Mola-Bach** links, leitet nicht nur zur **Tomba Anatra,** einem Etruskergrab mit Malereiresten, sondern leider auch zu diversen Müllplätzen im Wald, wo offensichtlich alte Motorroller entsorgt werden - offiziell ist dies ein Naturschutzgebiet! Schöner ist der zweite Weg über die Hochfläche jenseits des Baches. Er führt zu einer antiken Pflasterstraße und zum **Heiligtum von Portonaccio,** dem Podium eines der *Minerva* geweihten Tempels mit Opferaltar. Hier fand man die berühmte **Statue des Apoll von Veji,** heute in Rom im Etruskermuseum der Villa Giulia ausgestellt. Ganz im Norden der antiken Stadt, beim Valchetta-Bach, liegen eine Nekropole und der schon in etruskischer Zeit zur Wasserversorgung in den Fels geschlagene, 75 Meter lange Tunnel **Ponte Sodo** (nicht immer zugänglich, Privatgelände, beim Eingang zum Grabungsgelände nachfragen, ob man hin darf).

- **Ausgrabungsgelände von Veji,** geöffnet außer Mo von 9–17, im Sommer bis 19 Uhr, So nur 9–14 Uhr.

Unterkunft, Essen und Trinken

In Isola Farnese gibt es eine einzige **Bar** sowie das **Albergo-Ristorante **Da Paccetti Tempio di Apollo**€€, ein einfaches 2-Sterne Haus im alten Ort in ruhiger Lage - in Isola Farnese ist absolut nichts los; Piazza della Colonette 8, Tel. 06 30 89 05 15, 00123 Roma La Storta.

Verkehrsmittel

Gute **Bus-/Bahnverbindung nach Rom.** Etwa halbstündlich Stadtbuslinie Nr. 32 in 15 Min. zum Bahnhof La Guistiniana, von hier alle 15–30 Min. Vorortzug nach Roma Ostiense/San Pietro (Petersplatz) auf der Strecke Rom - Bracciano/Viterbo.

lat_260 Foto: gh

Nordost-latium

lat_261a Foto: gh

lat_261b Foto: gh

Monte Terminillo – mit 2214 Metern der höchste Berg der Monti Reatini

Bergidylle in den Monti Reatini

Lago di Ripa-Sottile in der Conca Reatina

Durch die Sabiner Berge zum Apennin – nordöstlich von Rom

Das gebirgige Land zwischen dem Tiber und dem Hauptkamm des Apennin im Nordosten Latiums an der Grenze zu Umbrien, den Marken und den Abruzzen wird nur selten besucht. Die ganz großen Sehenswürdigkeiten hat diese immer etwas am Rande gelegene Region nicht zu bieten, sieht man einmal von dem noch im Einflussbereich Roms gelegenen Tivoli ab. Allerdings gibt es auch hier **schöne Kleinstädte** mit alten Kirchen, Klöstern und Palazzi zu entdecken, die mit ihren geschlossenen historischen Ortskernen den Charme verborgener, unbekannter Schönheit ausstrahlen. In der **unberührten Bergnatur** lässt sich hervorragend wandern.

Bei Tivoli bilden die antike **Villa Adriana** und die manieristische **Villa d'Este** architektonische Höhepunkte, deren Besuch zu jedem Rom-Programm gehört. Östlich beginnen dann die einsamen, grün bewaldeten **Sabiner Berge,** ihr in Nord-Süd-Richtung verlaufender Hauptkamm steigt mit dem **Monte Pellechia** auf 1368 Meter Höhe an. Westlich des Gebirgszuges durchfließt der **Tiber** in vielen Windungen die sanfthügelige Landschaft der **Bassa Sabina.** Mit ihrem harmonischen Hügelland der Weinberge, Olivenhaine und Getreidefelder, durchsetzt mit kleinen Laubwaldinseln, erinnert sie an Umbrien und die Toskana. Die Ortskerne zeigen meist die malerische Architektur des Mittelalters, an den Ortsrändern beeinträchtigen mancherorts unsensibel in die Landschaft platzierte Neubauten das harmonische Bild.

Östlich der Sabiner Berge wird die Landschaft einsamer, dunkler, weniger mediterran, fast nordisch wirkende Eichen- und Buchenwälder bedecken in den höheren Regionen die Bergflanken. Wegen der oft kalten Winter können Olivenbäume hier nicht mehr gedeihen. An der Grenze zu Umbrien öffnet sich die **Conca Reatina,** die von einem Kranz grüner Waldberge umgebene, mit Weiden und Getreidefeldern bedeckte kreisrunde Ebene von Rieti. Die Region ist eng mit der Vita des *hl. Franz von Assisi* verbunden, der hier vier Klostergemeinschaften gründete. Als isolierter Vorposten des Apennin-Hauptkammes steht der **Monte Terminillo** (2216 m) dominant über der Ebene. Weiter südlich bilden die Stauseen **Lago del Turano** und **Lago del Salto** abwechslungsreiche Landschaften mit unverbauten Ufern, über denen dicht bewaldete Bergflanken aufsteigen. Ganz im Nordosten verläuft auf dem **Hauptkamm des Apennin** die Grenze zu den Regionen Marken und Abruzzen. Die unbesiedelte Landschaft mit ihren weiten Bergalmen und kleinen Wasserfällen bekommt hier fast hochgebirgsartigen Charakter, anders als in den Alpen gibt es jedoch so gut wie keine touristische Infrastruktur mit Skiliften und Ferienanlagen. Die höchste Bergkette, die **Monti della Laga** bei Amatrice, steigt auf deutlich über 2000 Meter an, der **Monte Gorzano** ist mit 2458 Metern die höchste Erhebung Latiums.

Tivoli

↗XIV, B2

- **46.000 Einwohner**
- **230 m üNN**
- **34 km östlich von Rom**
- **PLZ 00019**

Nach Rom ist Tivoli **der wohl meistbesuchte Ort Latiums.** Seit dem Beginn des 18. Jahrhunderts zieht die 34 Kilometer östlich der italienischen Hauptstadt gelegene Kleinstadt Scharen von Rom-Reisenden an, die vor der Hektik der Metropole hierher fliehen, um ein Stück **ländlich-romantische Campagna Romana** zu erfahren. Antike Ruinenstätten, eine herrschaftliche manieristische Villenanlage mit raffinierten Wasserspielen, eine mittelalterlich verwinkelte Altstadt und die schöne landschaftliche Umgebung mit einem oft gemalten Wasserfall am Rande der Sabiner Berge sind die Elemente, die Tivoli für die romantischen Reisenden der vergangenen Jahrhunderte so anziehend machten.

Heute ist es mit der Ruhe und ländlichen Idylle nicht mehr ganz so weit her, seitdem die ins Umland wuchernde Peripherie Roms immer näher an die Stadt heranrückt und Busladungen von **Tagestouristen** täglich von Rom aus angekarrt werden. In dem vom **Durchgangsverkehr** gequälten Stadtzentrum geht es öfters laut und hektisch zu. Auch hat der mittelalterliche Kern der Stadt im Zweiten Weltkrieg einige Schäden davon getragen. Allerdings ist Tivoli immer noch ein unbedingt lohnenswertes Reiseziel. Die Besichtigung der vor den Toren der Stadt gelegenen antiken **Villa Adriana** sowie der manieristischen **Villa d'Este** im Ort ist für Kunst- und Architekturinteressierte ein absolutes Muss. Landschaftlich reizvoll ist das unmittelbar nordöstlich an die Stadt angrenzende **Naturschutzgebiet der Monti Lucretili,** ein von mediterraner Macchia und niedrigen Steineichenwäldern bedeckter, kaum besiedelter Höhenzug, von dessen Rand sich weite Ausblicke auf die Sabiner Berge und in die Campagna eröffnen.

Geschichte

Die geschichtliche Bedeutung Tivolis gründete immer auf dem **Reichtum an Wasser,** das der den Ort umfließende **Aniene** aus den Bergen des Apennin mit sich brachte – nicht nur ökonomisch, sondern auch mythologisch ein wichtiger Aspekt, galt doch Wasser seit Urzeiten als göttliches Element. In der Antike lagen hier mehrere wichtige **Heiligtümer,** u.a. der Tempel der tiburtinischen *Sibylle.* Auf diesem geweihten Grund bauten in der römischen Kaiserzeit die sich für gottähnlich haltenden Herrscher ihre luxuriösen Villen, von denen sich diejenige Kaiser *Hadrians* als anschauliches Ruinenensemble bis heute erhalten hat. Im Mittelalter konnte sich Tivoli zeitweise unter dem Schutz Kaiser *Barbarossas* trotz der Nähe zu Rom als selbst verwaltete **freie Kommune** behaupten. Ab dem 14. Jahrhundert begann auch hier die unangefochtene Herrschaft des Kirchenstaates. Die Kirchenfürsten Roms nutzten den erhöht über der Ebene von Rom gelegenen luftigen Ort als **Sommerresidenz.** Im 16. Jahrhundert ließ der reiche und einflussreiche Kardinal *Ippolito d'Este* nach dem Vorbild der römischen Kaiser seine repräsentative Villa mit Park errichten. Im 19. Jahrhundert zog es zahlreiche **romantische Maler** aus nördlichen Gefilden nach Tivoli, die sich vor allem am Bild des in die Ebene hinabstürzenden Wasserfalls des Aniene erfreuten. Im Zweiten Weltkrieg war die Innenstadt Ziel alliierter Bombenangriffe.

Besichtigung

Die Villa d'Este

Hauptsehenswürdigkeit Tivolis ist die Villa d'Este, eine **große Renaissancevilla mit Park,** die in der zweiten Hälfte des 16. Jahrhunderts nach den Plänen des neapolitanischen Architekten *Pirro Ligorio* im Auftrag des Kardinals *Ippolito d'Este* erbaut wurde. Die auf engem Raum auf einer künstlichen Hangterrasse erhöht über der Ebene der Campagna Romana errichtete Anlage zählt zu den interessantesten und schönsten italienischen Gartenvillen überhaupt. In vielfältigen Formen fließt hier das Wasser durch **Brunnen und Fontänen,** wird von skurrilen **Tier- und Dämonenmasken** ausgespien oder ergießt sich aus den steinernen Brüsten einer Muttergottheit, um sich schließlich in einer Reihe von Wasserbassins in der Zentralachse des Gartens zu beruhigen. Fast überall begleitet den Besucher das Rauschen und Plätschern des kühlen

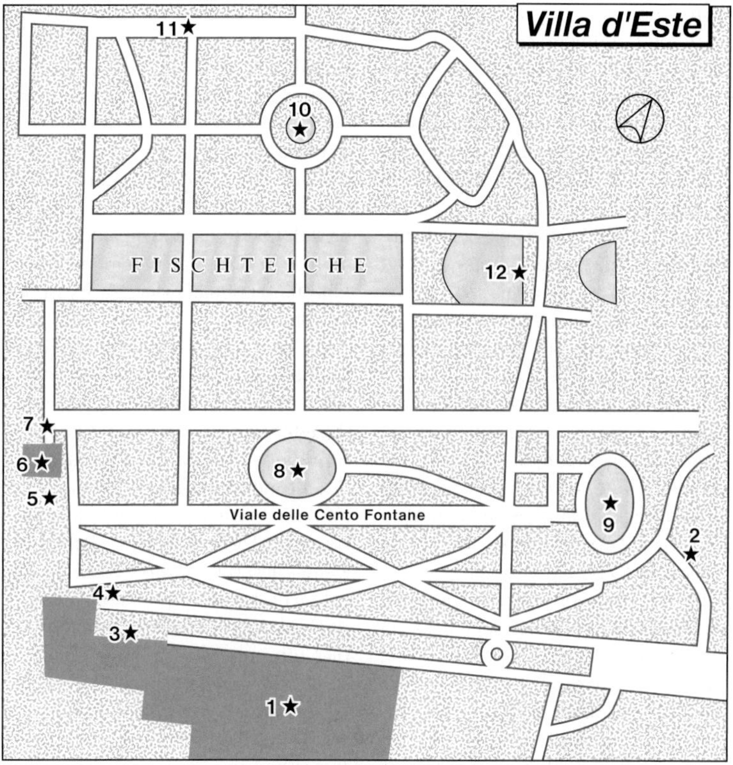

- ★ 1 Palazzo
- ★ 2 Pegasus
- ★ 3 Aussichtsbalkon
- ★ 4 Diana-Grotte
- ★ 5 Rometta
- ★ 6 Proserpina-Brunnen
- ★ 7 Käuzchen-Brunnen
- ★ 8 Fontana dei Draghi
- ★ 9 Fontana dell'Ovato
- ★10 Rotonda dei Cipressa
- ★11 Brunnen der Diana Efesia
- ★12 Neptun-Brunnen

Nasses. Auf den Wegen durch das schattige Grün blicken immer wieder grotesk-mythische Steinfiguren stumm auf den Spaziergänger.

Einige der raffinierten Wasserspiele sind heute verschwunden, wie eine hydraulische Wasserorgel oder die mechanischen Vogelstimmen des Käuzchen-Brunnens. Auch sind einige Steinfiguren durch die Erosion beschädigt oder bis zur Unkenntlichkeit ausgewaschen. Dennoch vermittelt sich beim Gang über die Parkwege immer noch die Grundidee der Anlage – die harmonische Verbindung der durch die Antike geprägten Kunst mit einer durch den Menschen gestalteten Natur. Besonders pittoresk wirken die Wasserspiele in der abendlichen Beleuchtung.

Durch einen Vorhof mit dem **Brunnen der schlafenden Venus** gelangt man zunächst in den **Palazzo,** dessen heute kahle Räume großflächig mit manieristischen Fresken ausgemalt sind *(Federico* und *Taddeo Zuccari, Livio Agresti).* Vom Palast tritt man auf die oberste Etage der theaterartig absteigenden, geometrisch strukturierten **Gartenanlage,** von der sich ein schöner Ausblick in die Campagna und zu den Monti Lucretili bietet.

An ihrem rechten Ende ganz rechts steht ein **Brunnen mit der geflügelten Figur des Pegasus,** nach links gelangt man zu einem Aussichtsbalkon. Links unterhalb des Palazzo öffnet sich die **Diana-Grotte** mit Figuren und Reliefs, die den Diana-Mythos wiedergeben. Ganz am linken Terrassenrand steht der **Brunnen der Rometta,** Symbol der Stadt Rom, wo der Kardinal so gerne Papst geworden wäre. Man erkennt *Romulus* und *Remus* mit dem Wolf, ein Schiff mit Obelisken, das die Tiberinsel darstellen soll, darüber die allegorische Siegesfigur der *Roma.* Daneben liegen der **Proserpina-Brunnen** sowie der **Käuzchen-Brunnen,** wo ursprünglich wasserbetriebene mechanische Vogelstimmen so lange fröhlich zwitscherten, bis die böse Eule erschien.

Auf der **Viale delle Cento Fontane,** wo sich, von Greifen bewacht, aus skurrilen Steinmasken das Wasser in dünnen Strahlen ergießt, passiert man die steinernen Drachen der **Fontana dei Draghi,** die kräftige Fontänen in die Luft speien. Am Ende der Allee bildet die Tivoli symbolisierende **Fontana dell'Ovato** das Gegenstück zur *Rometta,* ein Gang mit Nymphenstatuen führt hinter den künstlichen Wasserfall des Brunnens.

Die drei großen Becken der **Fischteiche** bilden die zentrale Achse des Gartens. Auf der schattigen Terrasse dahinter trifft man auf das Zypressenrund der **Rotonda dei Cipressa** und den **Brunnen der Diana Efesia** (Brunnen der Mutter Natur) mit einer vielbrüstigen Figur nach dem Vorbild der kleinasiatischen *Artemis* von Ephesos. (Manche Forscher meinen allerdings, dass es sich beim orientalischen Vorbild um angenagelte abgeschlagene Stierhoden handelte, eine symbolische Unterwerfung der männlichen Agression unter die große anatolische Muttergottheit.)

Den theatralischen Abschluss des Gartens bilden am nördlichen Ende der Wasserbecken die großen Wasserspiele des **Neptun-Brunnens.** Ganz unten erkennt man hinter einem Gischtschleier die Kolossalstatue des *Neptuns,* auf der Etage darüber betritt man das Gewölbe mit dem **Brunnen der Wasserorgel,** wo früher hydraulisch erzeugte Orgeltöne erklangen. Ganz oben erhebt sich eine **große Fassadenwand** mit diversen Skulpturen, dargestellt sind u.a. *Apollo, Orphe-*

Die Villa d'Este – gezähmte Natur, Refugium der Mächtigen

In der Gestaltung der Villa d'Este und ihrer Gärten zeigt sich auch das **neue Denken der Renaissance,** das sich die Zähmung der Natur, ihre Unterwerfung unter den menschlichen Gestaltungswillen, bewusst zum Ziel macht. Der Mensch sieht sich nicht länger wie noch im Mittelalter als klein und letztlich den von Gott gelenkten Naturkräften demütig unterworfen. Ein Zeitgenosse schrieb: „Die Kunst des Menschen und die Stärke des Kardinals haben die Natur bezwungen und gebrochen, um den Garten entstehen zu lassen. Denn die rauen Felsen, die sich dort befinden, werden genützt und von der eigenen Natur derart entfremdet, dass die Welt erschrak, als sie sah, wie die Menschen ihr mit Eisenhämmern zu Leibe rückten, um diesen von Architekten entworfenen Garten entstehen zu lassen."

Ein weiteres Denkmuster der Renaissance wird in der Anlage sichtbar: die neue **feudale Gesinnung einer reich gewordenen Adelsschicht,** die vor allem auch in Latium (Palastanlagen von Caprarola, Bagnaia, Bomarzo) danach strebte, sich in eine abgeschlossene, vom Alltagsleben der Massen vollständig abgehobene, materiell und geistig selbst erschaffene Welt zurückzuziehen. Vorbildhaft dürfte hierbei die nahe gelegene Villa Kaiser *Hadrians* gewesen sein. Dabei wurde christliches Gedankengut weitgehend durch antike Sagen und Mythen ersetzt. Die Nöte und Sorgen des einfachen Menschen hatten in diesem geistigen Umfeld, viel weniger noch als im Mittelalter, keinerlei Bedeutung. Konsequenterweise wurden beim Bau der Villa d'Este Teile der mittelalterlichen Altstadt von Tivoli rücksichtslos zerstört, um die kühnen Ideen des Kirchenfürsten und seiner Baumeister umzusetzen.

Im Garten der Villa d'Este ist das **fließende Wasser** das prägende und alles verbindende Element, im trockenen Mittelmeerraum mit seinen sommerlichen Dürreperioden hatte es naturgemäß immer eine größere Bedeutung als im feuchten und kühlen Norden. In Quell- und Flussheiligtümern wurde es schon in den vorrömischen Kulturen als Ursprung alles Lebendigen mythisch überhöht, und auch in der römischen Antike gab es zahlreiche Tempelplätze mit kultischer Beziehung zum Wasser (Nymphäum). Diesen Bezug greift die Villa d'Este in einer theatralisch verspielteren Form wieder auf. Nach dem Architekten *Pirro Ligorio,* der die Arbeiten an der Villa ab 1560 beaufsichtigte, ist das Wasser die Ursubstanz allen Lebens, es nährt die Erde wie das Blut in den Venen den Menschen versorgt, in seiner ständigen Wandlung und Bewegtheit ist es ein Abbild des menschlichen Seins.

lat_267 Foto: gh

lat_268 Foto: gh

us und aus dem Stein wachsende muskulöse Atlanten.

• **Villa d'Este,** geöffnet Di bis So 8.30–17, im Sommer bis 19.45 Uhr, Einlass bis 1 Stunde vor Schließung.

Die Altstadt

Unmittelbar beim Eingang zur Villa d'Este erhebt sich die im 12. Jahrhundert erbaute Kirche **Santa Maria Maggiore** mit gotischem Portal und Fensterrose, im Innenraum sind der schöne Cosmatenfußboden und ein Tryptichon des 14. Jahrhunderts im rechten Seitenschiff bemerkenswert. Etwa 200 Meter östlich der Villa d'Este erblickt man die von Rundtürmen flankierte **Rocca Pia,** die 1461 unter Papst *Pius II.* erbaute päpstliche Flucht- und Zwingburg zur Festigung der Herrschaft des Kirchenstaates über die Bürger von Tivoli. Links von der Burg kann man noch die wenigen Überreste eines römischen Amphitheaters ausmachen.

Biegt man aus der Villa d'Este kommend nach links abwärts, so gelangt man ins **mittelalterliche Tivoli** mit einigen hübschen Gassen und Kirchen. **San Pietro alla Carità** an der Nordmauer der Villa zeigt nach der radikalen Entfernung der barocken Ausstattung den schlicht-strengen Raumeindruck des romanischen Ursprungsbaus des 12. Jahrhunderts. Das Kirchenschiff ruht auf antiken Säulen, die Fußbodenornamentik ist eine schöne Cosmatenarbeit, in der gedrungenen

Krypta sind zwei Fresken aus der Entstehungszeit erhalten geblieben.

Über Treppengassen weiter absteigend gelangt man vorbei am eckigen gotischen **Turmhaus Casa Torre** in der Via Campitelli zur Kirche **San Silvestro** (12. Jahrhundert) mit ihren kunstgeschichtlich interessanten mittelalterlichen **Apsisfresken** (Anfang 13. Jahrhundert). In byzantinischer Reihung ist u.a. die Legende von Kaiser *Konstantin* und dem römischen Bischof *San Silvestro* dargestellt, der den Kaiser nach der Legende von der Lepra heilte und damit die Duldung des Christentums erreichte (siehe auch Exkurs zur „Konstantinischen Schenkung"). U.a. erkennt man wehklagende Mütter und auf Karren festgebunden Kinder - der noch nicht zum Christentum übergetretene Kaiser *Konstantin* will gemäß den heidnischen Vorstellungen der Zeit seine Lepra durch ein Bad im Blut ermordeter Kinder heilen, *S. Silvestro* bringt ihn aber davon ab und bewirkt die wundersame Heilung. *Silvester* erweckt einen toten Stier und beeindruckt damit sogar einen jüdischen Magier. Zum Ausdruck gebracht werden soll wahrscheinlich nicht nur die Überlegenheit des Christentums über die alten Religionen, sondern auch der Vorrang des Papstes gegenüber dem Kaiser, der nur durch das Eingreifen des *hl. Sylvester,* des Stellvertreters Christi auf Erden, am Leben erhalten wird.

Blick von der Villa d'Este über Tivoli

Von San Silvestro führt die ansteigende Via del Colle zum **Dom San Lorenzo,** einem wuchtigen Barockbau. Von der ursprünglich romanischen Kirche des 12. Jahrhunderts ist nur noch der Glockenturm übrig geblieben. Im Innenraum ist in der Seitenkapelle vorne rechts die romanische Skulpturengruppe der Kreuzabnahme (um 1225) von besonderem Interesse, eine im Mittelalter seltene Holzschnitzarbeit. Ein weiterer Kunstschatz ist in der dritten Kapelle links der Dreiflügelaltar aus dem 12. Jahrhundert (Christus zwischen *Maria* und *Johannes*). Rechts vom Bogenvorbau des Doms liegen das **alte Waschhaus,** wo ein Schild Männern bei Anwesenheit von Frauen den Zutritt verbot („e proibito l'ingresso agli uomini standovi le donne"), sowie die römische **Mensa Ponderaria,** der Aufbewahrungsort der Eichmaße und Gewichte für den Markthandel auf dem nahe gelegenen Forum.

Vom Dom führt die Via San Valerio und die links über eine Brücke mit Wachturm abzweigende Via della Sibilla in ein weiteres kleines mittelalterliches Viertel. Hier erhebt sich am Rande der Anieneklamm der **Rundtempel der Vesta** (1. Jahrhundert n.Chr.), von dem noch zehn korinthische Säulen aufrecht stehen. Gleich daneben sieht man die rechteckige **Ruine eines zweiten, älteren Tempels** (2. Jahrhundert v.Chr.), der der tiburtinischen **Sibylle** geweiht war, einer mythologischen Seherin, die der Legende nach u.a. Kaiser *Augustus* die Geburt Jesu vorausgesagt haben soll. Unterhalb stürzt der Aniene in einen tiefen Ge-

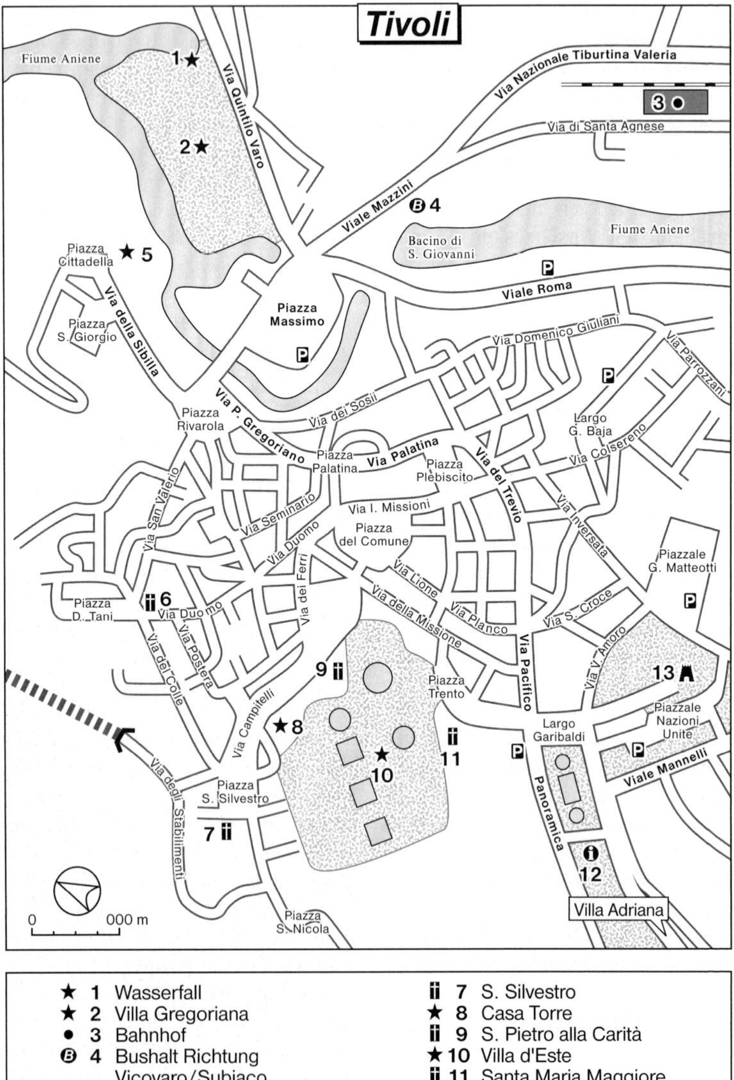

- ★ 1 Wasserfall
- ★ 2 Villa Gregoriana
- ● 3 Bahnhof
- Ⓑ 4 Bushalt Richtung Vicovaro/Subiaco
- ★ 5 Tempel der Sybille
- ⛪ 6 Dom S. Lorenzo
- ⛪ 7 S. Silvestro
- ★ 8 Casa Torre
- ⛪ 9 S. Pietro alla Carità
- ★ 10 Villa d'Este
- ⛪ 11 Santa Maria Maggiore
- ℹ 12 Touristeninformation
- 🏰 13 Rocca Pia

ländeeinschnitt. Die antiken Tempel über den Wasserkaskaden waren um 1800 eine immer wieder von den romdeutschen Romantikern gemalte Szenerie. Die Künstler logierten nebenan im legendären „Gasthaus der Sibylle", wo man immer noch, wenn man den richtigen Platz bekommt, im Schatten antiker Säulen speisen kann. Die **Wasserfälle des Aniene** sind heute nicht mehr ganz so spektakulär wie damals. Nach einer verheerenden Überschwemmung 1826 wurden Stollen in den Berg gegraben, durch die ein Großteil der bis dahin über die Geländestufen hinabstürzenden Wassermassen unterirdisch abgeleitet wurde.

Unterhalb des Sibyllentempels erstreckt sich der 1835 für Papst *Gregor XVI.* angelegte **Park der Villa Gregoriana,** im Gegensatz zur geometrisch *all'italiano* gestalteten Villa d'Este ein naturbelassener Landschaftsgarten im englischen Stil (geöffnet 1.4.–15.10. tägl. von 10–18.30 Uhr, März und 16.10.–30.11. 10–14.30 Uhr, Dez. bis Febr. geschlossen; Eintritt 4 Euro). Durch ein schattiges Wäldchen steigt man auf angelegten Wegen zwischen Felsen und vorbei an Grotten und Aussichtsplätzen in das enge und steile **Tal des Aniene** hinab, ganz unten steht man am Fuße eines hohen Wasserfalls, talwärts verschwindet der Fluss tosend im Schlund der **Sibyllengrotte** – ein Stück Wildnis unmittelbar am Rande der modernen Stadt.

Die Villa Adriana

Etwa vier Kilometer westlich unterhalb der Stadt erstreckt sich am Fuße der Hügel die Villa Adriana, ein **antikes Ruinenensemble** ganz im Geiste der römischen Kaiserzeit.

Der **Mikrokosmos Kaiser Hadrians** war Sommerresidenz und Rückzugsstätte des hochgebildeten Herrschers, der abgehoben von den Massen in gottähnlicher Verehrung lebte. Mit ihrem egozentrischen Architekturprogramm, das ganz auf die Ideale, Erfahrungen und Neigungen des Erbauers ausgerichtet war, bildete die Hadriansvilla das antike Vorbild der manieristischen Villen Latiums des 16./17. Jahrhunderts. In der Zeit der Regentschaft

lat_271 Foto: gh

Wasserfall im Park der Villa Gregoriana

Hadrians (117–138 n.Chr.) erreichte das Römische Reich seine größte Ausdehnung. Es umfasste ein riesiges Gebiet, das von Nordafrika über Spanien, England, Frankreich, den Balkan, Griechenland bis in den Vorderen Orient und nach Ägypten reichte. Zwei ausgedehnte Reisen führten den Kaiser in alle seine Provinzen, von denen er vielfältige Eindrücke mitbrachte, die er im Jahre 125 mit der Errichtung seiner luxuriösen Villa vor den Toren Roms in Stein verarbeitete. Die Villa Adriana umfasste ein **riesiges Areal mit monumentalen Einzelbauten,** die verstreut in einer parkähnlichen Landschaft lagen. Sie bildete eine eigene, in sich geschlossene Kaiserstadt für bis zu 20.000 Besucher/Bewohner – alles nur zum Wohlbefinden und Ruhm einer einzigen Person, des Gottkaisers.

Heute sind nur noch Ruinen geblieben, die im Einzelnen nicht immer genau zu identifizieren sind. Das vor Ort zu Sehende gibt aber immer noch einen guten Eindruck von der feudalen Pracht und Gesinnung der römischen Kaiser. Am Eingang zum Ruinengelän-

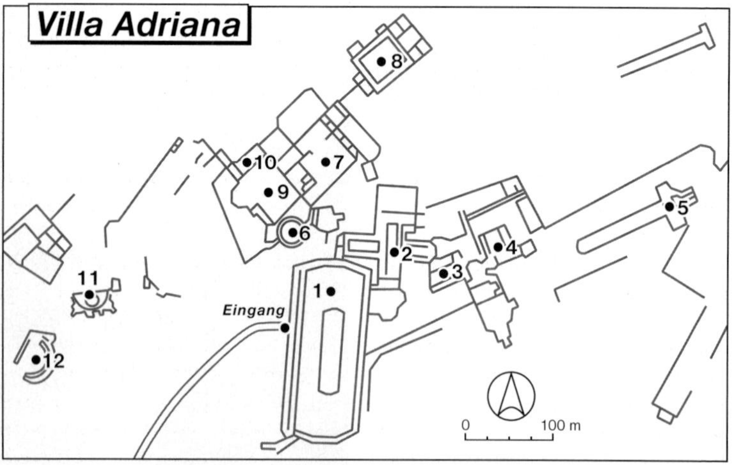

- 1 Poikile
- 2 Nymphäum
- 3 Kleine Thermen
- 4 Große Thermen
- 5 Kanopos
- 6 Teatro Marittimo
- 7 Palasthof
- 8 Piazza d'Oro (Repräsentationsräume)
- 9 Bibliothekshof
- 10 Gästehaus (Hospitalia)
- 11 Venus-Tempel
- 12 Griechisches Theater

lat_273 Foto: gh

de zeigt ein Modell anschaulich die ursprüngliche Gestaltung des Villenareals mit seinen Einzelbauten. Hinter einer neun Meter hohen Mauer öffnet sich das 232 x 97 Meter große Gelände der **Poikile,** eines großen Platzes mit Fischteich, der von einem Säulenumgang nach dem Vorbild der großen Wandelhalle von Athen eingegrenzt war. Das ebenfalls mit hohen Mauern nach außen abgeschlossene **Teatro Marittimo** ist ein eigenwilliger Rundbau mit kreisförmiger Säulenhalle um einen Wassergraben, der eine steinerne Insel mit Gebäuden einschließt. Die Mitte war nur über schwenkbare Stege zugänglich. Es handelte sich nicht um ein Theater, sondern um einen privaten Rückzugsort des Kaisers, der hier in völliger Abgeschiedenheit seine philosophischen Studien betreiben konnte.

Der am anschaulichsten erhaltene Teil der Villa ist der **Kanopos,** ein längliches Wasserbecken, das von einer Säulenreihe mit Statuen und Bögen umgeben ist. Bei den Figuren handelte es sich um Repliken klassischer griechischer Werke, einige wurden erst in den letzten Jahren vor Ort wieder aufgestellt. Dieser Teil des Villenareals sollte das wegen seiner Schönheit gerühmte, Kanopos genannte Tal beim ägyptischen Alexandria symbolisieren,

Villa Adriana (Teatro Marittimo)

das der Kaiser auf seinen Reisen besucht hatte. Ein Kanal verband dort die Stadt mit einer dem Gott *Serapis* geweihten Orakelstätte. Auch in der Villa Adriana schließt die Wasserfläche mit einem Serapis-Heiligtum ab, dessen halbkreisförmige Apsis noch erkennbar ist. Der Kaiser soll das Orakel von Alexandria mehrfach befragt haben, wobei ihm der baldige Tod seines leidenschaftlich geliebten jungen Gefährten *Antinoos* vorhergesagt worden sein soll, der bei einer Inspektionsreise nach Ägypten ertrank.

Zahlreiche **weitere Ruinen,** von Bibliotheken, Thermen, einem Stadion, einem Saal für Bankette, der Küche, den Wohnräumen von Wachen und sonstigen Bediensteten usw. sind noch im Gelände verstreut zu finden. Interessanter als die Identifizierung der meist nur aus Fundamenten und Grundmauern bestehenden Einzelteile ist es, die Grundstimmung des Platzes aufzunehmen. Zusammen mit der Mittelmeervegetation der Zypressen, Schirmpinien, Olivenbäume und des im Frühsommer prächtig blühenden Oleanders bilden die verfallenen Mauern ein höchst malerisches Ruinenensemble.

- **Villa Adriana,** geöffnet tgl. 9–18, im Sommer bis 19.30 Uhr, Einlass bis 90 Minuten vor Schließung; Infos im Internet unter www.villa-adriana.net.

Touristeninformation

- **I.A.T. Largo Garibaldi Giardino,** Mo bis Sa 9–13 Uhr, Di, Mi, Fr auch 14.30–17.30 Uhr geöffnet.
- **Infos zum Naturschutzgebiet Parco Regionale dei Monti Lucretili** im Internet unter www.montilucretili.it.

Unterkunft

Die wenigen Hotels im oder nahe am Zentrum sind teuer bis sehr teuer. Besser man versucht es gleich mit **Bed & Breakfast.** Im Innenstadtbereich liegen u.a. **Villa d'Este**€€, Via Boselli 14, Tel. 07 74 31 19 43, www.villadestetivoli.it, **La Panoramica**€€, Viale Arnaldi 45, Tel. u. Fax 07 74 33 57 00, und **Al Duomo**€-€€, Via del Duomo 40, Tel. 34 77 40 14 52.

Essen und Trinken

Mehrere Trattorien offerieren ein preiswertes Menu Turistico, ordentliche Küche zu angemessenen Preisen bietet u.a. die **Antica Trattoria del Falcone**€-€€, Via Trevio 34, Tel. 07 74 31 23 58, auch Pizzeria, im Zentrum. In der gleichen Straße eine **Pizza al Taglio** mit guter Auswahl.

Verkehrsmittel

Bahn

Werktags alle 30–60 Min. Lokalzug von **Roma Tiburtina** nach Tivoli; So nur 10 Abfahrten; tgl. 4x Verbindung nach **Sulmona/Pescara** in den Abruzzen.

Bus

Werktags alle 10–15 Min., So alle 20 Min. Bus von der Metrostation **Roma Ponte Mammolo** nach Tivoli. Häufig Stadtbus vom Largo Garibaldi in Tivoli zur Villa Adriana. Weitere Verbindungen nach **Subiaco** (werktags 14x, So 8x), **San Vito Romano/Genazzano** (werktags 10x, So 3x), **Licenza/Orvinio** (werktags 3x).

Vicovaro

XIV, B1

- 4000 Einwohner
- 350 m üNN
- 14 km nordöstlich von Tivoli
- PLZ 00029

Die freundliche Kleinstadt erstreckt sich im Schatten einer großen Barockkirche auf einem Hügelrücken über dem Tal des Aniene. Die gute Stube der kleinen Altstadt ist die **Piazza San Pietro,** wo man sich zur *passegiata* trifft, dem abendlichen Flanierritual, zu dem sich die halbe Einwohnerschaft einfindet. Ganz oben am Platz stehen der halbverfallene **Palazzo Bolognetti** (18. Jahrhundert) und die überdimensionierte Hauptkirche **San Pietro,** ein wenig interessanter Bau im Stil des Barock (1755), die den kleinen Ort mit seinen schlichten Häusern zu erdrücken scheint. Ein wahres architektonisches Schmuckstück ist hingegen der **Tempietto San Giacomo Maggiore** am unteren Platzende, ein harmonischer achteckiger Zentralbau aus der Mitte des 15. Jahrhunderts, in dem sich Stilelemente der späten Gotik und der Renaissance verbinden. Schöne Steinmetzarbeiten zeigt das Portal (Madonna mit Kind und Heiligen, schwungvolle Engel), das um 1460 von dem aus Kroatien eingewanderten Frührenaissancekünstler *Giovanni Dalmata* geschaffen wurde.

Essen und Trinken

Kein Ristorante an der Piazza, nur **drei Bars** und ein **Pizza al Taglio** mit guten Pizzen und einer sehr gesprächsfreudigen Besitzerin.

Arsoli

XV, C1

- 1540 Einwohner
- 475 m üNN
- 62 km nordöstlich von Rom
- PLZ 00023

Östlich von Vicovaro liegt am Berghang das alte Arsoli, das im 11. Jahrhundert als benediktinische Klosterburg entstand. Die Hauptkirche **SS Salvatore,** um 1580 nach Plänen des Bernini-Schülers *Giacomo della Porta* errichtet, besitzt ein Bild des Barockmeisters *Domenichino* („Trasfigurazione"). Vom Kirchplatz blickt man auf die abbröckelnden Mauerfronten des düsteren **Castello Massimo** oberhalb, der Burg des 11. Jahrhunderts, die im 16. Jahrhundert grundlegend umgestaltet wurde. Die Innenräume mit Fresken der Gebrüder *Zuccari* und der italienische Garten mit einer antiken Statue der *Dea Roma* sind leider bis auf weiteres nicht zugänglich.

Östlich des Ortes führt ein kurzer schöner **Wanderweg** durch das schattige **Engtal des Bagnatore-Baches** (ca. 1:15 Std.). Dazu geht man vom Albergo Fontanile an einem Parkplatz vorbei zur Straße nach Cervara hinunter, folgt ihr fünf Minuten nach links abwärts zu einer Brücke, an deren Ostseite der das Bachtal hinaufführende Wanderpfad beginnt. Der Weg wechselt später ans andere Ufer. Bei einer Gabelung nach etwa 20 Minuten ab der Brücke geht man rechts und erreicht an zwei monolithischen Felsen vorbei den oberen Ortsrand von Arsoli. Man hält sich links und

geht über Treppenwege an den Burgmauern vorbei in den alten Ortskern, wo die erste Gasse links zur Kirche SS Salvatore führt. Nach rechts weiter absteigend wird der Ausgangspunkt, die Piazza beim Albergo Fontanile, erreicht.

Arsoli mit dem Castello Massimo

Unterkunft, Essen und Trinken

● ****La Locanda del Fontanile**€-€€, freundlich-familiäres Hotel in den oberen Stockwerken einer großen Stadtvilla im Zentrum, einige Zimmer bieten schöne Ausblicke in die Berge. Das zugehörige kleine **Ristorante**€-€€ bietet gute Traditionsküche. Piazza Valeria 62, Tel. u. Fax 07 74 92 02 49, www.locandadelfontanile.com.

Verkehrsmittel

Bahn

Werktags 8x, So 2x über Tivoli nach **Roma Tiburtina** (zurück werktags 12x, So 4x); einige Züge nach **Avezzano/Sulmona** in den Abruzzen.

Bus

● Werktags 8x, So 2x über Vicovaro nach **Tivoli.**

Zwischen Vicovaro und Orvinio

Auf dem Weg von Vicovaro nach Orvinio passiert man mit Roccagiovine, Licenza und Percile drei Dörfer mit schönen mittelalterlich geprägten Ortsbildern. Nach Norden hin wird die Landschaft an der Ostseite der Monti Lucretili immer rauer und einsamer.

Licenza ⇗X, A3

In Licenza nördlich von Vicovaro beherbergt der **Palazzo Orsini Borghese** ein kleines **Archäologisches Museum** mit den Funden aus der Villa des *Horaz.*

Die Villa des Horaz

Bei Licenza entdeckte man im Jahre 1911 die **Fundamente einer antiken Patriziervilla,** die heute als das Landgut des berühmten römischen Dichters *Horaz* (65–8 v.Chr.) identifiziert ist. Unzählige Lateinschüler mussten die Verse des *Horaz* auswendig lernen, der wie kaum ein anderer Künstler der Antike die europäische Dichtkunst beeinflusste. Als überzeugter Republikaner stand der schon zu seinen Lebzeiten einflussreiche Dichter in den römischen Bürgerkriegen auf der falschen, d.h. der unterlegenen republikanischen Seite. Das siegreiche Triumvirat bestrafte ihn mit dem Verweis aus Rom und dem Entzug seines gesamten Vermögens. Das er dennoch nicht darben musste, verdankt er einem eifrigen Förderer der Dichter und Künstler, dem einflussreichen und wohlhabenden *Gaius Macenas,* Urbild des Mäzens, der dem Dichter das Landgut bei Licenza schenkte.

In vielen Versen besang *Horaz* seine **Verbannung in die ländliche Idylle,** die er nicht als Bestrafung empfand: „Dem viel Wünschenden mangelt viel, glücklich der dem Gott reichte mit sparsamer Hand, so viel das Bedürfnis heischt." Ganz so bescheiden war sein Landleben dann wohl doch nicht, immerhin besaß die Villa ein aufwendiges Wasserzufuhrsystem und eine Therme mit eigenem Nymphäum (Quellheiligtum). Zudem standen dem großen Dichter acht Sklaven in seiner Villa zur Verfügung, die über einigen Landbesitz verfügte. *Horaz* konnte so ein sorgenfreies, ganz der Dichtkunst gewidmetes Leben führen.

Die **bescheidenen Ruinen** der Villa sind ohne den geschichtlichen Bezug für den Besucher nicht unbedingt von besonderem Interesse. In Verbindung mit der umgebenden unberührten Landschaft grüner Hügel und Täler vermitteln sie jedoch immer noch etwas von der stimmungsvollen Atmosphäre, die *Horaz* zu vielen seiner Verse inspirierte.

- **Villa des Horaz,** geöffnet tgl. außer Mo 8–14 Uhr, beschilderter Abzweig zwischen Roccagiovine und Lizenca.

Orvinio ⇗X, A2

Das abseitige Orvinio (1050 Einwohner) liegt 850 Meter hoch schön vor dem fernen Hintergrund des Hochgebirges des Monte Velino (2487 m) in den Abruzzen. Atmosphärisch fühlt man sich hier weit entfernt von der mediterranen Campagna Romana, man ist im Gebirge, die Menschen wirken ernster und zurückhaltender. Nomen est omen – bis 1863 hieß der Ort Canemorto (Toter Hund).

Die **Renaissanceburg Malvezzi Campeggi** im *centro storico* ist Besuchern verschlossen. Am südlichen Ortsausgang steht der **Tempietto San Giacomo** von 1612. Die mit Fresken des aus Orvinio stammenden Barockmalers *Vincenzo Manenti* (1600–1674) geschmückte säkularisierte Kirche wird dem berühmten Baumeister *Bernini* zugeschrieben. Auch die Kirche **Santa Maria** besitzt Fresken *Manentis,* **San Nicola** eine schöne Barockausstattung.

Weiße Schilder weisen auf einen Erdweg zur ehemaligen Benediktinerabtei **Santa Maria del Piano,** heute ein einsam in der Landschaft gelegenes malerisches Ruinenensemble mit romanischem Campanile (zwei Kilometer nordöstlich außerhalb).

Von Tivoli durch die Sabiner Berge

Im Hügelland nordöstlich von Tivoli liegen, fast noch in Sichtweite von Rom, typisch latinische Kleinstädte und Bergdörfer (San Polo, Marcellina, Montecelio), wo kaum noch etwas an die nahe Millionenmetropole erinnert. Das kleine **Montecelio** vermittelt beispielhaft das meist pittoreske Bild, das sich im östlichen Latium hundertfach wiederholt. Die Häuser scharen sich um eine Hügelkuppe, am Fuße des Stadtberges wächst ungeordnet moderne und gesichtslose Bebauung ins Umland. In der lebhaften Unterstadt steht beim Eingang zum historischen Zentrum die für die Dimensionen des Ortes zu groß geratene, mit aufwendigen Bildwerken geschmückte Barockkirche **San Giovanni Evangelista,** eine machtpolitische Demonstration der Gegenreformation des Kirchenstaates. Oberhalb zieht sich die eng gebaute mittelalterliche Ansiedlung den Hang hinauf. Je höher man kommt, desto unbelebter wirken die Gassen, bröckelnde Fassaden und dunkle, manchmal verwahrloste Hinterhöfe weisen darauf hin, dass manche Häuser inzwischen leer stehen. Beim höchsten Punkt erreicht man einen Aussichtsplatz bei den **Ruinen einer Burg** (zugänglich von 9–12 Uhr, von Mai bis September auch von 17–20 Uhr).

Palombara Sabina

↗ XIV, B1

- **7000 Einwohner**
- **375 m üNN**
- **30 km nordöstlich von Rom**
- **PLZ 00018**

Der **Hauptort der Region** ist wie viele Städte und Dörfer dieses Landstrichs eine **langobardische Gründung.** Der mittelalterliche Kern steigt in konzentrischen Kreisen zur Hügelspitze hinauf, am höchsten Punkt erhebt sich mit abweisenden Mauern das **Castello Savelli** aus dem 16. Jahrhundert (Besichtigung nur So von 10–12 und

15–17 Uhr im Winter bzw. 16–18 Uhr im Sommer).

In einem stillen Tal etwa drei Kilometer südwestlich des Ortes versteckt sich die Kirche **San Giovanni in Argentella** (beschilderter Abzweig von der Straße nach Mentana). Nur der schlanke romanische Glockenturm ragt aus den grünen Hügeln hervor. Im 7. Jahrhundert ließ sich eine Gruppe von Basilianer-Mönchen in dem abgelegenen Tal nieder, um hier ein erste Klostergemeinschaft zu begründen. Der dreischiffige Innenraum der im 12. Jahrhundert an der Stelle des älteren Vorgängerbaus errichteten Kirche besitzt einige sehenswerte Kunstwerke: Freskenreste des 14. Jahrhunderts im rechten Seitenschiff (höfische Szenen), mittelalterliche Chorschranken, antike Spolien, eine Ikonostasis (Bilderwand) mit Cosmatenornamenten. Interessantestes Einzelstück ist der vorromanische **Altarbaldachin,** der noch aus der Vorgängerkirche des 8. Jahrhunderts stammt und die typische germanisch-langobardische Flechtbandornamentik zeigt. Das Kloster, in dem abgeschieden noch heute eine kleine Mönchsgemeinschaft der Basilianer lebt, ist nur am Wochenende zugänglich (Sa 16–18, So 10–12 u. 16–18 Uhr, ansonsten ist Klingeln an der Klosterpforte nicht erwünscht und zwecklos).

Bus

Werktags mindestens stündlich nach **Roma Tiburtina,** So etwa 10x; werktags etwa 12x nach **Tivoli.**

Im Tal des Tibers

Nordwestlich von Palombara gelangt man in die unspektakuläre Landschaft um das Tal des Tibers, der mit vielen Bögen durch sanftes Hügelland mit Wiesen, Weiden und kleinen Waldstücken ruhig nach Süden fließt. Abseits der Verkehrsschneisen von Autobahn und Schnellbahntrasse bietet sich meist ein **Bild ländlicher Harmonie.** Auf den Hügeln über dem Tal stehen kleine Orte mit historischen Ortskernen (Fiano Romano, Civitella San Paolo, Nazzano, Torrita Tiberina, Filacciano usw.), allerdings beeinträchtigt hier unangepasstes Bauen die Ortsansichten. Nach Westen dominiert der Kalkberg des Monte Soracte mit seiner markant aus dem Hügelland aufsteigenden Silhouette den Horizont. Herausragende Sehenswürdigkeiten lassen sich hier nicht finden, jedoch besitzt fast jeder Ort antike Ruinen sowie Kirchen und Burgen aus Mittelalter, Renaissance und Barock.

Fiano Romano ⇗IX, C3

In Fiano Romano steht das **Castello Ducale** (15. Jahrhundert) mit zylinderförmigem Hauptturm vor dem verwinkelten Ortskern. Die Innenräume mit Fresken, Kaminen, Wandteppichen und Sarkophagen sind meist verschlossen. Die Hauptkirche **Santo Stefano** besitzt an der rechten Wand ein Renaissancegrabmal und einige *Pinturicchio* zugeschriebene Renaissancefresken.

Südlich der Stadt liegen die **Ausgrabungen von Lucus Feroniae.** An dieser Stelle befand sich ein Heiligtum der antiken, schon in vorrömischer Zeit verehrten Fruchtbarkeitsgöttin *Dea Feronia,* das 211 v.Chr. von den Truppen *Hannibals* zerstört wurde. Im 1. Jahrhundert gründeten die Römer an gleicher Stelle eine Veteranenkolonie, die noch nicht beendeten Grabungen haben Reste einer wohlhabenden Römerstadt ans Tageslicht gebracht, u.a. die mit Mosaiken geschmückte Villa der Volusier nördlich des Tempelbezirkes (Ausgrabungen und Museum geöffnet außer Mo 8.30–19 Uhr).

Nazzano

⇗ IX, C2

In Nazzano duckt sich das alte Viertel Il Borgo unter den Burghügel des **Castello Savelli** (13. bis 15. Jahrhundert), dessen mit Fresken des 15. Jahrhunderts geschmückte Säle zurzeit nicht zugänglich sind. Die **Chiesa di Sant'Antimo** ist ein interessanter Bau des Mittelalters mit antiken Säulen, Cosmatenfußboden und einer Kanzel aus dem 10. Jahrhundert. Die Apsis schmücken farbige Fresken (um 1500) aus der Werkstatt des *Antoniazzo di Romano* (Schlüssel beim Pfarrer rechts der Kirche).

Beim Eingang zum alten Ort weisen braune Schilder nach rechts abwärts zum Tiber, dessen Uferzone hier als **Riserva Naturale Tevere Farfa** unter Naturschutz steht. Der bei einer Seilfähre beginnende, mit Holzbohlen befestigte **Sentiero Natura** folgt ein Stück dem in diesem Flussabschnitt aufgestauten breiten Gewässer mit seinen Schilfgürteln, ein wichtiges Vogelschutzgebiet, wo im Frühjahr und im Herbst die Zugvögel Rast machen.

Fara in Sabina und die Abtei von Farfa

⇗ IX, C/D2/3

Der heute etwas verschlafen wirkende kleine alte Ort **Fara in Sabina** nimmt die Spitze einer isolierten Bergkuppe ein, von den Mauern bieten sich weite Ausblicke ins Tibertal und zu den Sabiner Bergen. Die germanischen Langobarden gründeten Fara im 7. Jahrhundert als befestigten Vorposten gegen Rom, möglicherweise lag hier aber schon in vorrömischer Zeit die in den Schriften erwähnte legendäre Hauptstadt des Sabinerstammes **Cures,** von der man bis heute jedoch so gut wie keine archäologischen Zeugnisse hat finden können. Ein kurzer Rundgang durch die engen Gassen des kleinen Ortskerns führt zu den Renaissancebauten **Palazzo Orsini** und **Palazzo Castellani** und den beiden Barockkirchen **San Antonio** und **San Giacomo.**

Auf der kahlen Kuppe des **Monte Accursiano** westlich von Fara steht weithin sichtbar die auch als Ruine eindrucksvolle **Basilica di San Martino** aus dem 11. Jahrhundert.

Etwa vier Kilometer östlich zeigt das mit alten Mauern auf einem Felsrücken gelegene kleine **Toffia** ein schönes, mittelalterlich geprägtes Ortsbild.

Benediktinerabtei Farfa

Hauptsehenswürdigkeit in der Umgebung von Fara ist die drei Kilometer nördlich am Fuße des Stadtberges gelegene Benediktinerabtei Farfa. In ihrer Blütezeit im 11. und 12. Jahrhundert zählte sie zu den einflussreichsten und wohlhabendsten Mönchsgemeinschaften nicht nur Italiens, sondern ganz Europas. Eine in der Abtei aufbewahrte Urkunde verzeichnet für das Jahr 1118 den Besitz von nicht weniger als 18 Städten, 315 Dörfern, 130 Burgen, 80 Mühlen und insgesamt 680 Kirchen und Klöstern.

Geschichte

Ein erstes, im 7. Jahrhundert an der Stelle einer römischen Villa entstandenes Kloster wurde um 800 von *Karl d. Großen* zur unmittelbar dem **fränkischen Kaiser** unterworfenen **Reichsabtei** erhoben, was sie unabhängig von päpstlicher Bevormundung machte. Im 9. Jahrhundert konnte jedoch auch der fränkische Herrscher die **Zerstörung** nach siebenjähriger Belagerung **durch die Sarazenen** nicht verhindern. Eine im 10. Jahrhundert neu entstehende Klostergemeinschaft litt bald unter internen Machtkämpfen, bei denen nacheinander zwei Äbte durch heimtückische Mordtaten ihrer Mitbrüder ihr Leben ließen. Einer der Mörder im Mönchsgewand, offensichtlich ein begnadeter Giftmischer, räumte alle seine Widersacher aus dem Weg, um selber als Abt ein bequemes Leben zu führen, bei dem er trotz Zölibats zehn Kinder in die Welt setzte. Unter dem verehrten Abt *Hugo I.* (997–1039), der sich der Klosterreformbewegung von Cluny (Burgund) angeschlossen hatte, wurden die benediktinischen Ordensregeln wieder durchgesetzt, wodurch ein stetiger Aufschwung einsetzte, der unter Abt *Berardus I.* (1048–1089) seinen Höhepunkt erreichte. Im ganzen christlichen Abendland bekannt war in dieser Zeit das **Scriptorium** des Klosters, in

lat_281 Foto: gh

Nordostlatium

dem wertvolle Handschriften angefertigt wurden. Nach dem Sieg der Päpste über die deutschen Kaiser im 13. Jahrhundert konnte sich Farfa, das die letztlich unterlegene Partei unterstützt hatte, nicht länger als von Rom unabhängige Klostergemeinschaft behaupten. Die Abtei verlor nach und nach ihre privilegierte Stellung. Die Einnahmen aus den Klosteraktivitäten gingen nun an den Kirchenstaat, ab 1421 an die Angehörigen römischer **Adelsfamilien** *(Orsini, Farnese, Barberini, della Rovere),* die das Klostereigentum als päpstliche Pfründe zu eigenem Nutzen verwalteten. Um die Abtei herum war schon im Mittelalter ein kleiner **Marktort** entstanden, zu dem während der jährlichen **Handelsmesse Fiera di Farfa** Kaufleute von nah und fern herbeiströmten. Dies war eine weitere Einkommensquelle des Klosters, das Warenlager und Unterkünfte an die Händler vermietete.

Besichtigung

Von den mittelalterlichen Klosterbauten ist heute nur noch wenig erhalten geblieben. Unter der Adelsfamilie der *Orsini* erfolgten Ende des 15. Jahrhunderts wesentliche Umbauten und Erweiterungen, die das heutige Bild des Baukomplexes prägen. Auch gingen viele Kunstschätze im Laufe der Jahrhunderte verloren. Dennoch lohnt die Abtei von Farfa einen Besuch. Die in sich abgeschlossene Klosteranlage steht umgeben von den niedrigen Häusern des ehemaligen Marktortes einsam am Berghang über einer grünen Talaue. Den Hintergrund bildet der dunkle Bergrücken der auf der Höhe unbesiedelten Sabiner Berge.

Man betritt den Klosterbezirk durch ein verziertes spätromanisches Portal des 15. Jahrhunderts. Die Abteikirche **Santa Maria,** die in ihrer heutigen Form im Wesentlichen auf den Neubau unter den *Orsini* zurückgeht (1496), besitzt ein schönes mittelalterliches Portal, eine Außenwand, in die römische Architekturfragmente (frühchristliche Sarkophage) verbaut sind, sowie einen romanischen Campanile vom zweiten Vorgängerbau des 11. Jahrhunderts. An der der Kirche gegenüberliegenden Hofseite erhebt sich die gut erhaltene Chorwand einer älteren Kirche aus karolingischer Zeit (9. Jahrhundert).

Das **Kircheninnere** zeigt eine Vielzahl künstlerischer und architektonischer Details. Trotz der Vielfalt der vertretenen Stilepochen ergibt sich ein harmonisches Gesamtbild. Antike Säulen trennen das Haupt- von den Seitenschiffen, darüber schließt eine schöne hölzerne Kassettendecke der Renaissance (1495) mit dem Bärenwappen der *Orsini* in der Mitte den Raum. Die Eingangswand schmückt im Stil *Michelangelos* das figurenreiche große Bildwerk „Das Jüngste Gericht" vom flämischen Meister *Hendrik van den Broeck* (1561). Die Barockbilder in den drei linken Seitenkapellen schuf um 1597 die Werkstatt des *Orazio Gentileschi,* in der zweiten Kapelle rechts ist die seit dem 13. Jahrhundert verehrte Ikone der Madonna von Farfa zu sehen. Der Altar stammt noch aus der Zeit *Karls d. Großen,* ebenso der ornamentale Fußboden davor (9. Jahrhundert), der Altarbaldachin wurde im Spätmittelalter aus älteren Architekturfragmenten rekonstruiert. Die Decken von Querschiff und Chor sind mit manieristischen Grotesken im Stil der Gebrüder *Zuccari* (um 1575) ausgemalt.

An die Klosterkirche schließen sich zwei Kreuzgänge und die Klosterbibliothek an. Vom sog. **Langobardischen Kreuzgang** (11. Jahrhundert) ist die Sockelzone des romanischen Glockenturms mit restaurierten Malereien des 11. Jahrhunderts zum Leben Jesu, u.a. ein großes Himmelfahrtsfresko, zugänglich. Vom **Großen Kreuzgang** (17. Jahrhundert) gelangt man in die **Krypta,** wo ein römischer Sarkophag (3. Jahrhundert) mit gut erhaltenem Relief, das eine Kampfszene zwischen Römern und „Barbaren" zeigt, zu sehen ist. An der gegenüberliegenden Seite des Kreuzgangs führt das linke der beiden Portale zur **Bibliothek** mit ihrem wertvollen Bestand von 45.000 Büchern und zahlreichen Handschriften, durch das rechte Portal tritt man in den hübschen **Klostergarten** mit Ausblick über die sabinischen Hügel.

Vor den Toren des Klosters liegt wie ehedem der **alte Marktort** mit aneinander gereihten, liebevoll restaurierten bescheidenen Häusern, in denen heute Kunstgewerbliches verkauft wird.

- **Abtei Farfa,** geöffnet Di bis Sa 9.30–13 u. 15.30–18 Uhr, So 10–13 u. 15–18 Uhr.

Einkaufen

Verkauf von Grappa, Armaro und Marmeladen aus eigener Produktion im Klosterladen.

Nördlich von Farfa

Eine gewundene Straße, die **Via Ternana,** führt am Westrand der Sabiner Berge durch Ölbaumhügel nach Norden Richtung Umbrien. Das Ortsbild des kompakt gegen den Hang gebauten **Roccantica** ist nicht durch störende Neubauten beeinträchtigt, am höchsten Punkt steht die obligate Burgruine, die Hauptkirche **Santa Maria Assunta** bewahrt ein farbkräftiges Madonnenaltarbild von 1561. In **Casperia** ist das liebevoll gepflegte, in sich abgeschlossene kleine *centro storico* noch von der Wehrmauer des Mittelalters umgeben, die Kirche **Santa Maria di Legarano** einen Kilometer nördlich außerhalb des Ortes besitzt diverse Kunstwerke des 15. bis 17. Jahrhunderts. Weiter nördlich erscheint nach einer Straßenbiegung unvermittelt, wie ein Bild aus einer längst vergangenen Zeit, das halb verlassene Dorf **Rocchette.** Mit alten Steinhäusern steht es vor dem Hintergrund einsamer Waldberge über dem Tal, kein Neubau stört das Bild. Auch das hoch auf einem Hügelrücken gelegene **Cottanello** wartet mit einer schönen Ortsansicht auf. Einen Kilometer außerhalb steht linker Hand an der Straße nach Rieti die meist verschlossene Kapelle **San Cataldo** in der Felswand, im Innenraum haben sich wertvolle Fresken des 12. Jahrhunderts erhalten, deren Figuren stilverspätet noch in strenger byzantinischer Reihung gemalt sind (Besichtigung nach Anmeldung unter Tel. 33 92 02 36 62).

Santa Maria in Vescovio

↗IX, C1/2

In der Nordwestecke der Sabiner Berge erhebt sich einige Kilometer südlich des malerischen alten Dorfes **Torri** die kunstgeschichtlich interessante mittelalterliche Kirche Santa Maria in Vescovio. In der Antike lag hier die Stadt Forum Novum, von der jedoch kaum etwas geblieben ist. Die Kirche wurde zu großen Teilen im 11. Jahrhundert an der Stelle eines älteren karolingischen Vorgängerbaus errichtet. Bis zum Ende des 15. Jahrhunderts war sie die Bischofskirche des Sabinerlandes, deshalb der Beiname „in Vescovio".

Die Kirche liegt heute abseits der bewohnten Orte. Mit schlankem romanischem Campanile ragt sie aus dem grünen Hügelland empor. Kunstliebhaber werden sich am mittelalterlichen **Freskenzyklus** im Innenraum erfreuen. Die um 1300 von der römischen Künstlerwerkstatt des *Pietro Cavallini* geschaffenen Bilder folgen mit ihren noch kaum individualisierten Personen und deren bildkompositorisch statischer Aufreihung noch wesentlich der byzantinisch-strengen, ganz religiös geprägten Malweise des frühen Mittelalters. Im Bemühen um Detailausschmückung, szenische Dramatisierung und Gefühlsausdruck deutet sich aber schon der neue, lebendigere und diesseitigere Malstil der vorbildhaften toskanischen Künstler *(Giotto)* dieser Zeit an. An der Ein-

lat_284 Foto: gh

gangswand ist das Jüngste Gericht dargestellt, Szenen aus dem Alten Testament finden sich an der rechten, aus dem Neuen Testament an der linken Wand (Gefangennahme Christi und Kreuzigung).

Die **Kanzel** ist aus Marmorplatten mit langobardischer Flechtbandornamentik, Fragmente der Vorgängerkirche des 9. Jahrhunderts, zusammengesetzt. Aus dieser Zeit stammt auch die gedrungene **Krypta** mit Resten frühmittelalterlicher Malerei an der Stirnwand.

Vor der Kirche finden sich schöne Rast- und Picknickplätze im Schatten der Bäume sowie eine Bar und Trattoria. Südlich der Kirche erstreckt sich das weitläufige **Grabungsgelände von Forum Novum** mit wenig anschaulichen Mauerresten und antiken Fundamenten.

Unterkunft

- *****Degli Angeli**€€€, geräumige und hell eingerichtete Zimmer mit gutem Komfort in einer ehemaligen Poststation **an der Landstraße von Magliano nach Calvi,** 02046 Magliano Sabina, Madonna degli Angeli 1 (Ortsteil 2 km nördlich des Zentrums), Tel. 0 74 49 13 77, Fax 0 74 49 18 92, www.hoteldegliangeli.it.
- **Bed & Breakfast La Toretta**€€-€€€, im alten Ortskern von **Casperia,** schöne Unterkunft mit sechs Zimmern hinter den dicken Mauern eines restaurierten Stadthauses aus dem 15. Jahrhundert, Gästeküche, Dachterrasse, Via Mazzini 11, Tel. 0 76 56 32 02, www.latorrettabandb.com.

Das halb verlassene Dorf Rocchette nördlich von Farfa

- Preiswerte, schlichte Kleinstadthotels ohne besondere Reize gibt es u.a. in Montopoli und Cantalupo: ****Villa delle Rose**€, Viale Verdi 42, 02040 **Cantalupo in Sabina,** Tel. 07 65 51 40 35, ****Italia**€, Via Colonetta 33, 02034 **Montopoli,** Tel. 07 65 72 30 29.

Essen und Trinken

- **Casale del Farfa**€€, das einem Bauernhof angeschlossene Restaurant **an der Via Ternana bei Montopoli** bietet einfache rustikale Landküche auf gutem Niveau, hausgemachte *primi* und deftige Fleischgerichte, Via Ternana 53, Tel. 07 65 32 20 47, Di Ruhetag.
- Das öfters gelobte **Ristorante degli Angeli**€€€ **bei Magliano Sabina** ist ein gehobenes Ristorante mit freundlich-hellem Ambiente und einer breiten Auswahl an landestypischen Gerichten, Tel. 0 74 49 13 77, So Abend und Mo Ruhetag.
- **Friend's Café** in **Casperia,** nettes Café mit Aussichtsterrasse, Weinausschank und kleinem Angebot an Speisen am Altstadtrand von Casperia, unter irischer Leitung, Mi Ruhetag.

Östlich von Farfa

Monteleone Sabino ↗IX, D2

Die beschauliche Kleinstadt mit **schönem mittelalterlichen Kern** war zwischen dem 1. Jahrhundert v.Chr. und dem 2. Jahrhundert n.Chr. unter dem Namen Trebula Mutuesca eines der wichtigsten Kultur- und Handelszentren des Sabinerlandes. Von der antiken Stadt ist allerdings kaum etwas erhalten geblieben. Nur noch einige römische **Löwenskulpturen,** die man auf den Straßen und Plätzen von Monteleone („Löwenberg") etwas willkürlich aufgestellt hat und bauliche Reste eines Amphitheaters zeugen von der großen Vergangenheit.

Die kunstgeschichtlich interessanteste Sehenswürdigkeit des Ortes, die altehrwürdige Kirche **Santa Vittoria,** liegt etwa zwei Kilometer südöstlich des Zentrums einsam in der Landschaft (Besichtigung über das kleine Archäologiemuseum an der Piazza Lucio Crescenzi, stündliche Führungen von 10–15 Uhr, oder über den Gemeindepfarrer, Piazza XXIV Aprile 21, Tel. 07 65 88 40 16). Der harmonische kleine Bau aus hellem Kalkstein erhebt sich mit schönem romanischem Glockenturm über grünen Wiesen und Olivenhainen - ein Platz, der immer noch Frieden und meditative Stille ausstrahlt. In der heutigen Form entstand die der frühchristlichen Märtyrerin *Santa Vittoria* geweihte Kirche im Wesentlichen im 12. Jahrhundert, wobei Architekturfragmente zweier Vorgängerbauten Verwendung fanden (4. bis 8. Jahrhundert). In der Nähe lag schon ein Heiligtum der bis in die römische Zeit verehrten altitalischen Göttin der Heilkraft und Fruchtbarkeit *Dea Feronia.* Wie so oft besetzte also die christliche Kultstätte einen schon in heidnischer Zeit bedeutenden Platz, um dessen spirituelle und mystische Kraft für die neue Religion aufzunehmen und zu zähmen.

Auf dem Wiesenvorplatz stehen antike Säulen und drei weitere marmorne Löwen, in die Fassade wurden Spolien verbaut, u.a. ein weiterer Löwe, ein Steinrelief mit dem Gotteslamm, neben der Fensterrose eine Maske. Der dreischiffige **Innenraum** ist von archaischer Würde. Die Säulen an der rechten Seite stammen wahrscheinlich aus der ersten frühchristlichen Kirche, bemerkenswert sind auch der romanische Altarbaldachin und ein römischer Sarkophag. In der Kirchenmitte öffnet sich ein Brunnen, dessen Wasser nach dem Volksglauben besondere Heilwirkung haben soll. Ein Durchgang führt nach rechts in eine kleinere Nebenkirche mit einem weiteren römischen Sarkophag, in dem ursprünglich die Gebeine der Kirchenheiligen lagen, dahinter findet man Katakomben aus der Zeit der Christenverfolgungen.

Oberhalb von Santa Vittoria liegen die unscheinbaren **Ruinen des römischen Amphitheaters** von Trebula Mutuesca.

Rocca Sinibalda und Lago di Turano

Nördlich und östlich von Monteleone Sabina wird die Landschaft zunehmend einsamer. Große Laubwälder bedecken vielerorts die Flanken der an der Grenze zu den Abruzzen auf bis über 2000 Meter ansteigenden Bergzüge, die auf der Höhe meist völlig kahl sind. Die mediterrane Landschaft der Weinfelder und Olivengärten weicht nach und nach einer fast schon nordisch wirkenden Gebirgsszenerie. Für das weitgehende Fehlen von Kunstschätzen und größeren Sehenswürdigkeiten bietet die über weite Strecken noch **intakte Natur** einen Ausgleich. Hauptanziehungspunkte sind die beiden **Stauseen** Lago di Turano und Lago del Salto.

lat_287 Foto: gh

Nordostlatium

Rocca Sinibalda ⇗X, A1

Nordöstlich von Monteleone Sabina lohnt Rocca Sinibalda einen Zwischenstopp. Auf einem isolierten Felsrücken steht hier eine mächtige Festung, darunter ducken sich die wenigen Häuser eines bescheidenen Dorfes. Das den Ort beherrschende **Castello Cesarini** wurde um 1530 durch den aus Siena stammenden Architekten *Baldassare Peruzzi* als zugleich wehrhafte wie vornehme Renaissancefestung auf den Mauern einer mittelalterlichen Burg entworfen. Der Grundriss zeichnet das Bild eines Adlers mit ausgebreiteten Schwingen nach. Die fürstlichen Innenräume, die nur an Wochenenden zur Besichtigung offen stehen, schmücken Fresken mit Landschaftsansichten der Umgebung (geführte Rundgänge Sa u. So 10, 11, 12, 15, 16 Uhr bzw. 16.30 u. 17.30 Uhr im Sommer, Anmeldung unter Tel. 07 65 70 80 36).

Lago di Turano ⇗X, A2

Einige Kilometer südlich von Rocca Sinibalda leuchtet friedlich die blaue Wasserfläche des Lago di Turano zwischen dunkelgrünen Waldbergen hervor. Der lang gestreckte schmale See entstand 1938 durch die Aufstauung des Fiume Turano. Über dem Ostufer liegt pittoresk das kleine, von einer

Der Stausee Lago di Turano

Burg überragte Dorf **Castel di Tora.** Gegenüber schiebt sich ein felsiger Rücken ins Wasser, dessen Spitze von den mittelalterlichen **Ruinen des Dorfes Antuni** mit dem **Castello di Drago** („Drachenburg“) eingenommen wird. Unmittelbar unterhalb von Castel di Tora führt von der Uferstraße ein breiter Wanderweg hinauf auf den Fels von Antuni. Man kann nicht ganz zu dem noch bewohnten Castello hinaufsteigen (Privatbesitz), sondern folgt knapp unterhalb rechts einem Pfad in der Hügelflanke zu einem alten Turm, einem schönen Rast- und Aussichtsplatz mit Seeblick.

Östlich des Lago di Turano beginnt das **Naturschutzgebiet am Monte Navegna** (1506 m), mit ausgedehnten Laubwäldern an den Flanken und weiten Bergweiden mit prächtigen Ausblicken im Gipfelbereich (Wegbeschreibung für den Aufstieg von Ascrea zum Monte Navegna im Rother-Wanderführer).

Etwa sechs Kilometer südöstlich des Sees liegt in knapp 1000 Metern Höhe das kleine **Collalto Sabino,** das von den Zinnen einer **mächtigen Burganlage** aus dem 15. Jahrhundert beherrscht wird. Die Innenräume des wehrhaften Kastells sind nur am Wochenende im Rahmen geführter Rundgänge zu besichtigen (Sa um 16, 17, 18 Uhr, So um 12, 13, 16, 17, 18 Uhr, Eintritt 5,20 Euro, Anmeldung unter Tel. 0 76 59 85 17).

Unterkunft

- Unmittelbar an der Uferstraße liegt das Mittelklassehotel ***Miralago€€, besser sind die ruhigeren Zimmer zur Rückseite mit Seeblick, kleiner Pool, Via Turanense Km 28,8, 02020 Ascrea, Tel. 07 65 72 31 34, Fax 07 65 72 31 36, www.hotelmiralagoturano.com.

Essen und Trinken

- Die **Trattoria La Fonte€€** an der Piazza von Rocca Sinibalda bietet gute Landküche und freundlichen Service, im Sommer kann man beim Brunnen draußen speisen, Piazza della Vittoria 9, Tel. 07 65 71 10 82.
- An der Uferstraße bei Castel di Tora liegt das **Ristorante La Riva del Lago€€**, hier gibt es u.a. frischen Fisch aus dem See, Via Turanese 17, Di Abend u. Mi Ruhetag, im Sommer täglich, Tel. 07 65 71 62 72.

Bus

- Werktags 4x auf der Strecke **Rieti – Rocca Sinibalda – Castel di Tora – Carsoli** (Bahnstation an der Linie Avezzano – Tivoli – Roma Tiburtina).

Lago del Salto ↗X, B1

Eine aussichtsreiche schmale Bergstraße verbindet Rocca Sinibalda und den Lago di Turano mit dem zweiten Stausee dieser Gegend, dem Lago del Salto. Sie führt über das bescheidene Dorf **Longone Sabina.** Einige Kilometer nördlich, östlich von Vaccareccia, steht die mittelalterliche Klosterkirche **San Salvatore** als malerisches Ruinenensemble auf freiem Feld. 2005 waren aufwendige Restaurierungsarbeiten im Gange, nach deren Abschluss die ehemalige Benediktinerabtei in alter Schönheit erstrahlen soll.

Der 1940 angelegte fjordartige **Lago del Salto** ist von Eichen- und Kastanienwäldern umgeben. Die über hohe Brücken führende, für den abgelegenen Landstrich überdimensioniert wirkende neue Fernstraße nach Rom über dem Ostufer des Sees beeinträchtigt allerdings das Landschaftsbild etwas. Eine kurvenreiche Nebenstraße verläuft unmittelbar am See entlang, die bei niedrigem Wasserstand steilen Uferböschungen verhindern aber vielerorts den Zugang zum Wasser. Schöne Wiesenplätze und flachere Ufer findet man am Südende beim bescheidenen Ferienort **Fiumata,** vom benachbarten **Sant'Ippolito** führt ein Wanderweg zur Südspitze des Sees, wo sich der abfließende **Fiume Salto** seinen Weg durch einem schmalen Felskanal bahnt.

An den Waldhängen in der Umgebung des Sees stehen verschachtelt gebaute Kleinstädte und Dörfer (Petrella Salto, Staffoli, Capradosso, Concerviano, Rigatti), die allesamt schöne Ortsansichten, aber keine besonderen Sehenswürdigkeiten zu bieten haben. Aber Italien wäre nicht Italien, wenn es nicht auch noch in der abgelegensten Region etwas an alter Kunst und Architektur zu finden gäbe. In **Capradosso** enthält z.B. die Kirche **Santa Maria** einige gotische Fresken (15. Jahrhundert), am Südrand des Dorfes erhebt sich mit eleganter Fassade und reich verzierten Rokokoaltären die Wallfahrtskirche **Santa Maria Appari** (1562). Im etwas größeren, von einer Burgruine überragten **Petrella Salto** (3300 Einwohner) steht die Kirche **SS. Annunziata** mit gotischen Fenstern und einem verzierten Portal des 12. Jahrhunderts. In der Sakristei findet man das Grabmal des gefürchteten Tyrannen Graf *Cenci,* der 1598 mit Billigung der Einwohnerschaft von seiner eigenen Tochter *Beatrice* in der Burg von Petrella ermordet wurde.

Lago di Rascino ⇗X, B1

Östlich des Lago del Salto bietet das Grenzland zu den Abruzzen viel unberührte Bergnatur. Am östlichen Ortsrand von **Fiamignano** zweigt von der Straße nach Tornimparte/L'Aquila eine landschaftlich abwechslungsreiche Nebenroute nach Norden zur Hochebene **Piano di Rascino** ab. Zunächst geht es mit weiten Ausblicken durch Kiefernwald auf Asphalt bergan, dann etwa fünf Kilometer auf einer holprigen Erdpiste durch ein karges weites Ödland am Fuße des **Monte Nuria** (1892 m), wo man außer einem Schafhirten mit seinen Tieren nur selten jemandem begegnet. Am Rande der Hochebene liegt der verästelte kleine **Lago di Rascino,** an dessen Ufer sich manchmal halbwilde Pferdegruppen versammeln. Nach Süden gelangt man bald wieder auf Asphalt zurück zur Straße Richtung **Tornimparte.** Diese führt nach Osten über den 1350 Meter hohen **Forca-Pass** in die Ebene von L'Aquila in den Abruzzen. Von der Passhöhe bieten sich prächtige Ausblicke zum „Dach Italiens", dem **Gran Sasso** mit dem **Corno Grande** (2912 m).

Montagne della Ducchessa ⇗XI, C2

Folgt man vom Lago del Salto der Schnellstraße SS 578 weiter nach Südosten, an den bescheidenen Dörfern

Borgorose und **Corvaro** vorbei, bis hinter die Autobahn A 24 Rom – L'Aquila, gelangt man in die Bergregion um den **Monte il Morrone** (2266 m), die als **Riserva Naturale Montagne della Ducchessa** unter Naturschutz gestellt wurde. Zwischen kargen Bergzügen in 1800 Metern Höhe liegt hier der kleine Bergsee **Lago della Ducchessa,** zu dem eine schöne, aber wegen der Anstiege auch etwas anstrengende Wanderroute führt.

Wanderung in den Montagne della Ducchessa

Der beschriebene Weg führt zunächst auf steilem Pfad zum Ducchessa-See, danach noch ein Stück weiter hinauf zu einem herrlichen Aussichtsplatz mit Blick zum knapp 2500 m hohen Bergmassiv des **Monte Velino** in den Abruzzen. Über den Felsabgründen kreisen manchmal Steinadler sowie Gänsegeier, die am Monte Velino eines ihrer letzten Refugien in Europa haben.

Anfahrt: Hinter Borgorose von der Schnellstraße SS 578 auf die parallele Landstraße wechseln und Richtung Sant'Anatolia die A 24 überqueren, etwa 1 km danach links in die Erdstraße nach Cartore einbiegen (kleines Holzschild „Cartore 4 km").

Dauer/Anstieg: 5:30 Std., etwa 1000 m. **Schwierigkeitsgrad:** Recht anstrengende Bergwanderung, ohne Kletterei, jedoch verlangen einige steinige, steile Passagen im Valle di Fua vor allem im Abstieg etwas Trittsicherheit; Wanderstöcke sind hier vor allem bergab sehr nützlich. **Orientierung:** einfach, die Route ist gelb-rot markiert. **Alternative für den Abstieg:** Von Carparnie kann man auch auf dem leicht rechts beginnenden, kurz nochmals ansteigenden breiteren Weg zurückwandern. Diese Route ist im Abstieg

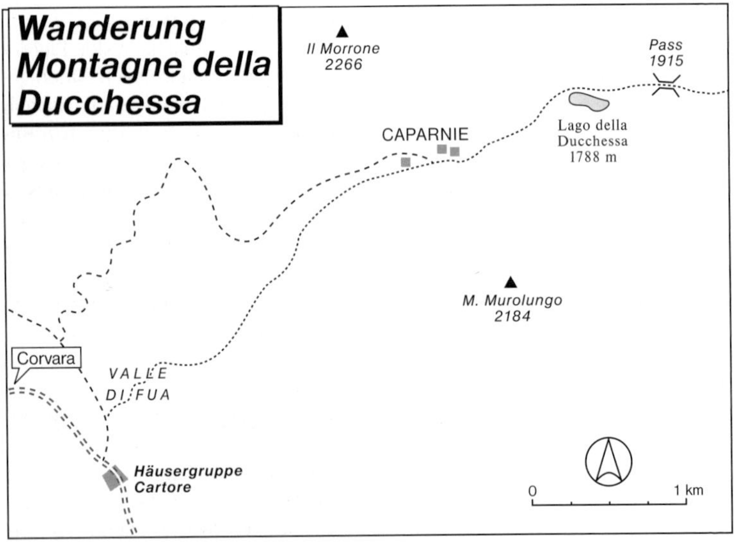

leichter zu gehen, jedoch deutlich länger (ca. 45 Min.) und führt in vielen Kehren ohne Ausblicke durch Wald abwärts.

Der Wegverlauf:

Etwa 50 m vor der Häusergruppe **Cartore** (950 m) zweigt gleich hinter einem Bauernhof von der Zufahrtspiste ein nach links ansteigender, zum Valle di Fua/Lago della Ducchessa beschilderter schmalerer Weg ab. Dieser führt nach gut 5 Min. zu einer Verzweigung, wo es mit gelb-rot-gelben Markierungen rechts auf steinigem Pfad weitergeht. In der dicht bewaldeten, steilen Senke **Valle di Fua** geht es nun an bemoosten Kalksteinblöcken vorbei ein langes Wegstück kräftig bergan. Der Pfad verläuft schließlich, kurz den Wald verlassend, durch sehr steiniges Terrain links oberhalb des Felseinschnittes (55 Min.), dann wieder ein längeres Stück im Schatten von Buchen. Schließlich lichtet sich der Wald (1:30 Std.). Nun weniger steil geht es in einem Taleinschnitt zwischen Büschen, einzelnen Laubbäumen und Wiesenhängen bergan zu den Schäferhütten von **Caparnie,** wo ein von links kommender breiterer Weg einmündet (1:50 Std.).

Wir folgen weiter dem Verlauf des Taleinschnittes ostwärts. Durch baumloses, steiniges Terrain gelangt man auf einen flachen Sattel, hinter dem die stille Wasserfläche des **Lago della Ducchessa** erscheint (2:15 Std., 1790 m). Wir folgen einem Pfad am linken Ufer entlang. Hinter dem See gewinnt der Weg in leichtem Rechtsbogen wieder an Höhe und führt schließlich auf eine grasbewachsene **Passhöhe** (1915 m, 3 Std.), von der sich ein weites Panorama über die alpinen Bergflanken des Monte Velino eröffnet.

Dem Hinweg folgend wandert man zurück zum Ausgangspunkt (5:30 Std.).

Die Conca Reatina

Nach Nordosten senken sich die bewaldeten Höhenzüge der Sabiner Berge in die Conca Reatina („Muschel von Rieti"), eine von Getreidefeldern, Viehweiden und kleinen Waldstücken bedeckte, **fast kreisrunde Ebene von gut zehn Kilometern Durchmesser,** die vom mächtigen Bergstock des **Monte Terminillo** (2216 m) überragt wird. Trotz der relativ geringen Höhe der Conca (unter 400 Meter üNN) wirkt die Landschaft nicht nur wegen der Bergkulisse wenig mediterran, auch Olivenhaine und Weinberge fehlen, mitteleuropäisch wirkende Laubwälder bedecken die Hügelflanken. Zwei flache Schilfseen, der **Lago di Ripa-Sottile** und der **Lago Lungo,** bilden die letzten Reste einer einst großen Sumpf- und Wasserfläche, die noch in der Antike den gesamten Talboden ausfüllte. Die sich in die Ebene ergießenden Wasserläufe des Velino, Salto und Turano hatten zu dieser Zeit noch keinen Abfluss. Im 3. Jahrhundert n.Chr. trieben römische Ingenieure einen Entwässerungskanal nach Norden ins Tal der Nera, um zusätzliches Land für den Getreideanbau zu gewinnen – was dazu führte, dass die Bürger von Ternate (Terni in Umbrien) immer wieder unter Überflutungen des Nera-Flusses litten, der die zusätzlichen Wassermassen nicht aufnehmen konnte. Ternate verklagte daraufhin Reatina (Rieti) in Rom, das den Prozess jedoch gewann, auch weil die Stadt sich den besten Anwalt der Zeit leistete, den schon zu Lebzeiten berühmten Philosophen und Schriftsteller *Cicero.* Nach dem Ende des Römischen Reiches verfiel der Kanal, und es breiteten sich wieder Seen und Sumpfland in der Ebene von Rieti aus. Im 17. Jahrhundert erfolgte eine Sanierung, aber erst durch die Anlage der Stauseen von Turano und Salto in den 40er Jahren des 20. Jahrhunderts konnte die Wasserregulierung schließlich dauerhaft für alle Seiten zufriedenstellend gelöst werden.

Die bescheidenen Städte und Dörfer dieses Landstriches liegen allesamt erhöht über der Ebene - wegen des besseren Schutzes vor Feinden, aber auch weil der entwässerte See als malariaverseuchtes Sumpfland kein guter Siedlungsplatz war. Hauptort dieser wenig besuchten Region ist seit der Antike **Rieti** am Südende der Conca Reatina. Im Bergland rund um die Ebene liegen vier eng mit der Geschichte des *hl. Franz von Assisi* verbundene kleine **Klöster,** die vor allem wegen der schönen landschaftlichen Lage einen Besuch lohnen.

Rieti

↗IV, B3

- **43.000 Einwohner**
- **410 m üNN**
- **95 km nordöstlich von Rom**
- **PLZ 02100**

Die **Hauptstadt der Provinz Sabina** an den Ufern des Velino gehört sicherlich nicht zu den herausragenden Sehenswürdigkeiten Latiums. Rieti lebt vor allem von seiner Funktion als regionales Mittelzentrum mit etwas Verwaltung sowie Kleinindustrie, die sich von den Rändern der Stadt in die Ebene der Conca Reatina ausdehnt. Touristen verirren sich nur selten hierher. Die Stadt wirkt irgendwie in sich abgeschlossen und auf nicht unangenehme Art provinziell. Aber auch Rieti besitzt noch sein *centro storico* mit einigen schönen Straßenzügen, Plätzen, alten Kirchen und Palazzi aus diversen Stilepochen, das einen Rundgang lohnt, auch wenn große Architektur oder Kunst nicht zu bewundern ist. Mehrere Erdbeben in den vergangenen Jahrhunderten haben viel von der historischen Bausubstanz zerstört.

Geschichte

Rieti ist eine sehr alte Siedlungsgründung der sabinischen Urbevölkerung, die sich 288 v.Chr. den römischen Eroberern unterwerfen musste. Das ehemalige **Zentrum der Sabiner** blieb auch unter den Römern - der Schriftsteller *Varro* und der Augustus-Nachfolger *Vespasian* stammen aus Reatina - und den nachfolgenden Langobarden der wichtigste Ort der Region. Nach Zerstörungen durch Sarazenen (10. Jahrhundert) und Normannen (1149) konnten sich die Bürger der wieder aufgebauten Stadt im hohen Mittelalter zeitweise als von Papst und Kaiser unabhängige, von gewählten Konsuln regierte **Stadtrepublik** *(libero comune)* behaupten. Im 14. Jahrhundert gehörte Rieti kurz zum Königreich Neapel, ehe ab 1354 der Kirchenstaat von Rom seine bis ins 19. Jahrhundert andauernde Herrschaft antrat. Im geeinigten Italien wurde das Gebiet von Rieti zunächst Umbrien angegliedert, ehe es 1923 nach Latium kam.

Besichtigung

Im kleinen historischen Zentrum von Rieti trifft man auf nicht weniger als 13 Kirchen. Fast alle verloren in der Zeit der Gegenreformation durch barocke Umbauten ihr ursprüngliches Aussehen. Mittelpunkt des historischen Zentrums bilden die beiden ineinander übergehenden Plätze Piazza Battisti und Piazza Vittorio Emanuele.

An der Piazza Battisti erhebt sich mit kantigem hohem Campanile der **Dom Santa Maria Assunta** (geöffnet werktags 7.30–12 u. 16–19 Uhr, sonn- und feiertags 8.30–13.30 u. 16–19 Uhr). Außer dem Kirchturm (1252) ist vom mittelalterlichen Ursprungsbau wenig erhalten geblieben. Die Vorhalle wurde in der Renaissance angefügt, der Innenraum zeigt sich in dunkel-schwerem Barockgewand. In der ersten Kapelle links ist das schöne Frührenaissancebild „Madonna mit Kind" aus der Schule des *Antoniazzo Romano* zu bewundern. Die Capella della Madonna del Popolo links vom Altar bewahrt ein weiteres sehenswertes Madonnenbildnis (um 1300), die barocke Capella di Santa Barbara mit einer Statue der Namensheiligen (vierte Kapelle links) soll unter Mitwirkung des berühmten Barockbaumeisters *Bernini* gestaltet worden sein. Ältester Teil der Kirche ist

lat_293 Foto: gh

die vom rechten Seitenschiff aus zugängliche stimmungsvolle Krypta (um 1150), die von schlanken, teilweise antiken Säulen mit vielfältigen Kapitellen getragen wird. Von der Vorhalle gelangt man ins Baptisterium mit dem **Dommuseum,** das abgenommene Fresken, liturgisches Gerät und Holzmadonnen zeigt, allerdings nur am Wochenende geöffnet ist (Sa 10–12 u. 16–18, So 11–13 u. 16–18 Uhr).

Der **Palazzo del Governo** (auch Palazzo Vincentini) an der Südseite der Piazza Battisti, heute Sitz der Präfektur, besitzt zur Talseite eine zierliche Re-

Rietis Dom Santa Maria Assunta

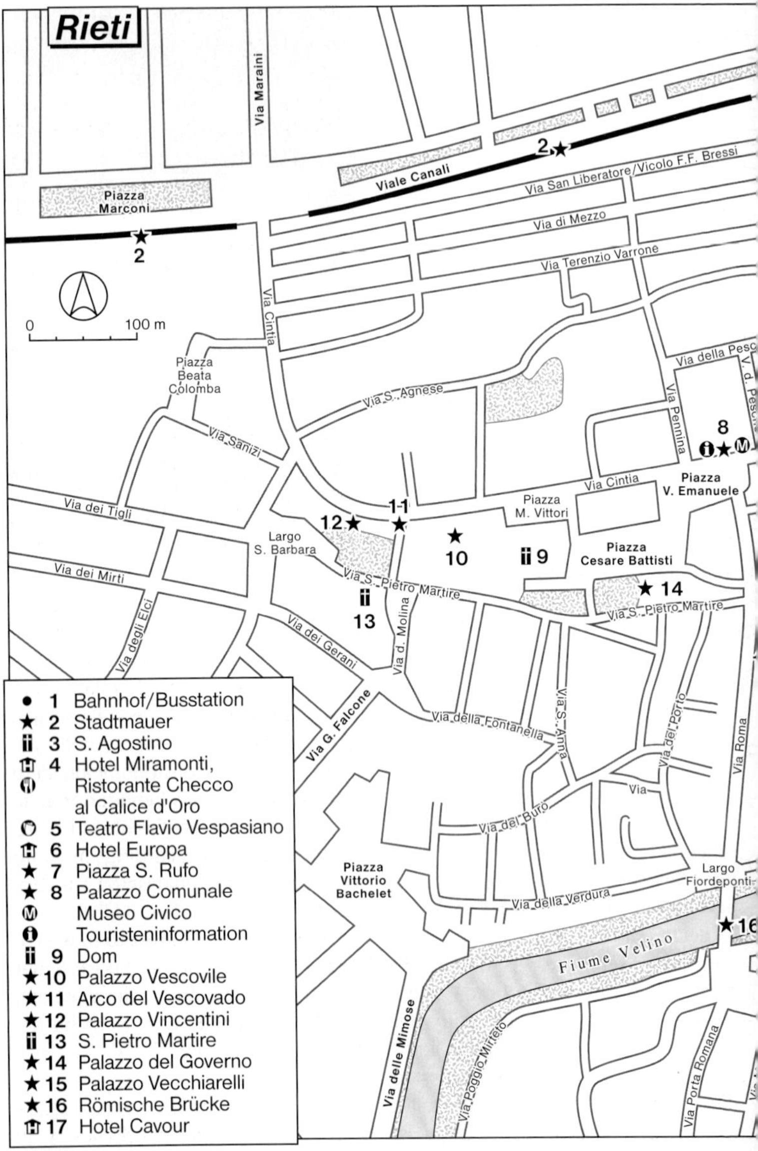
Rieti
Via Maraini
Viale Canali
Via San Liberatore/Vicolo F.F. Bressi
Piazza Marconi
Via di Mezzo
Via Terenzio Varrone
Via Cintia
0 100 m
Piazza Beata Colomba
Via S. Agnese
Via della Pesc
V. d. Pesc
Via Pennina
Via Sanizi
Via Cintia
Piazza V. Emanuele
Piazza M. Vittori
Via dei Tigli
Largo S. Barbara
Piazza Cesare Battisti
Via dei Mirti
Via S. Pietro Martire
Via S. Pietro Martire
Via degli Elci
Via dei Gerani
Via d. Molina
Via S. Anna
Via dei Porto
Via Roma
Via G. Falcone
Via della Fontanella
Via
Via del Buro
Piazza Vittorio Bachelet
Largo Fiordeponti
Via della Verdura
Fiume Velino
Via delle Mimose
Via Poggio Mirteto
Via Porta Romana
● 1 Bahnhof/Busstation
★ 2 Stadtmauer
3 S. Agostino
4 Hotel Miramonti, Ristorante Checco al Calice d'Oro
5 Teatro Flavio Vespasiano
6 Hotel Europa
★ 7 Piazza S. Rufo
★ 8 Palazzo Comunale
Museo Civico
Touristeninformation
9 Dom
★ 10 Palazzo Vescovile
★ 11 Arco del Vescovado
★ 12 Palazzo Vincentini
13 S. Pietro Martire
★ 14 Palazzo del Governo
★ 15 Palazzo Vecchiarelli
★ 16 Römische Brücke
17 Hotel Cavour

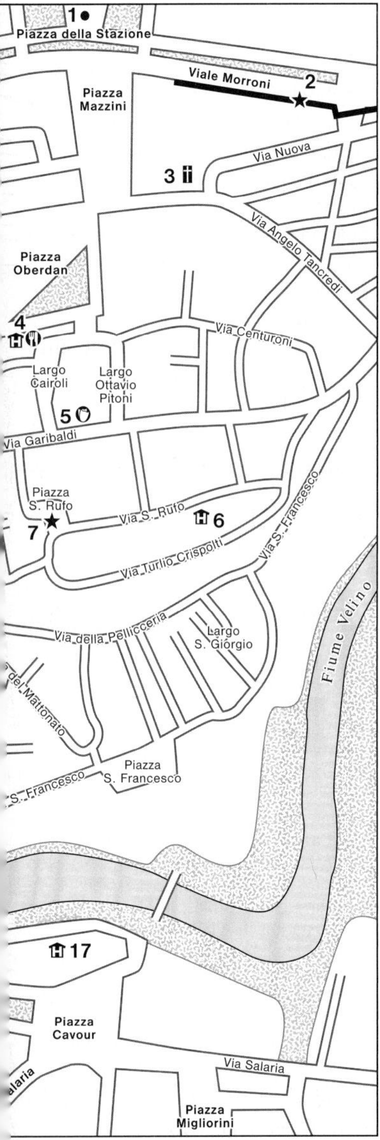

naissanceloggia (16. Jahrhundert) und einen kleinen Garten mit schöner Aussicht auf den Dom und in die umgebende grüne Berglandschaft.

An die Nordseite des Doms wurde Ende des 13. Jahrhunderts der Bischofspalast **Palazzo Vescovile** angebaut. Das von der schmalen Piazza Vittori zugängliche Untergeschoss besteht aus einer zweischiffigen gotischen Säulenhalle, der allgemein nicht zugängliche repräsentative große Festsaal im Geschoss darüber wurde im 17. Jahrhundert mit Szenen der Kindheitsgeschichte Jesu und Heiligenfiguren ausgemalt (Besichtung evtl. auf Anfrage im Info-Büro). Vor dem Palazzo steht an der Domwand ein antiker Sarkophag mit mittelalterlichen Greifen, der heute als Brunnenbecken dient.

Die am Bischofspalast entlang verlaufende Via Cintia führt durch den großen Torbogen **Arco del Vescovado** (1298) zu dem im 16. Jahrhundert nach Plänen *Sangallos* gestalteten **Palazzo Vincentini** links der Straße (Haus Nr. 25). Vom Arco del Vescovado links die Treppen hinuntersteigend erreicht man die kleine Kirche **San Pietro Martire** mit einer prunkvollen vergoldeten Holzdecke des 17. Jahrhunderts.

An der zentralen Piazza Vittorio Emanuele östlich des Domplatzes steht der ursprünglich mittelalterliche, im 18. Jahrhundert umgebaute **Palazzo Comunale,** heute das Rathaus Rietis. Der Palazzo beherbergt auch das **Museo Civico,** das eine interessante Gemäldesammlung mit Werken vom

Spätmittelalter bis zur Neuzeit besitzt. Als wichtigstes Werk gilt ein Kreuzigungs-Tryptichon von *Zannino di Pietro* (1406). Falls geöffnet lohnt ein Blick in das nahe gelegene **Teatro Flavio Vespasiano** an der Hauptgasse Via Garibaldi, ein altmodisches, mit Malereien ausgeschmücktes Logentheater von 1893.

Im Viertel nördlich der Via Garibaldi an der Piazza Mazzini nahe beim Bahnhof trifft man auf die Kirche **S. Agostino,** eine ursprünglich mittelalterliche Hallenkirche, in deren Innenraum später Barockwände eingezogen wurden. Sie besitzt einen romanischen Campanile, eine schöne Fensterrose und beschädigte, stilverspätet wirkende Fresken des 16. Jahrhunderts. An der Nordseite der Altstadt verläuft hier ein gut erhaltener Abschnitt der mittelalterlichen Stadtmauern.

Vom Palazzo Comunale gelangt man nach Süden über die Via Roma abwärts zur Rosenfensterfassade der mittelalterlichen Kirche **San Pietro Apostolo,** in deren Innenraum sich heute Bücher stapeln. An die zur Buchhandlung umgewidmete Kirche schließt sich der **Palazzo Vecchiarelli** an (um 1600). Ein Blick in den Innenhof zeigt einen eleganten Renaissancebau mit schöner Loggia. Die Via Roma führt schließlich zum Velino-Fluss hinunter. Unterhalb der modernen Straßenbrücke ist noch die z.T. unter Wasser liegende **Ruine einer römischen Brücke** zu sehen.

Oberhalb von San Pietro Apostolo führt die schmale Via San Rufo zur gemütlichen kleinen **Piazza San Rufo,** dem „Umbilicus Italiae", dem „Nabel Italiens". Schon der römische Schriftsteller *Varro* meinte, dass hier die geographische Mitte Italiens liege, wie ein in eine Hauswand vermauerter Stein mit der lateinischen Inschrift „medium totius Italiae" aussagt. Zusätzlich hat die Stadtverwaltung von Rieti eine Tafel anbringen lassen, die in nicht weniger als 19 Sprachen auf diesen offensichtlich für sehr wesentlich gehaltenen Umstand hinweist. Die am Platz stehende Kirche **SS. Camillo e Rufo** besitzt eine schöne Barockausstattung aus dem 17. Jahrhundert.

Touristeninformation

- **A.P.T.,** im Untergeschoss des Palazzo Comunale, Tel. 07 46 20 32 20, Fax 07 46 27 04 46, www.apt.rieti.it.

Unterkunft

- ******Miramonti**€€€, vornehm-bürgerliches, stilvoll eingerichtetes Traditionshotel in einem alten Stadthaus im Zentrum zwischen Rathaus und Bahnhof; für ein 4-Sterne-Haus einigermaßen preiswert, Halbpension ab 60 Euro p.P., Piazza Oberdan 7, Tel. 07 46 20 13 33, Fax 07 46 20 57 90, info@hotelmiramonti.rieti.it, www.hotelmiramonti.rieti.it.
- *****Cavour**€€, recht ansprechend eingerichtetes Mittelklassehotel am Südrand des alten Zentrums bei der Velino-Brücke, einige Zimmer zur Flussseite hin mit kleinem Balkon und Altstadtblick, Via Velinia 28, Tel. 07 46 48 52 52, Fax 07 46 48 40 72, www.hotelcavour.net.
- *****Europa**€-€€, das kostengünstigste Hotel im Stadtzentrum, der freundliche Empfang kann nicht darüber hinwegtäuschen, dass die wenig ansprechende, nüchtern-karge Einrichtung im Stil der 1960er Jahre nicht mehr ganz zeitgemäß ist, Via S. Rufo 4, Tel. 07 46 49 51 49, Fax 07 46 27 44 74, www.rietinet.it.

Essen und Trinken

- **Checco al Calice d'Oro**€€€, das gutbürgerliche Traditionsrestaurant beim Hotel Miramonti gilt als die erste Adresse für gehobenes Dinieren, Via Manchetti 10, Mo geschlossen, Tel. 07 61 20 42 71.
- Im **Il Bistrot**€€ an der Piazza San Rufo speist man in der Mitte Italiens, beliebt und oft empfohlen, Piazza San Rufo 25, So den ganzen Tag, am Mo mittags geschlossen, Tel. 07 46 49 87 98.
- Das oft gelobte **Ristorante La Pecora Nera**€€-€€€ bietet kreative Landküche von überdurchschnittlicher Qualität, *fettucine* mit Kastanien, *stringozzi* mit Kohl oder Dinkelsuppe mit Steinpilzen stehen bei den *primi* auf der Speisekarte, Ente mit Orange oder Lamm vom Rost bei den *secondi,* Via del Terminillo 33, So Ruhetag, am Stadtrand an der Straße zum Monte Terminillo (2 km vom Zentrum), Tel. 07 46 49 76 69.
- Die **Trattoria L'Osteria**€€ ist ein preiswertes und ruhiges kleines Esslokal an der Stadtmauer, wo typische römische Küche *(à la romana)* geboten wird, Vicolo Fra Fedele Bressi 4, Sa abends und So geschlossen, Tel. 07 46 49 66 66.
- **Caffè Vittoria,** Via Garibaldi 253, das Traditionscafé im Zentrum Rietis, neben dem Theater.

Verkehrsmittel

Bahn

Verbindungen über Marmore nach **Terni** in Umbrien (werktags 11x, So 7x) und über Cittaducale/Antrodoco nach **L'Aquila** in den Abruzzen (werktags 9x, So 3x); Bhf an der Nordseite der Altstadt.

Bus

Werktags etwa alle 30–50 Min. nach **Rom** Bahnhof Tiburtina, So etwa stündlich; nach **Leonessa** werktags 5x, So 2x, nach **Amatrice** werktags 7x, So 2x; **Poggio Bustone** werktags 8x, **Grecchio** werktags 4x, **Labro** werktags 2x, **Castel di Tora** (Lago di Turano) werktags 4x, **Fiumata** (Lago del Salto) über Petrella Salto werktags 4x, So 2x.

Zur Hotelsiedlung am Monte Terminillo (**Campoforogna**) fährt die Stadtbuslinie 513, Rieti werktags ab Bahnhof um 6.30, 7.55, 11.40, 14.05, 18 Uhr, sonn- u. feiertags 8, 10, 15.05, 18 Uhr. Ab Terminillo Campoforogna werktags um 7.25, 8.55, 12.40, 17, 19 Uhr, sonn- u. feiertags um 9, 12.35, 17, 19 Uhr (hält auch an der Piazza Cavour); Hauptbushalt am Bahnhof.

Täglich 3x Fernbus über Ascoli Piceno nach **San Benedetto del Tronto** (Adria), www.startspa.it.

Einkaufen

- **Antiquitätenmarkt** auf der Piazza Vittorio Emanuele am dritten Samstag im Monat.

Franziskanerklöster im Tal von Rieti

In der Umgebung von Rieti existieren noch heute **vier Klöster,** die nach der Überlieferung vom **hl. Franz von Assisi** höchstpersönlich gegründet wurden. Die Konvente von **Fonte Colombo, Greccio, La Foresta** und **San Giacomo** entstanden an Plätzen, die in der Lebensgeschichte des vielleicht größten der großen Heiligen des Mittelalters eine wichtige Rolle spielten. Alle vier wurden abseits der Siedlungen in einsamer Natur errichtet. In ihren bescheidenen Dimensionen, der schlichten Architektur und der Lage fernab der Städte spiegeln sie die franziskanischen Ideale der Bescheidenheit, Einfachheit und Verbundenheit mit Gottes Natur wider. Die heute existierenden Klosterbauten wurden fast alle erst nach dem Tod *Francescos* errichtet. Die frühen franziskanischen

Mönchsgemeinschaften durften entsprechend der ursprünglichen Ordensregel nur in vorübergehend errichteten einfachen Holzhütten oder Höhlen wohnen.

La Foresta ⇗IV, B3

Das Kloster von La Foresta fünf Kilometer nördlich von Rieti war Schauplatz des **„Wunders vom Weinberg"**. Hier, bei dem Anfang des 13. Jahrhunderts errichteten Kirchlein San Fabiano, hielt sich der von Krankheiten gezeichnete *San Francesco* 1225 kurz vor seinem Tod auf, um sich von der Welt zurückzuziehen. Nachdem sein Aufenthaltsort bekannt geworden war, strömte eine große Menschenmenge herbei, um dem inzwischen berühmten Heiligen nahe zu sein. Dabei wurden zum Leidwesen des Pfarrers von San Fabiano die neben der Kirche wachsenden Rebstöcke zertrampelt. Die Legende berichtet, dass der Weinberg durch die Fürbitten *Francescos* im folgenden Herbst eine reichere Ernte denn je hervorbrachte.

Der kleine, eng gebaute Konvent liegt in schöner Landschaft vor dem Hintergrund der unbesiedelten Bergketten der **Monti Reatini.** Um San Fabiano herum entstand im 15. Jahrhundert das Kloster, das bis heute ein viel besuchter Wallfahrtsort geblieben ist. Es besteht aus einem kleinen stimmungsvollen **Kreuzgang** und zwei ebenso bescheidenen Kirchen, **Santa**

lat_298 Foto: gh

Maria (17. Jahrhundert) und **San Fabiano** (Anfang 13. Jahrhundert), letztere mit Apsisfresken des 15. Jahrhunderts. Vom Kreuzgang gelangt man in die lichtlose Meditationshöhle des *hl. Franziskus.* Von einer Pilgerfahrt nach Palästina 1219 hatte er ein Augenleiden mitgebracht, das Tageslicht nicht vertrug.

Fonte Colombo ⇗IV, A/B3

Beim Kloster Fonte Colombo sechs Kilometer südwestlich von Rieti soll **Franziskus** 1223 nach vierzigtägigem Fasten seine **Ordensregel** niedergelegt haben, nachdem ihm Christus im Geäst einer Steineiche erschienen war. Auch versuchte er sich hier von seinem Augenleiden zu befreien, indem er sich, begleitet von frohen Lobpreisungen der nützlichen Kraft des „Bruders Feuer", ein glühendes Eisen auf die Schläfen legte.

Im Innern der **Klosterkirche** von 1450 sieht man ein barockes Relief mit der Billigung des Regelwerks *Francescos* durch Christus, das aus dem Holz der Steineiche der Christusvision geschnitzt wurde (1645). Links neben der Kirche führt ein Kiesweg in den schattigen **Bosco del Silenzio** („Wald der Stille"), dessen Vögel angeblich verstummten, nachdem *Franziskus* sie gebeten hatte, ihn nicht länger bei der Meditation zu stören. Hier liegt die winzige Kapelle **Santa Maddalena** (1217) mit Resten mittelalterlicher Fresken, u.a. einem segnenden Christus noch in byzantinischem Stil. Weiter absteigend erreicht man die **Felskapelle Cappella di San Michele** und darunter den **Sacro Speco,** den Felsspalt, der dem Heiligen als Wohnstätte diente.

Das Kloster von La Foresta

San Pastore ⇗IV, A3

Auf dem Weg von Fonte Colombo nach Norden zum Kloster von Greccio passiert man das pittoreske **Contigliano,** das sich mit kompakten alten Mauern auf einer Hügelkuppe über der Ebene erhebt. Einige Kilometer nördlich steht das Kloster von San Pastore einsam über weiten Wiesen am Berghang. Die Mitte des 13. Jahrhunderts errichtete **Zisterzienserabtei** wurde im 19. Jahrhundert von den Mönchen aufgegeben und dem Verfall preisgegeben. In den letzten Jahren wurde fleißig restauriert, ab 2006 soll das Kloster wieder Besuchern offen stehen. Der strenge Bau mit glatten Sandsteinmauern und wuchtigem kantigem Turm zeigt ganz im Sinne der zisterziensischen Bauideale einfache mittelalterliche Architektur mit nur wenigen Schmuckelementen. Einige noch sichtbare Freskenreste stammen aus späterer Zeit (um 1400), da die Zisterzienser anfangs farbigen Bilderschmuck entschieden ablehnten. Sehr ursprünglich erhalten ist der ehemalige Kapitelsaal mit Biforien und Kreuzgewölbe.

● **Anfahrt:** Etwa 3 km nördlich von Contigliano links nach Greccio abzweigen, 1 km weiter weist ein gelbes Schild nach links auf den 2 km langen Fahrweg nach San Pastore.

Greccio ⇗ IV, A3

Das hoch am Osthang über der Ebene gelegene kleine Greccio (1460 Einwohner) bietet vor allem prächtige Ausblicke über das Tal von Rieti zum Monte Terminillo, daneben viel Ruhe und unberührte Natur. Wer irgendeine Form von Nachtleben braucht, ist hier allerdings fehl am Platze. Abends wirkt alles wie ausgestorben, statt menschlicher Geräusche wird man eher das Rufen des Waldkauzes vernehmen.

Etwa drei Kilometer nördlich klammern sich die bescheidenen Bauten des **Klosters von Greccio** an den steilen Berghang. Greccio ist in besonderer Weise mit der Vita des *hl. Franz von Assisi* verbunden. Ab etwa 1209 verweilte *Franziskus* mehrfach in der Umgebung des Dorfes, um den vom Glauben abgefallenen Bewohnern das Evangelium zu predigen und sich zur Meditation in die Einsamkeit der Steineichenwälder zurückzuziehen. Hier soll er zum ersten Mal mit einigen Gefährten die Geburt Jesu mit Mensch und Tier szenisch nachgestellt haben, Ursprung der **katholischen Tradition der Weihnachtskrippe.** Bis heute gibt es nach dem Vorbild *San Francescos* in vielen Gemeinden Italiens die „presepe vivente", das weihnachtliche Schauspiel der Geburt Jesu mit lebendigen Personen. Die Klosterbauten entstanden nach und nach zwischen dem 15. und 20. Jahrhundert in Erinnerung an den großen Heiligen (geöffnet tgl. 9–12.45 u. 15–18 Uhr, im Sommer bis 18.45 Uhr). Heute sind sie das Ziel vieler Pilgerbusse, die im Laufe des Vormittags von Rieti her anrollen.

Man betritt den Klosterkomplex von unten her durch einen engen Gang, der zur **Capella del Presepio** führt. Sie wurde in die Höhle hineingebaut, in der *San Francesco* am Weihnachtstag 1223 vor Dorfbewohnern erstmalig das Krippenspiel aufführte. Die Altarwand schmücken Fresken (um 1400), dargestellt ist die Geburt Jesu und eine stillende Madonna, der *hl. Joseph* daneben scheint über das für ihn nicht fassbare Geschehen der jungfräulichen Geburt immer noch zu rätseln. Treppen führen zunächst zum Speiseraum und dem älteren Schlafsaal mit den steinernen Zellen, wo der Heilige auf dem nackten Fels nächtigte. Danach gelangt man ins etwas später entstandene **Dormitorium** des *hl. Bonaventura* mit hintereinander gereihten hölzernen Mönchszellen. In ihrer Enge und Kargheit machen sie noch heute die asketischen Franziskanerideale sinnlich erfahrbar.

Die einfache alte **Klosterkirche** daneben bewahrt einige weitere mittelalterliche Fresken, u.a. ein Bild des *hl. Johannes von Parma,* der der Ketzerei verdächtigt wurde und zur Buße 32 Jahre lang in einer Höhle lebte. Im anschließenden **Oratorium** hängt ein viel reproduziertes Leinwandgemälde des 16. Jahrhunderts, mit dem an einem Augenleiden erkrankten *Franziskus,* der mit einem Tuch seine Tränen trocknet. Ganz oben steht die moderne Klosterkirche von 1959 mit zeitgenössischen Kunstwerken.

In der Ebene unterhalb von Greccio erblickt man die blau leuchtende Wasserfläche von **Lago di Ripa-Sottile** und **Lago Lungo,** Reste des großen Sees, der in der Antike die gesamte Conca Reatina bedeckte. Die flachen Schilfgewässer stehen als Lebensraum diverser Wasservogelarten unter Naturschutz. Allgemein zugänglich ist der Lago di Ripa-Sottile an seiner Nordwestecke, wo bei einem Wehr (Sitz der Schutzgebietsverwaltung) ein Uferweg zu ornithologischen Beobachtungsposten führt.

Unterkunft

- Im hoch gelegenen Greccio bieten die Zimmer des ****Belvedere**€€ herrliche Ausblicke über die Ebene von Rieti, einfaches, ordentliches Haus, freundlicher Service, Via Parrocchia 1-3, 02040 Greccio, Tel. u. Fax 07 46 75 30 96.
- Preiswerte Zimmer ohne Aussicht und z.T. ohne Bad bietet in Greccio das altmodische, in einem alten Stadthaus untergebrachte ****Della Fonte**€, Piazza Roma 5, Tel. 07 46 75 3110, Fax 07 46 75 32 90.

Essen und Trinken

- **Del Passegero**€, einfache Dorftrattoria in Greccio mit vorzüglicher Landküche, Piazza Roma 12, Tel. 07 46 75 31 05, kein Ruhetag.

San Giacomo

↗ IV, B3

Auf dem Weg zum vierten Franziskanerkonvent im Tal von Rieti kommt man durch **Cantalice** (2300 Einwohner, 710 m üNN). Das wehrhaft erscheinende Bergstädtchen mit gedrungenen Häusern und dicken Mauern an der steilen Westflanke des Monte Terminillo widerstand im Mittelalter erfolgreich den Eroberungsversuchen des Stadtstaates von Rieti.

In den Bergen oberhalb des hübschen, ebenfalls mittelalterlich geprägten Dorfes **Poggio Bustone** liegt in 820 Metern Höhe der **Franziskanerkonvent San Giacomo.** Von der Loggia des hoch gelegenen Klosters bietet sich ein schöner Ausblick hinunter nach Poggio Bustone und in die Ebene von Rieti mit dem glitzernden Lago Lungo. Unmittelbar hinter den Gebäuden beginnen die menschenleeren Berge der **Monti Reatini.**

Ab etwa 1209 kehrte *Francesco* immer wieder in die Natureinsamkeit von San Giacomo zu Gebet und Meditation zurück. Die schlichte **Klosterkirche** entstand Mitte des 15. Jahrhunderts, im **Kreuzgang** sind einige Fresken erhalten, eine Madonna mit Kind (15. Jahrhundert) und eine Darstellung der Franziskuslegende (17. Jahrhundert). Ein ausgeschilderter, etwas beschwerlicher Wanderweg führt oberhalb des Klosters 300 Höhenmeter zu der gegen den steilen Felshang gebauten **Meditationshöhle des hl. Franziskus** hinauf, die im 17. Jahrhundert zu einer Felskapelle umgebaut wurde.

Labro

↗ IV, A2

Der kleine Bergort an der **Nordgrenze Latiums** erhebt sich mit alten Mauern, Toren und Türmen höchst malerisch auf einer steilen Bergkuppe. Den Hintergrund bilden die bis auf 1700 Meter ansteigenden Berge der Monti

Der heilige Franz von Assisi, der Papst und die Ketzer

San Francesco von Assisi zählt ohne Zweifel zu den bedeutendsten Heiligengestalten der gesamten Religionsgeschichte. Im christlichen Hochmittelalter, als die katholische Kirche am Konflikt zwischen religiösen Erneuerern und dem in Reichtum und Dogmatismus erstarrten Amtsklerus zu zerbrechen drohte, trat er auf die historische Bühne und gab entscheidende Impulse. Dabei sah es zunächst gar nicht danach aus, dass der aus einer begüterten Familie stammende Kaufmannssohn als „Il Poverello" (kleiner Armer) zum einflussreichen Heiligen werden sollte.

1182 wurde Francesco als **Giovanni Bernardone** in Assisi geboren. Sein Vater war ein erfolgreicher Kaufmann, dessen Handelsbeziehungen bis nach Südfrankreich reichten. Von dort stammte auch die Mutter. Im Hause wurde provenzalisch gesprochen und die maurisch beeinflusste Liebeslyrik der Troubadoure gepflegt. Wegen der Herkunft der Mutter wurde *Giovanni* nur „Francesco" genannt. In seiner Jugend führte er ein **ausschweifendes Leben.** Mit vollen Händen streute er das Geld seines Vaters unter seine Freunde. „In eitlen Beschäftigungen übertraf er all seine Altersgenossen ... Alle bewunderten ihn, alle versuchte er mit maßlosem Ehrgeiz zu übertreffen: in den Spielen der Eleganz, den schönen Sprüchen, dem Singen, der aufwendigen Kleidung ...", schrieb der franziskanische Biograph *Thomas von Celano.* Einen ersten Bruch brachten 1198 die Kriegshändel zwischen den Stadtrepubliken Perugia und Assisi, an denen sich *Francesco* aktiv beteiligte. Er wurde gefangen genommen und verbrachte ein Jahr im Kerker.

Die persönliche Erfahrung der Grausamkeit des Krieges war mit eine Ursache dafür, dass *Francesco* seinen Lebensstil im Alter von etwa 25 Jahren vollständig änderte. Vom väterlichen Reichtum und Erbe löste er sich gänzlich; er führte nun ein **Leben in völliger Armut** und zog sich immer wieder zu **einsamer Meditation** in die Wälder seiner Heimat zurück. Bald berichtete man von seinen Wundern. *Francesco* gewann rasch zahlreiche Anhänger, die seinen Idealen folgen wollten. Es waren jedoch nicht die Wundertaten, die den franziskanischen Gemeinschaften den Zulauf brachten; vielmehr überzeugte die eindrucksvolle Persönlichkeit *Francescos.* Anders als die Vertreter der Amtskirche verkündete er die christliche Lehre nicht nur in klugen Reden. Er selbst verwirklichte sie kompromisslos in seinem ganzen Tun. Er verzichte auf jegliche Annehmlichkeit, kleidete sich in eine ärmliche Wollkutte, aß einfachste Nahrung, schlief in Scheunen, Ställen oder im Freien. Von Ort zu Ort wandernd pflegte er Aussätzige oder bot sich verarmten Bauern ohne Gegenleistung für niedrigste Hilfsarbeiten an. Daneben ging er mit großer Energie daran, mit eigenen Händen verwahrloste Gotteshäuser wieder herzurichten.

Diese **gelebte Religiosität** war einfach, anschaulich und in all ihren Aspekten für jeden Christen nachvollziehbar. Wo *Francesco* auftauchte scharten sich die Menschen um ihn, um seinen Worten zu lauschen. Gelehrige Diskussionen und abstrakte Spekulationen über religiöse Dogmen lehnte er allerdings als Zeitverschwendung ab. Das Evangelium wollte er durch aktives Tun, das persönliche Vorbild und die unmittelbare emotionale Hinwendung zum Menschen vermitteln. Seine Gemeinschaft entwarf er als **Bruderschaft der Gleichen ohne formale Hierarchie.** Auch die intellektuell hervorragenden Köpfe unter seinen Anhängern mussten sich ausschließlich in demütiger körperlicher Arbeit betätigen. Das Evangelium nahm er wörtlich;

mit ungewöhnlich offenen Worten kritisierte er Prunksucht und Verschwendung der kirchlichen Würdenträger. Geld durften seine Mitbrüder selbst als Almosen nicht annehmen: „Wer Geld für wertvoller als Feldsteine hält, ist vom Teufel verblendet." Für die Zeit ungewöhnlich war auch die **Hinwendung** *Francescos* **zur Natur.** Berühmt sind seine Predigt zu den Vögeln von Bevagna und die Bezähmung des Wolfes von Gubbio. Im „Canto del Sole" (Sonnengesang), manchmal als das erste Gedicht Italiens bezeichnet, preist er Gottes Schöpfung in all ihren Erscheinungsformen.

Mehrfach zog es *Francesco* in den **Vorderen Orient.** Im Jahre 1220 weilte er in Damiette am Hof des ägyptischen Sultans *Al-Kamil*. Diesen beeindruckte er so nachhaltig, dass er auch vor dessen moslemischen Untertanen frei das Evangelium verkünden durfte. Ein vor den Toren der Stadt verschanztes Kreuzfahrerheer konnte *Francesco* allerdings nicht von einem Angriff abhalten. Die christlichen Belagerer mussten sich bald mit großen Verlusten zurückziehen. In der Vita des Heiligen werden die Aufenthalte im Orient oft übergangen oder als einfache Missionsreisen zu Ungläubigen gesehen. Islamische Gelehrte betonen hingegen die geistige Verwandtschaft der Franziskanerbewegung mit den mystischen Derwischgemeinschaften der Sufis. Sie sehen die Orientreisen des *Franziskus* vor allem als eine Suche nach den geistigen Mitbrüdern in der anderen Religion. Die **Parallelen zu den Sufigemeinschaften** sind unübersehbar: Wie die Derwische sah *Francesco* den reinen Intellekt vor allem als Quelle von Hochmut und Irrlehre und dem Wissenserwerb aus praktischem Tun unterlegen. Wie diese forderte er die Geringschätzung der eigenen Person und der körperlichen Bedürfnisse, betonte die Wichtigkeit von einfacher Handarbeit und der emotionalen Zuwendung, sah die unmittelbare Verbundenheit des Menschen mit allem Natürlichen und der ganzen Umwelt. Auch *Francesco* lehnte den offenen Konflikt mit den Herrschenden ab: „Widersetzt euch nicht den Mächtigen und Begüterten, lasst sie leben, wie sie wollen. Sie können uns nicht daran hindern, die Gebote des Evangeliums zu befolgen. Nur wer auf alles verzichtet, ist in der Lage, alles zu besitzen ...". Am deutlichsten werden die Ähnlichkeiten in der Forderung nach einem **Leben in stetiger Wanderschaft,** wie es die Qualandare, die Wanderderwische, praktizierten. „Die Brüder sollen sich weder ein Haus noch einen Ort noch sonst irgendein Ding zu eigen machen. Als Pilger und Reisende sollen sie unterwegs sein ...", lautete eine wichtige franziskanische Ordensregel.

In ihrer Grundhaltung waren die franziskanischen Gemeinschaften zu ihrer Zeit keine isolierte Erscheinung. Im Verlauf des 12. Jahrhunderts waren von Südwestfrankreich her neue religiöse Reformbewegungen wie Waldenser oder Katharer nach Nord- und Mittelitalien gekommen. Dort bekamen sie schnell Zulauf aus allen Bevölkerungskreisen. Die **Katharer** (Ketzer) besaßen zu Beginn des 13. Jahrhunderts auch in vielen Städten Mittelitaliens eine feste Anhängerschaft, deren Vertreter bis in höchste Ämter gelangten. Sie provozierten die Amtskirche, forderten bedingungslose Armut, lehnten Ablasshandel, Heiligenverehrung, Eucharistie, Kreuzestod und das Dogma der göttlichen Natur Jesu als Blendwerk ab. Vor allem negierten sie jegliche religiöse oder weltliche Autorität von Papst und Kirche. Manchen Katharern galt der Papst geradezu als Verkörperung des Antichristen.

Francesco nahm auch den Katharern gegenüber eine neutrale Position ein. Die spirituellen Extreme der katharischen Elite, der „perfekti", von denen sich manche mit radikalen Fastenübungen in den Tod hungerten, lehnte er von Anfang an ab. Dennoch wurde auch *Francesco* anfänglich des Ketzertums verdächtigt. Als er 1209 beim Papst vorsprach, um die offizielle Anerkennung seiner Bruderschaft zu gewinnen, wurde er auch wegen seiner ärmlichen Erscheinung zunächst brüsk abgewiesen; er solle doch lieber den Schweinen predigen. Für die folgende Nacht wird von einer Vision des Papstes berichtet, die zum Umdenken führte. Im päpstlichen Traumbild hatte *Francesco* die sich neigende Kirche des Vatikans vor dem Einsturz bewahrt.

Die größer werdende Franziskanerbewegung gewann über die neu entstandene parallele Gemeinschaft der *hl. Klara* bald auch die Frauen. Zunehmend wurde sie **von der Amtskirche** nicht nur geduldet, sondern sogar **gefördert.** Das Armutsgebot und das unstete Leben auf der Wanderschaft gefielen den kirchlichen Würdenträgern zwar ganz und gar nicht, dennoch sahen sie in der Franziskanischen Bewegung die einmalige Chance, den Katharern den Nährboden zu entziehen. Wie diese beeindruckten die Franziskaner das einfache Volk durch ihre vorbildliche Lebensweise, ohne dabei jedoch eine antikirchliche Haltung einzunehmen oder kirchliche Dogmen in Frage zu stellen. Die Strategie Papst *Innozenz III.* ging in zweifache Richtung: Die Katharer wurden mit inquisitorischer Gewalt bekämpft, die Franziskaner organisatorisch in den Griff genommen. Schon zu Lebzeiten *Francescos* gingen den Zielen des Papstes gegenüber aufgeschlossene Mitbrüder daran, die Franziskanischen Regeln zu verfälschen und „störende" Elemente zu beseitigen. Die von *Francesco* gewollte Bruderschaft der Gleichen wurde nach und nach zu einem festen Orden mit hierarchischer Struktur umgewandelt. Die aus Klerus, Adel oder Gelehrtenschaft stammenden Mitglieder entband man von der Pflicht zur Verrichtung niedriger einfacher Arbeiten. Sie mussten nicht mehr unterwegs sein, sondern durften sich in festen Klöstern auf Dauer niederlassen. Geistige und organisatorische Arbeit wurden gegenüber körperlichem Tun zunehmend aufgewertet. *Francesco* versuchte vergeblich, die sich abzeichnende Entwicklung aufzuhalten. Es ist überliefert, dass er Mitbrüder, die sich in feste Klöster zum Gelehrtenstudium zurückziehen wollten, eigenhändig aus ihren Behausungen zur Wanderschaft hinaustrieb. Dennoch konnte er sich gegen den Papst und dessen Verbündete unter seinen Mitbrüdern nicht mehr durchsetzen. In der Leitung des Ordens folgte ihm noch zu Lebzeiten **Elias von Cortona,** ein aus Bologna stammenden gelehrter Notar, der die endgültige Preisgabe der wichtigsten Ordensregeln besiegelte.

Am 3. Oktober 1226 verstarb *Francesco* im Alter von nur 44 Jahren. Schon zwei Jahre später war er heiliggesprochen. Papst *Gregor IX.* ließ zu seinem Gedenken in Assisi eine **große Grabeskirche** errichten, die die berühmtesten Künstler ihrer Zeit reich mit Fresken ausschmückten. Auch dieser aufwendige Kirchenbau hätte dem Heiligen *Franziskus* wohl kaum gefallen.

Nach seinem Tod spaltete sich die Bewegung in Kleriker und einfache Laienbrüder, in Befürworter der neuen festen Ordensstruktur und die Observanten. Diese versuchten, die ursprünglichen franziskanischen Ideale wieder durchzusetzen. Manche von ihnen mussten dies in den folgenden Jahrhunderten mit dem Tod als „Ketzer" auf dem Scheiterhaufen der Inquisition büßen.

Reatini. Wie kaum ein anderes Dorf Latiums hat sich Labro sein historisch gewachsenes, einheitliches Ortsbild bewahrt. Seine Häuser wurden in den letzten Jahrzehnten unter Vermeidung unpassender Modernisierungen restauriert und die wenigen Neubauten an Stellen errichtet, wo sie die malerische Perspektive nicht beeinträchtigen. Einem belgischen Architekten, der sich das halbverlassene Labro neben weiteren Zuzüglern als Zweitwohnsitz ausgesucht hatte, ist der gute Erhaltungszustand zu verdanken. Mit viel Engagement setzte sich *Ivan van Mossevelde* für eine stilgetreue Instandsetzung der alten Bausubstanz ein und fand dabei rasch die Unterstützung seiner Mitbürger.

Herausragende Sehenswürdigkeiten hat Labro nicht zu bieten. Bei einem Rundgang durch die stillen mittelalterlichen Gassen trifft man auf den **Palazzo Nobili Vitelleschi,** der im 16. Jahrhundert innerhalb des Mauerrings der mittelalterlichen Burg errichtet wurde (geführte Rundgänge stündlich 10–12 u. 15–18 Uhr, im Sommer bis 19 Uhr, 5,20 Euro Eintritt). Am höchsten Punkt steht die eigentümliche Doppelkirche **Santa Maria della Neve** (am ehesten spätnachmittags geöffnet). Im oberen Teil (1508) ist ein Verkündigungsfresko eines umbrischen Renaissancemalers sehenswert. Ein Durchgang führt von der rechten Seite des Hauptschiffes hinunter zur romanischen **Capella del Rosario,** deren Renaissanceportal von 1494 mit Steinreliefs von Eidechsen und Skorpionen verziert ist. Der kleine Wiesenplatz beim Torrione hinter der Kirche bietet sich als Rast- und Picknickplatz an, von hier oben hat man ein schönes Panorama zu den Monti Reatini und zu dem schon in Umbrien gelegenen Piediluco-See.

Ausflug zu den Cascate delle Marmore ⇗ IV, A2

Wer sich so weit an die Nordgrenze Latiums begeben hat, sollte vielleicht von Labro aus einen kurzen **Abstecher ins nahe Umbrien** unternehmen. Zunächst erreicht man den **Lago di Piediluco,** einen schönen, zwischen grünen Waldbergen gelegenen See, der auch zum Baden geeignet ist. Etwa vier Kilometer nordwestlich stürzen bei Marmore die Wasser des Velino über eine steile Geländestufe 165 Meter tief ins Tal der Nera und bilden so die **Cascate delle Marmore,** den wohl schönsten Wasserfall Italiens – wenn er denn „angeschaltet" ist. Das Schauspiel der in die Tiefe donnernden Wassermassen kann man nur zu bestimmten, genau festgelegten Tageszeiten erleben. Der aus der Ebene von Rieti kommende Velino wurde schon 1924 zur Elektrizitätsgewinnung in Röhren gefasst und ist so die meiste Zeit seiner Kraft beraubt.

Unmittelbar bei Marmore liegt die **Belvedere Superiore** mit einer Aussichtsloggia, von der sich ein schöner Blick von oben auf die Hauptkaskade bietet. Ein Wanderpfad führt von hier hinunter zur **Belvedere Inferiore** im Tal. Auf einem Tunnelabstecher erreicht man einen weiteren Aussichtsbalkon auf halber Höhe. Ganz unten kann man auf einem kleinen Rundweg zwischen sprühender Gischt umherwandern.

●**Cascate delle Marmore,** Betriebszeiten vor allem gegen 12–13 und 16–17 Uhr, von Oktober bis Februar nur an Wochenenden, Info über das Touristen-Büro in Terni, Tel. 07 44 42 30 47, www.marmore.it, Anfahrt von Rieti nach Marmore mit dem Zug Richtung Terni.

Unterkunft

●****Palazzo Crispolti**€, preiswertes einfaches Haus in einem restaurierten Palazzo im alten Zentrum von Labro, modern und zweckmäßig mit hellen Möbeln ausgestattet, Via Vittorio Emanuele 16, Tel. 07 46 63 61 35, Fax 07 46 63 60 76, www.palazzocrispolti.com.

Essen und Trinken

●**Ristoranta Da Maria**€€, beim Dorf Morro Reatino, Ortsteil Cassette, 4 km östlich von Labro, beliebtes Dorfrestaurant, Spezialität sind Wild- und Pilzgerichte aus den Wäldern der Umgebung, im Herbst Trüffelspeisen, Di Ruhetag, Tel. 07 46 63 80 74.

●**Enoteca Bocondivino,** im Zentrum von Labro, kleine Enothek mit Caffèteria, Via Garibaldi 2, 19–2 Uhr geöffnet, So und im Sommer ab 10 Uhr, Mo Ruhetag.

Monte Terminillo

↗IV, B3

Von Rieti führt eine kurvenreiche, steile Bergstraße weit hinauf in die **Monti Reatini,** die mit dem 2214 Meter hohen Monte Terminillo ihren höchsten Punkt erreichen. Die Bergflanken sind in den unteren Lagen von dichten Laubwäldern mit knorrigen Buchen bedeckt, im oberen Teil, ab etwa 1800 Meter, bestimmen weite Bergalmen das Bild. Der Monte Terminillo hat sich in den letzten Jahrzehnten zu einem beliebten **Wintersportzentrum** mit diversen Skiliften, Langlaufloipen und einigen Berghotels entwickelt, die das Landschaftsbild nicht gerade bereichern, die sich aber auf ein kleines Gebiet um Pian di Valli/Campoforogna an der Südwestseite des Bergstockes beschränken. Außerhalb der Skisaison wirkt die Gegend ziemlich ausgestorben. Ab Anfang Juni, wenn der letzte Schnee geschmolzen ist, lassen sich herrliche **Wanderungen** in einsamer Berglandschaft unternehmen. Von den über die offenen Wiesenkämme verlaufenden Pfaden eröffnen sich immer wieder grenzenlose Ausblicke über die Berge des Apennin bis zum fast 3000 Meter hohen Gran Sasso d'Italia in den Abruzzen.

Unterkunft

Neben diversen Hotelkästen gibt es auch eine **Jugendherberge** am Monte Terminillo: **Ostello della Neve,** Località Campoforogna, Anello Panoramico 15, 02017 Terminillo, Tel. u. Fax 07 46 26 11 69, 1.12.–15.5. u. 15.6.–31.8. geöffnet, Halbpension 20 Euro p.P.

Leonessa – Oldtimer auf der zentralen Piazza 7 Aprile 1944

lat_307b Foto: gh

Leonessa

↗ IV, B2

- **3300 Einwohner**
- **970 m üNN**
- **38 km nördlich von Rieti**
- **PLZ 02016**

In der knapp 1000 Meter hoch vor den steilen Nordflanken der Monti Reatini gelegenen Kleinstadt erinnert wenig an das heiter-warme Italien des Südens. Durchstreift man tagsüber die Gassen des Zentrums mit ihren dunklen, alten Häuserfronten, durch die noch im Mai ein kalter Wind pfeift, so fühlt man sich weit entfernt von mediterranen Gefilden. Wenn sich jedoch am frühen Abend die zentrale Piazza und die angrenzenden Bars und Cafés zur *passegiata* mit flanierenden Menschen füllen, merkt man schnell, dass auch Leonessa typisch italienisches Flair versprühen kann. Im Winter zieht das nahe gelegene Skigebiet am Monte Terminillo Besucher an, im Hochsommer kommen Naturfreunde, die übrige Zeit des Jahres verirren sich nur selten Touristen hierher.

Die erst im 13. Jahrhundert gegründete Stadt profitierte lange von ihrer Stellung als nördliche Grenzfeste des Königreichs von Neapel. Im *centro storico,* das von geraden, parallel verlaufenden Straßenzügen gebildet wird, findet man einige interessante Kirchen und Profanbauten aus dem 15. bis 18. Jahrhundert. Durch die mittelalterliche **Porta Spoletina** an der Nordseite oder die südliche **Porta Aquilana** betritt man den alten Stadtkern. Dessen Mittelpunkt ist die weitläufige, ruhige **Piazza 7 Aprile 1944,** mit ihren Laubengängen und den rosa und gelb getünchten Fassaden ein freundlicher Stadtplatz, dessen Name allerdings an ein grausames Geschehen erinnert – die Hinrichtung von 51 Partisanen durch die Nazis im April 1944. Der hübsche **Renaissancebrunnen** (16. Jahrhundert) in der Platzmitte ist ein beliebter Treffpunkt. Etwas erhöht an der Bergseite steht die Kirche **San Pietro** mit gotischem Spitzturm und einem Bogenportal von 1467. Der Innenraum wurde barock umgestaltet, ebenso die Krypta, wo eine Mitte des 16. Jahrhunderts von Künstlern aus den Abruzzen geschaffene Figurengruppe aus Terrakotta (Grablegung Christi) bemerkenswert ist.

An dem die Piazza nach Norden verlassenden Hauptstraßenzug Corso San Guiseppe steht gleich rechts das dem 1556 in Leonessa geborenen Ortsheiligen geweihte **Wallfahrtsheiligtum Santuario San Giuseppe da Leonessa,** innen ein überladener Barockbau des 17./18. Jahrhunderts. Hinter dem Altar ist der Leichnam des *San Guiseppe* aufgebahrt, sein auf wundersame Weise nicht verwesendes Herz bewahrt ein Silberreliquiar in der ersten Kapelle links. Weiter nördlich erscheint rechts des Corso San Guiseppe die Fassade der Kirche **Santa Maria del Popolo** (15. Jahrhundert). Im Portalbogen zeigt die romanische Skulptur eines Vorgängerbaus in byzantinischer Strenge die Jungfrau *Maria* mit einem ernsten, erwachsen wirkenden Jesuskind. Auf der vor Santa Maria nach rechts abzweigenden Gasse gelangt man zur 1446 geweihten Kirche **San Francesco,** einem franziskanischen Bau von strenger Würde, der sehenswerte Kunstwerke birgt: Wandfresken des 15. Jahrhunderts, eine Holzstatue des *hl. Blasius* (14. Jahrhundert), einen vergoldeten Altartabernakel (16. Jahrhundert) und in der gotischen Capella del Presepio eine Weihnachtskrippe mit Terrakottafiguren von abruzzesischen Künstlern des frühen 16. Jahrhunderts.

Nach Süden führt eine kurvenreiche Passstraße über den 1900 Meter hohen **Sella di Leonessa** Richtung Rieti. Durch dichte Buchenwälder gelangt man in die kahle, felsige **Gipfelregion des Monte Terminillo** (2214 m), der von Norden gesehen wie ein steiler Alpengipfel aus dem Waldgrün aufsteigt. Bis in den Mai hinein kann die Straße wegen Schneeverwehungen für den Autoverkehr gesperrt sein.

Touristeninformation

- **Pro Loco,** Corso S. Guiseppe 48, nur Sa/So geöffnet, www.leonessa.org.

Unterkunft

- ********La Torre**€€-€€€, bei der Porta Spoletina, nüchterner Neubau am Eingang zum alten Ort, relativ preiswert für ein 4-Sterne-Haus, aber preislich und qualitativ unterschiedliche Zimmer, Tel. 07 46 92 21 66, Fax 07 46 92 31 57.
- ******Leo Hotel**€€-€€€, 1 km nordwestlich außerhalb, großer neuerer Komplex mit 86 Zimmern, Schwimmbad, Sauna, Tennisplatz,

Restaurant, außerhalb der Saison (Juli/August) Halbpension schon ab 42 Euro p.P. im Doppelzimmer, Tel. 07 46 92 29 08, Fax 07 46 92 26 02, www.leohotel.it.

Essen und Trinken

- **Leon d'Oro**€€-€€€, oft empfohlenes bürgerliches Traditionsrestaurant im Zentrum, Corso S. Guiseppe 120, Tel. 07 46 92 33 20, Mo Ruhetag.

Verkehrsmittel

Bus

- Nach **Rieti** werktags um 6.50, 8.50, 15.10 u. 16.20 Uhr, So um 6.50, 16.50 Uhr.
- Nach **Posta** (Umsteigen Richtung Amatrice) werktags um 8.25, 9,30, 11.30 Uhr, Rückfahrt jeweils eine halbe Stunde später.

Fest

- **Palio del Velluto,** großes Stadtfest am letzten Sonntag im Juni, Umzüge in mittelalterlichen Kostümen und Reiterwettkampf mit Lanzenstechen auf der Hauptpiazza.

Wanderung am Monte Terminillo

Die recht lange Wanderung führt **von Campoforogna** über den Höhenkamm östlich des felsigen Hauptgipfels hinunter **ins Tal von Leonessa.** Hat man erst einmal das Ski- und Feriengebiet am Ausgangspunkt hinter sich gelassen, gelangt man in schöne, unberührte Bergnatur. An klaren Tagen kann man über Hunderte von Kilometern die Berge des zentralen Apennin mit dem Corno Grande (2912 m) als höchster Erhebung überblicken.

Dauer: gut 6 Stunden. **Anstiege:** gut 350 Höhenmeter. **Schwierigkeitsgrad:** Abgesehen von der Länge keine besonders anstrengende Wanderung, überwiegend einfache Orientierung. **Anfahrt:** Mit der Stadtbuslinie 513 von Rieti bis zum Endhalt Campoforogna, Rückfahrt ab Leonessa nach Rieti werktags um 16.20 Uhr, So um 16.50 Uhr. **Hinweis:** Wer sich Leonessa in Ruhe anschauen möchte, sollte den ersten Bus ab Rieti nehmen oder eine Übernachtung am Zielort einplanen.

Der Wegverlauf:

Vom Endhalt des Busses in **Campoforogna** (1675 m) folgen wir gut 5 Min. der links weiterführenden Straße Richtung Leonessa. Bei einem Rechtsabzweig wechseln wir auf einen etwas unterhalb der Straße parallel verlaufenden Weg, der nach einem Waldstück rechts an einer großen Ferienanlage vorbeiführt. Am äußersten Ende der Bauten (15 Min.) geht es durch ein Holztor (wieder schließen!) auf einen weiterführenden Weg. Mit leichter Linksbiegung überqueren wir eine Wiesenterrasse, halten uns dann immer auf dem ebenen Hauptweg geradeaus. An einer Stallung vorbei wird der Wald verlassen und der Weg verliert sich in einer Senke. An ihrem rechten Rand führt ein anfangs steiler Schotterpfad in gut 5 Min. östlich bergan zu einem Fahrweg auf einem Bergsattel mit weiter Aussicht nach Südosten (45 Min.). Auf dem breiten Weg geht es nach links zur Asphaltstraße, auf dieser gut 5 Min. bergan, am Abzweig zur **Berghütte Rifugio Sebastiani** vorbei, in eine scharfe Linkskurve, wo rechts ein durch eine Eisenschranke gesperrter und mit Wanderwegweisern versehener Weg abzweigt (1 Std.).

Wir folgen ihm 5 Min. bergan zu einer **Passhöhe** (1875 m) mit prächtigem Ausblick nach Osten, danach kurz links bergab zu einem Rastplatz mit Tisch und Bank (1.10 Std). Hier biegen wir auf den links (nördlich) wegführenden Pfad (rot-weiß markierte Wanderroute 404). Über einen grasigen Rücken geht es in die steile Ostflanke eines Felsrückens. Der in den Hang eingestufte steinig-kiesige Pfad verläuft mit weiter **Aussicht zu den Laga-Bergen** unter bizarren Kalkfelsen. Nach kurzem Anstieg in einem Buchenwäldchen trifft er schließlich auf einen breiteren Weg (1:45 Std.). Auf diesem links 200 m bergab zu einer Linkskurve gehen, hier rechts einen in der Westflanke der **Monti Porcini** (1982 m) leicht ansteigenden Pfad nehmen. Von der

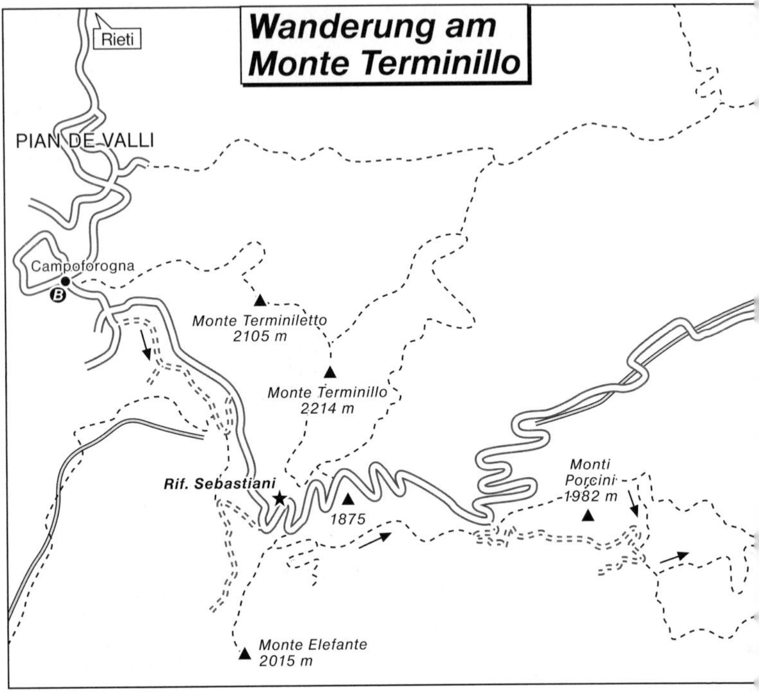

Nordostseite des Bergrückens würde Weg 404 mit Zwischenabstieg nordöstlich durch eine Senke führen; weniger Anstieg und schönere Ausblicke bietet der rechts abzweigende Pfad. Er verläuft in der Nordflanke der Monti Porcini zu einem breiteren Weg bei einem Sattel mit **Fernblick zum Corno Grande** in den Abruzzen (2:25 Std., 1770 m). Von hier folgt man links einer etwas breiteren Spur, die sich nordöstlich etwas ansteigend nach 5 Min. gabelt: Rechts würde die Route 429 auf den Grasberg **Monte di Cambio** (2081 m) führen, wir nehmen jedoch den linken Abzweig. Ohne an Höhe zu verlieren geht es einige Minuten später auf Viehwegen im Linksbogen durch einen Einschnitt mit Hangmauerungen, danach auf einem Pfad im Rechtsbogen um die Hügelflanke. Von links mündet Pfad 404 ein (3 Std., 1790 m), dem nun wieder gefolgt wird. Er senkt sich kurz steinig rechts an einer Mulde mit einer Steinruine entlang, passiert den Brunnen der Quelle **Fonte di Cambio** und tritt 5 Min. danach auf einen breiten grasigen Kammrücken (3:20 Std., 1770 m); schöner Blick zum Felsgipfel des Monte Terminillo.

Dem Kammverlauf nach Nordwesten folgend geht es über die flache Kuppe **Monte Costa Acera** (1791 m) hinweg in eine grasige Senke an der Südostseite des 1852 m hohen **Monte Prato Pecoraro** (3:40 Std., 1727 m). Man steigt links 50 m den Hang zum Waldrand hinauf, wo ein schmaler, durch gelb-roten Doppelbalken markierter Pfad weiterführt. Er verläuft bald als schöner Saumpfad mit weitem Ausblick in der Südwestflanke

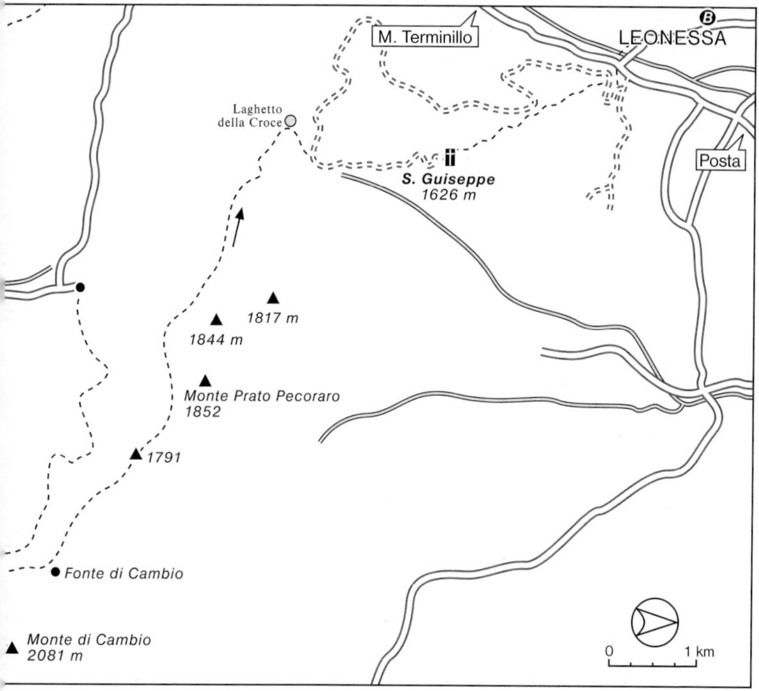

des Monte Prato Pecoraro. Auf einer Wiese oberhalb des Waldsaumes hält man sich bei unklaren Verzweigungen (Viehpfade) auf der rechten, oberen Spur und erreicht den Waldrand (4:15 Std.). Ein schmaler, aber deutlich ausgeprägter Pfad führt abwärts in den Wald hinein, biegt nach 50 m nach rechts und senkt sich zu einer von Buchenwald umgebenen Wiesenmulde (häufige gelb-rote Markierungen) beim Tümpel **Laghetto della Croce,** wo meist halbwilde Pferde und Kühe weiden (4:35 Std., 1585 m). Rechts am Wasser vorbeigehend trifft man auf einen Fahrweg, der geradeaus etwas ansteigend in knapp 20 Min. beim neuen **Kirchlein von San Guiseppe** endet (4:55 Std., 1626 m).

Hinter dem Gebäude steigt eine steinige Spur nach links kurz steil und unbequem zum Waldrand ab. Der danach besser zu gehende, rot markierte Pfad passiert einige einfache Kreuzwegkapellen und verliert, mal im Wald, mal über Lichtungen verlaufend, mit einigen Kurven stetig an Höhe. Man bleibt später rechts von einem Fahrweg (5:30 Std., 1232 m), passiert ein Gatter und erreicht ein Betonhäuschen (5:40 Std.). Danach hält man sich bei einer Gabelung links, der Weg wird kurz unangenehm steinig und trifft schließlich bei einer Schranke erneut auf den Fahrweg. Man geht rechts, jetzt auf Asphaltuntergrund, hält sich bei der folgenden Verzweigung links und erreicht eine ausgeprägte Rechtskurve. Auf dem hier links absteigenden steinigen Hohlweg trifft man am Fuße des Stadtberges von Leonessa auf die von Posta kommende Straße. Man geht auf ihr

100 m geradeaus über eine Bachbrücke (934 m) und steigt auf dem links abzweigenden alten Treppenweg in wenigen Minuten zum Hauptplatz in **Leonessa** hinauf (970 m). Über die ganz links weiterführende Gasse erreicht man in 5 Min. den Bushalt (Wartehäuschen) an der Nordwestecke der Altstadt (6:15 Std.).

Cittaducale

↗ IV, B3

- **5200 Einwohner**
- **480 m üNN**
- **10 km östlich von Rieti**
- **PLZ 02015**

Östlich von Rieti durchfließt der Velino ein von grünen Waldbergen eingerahmtes enges Tal. Auf einem Hügelvorsprung über der Flussaue liegt hier das kleine Cittaducale, für italienische Verhältnisse ein sehr **junger Ort.** Er entstand erst Anfang des 14. Jahrhunderts als nördliche Grenzfeste des Königreichs von Neapel gegen den verfeindeten Stadtstaat von Rieti. Die Ortsanlage hat sich im *centro storico* seit dieser Zeit nur wenig verändert. Die rechtwinklig sich kreuzenden geraden Straßen und Gassen säumen Bauten aus Mittelalter, Renaissance und Barock. Die Kleinstadt wirkt ziemlich verschlafen. Hier ist tiefste italienische Provinz. Am oberen Ende der zu groß geratenen Hauptpiazza erhebt sich eine Loggia mit Bar und Tischen unter Arkaden, von wo man das wenig ereignisreiche Geschehen auf dem weitläufigen Platz im Blick hat: Ein paar Alte diskutieren, Kinder spielen Fußball, ab und zu rumpelt ein Auto über den Platz.

An der Westseite der Piazza erblickt man die Fassade der Kirche **Santa Maria del Popolo,** ein spätromanisches Gotteshaus mit gotischer Fensterrose, der Innenraum wurde um 1700 nach schweren Erdbebenschäden im Barockstil völlig neu gestaltet. Die Kirche **Sant'Agostino** an der gegenüberliegenden Platzseite zeigt ein schönes gotisches Portal (um 1450) mit einem Lünettenfresko und ebenfalls barockisiertem Innenraum. Dazwischen erhebt sich an der Nordseite des Platzes der Stadtturm **Torre Municipale** von 1580. Die von Süd nach Nord über die Piazza hinweg ansteigende Hauptgasse **Corso Mazzini** ist im unteren Teil von guten Eisläden, im oberen Abschnitt von mittelalterlichen Wohnhäusern (Nr. 61–67) gesäumt. Am oberen Ende des Straßenzuges erhebt sich als Teil der neapolitanischen Stadtbefestigung die **Torre Angioina,** ein mächtiger Wehrturm von 1380. Über die vorher rechts abzweigende Via dei Rossi gelangt man zur spätromanischen Kirche **Santa Maria della Fraternità** mit einigen Fresken aus der Entstehungszeit.

Unterkunft

- ****Albergo La Pace€** in Cittaducale, einfaches, altmodisches Familienhotel unmittelbar an der Hauptpiazza, Via Duca Roberto 88, Tel. u. Fax 07 46 60 21 27.

Essen und Trinken

- **Ristorante Terme di Cotilia** an der Via Salaria, große Auswahl an Speisen, ordentliche Qualität, beliebt, SS Salaria Km 102, Tel. 07 46 60 30 57, Mi Ruhetag.

Verkehrsmittel

Bahn

- Werktags 10x, So 5x Schienenbus von Rieti über Cittaducale nach **Antrodoco;** Bahnhof in Cittaducale im Tal unterhalb des Ortes, 10 Min. Fußweg (hinter der Straßenunterführung beim Bahnhof 100 m der Nebenstraße nach rechts folgen, dann links den alten Treppenweg nehmen).

Bus

- Werktags 10x, So 2x auf der Linie **Rieti – Amatrice.**

Zwischen Cittaducale und Antrodoco

Östlich von Cittaducale steht südlich der Hauptstraße Richtung Antrodoco die kuriose Kirche **San Vittorino.** Sie wurde 1613 nahe einer Quelle auf instabilem Grund errichtet. Der Bau versinkt immer mehr im Erdboden, durch das Kirchenschiff plätschert heute ein munteres Bächlein, und aus den barocken Mauern sprießen Gräser und Strauchwerk. Die eigenartige Atmosphäre morbiden Verfalls nutzte der russische Filmregisseur *Andrej Tarkowski* für eine Schlüsselszene seines Meisterwerks „Nostalghia".

Beim folgenden Thermalort **Terme di Cotilia** stinkt es nach Schwefel, die Schwefelquellen um die zwei kleinen Quellteiche **Laghetto di Cotilia** und **Laghetto di Canetra** wurden schon von Sabinern und Römern zu Heilzwecken genutzt.

Weiter östlich liegt das kleine **Castel Sant'Angelo** am Nordhang über dem Tal des Velino, ein weiterer der zahllosen nahezu unbekannten alten Orte Italiens mit gut erhaltener mittelalterlicher Bausubstanz. Der von einer Befestigungsmauer eingefasste Ort besteht im Zentrum aus einer geschlossenen Baustruktur mit einfachen Häusern des 14. und 15. Jahrhunderts.

Antrodoco

↗V, C3

- **3300 Einwohner**
- **510 m üNN**
- **25 km östlich von Rieti**
- **PLZ 02013**

Antrodoco liegt in schöner landschaftlicher Umgebung am Südausgang der **Velino-Schlucht.** Am Kreuzungspunkt von Handels- und Heerstraßen gelegen, war es im Mittelalter heftig umkämpft und wurde mehrfach zerstört. Am westlichen Stadtrand erhebt sich vor dem Hintergrund hoher Berge neben der alten Landstraße nach Borgo Velino die romanische Kirche **Santa Maria extra moenia,** ein stilrein erhaltener einfacher Bau der Romanik. Das dreischiffige Kirchlein wurde 1051 erbaut, der Campanile etwas später im 12. Jahrhundert angefügt. Im Innenraum haben sich noch einige Freskenreste aus der Entstehungszeit erhalten. Fast vollständig mit Fresken ausgemalt ist das vor der Kirche frei stehende sechseckige **Baptisterium San Giovanni** (9. Jahrhundert), das ein anonymer Künstler im 15. Jahrhundert mit einem Bilderzyklus versehen hat. Dargestellt sind in naiver Erzählfreude Szenen aus der Kindheit Jesu, aus dem Leben des *hl. Johannes des Täufers,* die Kreuzigung, Heilige. Der Maler hat sich schon vom mittelalterlich formelhaften Malstil gelöst, indem er die Figuren individualisiert und in bewegter Haltung darstellt, gut zu sehen z.B. beim „Gastmahl des Herodes", wo den erschrockenen Gästen der abgeschlagene Kopf des *hl. Johannes des Täufers* auf einem Teller serviert wird.

Amatrice

↗V, D2

- **3300 Einwohner**
- **950 m üNN**
- **67 km nordöstlich von Rieti**
- **PLZ 02012**

Im oberen Tronto-Tal, in der äußersten Nordostecke Latiums, liegt am Fuße der bis auf knapp 2500 Meter Höhe ansteigenden **Monti della Laga** die bescheidene Bergstadt Amatrice. In ganz Italien kennt man sie wegen der *all'amatriciana,* einem lokalen Nudelgericht, das landesweit Verbreitung gefunden hat – und bei italophilen Deutschen wohl auf wenig Gegenliebe stoßen würde, ist doch eine wichtige Zutat *guanciale,* Schweinespeck. Bei der Umfrage einer überregionalen italienischen Tageszeitung 2005 zur Beliebtheit der verschiedenen Nudelsaucen ging *all'amatriciana* als Siegerin hervor.

Amatrice wurde 1529 durch die Soldateska *Karl V.* vollständig zerstört, weil es in den Kämpfen zwischen Spanien/Habsburg und Frankreich für die französische Seite Partei ergriffen hatte. Die noch heute sichtbare **regelmäßige Stadtanlage** mit sich rechtwinklig kreuzenden Straßen geht auf den Wiederaufbau im 16. Jahrhundert zurück, an dem auch der aus Amatrice stammende berühmte Renaissancemaler und Architekt *Cola Filotesio,* genannt *Cola dell'Amatrice* (1489–1559), entscheidend mitgewirkt haben soll.

Die Straßen des *centro storico,* das einige kleinere Sehenswürdigkeiten besitzt, säumen vor allem Fassaden aus Renaissance und Barock. Von den Kirchen der Stadt sind drei von Interesse: **Santa Maria del Suffragio** an der Hauptstraße Corso Umberto I, eine intime kleine Barockkirche, besitzt mit der „Heiligen Familie" das einzige vor Ort gebliebene Bildwerk des größten Sohnes der Stadt *Cola dell'Amatrice* (um 1510). **Sant'Agostino** am nördlichen Ende der Altstadt ist ein gotischer Bau mit schönem Skulpturenportal. Im barock umgestalteten Innenraum schmücken schöne Fresken eines unbekannten Renaissancemeisters die linke Seitenwand. **San Francesco** aus der zweiten Hälfte 14. Jahrhunderts am westlichen Altstadtrand zeigt, wie viele Kirchen des Franziskanerordens, strenge architektonische Formen im Übergang von der Romanik zur Gotik. Im Bogenfeld über dem Portal eine Madonna zwischen Engeln, links davon hält sich ein seltsames Männlein gequält den Bauch – zu viel *all'amatriciana?* Den einschiffigen hohen Innenraum schmücken zahlreiche Fresken des 15. Jahrhunderts, die überwiegend von aus den benachbarten Marken eingewanderten Künstlern stammen, u.a. an der rechten Wand eine „Heilige Familie" mit Ochs und Esel und einem nachdenklichen *Joseph*. Gegenüber steht ein prächtiger vergoldeter barocker Schnitzaltar (17. Jahrhundert). Beim Rathaus erhebt sich als Relikt der mittelalterlichen Stadt der schlanke **Torre Civica** (13. Jahrhundert), der beim Glockenschlag um etwa 20 Zentimeter schwankt.

Touristeninformation

- **Pro Loco,** neben S. Maria del Suffragio am Corso Umberto I, Di bis Sa 10–13, Sa auch 15–19 Uhr geöffnet, Tel. 07 46 82 63 44, www.amatrice.net, www.amatrice.org.

Unterkunft

- *****Roma**€€, angenehmes Hotel, ruhige Lage am Stadtrand, mittlerer Komfort, die Zimmer zur Rückseite bieten Ausblicke auf die Berge, Via dei Bastioni, Tel. 07 46 82 57 77, Fax 07 46 82 50 35.
- Noch preiswerter ist das ****La Conca**€, ein schlichter Bau im Zentrum mit einfachst ausgestatteten Räumen, Via della Madonella 24, Tel. 07 46 82 67 91.

Essen und Trinken

In den **Hotelrestaurants des Roma**€€ (Do Ruhetag) und **des La Conca**€€ (Mo Ruhetag) bekommt man nicht nur die klassische *all'amatriciana;* beide bieten traditionelle Landküche auf gutem Niveau.

Verkehrsmittel

Bus

- Werktags 7x, So 2x über Antrodoco nach **Rieti.**

In der Umgebung von Amatrice

Östlich von Amatrice

Östlich von Amatrice bilden die bis weit ins Frühjahr hinein schneebedeckten **Monti della Laga** mit dem **Monte Gorzano** (2458 m) einen dominanten Landschaftshintergrund. Die Kammlinie markiert die Grenze zwischen Latium und den Abruzzen. Nicht eine einzige Straße führt von Amatrice aus nach Osten Richtung Adria über das auf der Höhe völlig menschenleere Gebirge, wo heute auch wieder Bruder Wolf unterwegs ist. Weite Bereiche des Berglandes stehen als Teil des **Nationalparks Parco Nazionale del Gran Sasso e Monti della Laga** unter Naturschutz. Die unteren Lagen sind mit Buchenwäldern bedeckt, weiter oben erstrecken sich baumlose Bergalmen, dazwischen verlaufen steinige Täler mit zahlreichen kleinen Wasserfällen. Hier gibt es schöne **Wanderrouten,** ein kurzer Weg führt z.B. bei Amatrice zum Wasserfall **Cascata delle Barche** (Wegbeschreibung siehe unten), anspruchsvollere **Bergtouren** führen auf die Gipfel von **Monte Gorzana** und **Pizzo di Moscio** (2411 m).

Schöne Landschaftseindrücke bietet auch ein Ausflug von Amatrice nach Süden zum großen, knapp hinter der Grenze zu den Abruzzen gelegenen **Lago di Campotosto,** einem verästelten Stausee, über dem südlich majestätisch das Hochgebirge des Gran Sas-

lat_316 Foto: gh

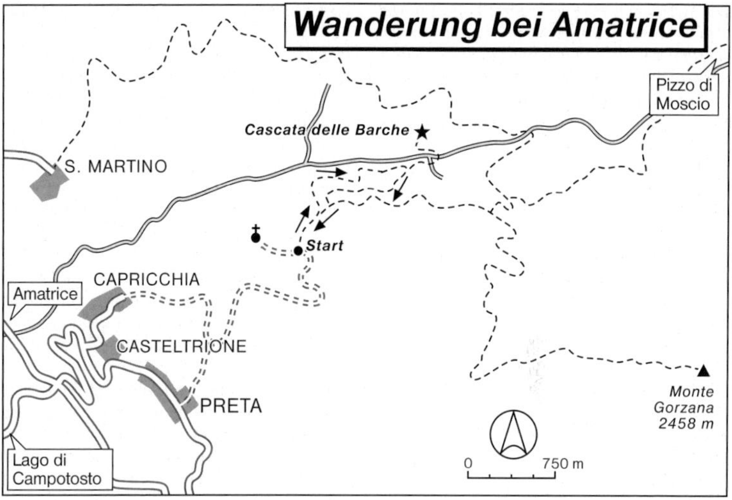

so d'Italia aufsteigt. Der unscheinbare, aber herrlich gelegene Ort **Campotosto** ist für seine schmackhaften Forellen bekannt. Auf dem Weg zum Lago di Campotosto lohnt ein kurzer Abstecher zu dem noch in Latium gelegenen Kirchlein **Icona Passatora** (auch Santa Maria delle Grazie) zwei Kilometer östlich des Dorfes **Retrosi.** Falls ausnahmsweise nicht verschlossen, lohnt ein Blick in den Innenraum, den Ende des 15. Jahrhunderts eine anonyme Malerwerkstatt mit farbenfrohen Fresken ausgeschmückt hat, die für eine so abseitige Landkirche von überraschend hoher Qualität sind. Der Bildzyklus stammt wahrscheinlich im Wesentlichen von den gleichen Künstlern, die auch schon in Sant'Agostino in Amatrice tätig waren (Besichtigung auf Anfrage bei *Luciana Brunamonte* aus dem Nachbardorf San Martino, Tel. 33 34 53 30 08). Eine Wiese beim Kirchlein ist ein schöner Rast- und Picknickplatz mit Blick in die Berge.

Ein lohnendes Wanderziel – die Cascata delle Barche

Kurzwanderung zur Cascata delle Barche

Die kurze Wanderung von 1:30 Std. Dauer führt zu einem **hübschen Wasserfall am Fuße des Monte Gorzano** bei Amatrice. Vor allem im Frühjahr nach der Schneeschmelze bietet sich das Schauspiel der zu Tal stürzenden Kaskaden. Die letzten Meter bis unmittelbar zum Wasserfall sind mit etwas Kraxelei verbunden, die übrigen Wege und Pfade sind gut zu gehen.

Anfahrt: Von Amatrice etwa 4 km Richtung Campotosto fahren und links die Nebenstraße nach Capricchia nehmen, hier vor dem Dorfkirchlein nach rechts auf schmaler Straße weiter bergan. Nach etwa 2 km beschreibt das Sträßchen einen Linksbogen und gabelt sich auf einem Bergrücken bei einer Erläuterungstafel der Nationalparkverwaltung: Geradeaus endet der Hauptfahrweg bei einer Heiligenstatue, der Rechtsabzweig ist der Wanderweg.

Hinweis: Wer eine **größere Tour** gehen möchte, könnte dem markierten Weg Nr. 300 noch weit hinauf in die Berge folgen, die Orientierung im offenen Gelände dürfte keine größeren Probleme bieten, zumal es eine gute **Wanderkarte** gibt: Club Alpino Italiano, Monti della Laga, Carta dei Sentieri, Maßstab 1:25.000.

Der Wegverlauf:

Man folgt dem breiten Weg in den Buchenwald hinein, ignoriert nach 5 Min. den zur Cascata delle Barce beschilderten, rechts abzweigenden rot-weiß markierten Pfad Nr. 300. (Auf ihm kommt man später zurück.) Der Weg führt im Rechtsbogen um die Hügelflanke und senkt sich etwas in die Klamm des **Fosso di Selva Grande.** Bei einer Gabelung nach knapp 20 Wegminuten geht es rechts auf schmalerem Weg weiter. (Der Hauptweg links würde nach 3 Min. bei einer Mauerung im Bachgraben enden.) Der Weg verengt sich nach 100 m zu einem Pfad und steigt etwas nach rechts biegend im Schatten von Stangenbuchen gut 5 Min. steil an. Am Ende des Anstiegs trifft man auf einen gut ausgeprägten Querpfad (30 Min.) und folgt ihm nach links bergab. An der gegenüberliegenden Talseite taucht bald die Cascata delle Barche auf.

Im Talgrund nach weiteren 5 Min. kreuzt der Pfad auf Trittsteinen und Ästen kurz nacheinander zwei Arme eines tosenden Wildbaches und verliert sich. Wer ganz zur **Cascata delle Barche** vordringen will, muss schräg links den grasigen Steilhang erklimmen und zuletzt über Felsen ein kurzes Stück zum Wasserfall wieder absteigen (45 Min.). Wer nicht als Bergziege ausgebildet ist, kommt aber vielleicht auch unten herum zum Ziel, indem er dem von Buschwerk überwucherten Wasserlauf folgt.

Auf dem **Rückweg** bleibt man bei 30 Min. des Hinwegs auf dem Hauptpfad geradeaus. Dieser verläuft hoch am Hang über dem tief eingeschnittenen Tal des Fosso di Selva Grande und führt dann nach links um die Hügelflanke; weiter Ausblick nach Westen zum Monte Terminillo. Man trifft auf den rot-weiß markierten Weg Nr. 300 und folgt ihm leicht rechts abwärts. Durch Buchenwald geht es hinunter zum breiten Hinweg und auf diesem in 5 Min. zurück zum Ausgangspunkt der Wanderung (1:30 Std.).

lat_318 Foto: gh

Amatrice – bekannt für sein Nudelgericht *all'amatriciana*

Westlich von Amatrice

Den Talboden westlich von Amatrice bedeckt der kleine Stausee **Lago di Scandarello,** von dessen bewaldeten Ufern sich schöne Ausblicke auf die Bergkette der Monti della Laga bieten. Zum Baden dürfte der See wohl auch im Sommer meist zu kalt sein.

Accumoli

⇗V, D1

Im äußersten Nordostzipfel an der Grenze zu Umbrien und den Marken liegt mit einigen alten Mauern auf halber Höhe westlich über dem Tal des Tronto das kleine Accumoli (1800 Einwohner, 850 m üNN). Touristen verirren sich so gut wie nie in diesen abgelegenen Winkel Latiums. Den gelegentlichen Besucher verfolgen die neugierigen Blicke der tagein, tagaus vor ihren Häusern sitzenden Alten. Ab dem Mittelalter hatte Accumoli eine gewisse Bedeutung als Wachposten an der unterhalb im Tal verlaufenden wichtigen Wegverbindung **Via Salaria,** die Rom mit der Adria verband.

Die Via Tommasi, die Hauptstraße, die den Hang hinaufführt, säumen Palazzi aus diversen Stilepochen. Der **Palazzo Guasto** (Nr. 35) mit Steinreliefs in der Fensterzone stammt aus der Renaissance. Gleich dahinter erhebt sich der **Palazzo del Podestà** mit der **Torre Civica** (13. Jahrhundert), Indiz dafür, dass sogar das winzige Accumoli im hohen Mittelalter zeitweise als von Papst und Kaiser unabhängige freie Stadtrepublik existierte. Der **Palazzo Moroni** (Nr. 54) und der hohe **Palazzo Tommasi** am oberen Ende der Straße wurden erst in der Zeit des Barock errichtet.

● In Libertino, dem an der Via Salaria gelegenen unteren Ortsteil von Accumoli, bietet das einfache ****Albergo Pica**€ eine ausgesprochen preiswerte Übernachtungsmöglichkeit, das zugehörige **Ristorante**€€ schmackhafte Landküche mit frischen Zutaten aus der Umgebung, wie *primi* mit Pilzen, in Weißwein gegarte Bachforelle und gegrilltes Lammfleisch, 02011 Accumoli-Libertino, Di Abend Ruhetag, Tel. 0 74 68 09 24.

lat_320 Foto: gh

Rom

von Frank Schwarz

619ro Foto: fs

620aro Foto: fs

Das Colosseum fasste 50.000 Zuschauer

Die Kuppel des Petersdoms

Lebensraum Straße

Stadtgeographie

Rom liegt **am Unterlauf des** bis dahin schiffbaren **Tiber** 13 bis 138 Meter üNN und hat nach offiziellen Angaben **2,831 Millionen Einwohner;** die wirkliche Einwohnerzahl liegt aber bei geschätzten sechs Millionen. Die Großgemeinde umfasst einschließlich der römischen Campagna 1508 Quadratkilometer, der engere Stadtbereich 209 Quadratkilometer.

Rom ist die **Hauptstadt der Republik Italien.** Hier haben der Staatspräsident, der Senat und die italienische Regierung ebenso ihren Sitz wie alle bedeutenden Ministerien, die wichtigsten Landesbehörden, die Botschaften und Konsulate sowie die staatlichen Rundfunk- und Fernsehanstalten.

Jedes Jahr wird Rom von fünf bis sechs Millionen Touristen besucht. Die Stadt lebt zum großen Teil vom **Fremdenverkehr.** Viele Römer sind in den – wegen des langsamen Mahlens ihrer bürokratischen Mühlen gefürchteten – **Verwaltungsinstitutionen** der Hauptstadt beschäftigt.

Rom wird vom Unterlauf des Tiber in zwei Teile gegliedert. Vor Christi Geburt war das Gebiet **westlich** des Flusses außerrömisches Gebiet. Heute befinden sich auf der westlichen Seite der als souveränes Staatsgebiet geltende **Vatikanstaat** und das malerische **Stadtviertel Trastevere.** Der Vatikanstaat umfasst eine Fläche von 44 Hektar und hat knapp 1000 Einwohner.

Der **östlich des Tiber** liegende Teil der Stadt umfasst das **eigentliche Stadtgebiet:** die mittelalterliche Altstadt, die erst nach der Rückkehr der Päpste aus dem Exil in Avignon (1377) entstand, das Forum Romanum und die berühmtesten Hügel Roms, der Palatin und der Aventin.

Historisch entstand Rom auf den berühmten **sieben Hügeln,** die sich auf dem Sumpfgebiet der römischen Campagna erheben: Palatin, Esquilin, Viminal, Quirinal, der Kapitolshügel, Caelius und Aventin. Der Janiculus und der Pincio werden nicht dazugezählt, weil sie außerhalb der Mauern des antiken Roms lagen. Am niedrigsten sind der Aventin und der Kapitolshügel mit 47 Metern Höhe. Der Palatin und der Caelius weisen eine Höhe von 50 Metern auf, der Janiculus gar 85 Meter. In antiker Zeit waren die Hügel wesentlich höher; das Höhenniveau Roms ist in den letzten zwei Jahrtausenden um ca. zehn Meter gestiegen.

Nach dem Zweiten Weltkrieg entstand ein Ring von Neubausiedlungen, die Rom heute umgeben. Die **Vorstädte** Tor Bella Monaca, Magliana und Pietralata gelten als die sozialen Brennpunkte der italienischen Hauptstadt: Vor allem in den letzten Jahren waren sie Schauplatz zunehmender Spannungen zwischen den Menschen am Rande der Gesellschaft, den Armen, und der immer stärker zunehmenden Zahl der außereuropäischen Einwanderer.

Sehenswert sind die **Vorstädte EUR und Garbatella.** Beide Stadtteile entstanden erst in den 1930er Jahren. In dem Film „Caro Diario" („Liebes Tagebuch") des italienischen Regisseurs *Gianni Moretti* spielt Garbatella eine wichtige Rolle. Mit seinem üppigen Grün und den bunten Häusern entwickelt sich hier die Atmosphäre eines Dorfes in der Stadt.

Der Name EUR steht für **„Esposizione Universale di Roma"** und meint die Weltausstellung, die 1942 in Rom geplant, wegen der Kriegswirren aber nicht stattfinden konnte. Die für die Weltausstellung konzipierten Gebäude wurden dann in den 50er Jahren des vergangenen Jahrhunderts fast alle fertig gestellt. Heute ist EUR ein sehr begehrtes Wohngebiet in Rom und lohnt einen Ausflug.

Etwa 30 Kilometer außerhalb der Stadt lockt das **Tyrrhenische Meer** mit all seinen Reizen: lange Sandstrände, ein sehr lebendiges Nachtleben und Fischrestaurants am Meer.

Die Stadt und ihre Bewohner

Geschichte

Jeder kennt die **Geschichte der Brüder Romulus und Remus,** die von einer Wölfin großgezogen wurden. Als *Romulus* eine Mauer um seine neu gegründete Stadt Rom zog, verhöhnte ihn *Remus*. Kurzerhand wurde er dafür von seinem Bruder erschlagen.

Was nach dem tragischen Ende eines Familienstreits aussieht, hat vermutlich symbolische Bedeutung. Die Legende der beiden Brüder verkörpert verschiedene Stämme (Latiner, Sabiner), die auf den sieben Hügeln Roms bereits seit dem 10. Jahrhundert v.Chr. siedelten. Die **Etrusker,** die bedeutendste Macht im Italien der vorrömischen Zeit, fassten die verschiedenen Stämme etwa im 8. Jahrhundert v.Chr. zu einer Stadt zusammen und gaben ihr den etruskischen Namen Roma. Das Gründungsjahr 753 v.Chr. ist zwar eine reine Kopfgeburt, kommt aber dem tatsächlichen Gründungsdatum, das heißt der ersten Errichtung einer Stadtmauer, erstaunlich nahe.

Königszeit und Republik

Die ersten sieben Könige Roms waren Etrusker. Die **Vertreibung des letzten Königs** *Tarquinius Superbus* im 5. Jahrhundert v.Chr. wurde in den nachfolgenden Jahrhunderten in Rom als nationale Befreiung gefeiert.

Danach gaben sich die Römer eine **republikanische Verfassung.** Regiert wurde die Stadt von zwei **Konsuln,** die für ein Jahr gewählt wurden. Beraten wurden sie von den **Senatoren,** die eine Art Parlament bildeten (Senat). In der Anfangszeit war der Zugang zu Staatsämtern ausschließlich den Patriziern vorbehalten. Die **Patrizier** waren die großen, Grund besitzenden Familien, die in **Clans** *(gens)* organisiert waren. Zu einem Clan gehörten alle möglichen Abhängigen, d.h. Menschen, die dem Chef des Clans verpflichtet waren, eventuelle Schuldner, natürlich die Sklaven usw. Letzte Spuren solcher Abhängigkeiten gegenüber einflussreichen Familien finden sich noch heute in Italien.

Den **Plebejern,** also den Römern, die keinen Grund besaßen, blieben viele Rechte verwehrt. Heiraten durften sie etwa nur untereinander. Aus Protest gegen die Patrizierherrschaft bildeten sie eine **eigene Volksversammlung** *(concilium plebis)* und wählten sich ihre Anführer selbst. Der Konflikt wurde erst durch das **12-Tafelgesetz** beendet, das den Plebejern den Zugang zu den Staatsämtern und die Möglichkeit eröffnet, in Patrizierfamilien einzuheiraten.

Aufstieg zur Weltmacht

Außenpolitisch entwickelte sich der Stadtstaat schnell zur wichtigsten Macht in Mittelitalien. Durch eine straffe, **rationelle Organisation des Staats- und Militärwesens** waren die Römer gegenüber ihren politischen Konkurrenten im Vorteil. Zuerst wurden die Etrusker ausgeschaltet. Die **Stadtstaaten Mittelitaliens** wurden in das römische Staatsgebilde integriert. Einen Rückschlag erlitten die Römer durch den Einfall der Kelten in Italien. Ende des 4. Jahrhunderts v.Chr. wurde Rom sogar von den Kelten geplündert, das kriegerische Volk aus dem Norden konnte sich aber nicht dauerhaft in Italien festsetzen. Die Eroberungsgelüste der Römer richteten sich nun nach **Süditalien,** wo die Griechen etliche Kolonien gegründet hatten. Die junge Großmacht geriet auch mit dem nordafrikanischen Stadtstaat Karthago und seinem legendären Anführer *Hannibal* in Konflikt. In den ungemein blutigen **Punischen Kriegen** (264–146 v.Chr.) sicherten sich die Römer endgültig die Macht über das südliche Italien.

Politische Unruhen – Cäsars Aufstieg

Das **Römische Reich** wurde größer und damit auch **immer schwerer zu kontrollieren.** Soziale Unruhen, Sklavenaufstände und Machtkämpfe erschütterten das Land. Der konservative Senat wollte seine Macht nicht mit anderen teilen. Gegen den Reformer *Gaius Grachus* entfachten die Senatoren einen Volksaufstand (121 v.Chr.).

Gaius Julius Cäsar schien vielen Römern der lang ersehnte starke Mann zu sein, der wieder Ruhe in den Staat bringen sollte. Durch seine erfolgreichen Feldzüge in Gallien und Spanien hatte sich der charismatische Mann eine kaum noch anfechtbare Stellung erworben. Nachdem er seinen Rivalen *Pompejus* ausgestochen hatte, war er praktisch Alleinherrscher.

Die **Angst vor der Diktatur** eines Einzelnen war groß in Rom. Der Ziehsohn *Cäsars, Brutus,* wurde beauftragt, den Mord an *Cäsar,* der vielen zu mächtig geworden war, zu begehen (44 v.Chr.).

Die Kaiserzeit

Aber auch der Mord an *Cäsar* konnte das **Ende der Republik** nicht verhindern. Den Machtkampf nach *Cäsars*

Gründungslegende Roms – Romulus und Remus werden von einer Wölfin gesäugt

Tod entschied sein Adoptivsohn *Octavian* für sich. Er nahm den Namen **Augustus** (= der Erhabene) an und vereinigte die wichtigsten Staatsämter in seiner Person. Damit war die Republik endgültig abgeschafft.

Nachfolger des *Augustus* wurde **Tiberius** (14–37 n.Chr.). Am Ende seiner Amtszeit zeichnete sich schon der Hang zum Größenwahn ab, dem noch so viele Kaiser des römischen Weltreichs erliegen sollten.

Der berüchtigste unter ihnen war **Nero** (54–68 n.Chr.), der in seiner Anfangszeit als gebildeter und liberaler Herrscher auftrat, sich aber dann doch als Despot entpuppte, der nicht davor zurückschreckte, seine Mutter und seine Ehefrau ermorden zu lassen und Rom niederzubrennen (64 n.Chr.).

Unter Kaiser **Trajan** (98–117 n.Chr.) erreichte das Römische Reich seine **größte Ausdehnung:** von England bis nach Nordafrika, von Spanien bis nach Syrien. Insgesamt bestand es aus 46 Provinzen mit etwa 80 Millionen Einwohnern.

Mit der Größe des Reiches wuchs auch die Bedeutung der Armee. Ende des 2. Jahrhunderts n.Chr. brach das Zeitalter der **Soldatenkaiser** an, eine Ära, die von revolutionsartigen Wirren und Instabilität gekennzeichnet war. Gleichzeitig gewann in der römischen Bevölkerung die **Oppositionsbewegung der Christen** immer mehr an

058ro Foto: fs

Rom

Einfluss. Die Morallehre der jungen Religion widersprach völlig den Prinzipien des römischen Staates.

Christliches Rom

Die Machtübernahme Kaiser **Konstantins** (312) brachte den Christen den Sieg. Der junge Kaiser erkannte das Christentum als gleichberechtigte Religion an (Mailänder Edikt). Im Jahre 330 verlegte *Konstantin* die Hauptstadt des Römischen Reiches in die Stadt, der er seinen Namen gab: **Konstantinopel.** Der **Niedergang Roms** war damit unaufhaltsam geworden. Im Jahre 395 zerbrach das Reich endgültig in einen oströmischen und einen weströmischen Teil.

Bis zum 8. Jahrhundert stand Rom unter dem Einfluss der **Byzantiner.** Die Bedeutung der Stadt nahm immer mehr ab. Rom wurde zweimal von germanischen Stämmen geplündert. Die Monumente des Kaiserreichs zerfielen allmählich. Die **Rolle des Papstes** und der katholischen Kirche als weltlich-militärischer Machtfaktor war noch nicht gefestigt. In der Stadt kam es zu **bürgerkriegsähnlichen Auseinandersetzungen** zwischen den großen Adelsfamilien.

Im späten Mittelalter verlegte der **Papst** seinen **Amtssitz nach Avignon** (1305) – die Lage in Rom war zu unsicher geworden.

Im 16. Jahrhundert kam dann endlich der große **Aufschwung.** Rom sollte zur Hauptstadt des Katholizismus werden, im Gegensatz zum immer mächtiger werdenden Protestantismus **(Gegenreformation).** Der **Kirchenstaat** wurde zur wichtigsten weltlichen Macht in Mittelitalien. Viel Geld wurde für die architektonische Umgestaltung der Stadt ausgegeben. Ende des 18. Jahrhunderts kam es dann, im Zusammenhang mit den französischen Revolutionskriegen, zum endgültigen Niedergang der Macht der Päpste: Im Jahre 1798 geriet *Pius VI.* in Gefangenschaft, und die **Franzosen** proklamierten die römische **Republik.**

Im 19. Jahrhundert verließen immer mehr Einwohner Rom. Das Forum Romanum, einst Mittelpunkt der Welt, verkam zur Kuhweide.

Königliches Rom

1870 wurde Rom **Hauptstadt Italiens:** Der italienische König zog von Florenz an den Tiber und mit ihm sein piemontesischer Hofstaat. Der junge Staat brauchte Beamte: **Einwanderer aus ganz Italien** strebten nach Rom, die Bevölkerungszahl verdoppelte sich zwischen 1870 und 1890. Der Papst zog sich schmollend hinter die Mauern des Vatikans zurück. Die Macht des Kirchenstaates war gebrochen, der junge italienische Staat betrachtete das Oberhaupt der katholischen Kirche als Gegner.

Faschistisches Rom

Die **Machtübernahme Mussolinis** (1922) veränderte die italienische Hauptstadt gewaltig. Rom sollte Hauptstadt des wieder erstandenen Römischen Reiches werden. Aufmärsche prägten das tägliche Leben, die politische Verfolgung Andersdenkender war an der Tagesordnung.

Gleichzeitig gelang es *Mussolini* mit den **Lateranverträgen** (1929), den seit der Gründung Italiens schwelenden Konflikt zwischen Kirche und Staat zu beenden. Der Vatikan beschränkte sich geographisch auf das Gebiet innerhalb der mittelalterlichen Leonischen Mauer, dafür garantierte der Staat den Bestand der Katholischen Kirche in Italien.

Der Eintritt Italiens an der Seite Deutschlands in den **Zweiten Weltkrieg** bedeutete für den Faschismus schon bald das Ende seiner Herrschaft über Italien. Die Bombardierungen des römischen Arbeiterviertels San Lorenzo verschärften schnell die Antikriegsstimmung in Italien. Im Juli 1943 wurde *Mussolini* abgesetzt. Rom wurde von deutschen Truppen besetzt. Bald herrschten in der Stadt bürgerkriegsähnliche Zustände: Im März 1944 starben bei einem Bombenattentat 32 Angehörige eines deutschen Polizeiregiments. Die Deutschen erschossen daraufhin 335 Italiener in den Steinbrüchen der Fosse Ardeatine (siehe Via Appia). Im Juni 1944 wurde die Stadt kampflos von der amerikanischen Fünften Armee befreit.

Nachkriegszeit

Nach dem Krieg wurde die Stadt 30 Jahre lang von den **Christdemokraten** regiert. Die Zeitung „Il Messaggero" kommentierte 1972: „Die Herrschaft der DC in Rom hat ein Monstrum gezeugt, eine Stadt ohne Infrastruktur, eine Megalopolis ohne Knochen."

Bei den Kommunalwahlen im Jahre 1976 konnten die **Kommunisten** zum ersten Mal das Kapitol erobern. Zum ersten kommunistischen Bürgermeister wurde der Kunsthistoriker *Carlo Giulio Argan* gewählt. Aber auch die neuen Machthaber konnten keine wirklichen Veränderungen in der Stadt durchsetzen. Zumindest ein Projekt ist übrig geblieben, der **„estate romana"**, der römische Sommer, ein kommunistisches Projekt aus den 1970er Jahren: In den Sommermonaten finden noch heute unzählige Veranstaltungen statt, die es erleichtern sollen, in der Stadt bleiben zu müssen.

Heute regiert auf dem Kapitolshügel **Walter Veltroni,** ein Politiker der sozialdemokratisch gewendeten ehemaligen kommunistischen Partei. Zur Zeit des Irak-Krieges machte er sich zu einem der Wortführer der Kriegsgegner. Viele Demonstrationen in der römischen Innenstadt wurden von ihm persönlich angeführt.

Die Bewohner Roms

Die Frage, was einen **„echten" Römer** ausmacht, ist eigentlich unsinnig, es gibt ihn nämlich nicht. Allerdings existieren gewisse Vorschriften, die genau beschreiben, wie er beschaffen sein sollte: Mindestens auf sieben Generationen muss sich ein Stammbaum zum Beispiel zurückverfolgen lassen, damit ihm das Prädikat eines wirklichen Römers verliehen wird. Dies hat einen einfachen Grund: Vor sieben Generationen durften nach Sonnenuntergang nur Römer in der Stadt schlafen.

Allerdings wird sich ein derartig seltenes Exemplar nur schwerlich finden

043ro Foto: fs

Treffpunkt Spanische Treppe

lassen: Kaum ein Römer, der nicht schon einen Großvater etwa aus den Abruzzen hat. Wir brauchen uns nur die Situation nach der Besetzung Roms durch italienische Truppen 1870 vorzustellen: Rom war ein katholischer Kleinstaat, dessen 200.000 Einwohner hauptsächlich aus Priestern und Nonnen bestanden. Da diese sich nicht besonders schnell vermehrten, kann es nur an der vehementen **Zuwanderung** in den letzten hundert Jahren liegen, dass die Stadt heute geschätzte sechs Millionen Einwohner zählt.

Drei sprunghafte **Anstiege der Bevölkerungszahl** hatte die Stadt in den letzten 130 Jahren zu verzeichnen: Einmal zwischen 1870 und 1890, nach der Gründung des Königreichs, dann als Folge der faschistischen Politik, zwischen 1921 und 1939, und schließlich als Ergebnis des italienischen Wirtschaftswunders nach dem Zweiten Weltkrieg. Der Großteil der Einwanderer kam aus dem Süden des Landes. Sie alle versuchten, vom Aufschwung der Wirtschaft zu profitieren – nicht wenige endeten in den Slums.

Den „echten" Römer gibt es also nicht. Die Stadt definiert sich vielmehr über die Angehörigen gewisser Clans wie etwa den der **Politiker:** Immerhin besteht das Parlament im Palazzo Montecitorio aus 630 Abgeordneten und 315 Senatoren. Die Bedeutung eines Abgeordneten ist nicht zu vergleichen mit der eines Bundestagsabgeordneten. Ein *onorevole,* ein Ehrenvoller, ist vor allem auch verantwortlich für ein Heer von Bittstellern, die sich an ihn wenden. Dabei geht es um Gewerbescheine, Schwerstbehindertenausweise oder sonstige Gefälligkeiten.

Eine weitere Kaste bilden die **Bürokraten,** eine relativ homogene soziale Gruppe, die sich vor allem während des Faschismus etabliert hat. Von 1925 bis 1943 verdoppelte sich die Einwohnerzahl Roms von 700.000 auf 1,5 Millionen. Dieses Bevölkerungswachstum war eine Folge des gigantischen Ausbaus der Bürokratie, die einen enormen Personalbedarf hatte. Bis heute sind die Folgen dieser Entwicklung spürbar. Der aufgeblähte

Verwaltungsapparat verschlingt etwa die Hälfte aller öffentlichen Einnahmen. Nicht wenige Römer wären ohne dieses „Beschäftigungsprogramm" arbeitslos.

Eine weitere geschlossene Gesellschaft bilden die **Abkömmlinge des Kirchenstaats.** Die Familiennamen vieler Päpste, ob es nun die *Orsini, Borghese* oder *Torlonia* sind, finden sich allesamt im römischen Telefonbuch. Sie sind allgemein bekannt für ihre erlesenen Feste, die sie gerne in ihren Häusern veranstalten. Nur sehr schwer findet man Zugang zu den Kreisen der „besseren Gesellschaft", dem Adel, dem alten Bürgertum, den Politikern - die oberen Zehntausend der italienischen Hauptstadt geben sich exklusiv.

Rundgänge

Das klassische Rom – zwischen Kapitol und Forum Romanum

Ausgangspunkt unserer ersten Stadttour durch Rom ist der **„Altar des Vaterlandes" an der Piazza Venezia.** Nicht etwa deswegen, weil es so ein besonders schönes Gebäude ist, sondern wegen des wunderschönen **Kaffeehauses,** das auf der Terasse des Bauwerks erst vor wenigen Jahren eröffnet hat. Hier hat man einen **herrlichen Blick** über die Dächer von Rom, und bei einem Cappucino oder einer Latte macchiato kann man sich erst einmal sammeln, bevor man sich auf Wanderschaft durch das alte Rom begibt. Nach vorne, zur Piazza Venezia hin, schaut man auf das Rom der Päpste, die ungezählten Kirchtürme und Renaissance- und Barockpaläste, die von den mächtigen Kirchenfürsten in Auftrag gegeben wurden, um Rom auch optisch zur eindrucksvollsten Stadt Europas zu machen.

Hinter dem „Altar des Vaterlandes" liegt das **Kapitol,** einst Mittelpunkt des antiken Rom, gleich daneben das **Forum Romanum,** auf dem die Römer Handel und Politik trieben und ihre Tempel errichteten, der Ort, der am ehesten einen Eindruck vom Leben der alten Römer vermittelt.

Der **„Altar des Vaterlandes"** selbst wiederum steht für ein ganz anderes Rom. Der junge italienische Nationalstaat setzte sich hier selbst, nach der Gründung Italiens 1870, ein Denkmal, wie es hässlicher nicht sein könnte. Nicht zu Unrecht nennen es die Einheimischen die „alte Schreibmaschine" - aus der Ferne betrachtet erinnert es wirklich daran.

Heute befindet sich das **Grabmal des unbekannten Soldaten** auf dem Monument, zu dem regelmäßig an den nationalen Gedenktagen der italienische Regierungschef pilgert. Außerdem beherbergt das Gebäude das **Museo del Risorgimento,** ein Museum, das die Geschichte der Einigung Italiens dokumentiert. In dem Komplex befindet sich auch eine **Ausstellungshalle (Il Vittoriano).** Dort finden sehr sehenswerte Wechselausstellungen statt.

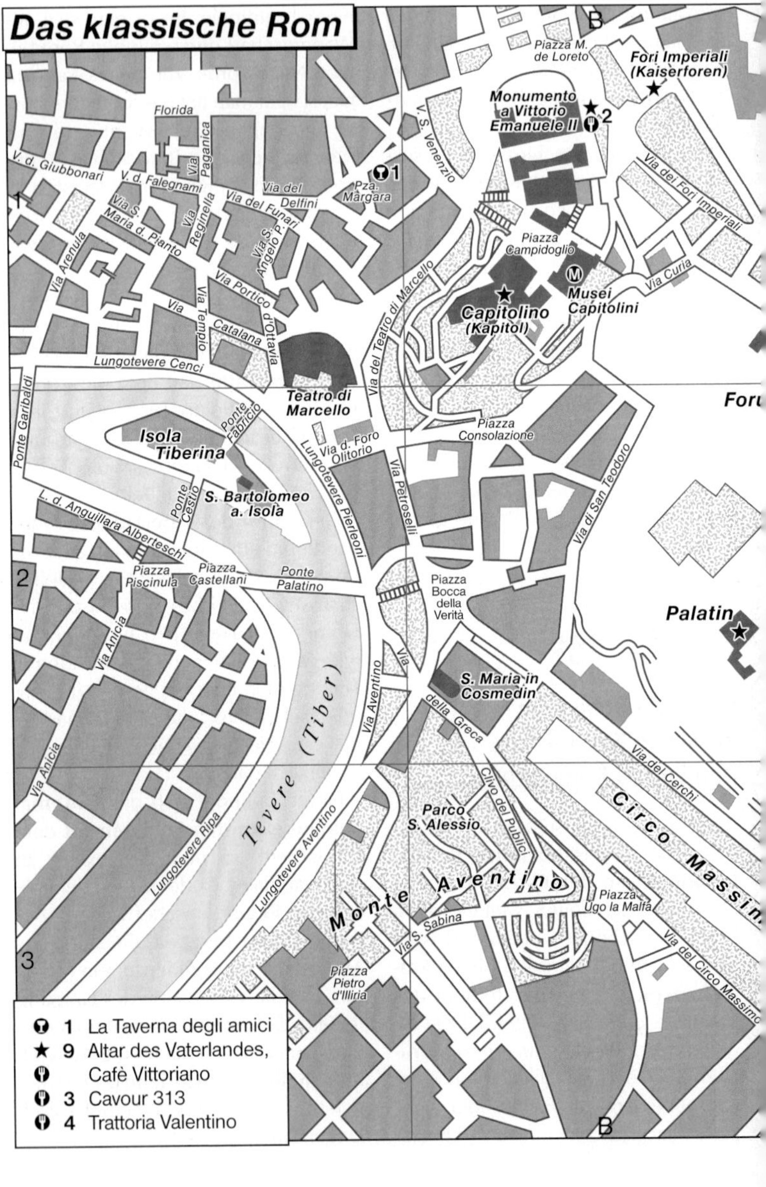
Das klassische Rom
B
Piazza M. de Loreto
Fori Imperiali (Kaiserforen)
Monumento a Vittorio Emanuele II
2
Florida
Via Paganica
V. S. Venenzio
V. d. Giubbonari
V. d. Falegnami
Via del Delfini
Pza. Margara
1
Via del Funari
Via dei Fori Imperiali
Via S. Maria d. Pianto
Via Reginella
Via S. Angelo P.
Piazza Campidoglio
Via Arenula
Via Portico d'Ottavia
Via Tempio
Via Catalana
Via del Teatro di Marcello
Capitolino (Kapitol)
Musei Capitolini
Via Curia
Lungotevere Cenci
Teatro di Marcello
Foru
Ponte Garibaldi
Ponte Fabricio
Isola Tiberina
Via d. Foro Olitorio
Piazza Consolazione
Lungotevere Pierleoni
Via Petroselli
Via di San Teodoro
S. Bartolomeo a. Isola
Ponte Cestio
L. d. Anguillara
Alberteschi
V. d.
Piazza Piscinula
Piazza Castellani
Ponte Palatino
Piazza Bocca della Verità
Palatin
Via Anicia
Via Aventino
Via della Greca
S. Maria in Cosmedin
Tevere (Tiber)
Via del Cerchi
Clivo dei Publici
Circo Massim
Parco S. Alessio
Lungotevere Ripa
Lungotevere Aventino
Monte Aventino
Piazza Ugo la Malfa
Via S. Sabina
Via del Circo Massimo
Piazza Pietro d'Illiria
1
2
3
1 La Taverna degli amici
9 Altar des Vaterlandes,
Cafè Vittoriano
3 Cavour 313
4 Trattoria Valentino

Kapitol

Da, wo der **Bürgermeister** Roms seinen **Amtssitz** hat - heute handelt es sich dabei um den populären und beliebten *Walter Veltroni* von den Linksdemokraten –, befand sich im Altertum das politische und religiöse Zentrum Roms. Im Jupitertempel, der auf dem Kapitolshügel stand, wurden die wichtigsten religiösen Kulthandlungen abgehalten. **Das Kapitol war das Zentrum der Welt.** Das italienische „capitale" oder das englische „capital", Wörter, die sich beide von dem lateinischen „capitolinium" ableiten und „Hauptstadt" bedeuten, zeugen noch heute von der einstigen Bedeutung des Kapitolshügels und der ewigen Stadt. Einmal noch durfte das Kapitol Mittelpunkt Europas sein: 1955 wurden hier die **Römischen Verträge** unterzeichnet, die den Grundstein der Europäischen Union bilden.

In der Renaissance wurde der heruntergekommene Hügel **von Michelangelo völlig neu gestaltet,** ein wundervolles Ensemble, das bis heute erhalten ist.

Zwei Treppen ermöglichen die Annäherung zum Kapitol: einmal die sehr steile, die direkt zur Kirche Santa Maria in Aracoeli führt, und dann die von *Michelangelo* entworfene, sanft ansteigende Rampentreppe, die den Spazierenden zu einem feierlichen Rhythmus zwingt. Wer diese Treppe hinaufgeht, entdeckt auf der linken Seite ein unscheinbares Denkmal des mittelalterlichen römischen Volkstribunen *Cola di Rienzo,* der *Richard Wagner* zu seiner Oper „Rienzi" inspirierte.

Die Treppe endet oben zwischen den **Statuen der Dioskuren Castor und Pollux** (in der griechischen Mythologie die Zwillingssöhne des *Zeus*) die nach einer Legende den Römern in einer fast schon verlorenen Schlacht zu Hilfe kamen und deswegen in Rom besonders verehrt wurden.

Der **Kapitolsplatz** selbst ist trapezförmig angelegt, d.h. die Gebäude stehen nicht rechtwinklig, sondern leicht verschoben zueinander, wodurch ein Eindruck von Tiefe entsteht.

In der Mitte des Platzes steht das 1537 aufgestellte **Reiterstandbild Marc Aurels.** Durch die Luftverschmutzung stark in Mitleidenschaft gezogen, musste das berühmte Werk insgesamt 18 Jahre lang restauriert werden. Denkbar groß war also die Begeisterung, als im April 1997 Ross und Reiter wieder aufgestellt wurden. Allerdings handelt es sich nur um eine detailgetreue Kopie – der echte *Aurel* kann nur hinter Glas im nebenan gelegenen Kapitolinischen Museum bewundert werden.

Im Zentrum des Kapitols steht der **Senatorenpalast** (das heutige Rathaus von Rom). Auf der rechten Seite erhebt sich der **Konservatorenpalast,** auf der linken Seite der neue **Palast des Kapitolinischen Museums.** Beide sind durch einen Tunnel verbunden und bilden zusammen die **Kapitolinischen Museen (Musei Capitolini).** Abgesehen von den Vatikanischen Museen befindet sich hier die wichtigste Sammlung antiker Fundstücke in Rom, so etwa das Wahrzeichen Roms, die säugende Wölfin, eine etruskische Bronzeplastik aus dem 6. Jahrhundert v.Chr. Übrigens kamen die Figuren des *Romulus* und *Remus* erst in der Renaissance in das Wahrzeichen hinein.

Noch ein Tipp: Wer links am Senatorenpalast vorbeigeht, hat den schönsten Blick über das Forum Romanum.

- **Musei Capitolini,** Piazza del Campidoglio, Tel. 06 39 96 78 00, geöffnet Di bis So von 9–20 Uhr, Eintritt 6,20 Euro, www.museicapitolini.org.

Essen und Trinken:

- In einem denkmalgeschützten Haus aus dem 18. Jahrhundert befindet sich **La Taverna degli amici** an der Piazza Margana 36, Tel. 06 692 00 49 32. Für ein Menü mit Getränken muss man mit 30 Euro rechnen. Mo Ruhetag.

Die Kaiserforen

Wer mir dem Rücken zum Nationaldenkmal steht, geht nach rechts über die **Via dei Fori Imperiali,** um weiter den Spuren des alten Rom zu folgen. Die Faschisten ließen die Straße in den Jahren 1931–1933 anlegen. *Mussolini* träumte schon seit der faschistischen Machtergreifung davon, einen Durchbruch vom Nationaldenkmal bis zum Colosseum zu schaffen. Schlimm für die Archäologen: Der Bau der Prachtstraße „beerdigte" große Teile der Kaiserforen. Auf der rechten Seite der Straße wurden von den damaligen Machthabern in Stein gehauene Karten angebracht, welche die Ausdeh-

Palast des Kapitolinischen Museums

nung des römischen Weltreichs in verschiedenen Jahrhunderten zeigen.

Die **Kaiserforen** selbst wurden nach Christi Geburt angelegt. Den römischen Kaisern war das Forum Romanum, das erste Forum des alten Rom, zu klein geworden. Deswegen bauten sich einige Kaiser ihre eigenen Foren, die dann auch ihre Namen trugen.

Das **Forum** war der **Lebensmittelpunkt der alten Römer.** Hier wurde Handel getrieben, Politik gemacht und Gericht gehalten - ein öffentlicher Raum, in dem über Jahrhunderte das Schicksal der damals bekannten Welt bestimmt wurde.

Von der Piazza Venezia aus kann man schon die mächtige **Trajanssäule** erkennen. Sie markierte den **Mittelpunkt des Trajansforums.** Eingeweiht wurde die Säule 113 n.Chr. Auf der Säule wird der Feldzug des Kaisers *Trajan* gegen die Daker im heutigen Rumänien dargestellt. Die Darstellungen verlaufen in einem Reliefspiralband, eine Methode, die in der Kaiserzeit weit verbreitet war. Am unteren Ende des Reliefs sind die Kriegsvorbereitungen der Römer zu sehen, die Darstellungen enden mit der Vertreibung der Daker aus ihrer Heimat. Die sterblichen Überreste des Kaisers *Trajan* und seiner Frau wurden seinerzeit in einer Urne im Inneren der Säule beigesetzt.

Gut erhalten sind heute noch die **Trajanischen Märkte** hinter der Säule. In dem erhaltenen Halbrund der riesigen Anlage waren Geschäfte unterge-

027ro Foto: fs

025ro Foto: fs

Konstantinsbogen und Colosseum

bracht, die alles verkauften, was die von den Römern besetzten Länder hervorbrachten: Gewürze aus dem Orient, Fische und Wildbret, Stoffe aus den asiatischen Provinzen. Vermutlich wurde hinter den Mauern der Trajanischen Märkte auch die *congigaria* durchgeführt, die kostenlose Verteilung von Korn an die Bevölkerung Roms, schließlich konnten die Herrscher Roms nichts weniger gebrauchen als soziale Konflikte in der Hauptstadt des Weltreichs.

Wie schon erwähnt sind große Teile der restlichen Foren von der Via Fori Imperiali überbaut. Beachtenswert ist noch das **Forum des Augustus** auf der linken Seite.

Colosseum

Am Ende der Via Fori Imperiali ragt das **berühmteste Bauwerk der römischen Kaiserzeit** empor, das Colosseum. Der Bau wurde 72 n.Chr. unter Kaiser *Vespasian* begonnen. Acht Jahre dauerte es, bis das Amphitheater fertig war („amphi" ist griechisch und bedeutet „herum"). Der Name Colosseum ist nicht etwa ein Hinweis auf die riesigen Ausmaße des Gebäudes, vielmehr bezieht er sich auf die bronzeverkleidete Statue des *Nero,* den Kolossos, die bei Baubeginn an dieser Stelle stand.

Die Vergnügungsstätte wurde 80 n.Chr. mit hunderttägigen Festspielen eröffnet. Die Arena war 48 Meter lang und 46 Meter breit, der Bau selbst maß 186 Meter in der Länge und war 156 Meter breit. Das Amphitheater bot **50.000 Schaulustigen** Platz. Die Platzaufteilung war hierarchisch geregelt: Im ersten Stock saß der kaiserliche Hof mit den Staatsbeamten, Priestern und Priesterinnen, im zweiten die vornehmen Familien Roms, während im dritten und vierten Stock das gemeine Volk Platz nahm.

Unter der Arena lagen die Trainingsräume und Ankleidekabinen für die Gladiatoren zusammen mit den Käfigen der für die Spiele benötigten wilden Tiere. Diesen Teil des Colosseums kann man heute gut sehen, da der Fußboden der Arena schon vor langer Zeit eingestürzt ist. Das in der Arena aufgestellte Bronzekreuz erinnert daran, dass in der Kaiserzeit hier christliches Märtyrerblut vergossen worden ist.

Die **Gladiatorenkämpfe,** die im Colosseum stattfanden, waren ein ursprünglich von den Etruskern übernommenes Spektakel: Seine religiöse Bedeutung hatte es mit der Zeit weitgehend eingebüßt, an der Symbolik hielten die konservativen Römer aber fest: Derjenige, der die Aufgabe hatte, den unterlegenen Gladiatoren den Gnadenstoß zu geben, trat im Kostüm des *Charon* auf, des Fährmanns, der nach der Mythologie die Seelen der Toten in den Hades bringt.

- **Colosseum,** die Eintrittskarte für Colosseum und Palatin wurde zusammengelegt, d.h. es gibt nur noch eine Karte, die für beide Sehenswürdigkeiten gültig ist; Preis 10 Euro, für EU-Bürger unter 25 Jahren 6 Euro bei Vorlage des Ausweises. Übrigens sind beide Sehenswürdigkeiten am 1. Mai, dem Tag der Arbeit, geschlossen.

Es kann durchaus vorkommen, dass man 1 Stunde in der Schlange steht. Ohne Wartezeiten (meistens) gibt es die Eintrittskarten am Haupteingang zum Palatin in der Via di San Gregorio. Von dort sind es etwa 10 Min. bis zum Colosseum. Wer seine Karte nach 13.30 Uhr kauft, kann mit demselben Ticket die andere Sehenswürdigkeit am nächsten Tag besichtigen.

Essen und Trinken:

- Preisgünstige und gute römische Küche, ganz in der Nähe des Colosseums, gibt es in der **Trattoria Valentino** in der Via Cavour 293, Tel. 06 488 13 03. Obwohl mitten im Touristenzentrum gelegen, serviert der freundliche Inhaber *Vincenzo* mittags und abends italienische Hausmannskost. Unbedingt probieren muss man, wenn es sie gibt, die Spaghetti mit *vongole*. Fr Ruhetag.
- Gleich nebenan, für diejenigen, die wenig Zeit haben, befindet sich das in Rom sehr beliebte **Cavour 313.** Hier gibt es eine Auswahl ausgezeichneter italienischer Weine, zu denen leckere Häppchen gereicht werden. Es gibt auch Sandwiches zum Mitnehmen. Geöffnet von 12.30–14.30 Uhr und 19.30–1.30 Uhr, So Ruhetag.

Konstantinsbogen

Unübersehbar, direkt vor dem Colosseum, befindet sich der mächtige Konstantinsbogen. Letztendlich ist er ein **Symbol für den Untergang Roms.** 315 n.Chr, als das Weltreich schon in seinen letzten Zügen lag, wurde der Triumphbogen von *Konstantin* zur Erinnerung an den Sieg über seinen Gegenspieler *Maxentius* errichtet. *Konstantin* war überzeugt davon, dass er den Sieg nur deshalb errungen hatte, weil ihm vor der Schlacht Jesus Christus erschienen sei. Schon bald darauf lies *Konstantin* das **Christentum** als Religion im Römischen Reich zu. Trotzdem befindet sich auf den Reliefs des Triumphbogens kein Hinweis auf das Christentum, vielmehr bediente man sich aus anderen Reliefs der Kaiserzeit und montierte Stücke davon in das Bauwerk hinein.

Palatin

Der **Eingang** befindet sich auf der **Via San Gregorio,** nur wenige Schritte vom Konstantinsbogen entfernt.

Der Palatinhügel war die **erste Heimstätte der Römer,** ist also somit ein „Muss" für jeden, der an römischer Geschichte interessiert ist. Nach der Überlieferung des Geschichtsschreibers *Titus Livius* befand sich hier die Höhle, in der die Brüder *Romulus* und *Remus* von einem Hirten aufgezogen wurden. Neuere Ausgrabungen weisen auf dem Palatin tatsächlich latinische Siedlungen nach, die bis auf die Zeit um 1000 v.Chr. zurückgehen.

In der Kaiserzeit wurden die Bürger Roms aus ihren Behausungen vertrieben. Der Zugang zum Palatin war von nun an nur noch den einflussreichen römischen Familien erlaubt. Dementsprechend wurde das Gebiet architektonisch umgestaltet: Repräsentative Kaiserpaläste entstanden, von denen heute noch einige Überreste zu sehen sind.

Übrigens leitet sich das deutsche Wort Palast, genau wie das italienische *palazzo,* von Palatin ab.

Sehenswürdigkeiten auf dem Palatin

Wer gleich nach dem Eingang nach links geht und dann der Treppe nach oben folgt, hat einen herrlichen Blick auf das **Stadion des Domitian.** Kaiser *Domitian* (81–98 n.Chr.) war der emsigste Bauherr auf dem Palatin. Die 160 Meter lange und 47 Meter breite Rennbahn war nur der Familie des Kaisers zugänglich.

An das Stadion schließt die **Domus Augustana,** der **Kaiserpalast,** an. Auch dieser Palast wurde in der Zeit des *Domitian* erbaut und diente noch den folgenden römischen Herrschern und ihren Familien über Jahrhunderte als Wohnhaus.

Im Zentrum des Palatin liegt der **Palast des Geschlechts der Flavier.** Es sind noch die Überreste des großen Säulenhofes (Peristyl) im Inneren des Palastes zu erkennen. Das ovale Gebilde war wahrscheinlich ein Brunnen im Speisesaal des Palastes. Hier befand sich das Lebenszentrum der kaiserlichen Familie: die Thronhalle, eine Kapelle für die römischen Hausgeister, die *Laren,* ein eigenes Gerichtsbäude und der große Speisesaal, kurzum: alles, was ein römischer Herrscher so brauchte.

Unterhalb des Palastes der Flavier befindet sich das ältere **Haus der Livia,** der Gattin von Kaiser *Augustus.* Es ist keineswegs sicher, dass *Livia* hier gelebt hat, lediglich eine Inschrift im Haus legt die Vermutung nahe. Das relativ gut erhaltene Gebäude vermittelt aber einen interessanten Einblick in die Wohnverhältnisse im alten Rom.

Nur wenige Meter vom Haus der Livia entfernt befinden sich die **ältesten Siedlungsreste auf dem Palatin.** Viel wird der Besucher von der so genannten „Romulus-Hütte" hier nicht sehen, außer den eifrigen Ausgrabungsarbeiten der Archäologen. Hier lebten die Menschen, die den Grundstein für das römische Weltreich gelegt hatten, ob sie jetzt *Romulus* und *Remus* hießen, ist eher unwichtig, auf jeden Fall treibt es dem Besucher schon einen Schauer über den Rücken.

Vom südlichen Ende des Palatin aus hat man einen wunderschönen **Blick auf den Circus Maximus** (gleich unterhalb) und den gegenüber liegenden Aventinhügel. Im Circus Maximus fanden die beliebten Wagenrennen statt – wer erinnert sich nicht an die entsprechenden Szenen in dem Monumentalfilm „Ben Hur"?

Auf dem **Aventin** lebten in römischer Zeit die **Plebejer,** also die Klasse der römischen Gesellschaft, die ohne Grundbesitz war. Immer wieder kam es in Rom zu sozialen Unruhen und bürgerkriegsähnlichen Auseinandersetzungen zwischen Plebejern und Patriziern. Die römischen Patrizier, also die Grundbesitzer, waren aber klug genug, die Plebejer zumindest so weit

029ro Foto: fs

in die römische Gesellschaft zu integrieren, dass es nie zum endgültigen Bruch kam, was sicherlich das Ende der römischen Weltherrschaft bedeutet hätte.

Forum Romanun

Vom Palatinhügel führt der Weg über eine Treppe hinunter zum Forum Romanum. Gleich auf der rechten Seite befindet sich der **Titus-Bogen.** Er wurde zu Ehren des Kaisers *Titus* errichtet, der im Jahre 70 n.Chr. Jerusalem eroberte und damit die Vertreibung des jüdischen Volkes aus Israel besiegelte. Die Darstellungen auf dem Bogen erzählen die Geschichte des Feldzugs.

Der Weg führt weiter über die **Via Sacra,** die nach links zum Kern des Forums verläuft. Über die Via Sacra führten übrigens die Triumphzüge der Römer nach erfolgreichen Feldzügen.

Im Zentrum des Forums (links von der Via Sacra) befindet sich der **Tempel der Vesta,** von dem allerdings nur noch einige Säulen und eine Mauer erhalten sind. Die **Vestalinnen** waren die Priesterinnen des alten Rom; sie wurden bereits im Kindesalter ausgewählt und durften kein körperliches Gebrechen aufweisen. Im Tempel der Vesta brannte eine ewige Flamme, in Erinnerung an die Bedeutung des Feuers in der römischen Vorzeit. Am 1. März, dem altrömischen Neujahrstag, löschten die Römer in ihren Häusern das Feuer und holten sich ein neues an der Flamme des Vesta-Tempels.

Der Weg führt weiter über die Via Sacra. Auf der linken Seite sehen wir in ihren gewaltigen Ausmaßen die Gerichtshalle des antiken Rom, die **Basilika Julia.** Die Christen übernahmen später den Grundriss der Basiliken für ihren Kirchenbau. Begonnen wurde der Bau von *Cäsar,* nach dessen Tod wurde das Gebäude unter seinem Nachfolger *Augustus* fertig gestellt. Die Basilika war 101 Meter lang und 49 Meter breit.

Gegenüber der Basilika Julia kann man die Überreste der **Basilika Aemilia** sehen. Sie war die Heimat der römischen Geldwechsler und, glaubt man den Berichten der Zeitgenossen, eines der schönsten Gebäude der damals bekannten Welt.

Der **Ziegelbau der Kurie** (links neben der Basilika Aemilia) ist eines der besterhaltenen Gebäude auf dem Forum. Von hier aus kontrollierte der römische Senat die Geschicke des Weltreichs. 300 Senatoren fanden in dem Gebäude Platz. Im 7. Jahrhundert wurde es in eine Kirche umgewandelt.

Rom heute – zwischen Spanischer Treppe und Hauptbahnhof

Seit ihrem Bestehen ist die **Piazza di Spagna** ein Treffpunkt für Fremde aus aller Welt. Es liegt wohl an der Struktur des Platzes; die riesige Treppe lädt zum Ausruhen und Verweilen ein, und an ihrem Fuß kann man sich an heißen Tagen im Brunnen die Füße kühlen.

Die Spanische Treppe erhielt ihren **Namen** von der Residenz des spanischen Botschafters im Vatikan, die ganz in der Nähe lag. 1725 wurde die Treppe von dem Architekten *Francesco de Santis* fertig gestellt. Sie ist eine Studie über den Rhythmus in der Architektur, eine Ekstase der Stufen: gehemmte und wieder beschleunigte Schwünge, die zum Verweilen einladen, um sogleich wieder in die Höhe zu führen. Insgesamt sind es 173 Stufen, die übrigens hinauf zum **Park der Villa Borghese** führen. Der große Park ist sehenswert, er umfasst einen kleinen Zoo und einen künstlichen See.

Der Brunnen vor der Treppe, **Fontana della Barcaccia** genannt, hat die Form eines Schiffes. Er wurde vom Sohn des großen *Gian Lorenzo Bernini* 1629 fertig gestellt.

Die **Kirche Trinità dei Monti** am oberen Ende der Treppe ist eine französische Gründung aus dem Jahre 1585. Noch heute wird hier jeden Sonntag um 11 Uhr ein Gottesdienst in französischer Sprache abgehalten.

Der **Obeslisk vor der Kirche** wurde zwar von den römischen Legionären aus Ägypten hierher geschafft, die Hieroglyphen wurden aber von den Römern selbst in den Stein gemeißelt. Ägyptisch konnten sie jedenfalls nicht, der Text ergibt keinen Sinn. Im Rom der Kaiserzeit war alles Ägyptische „in", wie man es heute ausdrücken würde. Man verzierte seine Häuser im äyptischen Stil, die Frauen schminkten sich wie die Ägypterinnen, und überall wurden Obelisken aufgestellt.

- Die **Spanische Treppe** erreicht man mit der Metrolinie A (Haltestelle Piazza di Spagna). Am Ausgang der U-Bahnstation im Viccolo del Botino befindet sich übrigens ein **Fahrradverleih,** der von 9–19 Uhr geöffnet ist. Wer möchte, kann also von hier aus die Altstadt auch mit dem Zweirad erkunden.

Essen und Trinken/Cafés:

- Das **Café Babbington** an der Piazza di Spagna 23 ist schon seit langem ein Treffpunkt für Einheimische und Ausländer gleichermaßen. Die Gründerin selbst war Engländerin; 1823 öffnete das Babbington zum ersten Mal seine Pforten. Es hat sich sein englisches Flair bis heute bewahrt: Hier gibt es Muffins, Chutneys, englische Waffeln und natürlich Tee in allen nur denkbaren Varianten. Teuer ist es aber leider auch.
- Das **Antico Caffé Greco** in der Via Condotti, nur ein paar Schritte von der Spanischen Treppe entfernt, ist bekannt für seine illustren Gäste, die es damals wie heute bewirtet. Allen voran natürlich *Goethe,* für den das Café während seines Rom-Aufenthaltes ein zweites Wohnzimmer war. Aber auch *Richard Wagner* und *Schopenhauer* haben sich hier ihren Kaffee schmecken lassen. Seinen Namen hat das Café von einem Griechen, der hier 1750 sein Geld in die Gastronomie investierte. Auch im Caffé Greco sind die Preise sehr hoch, aber schließlich will ja jeder mal da gewesen sein.

Einkaufen (Bekleidung):

- An der großen Hauptstraße der Innenstadt, der Via del Corso, befinden sich einige **Jeansgeschäfte,** die auch für den kleineren Geldbeutel zur Fundgrube werden können.
- In den alteingesessenen **Herrenbekleidungsgeschäften** wie **Gucci** (Via Condotti 67) und **Piattelli** (Via Condotti 20) kleidet sich gerne die römische Prominenz ein.
- **Prada** (Via Condotti 91) ist berühmt für seine **minimalistische Modelinie,** die recht teuer ist. Besonders japanische Touristen sind begeisterte Kunden.
- In der Via Condotti 10 findet man **Bulgari,** den **Juwelier,** bei dem *Soraya* ihre Preziosen fertigen ließ. Der Firmenchef *Paolo Bulgari* umgibt sich mit Panzerglas und einer Leibwache. Neider seines Reichtums entführten vor einigen Jahren seinen Bruder *Gianni,* der gegen ein beträchtliches Lösegeld freigekauft werden musste. Nur nach einem Klingelzei-

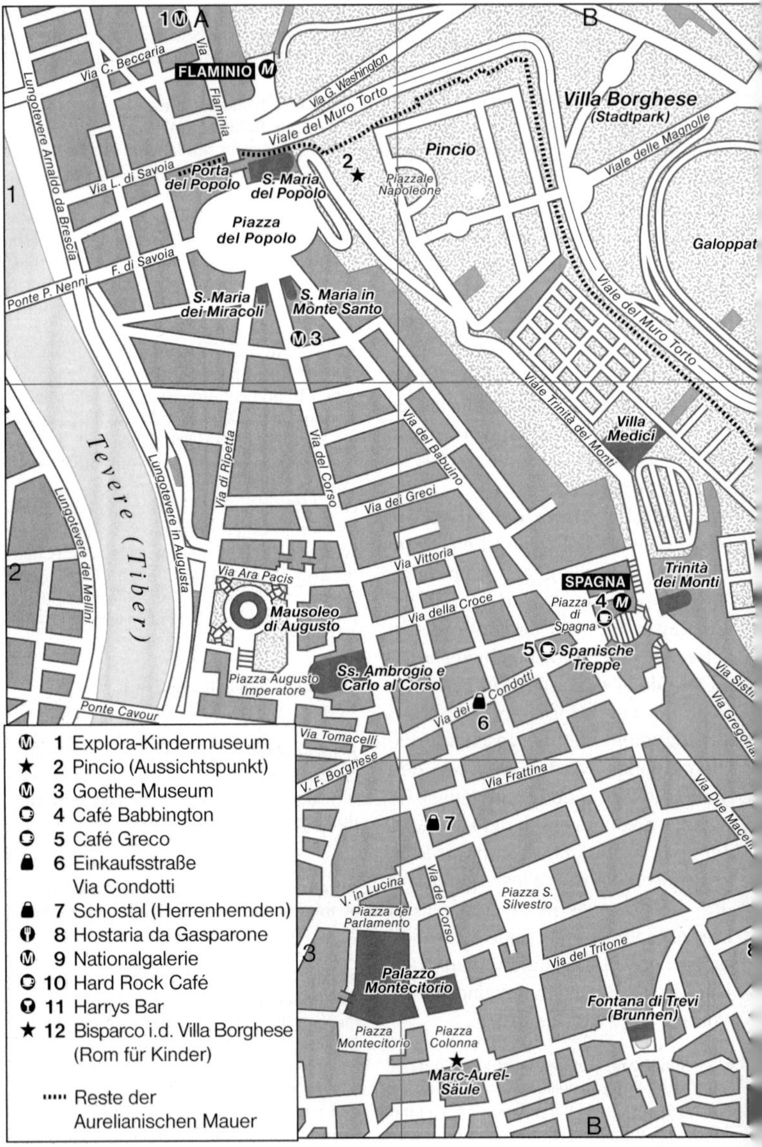
A
B
1
2
3
FLAMINIO
Via C. Beccaria
Via Flaminia
Via G. Washington
Viale del Muro Torto
Villa Borghese
(Stadtpark)
Viale delle Magnolie
Pincio
Piazzale Napoleone
Galoppat
Lungotevere Arnaldo da Brescia
Via L. di Savoia
Porta del Popolo
S. Maria del Popolo
Piazza del Popolo
F. di Savoia
Ponte P. Nenni
S. Maria dei Miracoli
S. Maria in Monte Santo
Viale del Muro Torto
Viale Trinità dei Monti
Villa Medici
Tevere (Tiber)
Lungotevere in Augusta
Lungotevere del Mellini
Via di Ripetta
Via del Corso
Via del Babuino
Via dei Greci
Via Vittoria
Via Ara Pacis
Mausoleo di Augusto
Via della Croce
SPAGNA
Piazza di Spagna
Trinità dei Monti
Spanische Treppe
Piazza Augusto Imperatore
Ss. Ambrogio e Carlo al Corso
Via dei Condotti
Via Sistina
Via Gregoriana
Ponte Cavour
Via Tomacelli
V. F. Borghese
Via Frattina
Via Due Macelli
V. in Lucina
Via del Corso
Piazza S. Silvestro
Piazza del Parlamento
Via del Tritone
Palazzo Montecitorio
Fontana di Trevi (Brunnen)
Piazza Montecitorio
Piazza Colonna
Marc-Aurel-Säule
1 Explora-Kindermuseum
2 Pincio (Aussichtspunkt)
3 Goethe-Museum
4 Café Babbington
5 Café Greco
6 Einkaufsstraße Via Condotti
7 Schostal (Herrenhemden)
8 Hostaria da Gasparone
9 Nationalgalerie
10 Hard Rock Café
11 Harrys Bar
12 Bisparco i.d. Villa Borghese (Rom für Kinder)
Reste der Aurelianischen Mauer

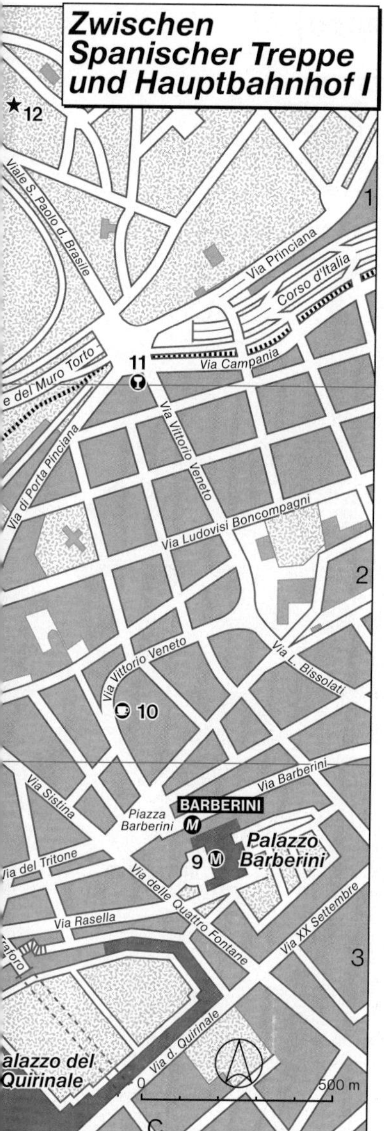

chen wird dem Kunden die Tür geöffnet. Das Einzige, was wir uns hier unter Umständen leisten könnten, wäre eine Spange fürs Papiergeld.

- Auch **Gucci** befindet sich in der Via Condotti (Nr. 8). Das Markenzeichen leidet seit längerem darunter, dass seine Lederprodukte weltweit hemmungslos gefälscht werden. Hier gibt es eine riesige Auswahl an **Koffern, Handtaschen, Gürteln** und **Portemonnaies** - alles Originale, versteht sich.
- Wer gute klassische italienische **Herrenhemden** mag, sollte unbedingt **Schostal** aufsuchen. Seit 135 Jahren gibt es den Herrenschneider auf der Via del Corso 158, im Inneren des Geschäfts hat sich seitdem nur wenig verändert. Hochrangige Politiker haben hier stets gerne eingekauft. Auch der Autor zählt sich zu den Stammkunden von Schostal.
- **Mode für die Dame** gibt es bei **Krizia** an der Piazza di Spagna 87, v.a. schöne Freizeitmode und die berühmten Strickwaren.
- **Battistoni** in der Via Condotti 57 ist stolz auf seine klassische und schlichte Auswahl an **Herrenkleidung.** Die Krawatten sind weit über die Grenzen Roms hinaus berühmt.
- **Armani,** der bekannteste italienische Modeschöpfer, hat sich in der Via Condotti 75 niedergelassen.

Piazza Barberini und Via Veneto

Von der Spanischen Treppe bis zur Piazza Barberini ist es nicht weit, aber es gibt auch eine gleichnamige Metrostation der Linie A. In dem von *Bernini* 1633 vollendeten **Palazzo Barberini** befindet sich die sehenswerte **Nationalgalerie (Galeria Nazionale d'Arte Moderna)** mit Gemälden von *Raffael, El Greco, Tintoretto* und *Tizian,* um nur einige zu nennen.

- **Galeria Nazionale d'Arte Moderna,** der Eingang befindet sich auf der Via Quattro Fontane 13, geöffnet 9–19 Uhr, Eintritt 8 Euro, Besichtigung nur nach Voranmeldung über folgende Internetadresse: www.ticketeria.it.

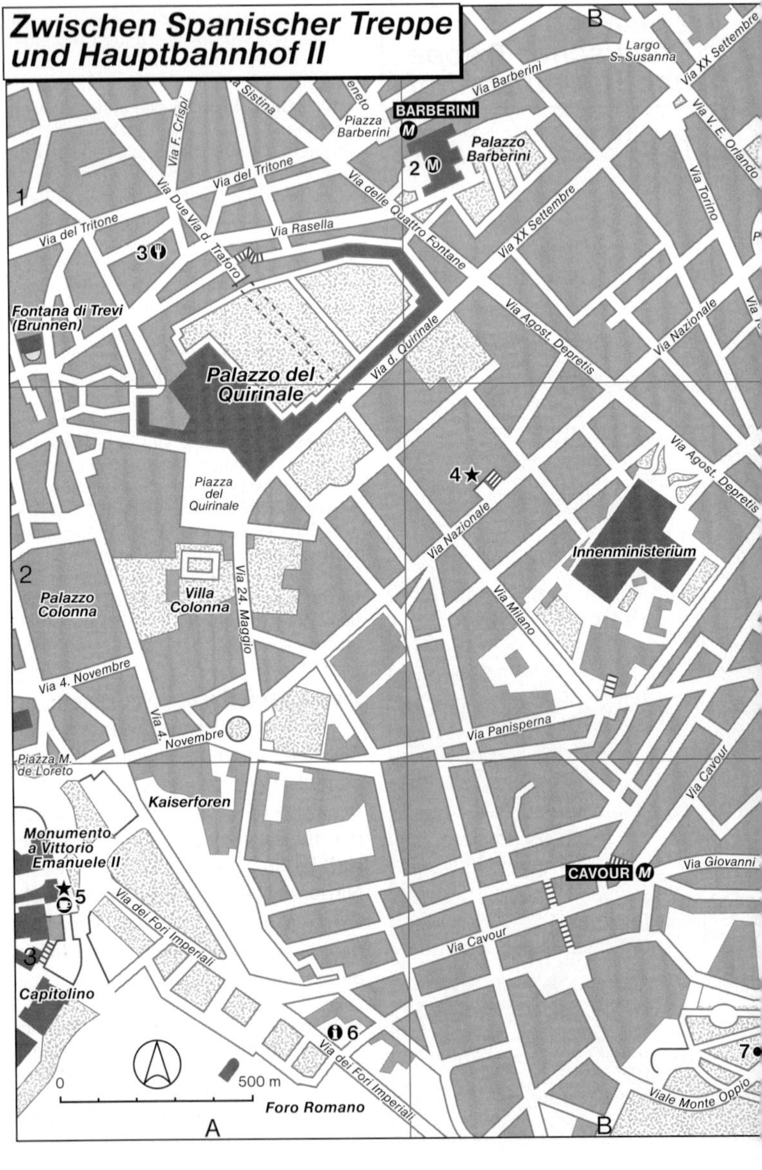
Zwischen Spanischer Treppe
und Hauptbahnhof II
B
Largo S. Susanna
Via XX Settembre
Via Barberini
BARBERINI
Piazza Barberini
Palazzo Barberini
2
Via Sistina
Via F. Crispi
Via del Tritone
Via delle Quattro Fontane
Via V. E. Orlando
Via Torino
1
Via Due
Via d. Traforo
Via Rasella
Via XX Settembre
3
Fontana di Trevi (Brunnen)
Via Agost. Depretis
Via Nazionale
Via d. Quirinale
Palazzo del Quirinale
Via Agost. Depretis
4
Piazza del Quirinale
Via Nazionale
Innenministerium
2
Palazzo Colonna
Villa Colonna
Via 24. Maggio
Via Milano
Via 4. Novembre
Via 4. Novembre
Via Panisperna
Piazza M. de Loreto
Via Cavour
Kaiserforen
Monumento a Vittorio Emanuele II
5
CAVOUR
Via Giovanni
Via dei Fori Imperiali
Via Cavour
3
Capitolino
6
7
Via dei Fori Imperiali
0
500 m
Viale Monte Oppio
Foro Romano
A
B

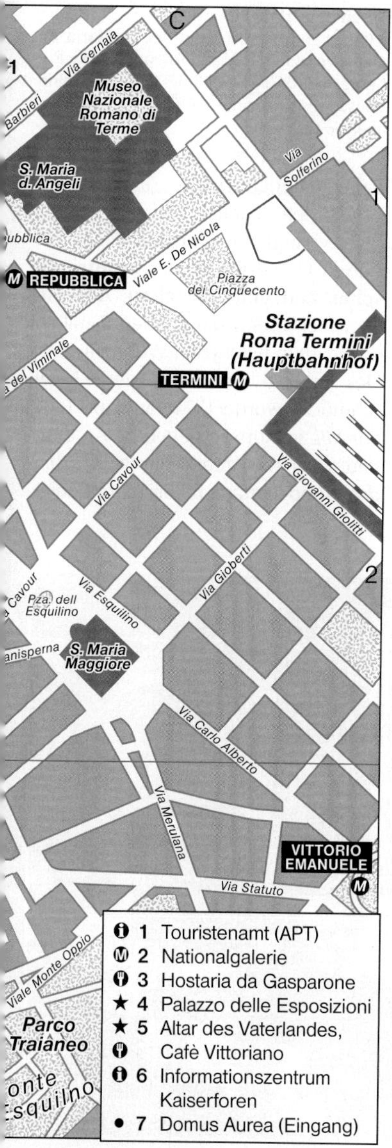

In der Mitte der Piazza Barberini erhebt sich der barocke Triton-Brunnen **(Fontana del Tritone),** ein Werk *Berninis,* das 1637 vollendet wurde. Vier Delphine halten das Wappen der Papstfamilie *Barberini* mit den drei Bienen, das auf so vielen Werken *Berninis* zu sehen ist. Aus einer Muschelschale wächst ein Meeresgott *(Triton)* hervor, der aus einer zweiten Schale Wasser trinkt.

An der Piazza Barberini beginnt die berühmte **Via Veneto.** An der Straße lagen in den 1950er Jahren die Bars und Treffpunkte der römischen High Society. Die Straße hat viel von ihrem Glanz verloren. Das Hotel Excelsior, in dem Filmstars aus aller Welt ein- und ausgingen, kündet noch vom einstigen internationalen Zentrum der besseren Gesellschaft. Alles auf der Via Veneto ist teuer, die exklusiven Boutiquen genauso wie die Restaurants und Bars. Außerdem befinden sich hier einige Kioske mit einem mehrsprachigen Angebot an Zeitungen und die amerikanische Botschaft.

Essen und Trinken:

●**Harrys Bar,** gegenüber vom Eingang zum Park der Villa Borghese, hält noch fest an dem Flair der 1950er Jahre. Hier geben sich auch heute noch Prominente des öfteren ein Stelldichein. Geöffnet von 11–2 Uhr, So Ruhetag, Via Vittorio Veneto 150, Tel. 06 48 46 43, www.harrysbar.it/default.htm.

Fontana di Trevi

Unvermittelt erhebt sich aus dem Gewirr der Gassen der **prächtige Barockbrunnen,** der allein wegen der Filmszene aus *Fellinis* „La Dolce vita" noch heute zu den beliebtesten Sehenswürdigkeiten Roms zählt. 50 Jahre ist es mittlerweile her, dass sich die üppige schwedische Blondine *Anita Ekberg,* begleitet von *Marcello Mastroianni,* in einer heißen römischen Sommernacht zu einem Bad in der Fontana di Trevi hinreißen ließ.

Der Brunnen ist aber wirklich sehenswert. *Nicoló Salvi* arbeitete fast 20 Jahre an dem barocken Meisterwerk – kurz vor seiner Vollendung starb er allerdings. Die Fontana di Trevi zeigt das **Königreich des Ozeans,** in der Mitte den Meeresgott *Neptun.* Der Name des Brunnens leitet sich wahrscheinlich von dem Ausdruck „tre vie" ab, der sich auf die drei in die Piazza mündenden Straßen bezieht.

Essen und Trinken:

- Gut essen kann man in der **Hostaria da Gasparone** in der Via in Arcione 91, So Ruhetag, Tel. 06 66 79 45 37. Die Preise sind günstig, es gibt römische Gerichte wie etwa *abaccio* (Lamm).

Palazzo del Quirinale

100 Meter südlich von der Fontana di Trevi liegt der **Quirinal,** einer der sieben Hügel Roms, der **in altrömischer Zeit eine vornehme Adresse** war; hier lebten die reichen Familien der Stadt in luxuriösen Wohnhäusern. Der Palazzo, der heute den Hügel schmückt, wurde 1574 von Papst *Gregor XIII.* in Auftrag gegeben. An dem Bau waren die Architekten *Bernini, Madama* und *Fontana* beteiligt. Im König-

015ro Foto: fs

reich Italien (1870–1946) war der Palazzo del Quirinale Amtssitz des italienischen Monarchen. Seit 1947 residiert hier der **Staatspräsident der Republik,** zur Zeit (2006) ist das *Carlo Azeglio Ciampi.*

Vom Platz vor dem Palast hat man einen **herrlichen Blick über Rom.**

- **Palazzo del Quirinale,** Besichtigung des Palastes nur So von 8.30–12.30 Uhr, www.quirinale.it.

Santa Maria Maggiore

Die **frühchristliche Basilika** gehört zu den prächtigsten Kirchen Roms. Die der Marienverehrung gewidmete Pilgerkirche ist wahrscheinlich bereits im 4. Jahrhundert v.Chr. entstanden. Einer populären **Legende** nach soll in einer Augustnacht des Jahres 352 dem Papst *Liberius* die Madonna erschienen sein. Sie befahl ihm, an der Stelle eine Kirche zu errichten, an der am nächsten Morgen Schnee gefallen wäre. Und tatsächlich, so die Legende, lag am nächsten Tag, dem heißen Sommerwetter zum Trotz, Schnee auf dem Esquilin-Hügel.

Weltberühmt sind die **Mosaiken,** vor allem in der Apsis der Basilika, darunter die Krönung der Jungfrau *Maria* aus dem 13. Jahrhundert.

Vierzig antike Säulen, Bauschutt aus dem untergegangenen kaiserlichen Rom, tragen die kostbare **Kassettendecke,** die 1493–98 angeblich mit dem ersten Gold geschmückt wurde, das aus Amerika nach Rom gelangte.

Im 17. und 18. Jahrhundert wurde die Kirche mit massiven **barocken Elementen** umgebaut. Die Vorhalle etwa und die rückseitige Freitreppe sind im Barockstil gehalten.

In der sehenswerten **Capella Sistina** im südlichen Schiff liegen die Päpste *Sixtus V.* und *Pius V.* begraben. Neben dem Hauptaltar kündet nur eine unscheinbare, in den Boden eingelassene Steinplatte vom Grab des Erbauers so vieler prächtiger Gebäude in Rom, *Gian Lorenzo Bernini.*

Rund um den Hauptbahnhof

Der Hauptbahnhof selbst ist ein unsicheres Pflaster, das der Reisende besser meiden sollte. **Hinter dem Hauptbahnhof** hat sich aber in den letzten Jahren eine **ausländische Subkultur** angesiedelt, die mittlerweile den Stadtteil dominiert. In den großen, etwas heruntergekommenen Mietskasernen aus dem 19. Jahrhundert leben zwar immer noch viele Römer. Die Geschäfte werden aber meistens von Asiaten und Schwarzafrikanern geführt, die außer kulinarischen Köstlichkeiten auch allen nur erdenklichen Krimskrams feilbieten. Auch die Römer aus den wohlhabenderen Stadtvierteln kommen mittlerweile gerne hierher, sei es, um noch schnell etwas Zitronengras zu besorgen oder um sich in einem der indischen Restaurants den preisgünstigen Mittagstisch schmecken zu lassen.

Barockbrunnen Fontana di Trevi

Das Rom der Päpste – zwischen Piazza del Popolo und Campo de'Fiori

Piazza del Popolo

Zu erreichen ist der Platz mit der **Metrolinie A,** bis zur Station Lavinio.

Für die Römer ist der Platz **einer der beliebtesten Treffpunkte** in der Stadt. Von hier aus zieht man samstags nachts in die Diskotheken oder trifft sich, um gemeinsam eine Pizza essen zu gehen. Das berühmte **Café Rosati** an der Ecke Via Ripetta haben die Touristen den Römern allerdings „entwendet"; früher ein Treffpunkt der Einheimischen, ist es heute leider nur noch ein ärgerlich teurer Ort.

040ro Foto: fs

Blick von der Piazza del Popolo auf den Pincio

Die etwas heruntergekommene Piazza del Popolo wurde von Papst *Sixtus V.* im 16. Jahrhundert kräftig herausgeputzt, schließlich war der Platz sozusagen die Visitenkarte Roms. Die **Via Cassia** und die **Via Flaminia,** die großen Verbindungsstraßen des römischen Imperiums, hatten die aus dem Norden kommenden Besucher Roms zuerst auf die Piazza del Popolo geführt. Diese Bedeutung hat der Platz durch den Bau des Hauptbahnhofs und den Einzug der modernen Verkehrsmittel weitgehend verloren: Heute kommen die Touristen aus allen Himmelsrichtungen in die Stadt.

An der Piazza del Popolo liegen die **Zwillingskirchen Santa Maria dei Miracoli** und **Santa Maria in Montesanto,** die *Carlo Rainaldi* 1640 fertig stellte.

Den **Obelisken** in der Mitte des Platzes hat Kaiser *Augustus* aus Ägypten nach Rom bringen lassen.

Sehenswert ist die **Kirche Santa Maria del Popolo.** Hier befinden sich einige Grabmäler bedeutender römischer Familien. Besonders sehenswert ist die für die Familie *Chigi* nach Plänen *Raffaels* errichtete Kapelle.

Dem Stadttor, der **Porta del Popolo,** haben zwei einflussreiche Papstfamilien der Renaissance ihren Stempel aufgedrückt: Die sechs Kugeln auf dem Tor (wieder ein Werk von *Bernini*) symbolisieren die Familie *Medici,* der Stern darüber die Familie der *Chigi.* Hier spielt eine wichtige Episode des Romans „Illuminati" von *Dan Brown* (siehe entsprechenden Exkurs).

Blick vom Pincio

Wer die Piazza del Popolo aufsucht, sollte auf jeden Fall auf den Pincio hinaufsteigen. Von dem **kleinen Hügel** hat man einen der schönsten Blicke auf die Stadt. Romantische Geister sollten sich den Sonnenuntergang nicht entgehen lassen, den man von hier oben besonders gut beobachten kann.

Via del Corso

Die Straße verbindet die Piazza del Popolo mit der Piazza Venezia und ist **eine der prächtigsten Straßen Roms.** *Goethe* wohnte während seines Aufenthalts in Rom in der Via del Corso, die von den Päpsten als große Prachtstraße angelegt wurde. Noch heute ist der samstägliche Spaziergang ein beliebtes Vergnügen der Römer. Viele Bekleidungsgeschäfte und Kaufhäuser säumen die Straße.

Übrigens: Auf jeden Fall sollte man vorsichtig sein mit den vielen **Straßenhändlern,** die ihre kleinen Buden mit Getränken, Süßigkeiten und Kokosnüssen betreiben. Für den Preis, den man bei ihnen für ein Getränk bezahlt, kann man sich auch getrost in einem der Straßencafés niederlassen.

Goethehaus

In den Jahren 1786–88 wohnte *Johann Wolfgang von Goethe* bei dem Maler *Tischbein* in der Via del Corso 18. Erst 1997 wurde das **Museum,** nur wenige Schritte von der Piazza del Popolo entfernt, eröffnet. In dem Gebäude werden wechselnde Ausstellungen gezeigt, die sich mit Themen beschäftigen, die *Goethe* und seine Zeit reflektieren. Außerdem gibt die Dauerausstellung einen guten Einblick in die Wohnverhältnisse des 18. Jahrhunderts. Eine Bibliothek mit mehr als 6000 Bänden, die sich mit *Goethes* Aufenthalt in Rom beschäftigen, rundet das Angebot ab.

- **Goethehaus,** geöffnet Di bis So 10–18 Uhr, Eintritt 3 Euro, www.casadigoethe.it, Tel. 06 32 65 04 12.

Palazzo Montecitorio

Seit 1871 ist das prächtige Gebäude **Sitz der italienischen Abgeordnetenkammer,** also der Bundestag Italiens *(Camera dei deputati).* Begonnen wurde der Bau von *Bernini,* aber erst 1744 wurde der Palzzo Montecitorio von *Carlo Fontana* fertig gestellt.

Auf dem Platz vor dem Parlament steht ein ägyptischer **Obelisk** aus dem 6. Jahrhundert v.Chr., der ebenfalls unter Kaiser *Augustus* von Heliopolis nach Rom geschafft wurde und ehemals ein Teil der größten Sonnenuhr aller Zeiten war.

Essen und Trinken:

- Die alteingesessene **Eisbar Giolitti** in der Via Uffici del Vicario 40 (www.giolitti.it) darf bei einem Rom-Aufenthalt nicht übergangen werden. In dem edlen Ambiente des Giolitti, nur wenige Schritte von der Abgeordnetenkammer entfernt, gehen auch die *deputati* (Abgeordneten) gerne mal ein Eis essen. Bei den Römern sind vor allem die Fruchteissorten beliebt und werden gerne als die besten der ganzen Stadt gerühmt.

Auf den Spuren der Illuminati

Der Roman um die Verwirrungen rund um den Tod des Papstes hat seit seinem Erscheinen im Jahre 2000 Millionen Leser auf der ganzen Welt in seinen Bann gezogen. Das römische Fremdenverkehrsamt kann sich bei **Dan Brown** bedanken: Nicht wenige Touristen sind erst nach der Lektüre des Buches auf die Idee gekommen, nach Rom zu reisen. Mittlerweile werden sogar Stadtführungen angeboten, die den Reisenden zu den Schauplätzen des Romans bringen. (siehe „Stadtführungen"). Eine neue Touristengattung ist entstanden, die nicht nur einen Reiseführer mit sich herumträgt, sondern auch ein zerfleddertes Illuminati-Exemplar in der Tasche hat.

Man mag von dem Buch halten, was man will, zumindest hat es *Dan Brown* vermocht, die Besucher Roms auf etwas aufmerksam zu machen: Die Sehenswürdigkeiten der Stadt sind nicht einfach nur „schön" oder „atemberaubend", hinter der äußeren Fassade Roms gibt es viele Symbole und Bedeutungen zu entschlüsseln, die etwas erzählen über die Geschichte dieser Stadt und ihrer Menschen.

Worum es geht

Der Roman bemüht das **Prinzip der Weltverschwörungstheorie.** Besonders gut geschrieben ist der 700 Seiten starke Wälzer (Taschenbuchausgabe) nicht, aber er spielt auf geschickte Art und Weise mit den Ängsten vor einer Weltverschwörung. Bekanntlich haben derartige Theorien in Zeiten allgemeiner Verunsicherung Hochkonjunktur. Besonders nach den Ereignissen des 11. September 2001 schnellten die Verkaufszahlen nach oben.

Die längst totgesagte, im 18. Jahrhundert gegründete **Vereinigung der Illuminaten** (= die Erleuchteten), so die Geschichte, verbündet sich mit den sagenumwobenen arabischen „Hashishin", einer uralten schiitischen Sekte. Gemeinsames Motiv der Bösewichte ist der Hass auf die katholische Kirche. Mittels so genannter „Antimaterie" soll sogar der Vatikan in die Luft gesprengt werden. In dem Roman geht es um die Suche nach dieser Bombe, von der keiner weiß, wo sie versteckt ist. Gleichzeitig – die Geschichte spielt in einem Zeitraum von 24 Stunden – werden während der **Neuwahl des Papstes,** der unter merkwürdigen Umständen plötzlich gestorben war, in der Sixtinischen Kapelle, die vier „preferiti", also die Kardinäle, denen die größten Chancen eingeräumt werden, neuer Papst zu werden, entführt und nacheinander umgebracht. Wo diese Morde geschehen sollen, verraten geheime Dokumente im Vatikanischen Archiv. Der sympathische amerikanische Kunsthistoriker *Robert Langdon,* Fachmann für Symbologie, wird vom Vatikan engagiert und aus den Staaten eingeflogen, um der Schweizergarde, der Schutztruppe des Papstes, zu helfen, die verschlüsselten Hinweise in den Vatikanischen Archiven aufzuspüren. Das gelingt ihm zwar, er kommt aber immer einen Moment zu spät, um die Morde zu verhindern.

Die **Schauplätze des Romans** sind die attraktivsten Sehenswürdigkeiten Roms: die Kirche auf der Piazza del Popolo, die Engelsburg, der Petersplatz, die Piazza Barberini und der Vierströmebrunnen auf der Piazza Navona.

Wie die Geschichte ausgeht, wollen wir natürlich nicht verraten, aber so viel sei gesagt: Spannend bleibt es bis zur letzten Seite.

Legende und Wirklichkeit

Der in *Dan Browns* Buch beschriebene **Illuminatenorden** existierte wirklich. Er wurde 1776 von dem Philosophen und Theologen *Adam Weishaupt* in Ingolstadt gegründet. Ziel der Vereinigung war es, einem offeneren, rationalistischeren Stil des Denkens zum Durchbruch zu verhelfen. Die rund 1500 Mitglieder, darunter so prominente Namen wie *Goethe, Adolph Freiherr Knigge* und *Herder,* galten als Förderer der Aufklärung und Sympathisanten der französischen Revolution. Besonders gerne nahmen die Illuminati Personen aus Führungspositionen auf. Die **Idee einer neuen Weltordnung,** die von „erleuchteten" Menschen durchgesetzt wird, beflügelte natürlich alle Anhänger von Weltverschwörungstheorien. Auch die Tatsache, dass der Orden in Bayern bereits 1784 verboten wurde und 1785 Papst *Pius VI.* die Mitgliedschaft im Orden als unvereinbar mit dem katholischen Glauben erklärte, nährte die Fantasie vieler Menschen.

Dass die Illuminati im Verborgenen fortexistierten, davon sind die Verschwörungstheoretiker fest überzeugt. Die bekannteste Theorie ist die von der **Ermordung George Washingtons,** des ersten Präsidenten der USA, durch die Illuminati. Angeblich soll *Washington* nach dem Mord durch den Gründer der Sekte selbst, *Adam Weishaupt,* ersetzt worden sein – die Ähnlichkeit zwischen den beiden war wohl verblüffend.

Eine Anekdote, die auch in *Browns* Buch zitiert wird, betrifft die Symbole auf der **Rückseite der 1-Dollar-Note,** dem so genannten „Greenback". Dort ist das allsehende Auge im Dreieck über einer Pyramide zu sehen. Dieses Symbol wird gerne den **Freimaurern** oder den Illuminaten zugeschrieben, ist aber in Wirklichkeit wesentlich älter, es wurde bereits in der Antike verwendet. Für die Anhänger der Verschwörungstheorie bedeutet das aber lediglich, dass es Freimaurer bereits in der Antike gab ...

Auch der Satz **„Novus Ordo Seclorum"** („Neue Ordnung der Welt"), der ebenfalls auf der Rückseite der 1-Dollar-Note steht, lässt auf den Einfluss von Freimaurern schließen. Tatsächlich waren nicht wenige Exponenten des jungen amerikanischen Staates in Freimaurerlogen organisiert, wie es viele liberale und gut situierte Intellektuelle im 18. Jahrhundert waren.

Übrigens hat die amerikanische Regierung eine Website eingerichtet, der man die offizielle Erklärung für die Symbolik auf der Dollarnote entnehmen kann.

Die Papstwahl

Die meisten Fakten stimmen, aber einige Details sind falsch. Im Buch heißt es in Kapitel 36, der **Camerlengo** sei ein gewöhnlicher Priester. In Wirklichkeit ist er ein Kardinal. Im Konklave führt er bei den einzelnen Wahlgängen den Vorsitz und darf auch selbst wählen.

Anders als im Buch dargestellt, kann er sehr wohl gewählt werden. Im Jahre 1939 etwa wurde der Camerlengo *Eugenio Pacelli* zu Papst *Pius XII.* gewählt.

Im Buch wird behauptet, der Camerlengo würde die Kardinäle während des Konklaves in der Sixtinischen Kapelle einschließen. Eine schöne Anekdote, die aber leider falsch ist, schließlich wäre es ja auch absurd, wenn 120 Männer im Pensionsalter in einer Kapelle eingeschlossen werden würden.

Auch die Behauptung, die Regeln der Papstwahl „seien alt und in Vergessenheit geraten“, trifft nicht zu. Vielmehr wurde die Prozedur von Papst *Johannes Paul II.* erst 1996 deutlich überarbeitet.

Die Schauplätze

Im **Vorwort zum Roman** schreibt *Dan Brown:* „Hinweise auf Kunstwerke, Grüfte, Tunnel und Bauten in Rom beruhen auf Tatsachen, einschließlich ihrer genauen Lage. Man kann sie heute noch besichtigen.“ Einige geographische Angaben und die Deutungen der Symbole, auf die *Robert Langdon* und seine Gefährtin *Vittoria Vetra* treffen, sind aber schlichtweg falsch. Aber wer weiß: Vielleicht sind ja bewußt Fehler in das Buch eingearbeitet worden, um die Diskussion über das Werk anzuregen. Mittlerweile gibt es reichlich Sekundärliteratur, die sich mit den Fehlern in *Browns* Roman befasst.

Pantheon

In dem Tempel aus der Kaiserzeit soll der erste Mord an einem der vier Kardinäle geschehen. Gebaut von *Marcus Agrippa* 27 v.Chr. war der Bau ursprünglich den sieben römischen Planetengöttern geweiht. Die Kuppel stellt das Firmament dar. Nach der Machtergreifung der Christen in Rom wurde das Pantheon 609 kurzerhand der Jungfrau *Maria* und den Märtyrern geweiht. Der damalige Papst *Bonifaz IV.* ließ 28 Wagenladungen mit Märtyrerknochen in die Kirche bringen. Als christliche Kirche war das Pantheon nun, im Gegensatz zu anderen Bauten des antiken Rom, vor dem Abriss geschützt und blieb bis heute erhalten.

Die Kuppel des Pantheons hat einen Durchmesser von 43,3 Metern und war nicht, wie im Buch behauptet, bis 1960 die weltgrößte freitragende Kuppelkonstruktion. Bereits im 15. Jahrhundert wurde sie von *Fillipo Brunellesci* in Florenz mit dem Bau des Doms übertroffen, der hatte einen Durchmesser von 45,5 Metern.

Neben dem Grab *Raffaels* befinden sich auch die Gräber der ersten italienischen Könige aus dem 19. Jahrhundert im Pantheon: *Viktor Emanuel II.* und der von Anarchisten 1900 ermordete *Umberto I.* ruhen in der Grabeskirche.

035ro Foto: fs

Das Pantheon

Die Kirche San Agnese auf der Piazza Navona

Piazza del Popolo

Bei dem Symbol auf der Porta del Popolo handelt es sich mitnichten um ein Licht über einer Pyramide, wie die Protagonisten *Robert Langdon* und seine Begleiterin *Vittoria Vetra* im Buch behaupten. Die Abbildungen zeigen vielmehr das Wappen der Familie *Medici*, sechs aufeinander getürmte Kugeln mit einem Stern darüber. Das hätte *Brown* wissen müssen. Die sechs Kugeln sind an etlichen Bauwerken in Rom zu sehen, schließlich stellte die Familie *Medici* vier Päpste. Bis heute ziert das Wappen eine der größten Banken Italiens, die Monte di Paschi di Siena, eine Gründung der Familie *Medici*.

Bei dem Stern über den Kugeln, den *Brown* als Licht interpretiert, handelt es sich um den so genannten „Chigi-Stern", das Wappen einer bedeutenden Bankiersfamilie von beträchtlichem Reichtum, die später ebenfalls mehrere Päpste stellte.

Das im Buch beschriebene Caffè Rosati gibt es wirklich und ist sündhaft teuer. Es befindet sich schräg gegenüber der Zwillingskirche.

Santa Maria del Popolo

In die Kirche auf dem gleichnamigen Platz kommen die meisten Besucher, um *Caravaggios* Meisterwerke „Die Bekehrung des heiligen Paulus" und „Die Kreuzigung des heiligen Petrus" in der Cerasi-Kapelle links vom Altar zu sehen. Aber im Roman ist nur die Grabeskapelle von *Agostino Chigi* von Interesse, dem reichsten Mann der Renaissance, über den der römische Volksmund unzählige Anekdoten verbreitet hat. Die Kapelle wurde ursprünglich von *Raffael* entworfen, vollendet aber hat sie der große Meister des Barock, *Gian Lorenzo Bernini*.

010ro Foto: fs

Santa Maria della Vittoria

Die beschriebene Kirche steht nicht auf der Piazza Barberini, sondern 400 Meter weiter auf der Via XX Settembre.

In der Kirche befindet sich, wie im Buch beschrieben, die „Verzückung der heiligen Teresa", eine der berühmtesten Skulpturen *Berninis*. Es stimmt allerdings nicht, dass die heilige *Teresa* ursprünglich im Vatikan aufgestellt war. Die Skulptur kann auch nicht von Papst *Urban VIII.* zurückgewiesen worden sein, der starb nämlich schon 1644, lange vor ihrer Fertigstellung. Das Werk erinnert an die spanische Nonne *Teresa de Cepeda y Ahmunada* (1515–1582), die Heiligenvisionen hatte. Ob nun die heilige *Teresa* „in den Zuckungen eines heftigen Orgasmus" dargestellt ist (Kapitel 84) oder ob es sich um eine rein religiöse Erfahrung handelt, darüber wird seit Jahrhunderten gestritten.

Auch die Richtungsangabe zum Schauplatz des nächsten Mordes stimmt nicht. Hält man sich die Lage der Corrara-Kapelle innerhalb der Kirche sowie den geographischen Standort vor Augen, kommt man zu dem Schluss, dass der Pfeil, der auf *Teresas* Oberkörper zielt, in die zur Piazza Navona entgegengesetzte Richtung zeigt.

Piazza Navona

Der Brunnen auf der Piazza Navona wurde von Papst *Innozenz X.* in Auftrag gegeben. Der so genannte „Fontana dei Fiumi" („Vierströmebrunnen") symbolisiert mit seiner Darstellung der längsten damals bekannten Flüsse den Machtanspruch der katholischen Kirche. In diesem Zusammenhang kann die Taube auf dem Obelisken als Symbol für die Verbreitung des Evangeliums in alle vier Himmelsrichtungen gedeutet werden. Die Taube ist aber vor allem eines, nämlich das Wappentier der *Pamphili,* der Familie des Papstes. Von *Robert Langdon* wird die Taube als „heidnisches Symbol" gedeutet, was völliger Unsinn ist. Wie bei anderen Aufträgen auch hat *Bernini* das päpstliche Wappen in die Symbolik des riesigen Brunnens eingearbeitet. Das einzige Richtige an dieser Episode ist, dass der Schnabel der Taube auf die Engelsburg zeigt.

Das Petrusgrab

Im Buch wird die alte Diskussion, ob *Petrus* denn nun wirklich unter dem Petersdom begraben ist, neu belebt. *Vittoria* und der Camerlengo gehen zu einer Vertiefung unter dem Hauptaltar in der Mitte des Petersdoms. Dort steht eine goldene Truhe, die „berühmt ist, weil sie angeblich die Gebeine des heiligen *Petrus*" enthält. Der Camerlengo behauptet, in der Truhe lägen nur Pallien, geweihte Schärpen, die der Papst neu ernannten Kardinälen überreicht.

So, wie es von *Dan Brown* dargestellt wird, stimmt das nicht. Die Kirche jedenfalls macht kein Geheimnis daraus, dass sich das Grab – sollte es überhaupt existieren – unterhalb des Petersdoms befindet.

Die Frage ist seit 2000 Jahren umstritten. Es ist noch nicht einmal geklärt, ob *Petrus* wirklich jemals römischen Boden betreten und dort den Märtyrertod gefunden hat, wie von der katholischen Kirche behauptet wird. Das Neue Testament jedenfalls erwähnt nicht, dass *Petrus* jemals Rom besucht habe. In der Apostelgeschichte taucht er das letzte Mal 44 n.Chr., in einem Jerusalemer Gefängnis, auf, danach verliert sich seine Spur. Erst im 2. Jahrhundert n.Chr. kommen schriftliche Zeugnisse zum Vorschein, die davon künden, *Petrus* habe in Rom in der Arena den Märtyrertod gefunden.

Gesichert ist, dass sich unter dem Petersdom – genauer gesagt, etwa unterhalb der Stelle, an der sich *Berninis* Altar erhebt – eine Nekropole aus der Kaiserzeit befindet.

Von den römischen Geschichtsschreibern wurde die Gegend um den heutigen Petersdom als mystischer Ort beschrieben, in dem heilige Seher lebten und Dämonen und Geister in dunklen Urwäldern hausten. Also handelte es sich wohl schon in vorchristlicher Zeit um einen heiligen Ort, und es ist durchaus denkbar, dass *Petrus,* wenn er denn in Rom war und hier als Märtyrer sein Ende fand, auf dem Vatikanshügel seine letzte Ruhestätte gefunden hat.

Hotel Bernini

● Das Hotel, in dem *Robert Langdon* und *Vittoria Vetra* ihre Liebesnacht verbringen, gibt es wirklich. Es liegt tatsächlich an der Piazza Barberini (Piazza Barberini 23) und hat einen Blick auf den Triton-Brunnen. Allerdings ist es eines der üblichen 5-Sterne-Luxushotels. In den zwei Restaurants des Hotels kann man gute römische Küche genießen. Ein Doppelzimmer kostet etwa 230 Euro.

● **Myosotis,** viele Römer behaupten, hier gäbe es die beste *Amatriciana* in der ganzen Stadt. Wie sollte es auch anders sein, schließlich kommen die Besitzer aus dem Dörfchen Amatrice an der Grenze zu den Abruzzen, das der scharfen Tomatensoße mit Schweinebacke den Namen gegeben hat. Gehobenes Ambiente, nicht ganz billig. Vicolo della Vaccarella 3/5, Tel. 06 686 55 54.

Einkaufen:

● **Herder-Buchhandlung,** Piazza di Montecitorio 117, Tel. 06 679 46 28, eine deutsche Buchhandlung mitten in Rom. Hier wird eine große Auswahl an deutschsprachiger Rom-Literatur angeboten. Außerdem gibt es ein schwarzes Brett, auf dem nützliche Informationen weitergegeben werden (z.B. deutschsprachige Babysitter, Italienisch-Unterricht oder Mitfahrgelegenheiten).

Pantheon

Der Bau wurde von *Marcus Agrippa,* dem Schwiegersohn des Kaisers *Augustus,* in Auftrag gegeben und 27 v.Chr. vollendet. Das Gebäude brannte jedoch schon im Jahre 80 n.Chr. ab. Das Pantheon in seiner heutigen Gestalt ließ Kaiser *Hadrian* 120–125 n.Chr. errichten.

Das Pantheon beeindruckt besonders durch das **Firmament der Kuppel,** in der sich eine Öffnung für das Sonnenlicht befindet, die den Innenraum in ein geradezu magisches Licht hüllt. *Agrippa* weihte den Bau den Planetengöttern, die durch das Firmament der Kuppel versinnbildlicht werden sollen. Die ersten christlichen Kaiser verboten den heidnischen Kult im Pantheon.

Benutzt wurde das Gebäude erst wieder, als Papst *Bonifaz IV.* es am 1. November 609 der Madonna und allen Märtyrern (Heiligen) weihte (seitdem wird das Fest **Allerheiligen** an diesem Tag gefeiert).

Die **gewaltige Wirkung des Innenraums** beruht auf seiner ausgewogenen und durchdachten Gliederung: Die Höhe ist gleich dem Durchmesser (43,20 m), wobei die Wände des Zylinders, auf dem die Kuppel ruht, und der Radius der Halbkugel genau die Hälfte des Durchmessers ausmachen (21,60 m).

Zum Ende des 19. Jahrhunderts hin wurde das Pantheon auch **Grabeskirche** für die italienischen Könige; *Victor Emanuel II.* und *Umberto I.* ruhen hier, ebenso der große Renaissancekünstler *Raffael.*

● **Pantheon,** der Eintritt ist frei, geöffnet ist werktags von 9–18.30 Uhr, an Feiertagen von 9–13 Uhr.

Essen und Trinken/Cafés:

● In der **Bar San Eustachio** an der Piazza San Eustacchio 82 wird der Kaffee in einer derartig festen Konsistenz serviert, dass man denkt, man würde eine Praline essen. Die langen Schlangen an der Kasse sprechen für sich, das Eustachio ist seit fast 100 Jahren „Kult" in Rom.

● In Sichtweite des Pantheons (Via degli Orfani) wird in der **Bar Tazza d'Oro** eine schier unglaubliche Auswahl an Kaffeesorten angeboten. Hausspezialtät: *Granità di caffè* (zerschlagene Eiswürfel mit Kaffee und Sahne).

Piazza Navona

Der Platz wird gerne als **Roms „gute Stube"** bezeichnet. In überschäumendem Barock gestaltet, ist er denn auch wirklich das Aushängeschild Roms – und das hat Tradition. Schon immer diente der Platz der Belustigung der Römer. Seine eigentümliche ovale Form verdankt die Piazza Navona dem

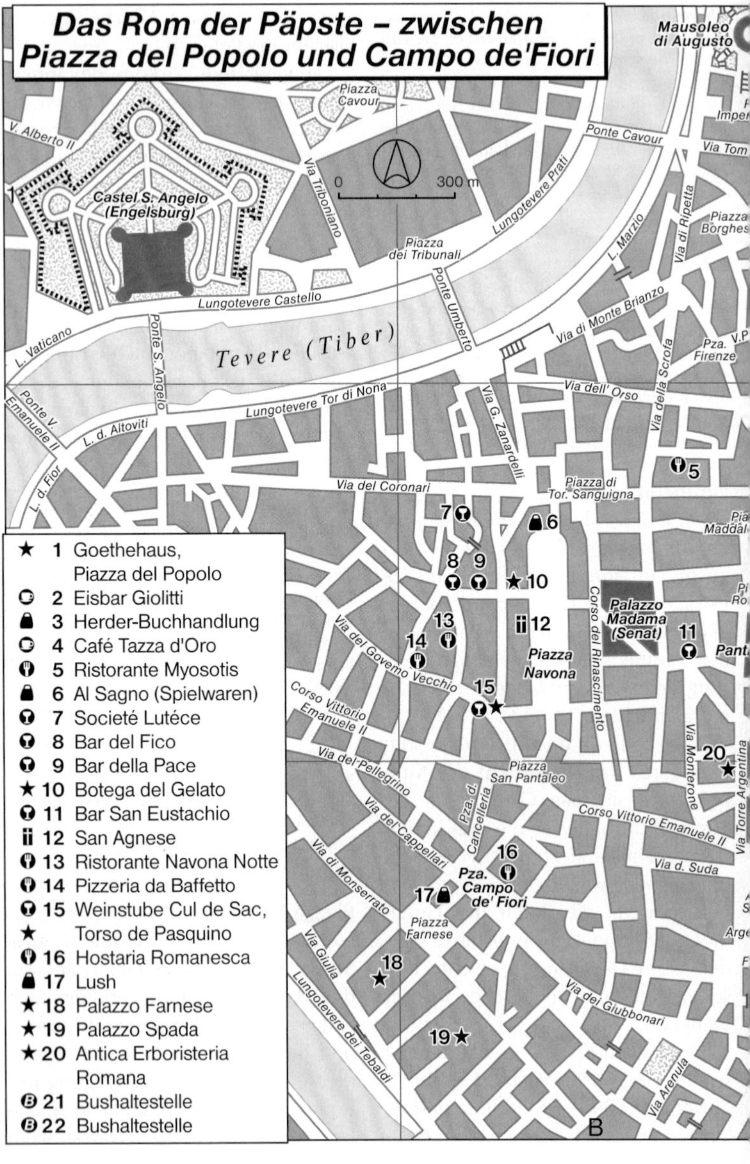
Das Rom der Päpste – zwischen Piazza del Popolo und Campo de'Fiori
Mausoleo di Augusto
Piazza Cavour
V. Alberto II
Ponte Cavour
Via Tribonianо
0 300 m
Lungotevere Prati
Castel S. Angelo (Engelsburg)
Piazza dei Tribunali
L. Marzio
Via di Ripetta
Piazza Borghese
Lungotevere Castello
Ponte Umberto
Via di Monte Brianzo
L. Vaticano
Ponte S. Angelo
Tevere (Tiber)
Pza. Firenze
Via dell' Orso
Via della Scrofa
Lungotevere Tor di Nona
Ponte V. Emanuele II
L. d. Altoviti
Via G. Zanardelli
L. d. Fior
Via del Coronari
Piazza di Tor. Sanguigna
Palazzo Madama (Senat)
Via del Governo Vecchio
Piazza Navona
Corso del Rinascimento
Corso Vittorio Emanuele II
Via del Pellegrino
Piazza San Pantaleo
Via Monterone
Via Torre Argentina
Via del Cappellari
Pza. d. Cancelleria
Corso Vittorio Emanuele II
Via d. Suda
Via di Monserrato
Pza. Campo de' Fiori
Piazza Farnese
Via Giulia
Lungotevere dei Tebaldi
Via dei Giubbonari
Via Arenula
B
★ 1 Goethehaus, Piazza del Popolo
2 Eisbar Giolitti
3 Herder-Buchhandlung
4 Café Tazza d'Oro
5 Ristorante Myosotis
6 Al Sagno (Spielwaren)
7 Societé Lutéce
8 Bar del Fico
9 Bar della Pace
★ 10 Botega del Gelato
11 Bar San Eustachio
12 San Agnese
13 Ristorante Navona Notte
14 Pizzeria da Baffetto
15 Weinstube Cul de Sac,
★ Torso de Pasquino
16 Hostaria Romanesca
17 Lush
★ 18 Palazzo Farnese
★ 19 Palazzo Spada
★ 20 Antica Erboristeria Romana
21 Bushaltestelle
22 Bushaltestelle

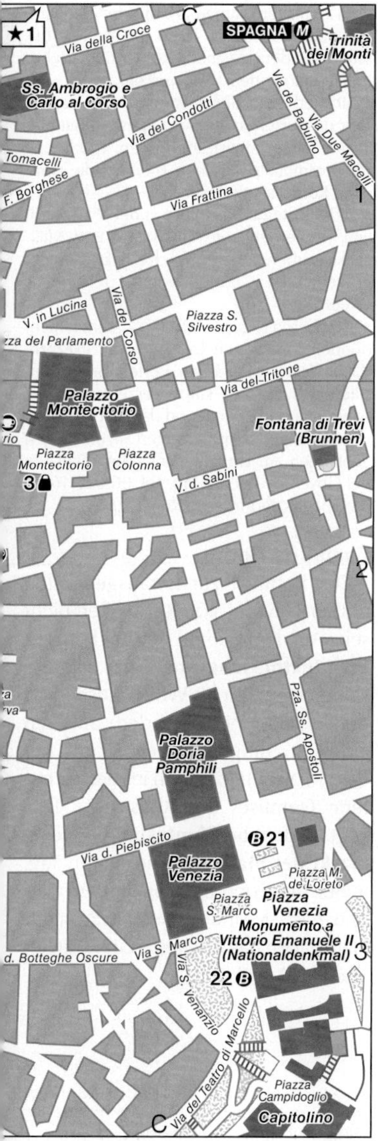

Stadion des Kaisers *Domitian* (81–96 n.Chr.), einem der fleißigsten Bauherren des alten Rom. Das Stadion wurde noch bis ins 13. Jahrhundert für Sport und Spiel genutzt.

Dominierend und weltberühmt ist der Brunnen in der Mitte des Platzes, der „Brunnen der vier Flüsse" **(Fontana dei Fiumi)**, eine der wichtigsten Arbeiten *Gian Lorenzo Berninis*. Die vier jeweils durch eine Steinfigur dargestellten Flüsse sind der Ganges, der Nil, die Donau und der Rio de La Plata, die größten Flüsse der zur Zeit der Fertigstellung des Brunnens bekannten vier Kontinente. Die Kirche demonstrierte damit ihren universellen Machtanspruch. Im Rom des 17. Jahrhunderts gab es allerdings fast einen Aufstand wegen der hohen Kosten, die der Bau des Brunnens verschlang. Sondersteuern, unter anderem auf Brot, wurden erhoben.

Der römische Volksmund behauptet – und dies mit unerschütterlicher Gewissheit –, die Figur, die den Nil darstellt, würde ihr Gesicht bedeckt halten, weil sie den Anblick der von *Borromini* gestalteten **Kirche San Agnese** nicht ertragen würde. Doch das kann insofern nicht stimmen, als die Kirche erst später erbaut wurde.

Der Brunnen am Südende der Piazza, der so genannte **„Mohrenbrunnen"**, wurde von *Giacomo della Porta* 1575 entworfen. *Bernini* gestaltete ihn später um und entwarf die Zentralfigur des Mohren.

Essen und Trinken:

- Direkt hinter der Piazza Navona in der Via del Teatro Pace 44–46 liegt das **Restaurant**

Navona Notte. Hier gibt es eines der billigsten Menüs Roms: Als Vorspeise Muscheln, als Hauptgericht dann wahlweise Nudeln oder Pizza, alles zusammen ab unschlagbaren 8 Euro. Geduld sollte man allerdings mitbringen, das Restaurant ist chronisch überfüllt. Geöffnet täglich von 17–23 Uhr, Tel. 06 686 92 78.

- In der **Weinstube Cul de Sac 1** auf der Piazza Pasquino 73 werden mehr als 1400 Sorten italienischer Wein, Champagner und Prosecco ausgeschenkt. Und da man zu Alkohol immer auch etwas essen sollte, werden auch leckere Häppchen angeboten. In Rom ist das Cul de Sac seit Jahren eine der Kultadressen, allerdings ist es ziemlich teuer. Geöffnet 12.45–15 und 19.30–0.30 Uhr, Mo Ruhetag, Tel. 06 68 80 10 94.

Nur wer genau hinschaut, entdeckt schräg gegenüber vom Cul de Sac den Torso einer Statue. Die unscheinbare Plastik wurde von den Römern schon vor Jahrhunderten mit dem zärtlichen Namen **„Pasquino"** bedacht. Traditionell wird der Torso mit Zetteln behängt, auf denen sich die Römer über zu hohe Steuern, den Autoverkehr oder das Rauchverbot in den Restaurants beklagen. Wer des Italienischen mächtig ist, erhält hier schnell einen, meist amüsanten, Einblick in die kommunalpolitischen Themen, die gerade in Rom diskutiert werden.

- In der **Botega del Gelato** in der Via Tormillina 15 werden gute Obstsalate und Milkshakes zubereitet, aber auch das Eis ist nicht zu verachten. Geöffnet von 12.30 Uhr bis Mitternacht.
- Die typisch römische Pizza mit dem hauchdünnen, knusprigen Teig ist in der **Pizzeria da Baffetto** wirklich zur Perfektion gereift. Allerdings muss sie sofort verzehrt werden, sonst weicht sie durch und dann ist die Pizza wirklich ungenießbar. Ertragen Sie die langen Schlangen am Eingang – es lohnt sich! Via del Governo Vecchio 114, Tel. 06 686 16 17, nur abends geöffnet, So Ruhetag.

Campo de'Fiori

Der Kontrast zur herausgeputzten Piazza Navona könnte größer nicht sein: Auf dem Campo de'Fiori herrscht **architektonische Anarchie;** wild zusammengewürfelte Wohnhäuser, von denen sich eines über dem anderen auftürmt, umgeben den Platz. Auf dem Pflaster finden sich immer zertretene Gemüse- und Obstreste: Das liegt an dem **berühmtesten Gemüsemarkt der Stadt,** der hier jeden Tag, außer am Sonntag, abgehalten wird und nach Meinung vieler römischer Hausfrauen das frischeste Gemüse der Stadt im Angebot hat.

037ro Foto: fs

Markt auf dem Campo de'Fiori

In der Mitte des Platzes steht das **Denkmal** eines Mönchs, das Haupt leicht gesenkt, unscheinbar und ganz in Schwarz gehalten. Es handelt sich um **Giordano Bruno,** der hier im Jahre 1600 von den Schergen des Vatikans verbrannt wurde, weil er sich weigerte, seine Überzeugungen, die dem Unfehlbarkeitsanspruch der Kirche widersprachen, öffentlich zu widerrufen. Die Enthüllung des Denkmals 1887 war eine politische Demonstration des liberalen Italien gegen den Vatikan. Seitdem wird die Statue von den Linken in Rom als Symbol für den aufgeklärten, frei denkenden Menschen angesehen.

Nach der Verbrennung *Brunos* wurde der Platz regelmäßig als **Hinrichtungsstätte** benutzt, woran die enge Via della corda („Straße des Stricks") erinnert, die vom Platz hinunter zum Tiber führt.

Abends ist der Campo chronisch überfüllt. Die zahlreichen Kneipen ziehen ein meist jugendliches Publikum an. Es handelt sich um einen **echten Volksplatz,** mit allen Höhen und Tiefen, die das Leben zu bieten hat. Hier wurde gestorben und geliebt, gefeiert und geweint, demonstriert und getrunken.

Essen und Trinken:

- Ein wunderschönes **Weinlokal** direkt auf dem Campo de'Fiori (Hausnummer 15) verbirgt sich hinter dem schlichten Namen **Vineria.** In angenehmer Atmosphäre bei unaufdringlicher Jazzmusik genießt hier hauptsächlich junges Publikum (auch Reisende aus aller Welt) Weine römischer und italienischer Herkunft. Täglich geöffnet von 17.30 Uhr bis Mitternacht.
- Gut essen kann man direkt auf dem Campo de'Fiori in der **Hostaria Romanesca,** Piazza Campo de'Fiori 40, Tel. 06 686 40 24, Mo Ruhetag. *Enzo* und *Lucio* kochen typisch römische Gerichte. In dem sehr kleinen Restaurant, das auch immer einige Tische draußen stehen hat, kann man nach dem Marktbesuch gut verweilen.

Einkaufen:

- Die **Antica Erboristeria Romana** in der Via Torre Argentinia 15 ist der älteste **Kräuterladen** Roms. Hier werden ausgezeichnete Naturheilmittel, medizinische Salben und alle nur denkbaren Kräuteressenzen verkauft.
- **Lush,** Via dei Baullari 112, Tel. 06 68 30 18 10. Auf den ersten Blick scheint man ein Lebensmittelgeschäft zu betreten, in Wirklichkeit ist aber alles aus Seife: Trauben, Butter und Schokoladenkuchen, der Fantasie sind keine Grenzen gesetzt. Alles ist aus nicht-tierischen Produkten hergestellt.

Trastevere

Heute ist das Stadtviertel auf der anderen, **westlichen Seite des Tiber** (lat.: *trans tiberim,* daher der Name Trastevere) vor allem für seine **vielen Kneipen und Restaurants** bekannt. In den verwinkelten, verkehrsberuhigten Gassen sind in den lauen Sommernächten die Nachtschwärmer unterwegs. Trotz aller Veränderungen der vergangenen Jahre repräsentiert Trastevere noch immer ein Stück des alten Rom, das auf der anderen Tiberseite kaum noch vorhanden ist. Natürlich steht auch Trastevere auf dem Plan der Touristen, aber doch deutlich seltener als der Vatikan oder die Spanische Treppe.

In der Antike galt Trastevere als **Heimstätte der Minderheiten des Kaiserreiches;** schon in vorchristlicher Zeit bildeten sich Ansiedlungen von

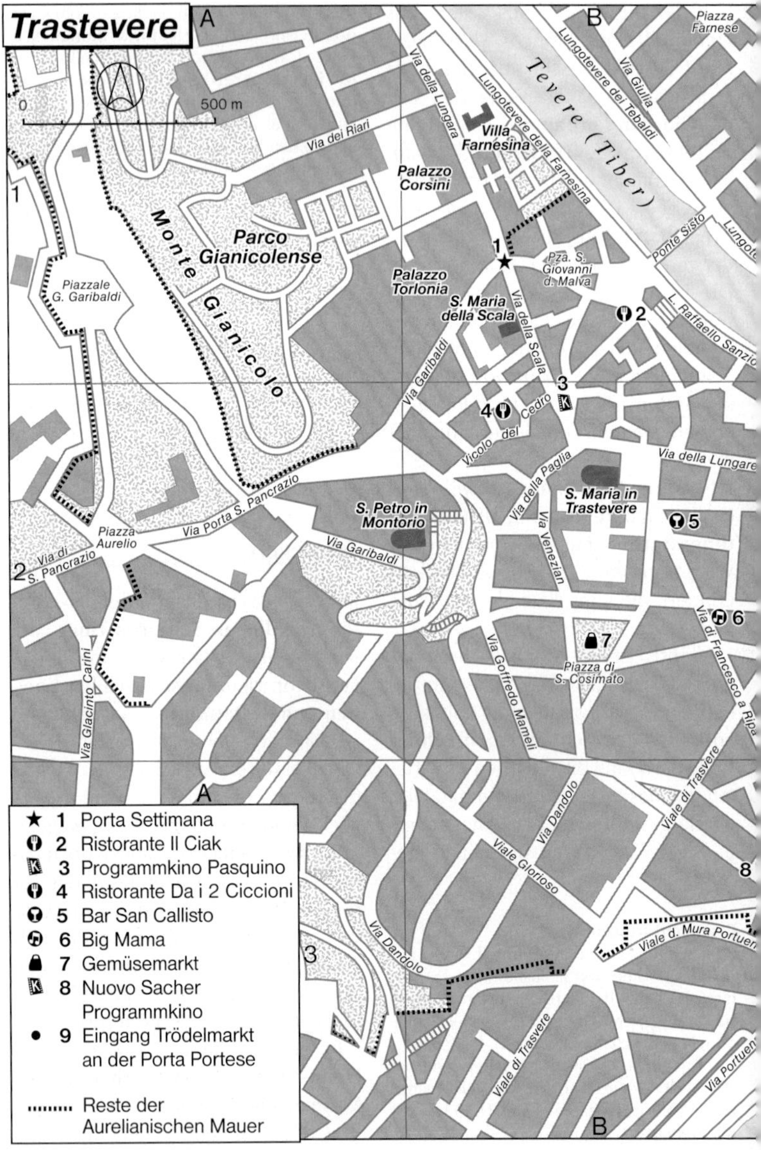
Trastevere
A
B
0
500 m
1
2
3
Monte Gianicolo
Parco Gianicolense
Piazzale G. Garibaldi
Via dei Riari
Via della Lungara
Palazzo Corsini
Villa Farnesina
Lungotevere della Farnesina
Tevere (Tiber)
Lungotevere dei Tebaldi
Via Giulia
Piazza Farnese
Ponte Sisto
Pza. S. Giovanni d. Malva
L. Raffaello Sanzio
Palazzo Torlonia
S. Maria della Scala
Via della Scala
Via Garibaldi
Vicolo del Cedro
Via della Paglia
Via della Lungaretta
S. Maria in Trastevere
S. Petro in Montorio
Via Porta S. Pancrazio
Piazza Aurelio
Via di S. Pancrazio
Via Giacinto Carini
Via Venezian
Via Goffredo Mameli
Piazza di S. Cosimato
Via di Francesco a Ripa
Viale di Trastevere
Via Dandolo
Viale Glorioso
Viale d. Mura Portuensi
Via Portuense
★ 1 Porta Settimana
2 Ristorante Il Ciak
3 Programmkino Pasquino
4 Ristorante Da i 2 Ciccioni
5 Bar San Callisto
6 Big Mama
7 Gemüsemarkt
8 Nuovo Sacher Programmkino
• 9 Eingang Trödelmarkt an der Porta Portese
Reste der Aurelianischen Mauer

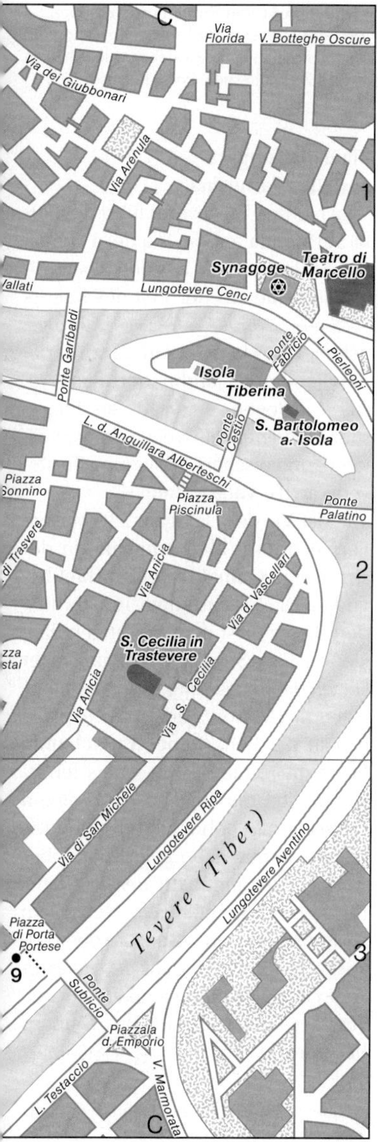

Juden und Syrern. Erst unter Kaiser *Augustus,* etwa um Christi Geburt, wurde Trastevere römisch.

Die **Juden** wanderten im Mittelalter in das auf der anderen Seite des Tiber gelegene Viertel Sant'Angelo ab. In Trastevere fanden übrigens auch die ersten **Christen** Roms einen Ort, an dem sie ihren Gottesdiensten nachgehen konnten.

Das Mittelalter sah Trastevere von niederen Ständen bewohnt (Handwerker, Bootsleute, Fischer). Bis in die 60er Jahre des 20. Jahrhunderts hinein bewahrte sich der Charakter eines Viertels der kleinen Leute. In den 1970er Jahren wanderten dann fast 50.000 Einwohner ab. Sie wurden ersetzt von wohlhabenden Amerikanern, die bereit waren, viel Geld für eine Wohnung in Trastevere zu bezahlen. Immobilienhändler und Politiker hatten ebenfalls ihren Anteil an der Vertreibung der Bevölkerung. Heute kostet der Quadratmeter Grund und Boden zwischen 3500 und 4500 Euro, wo er vor 30 Jahren noch für 80 Euro zu haben war.

Der Trödelmarkt von Porta Portese

Auf der Höhe der Tiberbrücke Ponte Sublicio in Trastevere, entlang der Aurelianischen Mauer, findet der **älteste und bekannteste Trödelmarkt Roms** statt. Nach einem neapolitanischen Sprichwort, das besagt „Chi prima arriva, meglio allogia" (Wer zuerst kommt, mahlt zuerst"), bleiben für denjenigen, der am Sonntagmorgen zu spät aufsteht, nur die uninteressanten Objekte übrig.

Auf dem Markt kann man **sowohl Gebrauchtes als auch Neues** zu recht günstigen Preisen erstehen: Fahrräder, Kleidung, Kochtöpfe, Telefone oder Antiquitäten, Handgefertigtes aus fernen Ländern, alte Drucke und seltene Comic-Hefte. Es findet sich auch eine alte Römerin, die lebende Hühner und Enten zum Kauf anbietet. Einige ältere Römer, deren Rente nicht ausreicht und die zu stolz sind, um betteln zu gehen, verkaufen verrostete Wagenheber, Schnürsenkel, gebrauchtes Essbesteck und beschädigte Vasen. Überall hier ist es ein Muss, um den Preis der Ware zu handeln.

Aufpassen sollte man auf Gruppen von Kindern, die das Chaos auf dem Markt ausnutzen, um die Bevölkerung von Porta Portese (und Touristen) um ein wenig Kleingeld zu erleichtern. Wegen der zunehmenden **Kriminalität** sollte Porta Portese Ende der 80er Jahre des vorigen Jahrhunderts sogar geschlossen werden. Doch eine jahrzehntealte Institution lässt sich nicht so einfach abschaffen. Der Markt ist lebendig wie eh und je, und es sieht so aus, als sollte das noch lange so weiter gehen.

Wer nach dem Einkaufen Hunger verspüren sollte, kann die Gelegenheit nutzen, an einer der **Spanferkelbuden** von der römischen Spezialität *Porchetta* zu kosten.

Ein Besuch auf dem Markt von Porta Portese ist eine notwendige Etappe eines Rom-Aufenthalts – auch wenn man nichts kauft, aber die **römische Mentalität** ein bisschen mehr verstehen will.

● **Trödelmarkt von Porta Portese,** jeden So von 7–13 Uhr. Der Markt ist zu erreichen mit der Straßenbahnlinie 3 oder mit den Bussen 44 und 75 (Haltestelle Porta Portese).

Via della Lungara und Villa Farnesina

Im Norden Trasteveres führt die **Porta Settimana** auf die Via della Lungara. Die Porta wurde aus den Resten alter Gebäude aus der Zeit des Kaisers *Settimus Severus* (146–211 n.Chr.) errichtet. Die **Via della Lungara** wiederum ließ im 17. Jahrhundert Papst *Julius II.* anlegen, einerseits als Pilgerstraße, andererseits wegen der gewollten ökonomischen Anbindung Trasteveres an die Vatikanstadt.

In der Via della Lungara 230 präsentiert sich die **Villa Farnesina,** in der sich einige **Gemälde von Raffael** befinden. Die Villa aus dem 16. Jahrhundert diente einst dem mächtigen Bankier *Chigi* als Sommerresidenz. Später sollten die *Chigis* einige Päpste stellen. Adel, Klerus und Bürgertum feierten hier in der Renaissance **rauschende Feste,** bei denen es an nichts fehlte. Einmal ließ der Bankier nach einem Festmahl alle gebrauchten goldenen Gefäße in den nahe gelegenen Tiber werfen. Allerdings hatte der geschäftstüchtige *Chigi* heimlich Netze am Flussufer auslegen lassen, um die wertvollen Stücke wieder aus dem Wasser zu fischen. Die Gäste jedenfalls waren von der Großzügigkeit des Mannes beeindruckt ...

● Außer an Sonn- und Feiertagen ist die **Villa Farnesina** von 9–13 Uhr geöffnet.

Santa Maria in Trastevere

Zwischen Piazza Sonnino und der Piazza Santa Maria in Trastevere führt die **Via della Lungaretta** durch das verkehrsberuhigte Trastevere. Hier lässt es sich zu jeder Tages- und Nachtzeit nach Herzenslust flanieren.

Die **Kirche Santa Maria in Trastevere** am westlichen Ende der Lungaretta ist eine der Ursachen für die touristische Attraktivität der Gegend, denn sie ist mit wunderschönen Mosaiken ausgestaltet. Der Legende nach soll an der Stelle, an der heute die Kirche steht, am Tage von Christi Geburt Öl aus der Erde gesprudelt sein. Seitdem diente der Ort den ersten Christen Roms als Treffpunkt zur Ausübung ihrer Riten. Im 4. Jahrhundert entstand dann auf dem Kultplatz eine Basilika, die Papst *Julius I.* zur Erinnerung an die Urchristen bauen ließ. Die Marienkirche in ihrer heutigen Form hat Papst *Innozenz II.* im 12. Jahrhundert auf den Fundamenten der Basilika errichten lassen.

Auf der Fassade ist ein **Mosaik** mit dem Titel „Maria zwischen zehn weiblichen Heiligen" zu sehen. Ein Meisterwerk der mittelalterlichen Kunst sind die Mosaiken der Apsis. In der Halbkugel (um 1140) sind Christus, *Maria* und einige Heilige zu sehen. Darunter wird aus dem Leben *Marias* erzählt: ihre Geburt, die Geburt Jesu, die Heiligen Drei Könige und ihr Tod.

048ro Foto: fs

Via della Lungaretta

Beachtenswert ist auch die teilweise vergoldete **Kassettendecke** des *Domenichino* (1617).

Essen und Trinken:

- Das **toskanische Spezialitätenrestaurant Il Ciak** („Die Klappe") im Vicolo del Cinque 21, Tel. 06 589 47 74, bewirtet ein Publikum, das zu einem guten Teil aus der Film- und Fernsehbranche stammt. Gespeist wird in rustikaler Atmosphäre zwischen Filmplakaten aus den 1950er und 1960er Jahren. Die Spezialitäten vom Holzkohlegrill werden zu vernünftigen Preisen angeboten. Unbedingt die Polenta (Maisbrei) probieren. Mo Ruhetag.
- Die **Bar San Callisto** an der gleichnamigen Piazza zieht, obwohl mitten im touristischen Trastevere gelegen, immer noch das heterogene Volk des Stadtteils an. Hier bekommt man alles noch zu vernünftigen Preisen. So Ruhetag, ansonsten von 18–2 Uhr geöffnet.

●**Da i 2 Ciccioni,** eine Garage in Trastevere, in der die „zwei Dicken", so der Name des Lokals, kochen, was ihnen gerade so einfällt; meist handelt es sich um römische Hausmannskost. Schräg, preisgünstig und nett. Vicolo del Cedra 3, Tel. 06 589 44 80.

Santa Caecilia in Trastevere

Die Kirche an der Piazza Santa Caecilia (Nr. 22) ist **einer der bedeutendsten Märtyrerinnen gewidmet,** der *hl. Caecilia,* die im 3. Jahrhundert n.Chr. von kaiserlichen Soldaten gefoltert und ermordet wurde. Das Gotteshaus wurde angeblich über dem Wohnhaus errichtet, in dem die Heilige mit ihrem Mann *Valerianus* lebte.

Das **Martyrium,** das sich die Schergen des römischen Kaisers ausgedacht hatten, war besonders grausam: Drei Tage lang dauerte die Folter, man versuchte, das junge Mädchen zu verbrühen und mit heißem Dampf zu ersticken, schließlich wurde es enthauptet. Während der Folter soll *Caecilia* gesungen haben, deswegen ist sie die **Schutzheilige der Musik.** Beerdigt wurde sie in den Katakomben von San Callisto auf der Via Appia, wo viele christliche Märtyrer ihre letzte Ruhestätte fanden. Im 9. Jahrhundert wurde ihr Leichnam in die Kirche gebracht, wo ihr Grab noch heute in der Krypta zu sehen ist.

Im **Kreuzgang** kann man die arg verblassten, aber immer noch schönen Fresken des *Pietro Cavallini* bewundern, eine Darstellung des Jüngsten Gerichts. *Cavallini* war ein bedeutender Zeitgenosse *Giottos.*

Besonders sehenswert ist die **Statue der heiligen Caecilia** von *Stefano Maderno.* 1599 wurde das Grab *Caecilias* geöffnet; vermutlich war der Künstler anwesend und fertigte eine Zeichnung von dem angeblich unversehrten Leichnam an: Die Statue der liegenden toten Heiligen gehört zu den schönsten Skulpturen, die in Rom zu sehen sind.

Von der Krypta kann man in ein **römisches Wohnhaus** hinabsteigen, das vermuten lässt, dass die Heilige wirklich hier gelebt hat. Es gibt noch die Reste eines Caldariums, einer Art antiker Sauna. Die Rohre, durch die der warme Dampf in den Raum geleitet wurde, sind noch zu sehen. Es wird vermutet, dass die Römer versuchten, die Heilige mit dem Dampf aus diesen Rohren zu ersticken. Insgesamt einer der beeindruckendsten Orte in Rom, an dem Mythos und Geschichte zusammenfließen.

Engelsburg

Ursprünglich war die Engelsburg **(Castel Sant'Angelo)** ein **Grabbau für Kaiser Hadrian** (117–138 n.Chr.). Als Rom im 3. Jahrhundert n.Chr. eine neue Stadtmauer erhielt, wurde das Gebäude in die Verteidigungsanlagen der Stadt integriert und wegen seiner strategisch günstigen Lage am Tiber zur **stärksten Festung der Stadt** ausgebaut.

Ein Werk Gian Lorenzo Berninis – Engelsfigur auf der Engelsbrücke (Engelsburg)

Ihren **Namen** erhielt die Engelsburg, als im Jahr 590 Papst *Gregor dem Großen* in einer Vision ein Engel über dem Mausoleum des *Hadrian* das Ende der Pest ankündigte. Der Engel auf der Spitze des Gebäudes erinnert noch heute an dieses Ereignis.

In bedrohlichen politischen Situationen suchten die Päpste **Zuflucht** in der Engelsburg. Im Laufe der Geschichte war sie auch häufig Schauplatz für Folterungen und **Hinrichtungen.** Sogar auf der Opernbühne gelangte die Engelsburg zu Berühmtheit: Sie diente der Oper „Tosca" von *Puccini* als Kulisse für den dritten Akt.

Heute kann man noch einige ehemalige **Wohnräume des Papstes besichtigen** und sich von der unheimlichen Atmosphäre des Gebäudes beeindrucken lassen.

● **Museo Nazionale di Castel Sant'Angelo,** Lungotevere Castello 50, geöffnet von 9–19 Uhr, Mo Ruhetag. Der Eingang befindet sich auf der rechten Seite des Gebäudes. Eintritt 5 Euro, für Besucher unter 18 und über 60 Jahren ist der Eintritt frei.

Der Vatikanstaat

Der **Name** Vatikan stammt aus der Urzeit Roms. Die Historiker nehmen an, dass das heutige Gelände des Kirchenstaates in frührömischer Zeit ein latinisches Dorf war. Die Römer nannten seine Bewohner Vaticani. Der Na-

051ro Foto: fs

Rom

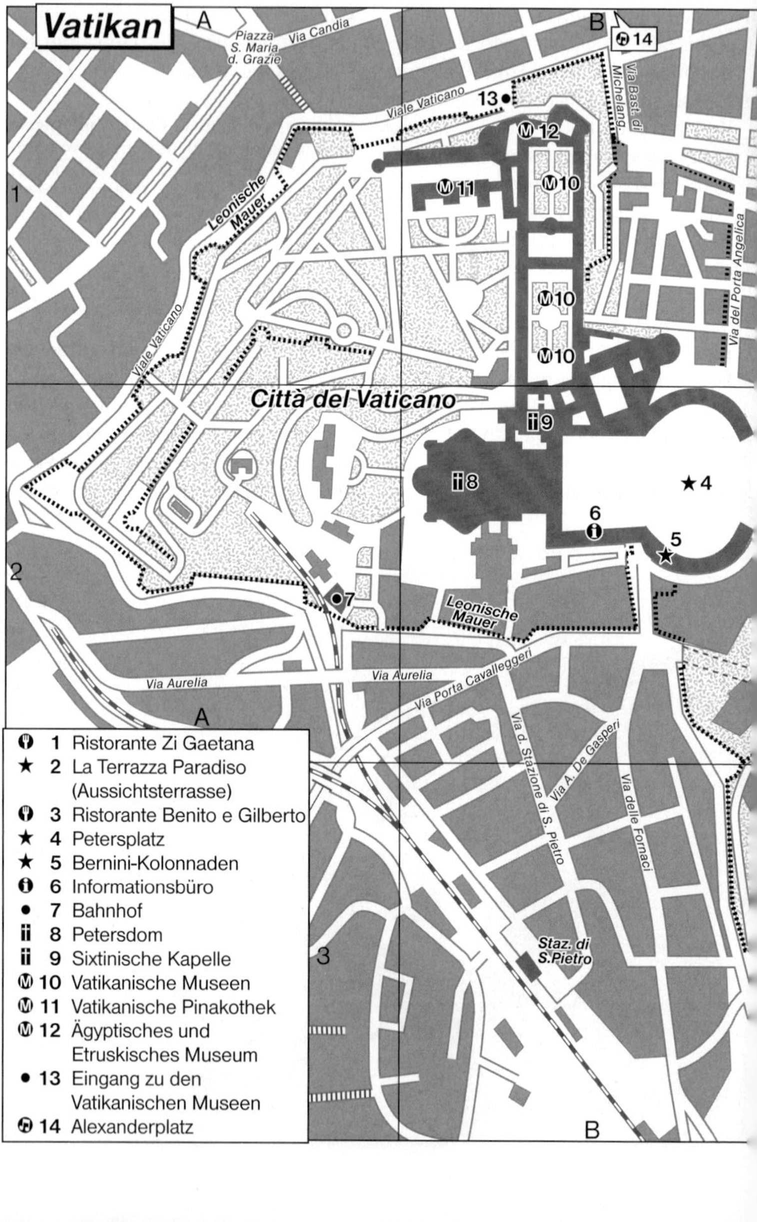
Vatikan
A
B
1
2
3
Piazza S. Maria d. Grazie
Via Candia
Viale Vaticano
Via Bast. di Michelang.
Via del Porta Angelica
Leonische Mauer
Città del Vaticano
Via Aurelia
Via Porta Cavalleggeri
Via d. Stazione di S. Pietro
Via A. De Gasperi
Via delle Fornaci
Staz. di S.Pietro
1 Ristorante Zi Gaetana
2 La Terrazza Paradiso (Aussichtsterrasse)
3 Ristorante Benito e Gilberto
4 Petersplatz
5 Bernini-Kolonnaden
6 Informationsbüro
7 Bahnhof
8 Petersdom
9 Sixtinische Kapelle
10 Vatikanische Museen
11 Vatikanische Pinakothek
12 Ägyptisches und Etruskisches Museum
13 Eingang zu den Vatikanischen Museen
14 Alexanderplatz

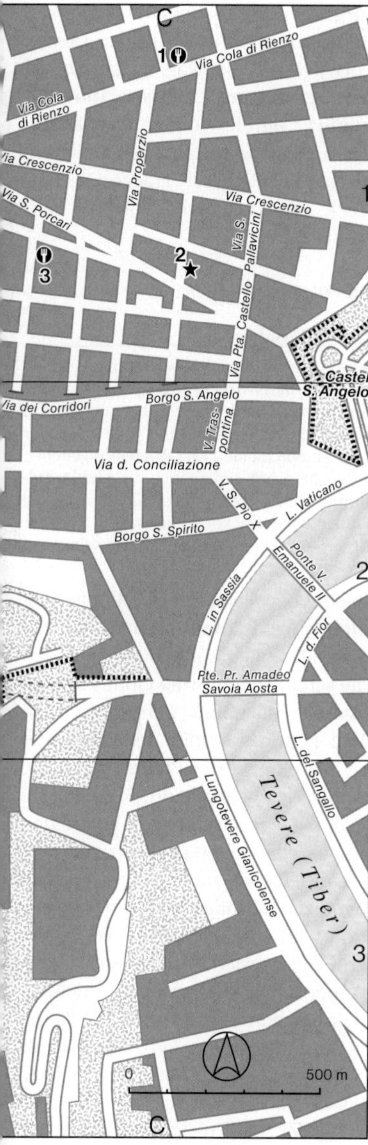

me blieb an der Gegend hängen, auch als das jenseits des Tibers gelegene Gebiet längst eingemeindet war.

Das politische Kleinstaatgebilde (**Stato della Città del Vaticano**) ist ein Produkt der Einigung zwischen der italienischen Regierung und dem Heiligen Stuhl. Die **Lateranverträge,** unter *Mussolini* im Jahr 1929 abgeschlossen, regelten das Verhältnis zwischen Staat und Kirche, das durch die italienische Einigung (1870) dauerhaft gestört worden war. Der Kirchenstaat, der im Mittelalter zeitweise ganz Mittelitalien umfasste, wurde durch die Verträge geographisch auf das Gebiet westlich der Kolonnaden und des Palastes (innerhalb der mittelalterlichen Leonischen Mauer) beschränkt. Politisch erreichte der Vatikan die vom Staat festgeschriebene Unauflöslichkeit der Ehe, die nur durch das reichlich voreingenommene Tribunal der Kirche annulliert werden konnte (erst 1974 wurde in Italien per Volksentscheid ein Scheidungsgesetz erlassen), und die Steuerfreiheit für das Kirchenvermögen.

Als **autonomer Staat** unterhält der Vatikan Botschaften in fast aller Welt. Ebenso sind ausländische Staaten mit einer Botschaft beim Vatikan vertreten. Daher unterhalten die meisten Nationen in Rom zwei Botschaften, eine für Italien, die andere für den Heiligen Stuhl.

Die Richtlinien der katholischen **Kirchenpolitik** werden in zehn Ministerien (Kongregationen) festgelegt, die jeweils von einem Präfekten geleitet werden. Über 20 Jahre lang war *Josef*

Kardinal Ratzinger, der jetzige Papst *Benedikt XVI.,* Präfekt der Glaubenskongregation, die über Grundsatzfragen des katholischen Glaubens zu entscheiden hat. In den Kongregationen werden über so unterschiedliche und seltsame Dinge wie die Tabuisierung von Büchern, die Annullierung einer Ehe oder die Neubesetzung eines erzbischöflichen Stuhls entschieden.

Der Vatikan verfügt sogar über eine **eigene Armee,** die **Schweizergarde,** bestehend aus 110 Soldaten, die zwischen 18 und 25 Jahre alt und ledig sein müssen. Während der zweijährigen Dienstzeit müssen die Soldaten (offiziell, versteht sich) in absoluter Keuschheit leben. Die pittoresken Uniformen, die übrigens von *Michelangelo* entworfen wurden, und Hellebarden wirken nicht unbedingt kriegerisch, aber die Schweizer haben den Militärdienst absolviert und sind durchaus in der Lage, den Papst tatkräftig zu verteidigen.

Der Vatikan unterhält einen selten benutzten Personen- und einen Güterbahnhof mit zehn Beamten. Außerdem gehören zu dem **Staatswesen** einige Dienstleistungsbetriebe, wie die Müllabfuhr, eine Apotheke und ein Supermarkt. Die Fahrzeuge der Bewohner des Kirchenstaates tragen die Initialen *SCV (Stato della Città del Vaticano);* viele Römer übersetzen die Buchstaben auch mit „Se cristo vedisse" (auf Deutsch: „Wenn Christus das sehen würde") und meinen damit die Verwicklung des Vatikans in Finanzskandale und Geschäfte mit der Mafia. **Radio Vatikan** sendet in alle Welt und sorgt als Zuschussbetrieb (es gibt keine Werbeeinnahmen) für ein kleines Loch in der Vatikankasse, genauso wie die **Tageszeitung „L'Osservatore Romano",** deren Auflage bei knapp 8000 Stück liegt, samt den Wochenausgaben in Englisch, Französich, Spanisch, Portugiesisch, Polnisch und Deutsch.

- **Infos:** www.vatican.va

Der Petersdom

- Am Eingang zum Petersdom gibt es **strenge Sicherheitsvorkehrungen,** daher kann es durchaus 1 Stunde dauern, bis man die Kirche endlich betreten kann. Alle Besucher müssen durch einen Metalldetektor gehen.
- Beachten sollte man auch die **Kleiderordnung:** keine kurzen Hosen für Männer, bei Frauen keine Röcke, die über dem Knie enden; die Schultern sollten bedeckt sein.

In der Vorstellung seines Schöpfers **Gian Lorenzo Bernini** sollten die den Petersplatz umfassenden Kolonnaden die schützenden Arme Gottes symbolisieren. Mit einem perspektivischen Trick gelang es *Bernini,* dem Betrachter im Mittelpunkt des Platzes (die Stelle ist markiert) den Eindruck zu vermitteln, die vier aus Travertin gefertigten Säulenreihen seien eine einzige.

Der Legende nach soll da, wo sich heute die mächtige Kuppel des Petersdoms erhebt, der heilige *Petrus* gekreuzigt worden sein. Die zu seinem Andenken über dem Grab errichtete Basilika wurde von Kaiser *Konstantin* in Auftrag gegeben und 328 von Papst *Sylvester* geweiht. Obwohl die Päpste bis 1377 im Lateranspalast am anderen Ende der Stadt residierten, blieb der

Der Petersdom

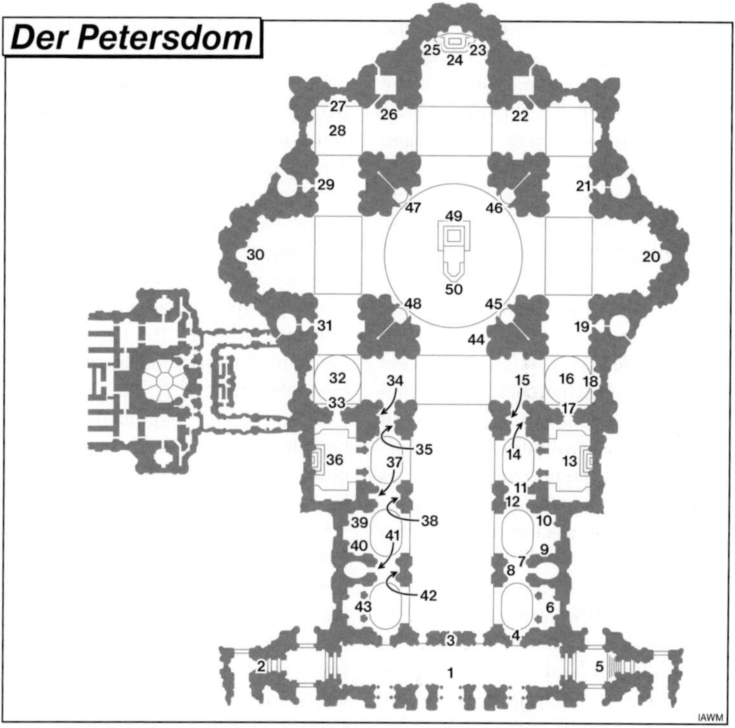

1 Vorhalle
2 Reiterstandbild Karls d. Großen
3 Bronzetür des Filarete
4 Heilige Pforte
5 Reiterstandbild Konstantins
6 Pietà des Michelangelo
7 Denkmal für Leo XII.
8 Denkmal für Christiane von Schweden
9 Denkmal für Pius XI.
10 Denkmal für Pius XII.
11 Denkmal für Innozenz XII.
12 Denkmal für Mathilde von Toscana
13 Sakramentskapelle
14 Denkmal für Gregor XIII.
15 Grabmal Gregors XIV.
16 Cappella Gregoriana
17 Denkmal für Gregor XVI.
18 Altar der Madonna der Immerwährenden Hilfe
19 Denkmal für Benedikt XVI.
20 Altar der Heiligen Processus und Martinian
21 Denkmal für Klemens XIII. (Canova)
22 Denkmal für Klemens X.
23 Denkmal für Urban VIII. (Bernini)
24 Cattedra Petri (Bernini)
25 Denkmal für Paul III. Farnese (G. della Porta)
26 Denkmal für Alexander VIII.
27 Altar Leos d. Großen
28 Cappella della Colonna
29 Denkmal für Alexander VII.
30 Altar der Heiligen Simon und Judas
31 Denkmal für Pius VIII.
32 Cappella Clementina
33 Denkmal für Pius VII. (Thorwaldsen)
34 Denkmal für Leo XI.
35 Denkmal für Innozenz XI.
36 Chorkapelle
37 Denkmal für Pius X.
38 Denkmal für Innozenz VIII. (Pollaiuolo)
39 Altar Pius' X.
40 Denkmal für Benedikt XV.
41 Denkmal für Maria Sobieska
42 Denkmal für die letzten Stuarts (Canova)
43 Taufkapelle
44 Statue des hl. Petrus
45 Statue des hl. Longinus
46 Statue der hl. Helena
47 Statue der hl. Veronika
48 Statue des hl. Andreas
49 Papstaltar unter dem Baldachin des Bernini
50 Confessio des hl. Petrus

Vatikan historisch und moralisch die Wiege des Papsttums. Der heutige Petersdom, übrigens die **größte Kirche der Welt,** wurde in 120 Jahren (1508–1628) auf den Ruinen der ehemaligen Konstantinsbasilika erbaut. Die bedeutendsten Künstler der damals bekannten Welt beteiligten sich an dem Bau: *Bramante, Raffael, Michelangelo* und *Bernini.*

Schon die **Eingangshalle** wirkt wie eine riesige Kirche (71 m lang, 14 m breit). In der rechten Ecke steht ein von *Bernini* geschaffenes Reiterstandbild Kaiser *Konstantins.* Die Bronzetür davor ist die berühmte „Heilige Tür" (Porta Santa), die nur zu Beginn eines Heiligen Jahres geöffnet wird. Alle 25 Jahre findet ein solches Jahr statt, das letzte war im Jahr 2000.

Durch das Mittelportal geht es in das **Hauptschiff.** Gleich auf der rechten Seite steht die berühmte **Pietà des Michelangelo** hinter einer Glasscheibe, seit ein Geistesgestörter das Kunstwerk mit einem Hammer beschädigt hat. Der Mittelpunkt der Kirche ist der 29 Meter hohe **Papstaltar,** der sich über dem Grab des *Petrus* erhebt. Nur der Papst ist berechtigt, hier die Messe abzuhalten. Der Altar wurde von *Bernini* gestaltet. Die Kuppel über dem Altar wurde von *Michelangelo* entworfen. Inspirieren ließ sich der Künstler von der Kuppelkonstruktion des antiken Pantheon.

Am rechten Pfeiler neben dem Papstaltar befindet sich die **Statue des sitzenden Petrus** aus dem 13. Jahrhundert, deren Fuß von den Ehrbezeugungen der Gläubigen schon ganz blank geworden ist. Ganz hinten in der Apsis beim Hauptaltar steht der berühmte **Heilige Stuhl (Cathedra petri),** mit dem die katholische Kirche gerne identifiziert wird, auch er von *Bernini* geschaffen. Der Bronzethron ist nur eine Hülle für eine alte Reliquie, den Stuhl des *Petrus* und seiner ersten Nachfolger.

Hinter der Petrusstatue führt eine schmale Treppe zu den **Vatikanischen Grotten,** in denen 165 Päpste begraben sind, auch der 2005 verstorbene *Johannes Paul II.*

Achtung: Wer einmal die Treppe hinuntergegangen ist, kann nicht mehr umkehren. Der Weg führt dann direkt ins Freie.

Sehenswert ist auch die **Kuppel des Petersdoms,** die täglich von 8–17 Uhr geöffnet ist. Man kann den beschwerlichen Weg zu Fuß (537 Stufen) umgehen, indem man mit dem Aufzug nach oben fährt (5 Euro). Der fährt allerdings auch nur bis zur Mitte, die restlichen 330 Stufen müssen dann doch per pedes zurückgelegt werden. Die Aussicht lohnt sich auf jeden Fall. Vor allem kann man die von *Michelangelo* gemalten Deckenfresken und das Jüngste Gericht in all ihren Einzelheiten aus der Nähe betrachten. Von hier oben hat man auch einen herrlichen Blick über die Vatikanischen Gärten und die Zweckbauten des Kirchenstaats.

Vatikanische Museen

Die unter diesem Begriff zusammengefassten Einzelmuseen bilden insgesamt das **größte Museum der Welt.**

Wer sich allerdings wirklich in Ruhe auf die Kunstwerke einlassen will, ist hier fehl am Platz. Die unglaublichen Touristenmassen, die täglich in die Museen strömen, machen den Kunstgenuss sehr schwierig. Auf jeden Fall sollte niemand beabsichtigen, alles bei einem Besuch zu sehen; am besten man trifft schon vorher eine Auswahl.

- **Vatikanische Museen,** geöffnet von Mo bis Sa und am letzten So im Monat. Im Januar, Februar, November und Dezember 8.45–12.45 Uhr, von März bis Oktober 8.45–15.45 Uhr, am Sa und am letzten So des Monats 8.45–12.45 Uhr. Eintritt 12 Euro, Audioguide 5,50 Euro. Absolutes Fotografierverbot.

- **Das Ägyptische Museum:** Die Gestaltung der ersten beiden Säle des Museo Egipzio ist dem Inneren einer ägyptischen Grabkammer nachempfunden. Hier befinden sich auch einige Mumien und Statuen aus ägyptischen Grabkammern.
- **Die Pinakothek:** Die Gemäldesammlung enthält in 16 Sälen Bilder vom Mittelalter bis in die heutige Zeit, die sinnvollerweise in chronologischer Reihenfolge ausgestellt sind und dadurch einen guten Überblick über die Malerei des Abendlandes vermitteln. Höhepunkte sind in Saal 10 die Madonna mit Kind und Heiligen von *Tizian,* die Grablegung von *Caravaggio* in Saal 12 und in Saal 8 die Wandteppiche von *Raffael.*
- **Museo Gregoriano Etrusco:** Hier sind Gegenstände und Kunstwerke aus der Zeit der untergegangenen etruskischen Hochkultur ausgestellt; besonders bemerkenswert ist die umfangreiche Sammlung bemalter Vasen.
- **Die Stanzen des Raffael:** Papst *Julius II.* beauftragte 1508 den jungen *Raffael,* die Repräsentationsräume über dem Apartamento Borgia neu auszumalen. Die Fresken in der Sala della Segnatura gelten allgemein als Höhepunkt der Renaissancemalerei.
- **Die Sixtinische Kapelle:** Das bekannteste Gebäude in diesem Komplex, die Sixtinische Kapelle (von Papst *Sixtus IV.* 1473 in Auftrag gegeben) beherbergt das berühmteste Deckengemälde der Welt, das *Michelangelo* zwischen 1508 und 1512 malte. Das Werk soll die Erschaffung der Welt darstellen, wie sie in der Bibel erzählt wird. Das bekannteste Teilfresko (ital.: *affresco* = auf den feuchten Putz gemalt) ist die „Erschaffung Adams" im Zentrum des Deckengemäldes. Jeder hat es schon einmal reproduziert gesehen: Adam liegt am Boden und streckt seinen Zeigefinger dem seines Schöpfers entgegen. Der Raum zwischen den beiden Zeigefingern symbolisiert die überirdische Kraft Gottes, die den Körper des *Adam* sogleich beseelen wird.

Über 20 Jahre später schuf *Michelangelo* das Fresko an der Altarwand. Es stellt den Gegensatz zur Erschaffung der Welt dar, das Jüngste Gericht. Jesus Christus urteilt über das Schicksal der Menschheit: Während die Guten zum Himmel aufsteigen (links) und die Bösen zur Hölle hinabsteigen (rechts), vollzieht sich unten die Auferstehung der Toten, und in der Mitte rufen die Engel die Menschen mit Posaunen zu Gericht.

Informationen

- Das **Informationsbüro** links vor dem Petersdom hat von 9–17 Uhr geöffnet. Es organisiert Führungen (nur vormittags) durch die Vatikanischen Gärten (nur mit Führung zu besuchen) und die Sixtinische Kapelle (auch in Deutsch). Eine zweistündige Führung kostet 11 Euro. Reservierung erforderlich (Tel. 06 69 88 44 66. Übrigens: Wer einen Pilgerausweis dabeihat, zahlt reduzierte Eintrittspreise.

Essen und Trinken

- Den Besuch des Vatikans kann der Reisende mit einem Aperitiv in der Abendsonne auf der Terrasse des 4-Sterne-Hotels Atlante Star ausklingen lassen. Den einmaligen Blick auf den Petersdom sollte man sich auf keinen Fall entgehen lassen. Die **Aussichtsterrasse La Terrazza Paradiso** im 7. Stock des Hotels ist von 8.30–2 Uhr nachts geöffnet. Via dei Bastioni 1.
- In dem an den Vatikan angrenzenden Stadtviertel Borgo Pio findet sich das **Ristorante Benito e Gilbert.** Das Lokal ist sehr

Der alte und der neue Papst

Ende März 2005 herrschte in Rom Trauerstimmung. Auf dem Campo de'Fiori war die Miene der sonst immer zu einem Spaß aufgelegten Marktfrau verdüstert, die Autos, so schien es, fuhren langsamer durch die sonst immer hektische Innenstadt, und selbst der Zeitungshändler, der im Übrigen ein erklärter Gegner der katholischen Kirche ist, war brummiger als sonst.

Anlass für die gedrückte Stimmung war das langsame Sterben des Papstes. Seit Jahren schon war **Johannes Paul II.** gesundheitlich schwer angeschlagen. In den letzten Wochen aber hatte sich die Lage dramatisch verschlimmert: Vielen ist es noch in Erinnerung, das Bild, das den Papst am Fenster seines Arbeitszimmers bei dem Versuch zeigt, ein paar Worte an die Menge draußen auf der Straße zu richten; nur ein unverständliches, über Lautsprecher verstärktes Krächzen war zu vernehmen.

Die Römer vor allem hatten den polnischen Papst in ihr Herz geschlossen. Er war ihnen sympathisch in seiner offenen Art, und nicht zuletzt war es auch die Ablehnung des Irak-Krieges, die im antikriegsgestimmten Italien auch in nichtkirchlichen Kreisen Sympathien für *Johannes Paul II.* hervorriefen.

Als der alte Papst dann endlich von seinem Leiden erlöst wurde, war die Trauer in Rom groß. Sofort wurde natürlich die Frage diskutiert, wer der Nachfolger werden könnte. Selbstverständlich hätte man es gerne gesehen, wenn wieder einmal ein Italiener Papst geworden wäre. Kardinal *Ratzinger* wurden zwar durchaus Chancen eingeräumt, aber die Spekulationen um *Ratzinger* als Nachfolger verdichteten sich erst, als er am 8. April 2005 die Begräbnisfeierlichkeiten für Papst *Johannes Paul II.* leitete.

Das Begräbnis des alten Papstes wurde zu einem medialen Großereignis. Teilweise waren schon Jahre zuvor von den Fernsehsendern Terrassen und Plätze angemietet worden, von denen aus man das Aufsteigen des weißen Rauches, das traditionell den erfolgreichen Ausgang der Papstwahl signalisiert, besonders gut sehen konnte. Ganz Rom war für die Dauer des Begräbnisses für den Autoverkehr gesperrt, Pilgerscharen aus aller Welt verstopften die Via della Conciliazione, die Prachtstraße, die zum Petersdom führt. *Johannes Paul II.* hatte sie alle zusammengebracht, an jenem 8. April 2005, selbst diejenigen, die sich sonst lieber aus dem Weg gehen: den iranischen Staatspräsidenten und drei amerikanische Präsidenten (*Bush* senior, *Bush* junior und *Bill Clinton*).

Zehn Tage später, am 18. April 2005, hielt *Ratzinger* eine viel beachtete Rede gegen Materialismus und Relativismus, zwei seiner beliebtesten Themen, die von vielen als „Regierungserklärung" verstanden wurde. Schon am Nachmittag des folgenden Tages wurde er im vierten Wahlgang zum 265. Papst in der Geschichte der römisch-katholischen Kirche gewählt. Das Konklave, die Kardinalsversammlung in der Sixtinischen Kapelle, in der der Papst gewählt wird, dauerte nur 26 Stunden. Kardinal *Ratzinger* gab sich den Papstnamen **Benedikt XVI.** Es wird vermutet, dass er mit dieser Namenswahl auf den Gründer des Benediktinerordens, *Benedikt von Nursia,* aber auch auf seinen Namensvorgänger *Bendikt XV.* (1914–22) anspielt, der als „Friedenspapst" bezeichnet wurde.

Der neue Papst wurde als *Josef Alois Ratzinger* am 16. April 1927 im oberbayrischen Marktl am Inn (Bistum Passau) als Sohn des Gendarmeriemeisters *Jo-*

seph und der Köchin *Maria* geboren. Das Umfeld, in dem *Ratzinger* aufwuchs, war von Armut und Religiosität geprägt.

Trotz der finanziellen Härte schickten die Eltern den kleinen *Josef* auf das Studienseminar St. Michael, wo der Schüler durch seine Intelligenz und seinen Ehrgeiz auffiel.

Mit 16 Jahren wurde *Ratzinger* als Flakhelfer eingezogen. Auf die Frage eines Vorgesetzten nach seinem Berufsziel gab er schon damals das Priesteramt an. In den letzten Kriegstagen desertierte er, geriet aber dennoch für einige Monate in amerikanische Kriegsgefangenschaft.

Nach dem Krieg studierte *Ratzinger* Katholische Theologie und Philosophie in Freising, München und Freiburg. Die Priesterweihe empfing er 1951 durch den damaligen Erzbischof von München und Freising, *Michael Kardinal von Faulhuber.*

Bereits mit 31 Jahren trat *Ratzinger* 1958 eine Professur für Dogmatik und Fundamentaltheologie an der Hochschule in Freising an.

Ratzinger erwarb sich schnell den Ruf eines Reformers, also das Gegenteil seiner heutigen konservativen Position. Nicht wenige witzeln darüber, dass der neue Papst seine eigenen Schriften aus den 1960er Jahren eigentlich auf den Index setzen lassen müsste. Unter dem Schlagwort „aggiornamento" („in das Heute bringen") war er Anhänger einer Öffnung der Kirche. Diese Grundhaltung änderte sich, so schildert es *Ratzinger,* unter dem Einfluss der Studentenproteste von 1968. Zeitzeugen berichten, den sensiblen *Ratzinger* hätten die persönlichen Angriffe, die damals gegen ihn geführt wurden, derartig getroffen, dass er sich von nun an als konservativer Hardliner definierte. Als solcher wird er 1981 zum Präfekt der Glaubenskongregation, einer Art Ministerpräsident des Vatikanstaats, ernannt. Als solcher war er verantwortlich für die Ablehnung des Vatikans von Priesterehen, die Konflikte mit den südamerikanischen Befreiungstheologen, die Ablehnung künstlicher Methoden der Empfängnisverhütung und gleichgeschlechtlicher Lebensgemeinschaften. Innerkirchliche Kritiker wurden mit Ämterverlust oder Exkommunikation bestraft.

In Deutschland trieb *Ratzinger* den Ausstieg kirchlicher Vereine aus dem staatlichen System der Schwangerschaftskonfliktberatung voran, da er allein in der Teilnahme eine Form der Mitwirkung an Abtreibungen sah. Dies führte zu einer Dauerfehde mit dem liberalen Limburger Bischof *Kamphaus.*

Seine konservative Grundhaltung führte dazu, dass in Deutschland die Begeisterung über den ersten deutschen Papst seit 482 Jahren doch eher verhalten war. In der im Vergleich zu anderen europäischen Ländern doch eher liberal gestimmten katholischen Kirche in Deutschland war Enttäuschung über die konservative Ausrichtung des neuen Papstes zu spüren.

Die römische Marktfrau, die so traurig über den Tod von *Johannes Paul II.* war, kann das alles gar nicht verstehen. Wir Deutschen sollten uns doch freuen, dass wir nach so langen Jahren endlich wieder einen Papst stellen.

klein und bietet hervorragende Fischgerichte sowie eine Auswahl guter Weißweine aus der Umgebung Roms an. Via del Falco 19, Tel. 06 686 77 69, So und Mo Ruhetag, am besten vorher reservieren.

● **Zi Gaetana,** einfaches Restaurant in der Nähe des Vatikans auf der großen Flanierstraße des Viertels, preisgünstig und lecker. Via Cola di Rienzo 263.

Besichtigung des Petrusgrabes

Führung nur mit vorheriger **Anmeldung im Ufficio Scavi.** Um das Büro zu erreichen, muss man an der Schweizergarde vorbei (links vor dem Eingang des Petersdoms) und sich einen Termin geben lassen. Am besten meldet man sich einen Tag vorher an, um sicher zu gehen, an dem Rundgang auch wirklich teilnehmen zu können. Die Führung dauert 1:30 Std. und kostet 5 Euro.

Sonstiges

Man kann sich im Ufficio Scavi auch zu einer **Papstaudienz** anmelden. Einzel- oder Gruppenaudienzen sind nur für ein ausgewähltes Publikum gedacht. Ein Empfehlungsschreiben eines höhergestellten Bewohners des Kirchenstaates ist unbedingte Vorraussetzung. Möglich ist allerdings die Teilnahme an einer Generalaudienz, die an jedem Mittwoch gegen 10 Uhr in einem kleinen Vorlesungssaal links vom Petersdom stattfindet.

In dem Postamt gleich nebenan kann man sich mit den bei Sammlern beliebten **Briefmarken des Kirchenstaats** eindecken.

Noch ein Tipp: Wer den Weg **zu den Vatikanischen Museen** nicht zu Fuß zurücklegen möchte, kann auch den Bus benutzen, der alle 30 Minuten vor dem Informationsbüro abfährt; Fahrpeis 1 Euro.

Via Appia Antica – römische Gräber

Für den Ausflug auf die Via Appia, sicherlich eine der schönsten Straßen der Welt, sollte sich der Reisende auf jeden Fall Zeit nehmen. Zwischen uralten Grabsteinen ragen Schirmpinien in den azurblauen römischen Himmel hinauf, in der Ferne ziehen sich die römischen Aquädukte durch die Landschaft. Im Jahre **312 v.Chr. fertig gestellt,** wurde die Straße nach ihrem Erbauer *Appio Cieco* benannt, was durchaus ungewöhnlich war, schließlich war es damals üblich, die Straßen nach ihrer Funktion oder ihrem Ziel zu benennen.

An der Appia wurden **in altrömischer Zeit** die **Angehörigen der bedeutenden Familien begraben.** Ein altes Gesetz schrieb den Römern vor, ihre Toten vor den Toren der Stadt zu beerdigen.

Als das Imperium verfiel, verkam auch die Via Appia immer mehr. Während der ständig wachsenden Bedrohung durch die Germanen wollten die Römer den Feinden auf keinen Fall Versorgungs- und Unterschlupfmöglichkeiten vor den Toren Roms bieten, daher ließen sie die Straße veröden. Heute dient die Appia den Römern am Wochenende als **beliebte Picknickstätte** für die Großfamilie.

Katakomben von San Callisto

Auch die Urchristen benutzten die Via Appia als Begräbnisstätte. Heute können die Katakomben tief unter der Erde besichtigt werden. In den Katakomben von San Callisto befindet sich eine Krypta aus dem 3. Jahrhundert für die Märtyrerpäpste, die von den Römern hingerichtet wurden. Besonders verehrt wird in Rom das **Grab der christlichen Märtyrerin Cecilia.** Der

026ro Foto: fs

Grabdenkmäler an der Via Appia Antica

Leichnam wurde nach der Entdeckung in die gleichnamige Kirche Santa Cecilia in Trastevere gebracht (siehe auch dort).

• **Katakomben von San Callisto,** eine Besichtigung ist nur mit autorisiertem Führer möglich. Die Führung wird auch auf Deutsch angeboten. Geöffnet 8.30–12 und 14.30–17.30 Uhr bzw. 17 Uhr im Winter (Mi Ruhetag). Eintritt 6 Euro, unter 18 Jahren 3 Euro.

In den **Fosse Ardeatine** gleich gegenüber (*fosse* heißt übrigens „Steinbrüche") erinnert eine **Gedenkstätte** an ein schreckliches Verbrechen aus dem Zweiten Weltkrieg. Nachdem eine Gruppe italienischer Partisanen in der Via Rasella ein Bombenattentat auf einen Lastwagen der SS verübt hatte, bei dem 32 Soldaten ums Leben kamen, wurden von den Deutschen am 24. März 1944 335 Italiener, die mehr als zehnfache Zahl also, zur Vergeltung des Anschlags in den Steinbrüchen hingerichtet. Schlagzeilen machte die Festnahme des zweiten Mannes des Verbrechens, *Erich Priebke*, in Argentinien. Erst nach einem Revisionsverfahren wurde er zu fünfzehn Jahren Haft verurteilt, die Strafe wurde jedoch aus gesundheitlichen Gründen in Hausarrest umgewandelt.

• **Fosse Ardeatine,** die Steinbrüche können besichtigt werden, der Eintritt ist frei. Geöffnet im Sommer von 8–17.45 Uhr, im Winter bis 16.45 Uhr.

Praktische Tipps

Ankunft in Rom

Flughafen

Rom hat **zwei internationale Flughäfen,** der größte heißt **Leonardo da Vinci im Vorort Fiumicino.** Von hier aus gehen die meisten regulären Flüge der internationalen Fluggesellschaften ab. In Fiumicino gibt es drei Terminals: A für die Inlandsflüge, B für internationale Flüge in der Europäischen Union und C für Interkontinentalflüge und Ziele in Ländern, die nicht zur EU gehören.

Es gibt zwei **Züge,** die den Flughafen Fiumicino mit der **Innenstadt** verbinden. Der eine kostet 5 Euro und fährt zwischen 6.27 Uhr und 23.37 Uhr alle 20 Minuten nach Rom. Der Zug fährt nach Fara Sabina und hält an den Stationen Trastevere, Tuscolana und Tiburtina, aber nicht am Hauptbahnhof. Der andere Zug heißt „Leonardo Express" und kostet 9,50 Euro, ist aber auch viel schneller. Er fährt zwischen 6.37 Uhr und 23.37 Uhr jede halbe Stunde zum Hauptbahnhof (Stazione Termini). Wenn der Verkaufsschalter geschlossen ist, muss man das Ticket an einem Fahrkartenautomaten kaufen. Die Bahnsteige sind unterirdisch, der Weg dorthin ist im Flughafengebäude gut beschildert.

Die Fahrt mit dem **Taxi** bis zum Bahnhof dauert 40–50 Minuten und kostet etwa 45 Euro. Beim Verlassen des Terminals wird man oft schon von Taxifahrern angesprochen. Schwarztaxis sollten gemieden werden, da es schon mal zu unangenehmen Überaschungen kommen kann.

Wer mit dem **Mietwagen** ins Stadtzentrum fahren möchte, findet auf dem Weg zum Flughafenparkhaus die gängigen Agenturen.

- **Fluginformation:** Airport Leonardo da Vinci, Tel. 06 659 51, www.adr.it.

Der **zweite Flughafen** Roms, **Ciampino** (www.adr.it), liegt im Südosten etwa 15 km vom Stadtzentrum entfernt. Hier kommen die **Billigfluglinien** wie Ryan Air, Germanwings usw. an. Von hier aus fährt man am besten mit einem Bus der Gesellschaft COTRAL (Fahrpreis 1 Euro) bis zur Metrostation Anagnina, wo man in die Metro Richtung Hauptbahnhof umsteigen kann. Neben der Bushaltestelle kann man die Tickets an einem Fahrkartenautomaten kaufen.

Hauptbahnhof (Stazione Termini)

Der Hauptbahnhof liegt **mitten im Zentrum** Roms. Das Meisterwerk der modernen Architektur empfängt den Besucher mit seiner imposanten Vorhalle, die einer Wellenform nachempfunden ist. Die Halle wurde 1950 von *Luigi Nervi* fertig gestellt.

Zwischen Gleis 3 und 4 unterhält das **Touristenamt der Provinz Rom** ein Büro. Hier kann man sich mit kostenlosem Informationsmaterial zu Rom eindecken.

In der Schalterhalle gibt es **Banken,** die auch am Wochenende geöffnet haben.

Die **Autovermietungen** haben sich an Gleis 1 niedergelassen.

Vorsicht vor Kofferträgern, die mit freundlichen Worten beim Tragen helfen wollen. Oft handelt es sich um unseriöse Angebote, die zur Folge haben, dass das Gepäck für immer verschwindet. Nur die Träger in den blauen Uniformen sind offizielle Gepäckträger.

Vor dem Bahnhof gibt es einen Informationsstand, an dem man **Fahrkarten für die öffentlichen Verkehrsmittel** kaufen kann.

Unter dem Bahnhof verkehren die **Metrolinien A und B** (dem Schild „Metro" folgen). Ein Ticket für die U-Bahn kann man auch in der *Biglietteria,* die auf dem Weg zu den Metrogleisen liegt, kaufen.

- **Infos zur Metro:** www.metroroma.it

Sicherheit

Am meisten gefährdet ist in Rom nicht der Mensch, sondern sein liebstes Spielzeug, das **Auto.** Mir ist mein Wagen schon mehrmals aufgebrochen worden. Seitdem verzichte ich darauf, das Auto abzuschließen, was zumindest die zerschlagenen Scheiben verhindern hilft. Grundsätzlich sollte man nichts im Auto liegen lassen. Wer einen teuren Wagen fährt, sollte sich bei seinem Autohändler über Sicherungsmöglichkeiten informieren.

Es wird viel geredet über die „kriminellen Zustände" in Rom. Ich persönlich fühle mich in der römischen Innenstadt weniger bedroht als in manchen Vierteln meiner Heimatstadt Frankfurt. Die **Straße** ist in Rom ein lebendiger, öffentlicher Raum, der den Überfall, der in einer dunklen Ecke einer deutschen Großstadt passieren kann, von vorneherein verhindert. Dies gilt allerdings nicht für die Randgebiete Roms, die so genannten *Borgate,* und für die Gegend um den Hauptbahnhof. Aufpassen sollte man auch auf die kleinen Kinder, die vor allem an den Touristenschwerpunkten ihr Glück als Taschendiebe versuchen. Der Kenner schützt sich, indem er stets seine Tasche mit festem Griff auf der straßenabgewandten Seite trägt, um vor allem den Dieben zu entgehen, die ihre Taten auf Motorrollern begehen.

Auch wenn die Chance klein ist: Hat man etwas verloren, kann man sich an das **Fundbüro (Ufficio oggetti smariti)** in der Via N. Parboni 14, Tel. 581 05 83, wenden.

Wegen anhaltender **Terrordrohungen** gegen Italien ergreift die ewige Stadt derzeit Sicherheitsmaßnahmen, die es so noch nie gegeben hat. Polizisten mit Spürhunden laufen fast täglich über den Petersplatz, während rund um das Colosseum ein Absperrgitter errichtet wird. Auch die Engelsburg wird ihrer wahren Bestimmung gerecht: Sie wird in eine Festung verwandelt, mit Metalldetektoren, durch die alle Besucher geschleust werden, und einer konsequenten Taschenkontrolle. Derartige Sicherheitsmaßnahmen gibt es bereits am Eingang der Vatikanischen und Kapitolinischen Museen. Bisher haben die Besucher mit Verständnis reagiert. Schließlich wissen die meisten, dass Italien als einer der engsten Verbündeten der USA Soldaten im Irak stationiert hat und damit einem erhöhten Anschlagsrisiko ausgesetzt ist.

Verkehrsmittel

- Für **Bus, U-Bahn und Straßenbahn** in Rom ist die **ATAC** (Tel. 800 43 17 84, www.atac.roma.it) zuständig.
- Für alle **Verbindungen in die Umgebung** von Rom ist **COTRAL** (Tel. 06 575 31) verantwortlich.

Tickets

Tickets kann man in den Bars, den Tabak- und Zeitungsläden und an den Automaten in den Bahnhöfen der U-Bahn kaufen. Folgende Tickets werden angeboten:

- **BIT (Biglietto Integrato a Tempo),** 1 Euro, 75 Min. lang gültig, für alle Busse, Straßenbahnen und Metrolinien.
- **BIG (Biglietto Integrato Giornaliero),** 4 Euro, Tageskarte, die 24 Std. lang für alle Verkehrsmittel in der Stadt gültig ist.
- **CIS (Carta Integrata Settimanale,** 16 Euro, gültig für 7 Tage, ohne Einschränkungen.
- **Mensile,** die Monatskarte für alle öffentlichen Verkehrsmittel kostet 46 Euro.

Metro

In Rom gibt es **zwei Metrolinien.** Die **Linie A** verbindet Cinecittà im Südosten Roms über Piazza di Spagna und die Vatikanischen Museen mit dem Nordwesten (Battistini). Die **Linie B** verkehrt zwischen der Vorstadt EUR, dem Colosseum und dem Hauptbahnhof bis in den Nordosten (Rebibbia). Beide Linien kreuzen sich am Hauptbahnhof. Die U-Bahn fährt im 8-Minuten-Takt von 5.30 bis 23.30 Uhr, samstags von 5.30 bis 0.30 Uhr. Zu erkennen sind die Metrostationen an einem weißen M auf rotem Grund. An den Stationen sind Fahrkartenautomaten aufgestellt. Übrigens: Rauchen ist auf den Bahnhöfen untersagt.

Elektrobusse

Die Zukunft des öffentlichen Nahverkehrs im Statdtzentrum Roms: kleine, elektrisch betriebene Busse, die schnell und ohne die Umwelt zu verschmutzen die Fahrgäste befördern. Außerdem bieten die Kleinbusse eine **Stadtrundfahrt,** die sonst recht teuer ist (s.u.), zum Preis eines normalen Tickets von 1 Euro an.

Mittlerweile gibt es **drei Linien:** Die **116** verkehrt zwischen Via Veneto und Via Giulia, über Piazza Barberini und Campo de'Fiori.

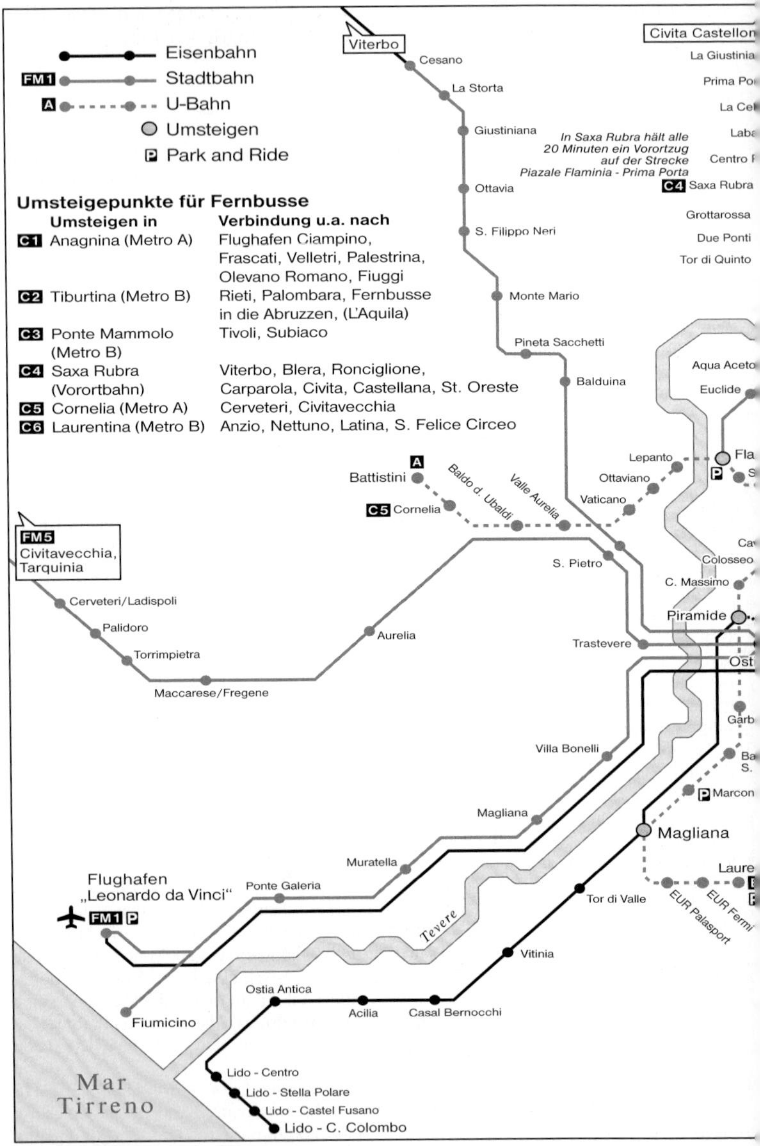
Eisenbahn
FM1 Stadtbahn
A U-Bahn
Umsteigen
P Park and Ride
Umsteigepunkte für Fernbusse
Umsteigen in
Verbindung u.a. nach
C1 Anagnina (Metro A)
Flughafen Ciampino, Frascati, Velletri, Palestrina, Olevano Romano, Fiuggi
C2 Tiburtina (Metro B)
Rieti, Palombara, Fernbusse in die Abruzzen, (L'Aquila)
C3 Ponte Mammolo (Metro B)
Tivoli, Subiaco
C4 Saxa Rubra (Vorortbahn)
Viterbo, Blera, Ronciglione, Carparola, Civita, Castellana, St. Oreste
C5 Cornelia (Metro A)
Cerveteri, Civitavecchia
C6 Laurentina (Metro B)
Anzio, Nettuno, Latina, S. Felice Circeo
Viterbo
Cesano
La Storta
Giustiniana
Ottavia
S. Filippo Neri
Monte Mario
Pineta Sacchetti
Balduina
In Saxa Rubra hält alle 20 Minuten ein Vorortzug auf der Strecke Piazale Flaminia - Prima Porta
C4 Saxa Rubra
Grottarossa
Due Ponti
Tor di Quinto
Aqua Aceto
Euclide
A
Battistini
C5 Cornelia
Baldo d. Ubaldi
Valle Aurelia
Lepanto
Ottaviano
Vaticano
S. Pietro
Colosseo
C. Massimo
Piramide
Trastevere
FM5
Civitavecchia, Tarquinia
Cerveteri/Ladispoli
Palidoro
Torrimpietra
Maccarese/Fregene
Aurelia
Villa Bonelli
Magliana
Muratella
Marconi
Magliana
Flughafen „Leonardo da Vinci“
FM1 P
Ponte Galeria
Tevere
Tor di Valle
EUR Palasport
EUR Fermi
Vitinia
Ostia Antica
Acilia
Casal Bernocchi
Fiumicino
Lido - Centro
Lido - Stella Polare
Lido - Castel Fusano
Lido - C. Colombo
Mar Tirreno

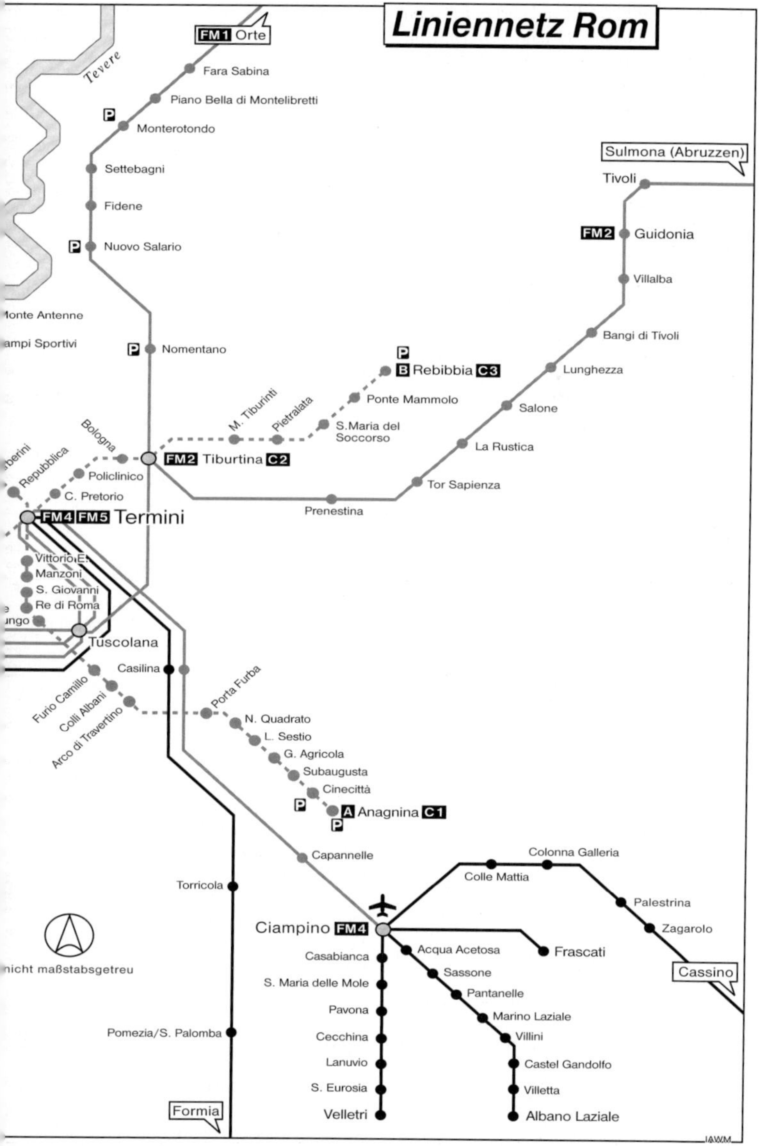
Liniennetz Rom
FM1 Orte
Tevere
Fara Sabina
Piano Bella di Montelibretti
P
Monterotondo
Settebagni
Fidene
P
Nuovo Salario
P
Nomentano
Sulmona (Abruzzen)
Tivoli
FM2 Guidonia
Villalba
Bangi di Tivoli
Lunghezza
Salone
La Rustica
Tor Sapienza
Prenestina
P
B Rebibbia C3
Ponte Mammolo
S.Maria del Soccorso
Pietralata
M. Tiburtini
Bologna
FM2 Tiburtina C2
Repubblica
Policlinico
C. Pretorio
FM4 FM5 Termini
Vittorio E.
Manzoni
S. Giovanni
Re di Roma
Tuscolana
Casilina
Furio Camillo
Colli Albani
Arco di Travertino
Porta Furba
N. Quadrato
L. Sestio
G. Agricola
Subaugusta
Cinecittà
P
A Anagnina C1
P
Capannelle
Torricola
Colonna Galleria
Colle Mattia
Palestrina
Zagarolo
Ciampino FM4
Casabianca
S. Maria delle Mole
Pavona
Cecchina
Lanuvio
S. Eurosia
Velletri
Acqua Acetosa
Frascati
Sassone
Pantanelle
Marino Laziale
Villini
Castel Gandolfo
Villetta
Albano Laziale
Cassino
nicht maßstabsgetreu
Pomezia/S. Palomba
Formia
IAWM

Zwischen 8 und 20 Uhr verkehrt der Bus im 10-Minuten-Takt. Die **117** fährt vom Lateranpalast bis zur Piazza del Popolo mitten durch die Fußgängerzone, zwischen 8 und 20 Uhr, alle 8 Minuten. Die **119** gilt als die attraktivste Elektrobuslinie für Touristen. Der Bus beschreibt einen Rundkurs von der Via del Corso durch haarsträubend enge Gassen, über Piazza Venezia, Piazza di Spagna und Piazza del Popolo. Abfahrtszeiten wie bei den anderen Elektrobussen.

Straßenbahn

Nach der Verdrängung der Straßenbahn *(tram)* aus der italienischen Hauptstadt in den 60er und 70er Jahren des vergangenen Jahrhunderts sind **nur noch wenige Linien** als nostalgisches Relikt geblieben. Auch für die *tram* gilt der Fahrpreis von 1 Euro, Tickets sind an den üblichen Verkaufsstellen zu erwerben.

Von den wenigen Verbindungen, die noch existieren, ist die **Linie 3** wohl die interessanteste. Vom Circo Massimo über das Colosseum bis ins Arbeiterviertel San Lorenzo und auf den römischen Zentralfriedhof Campo Verrano führt die Strecke.

Pferdedroschken

Am Petersplatz, an der Piazza di Spagna und am Colosseum kann man zwischen Frühjahr und Herbst bis etwa 19 Uhr eine Pferdedroschke mieten - kein ganz billiges Vergnügen. Vom Colosseum aus kostet eine einstündige Tour über den Palatinhügel ab 40 Euro. Allerdings kann der Preis verhandelt werden.

Taxi

Die Preise der römischen Taxen entsprechen ungefähr denen deutscher Großstädte. Allerdings ist das **Gebührensystem äußerst kompliziert.** Wer in eines der weißen oder gelben Fahrzeuge einsteigt, muss erst einmal eine Grundgebühr von 2,30 Euro bezahlen. Für jeden gefahrenen Kilometer kommen dann 0,52 Euro hinzu. Für eine durchschnittliche Stadtfahrt (etwa vom Palatin bis zum Bahnhof) muss man mit 6–8 Euro rechnen. Von 22–7 Uhr gilt ein Zuschlag von 2,60 Euro, an Feiertagen sind es 1,30 Euro. Gepäck kostet auch noch mal 1 Euro extra. Wer sich außerhalb der Autobahnumgehung Roms *(Raccordo annulare)* fahren lässt, muss die Rückfahrt des Taxifahrers zum Raccordo mitbezahlen.

Abgeraten werden muss natürlich von den vielen **Schwarztaxen,** die in Rom verkehren.

Schwierig ist es, **am frühen Morgen** ein Taxi zu bekommen. Das ist wichtig für viele, die mit einer Billigfluglinie fliegen, weil die Flüge vom Flughafen Ciampino meist sehr früh starten. Man sollte auch bedenken, dass die Damen und Herren in der Taxizentrale nicht unbedingt englisch oder irgendeine andere Sprache sprechen. Unter den **Telefonnummern** 06 49 94, 06 81 77 oder 06 55 51 kann man ein Taxi bestellen; es muss aber immer eine örtliche Telefonnummer angegeben werden.

Die größten **Taxihalteplätze** in der Stadtmitte sind an der Piazza della Reppubblica, an der Piazza Venezia und am Largo Argentinia zu finden.

Fahrrad- und Mopedverleih

- **I bike Rome,** Viale del Galoppatoio 33 (an der U-Bahn-Haltestelle Piazza di Spagna aussteigen), Tel. 06 322 52 40, geöffnet 9–19 Uhr. Ein Fahrrad kostet 10 Euro am Tag, ein Moped zwischen 20 und 50 Euro. Kreditkarte und Ausweis müssen hinterlegt werden.

Stadtrundfahrt

Empfehlenswert ist die Stadtrundfahrt mit einem oben **offenen Doppeldeckerbus.** Die **Linie** heisst **110** und kostet 13 Euro. Der Bus hält an elf Stationen, an denen man aus- und wieder einsteigen kann. Im Bus gibt es Audioguides in sieben Sprachen, auch in Deutsch. Informationen und Tickets auf der Piazza dei Cinquecento (Plattform D), das ist der Platz vor dem Hauptbahnhof, bei Termini Info Point, Tel. 06 46 95 22 52.

Unterkunft

- **Hassler Villa Medici**€€€€€, Piazza Trinità dei Monti 6, www.hotelhasslerroma.com, Tel. 06 69 93 40. Eines der besten Hotels in Rom, inmitten der Altstadt an der Piazza di Spagna. Doppelzimmer ab 550 Euro. Die Penthousesuite kostet kostet stolze 3300 Euro, ohne Frühstück allerdings ...

● **Cavalieri Hilton**€€€€€, Via Cadlolo 101, Tel. 06 350 91, Fax 06 35 09 22 41. Auf dem Monte Mario, etwas außerhalb des Zentrums, hat man bestimmt einen der schönsten Blicke auf die ewige Stadt. Das Hotel beherbergt außerdem **eines der besten Restaurants in Rom.** Im **La Pergola** bereitet Küchenchef *Heinz Beck* – ja, wirklich ein Deutscher – römische Spezialitäten vom Feinsten. Zudem verfügt das Hotel über einen der schönsten Swimmingpools der Stadt. Doppelzimmer ab 500 Euro. Im August gibt es relativ günstige Wochenendangebote, die man am besten schon von Deutschland aus frühzeitig buchen sollte.

● **Residenza Paolo VI.**€€€€€, Via Paolo VI. 29, Tel. 06 68 13 41 08, Fax 06 686 74 28, Reservierungszentrale Deutschland: Frau *Kronimus*, Tel. 0700-26 87 84 25, im Internet: www.residenzapaolovi.com. Näher am Papst geht's wirklich nicht: Die Residenza Paolo VI. liegt schon auf dem Gelände des Vatikanstaats. Von der Aussichtsterrasse hat man einen der schönsten Blicke auf den Petersdom. Die Ausstattung des Hotels ist sehr stilvoll. Für den deutschen Reisenden ist es ein angenehmer Vorteil, das hier auch deutsch gesprochen wird, da das Hotel unter deutscher Leitung steht. Doppelzimmer zwischen 130 und 220 Euro.

● **Hotel Teatro Pace 33**€€€€, Via del Teatro Pace 33, Tel. 06 687 90 75, www.hotelteatropace.com. Ganz in der Nähe der Piazza Navona, also mitten im Herzen Roms. Nur 23 Zimmer, allesamt schön eingerichtet. Doppelzimmer ab 120 Euro mit Frühstück, allerdings – romantische Gemüter wird's freuen – wird das Frühstück nur im Zimmer serviert.

● **Sole**€€€, Via del Biscione 76, Tel. 06 68 80 68 73, Fax 06 689 37 87, www.solealbiscione.it. Am Campo de'Fiori gelegenes Altstadthotel, das meistens ausgebucht ist. Doppelzimmer ab 82 Euro (keine Kreditkarten). Angeblich die älteste, bestimmt aber die beliebteste Pension in Rom. Am besten schon ein Jahr vorher anrufen. Der Dachgarten ist übrigens einer der schönsten in der Stadt.

● **La Casa internazionale delle donne**€-€€, einfaches, sauberes Hotel und Restaurant in einem Kulturzentrum in Trastevere nur für Frauen. Einzelzimmer ab 48 Euro, Mehrbettzimmer schon ab 28 Euro. Im Sommer sitzt man in einem alten Innenhof mitten im pittoresken Stadtviertel Trastevere. Via San Francesco di Sales 1, Tel. 06 686 42 01.

● Erst vor kurzer Zeit renoviert wurde das **Hotel Home Sweet Home**€€ in der Nähe des Hauptbahnhofs, Via Principe Amedeo 47 (1. Stock), Tel. 06 488 09 54. Einfach, sauber und zentral gelegen. Doppelzimmer 70 Euro.

● **Bed & Breakfast Italia** ist das größte italienische Netzwerk von privaten Unterkunftsmöglichkeiten. Auf der Internetseite **www.bbitalia.it** werden über 1000 Häuser und Wohnungen in Italien angeboten. Ein Großteil davon befindet sich in Rom und Umgebung. Die Preise für ein Doppelzimmer mit Frühstück liegen bei 30–60 Euro.

● Roms **Jugendherberge** liegt in dem Komplex des Foro Italico, in der Nähe des Vatikan. Sie verfügt über 334 Betten in Doppel- oder Sechsbettzimmern. Außerdem gibt es eine Bar, ein Restaurant und einen Waschsalon. Das **Ostello per la Gioventù**€ befindet sich in der Via delle Olimpiadi 61, Tel. 06 323 62 67. Eine Übernachtung mit Frühstück kostet 17 Euro, mit Halbpension 20,50 Euro. Es empfiehlt sich, mindestens 2 Monate im Voraus zu buchen.

● **Pilgerunterkünfte:** Natürlich können sie auch in einem Kloster oder einer anderen kirchlichen Einrichtung übernachten. Das deutschsprachige Pilgerzentrum in der Via della Conciliazione 51 (direkt am Petersplatz), Tel. 06 689 71 97, vermittelt preisgünstige Unterkünfte. Im Internet gibt es unter www.pilgerzentrum.de eine ausführliche Liste, aus der man sich schon vor der Reise eine Unterkunft aussuchen kann.

Camping

● **Camping Seven Hills,** Via Cassia 1216 (am Kilometer 13), Tel. 06 30 31 08 26. Der Platz in der römischen Campagna vor den Toren der Stadt ist der schönste Roms. Seven Hills verfügt über ein Schwimmbad und ein Restaurant. Der Platz ist etwas teurer als die anderen römischen Campingplätze: Eine Übernachtung kommt auf etwa 15 Euro für einen Stellplatz (mit Auto und Strom für 1 Person).

Rom für Kinder

Die Italiener, und insbesondere die Römer, gehören sicher zu den kinderfreundlichsten Menschen Europas. Niemand wird einem Kind für ein Missgeschick ernsthaft böse sein. Im Gegenteil, vielmehr wird es zum Trost für vergossene Tränen mit Süßigkeiten überhäuft werden. Ohne Schwierigkeiten kann der Rom-Reisende also sein Kind überallhin mitnehmen.

● **Bioparco in der Villa Borghese:** Sehr schön ist der ursprünglich von *Hagenbeck* konzipierte **Zoo** in der nördlichen Ecke des Parks der Villa Borghese. Heute handelt es sich um den so genannten „Bioparco", in dem die Tiere sehr schonend behandelt werden. Mit einem kleinen Zug können Kinder und Erwachsene eine Rundfahrt entlang des künstlichen Sees unternehmen. Wer möchte, kann auch ein Boot mieten. Außerdem gibt es einen schönen Spielplatz, was in Rom eher eine Seltenheit ist. Geöffnet vom 28.10. bis zum 29.3. von 9.30–17 Uhr (Einlass bis 16 Uhr), vom 30.3 bis zum 26.10. von 9.30–18 Uhr (Einlass bis 17 Uhr), Eintritt: Erwachsene 8,50 Euro, Kinder 6,50 Euro, Kinder bis 3 Jahre frei, www.bioparco.it.

● Der **Vergnügungspark** (ital.: **Luna Park**) im Stadtteil EUR befindet sich in der Via Tre Fontane und ist täglich von 17–24 Uhr geöffnet (Di Ruhetag). Hier gibt es eine Achterbahn, Riesenrad und viele Karussells und Buden.

● Seit einigen Jahren gibt es unter dem Namen **Explora** auch ein **Kindermuseum** in Rom. Hier können Kinder in einer für sie gestalteten Stadt alles Mögliche entdecken; es soll und darf alles beobachtet und angefasst werden. Das Museum befindet sich ganz in

624ro Foto: fs

der Nähe der Piazza del Popolo (Via Flaminia 82); zu erreichen mit der Metrolinie A, bis zur Haltestelle Flaminio (man kann auch mit dem Auto in der Via Flaminia 86 für 1 Euro parken). Im Internet unter www.mdbr.it. Eintritt: Kinder 7 Euro, Erwachsene 6 Euro, unter 3 Jahren ist der Eintritt umsonst. Ein Besuch der kleinen Stadt dauert immer 1 Stunde und 45 Minuten. Di bis Fr starten die Gruppen um 9.30, 11.30, 15 und 17 Uhr, Sa und So um 10, 12, 15 und 17 Uhr; Mo Ruhetag. Zwar ist alles in Italienisch, trotzdem aber kann es für Kinder und Eltern, die bereit sind, sich einer fremden Kultur zu öffnen, ein interessanter Ausflug werden .

- Ein außergewöhnlich schönes, aber auch teures **Geschäft für Kinderspielzeug und** vor allem **Puppen** befindet sich auf der Piazza Navona 53. Besonders die handgemachten Puppen bei Al Sogno sind sehenswert.
- Über das schwarze Brett in der deutschsprachigen Herder-Buchhandlung (Piazza di Montecitorio 117, Tel. 06 679 46 28) besteht die Möglichkeit, einen deutschsprachigen **Babysitter** zu finden.

Rom bei Nacht

Das **römische Nachtleben** spielt sich hauptsächlich **auf der Straße** ab. Vor allem am Samstagabend treffen sich die Römer gerne auf einer Piazza in der Altstadt, um die Stadt zu Fuß zu durchstreifen und sich gemeinsam den öffentlichen Raum zu erschließen. Die Straße ist ein Stück der Lebendigkeit Roms, sie ist die Bühne, auf der die römischen Nachtschwärmer agieren und auf der ihre selbstdarstellerischen Fähigkeiten von einem dankbaren Publikum aufgenommen werden. Das Ganze findet spät statt: Vor 21 Uhr geht kaum jemand essen, und erst danach, ab 23 Uhr, trifft man sich in den Weinlokalen und Pubs **zwischen Campo de'Fiori und Piazza Navona.**

Erst in den letzten Jahren haben einige **Kneipen** nach Vorbildern aus dem Norden Europas eröffnet. Richtig durchgesetzt haben sie sich aber noch nicht. Der Römer ist rastlos. Lieber zieht er von einem Treffpunkt zum anderen, als sich in lange Kneipengespräche zu vertiefen.

Viel los ist auch in den **Stadtvierteln Trastevere und Testaccio.** In dem ehemaligen Arbeiterviertel Testaccio steigen im Sommer große Feten im früheren Schlachthof, von dem ein Teil in Ausstellungsräume für zeitgenössische Kunst umgewandelt wurde.

Seinen absoluten Höhepunkt erlebt das römische Nachtleben natürlich im Sommer. Die Veranstaltungen des **„estate romana"** (dt.: römischer Sommer) sind mittlerweile eine Institution geworden. Die Idee stammt von dem kommunistischen Kulturdezernenten *Umberto Nicolini* aus den 70er Jahren des vergangenen Jahrhunderts. Das Ganze war für diejenigen gedacht, die es sich nicht leisten konnten, Urlaub zu machen. Im Zeitalter der Spaßgesellschaft hat sich natürlich auch der „estate romana" sehr verändert. Heute gibt es **zwischen Juli und September** derartig **viele Veranstaltungen in und um Rom,** dass es schwer ist, den Überblick zu bewahren. Auf jeden Fall sollte man sich rechtzeitig über die Veranstaltungen des „estate romana" informieren.

Infos

Einen guten Überblick über das Nachtleben verschafft man sich auf der Webseite der Stadtzeitung „Roma c'è", **www.romace.it.** Hier finden sich die Adressen der angesagtesten Lokale, Kinos und Pubs in Rom und natürlich auch alle aktuellen Konzert- und Ausstellungstermine. Die Stadtzeitung selbst erscheint am Mittwoch und ist an jedem Zeitungskiosk erhältlich. Freitags erscheint als Beilage zur Tageszeitung „La Repubblicca" ebenfalls eine Stadtzeitung namens **„Trova Roma",** in der aktuelle Veranstaltungen, Konzerte, Kneipen und Restaurants verzeichnet sind.

Porträtmaler auf der Piazza Navona

In englischer Sprache erscheint die Stadtzeitung **„Wanted in Rome"** die auch eine gute Webseite hat: www.wantedinrome.com.

Treffpunkte

- **Bar del Fico,** Piazza del Fico 26–28, geöffnet von 8–2.30 Uhr. Aus einer einfachen römischen Milchbar wurde in den letzten Jahren der absolute In-Treffpunkt in Rom. Hauptsächlich einheimisches Publikum, aber Ausländer sind herzlich willkommen.
- **Bar della Pace,** Via della Pace 3, nur abends geöffnet. Einer der bekanntesten Treffpunkte Roms mit einer eigentümlichen Mischung aus Intellektuellen, Künstlern und Promis aus der Showbranche. Nur wenige Schritte von der Piazza Navona entfernt, ein idealer Ausgangspunkt für den Start ins römische Nachtleben.
- **Jonathans Angels,** Via della Fossa 16. Einer der altgedientesten Szenetreffs in Rom, nur unweit von der Piazza Navona entfernt. Man sitzt sehr intim zwischen den Wandgemälden des Besitzers *Jonathan,* der sich hier als Künstler versucht hat.
- Nicht wenige Reisende wollen unbedingt alle Hard Rock Cafès dieser Welt gesehen haben; für diejenigen, die ihrer Sammlung das römische hinzufügen möchten, folgende Adresse: **Hard Rock Cafè Rome,** Via Vittorio Veneto 62 A/B, Tel. 06 420 30 51, täglich geöffnet von 10–24 Uhr, Fr/Sa bis 1 Uhr.
- **Société Lutéce,** Piazza di Montevecchio 17, Tel. 06 68 30 14 72. Aus Turin, der Hauptstadt des Aperitifs, importierte Bar. Hier gibt es köstliche Aperitifs und ein Büffet aus leckeren Häppchen, das durchaus das Abendessen ersetzen kann. Die Leckereien sind im Preis des Getränks inbegriffen. Schickes Publikum.

Musik

- **Caffè Latino,** Via di Monte Testaccio 96, Tel. 06 57 28 85 56. Pop, Funk und Ethno.
- Seit 1984 spielen im **Big Mama** internationale Musiker Blues, Jazz und Funk. Der Eintritt in das älteste Lifestylelokal der Stadt beträgt 8 Euro. Vicolo San Francesco a Ripa 18, (Trastevere), geöffnet von 21–1.30 Uhr, www.bigmama.it.
- Den Berliner **Alexanderplatz** gibt's mittlerweile auch in Rom. Das gleichnamige Lokal in der Via Ostia 9 veranstaltet Live-Konzerte (Jazz und New Age) und bietet kleine Speisen an. Ein Treffpunkt für die jungen Intellektuellen unter den Mondsüchtigen. Geöffnet von 21–1 Uhr, Mo Ruhetag, www.alexanderplatz.it.
- Die von dem Architekten *Renzo Piano* geplante multifunktionelle **Musikhalle Parco della Musica,** besser bekannt unter dem Namen **Auditorium,** in Rom eines der wichtigsten Projekte der modernen Architektur im 20. Jahrhundert, wurde 2004 eröffnet und gehört zu den neuesten Attraktionen der Stadt. In der Saison 2005 hatte das Auditorium schon mehr Besucher als die Royal Albert Hall in London. Die Konzerte, die hier veranstaltet werden, umfassen die ganze Bandbreite der E- und U-Musik. *Gianna Nannini* und *Count Basie* waren schon da, genauso hat hier klassische Musik ihre Heimstätte. In dem Komplex, der eine Stadt in der Stadt bildet, gibt es auch ein **Restaurant,** ein **Theater,** ein **Kino** und eine **Ausstellungshalle.**

  Viale Pietro de Coubertin 30, Tel. 199 10 97 83, www.auditorium.com. Konzertkarten können direkt im Auditorium gekauft werden. Der Kartenvorverkauf öffnet 1 Stunde vor jedem Konzert. Das Auditorium liegt im Stadtteil Flaminio. Mit der Metrolinie A bis Haltestelle Flaminio und dann mit der Straßenbahn Nr. 2 bis zum Auditorium. Vor dem Hauptbahnhof verkehrt ab 17 Uhr die Linie M, die direkt bis zum Auditorium fährt.

Discos

- Die In-Diskothek in Rom ist das **Goa** in der Via Libetta 13, Tel. 06 574 82 77, geöffnet Di bis So von 23–3 Uhr. Die Atmosphäre ist, wie der Name verrät, stark von Indien beeinflusst. Alternatives Publikum, dass sich gerne Trip Hop, House und Jungle hingibt.
- In der Disco **Circolo degli artisti** trifft man kaum auf die überall in Rom gern gesehenen Sakkoträger, sondern eher auf die studentische Jugendszene mit alternativem Einschlag. Danceflor dominiert, aber hier kommt jeder auf seine Kosten: Musik aus den Sixties, Punk und Independent. Via Casilinia Vecchia 42,

geöffnet von 19.30–3 Uhr, www.circoloartisti.it.

- Die Schickeria-Disco Gilda zieht im Sommer an den Strand von Fregene (25 km vom Stadtzentrum entfernt). Dann heißt sie **Gilda on the beach.** Via Lungomare di Ponente 11, www.gildaonthebeach.it.

Schwule und Lesben

- Eine wichtiger Treffpunkt befindet sich am **Strand von Ostia.** Die schwul-lesbische Gemeinde hat sich hier ihr eigenes Strandbad eingerichtet, in dem auch nackt gebadet werden kann. Außerdem gibt es ein kleines Restaurant. Von Ostia aus fährt man die Uferstraße südwärts (nach Torvaianica). Nach etwa 7 km sieht man schon die Regenbogenfahnen der Schwulen und Lesben. Vom Bahnhof in Ostia aus kann man auch den Bus Nr. 61 in Richtung Torvaianica nehmen.
- Seit Oktober 2001 gibt es in Rom eine Straße für Schwule und Lesben. In der **Via Pietro Verri,** einer kleinen Gasse in der Nähe des Colosseums (geht von der Via Labicana ab), werden alle Bars und Geschäfte von Homosexuellen geleitet. Heteros sind natürlich herzlich willkommen.
- Das **Alibi** in der Via Monte Testaccio 39 im Stadtviertel Testaccio wird hauptsächlich von Schwulen besucht. Gespielt wird vor allem House, gelegentlich finden auch Live-Konzerte statt.
- **Muccassassina,** Via di Portonaccio 212, www.muccassassina.com. Einer der angesagtesten Events in Rom: In der **Diskothek Qube** finden jeden Fr ab 22.30 Uhr unter dem Namen „Muccassassina" auf drei Stockwerke verteilt Misswahlen mit Dragqueens, Theaterveranstaltungen und alle möglichen Events statt. Schrill und schräg! Wird auch gerne von Heteros besucht.

Kinos

Erstaufführungstheater:

- **Farnese,** Campo de'Fiori 56, Tel. 06 686 43 95.
- **Roma,** Piazza Sonnino 37 (Trastevere), Tel. 06 581 28 84.
- **Barberini,** Piazza Barberini 24/25, Tel. 06 482 77 07.

Programmkinos:

- Das **Pasquino** an der Piazza San Egidio 10 mitten im Stadtteil Trastevere zeigt täglich in drei Vorstellungen Filme in englischer Originalversion. Vor allem im Sommer ist das Kino sehr zu empfehlen, wenn das Dach über den 200 Sitzplätzen entfaltet wird und der Zuschauer unter dem römischen Sternenhimmel das anspruchsvolle Programm genießen kann. Tel. 06 581 52 08.
- **Nuovo Sacher,** Largo Ascianghi 1 (Trastevere), Tel. 06 581 81 16. Das Kino gehört dem italienischen Filmregisseur *Gianni Moretti,* der in Deutschland vor allem durch den Film „Caro Diario" („Liebes Tagebuch") bekannt geworden ist. Hier werden auch Filme in Orginalfassung aufgeführt, die ebenfalls im Sommer unter freiem Himmel zu sehen sind.

034ro Foto: fs

Brunnen auf der Piazza della Rotonda

lat_384 Foto: gh

Südost-
latium

lat_385a Foto: gh

lat_385b Foto: gh

Olevano Romano

Am Passo dei Monaci

Volskisches Stadttor
in Civitavecchia bei Arpino

Südöstlich von Rom – die Monti Simbruini und die Ciociaria

Südöstlich von Rom verläuft Richtung Cassino die breite Senke der Flüsse Sacco und Liri, durch die seit der Antike die wichtigsten Verkehrswege Richtung Neapel verlaufen. Das gesamte Tal war bis vor 100 Jahren eine rein agrarisch geprägte Region, heute bildet es eine **dynamische Entwicklungszone.** Vielerorts stehen neue Industrieanlagen und baulich anspruchslose moderne Wohnviertel in den Talzonen. Die Autobahn und die im Bau befindliche Hochgeschwindigkeitsstrecke Rom – Neapel tragen auch nicht unbedingt zum Reiz der Landschaft bei. Die Randgebirge bieten hingegen vielerorts noch ein Bild ländlicher Idylle.

Der südliche Teil des Tals und die Bergregionen an der Grenze zu den Regionen Abruzzen und Molise wurden seit dem 17. Jahrhundert nur **„La Ciociaria“,** das „Sandalenland“, genannt. Der Name leitete sich von der *ciocia* ab, einer schlichten Fußbekleidung, die aus einer mit Riemen an den Waden befestigten Ledersohle bestand. Speziell diese Region nach dem auch anderswo in Italien gebräuchlichen Schuhwerk der einfachen Leute zu benennen, kann nur als Hinweis auf besondere Armut gedeutet werden. Heute sind die entbehrungsreichen Zeiten vergessen, der Lebensstandard hat mitteleuropäisches Niveau.

Nach Süden wird das Tal des Sacco von den einsamen, markant geformten **Bergketten der Monti Lepini, Monti Ausoni und Monti Aurunci** begrenzt, nordöstlich steigen die Höhenzüge des Apennin allmählich über dem Tal auf. Je weiter man in die Berge fährt, desto ursprünglicher wird das Land. Unmittelbar über dem Sacco-Tal stehen uralte Orte mit mittelalterlichen Stadtzentren, weiter östlich gelangt man in stille, durch die Landflucht teilweise entvölkerte Dörfer. Die einsamen **Bergzüge des Apennin** begrenzen den Horizont, **Monti Prenestini, Monti Simbruini, Monti Ernici, Monti della Meta** und **Le Mainarde** heißen die bis auf 2200 Meter ansteigenden Gebirge, Namen, die den wenigsten Italien-Reisenden bekannt sein dürften. Hier sagen sich nicht nur Fuchs und Hase, sondern auch Wolf und Bär Gute Nacht, die im **Nationalpark der Abruzzen,** der auch die äußerste Südostecke Latiums einschließt, ein letztes Refugium in Italien gefunden haben.

Einige der Orte dieser Region zählen zu den ältesten Europas, wuchtige, teilweise mehr als 2500 Jahre alte Stadtmauern aus mörtellos gefügten Steinblöcken („Zyklopenmauern") begrenzen in einigen bis heute das historische Zentrum (Segni, Alatri, Ferentino, Veroli, Arpino). Architektonisch prägend war auch hier das **Mittelalter,** zahlreiche Kleinstädte und Dörfer (Genazzano, Olevano, Anagni, Ferentino, Alatri, Subiaco usw.) zeichnen sich durch schöne Stadtansichten, Kirchen und Klöster aus dieser Epoche aus. Das **abendländische Klosterwesen** hat in dieser Region seinen Ursprung, in den Bergen der Monti Simbruini bei Subiaco gründete der *hl. Benedikt von Nursia* im 6. Jahrhundert erste Mönchsgemeinschaften, auf einem Berg bei Cassino in der Ciociaria schrieb er seine das gesamte europäische Christentum prägenden Ordensregeln nieder („ora et labora"). Die **Klöster von Subiaco und am Montecassino** bilden dann auch die Hauptsehenswürdigkeiten der Region, daneben sind das antike **Orakelheiligtum von Palestrina,** der romanische **Dom von Anagni,** die antike **Akropolis von Alatri** und das **Zisterzienserkloster von Casamari** von hohem kunstgeschichtlichem Interesse.

Wanderfreunde finden in der Bergeinsamkeit der Apenninen mit ihren Buchenwäldern, Schluchten und den offenen Höhenkämmen ein weites Betätigungsfeld.

Von Rom nach Palestrina

Zagarolo ⇗XIV, B3

- 13.200 Einwohner
- 305 m üNN
- 35 km südöstlich von Rom
- PLZ 00039

Mit Zagarolo beginnt die lange Abfolge von meist mittelalterlich geprägten Kleinstädten und Dörfern, die, dicht gedrängt auf Hügelkuppen stehend, selten besondere Sehenswürdigkeiten, aber alle malerische Winkel mit alten Toren, Türmen, Kirchen und Plätzen besitzen. Die Häuser des alten Zentrums von Zagarolo stehen auf einem schmalen, zwei Kilometer langen Felssockel zwischen zwei Tälern. Die diversen Adelssippen, die sich den Besitz des Marktzentrums streitig machten *(Colonna, Gaetani, Orsini, Rospigliosi),* erweiterten den Ende des 10. Jahrhunderts als Festung gegen die Sarazenen gegründeten Ort mit Residenzbauten späterer Stilepochen.

Von Süden führt die einzige Hauptstraße im *centro storico,* der Corso V. Emanuele, mitten durch die **Porta Rospigliosi.** Das um 1600 erbaute repräsentative Renaissancetor besitzt eine abwechslungsreiche Fassade, in die Marmorreliefplatten aus römischer Zeit verbaut wurden. Rechts vom Tor liegt der Eingang zum öffentlichen Waschhaus, hinter ihm beginnt der wuchtige, außen verwahrloste **Palazzo Rospigliosi** (16. bis 18. Jahrhundert), heute Sitz der Stadtverwaltung. Der Eingang an der Nordseite des Palastes wird von zwei römischen Sarkophagen mit Löwenköpfen flankiert, die Innenräume sind mit manieristischen Fresken von *Zuccari, Bianchi* und *Tempesta* geschmückt. An der Hauptkirche **Chiesa di Santissima Annunziata** (1580) mit achteckigem Glockenturm und Bildwerken des 16. Jahrhunderts vorbei erreicht man die gemütliche **Piazza G. Marconi** beim Rathaus, wo man bei Cappuccino und Campari von steinernen Sirenen (Meeresfabelwesen) in den Tuffsteinfassaden beobachtet wird. Unterhalb markiert ein weiteres Repräsentationstor, die **Porta San Martino** (um 1600), das nördliche Ende der Altstadt.

lat_388 Foto: gh

Gallicano nel Lazio ⇗XIV, B2

Auch das kleine Gallicano nel Lazio (4500 Einwohner, 241 m üNN) einige Kilometer nördlich von Zagarolo erhebt sich mit alten Mauern auf einem Tuffrücken zwischen zwei Tälern. Nordwestlich des Ortes verbergen sich unter dichter Vegetation die **Ruinen** eines um 140 v.Chr. angelegten **Aquädukts,** mit dem Wasser aus den fernen Monti Simbruini nach Rom geschafft wurde. Der westlich unterhalb des Ortskerns, an der Straße nach Rom, zwischen dem Abzweig nach Poli und der Talbrücke beginnende Wanderpfad Nr. 7 (Hinweistafel) führt durch schöne Natur zu einigen z.T. noch gut erhaltenen Brücken der antiken Wasserleitung.

Poli ⇗XIV, B2

Von Gallicano führt eine schöne Nebenstrecke durch die Westausläufer der **Monti Prenestini** nach Tivoli. Unterwegs bietet Poli (435 m üNN) ein schönes Ortsbild um das gut erhaltenem ältere Viertel Il Borgo. Der **Palazzo Conti,** eine in der Renaissance umgebaute mittelalterliche Burg, dient heute als Rathaus. Über dem Innenhof mit Zierbrunnen wölbt sich eine Decke mit manieristischen Fresken (Grotesken). Etwa 100 Meter unterhalb des Palazzo steht an der Hauptgasse die große Kirche **San Pietro Apostolico,** ein dunkel-überladener Barockbau. In der Umgebung Polis wachsen Olivenbäume, die Produktion von Olivenöl, lange eine Haupteinnahmequelle des Ortes, ist allerdings im Rückgang begriffen.

San Gregorio da Sassola ⇗XIV, B2

Über das bescheidene alte Dorf **Casape** gelangt man nach San Gregorio da Sassola, einem weiteren schönen alten Ort auf einem Hügelrücken über dem Tal. Er ist zweigeteilt in den **Borgo Medievale,** das ursprünglich mittelalterliche Viertel mit verwinkelten Gassen, und den **Borgo Pio,** das im 17. Jahrhundert nach einer verheerenden Pestepidemie planmäßig angelegte neuere Viertel der Oberstadt. Die Stadtsilhouette dominiert das **Castello Brancaccio,** eine im 17. bis 19. Jahrhundert mehrfach umgestaltete, ursprünglich mittelalterliche Burg (Besichtigung 10–13 u. 15–18.30). Im Tal unterhalb des Ortes liegen versteckt die **Ponte San Pietro** und die **Ponte Mola,** die Brücken eines um 144 v.Chr. errichteten weiteren römischen Aquädukts.

Ansicht von Zagarolo

Palestrina

↗XIV, B3

- **13.000 Einwohner**
- **465 m üNN**
- **40 km südöstlich von Rom**
- **PLZ 00036**

Die am Westhang der Monti Prenestini gelegene Kleinstadt zählt sich stolz zu den ältesten Siedlungsplätzen der gesamten Apenninhalbinsel. Das vorrömische Praeneste soll nach einer Legende von *Telegonos,* Sohn des Helden *Odysseus* und der Zauberin *Circe,* höchstpersönlich gegründet worden sein. Die Häuser des alten Zentrums ziehen sich über in der Römerzeit angelegte Tempelterrassen den steilen Hang hinauf. Am höchsten Punkt steht mit weiter Aussicht über die Ebene der **Barockpalazzo der Barberini** auf den Grundmauern des in der Antike berühmten **Orakelheiligtums der Fortuna Primigenia,** unterhalb des alten Ortskerns wachsen die neueren Stadtviertel immer weiter in das Sacco-Tal hinaus.

Geschichte

Geschichtlich nachweisbar ist der Ort etwa ab dem 8. Jahrhundert v.Chr. als Mitglied eines latinischen Städtebundes. Schon 499 v.Chr. unterwarf sich Praeneste den neuen Machthabern in Rom. Als Zentrum eines alten, der **Göttin Fortuna** geweihten Kultes mit einer im ganzen Reich gerühmten Orakelstätte nahm es im 2. Jahrhundert v.Chr. einen rasanten Aufschwung. Im Jahre 82 v.Chr. wurde die Stadt jedoch vom neuen Diktator *Sulla* dem Erdboden gleichgemacht, weil sich die Bewohnerschaft auf die Seite seines Gegners *Marius* geschlagen hatte. Tempel und Orakelheiligtum blieben allerdings verschont. Nach einer mittelalterlichen Blütezeit wurde Palestrina Ende des 13. Jahrhunderts durch den gewalttätigen Papst *Bonifaz VIII.* als Besitztum der verfeindeten Adelssippe der *Colonna* erneut völlig zerstört. Ab 1630 fiel der Ort durch Kauf an den reichen Clan der *Barberini.* Im Zweiten Weltkrieg war Palestrina Ziel britischer Bomberflotten, die am 22. Juni 1944 große Teile der Altstadt in Schutt und Asche legten.

Besichtigung

Die Altstadt

Wegen der Kriegsschäden hat sich das *centro storico* von Palestrina nur stellenweise seinen mittelalterlichen Charakter bewahrt. Es zieht sich über Terrassen, die von römischen Fundamenten gebildet sind, den Berghang zum antiken Orakelheiligtum hinauf. Am unteren Ende der Altstadt verläuft die **Via degli Arcioni** an wuchtigen antiken Stützmauern mit der Ruine eines Eingangstors zum Tempelbezirk *(Propileo)* entlang. Am oberen Ende der Via degli Arcioni gelangt man durch die Porta del Sole zur Piazza S. Maria degli Angeli, von hier nach links über die Via Anicia zur zentralen Piazza Regina Margherita mit dem **Dom S. Agapito.** Von dem auf römischen Grundmauern errichteten Ursprungsbau des 12. Jahrhunderts ha-

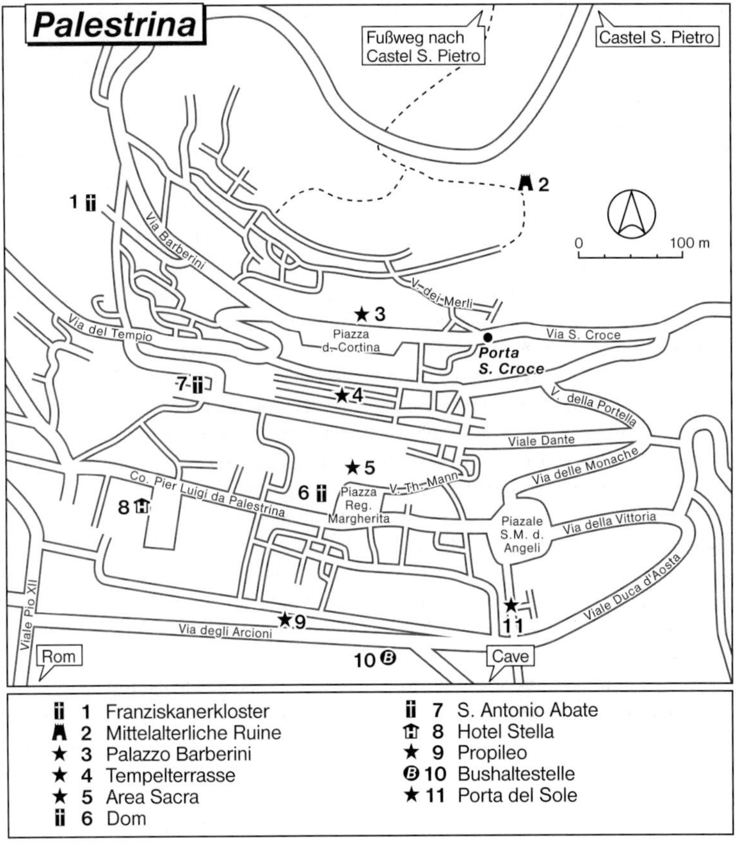

1 Franziskanerkloster
2 Mittelalterliche Ruine
3 Palazzo Barberini
4 Tempelterrasse
5 Area Sacra
6 Dom
7 S. Antonio Abate
8 Hotel Stella
9 Propileo
10 Bushaltestelle
11 Porta del Sole

ben sich die schlichte Fassade und der romanische Campanile erhalten. Der barock umgestaltete Innenraum besitzt eine schöne Kassettendecke, einen Altar mit Cosmatenarbeiten in der zweiten Kapelle links und großflächige Apsisausmalungen. Das Denkmal auf dem Domplatz ehrt den größten Sohn der Stadt, den Komponisten *Pierluigi da Palestrina* (1525–94), der als einer der Begründer der modernen polyphonen Musik gilt.

An der Ostseite des Doms kommt römisches Pflaster zutage, ein Durchgang durch das bischöfliche Seminar führt in die **Area sacra,** den heiligen Bezirk. Man betritt einen Innenhof mit Säulenstümpfen und in die Wandgewölbe linker Hand verbauten Tempelbalken, Teile eines antiken Heiligtums, wo man das berühmte, heute im Palazzo Barberini ausgestellte Nilmosaik fand. Am Hofende öffnet sich die **Grotte Antro delle Sorti** mit Mosaikresten (Meerestiere), wo nach der Legende die hölzernen Orakelstäbe aufgefunden wurden.

Rechts vom Dom beginnt die schmale Treppengasse **Via Thomas Mann,** die an den zeitweiligen Aufenthalt des berühmten Schriftstellers in Palestrina in den Jahren 1895–97 erinnert. Auch *Heinrich Mann* weilte mehrmals im damals noch sehr abgelegenen und ärmlichen Ort. Beide setzten der Stadt literarisch ein Denkmal, *Heinrich Mann* mit seinem Roman „Die kleine Stadt", *Thomas Mann,* indem er eine Szene des „Doktor Faustus" - die Begegnung des Komponisten *Leverkühn* mit dem Teufel - in Palestrina spielen lässt.

Über die Via Thomas Mann gelangt man hinauf zur Querstraße Via del Borgo. Diese passiert nach links einen heute als Brunnenbecken genutzten römischen Sarkophag und führt an den unteren Poligonalmauern des Orakelheiligtums entlang zur Kirche San Antonio Abate. Hinter der Kirche leicht rechts auf dem Vicolo San Franceso ansteigend erreicht man das **Franziskanerkloster** von Palestrina. Dessen linker Eingang führt in einen schlichten Kreuzgang mit naiven Fresken zur Vita des Heiligen, das Tor rechts in die Klosterkirche mit schönem Madonnen-Tryptichon auf Goldgrund am Hauptaltar.

Von San Francesco ist es nur ein kurzes Wegstück zum barocken **Palazzo Barberini** von 1640, dessen Frontseite mit halbkreisförmig ansteigender Freitreppe den Zuschauerraum des einst hier stehenden antiken Theaters nachzeichnet - ein schöner Platz für weite Ausblicke, insbesondere am Abend, wenn die Sonne am Horizont über den flachen Hügeln der Campagna Romana versinkt. Dem Barockpalast gegenüber liegt der Eingang zu den zwei oberen, durch eine steile Treppe verbundenen Terrassen des ehemaligen **Tempelbezirks.** An der Frontseite der unteren Terrasse sind noch die halbkreisförmigen Öffnungen der Säulenumgänge (Exedren) zu erkennen, die als Standort der Kultstatue und des Kastens mit den Orakelstäben den Mittelpunkt des Heiligtums bildeten (geöffnet tgl. 9–16 Uhr, von März bis Oktober nachmittags auch länger).

Archäologisches Museum

Die Innenräume des **Palazzo Barberini** beherbergen heute das unbedingt sehenswerte Archäologiemuseum von Palestrina.

Im **Untergeschoss** sind Statuen, Reliefs, Inschriften und Architekturfragmente ausgestellt, u.a. der Torso der großen schwarzen Kultstatue der Göttin *Fortuna-Isis* (2. Jahrhundert v.Chr.) in Saal I, ein seltenes Dreierbildnis (Triade) der römischen Hauptgottheiten *Juno, Jupiter* und *Minerva* am Eingang, der mit feinen Steinmetzarbeiten verzierte Sarkophag des *Endimion* sowie das Relief des Triumphzugs Kaiser *Trajans* in Saal V.

lat_393 Foto: gh

Im **ersten Stock** findet man vor allem Keramiken, Schmuckgegenstände und Cisten, oft aufwendig verzierte bronzene Behältnisse zur Aufbewahrung von Ringen, Spangen, Spiegeln und anderer Toilettenartikel, die manchmal einen nackten Akrobaten als Griff haben. In Saal XII hängen drei römische Mosaiken: ein rot-weiß-schwarzes mit dem Sonnensymbol in der Mitte aus republikanischer Zeit, gegenüber ein schwarz-weißes Mosaik mit zwei Fabeltieren (Meerwesen mit Hirsch- und Drachenkopf) und das ornamentale „Mosaico dei Grifoni" (1. Jahrhundert v.Chr.) mit greifenartigen Vögeln in den Ecken. Im gleichen Saal ist auch der „Ritorno del Cavaliere" ausgestellt, eine zeitweise verschwundene, 2003 von den Carabinieri in einer Privatvilla wiedergefundene Grabausmalung aus dem 4. Jahrhundert v.Chr. mit zwei Frauen, die Reitern einen Willkommenstrunk anbieten.

Interessantestes Ausstellungsstück ist jedoch zweifellos im **obersten Stockwerk** das **Nilmosaik,** eines der schönsten Beispiele antiker Mosaikkunst überhaupt. Seine Entstehungs-

Das Nilmosaik (Ausschnitt) im Archäologischen Museum von Palestrina

zeit ist nicht geklärt, vom 2. Jahrhundert v.Chr. bis ins 3. Jahrhundert n.Chr. reichen die Spekulationen der Kunsthistoriker. Aber unabhängig vom wissenschaftlichen Disput kann man sich auf jeden Fall an der heiter-lebendigen, farbigen und detailreichen Szenerie erfreuen: Zu sehen ist u.a. eine vom Wasser des Nils umflossene Gartenlaube mit auf einer Bank liegenden Männern und Frauen, trinkend und musizierend – Ägypten hatte den Ruf eines Landes feucht-fröhlicher Feste und lockerer Sitten, man denke nur an die Geschichte von *Cäsar* und *Cleopatra;* in einem Tempelbezirk bewegt sich eine Gruppe von Kriegern zu einer Priesterin, ganz oben erkennt man Jagdszenen mit wilden Tieren in einer trockenen Steppenlandschaft usw. Manche Experten glauben neuerdings, dass eine römische Expedition dargestellt ist, die im 3. Jahrhundert v.Chr. den Nil hinauf bis nach Äthiopien geführt haben soll. Das Mosaik wäre dann von unten nach oben quasi als Reisebericht zu lesen, wofür u.a. das dem äthiopischen Hochland ähnelnde Landschaftsbild im oberen Teil des Mosaiks sprechen würde.

- **Archäologisches Museum,** geöffnet tgl. von 9–20 Uhr, Einlass bis 19 Uhr.

Castel San Pietro

Von der ehemaligen **Akropolis von Praeneste** ist außer Resten zyklopischen Mauerwerks beim zwei Kilometer oberhalb am Hang gelegenen Castel San Pietro Romano nichts erhalten geblieben. Das verlassen wirkende Dorf mit seiner zu groß geratenen, innen düster-schwer wirkenden **Barockkirche** wird von den Ruinen der **Burg der Colonna** überragt. Hier war 1268 der letzte Staufer *Konradin von Schwaben* auf Geheiß des Papstes vom französischen König *Karl von Anjou* eingekerkert, bevor er in Neapel in jugendlichem Alter hingerichtet wurde – das unrühmliche Ende des Traums vom Heiligen Römischen Reich Deutscher Nation. Sehr schön ist das weite Panorama nach Westen, das an klaren Tagen bis zu den Kirchenkuppeln Roms reicht.

Ein einfacher, etwa halbstündiger **Wanderweg** verbindet Palestrina mit Castel San Pietro. Er beginnt etwa 100 Meter östlich des Palazzo Barberini auf der Piazzetta del Borgo, wo man die links ansteigende Gasse Via dei Merli einschlägt, dem Hinweis „Itinerario di visite ai monumenti" folgend. Man steigt in Bögen zwischen den letzten Häusern Palestrinas an, folgt am Ortsende rechts einem Asphaltweg zu einer mittelalterlichen Ruine und biegt vor ihr nach links. Auf einem Pflasterweg mit Geländer gewinnt man weiter an Höhe, kreuzt die Straße Palestrina – Castel San Pietro und folgt einem Holzschild „Sentiero Storico". Auf aussichtsreichem Pfad steigt man den kargen Hang hinauf, erreicht den Ortsrand bei einem Sendemast und dem Kirchlein Santa Maria della Costa, die zusammen mit einem Tennisplatz und den in der Nähe verlaufenden Poligonalmauern des antiken Praeneste ein sehr eigenwilliges architektonisches Ensemble bilden.

Das Orakel von Praeneste

Fast der gesamte Siedlungsbereich, der seit dem Mittelalter das Stadtzentrum von Palestrina ausmacht, war in der Antike Teil des ausgedehnten **Heiligtums der Fortuna Primigenia,** das sich über künstliche Terrassen den Berghang hinaufzog. Bei den Aufräumarbeiten nach dem Zweiten Weltkrieg kamen die im Mittelalter überbauten mächtigen Tempelsubstruktionen wieder ans Tageslicht. Deren Größe belegen die Bedeutung und den Reichtum Praenestes, das sich in der Antike, von mächtigen Poligonalmauern eingefasst, weit über das heutige Stadtgebiet hinaus bis zur drei Kilometer entfernten, hoch gelegenen Akropolis beim Dorf Castel San Pietro ausdehnte.

Eine Legende berichtet von der **Begründung der Orakelstätte:** Ein gewisser *Numerius Suffucius* soll in einer Höhle rätselhafte beschriftete Eichenholzstäbe, die *sortes praenestini,* gefunden haben. In diesem Moment floss aus einem nahe stehenden Ölbaum Honig – ein unzweifelhaftes Zeichen göttlichen Wirkens. Aus dem Holz des Ölbaums baute man zur Aufbewahrung der *sortes* einen Schrein, der fortan als Orakelstätte diente. Sollte das Orakel befragt werden, mischte ein Tempelknabe die Hölzer und ließ eines vom Ratsuchenden ziehen; Priester, die eine besondere Einweihung erfahren hatten, deuteten anschließend die Wahl.

Das Heiligtum von Praeneste selbst war der weiblichen **Gottheit der Fortuna Primigenia** geweiht. Auf einem im heiligen Bezirk aufgestellten Kultbild war sie als Mutter des höchsten römischen Gottes *Jupiter* dargestellt, der an ihren Brüsten säugte. Diese offenkundig matriarchalisch geprägte, den Römern fremde Sichtweise der Hierarchie des Pantheons weist auf eine sehr alte Herkunft des Kultes aus Kleinasien und dem Vorderen Orient hin, wo in den Jahrtausenden vor Christi Geburt „die große Mutter" als höchste Gottheit unter verschiedenen Personifizierungen verehrt wurde *(Kybele, Ischtar, Rhea, Isis, Artemisia von Ephesos).*

Das Orakel von Praeneste wurde ab dem 4. Jahrhundert v.Chr. zum **Delphi der italischen Völker.** Von nah und fern strömten die Menschen herbei, um sich göttlichen Rat zu holen oder die Zukunft weissagen zu lassen. Im 2. Jahrhundert v.Chr. wurde die Orakelstätte zu einem der größten Kultplätze im Römischen Reich ausgebaut. Die Anlage war so gestaltet, das die Pilger vom tiefsten Punkt aus den heiligen Bezirk von unten nach oben über Rampen und Treppen, vorbei an heiligen Plätzen und Tempeln, ersteigen mussten – symbolisch ein von Demut geprägter reinigender Aufstieg zum Göttlichen. Im Volksglauben behielt das Orakel bis ins 4. Jahrhundert n.Chr. seine Bedeutung. Erst im Jahre 392 wurde der Tempel von Praeneste durch den christlichen Kaiser *Theodosius* als Ort fortan verbotener heidnischer Riten endgültig geschlossen.

Touristeninformation

- **Pro Loco,** Piazza Santa Maria degli Angeli 2, Tel. 06 95 30 21.

Unterkunft

- *****Stella**€€, ordentliches, etwas nüchtern eingerichtetes Mittelklassehotel im Zentrum, 200 m westlich vom Domplatz, Piazzale della Liberazione 3, Tel. 0 69 53 81 72, Fax 0 69 57 33 60.

Verkehrsmittel

Häufig **Busse** von **Roma Anagnina** (Endpunkt Metro A) über Zagarolo nach Palestrina, auch So; von **Roma Termini** kann man auch mit dem **Regionalzug** Richtung Frosinone bis Zagarolo fahren und erst hier in den Bus umsteigen, vor allem im Berufsverkehr geht das schneller (vom Bahnhof Zagarolo 200 m nach links zur Haltestelle an der Hauptstraße vorgehen). Werktags häufig, So seltener Bus über Cave, Genazzano nach **Olevano Romano** sowie über Capranica nach **San Vito Romano;** einige Busse fahren von Olevano bzw. San Vito weiter bis **Subiaco** oder **Fiuggi.**

Bushalt unterhalb der Altstadt bei den römischen Ruinen am oberen Ende der Via degli Arcioni.

Artena

↗XIX, C1

„Artena ist älter als Rom". Mit sichtlichem Stolz sagt dies der deutsch sprechende Barbesitzer beim Bushalt in der Unterstadt und weist dabei hinauf zur eng gebauten Altstadt, die sich wie ein Steingebirge die steile Flanke der Monti Lepini hinaufzieht. Von der volskischen Siedlung aus vorrömischen Zeit haben sich allerdings nur Mauerreste erhalten. Einzige Sehenswürdigkeit ist der meist verschlossene, düstere und halbverfallene **Palazzo Borghese** von 1615. Lohnend ist auf jeden Fall ein allerdings etwas mühseliger Streifzug durch das *centro storico.* Das von alten Fassaden gesäumte und mit gepflasterten Wegen und Treppengassen durchzogene mittelalterliche Ortszentrum ist so eng und steil gebaut, dass Autos hier nicht fahren können. Bis heute nutzt man Maultiere als Alltagstransportmittel. Am Markttag bringen sie Lebensmittel und Gebrauchsgüter hinauf zu den nur noch teilweise bewohnten Häusern der Oberstadt.

Verkehrsmittel

Bus

Werktags häufige Verbindungen nach **Velletri** und **Colleferro** an der Bahnlinie Roma Termini – Cassino; seltener nach **Roma Anagnina** über Grottaferrata und Frascati.

Segni

↗XIX, C2

- **8300 Einwohner**
- **660 m üNN**
- **56 km südöstlich von Rom**
- **PLZ 00037**

Auch die am Nordosthang der Monte Lepini abseits der Durchgangsstraßen gelegene ruhige Kleinstadt Segni kann auf eine lange Geschichte zurückblicken. Der Ort geht auf eine **Gründung** des latinischen Stammes **der Volsker** zurück, die sich etwa ab dem 6. Jahrhundert v.Chr. auf dem Stadthügel ansiedelten. Zum Schutze

lat_397 Foto: gh

gegen Feinde errichteten die Bewohner des volskischen Signia einen aus mächtigen Kalksteinblöcken gefügten Mauerring um den Stadtbezirk, der sich bis heute in großen Teilen erhalten hat. Im hohen Mittelalter herrschten hier die *Conti di Segni*. Die einflussreiche Sippe konnte im 13. Jahrhundert nicht weniger als drei Päpste in Amt und Würden bringen.

Die Ortsanlage zeigt im *centro storico* mit dichter Bebauung und verwinkelten Gassen noch heute das Bild des Mittelalters. Am Westrand der Altstadt steht der Mitte des 17. Jahrhunderts fertig gestellte **Dom Santa Maria Assunta,** der 1817 eine neoklassische Fassade erhielt. Im Innenraum schaffen eine reiche Barockausstattung mit Gemälden und viel Goldverzierung einen feierlichen Gesamteindruck. Vom Domplatz erreicht man über die Via Rossi/Via del Seminario die Kirche **San Pietro** am höchsten Punkt des Ortes, wo sich einst die antike Akropolis befand. Der bescheidene romanische Bau des 13. Jahrhunderts steht auf den Grundmauern eines Tempels aus dem 3. Jahrhundert v.Chr., ein Teil der Tempelwand ist im Kircheninnern noch deutlich sichtbar. Im Boden hinter San

Segni – Spaziergang an der volskischen Stadtmauer entlang

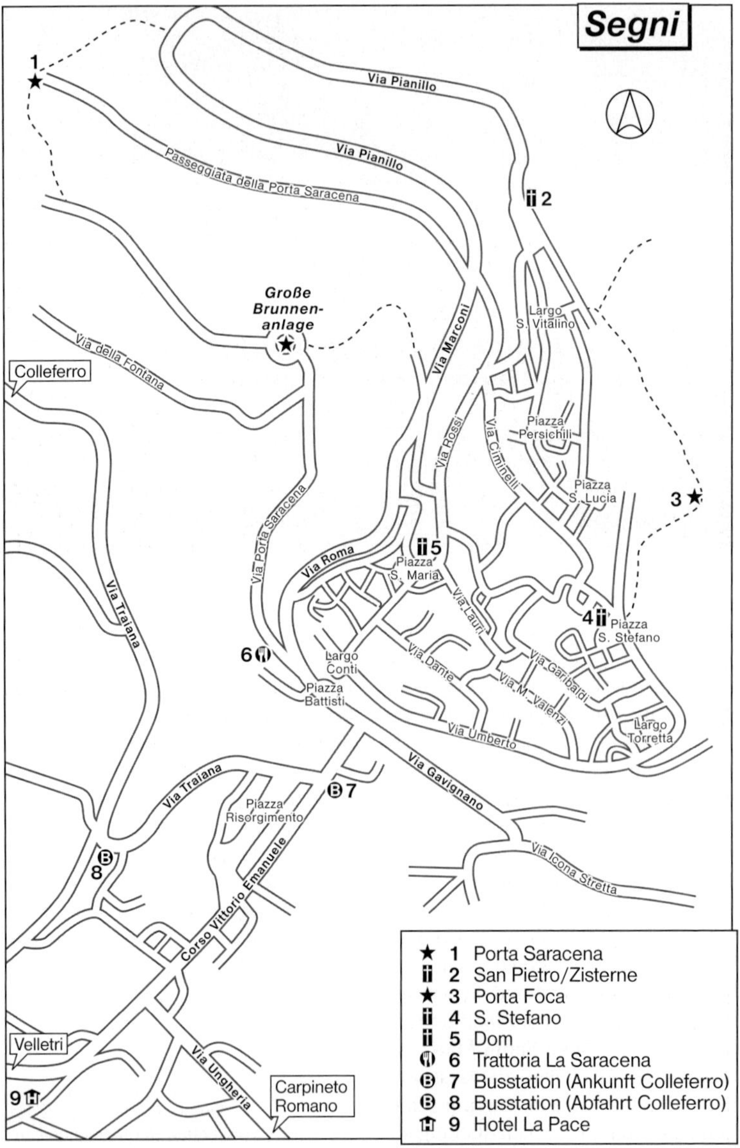
Segni
Via Pianillo
Via Pianillo
Passeggiata della Porta Saracena
Große Brunnen-anlage
Via della Fontana
Colleferro
Via Marconi
Largo S. Vitalino
Piazza Persichili
Via Rossi
Via Ciminelli
Piazza S. Lucia
Via Porta Saracena
Via Roma
Piazza S. Maria
Via Lauri
Piazza S. Stefano
Via Traiana
Largo Conti
Piazza Battisti
Via Dante
Via Garibaldi
Via M. Valenzi
Via Umberto
Largo Torretta
Via Gavignano
Via Traiana
Piazza Risorgimento
Corso Vittorio Emanuele
Via Icona Stretta
Velletri
Via Ungheria
Carpineto Romano
1 Porta Saracena
2 San Pietro/Zisterne
3 Porta Foca
4 S. Stefano
5 Dom
6 Trattoria La Saracena
7 Busstation (Ankunft Colleferro)
8 Busstation (Abfahrt Colleferro)
9 Hotel La Pace

Pietro öffnet sich eine **römische Zisterne** aus dem 3. Jahrhundert v.Chr.

Die große **Stadtmauer der Volsker** lässt sich in ihrer ganzen Länge nur auf einer kleinen Wanderung erkunden: Dazu geht man von der Piazza Santa Maria links am Dom vorbei zu der an der Westseite der Altstadt entlang führenden Via Roma vor und folgt dieser ein kurzes Stück aufwärts. Beim Schulgebäude nimmt man links die Gasse Via A. Volta, die gleich in einen Pfad übergeht, der zu einer runden Brunnenanlage hinunterführt. Von hier leicht rechts einem ebenen Pflasterweg zu einer Villa folgen und wiederum rechts einen Pfad einschlagen, der nach fünf Minuten die **Porta Saracena** erreicht, das archaische, aus großen Blöcken zusammengefügte Tor an der Nordwestecke der ehemaligen Volskerstadt. Hinter dem Tor steigt ein Weg an der Außenseite der hier fast vollständig erhaltenen Poligonalmauer entlang zur Via Pianillo hinauf, die nach links zur Kirche San Pietro (s.o.) führt. Auf der Via San Pietro geht man 100 Meter geradeaus zwischen die Häuser. Ein Durchschlupf nach links leitet zu einem gepflasterten Pfad, der nach rechts mit schönen Ausblicken an den zyklopischen Außenmauern entlang führt. An einem weiteren Tor

Die Porta Saracena in Segni – ein Tor der ehemaligen Volskerstadt

lat_400 Foto: gh

der Volskerstadt, der **Porta Foca,** vorbei erreicht man das mittelalterliche Stadtviertel beim Kirchlein **Santo Stefano** mit seinem romanischen Campanile. Der von hier an der Außenseite der Altstadt verlaufende Gassenzug Via Cremona/Via Umberto I bietet nochmals schöne Ausblicke.

Unterkunft

- ***__La Pace__€, angenehmes Kleinstadthotel, ruhige Lage am Stadtrand, ordentliche, einfach ausgestattete Zimmer, preiswert, Via dei Cappuccini 9, Tel. 0 69 76 71 25, Fax 0 69 76 62 62.

Schwätzchen in der Altstadt von Segni

Essen und Trinken

- Die **Trattoria La Saracena**€-€€ am Westrand der Altstadt bietet gute Landküche mit frischen Zutaten der Umgebung: Steinpilze, Trüffel, Wildspargel und Esskastanien finden je nach Saison bei den *primi* Verwendung, als *secondi* gibt es Klassiker wie *coniglio alla cacciatore* (Kaninchen), Lamm- und Ziegenbraten, Mo Ruhetag, Via Porta Saracena 7, Tel. 0 69 76 90 62.

Verkehrsmittel

Bus

- Werktags mindestens stündlich, So 10x in 25 Min. zum Bahnhof von **Colleferro;** kleine Busstation 250 m südwestlich des alten Zentrums an der Via Traiana.

Carpineto Romano

XIX, D2

- **2800 Einwohner**
- **604 m üNN**
- **73 km südlich von Rom**
- **PLZ 00032**

Von Segni führt eine schöne Bergstraße durch die ursprüngliche Landschaft der Monti Lepini nach Süden in das **Tal von Priverno.** Dabei kommt man durch Carpineto Romano, eine weitere unbekannte alte latinische Kleinstadt mit engen Gassen, dunklen Gewölben und Treppenfluchten. Die älteste Kirche **Santa Maria del Popolo** (13. Jahrhundert) hat eine vielfältige Fassade mit steinernen Tierköpfen (romanisch), Fensterrose (gotisch) und Renaissanceportal; ebenfalls aus der Renaissance stammen die Fresken zur Marienlegende an der rechten Innenwand. Auch die Kirche **Sant'Agostino** (14. Jahrhundert) besitzt einige interessante Details, wie das Kreuzigungsrelief am gotischen Hauptportal.

Im Ort zweigt von der Hauptstraße die gelb ausgeschilderte **Strada Panoramica di Monte Semprevisa** ab. Sie endet nach etwa sechs Kilometern beim **Pian della Faggetta,** einem verkarsteten Hochtal mit schönen Rastplätzen in unberührter Natur. Von hier aus lassen sich lohnende Wandertouren zum **Monte Semprevisa** (1536 m) und **Monte Capreo** (1421 m) unternehmen (Wegbeschreibung im Rother-Wanderführer). Eine von Carpineto ausgehende Überquerung der Monti Lepini nach Norma bzw. ein von Carpineto ausgehender Rundweg ist unten beschrieben.

Unterkunft

- Etwa 2 km außerhalb an der Strada Panoramica di Monte Semprevisa liegt das sehr einfache und preiswerte ***Il Faggio**€, Località Semprevisa, Tel. 06 97 18 90 31.

Essen und Trinken

- **La Sbirra**€€, seit 1860 gibt es die beliebte Kleinstadttrattoria im Zentrum bei der Piazza della Colegiata, solide Landküche mit hausgemachten Nudeln und Gnocchi, Via Verdesca 24, Tel. 0 69 79 86 35, Di Ruhetag.

Verkehrsmittel

Bus

- Werktags etwa stündlich, So 10x in etwa 40 Min. zum Bahnhof **Colleferro.**

Wanderung durch die Monti Lepini

Von Carpineto Romano nach Norma

Die **lange Wanderung** führt quer über den menschenleeren Hauptkamm der Monti Lepini mit ihren wechselnden Landschaftsbildern. Kastanien- und Steineichenwälder, steinige Schafweiden, kahle Felsrücken, schattige Buchenhaine und grün-verwunschene Bachtäler werden passiert. Ziel der Hauptvariante ist das hoch über der pontinischen Ebene gelegene Norma. Die Wanderung ist **mit öffentlichen Verkehrsmitteln ab Rom** zu machen, evtl. empfiehlt sich wegen der Länge der Route die Anreise am Vorabend der Wanderung mit Übernachtung im Hotel Il Faggio in Carpineto. Alternativ sind eine kürzere, **einfachere Variante** und ein Rundweg ab Carpineto beschrieben.

Dauer: 6:45 Std. bzw. 4:15 Std. (Variante). **Anstiege:** 1100 m/650 m. **Schwierigkeitsgrad:** anspruchsvolle Wanderung mit langen

An- und Abstiegen auf steinigen Wegen; mittelschwer (Variante). **Hinweis:** Vor allem im Valle Fota auf Aspisvipern achten. Die hier häufig auftretenden schwarz-gelben Nattern sind hingegen harmlos. **Anfahrt mit Zug** von Roma Termini nach Colleferro, von hier Bus nach Carpineto (tgl. 7.15, 8.15, 9.20 Uhr), ca. 2 Std. mit Umsteigezeit. **Rückfahrt nach Rom** ab Norma in 20 Min. zum Bahnhof von Latina (Mo bis Fr 16.55, 18.15, 19.10, 21 Uhr, Sa 16.55, 18.15, 20.30 Uhr, So nur um 18.35 Uhr); von hier bis 22.30 Uhr mindestens stündlich Zug in 40 Min. nach Rom. **Rückfahrt nach Carpineto:** Werktags um 9.20 u. 17.55 hält beim Abzweig zum Bahnhof Sezze (stündlich Zug von Bhf Latina) der Bus von Latina Zentrum nach Colleferro, der um 10.25 bzw. 19 Uhr Carpineto passiert.

Der Wegverlauf:

Im Zentrum von Carpineto (600 m) zweigt man bei der Piazza della Vittoria von der Hauptstraße Colleferro – Maenza auf die gelb ausgeschilderte **Strada Panoramica di Monte Semprevisa** ab. Sie passiert den Friedhof, biegt nach rechts und beschreibt ca. 400 m weiter ansteigend eine deutliche Linkskurve. In dieser wenden wir uns auf einen nach rechts abzweigenden, ansteigenden asphaltierten Fahrweg. Am höchsten Punkt des Weges, unmittelbar hinter einem neueren Haus rechter Hand, zweigen wir leicht links auf einen in ein Kastanienwäldchen hineinführenden Pfad ab (20 Min.) Dieser folgt anfänglich einem Zaun und gabelt sich dann nach 5 Min. vor einer einzelnen Kastanie; man geht links, nun etwas steiler bergan. Nach weiteren 5 Min. verläuft der Pfad zwischen Zäunen zu einem kleinen Schuppen. Von hier 50 m links den Hang hochsteigend wird ein Fahrweg erreicht (35 Min.). Auf diesem gewinnt man weiter an Höhe – schöne Blicke ins Tal von Carpineto. Nach knapp halbstündigem Anstieg wendet

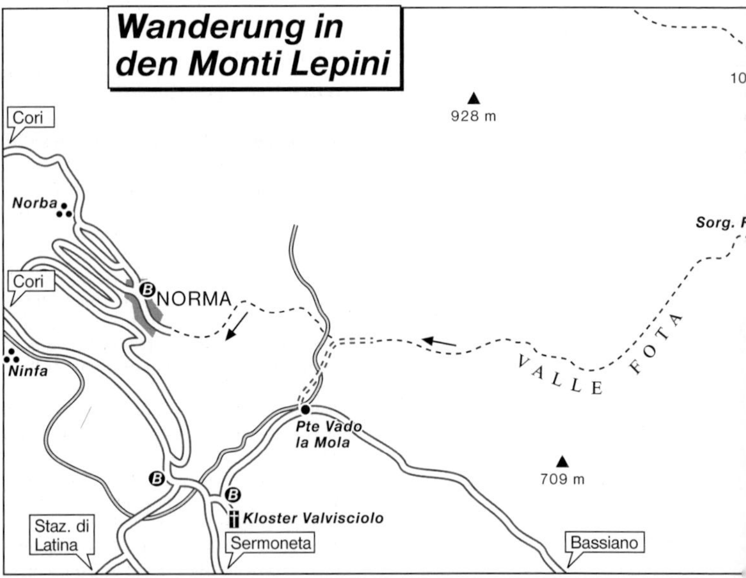

sich der Fahrweg nach links, verläuft kurz eben, steigt dann erneut zur kahlen Passhöhe **Passo della Fota** an (1:20 Std., 990 m).

Hier bieten sich **zwei Möglichkeiten:**

a) Die **einfachere Variante** folgt dem aussichtsreichen Hauptweg geradeaus abwärts zu zwei Brunnen bei der **Trinkwasserquelle Sorgente Rapiglio,** wo von links die Variante b) einmündet (1:40 Std., 830 m).

b) Abwechslungsreicher, aber deutlich länger und anstrengender ist der Weg über das Kreuz von Capreo **(Croce Capreo):** Auf dem Pass wendet man sich gegenüber von einem Betonhäuschen auf einen Pfad nach links (vereinzelt rote oder rot-weiße Markierungen). Er führt an der Westseite des steinigen Rückens leicht bergan in gut 5 Min. zu einer Senke am Waldrand bei einer Holzstallung. Danach geht es auf schmalem, manchmal undeutlichem Pfad südöstlich steil bergan. Sich leicht rechts haltend gelangt man auf den Kammrücken und folgt dessen Verlauf

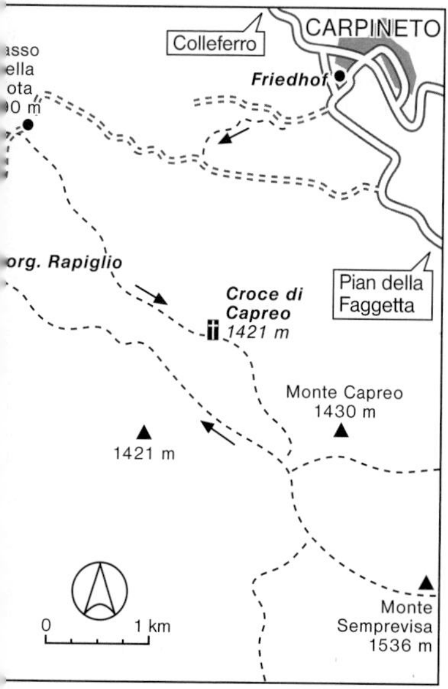

auf sehr steinigem Untergrund in Richtung auf das sichtbare Kreuz von Capreo zu. Die Pfadspur wird dabei etwas weniger steil und führt links an einer Karstsenke vorbei, wo manchmal halbwilde Pferde weiden. Durch ein Waldstück erreicht man zuletzt einen Steilhang, den man 100 m auf steinigem Pfad zum großen, auf einem Mauersockel stehenden **Kreuz von Capreo** hinaufkraxeln muss (2:45 Std., 1421 m).

Von hier geht es die Richtung beibehaltend 3 Min. etwas bergab in den Schatten der Buchen, wo sich links, zum Glück eingezäunt, eine tiefe Kluft im Waldboden öffnet. Danach steigen wir am Osthang etwas bergan, durchwandern nach rechts mit kurzem Zwischenabstieg eine bewaldete Doline (Karstsenke) und wenden uns dahinter nach links auf einen Pfad am Westhang. Nach einem Wegstück, eingestuft am Hang unterhalb des Hauptgipfels des Monte Capreo, wendet sich der Pfad bei einem breiteren Kammrücken nach rechts abwärts. Durch ein Waldstück gelangt man zu einem Sattel, wo beim oberen Ende einer abschüssigen Wiese zwei Rastbänke stehen (3:10 Std., 1310 m).

Von hier geht es nach rechts abwärts auf rot-weiß markiertem **Pfad Nr. 6** in einen bewaldeten Einschnitt. Dieser senkt sich stetig an der Südwestseite des Monte Capreo entlang. Wir bleiben immer auf dem in etwa dem Talverlauf folgenden Buchenwaldpfad, der zuletzt recht steinig wird und schließlich bei der **Sorgente Rapiglio** auf den vom Passo della Fota kommenden Fahrweg der Variante a) trifft (4:10 Std., 830 m).

Von der Sorgente Rapiglio senkt sich der Fahrweg in 10 Min. zur Quelle **Sorgente Fota** und endet hier bei einem Umspannturm (665 m, 1:50/4:20 Std.). Geradeaus geht es 50 m durch Geröll zu einem leicht rechts weiterführenden Pfad (rot-weiße Markierungen), der mit mäßigem Gefälle im idyllischen **Valle Fota** absteigt. Man bleibt stetig rechts vom Bach. Die Landschaft ändert sich, wird mediterraner. Nach einem Wegstück entlang einer Schichtmauer wird ein Gatter passiert. Linker Hand tauchen an der anderen Talseite Ställe und Schuppen auf (2:40/5:10 Std.), Pferde, Kühe und Schafe grasen auf den schmalen Lichtungen. Abzweigende Viehpfade erschweren etwas die Orientierung, man kann jedoch nicht fehlgehen, wenn man auf die Markierungen achtet und immer dem Taleinschnitt nach Westen folgt. Am Ende einer Wiese etwa 20 Min. nach den Ställen geht es links am Rande des Talgrabens etwas steiler bergab. Bei der folgenden Verzweigung kann man beide Pfade, rechts und links des Baches, nehmen, die wieder zusammenkommen. Etwas später wechselt man auf die linke Bachseite. Der Pfad steigt kurz etwas an, führt rechts an einer Wieseneinzäunung entlang, kreuzt den dunklen Bachgraben und trifft 3 Min. später auf einen beginnenden breiten Weg vor einer Olivenpflanzung. Auf diesem gelangt man nach links in gut 5 Min. zu einem kleinen Bauernhaus rechter Hand (3:15/5:45 Std.)

Auf dem Fahrweg geradeaus würde man in 10 Min. bei der **Ponte Vado la Mola** die **Straße Bassiano – Latina** erreichen und auf dieser nach rechts in weiteren knapp 20 Min. die Zufahrt zum Kloster von Valvisciolo, wo Busse halten, die zur Stazione di Latina fahren (3:45 Std./6:15 Std.).

Interessanter ist der **Anstieg nach Norma:** Dazu biegt man unmittelbar hinter dem kleinen Bauernhaus nach rechts (ohne Markierung) und zweigt 50 m weiter nach links auf einen Pfad, der einen meist trockenen Bachgraben kreuzt. Dahinter geht es nach rechts 250 m zu einer Wiese, die man bis zu ihrem Ende durchquert. Man kreuzt hier erneut einen Bachgraben und steigt kurz zu einem Querpfad an; 50 m rechts rauscht ein Bach durch eine Klamm, Richtung Norma geht man jedoch links. Der etwas überwachsene Pfad verläuft ansteigend 10 Min. rechts von einem Waldgraben (nach starken Regenfällen sehr lehmig hier), tritt aus dem Wald heraus und steigt in einem Linksbogen am oberen Rand eines Olivenhains an – schöner Blick zurück auf die kargen Monti Lepini. Man erreicht schließlich eine Asphaltstraße. Geradeaus gelangt man auf dieser in 10 Min. ins Zentrum von Norma (4:15/6:45 Std.).

Rundwegvariante ab Carpineto: Bei der Sorgente Rapiglia (4:10 Std.) folgt man dem Hauptweg rechts bergan zurück zum Passo della Fota (4:35 Std.) und wandert auf dem Hinweg zum Ausgangspunkt (5:40 Std.).

Im Gebirge zwischen Palestrina und Subiaco

Östlich von Palestrina gelangt man schnell in dünn besiedelte Bergregionen mit einigen schönen alten Kleinstädten und Dörfern, deren verschachtelten Ortskerne sich wie kompakte Steingebirge die Hänge hinaufziehen. Ganz oben stehen meist die zerbrochenen Mauern einer mittelalterlichen Rocca oder eines bescheidenen Renaissancepalazzo. Immer wieder eröffnen sich weite Ausblicke über die bewegte Folge der dem Hauptkamm des Apennin vorgelagerten mal grün bewaldeten, mal steinig-kargen Bergketten. Im Umland der Orte sind in den letzten Jahrzehnten aber auch in diesem Landstrich neue gesichtslose Wohn- und Kleinindustrieviertel entstanden, die sich immerhin zumeist in ästhetisch wohltuendem Abstand zu den historischen Altstadtzentren befinden.

Östlich von Palestrina verlaufen zunächst die bis auf gut 1200 Meter ansteigenden kleineren Bergzüge der **Monti Prenestini** und **Monti Ruffi.** In den niedrigeren Lagen wirkt das Land hier noch mediterran, die Waldlandschaft ist vielerorts durch Olivenkulturen, Weinhänge und Gemüsefelder aufgelockert. Östlich des Aniene-Tals, in dem auch die Hauptsehenswürdigkeit der Region, die **Benediktinerklöster von Subiaco,** liegt, beginnt die ausgedehnte Bergeinsamkeit der

Monti Simbruini mit Buchen- und Tannenwäldern, Hangwiesen und Hochalmen. Höchste Erhebung ist der Monte Viglio (2156 m). Südlich an die Simbruinerberge schließen sich die **Monti Ernici** an, die an der Grenze zu den Abruzzen ebenfalls knapp die 2000-Meter-Marke überschreiten (Monte del Passaggio, 2062 m).

Genazzano

⇗XV, C3

- **5310 Einwohner**
- **374 m üNN**
- **50 km südöstlich von Rom**
- **PLZ 00030**

Auch Genazzano gehört zu den vielen unbekannten latinischen Orten mit schönem, geschlossen mittelalterlichem Kern. Das schmale, eng gebaute *centro storico* erklimmt einen lang gestreckten Hügelrücken. Aus Genazzano stammt das Geschlecht der *Colonna,* eine der einflussreichsten Adelssippen Latiums in Mittelalter und Renaissance, die mit den *Orsini* und *Gaetani* um die Vorherrschaft über Rom und die Campagna stritten. Den Höhepunkt der Machtentfaltung markierte das Jahr 1417, in welchem *Oddone Colonna* als *Martin V.* zum Papst gewählt wurde.

Größere Kunst oder Architektur gibt es nicht zu besichtigen, wie so oft ist das verwinkelte Ortszentrum mit seinen alten Fassaden, Bögen und Durchgängen die eigentliche Sehenswürdigkeit. Durch ein stark restauriertes gotisches Tor gelangt man auf den Hauptgassenzug Corso Cardinale Vannutelli, gleich dahinter führen Stufen nach rechts zum romanischen Kirchlein **Santa Croco** mit Fresken des 13./14. Jahrhunderts. Weiter oben öffnet sich der Corso zu zwei 50 Meter auseinander liegenden Plätzen (jeweils mit Bar); an der ersten, der Piazza d'Amico, steht die Kirche **San Paolo** mit romanischem Glockenturm, aus dem die Blumen sprießen, die folgende Piazza Santa Maria dominiert die mit neueren Mosaiken verzierte klassizistische Fassade des **Santuario della Madonna del Buon Consiglio.** Im prachtvollen Innenraum der Wallfahrtskirche (17. Jahrhundert) steht am Altar ein Gnadenbild der Maria mit Kind aus dem 13. Jahrhundert. Angeblich ist es 1467 auf wundersame Weise auf Engelshänden aus Albanien hierher getragen worden, um in den folgenden Monaten desselben Jahres, wie in der Stadtchronik von Genazzano akribisch vermerkt, 161 nachgewiesene Wunder zu bewirken – woran christliche Pilger aus Albanien, die ihre entflogene „Signora d'Albania" manchmal besuchen kommen, nicht zweifeln werden.

Ganz oben in der Altstadt passiert der Corso Vanutelli die um 1400 errichtete **Casa Apolloni** (Nr. 41) mit fein gearbeiteten zweibogigen gotischen Fenstern, das Geburtshaus des Papstes *Martin V.,* und endet beim großen **Castello Colonna** (15./16. Jahrhundert) mit schöner Loggia im Innenhof. Die Palasträume des ehemaligen Adelssitzes der *Colonna* sind bis auf weiteres nicht zu besichtigen, ein Durchgang und eine schmale Fußgängerbrücke leiten in den schattigen kleinen Park an der Rückseite.

In der Talsenke östlich unterhalb des Eingangstores zum *centro storico* stehen als überwuchertes Ruinenensemble der Renaissance noch Fassadenteile, Bögen und Säulen des einst prächtigen, von *Bramante* entworfenen Wasserpavillons **Ninfeo Bramante.**

Touristeninformation

- **Pro Loco,** Piazza S. Maria 12, Tel. 0 69 57 90 10.

Unterkunft, Essen und Trinken

- Gut 1 km südwestlich außerhalb des Altstadtzentrums von Genazzano liegt in Hanglage das *****Cremona**€€, ein großer Familienbetrieb mit beliebtem **Ristorante;** die etwas nüchtern eingerichteten Zimmer bieten guten Komfort, manche haben Balkon und Panoramablick zum alten Ort, mit Tennisplatz und Garten, Via P. Togliatti 19, Tel. u. Fax 0 69 57 96 03 u. 0 69 57 90 73.

Bus

Häufig von Genazzano nach **Rom** über Cave/Palestrina, auch So. Daneben werktags öfters, So einige wenige Verbindungen nach **Tivoli, Olevano Romano, San Vito Romano, Subiaco, Fiuggi;** Hauptbushalt 5 Min. südlich der Altstadt an der Hauptstraße.

Fest

- **Infiorata del Sacro Cuore,** am ersten Juli-Wochenende mit Blumenbildern auf den Straßen und einer Prozession mit Darstellung biblischer Szenen.

Cave

↗ XV, C3

- **9510 Einwohner**
- **380 m üNN**
- **46 km südöstlich von Rom**
- **PLZ 00033**

In Cave einige Kilometer westlich von Genazzano weist ein gelbes Schild **„Borgo Antico"** zum südlich der Durchgangsstraße auf einem Tuffrücken gelegenen älteren Viertel, das sich, je weiter man die Gassen hinuntersteigt, als zunehmend entvölkert erweist. Links vom Eingang zum Borgo führt der **Treppenweg Via del Fossato** an dunklen Ruinen vorbei in ein ländliches Tal, wo bei einer mittelalterlichen Bachbrücke ein **Bambuswäldchen** sprießt. Am oberen nördlichen Ortsrand, an der Straße nach Rocca di

lat_406 Foto: gh

In den Gassen von Olevano Romano

Cava, steht das romanische Kirchlein **San Lorenzo Martire** mit einigen byzantinischen Fresken (10. bis 13. Jahrhundert) in der Krypta.

Unterkunft, Essen und Trinken

- In Cave bietet das freundlich-familiäre ****Albergo La Fonte**€-€€ preiswerte Unterkunft bei ordentlicher Ausstattung, nur die Ästhetik der Bilder an den Wänden ist etwas gewöhnungsbedürftig, Piazza G. Venzi 3 (neben San Lorenzo Martire), Tel. 0 69 58 00 57; im zugehörigen **Ristorante**€-€€ gibt es solide Traditionsküche.

Olevano Romano ⇗XV, C2

- **6340 Einwohner**
- **580 m üNN**
- **60 km südöstlich von Rom**
- **PLZ 00035**

Von der Westseite gesehen zeigt Olevano Romano immer noch ein sehr malerisches Ortsbild, der Altstadtkern zieht sich mit eng aneinander gebauten Häusern den steilen Hang hinauf. Innen erstreckt sich ein Gewirr von schmalen Treppenwegen, Autos kommen hier nicht durch, abends sitzen die Bewohner vor ihren Häusern, um einen Schwatz zu halten, Kinder toben in den Gassen – Olevano Romano scheint in einer anderen Zeit stehen geblieben zu sein. Am höchsten Punkt der Altstadt steht die **Ruine der Burg der Colonna,** von der man ein schönes Rundumpanorama genießt, allerdings auch sieht, wie im Umland die Landschaftszersiedelung fortschreitet.

Im 19. Jahrhundert verkörperte die Umgebung von Olevano das Idealbild der romantischen italienischen Landschaft, zahlreiche **Maler** zog es **aus dem Norden** hierher, nachdem der Tiroler *Joseph Anton Koch* schwärmerisch über diese Gegend berichtet hatte. Ihm folgten bald weitere Künstler aus dem Norden *(Ludwig Richter, Klaus Horny, Julius Schnorr von Carolsfeld),* die in unzähligen Landschafts- und Genregemälden, die noch in vielen deutschen Pinakotheken hängen, die ländliche Bergidylle auf die Leinwand bannten. Im **Wald von Serpentara,** dem bevorzugten Aufenthaltsort der romdeutschen Maler, stand die Künstlerherberge „Casa Baldi".

Unterkunft

- ***Il Boschetto**€, angenehmes kleines Hotel auf 2-Sterne-Niveau am Ortsrand von Olevano Romano beim Ausgang des Straßentunnels Richtung Subiaco, Viale San Francesco d'Assisi 95, Tel. 0 69 56 40 25, Fax 0 69 56 26 52.

Essen und Trinken

- Das beliebte **Ristorante Sora Maria e Arcangelo**€€-€€€ im Zentrum Olevanos gilt als eines der besten Restaurants der Umgebung, kreative feine Küche, gute Weinauswahl, Vorbestellung vor allem am Wochenende unerlässlich, Mi Ruhetag, Via Roma 42, Tel. 0 69 56 40 43.
- Ebenfalls einen guten Ruf besitzt das **Restaurant im Albergo Il Boschetto**€€, gute hausgemachte Pasta, reichhaltige Weinkarte, Mo geschlossen.

Bus

Werktags häufige Verbindungen nach **Roma Anagnina,** So 7x; werktags 7x, So 3x nach **Fiuggi;** nur werktags 5x nach **Subiaco;** Bushalt beim Tunneleingang der Straße nach Subiaco; Fahrkarten und Fahrplan gegenüber in der Bar Belvedere.

San Vito Romano

XV, C2

- **3240 Einwohner**
- **690 m üNN**
- **60 km südöstlich von Rom**
- **PLZ 00030**

Auch im benachbarten San Vito Romano bildet das *centro storico* ein besonders pittoreskes Geflecht von engen Bogengängen, steilen Treppenwegen und dunklen Gassenfluchten. Ganz oben steht mit hohen Mauern das **Castello Theodoli** aus dem 16. Jahrhundert.

Unterkunft

- ******Ai Pini*** €€, ordentliches Kleinstadthotel, ästhetisch ohne besondere Reize, aber einige Zimmer bieten eine schöne Aussicht in die Berge, nicht weit von der Altstadt entfernt, Via Giovanni XXIII 46, Tel. 0 69 57 10 19, Fax 0 69 57 18 39.

Bus

Werktags 7x, So 3x nach **Roma Angnina;** werktags einige wenige Verbindungen über Bellegra nach **Subiaco.**

Dörfer der Malerlandschaft

Neben Olevano und San Vito gibt es in den Bergen nordöstlich Palestrinas zahlreiche weitere alte Dörfer. Das auf eine Hügelspitze gesetzte **Rocca Santo Stefano** war ein beliebtes Sujet der romdeutschen Maler, der obere Ortsteil sieht noch so aus wie damals, weiter unten stehen unansehnliche Neubauten.

Im Tal östlich von **Bellegra** versteckt sich die **Grotta dell'Arco,** eine etwa einen Kilometer lange, einfach zu begehende Höhle mit Tropfsteingebilden. Im Dunkel leben seltene Tierarten, wie die rot-schwarze *Salamandrina tergiditata* und drei Fledermausarten. Zum Schutz der Fauna ist die Grotte seit einiger Zeit abgesperrt (Besichtigung nur nach Voranmeldung über die Comune von Bellegra, Tel. 0 69 56 18 01, 33 83 71 01 46, www.comune.bellegra.roma.it, gelb beschilderter Abzweig von der Straße nach Subiaco).

Capranica Prenestina in 920 Metern Höhe ist ein bescheidener kleiner Ort in steinig-karger Berglandschaft. Bemerkenswert ist im Zentrum die ursprünglich mittelalterliche Kirche **Santa Maria Maddalena,** die 1520 nach Plänen *Donato Bramantes,* des Architekten des Petersdoms, einen elegant wirkenden Kuppelaufsatz bekam.

Eine schmale Stichstraße führt nördlich durch Bergweiden ins meist wie ausgestorben daliegende winzige **Guadagnolo,** den höchstgelegenen Ort ganz Latiums (1218 m). Von der Felsplattform oberhalb der Häuser bietet sich ein schönes Rundumpanorama. Zwei Kilometer nördlich des Ortes steht hoch über dem Land das **Santuario della Mentorella.** Schon im 10. Jahrhundert gab es hier eine erste Kirche an dem Platz, an dem der *hl. Benedikt* zeitweise als Eremit gelebt haben soll. Der heutige Bau stammt aus dem 17. Jahrhundert, im Innern sind einige Fresken sowie eine hölzerne Madonnenstatue des 13. Jahrhunderts zu sehen.

In **Gerano** ist man stolz auf seine **„Infiorata",** das auch anderswo gefeierte Frühlingsfest mit kunstvoll ausgelegten Blumenbildern, das seit 1750 am Sonntag nach dem 25. April gefeiert wird und damit die älteste Veranstaltung dieser Art in ganz Italien ist. Die verwinkelte Altstadt erstreckt sich um den **Palazzo di Corte** (14. Jahrhundert) und die Pfarrkirche **Santa Maria Assunta** mit der Bildtafel der *Madonne del Cuore* von *Sebastiano Conca* (1727).

Nördlich von Subiaco liegt hoch oben im Fels das kleine **Cervara di Roma,** ein Aussichtsbalkon über dem Aniene-Tal in 1053 Metern Höhe. Eine schöne Bergstraße führt von hier nach Norden bis Arsoli (siehe im vorhergehenden Kapitel).

Unterkunft, Essen und Trinken

- In Roiate bietet das sehr schlichte und preiswerte **Dorfhotel *Mafalda**€ Unterkunft, in der angeschlossenen **Trattoria**€ gibt es einfache, solide Landküche, Via Scalambra 32, Tel. 0 69 56 90 13.
- Die **Trattoria Ferrari**€€ in Cervara di Roma serviert ebenfalls rustikale Landgerichte mit Grillfleisch vom offenen Kamin, im Herbst *primi* mit Steinpilzen und Trüffel, Mo Ruhetag, Via XX Settembre 20, Tel 07 74 82 87 20.

Subiaco

↗XV, C2

- **8930 Einwohner**
- **410 m üNN**
- **64 km östlich von Rom**
- **PLZ 00028**

Der Name der Kleinstadt im Aniene-Tal ist aufs engste mit der Geschichte des abendländischen Christentums verbunden. In den einsamen Felstälern der umgebenden Simbruinerberge gründete der hl. Benedikt von Nursia zu Beginn des 6. Jahrhunderts eine erste Mönchsgemeinschaft, die nach den Regeln lebte, die später in ganz Europa Grundlage für das aufblühende mittelalterliche Klosterleben wurden. Die beiden etwas außerhalb gelegenen Benediktinerklöster Santa Scolastica und San Benedetto (Sacro Speco), die an den Orten des Wirkens des Heiligen entstanden, sind die Hauptsehenswürdigkeiten Subiacos, die viele Touristen und Pilgergruppen aus nah und fern anziehen.

Geschichte

Subiaco wurde wahrscheinlich in römischer Zeit als Sklavensiedlung durch **Kaiser Nero** gegründet, der oberhalb der heutigen Stadt den Aniene zu drei Seen aufstauen ließ, um an den Ufern eine Prachtvilla für seine ausschweifenden Feste errichten zu lassen. Der Ortsname, der sich vom lateinischen *sub lacum,* „unter dem See", ableitet, weist darauf hin. Anfang des 6. Jahrhunderts kam der **hl. Benedikt** nach Subiaco, wo er die Grundlagen des „modernen" abendländischen Klosterwesens entwickelte. Im 10. Jahrhundert wurde der Ort von Papst *Leo VII.* den Benediktineräbten des nahe gelegenen Klosters unterstellt, das durch den Erwerb weiterer Ländereien und auch durch Beteiligung an kriegerischen Aktivitäten schon im 11. Jahrhundert zu einem wichtigen weltlichen Machtfaktor geworden war. Die

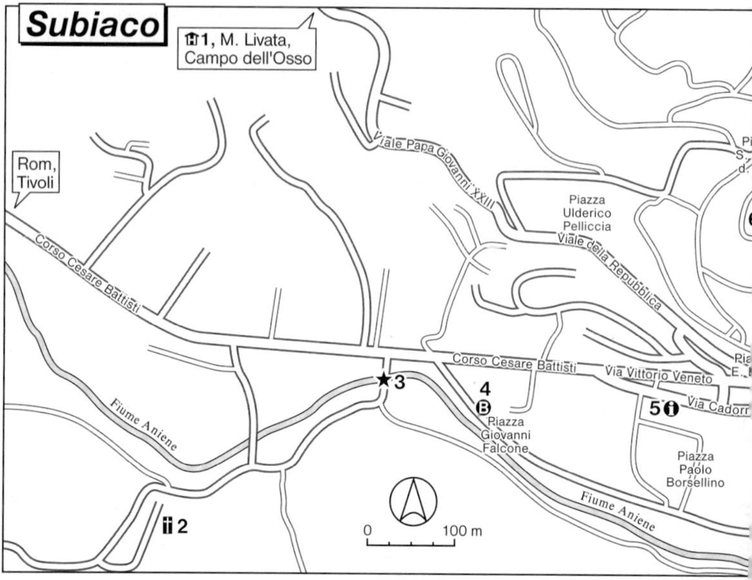

sich zunehmend von ihren Ursprungsidealen entfernende Mönchsgemeinschaft von Subiaco zog den Hass der Bevölkerung auf sich, die mehrfach gegen die feudale Klosterherrschaft revoltierte. Ab dem 15. Jahrhundert übernahmen wie überall in Latium auch in Subiaco Mitglieder reicher römischer Adelssippen die Macht, die mit der Demut frühmittelalterlicher Mönche erst recht nichts im Sinn hatten und die das Kloster mit seinen Ländereien wie ein weltliches Landgut für ihre Zwecke ausbeuteten. Erst im 20. Jahrhundert endete die Zeit des Niedergangs des Klosters von Subiaco. Heute ist hier wieder eine aktive Mönchsgemeinschaft tätig.

Besichtigung

Der Ort

Subiaco selbst ist eine freundliche Kleinstadt im grünen Tal des Aniene, über dem die steilen Waldflanken der **Monti Simbruini** aufsteigen. Das alte Zentrum zieht sich wie ein Steingebirge mit steilen Gassen eine steile Hügelkuppe hinauf. Ganz oben steht die **Rocca Abbaziale,** die im Jahre 1077 errichtete Schutz- und Fluchtburg der Äbte von Subiaco. Die im 16. Jahrhundert mit Fresken ausgeschmückten Innenräume sind zurzeit nicht zu besichtigen. Die erst Ende des 18. Jahrhunderts fertig gestellte Kathedrale **S. Andrea** am unteren Altstadtrand ist innen

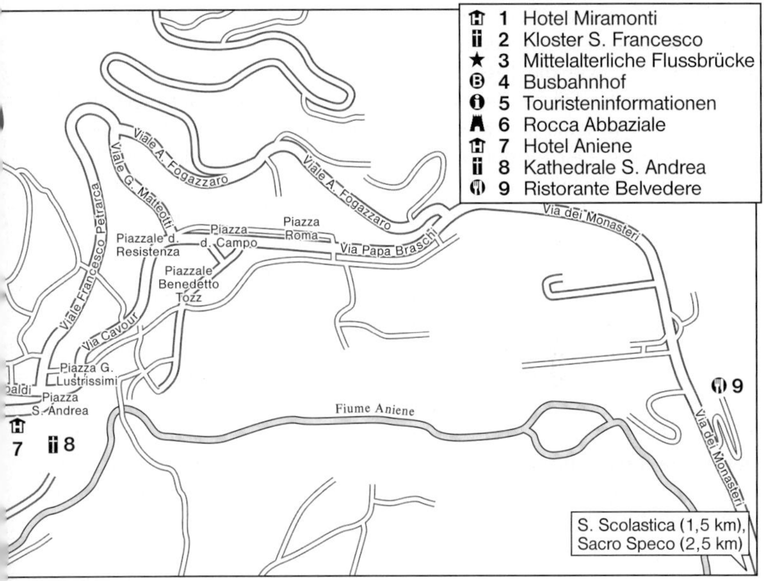

wie außen ein wuchtiger klassizistischer Bau von fast bedrückender Schwere.

Westlich des Zentrums leitet eine **mittelalterliche Steinbrücke mit Zollhäuschen** (1358) über die klaren, fischreichen Wasser des Aniene. Auf der anderen Seite führt ein Sträßchen etwa 300 Meter flussabwärts zum etwas erhöht stehenden Kloster **San Francesco.** Der 1327 fertig gestellte schlichte Kirchenbau besitzt einige schöne Kunstwerke, u.a. ein Altartryptichon aus der Schule des *Antoniazzo Romano* (Madonna mit Kind und den Heiligen *San Francesco* und *San Antonio da Padova* von 1467) sowie ein dem umbrischen Renaissancemeister *Pinturricchio* zugeschriebenes Tafelbild (Geburt Jesu, dritte Kapelle links).

Die **Benediktinerklöster von Subiaco** liegen drei Kilometer westlich der Stadt am Nordhang des hier tief eingeschnittenen Aniene-Tals. Bei dessen Beginn sieht man links der Straße Richtung Jenne römische Fundamente und Mauerreste, die von der **Villa Kaiser Neros** stammen. Vor den Ruinen beginnt der etwa halbstündige alte Pilgerweg an Santa Scolastica vorbei hinauf zum Felskloster Sacro Speco.

Santa Scolastica

Das ältere der beiden noch erhaltenen Klöster von Subiaco bietet architektonisch ein uneinheitliches Bild. Im

Februar 1944 war es Ziel amerikanischer Bomberflotten, nach dem Krieg wurde einiges, wie die Fassade, im strengen formalen Stil der Zeit wieder aufgebaut. Heute leben hier wieder etwa 50 Mönche. Der Klosterkomplex besteht im Wesentlichen aus drei Kreuzgängen und – zwischen dem zweiten und dritten liegend – der Klosterkirche.

Der zwischen 1580 und 1689 errichtete **erste Kreuzgang** zeigt nüchterne Renaissancearchitektur, hier sind Fotos und Kopien von alten Handschriften und Drucken ausgestellt. Im Kloster Santa Scolastica wurde **1465** das **erste gedruckte Buch Italiens** herausgegeben, der Abt hatte zuvor die beiden deutschen Mönche *Arnold Pannartz* und *Konrad Sweynheym* nach Subiaco eingeladen, um in die neue Kunst eingeweiht zu werden. Für die Klöster war die Erfindung des mechanischen Buchdrucks von ganz besonderer Bedeutung, war doch die mühselige und viel Arbeitszeit beanspruchende handschriftliche Vervielfältigung von heiligen Texten eine der wichtigsten Aufgaben der Mönche.

Der **zweite Kreuzgang** (um 1400), mit seinem Kräutergarten in der Mitte eine grüne Oase des Friedens, zeigt einfache gotische Formen. Nur die beiden Portale weisen Schmuckformen auf, das westliche eine in Italien seltene Rahmung in Flamboyant-Gotik, das östliche, beschädigte sienesische Malereien des 14. Jahrhunderts mit Szenen aus dem Leben des *hl. Benedikt.* Über dem Ostportal erhebt sich der elegante **romanische Campanile** von 1052, ältester erhaltener Teil der Klosteranlage.

Durch das Ostportal und den Turm gelangt man in die **Klosterkirche,** die durch eine helle klassizistische Formgebung von klarer Eleganz überrascht. Sie wurde zwischen 1769 und 1776 völlig umgestaltet, Architekt war *Giacomo Quarenghi,* der 1779 nach St. Petersburg auswanderte, wo er wichtige Bauten der Zarenresidenz schuf. Zwei Säulen aus ägyptischem Marmor stammen noch aus der Villa *Neros.*

lat_412 Foto: gh

Kloster Santa Scolastica mit dem romanischen Campanile

Durch die Kirche betritt man den ältesten, **dritten Kreuzgang** (1200–1243). Der harmonische untere Teil mit seinen fein gearbeiteten romanischen Doppelsäulen und der Marmorzisterne in der Mitte stammt aus der Werkstatt der römischen Künstlerfamilie der *Cosma,* die offensichtlich viel zu tun hatte. Sie betrieb schon eine Art Serienproduktion, an einigen Stellen finden sich im Mauerwerk Ritzungen und Zeichen, die dazu dienten, in Rom vorfabrizierte Bauteile an Ort und Stelle richtig zusammenzufügen.

● **Kloster Santa Scolastica,** Besichtigung im Rahmen geführter Rundgänge, Mo bis Sa 9–12.30 u. 16–18.30 Uhr, So 9–10, 11.30–12.30 u. 16–18 Uhr.

lat_413 Foto: gh

Fresken im Kloster Sacro Speco

Sacro Speco

Auf einem von alten Steineichen beschatteten Pflasterweg erreicht man den Eingang zum oberen Kloster **San Benedetto,** besser als Sacro Speco (Heilige Grotte) bekannt, das durch seine dramatische Lage beeindruckt: Die mehrstöckige Anlage klebt förmlich an einer steilen Felswand hoch über dem Tal. Das im Kern aus zwei übereinander gebauten Kirchen bestehend Kloster entwickelte sich ab dem 12. Jahrhundert mit zahlreichen späteren Erweiterungen um die Einsiedlerhöhle des *hl. Benedikt* herum. Verschiedene Malerwerkstätten aus Rom, Umbrien und der Toskana arbeiteten vom 13. bis 17. Jahrhundert an der künstlerischen Ausschmückung des Klosters.

Man betritt die Anlage durch einen Bogengang, der zum ehemaligen **Kapitelsaal** mit etwas weich und verträumt wirkenden Ausmalungen im Stil der umbrischen Renaissance führt (u.a. Christus der Erlöser zwischen den vier Evangelisten). Von hier gelangt man nach links in die **großflächig mit Fresken geschmückte Oberkirche** (14. Jahrhundert). Von sienesischen Künstlern stammt im vorderen, höheren Teil des durch einen Wandbogen zweigeteilten Hauptschiffes die lebendige und erzählfreudige Passionsgeschichte, dargestellt sind u.a. der Kuss des *Judas,* die Flucht der Apostel, die Geißelung Jesu, der Gang zum Kalvarienberg mit großem Gefolge, Jesus auf dem Esel beim Einzug nach Jerusalem, wo rechts neugierige Kinder in die Bäume klettern usw. Das Wandfeld über dem Bogendurchgang zum niedrigeren Altarraum zeigt die zentrale Kreuzigungsszene. Im hinteren Kirchenteil und im Querschiff sind weitere Fresken zu sehen (letztes Gespräch des *hl. Benedikt* mit seiner Schwester *S. Scolastica,* Tod der *Scolastica,* die Enthauptung des *Paulus,* das Wunder der Apostel *Petrus* und *Johannes,* die einen Krüppel heilen, die *hl. Agnes* mit dem Lamm, das Martyrium des *Placidus*). Sie stammen von anonymen Künstlern einer umbrisch-märkischen Werkstatt (um 1430).

Auch die dunkle **Unterkirche** mit ihren gedrungenen Gewölben ist mit zahlreichen Fresken geschmückt. Sie stammen meist von einem römischen Meister namens *Conxulus* aus dem 13. Jahrhundert. In der linken Abside ist neben einer Madonna mit Kind zwischen Engeln eine der ältesten Künstlersignaturen überhaupt zu lesen: „Magister Conxulus pinxit hoc opus". Die Bilder stehen im Übergang von der formelhaft-strengen byzantinischen Malweise zur diesseitigeren, bewegteren Kunst der späteren toskani-

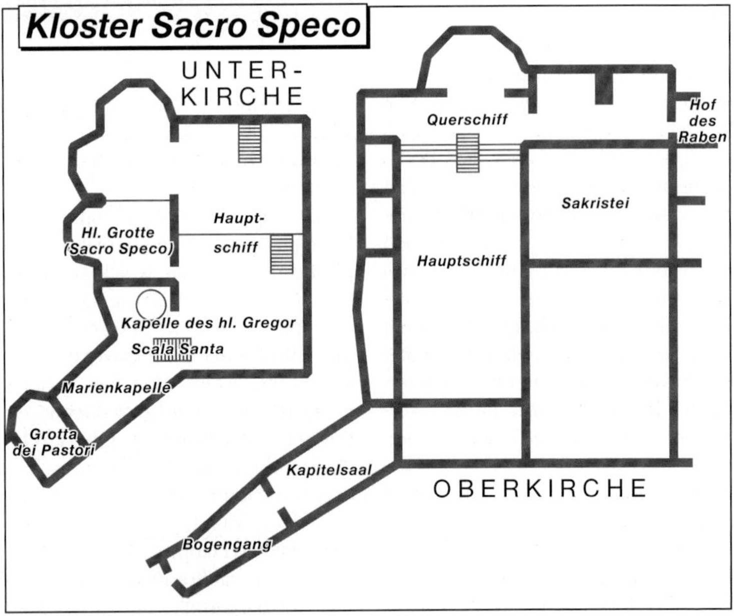

schen Meister *(Cimabue, Giotto)*. An der Fensterseite ist das Rabenwunder dargestellt: Links reicht eine rot gekleidete Frau dem *hl. Benedikt* das vergiftete Brot, das rechts vom Raben weggetragen wird. An die Unterkirche schließt sich der **Sacro Speco** an, die **Grotte,** in der der *hl. Benedikt* drei Jahre lang als Eremit lebte. Die lieblich-verträumte Barockstatue des Heiligen (1657) will irgendwie nicht zum asketischen Ambiente passen.

Eine Wendeltreppe führt von der Unterkirche hinauf zur **Kapelle des hl. Gregor,** die ebenfalls Malereien des 13. Jahrhunderts bewahrt. Ein Bildnis der hageren, eindringlich blickenden Gestalt des *Franz von Assisi* im Mönchsgewand soll noch zu Lebzeiten des Heiligen entstanden sein (1223).

Zu den unteren Räumen des Klosters gelangt man über die **Scala Santa,** die „Heilige Treppe". Ursprünglich betrat man die Anlage durch einen heute verschlossenen, tiefer gelegenen Eingang und bekam gleich beim Weg nach oben die Vergänglichkeit alles Irdischen vor Augen geführt, denn die Scala Santa begleiten Fresken zum Thema „Triumph des Todes", die wahrscheinlich aus der gleichen sienesischen Künstlerwerkstatt stammen, die auch die Passionsgeschichte in der Oberkirche schuf. An der rechten Seite sieht man den Tod als reitendes Gerippe mit einem Schwert, das auf zwei arglose Männer zielt, links zeigt ein Weiser drei Jünglingen anhand geöffneter Särge die Stadien der Verwesung des menschlichen Körpers. Dazu passt weiter unten die Darstellung des Kindermordes von Bethlehem.

Am Ende der Scala Santa öffnet sich die gotische **Marienkapelle** mit schönem Cosmatenfußboden und weiteren detail- und figurenreichen sienesischen Fresken zur Vita der Jungfrau Maria (Geburt Jesu und Anbetung der Weisen, Tod und Himmelfahrt *Mariens,* Ende 14. Jahrhundert). Von hier betritt man die **Grotta dei Pastori,** wo *Benedikt* den Hirten der Umgebung das Evangelium predigte. Ein Fragment eines Madonnenfreskos des 8. Jahrhunderts ist die älteste Malerei des Klosters überhaupt. Die Pforte zum Klostergarten bildete ursprünglich den Eingang zum Konvent.

- **Kloster Sacro Speco,** geöffnet tgl. 9–12.30 u. 15–18 Uhr.

- **Weg zu den Klöstern: Mit Pkw** Richtung Olevano, dann links die Straße nach Jenne nehmen, von der eine Stichstraße zu den Klöstern abzweigt. **Zu Fuß** eine halbe Stunde auf der Straße zunächst Richtung Olevano/Arcinazzo, dann 200 m auf der links abzweigenden Nebenstraße nach Jenne. Hinter einem Rundturm rechts der Straße und vor der Ruine der Nero-Villa beginnt links der alte Pilgerpfad hinauf zu den Klöstern. Bis S. Scolastica braucht man etwa 10 Min. Hinter dem Klosterkomplex nimmt man den alten Pfad wieder auf, der mehrmals die Asphaltstraße kreuzt und nach weiteren 20 Min. Sacro Speco erreicht. Bis zum Abzweig der Stichstraße zu den Klöstern könnte man auch den **Bus** von Subiaco Richtung Jenne bzw. Vallepietra nehmen.

Touristeninformation

- **I.A.T.,** Via Cadorna 59, Tel. u. Fax 07 74 82 20 13.

Der hl. Benedikt und die Eremiten von Subiaco

Um 480 wurde in Nursia (Norcia) in den Bergen Umbriens Benedetto degli Anici geboren, der **Begründer der Kloster- und Mönchskultur in der westlichen Christenheit.** Sein Wirken beeinflusste nachhaltig nicht nur die religiöse, sondern die gesamte Kultur des Abendlandes, vom frühen Mittelalter bis in die Neuzeit. Das von ihm verfasste klösterliche Regelwerk hat bis heute Gültigkeit.

Die Vorfahren *Benedikts* stammten aus einem römischen Patriziergeschlecht. Seine Kindheit und Jugend verbrachte der Heilige in der Abgeschiedenheit der Bergwelt Nursias, bis er mit 18 Jahren nach Rom geschickt wurde, um eine Rhetorikschule zu besuchen. Mit 22 Jahren kehrte er, von der Oberflächlichkeit des städtischen Lebens enttäuscht, Rom den Rücken, um in den Bergen Latiums **bei Subiaco als Einsiedler** zu leben, zunächst beim Dorf Affile, dann in der Felshöhle von Sacro Speco. Schon bald berichtete man von ersten Wundern, die sich innerhalb der Bauernschaft in den Tälern von Subiaco rasch herumsprachen. Aber auch durch seine Predigten und sein vorbildhaftes Leben beeindruckte *Benedikt,* nicht nur die Bauern, sondern bald auch andere Mönche, die ihn, nachdem er drei Jahre als Eremit gelebt hatte, zu ihrem Abt erwählten. In der Folgezeit gründete *Benedikt* zwölf Klostergemeinschaften. Die Anfeindungen des Bischofs von Tivoli veranlassten ihn schließlich 529, nachdem er mehr als 25 Jahre in der Umgebung von Subiaco gewirkt hatte, zum Montecassino auszuwandern.

Zu Zeiten *San Benedettos* folgten die Mönche dem Vorbild der aus Kleinasien, Syrien und Nordafrika eingewanderten Eremiten, die durch jahrelange, mitunter härteste Askese – man denke nur an die Säulenheiligen, die einen großen Teil ihres Lebens auf einer Säule stehend verbrachten – und durch eine von der Gemeinschaft abgesonderte passive Existenz nach persönlicher Erlösung suchten. Das der **Arbeitspflicht** unterworfene Zusammenleben in nach klaren Regeln organisierten Mönchsgemeinschaften, das der *hl. Benedikt* erstmalig in den vom ihm gegründeten Klöstern organisierte, bedeutete eine einschneidende Veränderung.

In den Jahren von Subiaco entwickelte *Benedikt* sein **neues Konzept des Zusammenlebens** in Glaubensgemeinschaften, die **„Regula Monasteriorum"**, die später zur Grundlage aller Klosterregelungen wurde: Ordnung und Regeln statt individuellem Heilsstreben, Disziplin statt Eigensinn, Freude an der Arbeit statt Müßiggang, Bildung statt Unwissenheit, bescheidener kollektiver Wohlstand statt individueller Armut, Askese und materieller Unsicherheit. Das Kloster entwickelte sich zu einem kleinen Stadtstaat, der nach eigenen Gesetzen funktionierte. **„Ora et labora"**, „bete und arbeite", lautete der wichtigste Grundsatz, denn die Arbeit war nach *Benedikt* ebenso wie das Gebet Dienst an Gott. Damit entfernte sich *Benedikt* entscheidend von den Eremitenmönchen seiner Zeit. Die ausgeprägte Arbeitsethik führte dazu, dass die Klöster zu einer wichtigen zivilisatorischen Kraft wurden, die am wirtschaftlichen und kulturellen Aufschwung des Mittelalters wesentlichen Anteil hatten. Viele Klostergemeinschaften wurden reich und gewannen damit zunehmend auch weltliche Macht.

Das **Kloster** übernahm die **Aufgabe einer Schule,** in der man lernen sollte, Gott durch Gebet und Arbeit zu dienen.

Im Kapitel 67 seiner Regeln legt *Benedikt* fest, dass dieser „Stadt" nichts fehlen darf: „Man muss das Kloster mit allen notwendigen Dingen ausstatten: Wasser, Mühle, Garten, Werkstätten für Handwerker, so dass die Mönche nicht gezwungen sind, das Kloster zu verlassen. In dieser Stadt herrscht Gleichheit in Recht und Pflicht. Der Waldarbeiter hat Rechte und Pflichten wie der Bibliothekar, keine Arbeit ist besser oder schlechter, jede Arbeit heißt Gott dienen." Der *hl. Benedikt* verurteilt Mönche, die plan- und disziplinlos durch die Welt ziehen und nur den eigenen Bedürfnissen unterstehen. „Die Mönche müssen gemeinsam und unter der Leitung des Abts leben; nur die Diszipliniertesten werden in eine Einsiedelei geschickt. Der Mönch lebt ohne persönlichen Besitz, hat keine Kontakte zu seiner Familie. Der Abt teilt jedem zu, was er benötigt, je nach Klima, Art der Arbeit, Alter und Gesundheitszustand." Zwei Kutten, Sandalen, Stiefel oder Schuhe, jeweils einen Sommer- und einen Winterumhang, ein Arbeitskleid, einen Lederbeutel für die Werkzeuge, eine Wachstafel zum Schreiben, einen Griffel, Taschentücher, einen Strohsack, zwei Decken und ein Kissen, das war alles was ein Mönch besitzen sollte.

Der Abt durfte größere Entscheidungen nicht ohne die Zustimmung des Ältestenrats treffen, besonders wichtige nicht ohne Zustimmung aller Mönche. Arbeitende Mönche mussten nicht fasten, beim Essen konnte man zwischen einer doppelten Portion Brot oder einem halben Liter Wein wählen. Während draußen Hungersnöte und Epidemien herrschten, nahm das Leben im Kloster seinen üblichen Lauf. Es gab viele Arbeiten im Kloster, denn Sümpfe wurden trockengelegt, Böden fruchtbar gemacht, es gab Schreiner, Maurer, Schmiede, Gerber, Weber, Schuster; kurz: alles, was eine Stadt ausmacht. Ständig arbeiteten die Mönche daran, Landwirtschaftstechniken und Anbaumethoden zu verbessern. Eine wichtige Rolle spielten auch die Apotheker, die mit ihren Kräutern und Elixieren experimentierten und dadurch das medizinische Wissen stetig erweiterten. Und von Anfang an war das **Sammeln und Bewahren des Wissens** eine Hauptaufgabe: Im Schreibsaal waren Mönche unablässig damit beschäftigt, Bücher zu kopieren und Miniaturen anzufertigen, Gelehrte studierten alle nur erdenklichen Materien.

Im frühen Mittelalter, einer Zeit, in der das gesamte Gemeinwesen durch Krieg, Zerstörung, Hunger, Leid und Verbrechen zu zerbrechen drohte, waren die nach den Regeln des *hl. Benedikt* geführten **Klöster Orte der Stabilität.** Immer mehr Menschen suchten in ihnen Zuflucht, stellten sich unter den Schutz der Mönche und überließen ihnen ihr gesamtes Hab und Gut, einschließlich der Ländereien. Auch dadurch gewannen die Klöster rasch an Einfluss und Wohlstand. Schon in der Zeit *Benedikts* führte dies zu **Konflikten mit Vertretern der Amtskirche.** Es ist überliefert, dass der Bischof von Tivoli, der um seine Macht fürchtete, seinen Priester *Fiorentius* zu *Benedikt* sandte, um ihn mit einem vergifteten Brotgeschenk aus dem Weg zu räumen. Auf wundersame Weise erschien ein Rabe, um das Brot fortzutragen, ehe *Benedikt* einen Bissen davon genommen hatte. Bis vor einigen Jahren hielten in Erinnerung an diese Legende die Mönche von Sacro Speco Raben in ihrem Kloster.

Unterkunft

● ****Miramonti**€€, kleines, freundliches Hotel etwa 2 km außerhalb an der Straße zum Monte Livata, frisch renoviert, ordentliche Ausstattung, einige Zimmer mit schönem Bergblick, Viale Papa Giovanni XXIII 4, Tel. 07 74 82 50 29, Fax 07 74 81 05 19, www.hotel-miramonti.org.

● ***Aniene**€, preiswertes Hotel mitten im Zentrum, für ein 1-Stern-Haus guter Komfort, Via Cavour 21, Tel. u. Fax 0 77 48 55 65.

Essen und Trinken

● Im **Ristorante Belvedere**€€ speist man im Sommer auf einer schönen Gartenterrasse mit Blick auf die Stadt, die Küche bietet u.a. frische Forellen aus dem Aniene, am östlichen Stadtrand an der Straße in Richtung zu den Klöstern, Mo Ruhetag, Via dei Monasteri 33, Tel. 07 74 82 25 95.

● Die **Trattoria-Pizzeria**€-€€ **des Hotels Aniene** bietet ordentliche Qualität zu niedrigen Preisen, Via Cadorna/Largo Camporesi, Tel. 0 77 48 55 65.

Verkehrsmittel

Bus

Werktags alle 30–60 Min., So 10x nach **Roma Tiburtina;** nach **Tivoli** werktags 12x, So 8x; **Fiuggi** werktags 7x, **Olevano Romano** 6x, **Filettino** 2x, **Cervara** 7x (So 2x), **Monte Livata/Campo dell'Osso** 3x (So 2x), **Jenne/Vallepietra** 4x (So 2x); Busstation am westlichen Rand des Ortskerns.

In den Monti Simbruini

In der Umgebung von Subiaco bietet die einsame Bergnatur der hier auf über 1800 Meter ansteigenden Monti Simbruini gute Möglichkeiten, der sommerlichen Hitze der Täler zu entfliehen. Seit 1983 steht das Gebiet als **Parco Naturale dei Monti Simbruini** unter Naturschutz. Abruzzen-Gämsen und auch Wölfe sollen hier vereinzelt vorkommen. Eine gewundene Bergstraße führt von Subiaco hinauf zur Feriensiedlung am **Monte Livata** mit kleinem Skigebiet und ästhetisch wenig ansprechender moderner Betonarchitektur. Hat man diese erst einmal hinter sich gelassen, gelangt man schnell in unberührte Landschaft mit schattigen Buchenwäldern und offenen Wiesenkämmen (siehe Wandervorschlag unten).

Auch weiter östlich findet sich viel schöne Natur, daneben einige wenige bescheidene alte Bergdörfer. **Jenne** liegt mit mittelalterlichem Kern auf einem lang gestreckten Bergrücken, an dessen äußerstem Rand steht hoch über dem Tal des Aniene bei einer Burgruine das romanische Kirchlein **Madonna della Rocca** (13. Jahrhundert) mit einigen älteren Freskenresten.

Weiter nördlich erhebt sich am „Ende der Welt" **Vallepietra,** den Hintergrund bildet eine senkrechte Felswand, an deren Fuß sich in 1340 Metern Höhe das Wallfahrtsheiligtum **Santuario della Santissima Trinità** versteckt. Zwei winzige Kapellen sind hier in die mächtige überhängende Felswand gebaut. Eines bewahrt ein seltenes Fresko des 12. Jahrhunderts, das Gottvater, Jesus und den Heiligen Geist als drei identische Personen zeigt, eine Darstellungsweise, die 1545 vom Papst untersagt wurde; gegenüber an der Kapellenwand ein schönes mittelalterliches Madonnenfresko. Schon im 5. Jahrhundert lebten hier christliche Eremiten, heute ist das Felsheiligtum Ziel großer Wallfahrten, vor allem aus Süditalien kommen viele fromme oder weniger fromme Pilger. Den Weg vom neuen Busparkplatz zum Heiligtum säumen Essensstände, Käse-, Wurst- und Weinverkäufer, Andenkenbuden verkaufen den obligaten religiösen Kitsch. Eine neue Pilgerkirche bietet dazu den ästhetischen Reiz einer Tankstelle - inmitten der wilden Bergeinsamkeit ein etwas surreal wirkendes Ensemble.

Einige Kilometer nördlich der Wallfahrtskirche senkt sich die nun nicht mehr asphaltierte Straße in das **Hochtal Campo della Pietra** mit schönen Rast- und Picknickplätzen auf einer mit Felsblöcken übersäten weiten Wiese. Holprige Erdpisten führen von hier durch mal karg erodiertes, mal grün bewaldetes menschenleeres Bergland nach Cappadocia in den Abruzzen.

Östlich von Jenne kreuzt die Straße Richtung Trevi an der Grenze zwischen den Provinzen Rom und Frosinone den Aniene. Etwa 50 Meter vor der Brücke führt links ein Weg über den Fluss, dann ein Uferpfad nach rechts in fünf Minuten zum kleinen Wasserfall **Cascate di Trevi,** einem verwunschenen Platz im Walddunkel. Das auf einer Hügelspitze hockende verwinkelte Dorf **Trevi nel Lazio,** eine uralte Gründung des altitalischen Stammes der Equer, wird von der trutzigen Burg der *Caetani* beherrscht. In der Unterkirche von S. Maria Maggiore, einem ansehnlichen Renaissancebau mit einigen Barockbildern, sind zur Stärkung der Glaubenskraft der Dorfbewohner in einem Schrein die Knochen des Ortsheiligen ausgestellt.

Weiter oben im Tal hat **Filettino** durch zu viel Zementverputz und ungeschickte Renovierungen viel von seinem Charme eingebüßt. Die Friedhofskirche enthält einige interessante Fresken des 13. Jahrhunderts. Filettino war die Gemeinde, die die Einrichtung des Naturschutzgebietes am schärfsten bekämpfte, profitiert man hier doch vom Skitourismus am **Campo Staffi** zwölf Kilometer nördlich des Ortes. Dessen Liftanlagen und Hotelbauten tragen wie so oft nicht gerade zur Verschönerung der Landschaft bei. Für Freunde unberührter Natur unbedingt lohnend ist hingegen der nicht allzu schwierige Aufstieg auf den **Monte Viglio,** mit 2156 Metern der höchste Berg der Simbruinerberge. Er ist am einfachsten von der **Passhöhe Serra Sant'Antonio** (1610 m) an der Straße nach Capistrello aus zu bewältigen: Ein ebener Fahrweg führt südöstlich durch Buchenwald zunächst in 20 Minuten zur Quelle **Fonte Moscosa** mit Rastbänken. Von hier steigt man eine Wiesensenke steil zum Gratrücken hinauf, der zum Gipfel hinaufleitet (genaue Wegbeschreibung im Rother-Wanderbuch).

Verkehrsmittel

Bus

Verbindungen von Subiaco über Jenne nach **Vallepietra. Trevi/Filettino** sind von Fiuggi/Altipiano di Arcinazzo und Rom/Palestrina aus erreichbar. Von Filettino 3x tgl. Bus über den Pass Serra S. Antonio zum **Campo Staffi;** Bushalt beim Brunnen auf der Piazza Caraffi, nebenan Tabacchi mit Fahrplan.

Wanderung in den Monti Simbruini

Etwa 25 km **nordöstlich von Subiaco** bietet der 1855 m hohe Aussichtsgipfel des **Monte Autore** ein lohnendes Wanderziel. Vom Ausgangspunkt, der Feriensiedlung **Campo dell' Osso** mit ihren unpassenden Betonbauten, gelangt man schnell in unberührte Berglandschaften mit grenzenlosen Ausblicken in die bewegte Bergwelt des Apennin. Ziel ist das viel besuchte Felsheiligtum **SS. Trinità** am Fuße einer mächtigen Steilwand oberhalb von Vallepietra.

Dauer: 5:45 Std. **Anstiege:** ca. 850 m, im Wesentlichen auf dem Rückweg! **Schwierigkeitsgrad:** mittelschwer, einfache Orientierung. **Wanderkarte:** Parco Naturale dei Simbruini, Edizioni il Lupo, 1:25.000. **Bus:** werktags um 6.10 u. 9.30 Uhr, So um 9 Uhr von Subiaco in etwa 50 Min. zum Endhalt Campo dell'Osso; Rückfahrt täglich um 16.30 Uhr.

Kurzvarianten: Der Weg lässt sich abkürzen: Wer mit dem Pkw unterwegs ist, kann beim Wallfahrtsheiligtums SS. Trinità oberhalb von Vallepietra starten und beim **Vedute-Pass** umkehren (knapp 4 Std. Gehzeit, 650 m Anstieg) oder vom Campo dell'Osso noch die Asphaltstraße bis zum Skilift bei 20 Min. weiterfahren (40 Min. kürzer).

Wer mit dem Linienbus zum Campo dell' Osso gefahren ist, könnte die Schleife nach SS. Trinità weglassen (beim Felsvorsprung mit Holzkreuz bei 1:30 Std. links zum **Monte Autore** ansteigen; gut 3 Std. Gehzeit, 350 m Anstieg) oder, wenn die Zeit knapp wird, auf dem Rückweg den Anstieg zum Gipfel des Monte Autore auslassen (5:30 Std., 750 m Anstieg).

Der Wegverlauf:

Vom Parkplatz beim **Campo dell'Osso** (1547 m) folgt man noch etwa 20 Min. der Asphaltstraße durch lichten Buchenwald, bis diese bei einer kleinen Liftanlage rechts in einen breiten Erdweg übergeht. Hier kurz zum Liftgebäude absteigen, dann leicht links die Talsenke parallel unterhalb des Hauptfahrweges etwa 5 Min. hinaufwandern. Wo linker Hand einige niedrige Felsen vor dem Hintergrund des Graskammes **Campomino** auftauchen, biegt man auf eine grasige Spur nach rechts, die 100 m auf eine schöne Wiese mit Buchenhainen führt und über diese nach links zum Waldrand schwenkt. Stetig eine bewaldete Senke südöstlich hinaufsteigend gelangt man schließlich auf den Kamm des **Monna dell'Orso** mit prächtiger Sicht ins Tal von Vallepietra (50 Min., 1722 m).

Von hier steigt man auf rot-weiß markierter Spur 50 m den steinigen Hang nach links hinauf und folgt dann auf schmalem Pfad dem Verlauf des Höhenrandes; weites Panorama bis zum Monte Velino. Im Linksbogen etwas absteigend gelangt man schließlich bei einem Kreuz zur **Passhöhe Sella delle Vedute** (1740 m, 1:10 Std.) unterhalb des Monte Autore, wo links der vom Campo dell'Osso herkommende Fahrweg endet.

Auf einem schönen, in etwa eben verlaufenden Panoramapfad queren wir von hier aus die baumlose Ostflanke des **Monte Autore** (rot-weiße Markierungen, Weg SC 683 A, Hinweisschild nach SS. Trinità). Bei einigen Rastbänken geht es 3 Min. im Wald bergab, danach in 5 Min. zu einem Felsvorsprung mit Holzkreuz (1:30 Std.) und nach weiteren 5 Min. zur Trinkwasserquelle **Fonte degli Scifi** (1680 m). Hier nach rechts abbiegen und dem rot-weiß markierten Waldpfad rechts von einem Graben folgen, der zum schönen Wiesensattel **Passo del Procoio** hinunterführt (1:50 Std.).

Von hier geht es leicht links an einem Holzkreuz mit einfachem Altar vorbei zum

Waldrand, wo ein Pfad rechts zum Grat ansteigt und knapp unterhalb der Kammlinie an der Südseite verläuft (spärliche rote und rotweiße Markierungen). Man gewinnt noch etwas an Höhe, wechselt für 50 m im Wald auf die Nordseite und folgt dann mit schönen Fernblicken der Kammhöhe zu einem Viehzaun, der verhindern soll, dass die herumstreifenden Wanderkühe die steile Nordflanke hinunterstürzen. Zuletzt im Wald ansteigend gelangen wir auf den flachen Gipfel der **Colle della Tagliata** (1662 m, 2:20 Std.). Die Richtung beibehaltend geht es nun im Wald steiler bergab. Bald tauchen die ersten Blechbuden am großen Parkplatz an der Straße nach Vallepietra auf (1440 m). Auf dem Zugangsweg der Pilger wird von hier aus in 15 Min. das unter die mächtige Steilwand gebaute Wallfahrtsheiligtum **SS. Trinità** erreicht (3 Std., 1340 m).

Geradeaus geht es nochmals zwischen einigen Verkaufsständen hindurch, dahinter an einer Trinkwasserquelle vorbei auf einen weiterführenden, rot-weiß markierten Pfad. Er senkt sich kurz über Steinstufen unmittelbar am Fuß der hohen Felswand, erreicht ein Kreuz auf einer Felskuppe und führt 10 m vor diesem rechts bergan in den Wald. Dann stetiger Anstieg im Buchenwald in der Südwestflanke der Colle della Tagliata mit vereinzelten Fernblicken, der nach etwa 25 Min. ab dem Holzkreuz felsiges, offenes Terrain erreicht. Der Verlauf des Pfades wird hier unklarer, man hält sich mit den Markierungen rechts und gelangt mit kräftigerer Steigung in gut 5 Min. auf den Wiesensattel **Passo del Procoio** (3:45 Std.).

Von hier geht es – auf dem Hinwegpfad, wenn man vom Campo dell'Osso kommt – westlich bergan. Links an der Trinkwasserquelle **Fonte degli Scifi** vorbei gelangt man zurück zum Felsvorsprung mit Holzkreuz am Waldrand (4:10 Std.). Zum Monte Autore verlässt man hier den Hauptpfad und folgt leicht rechts einer Pfadspur, die südwestlich weiter an Höhe gewinnt. Über kiesig-steinigen Untergrund und dann Wiesenlichtungen gilt es 150 Höhenmeter zum Gipfel des Monte Autore zu überwinden, wo sich ein weites Panorama öffnet (1855 m, 4:40 Std.).

Über den breiten Kammrücken nach Süden am Waldrand entlang absteigend erreicht man das Ende des Fahrweges am **Sella delle Vedute** (4:55 Std.). Der nach links in der Ostflanke des Monte Autore verlaufende ebene Weg führt zurück zum Felsheiligtum von SS. Trinità. Zum Campo dell'Osso folgt man am besten dem zügig zu gehenden Fahrweg (5:45 Std.).

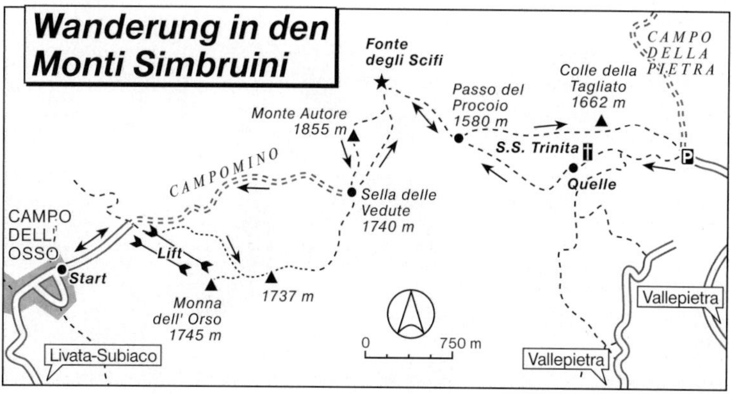

Fiuggi

⇗XV, D3

- 8650 Einwohner
- 750 m üNN (Oberstadt)
- 85 km östlich von Rom
- PLZ 03014

Die in den grünen Bergen der **Monti Ernici** gelegene Stadt ist einer der ältesten und bekanntesten Thermalorte ganz Italiens. Schon im 11. Jahrhundert versuchte man mit dem **Heilwasser** Fiuggis Gicht und Nierenleiden zu kurieren, berühmte Gäste, weltliche Herrscher, Päpste und Künstler wie *Michelangelo,* begaben sich hierher, um Heilung zu suchen. Im 20. Jahrhundert entwickelte sich ein professioneller Badebetrieb, mit allem, was dazu gehört. Mit einer aufwendig trassierten, lange stillgelegten Überlandstraßenbahn schuf man eine Verbindung zur Metropole Rom.

Die moderne **Unterstadt Fiuggi Fonte** besteht fast nur noch aus Hotels und Pensionen. Für den Normaltouristen lohnt hier allenfalls ein Spaziergang im **Kurpark** mit seinem schönen Baumbestand, den man durch das repräsentative Eingangsportal zur **Thermalquelle Fonte Bonifacio VIII** erreicht.

Der ältere, höher gelegene Stadtteil **Fiuggi Città** hat die Funktion des urbanen Zentrums an die Unterstadt abgeben müssen. Die freundliche, von einigen Bars und Restaurants gesäumte Piazza Trento e Trieste beim Ein-

lat_422 Foto: gh

gang zum alten Ortskern liegt meist ruhig und friedlich da. Am Platz stehen das ehemalige **Kasino,** ein vornehm-eleganter Kuppelbau von 1910, der heute als Theater genutzt wird, und der historisierende, an toskanische Rathäuser erinnernde **Palazzo del Comune** von 1925. In eigenartigem Kontrast zur repräsentativen Platzarchitektur ist das bei der Piazza beginnende *centro storico* ein typisches latinisches Bergdorf mit mittelalterlich engen Gassen und bescheidenen Wohnhäusern geblieben.

Touristeninformation

- **I.A.T.,** Piazza Frascara 4, beim Eingang zur Fonte Bonifacio VIII, Tel. 07 75 51 50 19, Fax 07 75 50 66 47, iat.fiuggi@apt.frosinone.it

Unterkunft

Das Hotelverzeichnis listet für Fiuggi und die nähere Umgebung mehr als 200 Unterkünfte auf, überwiegend 3-Sterne-Häuser. Fast alle liegen in Fiuggi Fonte. Am Rande von Fiuggi Città liegt das *****Anticoli**€€, ein etwas altmodisch eingerichtetes, gastfreundliches Haus, das ordentlichen Komfort bietet, einige Zimmer haben Aussicht ins grüne Umland, Via G. F. Verghetti 70, Tel. u. Fax 07 75 51 56 67.

Essen und Trinken

Die Restaurantszene von Fiuggi steht in dem Ruf, allenfalls mittlere Qualität zu gehobenen Preisen zu bieten. **Einfachere Trattorien/Pizzerien**€-€€ mit preiswertem Menu Turistico findet man in Fiuggi Città unterhalb des Kasinos.

Bergidylle in den Monti Ernici

Verkehrsmittel

Bus

Werktags etwa stündlich Bus zur Bahnstation Anagni-Fiuggi an der Hauptstrecke Roma Termini – Cassino sowie über Alatri nach **Frosinone.** Werktags 6 Direktbusse nach **Roma Anagnina** (Metrostation). Sonn- und feiertags nur wenige Verbindungen. Nur werktags 7 Verbindungen nach **Subiaco** sowie **Filettino,** z.T. mit Umsteigen in Altipiano Arcinazzo. Busbahnhof Fiuggi Fonte Stazione gegenüber vom Eingang zur Thermalquelle Fonte Bonifacio VIII. In Fiuggi Città halten nur die Busse nach Subiaco/Filettino.

Acuto, Piglio

↗XV, D3

Westlich von Fiuggi führt eine schöne Panoramastrecke nach Acuto und Piglio, zwei weitere pittoreske Orte mit mittelalterlichem Kern. Am Hang oberhalb der Verbindungsstraße stehen noch die großen Viadukte der ehemaligen Überlandstraßenbahn Rom – Fiuggi. Oberhalb von Piglio liegt links oberhalb der Straße zum Altopiano di Arcinazzo das **Eremitenheiligtum von San Leonardo,** die kurze Fahrt hierher lohnt auch wegen der schönen Ausblicke über die kompakte Altstadt von Piglio. In der Umgebung, um die Orte **Piglio, Serrone** und **Paliano,** wird einer der wenigen **Rotweine** Latiums angebaut, der das D.O.C.-Gütesiegel (mit kontrollierter Herkunftsbezeichnung) trägt. Produziert werden ausschließlich Rote, die zu 90% aus der Cesanese-Traube gekeltert werden.

Nördlich von Fiuggi/Piglio gelangt man in das Hochtal von **Altipiani di Arcinazzo,** eine Sommerfrische mit unschöner Feriensiedlung und einem in Italien seltenen Forst aus dunklen Tannen. Schon die römischen Herrscher schätzten die kühle Frische hier oben, an der Straße nach Arcinazzo hat man die Grundmauern einer großen Villa Kaiser *Trajans* ans Tageslicht gebracht, 2005 wurde hier noch fleißig gegraben.

Einkaufen

- Verkauf des Cesanese (auch Grappa) in Piglio an der Hauptstraße unterhalb des Ortszentrums in der **Cantina Sociale Cesanese del Piglio** oder in der **Cantina dal Giorgio Cesanese,** einfache Qualitäten sind schon ab 1,25 Euro pro Liter zu bekommen.

Anagni

↗XV, D3

- **19.700 Einwohner**
- **420 m üNN**
- **60 km südöstlich von Rom**
- **PLZ 03012**

Die lebendige Kleinstadt am Hang nördlich über dem Sacco-Tal besitzt eine gut erhaltene mittelalterliche Altstadt mit dem kunstgeschichtlich bemerkenswerten romanischen Dom als Hauptsehenswürdigkeit. Der in sich abgeschlossene, auf einer Hangterrasse errichtete historische Ortsteil steht in starkem Kontrast zur modern zersiedelten und von Fernverkehrsstraßen zerschnittenen Talebene. Im Zentrum mit seinen alten ruhigen Gassen herrscht meist eine beschauliche Stimmung. Nur am frühen Abend zur *passeggiata,* dem alltäglichen Ritual des Sehens und Gesehenwerdens, füllt sich der Hauptstraßenzug Corso Vittorio Emanuele mit Leben.

Geschichte

Anagni ist der geschichtlich bedeutendste Ort der Ciociara. Im 5. Jahrhundert v.Chr. lag hier der Hauptort des Volkes der Herniker, die sich 306 v.Chr. den römischen Eroberern beugen mussten. Die neuen Herren schützten die Stadt mit einem Mauerring, der sich in Teilen bis heute erhalten hat. Im Mittelalter wurde Anagni zu einem wichtigem, unmittelbar der römischen Kurie unterstellten Bischofssitz erhoben. Den Dombezirk ließen die Päpste als Fluchtburg festungsartig ausbauen, nachdem die Stadt Rom mit ihren Freiheitsbestrebungen, Volksaufständen, rivalisierenden Gegenpäpsten und den Machtansprüchen der deutschen und französischen Herrscher im 12. und 13. Jahrhundert für die römische Kurie nicht immer ein sicherer Ort war. Mehrere Päpste residierten in Anagni, drei von ihnen wurden hier geboren, weshalb sich die Stadt wie Viterbo und Avignon bis heute mit dem Beinamen **„Citta dei Papi",** „Stadt der Päpste", schmückt.

Einer der aus Anagni stammenden Päpste war **Bonifaz VIII.** aus der latinischen Feudalsippe der *Gaetani,* laut Urteil eines Religionsforschers eine

Wochenmarkt in Anagni

lat_425 Foto: gh

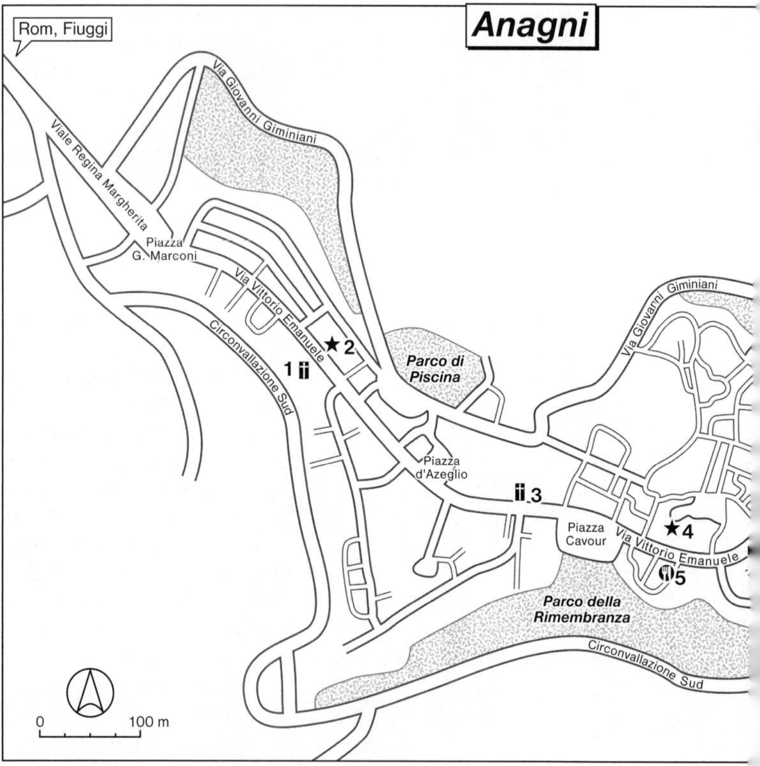

der finstersten Gestalten der Kirchengeschichte. Als im September 1303 der Gesandte des französischen Königs und ein Mitglied der mit den *Gaetani* verfeindeten *Colonna* in den Palast des Papstes eindrangen, trat ihnen dieser – so die Legende –, den Todesstoß erwartend, mutig entgegen, bekam aber nur einen Schlag gegen den Kopf verpasst. Den aufgebrachten Bürgern Anagnis gelang es am nächsten Tag, den Papst aus seiner misslichen Lage zu befreien und die Söldner der *Colonna* und Franzosen aus der Stadt zu vertreiben. Als „Schiaffo di Anagni" („Ohrfeige von Anagni") ging dieses Ereignis in die Geschichtsbücher ein.

Besichtigung

Der Dom

Der Dom von Anagni wurde zwischen 1074 und 1104 am höchsten Punkt des Ortes an der Stelle der anti-

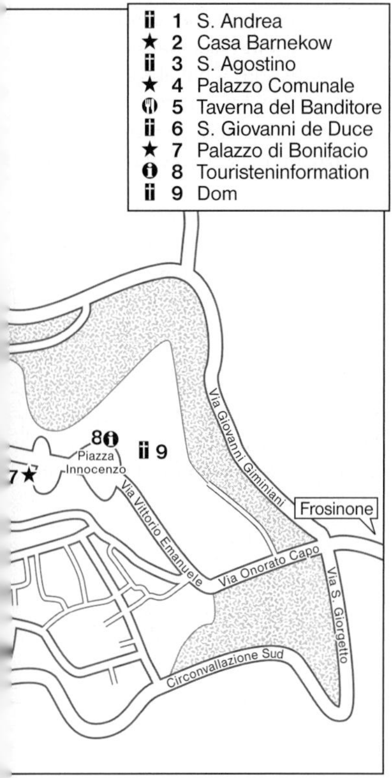

ken Akropolis errichtet und im 13. Jahrhundert im Stil der italienischen Gotik teilweise umgestaltet. Bis heute zeigt er sich als Kirchenbau des Mittelalters ohne wesentliche Veränderungen späterer Stilepochen. Von außen wirkt er wehrhaft, der wuchtige frei stehende Campanile wird nur durch einige romanische Rundbogenfenster im oberen Teil aufgelockert. Eine in die **schlichte Fassade** eingelassene Marmorplatte mit einer Tierfratze und Flechtbandornamentik ist ein Relikt eines frühmittelalterlichen Vorgängerbaus. An der Südseite sieht man über einem Portalbogen die Statue des Papstes *Bonifaz VIII.* (1295), die Absiden sind mit heidnisch wirkenden Tierköpfen und einer eleganten Zwerggalerie verziert.

Der dreischiffige, von massigen Säulen und Pfeilern getragene, klar gegliederte **Innenraum** wirkt zugleich streng und würdevoll. Die Ornamente des Cosmatenfußbodens von 1227 wurden aus Mosaiksteinen einer römischen Villa zusammengesetzt. 1260 schuf der römische Cosmatenkünstler *Vassaletto* den auf Sphingen ruhenden Osterleuchter, den fein gearbeiteten Altarbaldachin (Ziborium) und den mit einem Mosaik verzierten und als Zeichen kirchlicher Macht und Stärke von steinernen Löwen bewachten Bischofsstuhl. An das rechte Seitenschiff schließt sich die **Capella Caetani** mit der Familiengruft des einst mächtigen Caetani-Clans an.

Vom linken Seitenschiff steigt man zur romanischen **Krypta** hinunter, deren Boden wie das Hauptschiff aus schönen Cosmatenarbeiten besteht. Als kunstgeschichtlich besonders bemerkenswert gilt der in ungewöhnlicher Geschlossenheit erhaltene mittelalterliche **Freskenzyklus.** Er wurde um 1230–1250 von drei stilistisch zu unterscheidenden Künstlern geschaffen und zeigt einen rückwärts gewandten, flächigen Malstil in byzantinischer Tradition. Das Bildprogramm umfasst Szenen aus dem Alten und Neuen Testament, Evangelisten, Märtyrer, die

Apokalypse, die vier Elemente und die Tierkreiszeichen sowie die antiken Ärzte *Hippokrates* und *Galen.* Über den symbolischen Gehalt streiten die Fachleute bis heute. In der Unterkirche liegt auch die **Kapelle des hl. Thomas Becket,** sie befindet sich am Platz eines antiken Mithräums und ist mit schlichten romanischen Wandmalereien verziert. Das **Dommuseum** besitzt eine reichhaltige Sammlung kostbarer liturgischer Geräte, u.a. den Reliquienschrein des *hl. Thomas Becket* und Messgewänder aus dem Mittelalter.

- **Dom,** Besichtigung werktags 9–13 u. 16–19 bzw. 15–18 Uhr von November bis März; So während der Messen keine Besichtigung.
- **Domkrypta,** Besichtigung werktags 9–12.30 und 16–18.30 Uhr, sonn- und feiertags 9–10.30 u. 16–18.30 Uhr; Einlass jeweils halbstündlich über das Museum rechts vom Dom; 3 Euro Eintrittsgebühr.
- **Dommuseum** (Schatzkammer), geöffnet werktags 9–13 u. 16–19 Uhr.

Die Altstadt

Unterhalb des Domes steht der **Palazzo di Bonifacio VIII,** ein wehrhaftkarg wirkender Palast des 13. Jahrhunderts, hinter dessen dicke Mauern sich die in Anagni residierenden Päpste verschanzten. Dass sie auch hier nicht ganz sicher waren, belegen die Ereignisse um die „Ohrfeige von Anagni" (s.o.). Im Palazzo ist heute in Erinnerung an den Aufenthalt *Bonifaz VIII.* ein kleines **Museum** untergebracht, u.a. mit einer von *Arnolfo di Cambio* (1245–1302) geschaffenen Büste, ein wahrscheinlich realitätsgetreues Abbild des machtbewussten Papstes. Im Obergeschoss haben sich Reste von dekorativen Freskenmalereien erhalten, die in ihrer Thematik (Vögel als Jagdbeute, ein Schachbrett als Sinnbild von Machtstrategie) Herrschaft und nicht kirchliche Würde symbolisieren (Eintritt 2 Euro, Zugang über die Loggia).

Beim Dom endet der die gesamte Altstadt durchziehende Hauptstraßenzug **Via Vittorio Emanuele** mit einigen Wohnbauten des Mittelalters, wie die Häuser gegenüber dem Palazzo di Bonifacio. Ein Stück die Via V. Emanuele abwärts trifft man auf das mittelalterliche Rathaus von Anagni. Der um 1160 erbaute, an der Vorderfront wuchtig wirkende **Palazzo Comunale** ist ebenfalls weitgehend im Ursprungszustand erhalten. Die große Gewölbehalle im Untergeschoss diente der freien Kommune als Versammlungs- und Gerichtsplatz. Die Rückfront des Gebäudes an der kleinen Piazza delle Carceri ist mit eleganten gotischen Fenstern und einer fein gearbeiteten Loggia geschmückt. Kurz vor dem Kommunalpalast öffnet sich links die kleine Piazza Dante mit der reich ausgestatteten Barockkirche **San Giovanni de Duce.**

Unterhalb des Palazzo Comunale weitet sich die Via Emanuele zur zentralen **Piazza Cavour,** an die nach Süden ein kleiner schattiger **Park** anschließt. Jenseits der Piazza Cavour steht rechter Hand die Kirche **Sant Agostino** (18. Jahrhundert) mit klassizistischem Innenraum, der in seinen Formen an das Pantheon Roms erinnert. Ein repräsentatives Wohnhaus des 14. Jahrhunderts ist die **Casa Bar-**

nekow mit aufwendig gestalteter Außentreppe (Hausnummer 89–91). Die **Chiesa S. Andrea** mit romanischem Campanile gegenüber birgt in ihrem mit viel Stuck barockisierten Innenraum ein dreiteiliges Tafelbild des 14. Jahrhunderts, das, noch ganz in mittelalterlichen Tradition, ohne Tiefendimension auf Goldgrund gemalt ist (zweite Kapelle rechts).

Touristeninformation

- **Pro Loco,** Piazza Innocenzo III (neben dem Dom), Tel. u. Fax 07 75 72 78 52, anagni@rtmol.it, www.comune.anagni.fr.it, Öffnungszeiten 9–13 u. 15–18 Uhr bzw. 16–19 Uhr im Sommer.

Unterkunft

- ********Villa La Floridiana**€€€-€€€€, stilvolle und komfortable Unterkunft in einer Villa des 19. Jahrhunderts an der Landstraße 5 km südlich des Stadtzentrums, mit hübschem Garten, ruhigere Zimmer zur Rückseite nehmen, Casalina Km 63, Tel. 07 75 76 99 61, Fax 07 75 77 45 27, www.vlf.cjb.net.
- *****Santoro**€, Neubau etwa 1 km westlich unterhalb der Altstadt, freundlich-korrektes und preiswertes Mittelklassehotel, ordentlicher Komfort, allerdings nüchtern-funktionales Ambiente, den Hotelräumen würde etwas Bilder- oder Blumenschmuck sicherlich nicht schaden, Via San Magno 98, Tel. 07 75 72 53 55, Fax 07 75 72 67 33.
- **Affitacamere**€ (Zimmervermietung) in der Altstadt am Hauptplatz bei der Trattoria Centrale, Piazza Cavour 201, sehr einfach und sehr preiswert, Tel. 07 75 72 77 47.

Essen und Trinken

- **La Taverna del Banditore**€€, in einer Seitengasse des Hauptcorso werden in einem gemütlichen mittelalterlichen Kellergewölbe die alten Kochtraditionen der Ciociaria gepflegt, gut z.B. die Bandnudeln mit Erbsen und Stockfisch, freundlicher Service, Mo Ruhetag, Via A. Colantoni 6, Tel. 07 75 72 58 05.

Verkehrsmittel

Bahn

Der Bahnhof Anagni-Fiuggi Terme an der etwa stündlich befahrenen Hauptstrecke **Roma Termini – Frosinone** liegt 6 km außerhalb im Tal, werktags häufige, So seltene Busverbindung zwischen Bahnhof und Zentrum.

Bus

Bus nach **Roma Anagnina** (Metro A). Etwa stündlich zum Bahnhof **Colleferro** an der Hauptstrecke Roma Termini – Cassino.

Einkaufen

- **Wochenmarkt** entlang der Strada V. Emanuele am Mittwoch.
- **Antiquitätenmarkt** am letzten Sonntag des Monats.

Feste

- Am 19. August feiert man den Ortsheiligen, den frühchristlichen Märtyrer **San Magno,** mit einem historischen Umzug und Reiterwettkämpfen.
- Im September **Theaterfestival** mit Aufführungen von mittelalterlichen und Renaissancestücken.

Ferentino

↗XVI, A3

- **19.700 Einwohner**
- **390 m üNN**
- **11 km nordwestlich von Frosinone**
- **PLZ 03013**

Die geschichtlich sehr alte Stadt liegt wie das benachbarte Anagni erhöht über dem zersiedelten Sacco-Tal am

Südrand der Monti Ernici. Die das Ortsbild beherrschende Stadtmauer stammt zum Teil noch aus vorrömischer Zeit. Sie begrenzt das verwinkelte, von schmalen Gassen durchzogene historische Zentrum, in dem man auf diverse architektonische Zeugnisse aus Antike und Mittelalter trifft.

Schon im 6. Jahrhundert v.Chr. existierte Ferentium als Zentrum des altitalischen Stammes der Herniker. Im Jahre 394 v.Chr. wurde es von den Rö-

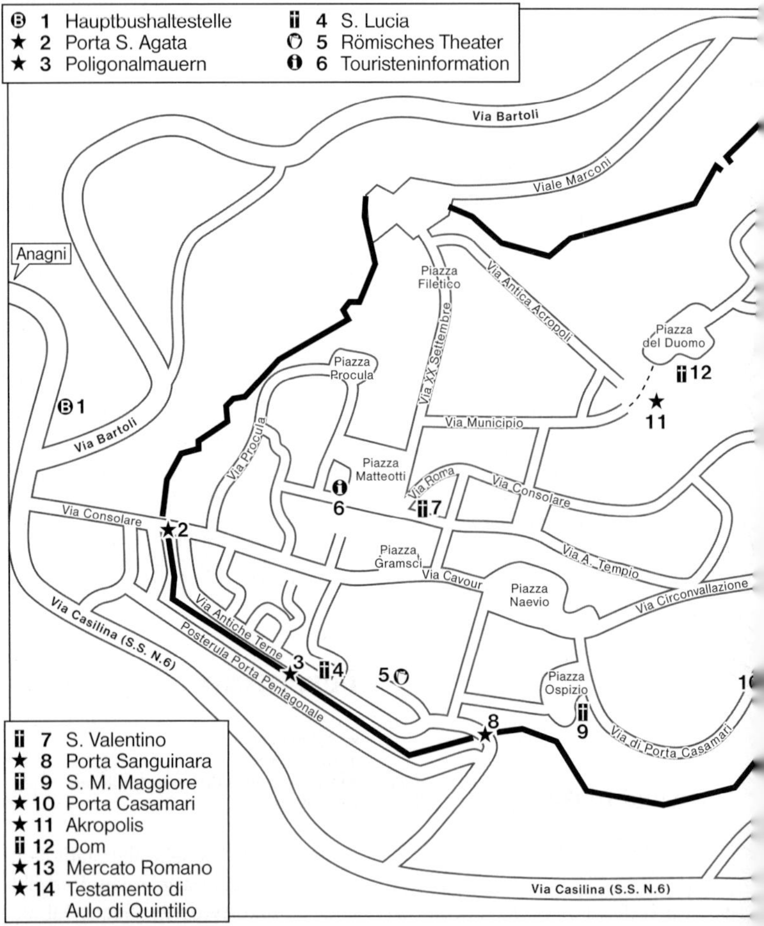

mern erobert. In spätantiker Zeit stieg Ferentino zum Bischofssitz auf. Im 11. Jahrhundert existierte es kurzzeitig als unabhängiger Stadtstaat, musste sich aber schon bald dem römischen Kirchenstaat beugen. Unter den Päpsten wurde Ferentino im 13./14. Jahrhundert vorübergehend zu einem wichtigen religiösen Zentrum. Ab dem 16. Jahrhundert sank der Ort zu einer unbedeutenden Provinzstadt herab, weswegen die mittelalterliche Ortsanlage im Zentrum trotz einiger Bombenschäden im Zweiten Weltkrieg weitgehend intakt geblieben ist.

Besichtigung

Die aus wuchtigen Blöcken zusammengefügten, fast 2500 Jahre alten **Poligonalmauern der Herniker** stehen in Teilen immer noch aufrecht. Beim westlichen Eingangstor zur Altstadt, der **Porta Sant'Agata,** beginnt nach rechts ein gut erhaltener Abschnitt der Stadtmauer, an deren Außenseite ein Weg entlangführt. Leicht zu erkennen sind die verschiedenen Bauperioden der **Altstadt,** das Fundament bilden die antiken Zyklopenmauern der Herniker, darüber liegt das gleichmäßig geschichtete Mauerwerk der Römer, ganz oben stehen die verwinkelten Bruchsteinhäuser des Mittelalters, an die die Bewohner des 20. Jahrhunderts ihre Aussichtsbalkone gebaut haben. An der Südseite der Mauern öffnet sich ein Durchlass in die Altstadt, die aus klobigen Blöcken zusammengefügte **Porta Sanguinara** („Bluttor"), so genannt wegen des Blutbades, das die römischen Eroberer im 4. Jahrhundert v.Chr. hier angerichtet haben sollen.

Wenige Schritte oberhalb der Porta Sanguinara trifft man auf die Kirche **Santa Maria Maggiore** (12. Jahrhundert), in ihren strengen, klaren Formen ein weiteres Beispiel für die Architektur des Zisterzienserordens. Die kahlen, hoch aufstrebenden Mauern des Innenraums schmückt einzig ein Madonnenfresko des 13. Jahrhunderts an der Eingangswand.

Auf zwei bauliche Zeugnisse aus römischer Zeit trifft man, wenn man von Santa Maria Maggiore der Via Porta di Casamari ein Stück nach Osten zum Stadtrand folgt: die **Ruine des Stadttores Porta Casamari** (1. Jahrhundert v.Chr.) und, in der folgenden Straßenkurve einen Weg geradeaus einschlagend, das **Testamento di Aulo di Quintilio** (1. Jahrhundert), eine in Stein gemeißelte Inschrift, mit der ein reicher Römer der Stadt Ferentium, schon zu Lebzeiten für jedermann sichtbar, Einkünfte aus seinem Grundbesitz vermachte.

Westlich von Santa Maria Maggiore, zur Porta Sant'Agata hin, verläuft an der Innenseite der Stadtmauer ein malerischer Gassenzug (Via Antiche Terme) durch das mittelalterliche Viertel **Quartiere Latino.** Er passiert die Reste des römischen Theaters und das mit Fresken geschmückte Kirchlein **Santa Lucia** (14. Jahrhundert).

Von der Porta Sant'Agata über die Via Consolare ansteigend erreicht man die Kirche **San Valentino** mit romanischem Glockenturm und rückseitig frei über der Straße schwebenden Apsis. Dahinter führt von der Piazza Mazzini eine steile Gasse weiter hinauf zur ehemaligen Akropolis. Von der **römischen Oberstadt** haben sich bis zu 10 Meter hoch stehende wuchtige Fundamente aus regelmäßig geschichteten Blöcken (3. Jahrhundert v.Chr.) und einige Säulenstümpfe erhalten. Auf den antiken Mauern wurde um 1100 der interessante **Dom von Ferentino** errichtet. Die ursprünglichen romanischen Architekturformen sind durch Umbauten des 17. und 20. Jahrhunderts nur unwesentlich beeinträchtigt worden. Der teilweise auf antiken Säulen ruhende Innenraum birgt sehenswerte mittelalterliche Kunstwerke: schöne, farbige Mosaik- und ornamentale Einlegearbeiten aus den römischen Künstlerwerkstätten der *Cosma* und *Vassaletto* (Fußboden, Kanzel, Osterleuchter, Seitenaltar rechts), ein fein gearbeitetes Ziborium (Altarbaldachin) von 1235, einen steinernen, von Löwenfiguren flankierten Bischofsstuhl in der Apsis, in der Sakristei ein weiteres Ziborium mit germanischer Flechtbandornamentik (9. Jahrhundert).

Die vom Domplatz zum östlichen Rand des Altstadtzentrums hinunterführende Via Morosini passiert bald linker Hand eine dunkle Gewölbeflucht mit einigen Bögen, Überreste des **Mercato Romano,** der römischen Markthallen.

Touristeninformation

- **Pro Loco,** Piazza Mazzini 1, Tel. u. Fax 07 75 24 57 75, www.proloco.ferentino.fr.it.

Verkehrsmittel

Bus

Werktags etwa stündlich, So seltener nach **Frosinone** und **Colleferro/Roma Anagnina;** werktags 4x nach **Anagni,** 3x nach **Alatri.**

Ausflug in die Monti Lepini

Südlich von Ferentino steigen die Monti Lepini bis auf über 1400 Meter steil über dem Tal des Sacco auf, an der Hügelflanke stehen die verschachtelt gebauten alten Orte **Sgurgola, Morolo, Supino** und **Patrica.** Sie sind allesamt ohne herausragende Sehenswürdigkeiten, weswegen sich Touristen nur selten hierher verirren. In Supino muss man sich mit dem Auto erst ein verwirrendes steiles Gassengeflecht hinaufkämpfen, ehe man das weithin sichtbare Wallfahrtsheiligtum **San Cataldo** am höchsten Punkt erreicht hat. Der um 1700 vom römischen Architekten *Guarini* konzipierte, ausgesprochen harmonische Zentralbau auf zwölfeckigem Grundriss ist ein weiterer Tempel süditalienischer Volksfrömmigkeit. Im Kircheninnern ist der Leichnam des Namensheiligen gut ausgeleuchtet in einem festlichen Goldschrein ausgestellt. Eine zehn Kilometer lange schmale Nebenstraße führt von Supino weit hinauf in die Bergeinsamkeit am **Pian della Croce,** einer in 1100 Metern Höhe gelegenen Karstsenke mit Dolinen und einer im Gelände verborgenen, 180 Meter tiefen Erdspalte. Von hier aus lassen sich die beiden Aussichtshöhen **Monte Malaina** (1480 m) und **Monte Gemma** (1457 m) leicht erklimmen.

Weiter östlich fällt **Patrica** in Steinkaskaden den steilen Berghang hinunter, außer dem schönen Ortsbild gibt es allerdings wenig anzuschauen. Im Innern wirkt das Dorf verlassen, manches erscheint ungeschickt restauriert oder etwas verwahrlost – was hätte man wohl in der Toskana aus einem Dorf wie diesem nicht alles gemacht!

Alatri

⇗ XVI, A2

- **27.000 Einwohner**
- **500 m üNN**
- **12 km nördlich von Frosinone**
- **PLZ 03011**

Wie das benachbarte Ferentino war das auf einem felsigen Hügelrücken gelegene Alatri im 6. Jahrhundert v.Chr. eines der mächtigsten Zentren des altitalischen Volksstammes der Herniker. In christlicher Zeit wurde die Stadt Bischofssitz und erfreute sich im 12. Jahrhundert kurz der Rechte einer selbst verwalteten freien Kommune. Die Zeit der Herniker und das Mittelalter sind noch heute im Ortsbild präsent: Über der verwinkelten Altstadt stehen noch zwei Kilometer lang die wehrhaften Begrenzungsmauern der antiken Akropolis, die Hauptsehenswürdigkeit des Ortes.

Besichtigung

Die aus mächtigen Polygonalblöcken fugenlos aufgeschichteten **Zyklopenmauern** von Alatri zählen zu den besterhaltenen Bauwerken ihrer Art in ganz Italien. Die an ihrer Südostecke fast zehn Meter hoch aufragenden Steinwälle dienen heute als Grundmauern des Domplatzes. Der einstige Mittelpunkt der antiken Stadt der Herniker bildet eine friedliche, von Bäumen beschattete Platzanlage, von der sich schöne Ausblicke über die Altstadtdächer zu den Bergen der Monti Ernici eröffnen. Von den einst fünf Toren der Hernikerstadt ist die südliche **Porta Maggiore** (oder Porta Areopago) am besten erhalten. Den Architrav des 4,50 Meter hohen und 2,70 Meter breiten Durchgangs bildet ein einziger, vier Meter langer monolithischer Steinbalken. An der kleineren **Porta dei Falli** an der Nordseite sind Phallussymbole noch schwach erkennbar.

Der im frühen Mittelalter auf den Fundamenten der Akropolis errichtete **Dom S. Paolo** wurde im 18. Jahrhundert vollständig umgebaut. Von der Vorgängerkirche stammen noch die farbigen Mosaike und das Relief mit der Jonaslegende in der ersten Seitenkapelle rechts. Vom rechten Seitenschiff tritt man in die goldbeladene Kapelle, wo in einem kleinen Glasbehältnis die Reliquie eines Blutwunders ausgestellt ist, das sich 1227 bei einer Messe im Dom von Alatri ähnlich wie in Bolsena ereignet haben soll (siehe dort den Exkurs „Das Blutwunder von Bolsena").

Das Zentrum der mittelalterlichen Stadt lag nördlich unterhalb der Akropolis um die heutige **Piazza Santa Maria Maggiore,** eine lichte Platzanlage mit dem schönem **Zierbrunnen Fontana Pia** (1870), der Barockfassade der **Chiesa degli Scopoli** (18. Jahrhundert) und der in den klaren Formen des 12./13. Jahrhunderts errichtete **Chiesa Santa Maria Maggiore.** Die von burgundischen Baumeistern im romanisch-gotischen Übergangsstil erbaute Kirche blieb von barocken Umgestaltungen weitgehend verschont. Im Innenraum in der ersten Kapelle links ist die mittelalterliche **Holzschnitzarbeit der Madonna di Constantinopoli** bemerkenswert. Eine aristokratisch streng und würdevoll den Betrachter anblickende Madonna trägt ein nicht minder ernst wirkendes Jesuskind mit Kaiserkrone auf ihren Knien – der Künstler orientierte sich offensichtlich noch an älteren byzantinischen Vorbildern, wofür auch die Bezugnahme auf Konstantinopel im Namen hinweist. Die Holzskulptur ist eingerahmt von Relieffeldern mit Szenen aus dem Neuen Testament, die 1225 von einem anderen Künstler hinzugefügt wurden (u.a. Kindermord von Bethlehem, Flucht nach Ägypten, die Heiligen Drei Könige). In ihrer etwas naiven erzählerischen Darstellungsweise heben sie sich deutlich von der strengen Madonna ab. Weitere beachtenswerte Kunstwerke sind, in der gleichen Kapelle, eine weitere geschnitzte Madonnenfigur und ein Tryptichon auf Goldgrund (beide 15. Jahrhundert), links vom Altar der Goldschrein der *Madonna della Libera* (14. Jahrhundert) und, rechts vom Altar, ein auf drei Figuren ruhender Taufbrunnen des 13. Jahrhunderts.

In der verwinkelten Altstadt, am Corso Vittorio Emanuele II zwischen Piazza Santa Maria Maggiore und der Akropolis, steht mit abweisenden Mauern der kahle **Palazzo Gottifredo** (13. Jahrhundert), in dem heute das bescheidene **Museo Civico** unterge-

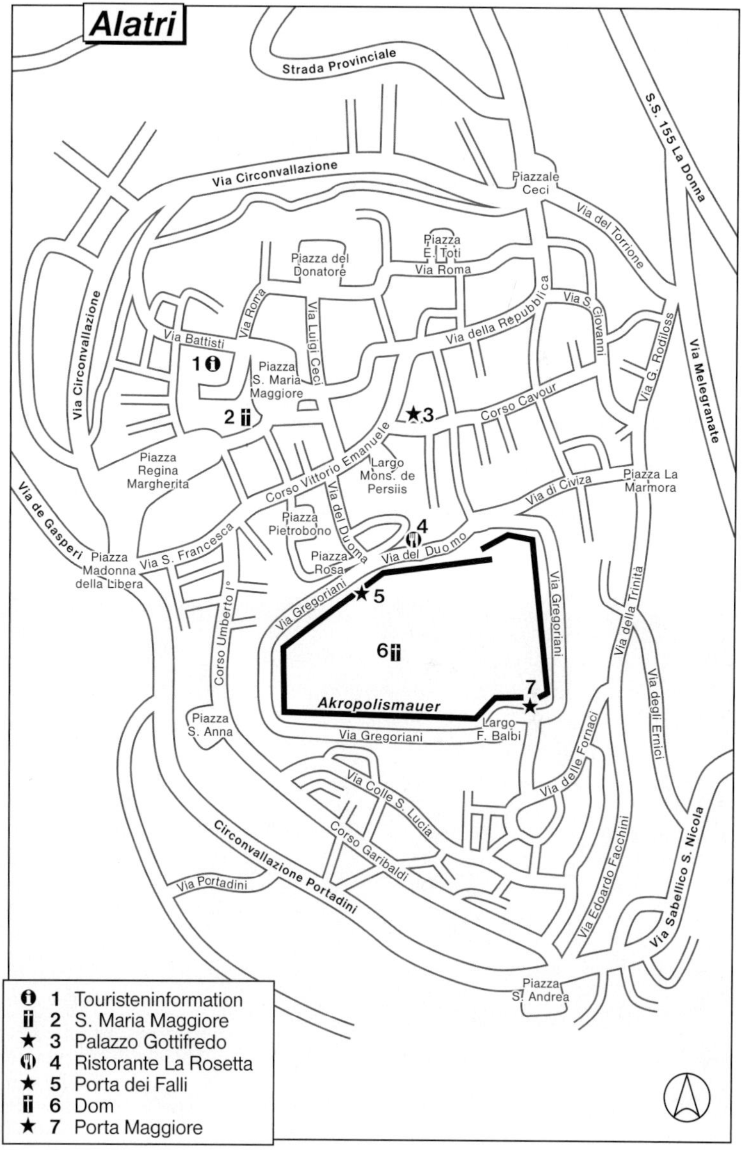
Alatri
Strada Provinciale
S.S. 155 La Donna
Via Circonvallazione
Piazzale Ceci
Via del Torrione
Piazza E. Toti
Via Roma
Piazza del Donatore
Via Circonvallazione
Via Roma
Via Battisti
Via Luigi Ceci
Via della Repubblica
Via S. Giovanni
Via G. Rodiloss
Via Melegranate
1
Piazza S. Maria Maggiore
2
3
Corso Cavour
Corso Vittorio Emanuele
Largo Mons. de Persiis
Piazza Regina Margherita
Via di Civiza
Piazza La Marmora
Via de Gasperi
Via del Duoma
Piazza Pietrobono
4
Via del Duomo
Piazza Madonna della Libera
Via S. Francesca
Piazza Rosa
Via Gregoriani
5
Corso Umberto I°
6
Via Gregoriani
Via della Trinità
Via degli Ernici
7
Akropolismauer
Piazza S. Anna
Largo F. Balbi
Via Gregoriani
Via delle Fornaci
Via Colle S. Lucia
Corso Garibaldi
Circonvallazione Portadini
Via Portadini
Via Edoardo Facchini
Via Sabellico S. Nicola
Piazza S. Andrea
1 Touristeninformation
2 S. Maria Maggiore
★ 3 Palazzo Gottifredo
4 Ristorante La Rosetta
★ 5 Porta dei Falli
6 Dom
★ 7 Porta Maggiore

bracht ist. Es zeigt antike Architekturfragmente sowie im dritten Stock Gebrauchsgegenstände und Werkzeuge aus vergangenen Jahrhunderten.

In den Hügeln etwa drei Kilometer südöstlich außerhalb der Stadt erhebt sich das bescheidene Kloster **Badia di S. Sebastiano** mit einem Freskenzyklus des 13. Jahrhunderts.

Touristeninformation

- **Pro Loco,** Via C. Battisti 7, Tel. 07 75 43 53 18.

Essen und Trinken

- **La Rosetta**€€, Via Duomo 35, beliebtes Restaurant in einer Altstadtgasse an der Nordseite der Akropolis, gute Regionalküche, reichhaltiges *Menu Degustazione* für 25 Euro, in der angeschlossenen Pizzeria gibt es angeblich die beste Pizza weit und breit, Di Ruhetag, Tel. 07 75 43 45 68.

Verkehrsmittel

Bus

Werktags etwa stündlich nach **Frosinone** und **Fiuggi,** So jeweils 6x; werktags nach **Collepardo** (9x), **Veroli** (4x), **Ferentino** (3x) und **Subiaco** (4x).

Fest

- **Palio del Sole,** in der Woche um den 21. Juni, mittelalterliches Stadtgründungsfest zur Sommersonnwende mit einem Reiterwettkampf als Höhepunkt, der angeblich älter ist als der ungleich berühmtere Palio von Siena in der Toskana.

lat_436 Foto: gh

Fumone

XVI, A2

- **2030 Einwohner**
- **784 m üNN**
- **7 km westlich von Alatri**
- **PLZ 03010**

Westlich von Alatri thront hoch oben auf einem isolierten Bergkegel die mittelalterliche **Burg von Fumone,** drumherum trifft man auf verträumte Gassen und eine für das kleine Dorf zu groß geratene Barockkirche. Die Burganlage wurde im 11. Jahrhundert als päpstliche Trutzburg gegen Sarazenen und Normannen errichtet. Der Name „fumone" (großer Rauch) stammt aus den Zeiten, als man mit Rauchsignalen das Nahen von Feinden meldete. Ende des 13. Jahrhunderts darbte hier hinter dicken Mauern der von seinem Nachfolger Bonifaz VIII. aus dem Verkehr gezogene **Papst Coelestin V.** Der schon zu Lebzeiten als Heiliger verehrte *Coelestin,* ein vergeistigter Höhleneremit aus den Abruzzen, wurde 1294 auch auf Drängen der einfachen Bevölkerung zum Papst gewählt, konnte sich jedoch mit den korrupten Machtverhältnissen in Rom nicht arrangieren und dankte noch im gleichen Jahr ab. Sein Nachfolger, der Machtstratege *Bonifacio VIII.* aus dem Adelshause der *Gaetani,* war von anderem Kaliber. Er ließ seinen Vorgänger gefangen nehmen und ins Verlies von Fumone stecken, damit er ihm fortan nicht mehr in die Quere käme. *Coelestin* starb 1294 nach zehnmonatiger Festungshaft. Zahlreiche Wunder wurden von ihm berichtet, schon 1313 sprach man ihn heilig. Seine Gefängniszelle in der Burg von Fumone ist seitdem Ziel frommer Pilger.

Unterkunft

- **Bed & Breakfast Antico Borgo€€,** mitten im alten Ortskern von Fumone liegt diese angenehme, in einem alten Stadthaus untergebrachte Unterkunft mit sieben Doppelzimmern, Vico del Fico 5, Tel. 33 92 53 97 52, Fax 0 77 54 97 92.

Verkehrsmittel

Bus

- Werktags 4x nach **Alatri.**
- Werktags 2x nach **Ferentino.**

Zwischen Fiuggi und Alatri

Eine gut ausgebaute Staatsstraße verbindet Fiuggi Fonte mit Alatri. Südöstlich der Route liegt der **Lago di Canterno,** ein unter **Naturschutz** stehender kleiner See mit unverbauten Ufern. Das auf einem Hügel hockende kleine **Torre Cajetani** weiter nördlich wird von den Mauern einer mittelalterlichen Burg überragt. Hier herrschte im 13. Jahrhundert der Cajetani-Clan, der mit *Bonifaz VIII.* (1294–1303) einen der mächtigsten Päpste des Mittelalters stellte.

Alatri – Holzschnitzarbeit in der Chiesa Santa Maria Maggiore

Einige Kilometer weiter östlich trifft man auf zwei weitere der zahlreichen unbekannten, mittelalterlich geprägten Kleinstädte Latiums. Das von einem Mauerring umgebene, ziemlich verschlafene **Vico nel Lazio** (2050 Einwohner, 720 m üNN) besitzt zwei alte Kirchen, San Michele mit byzantinisch beeinflussten Malereien und Santa Maria mit einer Krypta des 9. Jahrhunderts, die im 14. Jahrhundert mit Fresken ausgemalt wurde. Das kaum größere **Guarcino** wirkt deutlich lebendiger, im *centro storico* findet man einige schöne Portale und die reich ausgestattete Barockkirche San Nicolo (18. Jahrhundert). Auf einer kurvigen Straße erreicht man von hier nach 18 Kilometern den **Campo Catino,** eine von Buchenwald und kahlen Bergkämmen umgebene Wiesenebene. Auch hier gibt es ein kleines Wintersportzentrum, das wie alle Skigebiete im latinischen Apennin wohl eher für Anfänger geeignet ist. Im Sommer lassen sich schöne **Wandertouren** unternehmen; da der Campo schon 1800 Meter hoch liegt und die Berge kaum die 2000-Meter-Marke erreichen, sind keine allzu großen Höhenunterschiede zu bewältigen. Eine beliebte, gelb-rot markierte Tour führt von Campo Catino südöstlich im Bogen über den kahlen Kammrücken durch ein Art Mondlandschaft zum **Passo del Diavolo** und weiter zum 1952 Meter hohen Aussichtsgipfel des **La Monna** (4:30 Std. Gehzeit, 450 Höhenmeter).

Collepardo und das Kloster von Trisulti

↗XVI, A2

Etwa 20 Kilometer nördlich von Alatri liegt inmitten der unberührten Natur der **Monti Ernici** das Kartäuserkloster **Certosa di Trisulti.** Der Weg in die Berge lohnt vor allem auch wegen der abwechslungsreichen Landschaft mit Buchenwäldern, Bergwiesen, Karstgrotten und Schluchten. Bei der Anfahrt kommt man durch das bescheidene **Collepardo** (930 Einwohner). In dem Tal östlich des Stadthügels liegt die kleine, aber dennoch sehenswerte Tropfsteinhöhle **Grotte di Collepardo.** Auf einem beleuchteten Rundweg kann man sich ohne Gruppenzwang mit Muße der Betrachtung der schönen Tropfsteingebilde widmen. Die zur Grotte beschilderte Straße beschreibt unterhalb des Dorfes eine ausgeprägte Rechtskurve, hinter der nach links ein **Wanderweg** abzweigt, der in ein idyllisches, von Felsen begrenztes Bachtal mit schönen Picknickplätzen hinunterführt. Am nordwestlichen Ortsrand öffnet sich oberhalb der Straße nach Vico nel Lazio ein tiefer, vom Krächzen der Krähenschwärme erfüllter Kalksteinkrater. Die Einsturzdoline **Pozzo d'Antulo** entstand durch den Einbruch der Decke einer großen Karsthöhle. Das neuerdings eingezäunte Gelände ist offiziell täglich von 11–13 und 15–19 Uhr geöffnet, falls doch geschlossen, empfehlen Einheimische, unmittelbar beim

Kassenhäuschen über den Zaun zu klettern.

Von Collepardo führt eine wenig befahrene kurvige Straße zur **Certosa di Trisulti** hinauf. Das um 1204 gegründete Kloster wurde in den folgenden Jahrhunderten immer wieder im Stil der Zeit erneuert, von der Architektur des Mittelalter blieb dabei so gut wie nichts erhalten. Linker Hand unterhalb des Eingangs steht im Klostergarten mit seinen kunstvoll geschnittenen Buchsbaumhecken die sehenswerte Apotheke (16. bis 18. Jahrhundert) mit altem Mobiliar und Gerätschaften sowie Deckenmalereien (Grotesken), die mit ihren halbnackten Figuren im Kloster des strengen Karthäuserordens etwas verwundern.

Die im 18. Jahrhundert umgebaute **Klosterkirche** enthält im dunklen und stimmungsvollen Innenraum aufwendigen Barockschmuck mit großen Bildwerken, u.a. ein figurenreiches Deckengemälde im Stil *Michelangelos*. Bemerkenswert sind auch das Chorgestühl (16./17. Jahrhundert) und der Majolikafußboden (16. Jahrhundert) in der Capella dell'Annunziata. Die weiteren Konventsbauten (ein großer und kleiner Kreuzgang, Refektorium) sind für Besucher im Regelfall nicht zugänglich.

- **Certosa di Trisulti,** geöffnet werktags von 9.30–12 u. täglich von 15.30–18 Uhr.

In der Umgebung der Certosa di Trisulti lassen sich schöne Wanderungen unternehmen. Etwa 100 Meter hinter dem Klostertor beginnt links die mit 1150 Metern Anstiegsleistung anspruchsvolle, gelb-rot markierte Tour auf den Aussichtsgipfel **La Monna** (1952 m). Etwa drei Kilometer östlich des Klosters senkt sich die Asphaltstraße in ein Tal und überquert dort mit einer Rechtsbiegung auf der Ponte dei Santi einen Wildbach, dessen Lauf man auf schmalen Pfaden in die **Schlucht Gola dell'Infernaccio** hinein folgen kann. Zuletzt wandert man zwischen schroffen Wänden unmittelbar im steinigen Bachbett. Bei hohem Wasserstand muss man eventuell vorzeitig umkehren.

Veroli

↗ XVI, A3

- **19.800 Einwohner,**
davon etwa 3000 im Zentrum
- **590 m üNN**
- **14 km nordöstlich von Frosinone**
- **PLZ 03029**

Die freundliche, aussichtsreich auf einem Hügel über dem Sacco-Tal gelegene Kleinstadt ist ohne herausragende Sehenswürdigkeiten, besitzt aber ein stimmungsvolles historisches Zentrum mit kleinen Plätzen, Barockkirchen und von alten Fassaden gesäumten Straßenzügen. Vom Rand des *centro storico* bieten sich weite Ausblicke ins Hügelland, den Hintergrund bilden die dunklen Bergzüge des Apenninhauptkammes. Auch Veroli ist ein sehr alter, angeblich seit mehr als 3000 Jahren bewohnter Siedlungsplatz, der auf eine Gründung des vorrömischen Volksstammes der Herniker zurück-

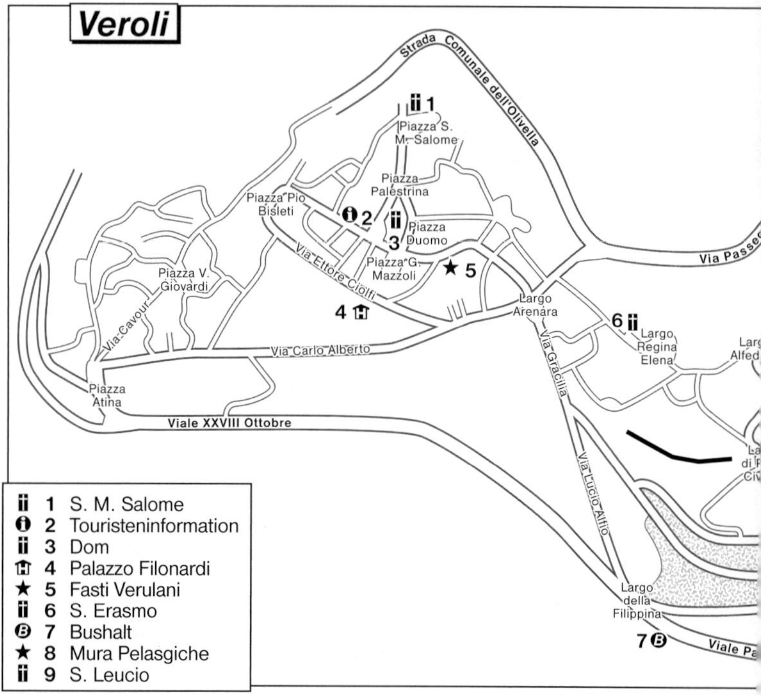

geht, die sich mit mächtigen Festungsmauern gegen ihre Feinde schützten. Auch in römischer Zeit und im hohen Mittelalter war Veroli einer der wichtigsten Orte dieses Landstriches, heute wirkt es ziemlich verschlafen.

Mittelpunkt der kleinen Altstadt ist der ursprünglich romanische **Dom S. Andrea,** der im 18. Jahrhundert grundlegend umgestaltet wurde. Von der Kirche des Mittelalters sind die Fensterrose, der auf römischen Fundamenten errichtete kantige Campanile und das Chorgestühl erhalten geblieben. Für Kunstinteressierte lohnt der Besuch des **Dommuseums,** das vom rechten Seitenschiff aus zugänglich ist (wenn geschlossen, beim Info-Büro vorsprechen). Es zeigt wertvolle liturgische Geräte, silberne Reliquienbehälter, ein großes Silberkreuz von 1291, Büsten aus dem 13. Jahrhundert, zwei Prozessionskreuze (14. und 15. Jahrhundert), Hostienteller des 14. Jahrhunderts, ein gotisches Tafelbild (14. Jahrhundert) und Elfenbeinschreine (9. bis 13. Jahrhundert) im arabisch-normannischen Stil.

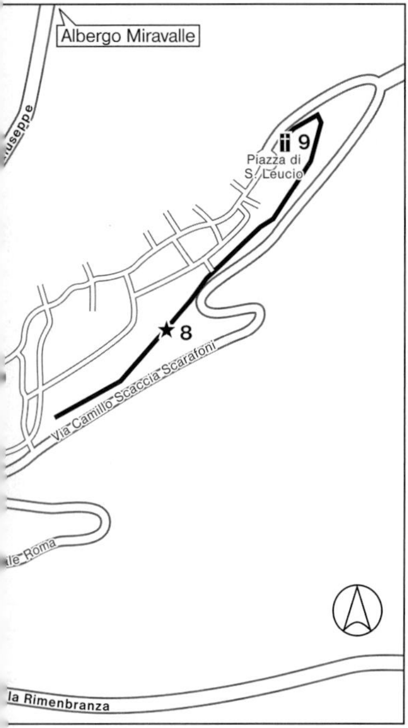

Folgt man vom Domplatz der Hauptgasse ein kurzes Stück nach Osten, gelangt man zur mittelalterlichen **Casa Reali** (Haus Nr. 17). Im Innenhof kann man eine in die Fassade eingefügte antike Marmortafel erkennen, die **Fasti Verulani,** ein steinerner Kalender aus der römischen Kaiserzeit.

Hinter dem Dom steht am Rande der Altstadt die Kirche **Santa Maria Salome** (14. Jahrhundert) mit stimmungsvollem barockisiertem Innenraum. Noch aus der mittelalterlichen Kirche stammen die Malereien an der Stirnwand links mit aufgereihten Heiligen und Bischöfen. In einem Schrein in der Krypta ruhen die Gebeine der hochverehrten Stadtheiligen *S. Salome*. An der rechten Seite des Kirchenschiffes öffnet sich die **Scala Santa,** die Heilige Treppe, die denjenigen Vergebung verspricht, die in Demut auf Knien die zwölf Stufen zum Gnadenbild hinaufsteigen. Westlich unterhalb des Domplatzes erstreckt sich um die Via Cavour ein gut erhaltenes, verwinkeltes mittelalterliches Stadtviertel mit einigen gotischen Häusern.

Östlich des Domviertels ziehen sich die Häuser des *centro storico* weit einen Felsrücken hinauf. Über die von alten Fassaden gesäumte Via Sulpicio erreicht man die ansteigende Via Garibaldi, die gleich zur **Basilica di S. Erasmo** mit schönem mittelalterlichem Portikus und Campanile führt. Der Gassenzug der Via Paleario, der sich an bescheidenen Wohnvierteln vorbei weiter den Hang hinaufzieht, endet beim Kirchlein **San Leucio** (11. Jahrhundert) mit mittelalterlichen Freskenresten und der Ruine der Rocca (Burg) dahinter. An der Ostseite des Burghügels verläuft die **Mura Pelasgiche,** eine Mauer aus zyklopischen Blöcken; es handelt sich um die Überreste der Stadtbefestigung der im 4. Jahrhundert v.Chr. von den Römern eroberten Stadt der Herniker.

Touristeninformation

- **Pro Loco,** Via Giovanni Campano 6, Tel. u. Fax 07 75 23 89 29, info@prolocoveroli.it, www.prolocoveroli.it.

Unterkunft, Essen und Trinken

● ***Antico Palazzo Filonardi€€-€€€, im Zentrum in einem ehemaligen Konvent – die ehemalige Klosterkirche ist Teil des Hotelkomplexes, Empfangsraum und Salon sind mit stilvollem altem Mobiliar ausgestattet, die Zimmer wirken etwas nüchterner und sind eher funktional eingerichtet, einige bieten eine weite Aussicht über das (zersiedelte) Sacco-Tal, gemütliche Frühstücksterrasse, angeschlossenes **Ristorante**€€, Gruppenermäßigungen, Piazza dei Franchoni, Tel. 07 75 23 52 96, Fax 07 75 23 50 79, www.palazzofilonardi.it.

● **Miravalle€, etwas nüchterner Neubau 1,5 km nördlich außerhalb an der Straße nach Alatri, ordentlicher Komfort, einige Zimmer mit weiter Aussicht übers Hügelland, das Essen in der angeschlossenen **Trattoria-Pizzeria**€-€€ ist durchschnittlich, Aia dei Franchi, Tel. 07 75 23 01 69

Verkehrsmittel

Bus

Werktags etwa stündlich zum Bahnhof Frosinone, 4x nach Alatri (letzter Bus gegen 13.20 Uhr); sonn- und feiertags nur 2 Busse nach Frosinone.

Ausflug

Eine wenig befahrene Nebenstraße führt nach Norden über Santa Maria Amaseno zur etwa 18 Kilometer entfernten Sommerfrische **Prato di Campoli,** einer von Buchenwäldern umgebenen, 1100 Meter hoch gelegenen Wiesenebene in den **Monti Ernici.** Den Horizont begrenzen auf der Höhe völlig kahle Bergrücken, die mit steilen Felsflanken nach Osten zum Liri-Tal abbrechen. Die Umgebung bietet herrliche Wandermöglichkeiten, beispielsweise lassen sich die beiden markantesten Berge, der **Monte del Passeggio** (2064 m) und der **Pizzo Deta** (2041 m), auf anstrengendem, aber nicht übermäßig schwierigem Weg besteigen (Routenbeschreibung im Rother-Wanderführer).

Abbazia di Casamari

↗ XVI, B3

Die Ende des 11. Jahrhunderts durch Benediktinermönche am Platz des zerstörten Römerortes Cereatae gegründete Abtei ging Mitte des 12. Jahrhunderts in den Besitz der **Zisterzienser** über, die das Kloster, wie in Fossanova, im Sinne der strengen Baunormen ihrer Ordensgemeinschaft gestalteten. Noch heute ist der zisterziensische Geist in der Architektur unverkennbar, in wesentlichen Teilen haben sich die ursprünglichen mittelalterlichen Bauformen bis heute erhalten. In den Jahrhunderten nach der mittelalterlichen Blütezeit verfiel das Kloster, im 20. Jahrhundert kehrten die Mönche zurück. Heute leben hier etwa 50 Brüder, die u.a. einen landwirtschaftlichen Betrieb, eine Druckerei und mehrere Lehranstalten betreiben.

Man betritt den Klosterbezirk durch ein **gotisches Torhaus,** den ehemaligen Wohntrakt des Abtes, wo heute u.a. die von den Mönchen nach alten Rezepten gebrauten Kräuterliköre verkauft werden. An der linken Seite des dahinter zur Kirche ansteigenden Klosterhofes stehen noch einige Säulen

lat_443 Foto: gh

des römischen Cereatae. Die gedrungene **Klosterkirche** mit dreibogiger Vorhalle und niedrigem Turm besitzt eine moderne Reliefbronzetür (1952). Der dreischiffige Hauptraum ist in schwaches, warmes Licht getaucht. In seinen klaren, den Ordensidealen entsprechend weitgehend schmucklosen Formen wirkt er streng und gleichzeitig würdevoll-meditativ. In der Apsis steht als einziges Schmuckelement ein barocker Altarbaldachin.

Vom rechten Seitenschiff gelangt man in den **Kreuzgang,** dessen Wände von zweibögigen Fensteröffnungen (Biforien) durchbrochen sind, die von zierlichen, fein gearbeiteten Doppelsäulen getragen werden. Da figürlicher Schmuck verboten war, drückten die Steinmetze ihr Können in der Ornamentik aus. Nur eine einzige Säule an der Südseite zeigt drei kleine Menschenköpfe, einer davon soll den berühmten Stauferkaiser *Friedrich II.* abbilden.

Östlich an den Kreuzgang schließt sich der von französisch-gotischen Säulenbündeln getragene **Kapitelsaal** an, wo die Mönche täglich zusammenkamen, um die Arbeitsaufträge des Abtes entgegenzunehmen oder um gemeinsam Bibelpassagen (Kapitel) zu lesen. Die farbigen Glasfenster mit Heiligengestalten stammen von

Zisterzienserkloster Casamari

1950. Das **Dormitorium,** der Schlafsaal der Mönche über dem Kapitelsaal, ist für Besucher nicht zugänglich, das westlich an den Kreuzgang anschließende **Refektorium** (Speisesaal) wurde in seinen Ursprungsformen wiederhergestellt.

- **Abbazia di Casamari,** geöffnet tgl. 9–12 und 15–18 Uhr.

Südlich von Casamari erheben sich die beiden Hügeldörfer **Boville Ernica** und **Monte San Giovanni Campano** über dem Land. Vor allem das von einem mittelalterlichen Mauerring eingefasste Boville besitzt noch ein ansehnliches altes Ortszentrum um die große Barockkirche Sant'Angelo und den Renaissancepalazzo Filonardo. Monte San Giovanni wird von den trutzigen Zinnenmauern des **Castello Baronale** überragt. Hier wurde **Thomas von Aquin** (1225–1274) zeitweise gefangen gehalten, angeblich öfters in der Gesellschaft leichter Damen, die ihm die eigenen Eltern geschickt hatten. Diese unternahmen alles, um ihren tugendhaften Sohn von seinem Vorsatz abzubringen, ins Kloster zu gehen und Theologie zu studieren. Es nutzte nichts, *Thomas* interessierte sich offenbar mehr für Kirchenrecht und die philosophische Lehre des *Aristoteles* als für die Reize des weiblichen Geschlechts. Er wurde Dominikanermönch, päpstlicher Berater im Vatikan, Professor für Theologie an der Universität Paris und schließlich einer der einflussreichsten Kirchenlehrer des Mittelalters.

Unterkunft

- ****Albergo-Ristorante L'Orione**€€-€€€, in Monte San Giovanni, schöne, ruhige Lage an den Mauern der Burg, einfach eingerichtete Zimmer, Terrasse mit Blick zum Apennin, Via Corte 5, Tel./Fax 07 75 28 86 77.

Arpino

↗XVI, B3

- **8100 Einwohner**
- **450 m üNN**
- **32 km östlich von Frosinone**
- **PLZ 03033**

Die ruhige Kleinstadt erhebt sich mit alten Mauern in schöner Panoramalage über den Tälern der Flüsse Liri und Fibreno. Große Sehenswürdigkeiten findet man hier nicht vor, nur eine freundliche, baulich unversehrte Barockstadt mit einigen hübschen Winkeln, abseits der Hauptverkehrsrouten gelegen.

In Arpino ist man stolz auf seine lange **Geschichte,** die als früher wichtiger Siedlungsplatz des latinischen Stammes der Volsker begann (6./5. Jahrhundert v.Chr.). In römischer Zeit wurde Arpinium als Geburtsort des berühmten Schriftstellers, Volkstribuns und Juristen *Cicero* (106–43 v.Chr.),

Blick auf Arpino von den Resten der alten Volskerstadt bei Civitavecchia

des legendären Konsuls und Heerführers *Gaius Marius* (157–86 v.Chr.) sowie des *Marcus Vespasianus Agrippa,* erfolgreicher Feldherr des *Augustus,* weithin berühmt. Im hohen Mittelalter brachten die Truppen *Friedrich II.* Zerstörung über die Stadt. Danach wurde sie an einem höher gelegenen, befestigten Ort unter dem Namen Civitavecchia wiederaufgebaut. In den folgenden Jahrhunderten verlagerte sich das Zentrum Arpinos wieder hinunter zum heutigen Ort.

Mittelpunkt und gute Stube ist die **Piazza del Municipio,** sie wird gesäumt von den Fassaden des **Palazzo Buoncompagni** und des **Convitto Tulliano** (17. Jahrhundert) mit Büsten von *Marius, Cicero* und *Agrippa* in der Fassade. Die Nordseite des Platzes nimmt die Kirche **San Michele Arcangelo** ein. Den Innenraum schmücken ein Altarbild des *hl. Michael* und gemalte Kreuzwegstationen des aus Arpino stammenden Barockkünstlers *Guiseppe Cesari* (1568–1640), genannt *Cavaliere d'Arpino.*

Westlich der Hauptpiazza, hinter dem Brunnen mit dem Stadtwappen des Adlers mit gespreizten Schwingen, erstreckt sich das geschlossene historische **Viertel Civita Falconara.** Alte Gassen leiten hinauf zum **Castello Ladislao,** einer vielfach umgebauten, vom König von Neapel 1409 errichteten Schutzburg, die seit längerem we-

lat_445 Foto: gh

gen grundlegender Restaurierung geschlossen ist. Östlich der Piazza del Municipio gelangt man über die ansteigende Via Pio Spaccamela in den höher gelegenen Ortsteil **Quartiere Colle** mit der Kirche **S. Andrea.** Der Bau aus dem 13. Jahrhundert wurde im 16. Jahrhundert im Renaissancestil umgebaut und im 18. Jahrhundert barock ausgeschmückt; am Hochaltar ein weiteres Gemälde von *Guiseppe Cesari*.

Auf dem Hügelrücken oberhalb des Quartiere Colle, beim bescheidenen Dorf **Civitavecchia,** liegt mit den **Ruinen der antiken Volskerstadt** die Hauptsehenswürdigkeit Arpinos. Auf einer Länge von etwa einem Kilometer stehen hier noch die aus wuchtigen Blöcken zusammengefügten, archaisch wirkenden, bis fünf Meter hohen Zyklopenmauern aufrecht. Ungewöhnlich gut erhalten ist ein spitz zulaufendes Stadttor, das mit den baulichen Resten der mittelalterlichen Wehrsiedlung dahinter ein malerisches Ruinenensemble abgibt. Ein kurzer Fußweg mit schönem Ausblick über die Dächer von Arpino führt vom Quartiere Colle in 15 Minuten hinauf nach Civitavecchia (gleich hinter S. Andrea die links ansteigende Gasse und an den letzten Häusern vorbei den geradeaus weiterführenden Erdweg nehmen, der im Linksbogen, z.T. über Stufen, den Hügel hinaufführt).

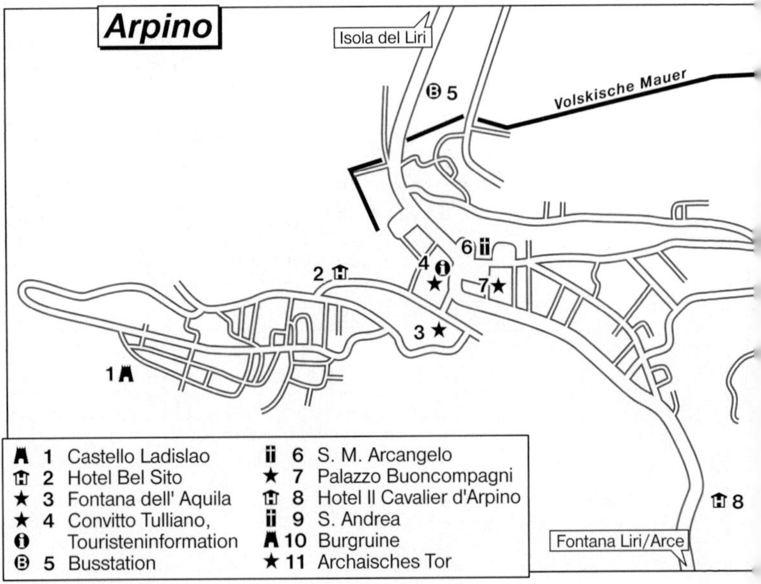

Touristeninformation

- **Pro Loco,** an der zentralen Piazza del Municipio, Tel. u. Fax 07 76 84 85 35 www.arpinoturismo.it.

Unterkunft

- *****Il Cavalier d'Arpino**€€-€€€, am südlichen Altstadtrand an der Straße nach Cassino, stilvolle Unterkunft in einem alten Palazzo mit Garten, einige Zimmer mit Blick auf Arpino, für ein 3-Sterne-Haus günstige Preise, Via Vittoria Colonna 21, Tel. u. Fax 07 76 85 00 60, www.cavalierdarpino.it.
- ****Bel Sito**€, sehr einfaches und sehr preiswertes Haus, das allerdings eine Renovierung nötig hätte, die Zimmer im Stil der 1950er Jahre sind nicht mehr auf der Höhe der Zeit, bieten aber schöne Ausblicke ins Land, Via Caio Mario 20/b, Tel. 07 76 84 82 72.

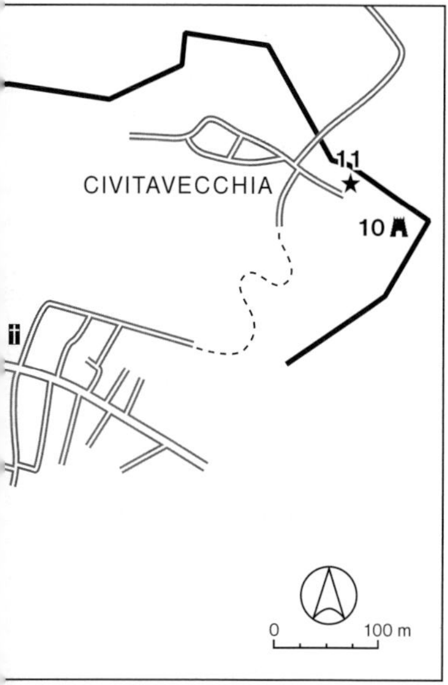

Essen und Trinken

- Das Preisniveau in dem dem **Hotel Cavalier d'Arpino** angeschlossenen Ristorante€€ hält sich trotz des gutbürgerlich bis vornehmen Ambientes im Rahmen des Durchschnittlichen, was auch für die Qualität der Küche gilt, Tel. 07 76 84 93 48, www.cavalierdarpino.it.
- Wenige Schritte unterhalb der Hauptpiazza die sehr preiswerte **Bar-Pizzeria-Trattoria Del Corso**€ mit einem kleinen Angebot an einfachen Standardgerichten.

Verkehrsmittel

Bahn

Der Bahnhof an der Nebenbahnlinie **Avezzano – Isola del Liri – Roccasecca – Cassino** liegt ungünstig tief unterhalb des Stadtberges (seltene Busverbindung); werktags 9, So 2 Züge; besser in Arce oder Isola del Liri aussteigen und von hier den COTRAL-Bus nehmen.

Bus

Werktags 13x nach **Sora,** 8x nach **Isola del Liri,** 8x nach **Arce,** 3x nach **Santopadre.**

Taxi

- **Ennio,** Tel. 33 91 11 22 29.

Fest

- Am Sonntag nach dem 16. August wird das **große Stadtfest Gonfalone** gefeiert, bei dem die alten Stadtviertel im Rahmen von Esel- und Schubkarrenrennen gegeneinander antreten. Bei der *Corsa con la cannata* rennen Frauen, Tonkrüge auf dem Kopf balancierend, um die Wette. Noch im 20. Jahrhundert war in den abgelegenen Regionen Süditaliens die Sitte, wie in Indien oder Afrika Gegenstände auf dem Kopf zu transportieren, weit verbreitet.

Isola del Liri und Sora

↗XVI, B2/3

Die Kleinstadt **Isola del Liri** lohnt vor allem wegen ihres schönen Wasserfalls einen Zwischenstopp. Mitten im Ort donnert die **Cascata Grande** über eine 27 Meter hohe Geländestufe zu Tal. Darüber steht das **Castello Buoncompagni,** eine im 16. Jahrhundert umgestaltete mittelalterliche Burg mit kleinem stimmungsvollem Park, der allerdings bis auf weiteres wegen Baufälligkeit der Gebäude nicht zugänglich ist. Eine zweite, kleinere Kaskade mit Stromschnellen, die **Cascata Valcatoio,** findet man ein Stück stromabwärts.

Das benachbarte **Sora,** mit knapp 30.000 Einwohnern die größte Stadt der Umgebung, hat wenig Interessantes zu bieten, durch ein schweres Erdbeben 1915 und Bombenschäden im Zweiten Weltkrieg wurde fast die gesamte Altstadt vernichtet.

lat_448 Foto: gh

Wasserbüffel bei Amaseno

Von Frosinone nach Süden

Frosinone

↗XVI, A3

- **48.300 Einwohner**
- **290 m üNN**
- **90 km südöstlich von Rom**
- **PLZ 03100**

Die lebhafte **Provinzhauptstadt Frosinone** (49.000 Einwohner) ist ohne touristisches Interesse. Heftige alliierte Bombenangriffe im Zweiten Weltkrieg und die rege Bautätigkeit der letzten Jahrzehnte haben eine weitgehend gesichtslose und moderne Stadt des Handels, der Verwaltung und der Kleinindustrie entstehen lassen.

Nach Süden öffnet sich ein weiter Durchlass zwischen den Bergketten der Monti Lepini und Monti Ausoni. Auf der gut ausgebauten, die Provinzen Frosinone und Latina verbindenden SS 156 würde man, vorbei an den hübschen kleinen mittelalterlichen Bergdörfern **Guiliano di Roma** und

Prossedi, zügig in das Tal von Priverno mit der berühmten Abtei von Fossanova gelangen (siehe Südlatium).

Touristeninformation

- **APT della Provincia di Frosinone,** Via Aldo Moro 465/469, Tel. 0 77 58 33 81, Fax 07 75 83 38 37, www.apt.frosinone.it.

Bahn

Werktags etwa stündlich von Frosinone über Colleferro nach **Roma Termini** (1:10 Std. Fahrzeit) und nach **Cassino,** So etwas seltener.

Bus

Frosinone ist ein Verkehrsknotenpunkt, von dem Busse **in alle Kleinstädte der Umgebung** starten; Hauptbushalt beim Bahnhof; werktags etwa stündlich nach Alatri, Ferentino, Veroli, Fiuggi, Amaseno, Casamari/Sora.

Amaseno ⇗XXII, A1

- **4220 Einwohner**
- **115 m üNN**
- **26 km südlich von Frosinone**
- **PLZ 03021**

An der Nordseite der Ausonerberge liegt am Rande eines flachen Talbeckens das verschlafene Amaseno. Die Hauptkirche **Santa Maria** (13. Jahrhundert) bewahrt 50 Gramm geronnenen Blutes des Ortsheiligen *San Lorenzo* auf, das sich jedes Jahr pünktlich um den 8./9. August auf wundersame Weise verflüssigt. Der im Stil der Zisterziensergotik errichtete Kirchenbau besitzt einige interessante Kunstwerke. Zu sehen sind u.a. eine Marmorkanzel aus der Werkstatt der *Pisano* von 1291, ein Tryptichon des 13. Jahrhunderts und eine Holzfigur des *San Bernardo* (15. Jahrhundert). Auf den Weiden der Talebene von Amaseno stehen, stoisch käuend, schwarze **Wasserbüffel,** die man eher in Indien als in Italien erwarten würde. Aus ihrer Milch wird der geschätzte *Mozzarella di Bufala di Amaseno* hergestellt.

Essen und Trinken

- Im **Ristorante Al Solito Posto**€€ gibt es einfache bodenständige Speisen, darunter gefüllte Büffelmilchmozzarella und Büffelfleisch als Ragout mit Minze oder in Balsamessig gebraten, Via Auricola 8a, Tel. 0 77 56 54 28, Mo Ruhetag.

Pastena ⇗XXII, B1

Vorbei am uralten Hügeldorf **Castro dei Volsci** mit der Hauptkirche S. Nicola, die einen biblischen Freskenzyklus aus dem 13. Jahrhundert enthält, erreicht man das **Tal von Pastena,** das wegen seiner Karstgrotten auch überregional bekannt ist. Der Eingang zu den **Grotte di Pastena** liegt sechs Kilometer nördlich des gleichnamigen Dorfes. Man gelangt in ein Zauberreich der Formen mit schönen Tropfsteingebilden und einem unterirdischen See, bei dem sich nach starken Regenfällen ein rauschender Wasserfall bildet (geöffnet von 9.30–17 Uhr, im Sommer von 8–19.30 Uhr, 7,50 Euro Eintritt). Im bescheidenen Ort Pastena selbst informiert das liebevoll eingerichtete kleine **Museo della Civitä Contadina e dell'Olivo** beim Rathaus über die Geschichte der bäuerlichen Alltagskultur und des Olivenanbaus. Zu sehen ist u.a. eine Ölpresse aus dem 18. Jahrhundert.

Abbazia di Montecassino ↗ XXIII, C1

Das nach schwersten Zerstörungen des Zweiten Weltkriegs in funktionaler, ästhetisch anspruchsloser Alltagsarchitektur wieder auferstandene **Cassino** (35.000 Einwohner, 40 m üNN) 56 Kilometer südöstlich von Frosinone entwickelt sich immer mehr zu einem geschäftigen regionalen Verwaltungs- und Wirschaftszentrum; in der Nähe steht ein Zweigwerk des Fiat-Konzerns in der Ebene. Einzig wegen der berühmten Benediktinerabtei auf dem nahe gelegenen Monte Cassino kommen Besucher aus dem In- und Ausland in großer Zahl hierher. Das **Kloster Montecassino,** einer der wichtigsten Orte in der Geschichte des abendländischen Mönchswesens, liegt mit strahlend weißen Mauern eindrucksvoll auf der Spitze eines kahlen Berges hoch über der Ebene. Gleichzeitig verbindet sich mit dem Namen Montecassino die Erinnerung an eine der blutigsten Schlachten des Zweiten Weltkriegs.

Die Straße zum Monte Cassino passiert auf halbem Wege das Museum und die römischen Ruinen des **Parco Archeologico Casinum.** Nach dem Sieg über die Volsker bauten die Römer ab dem 3. Jahrhundert v.Chr., in strategisch günstiger Position am Hang des Monte Cairo, eine befestigte Stadt, die sich ursprünglich bis zur Akropolis auf dem Monte Cassino hinaufzog. In seiner Blütezeit zählte Casinum bis zu 15.000 Einwohner.

Hinter der Straßenkurve beim Museum steht die Cavea des **Theaters** aus der Zeit des *Augustus,* wo heute wieder Aufführungen stattfinden können. Vom Museum, das nur für Spezialisten von Interesse sein dürfte, erreicht man auf dem originalen Pflaster einer antiken Straße die Ruine eines ovalen, frei stehenden **Amphitheaters** aus dem 1. Jahrhundert n.Chr. Hier konnten bis zu 4500 Zuschauer sportlichen Wettbewerben, aber vielleicht auch blutrünstigen Gladiatorenkämpfe beiwohnen. Gut erhalten ist ein Mitte des 1. Jahrhunderts für eine wohlhabende Adelsfamilie erbautes **römisches Kuppelgrab,** das, im 11. Jahrhundert zur Kirche umfunktioniert, vor dem Abriss bewahrt wurde.

Geschichte

Im Jahre 529 war der **hl. Benedikt** mit seinen Mönchsbrüdern, wohl nicht ganz freiwillig, von Subiaco zum Monte Cassino ausgewandert, um hier ein neues Kloster aufzubauen (siehe den Exkurs zu *Benedikt*). Bis zu seinem Tod im Jahre 547 lebte er hier, bewirkte weitere Wunder und legte schließlich seine Klosterregel, die er im Tal von Subiaco entwickelt hatte, für die Nachwelt schriftlich nieder. Die „Regula Monasteriorum" ist bis heute das grundlegende Normwerk für viele christliche Mönchsgemeinschaften in der ganzen Welt.

Die Geschichtsforscher gehen davon aus, dass die **Wahl des Ortes** nicht zufällig erfolgte und wohl die Billigung und Unterstützung sowohl des

lat_451 Foto: gh

Papstes in Rom als auch des damals über Süditalien herrschenden byzantinischen Exarchen von Ravenna hatte. Die neue kraftvolle Mönchsgemeinschaft sollte vielleicht eine strategisch wichtige Position für das in der ganzen Region noch schwache Christentum einnehmen und die heidnischen Kulte der Antike zurückdrängen. Der Monte Cassino lag an der wichtigsten Landverbindung zwischen Rom und Süditalien, nördlich verhinderten die hohen Berge des Apennin die Anlage von guten Wegverbindungen, südlich waren die Malariasümpfe der pontinischen Ebene ein großes Hindernis. (Noch in den heftigen Kämpfen des Zweiten Weltkriegs wird die strategische Bedeutung des Monte Cassino sichtbar.) Durch die Wahl dieses exponierten Ortes rückte die neue benediktinische Klosterbewegung zwangsläufig stärker ins Blickfeld der Allgemeinheit und konnte somit stärken wirken.

Als erstes rissen die Mönche des *hl. Benedikt* einen auf dem Berg stehenden, dem *Apollo* geweihten Tempel ab, um an gleicher Stelle eine erste christliche Kirche zu errichten. Im Jahre 577 zerstörten Langobarden das Kloster, das nach dem Wiederaufbau 787 von *Karl dem Großen* besucht und

Zweiter Kreuzgang mit Zierbrunnen im Kloster Montecassino

mit besonderen Privilegien ausgestattet wurde. Nach erneuten Zerstörungen durch Sarazenen (883) wurde unter dem bedeutenden **Abt Desiderius** schließlich einer der größten romanischen Kirchenbauten der Zeit errichtet und 1071 geweiht. In dieser Blüteperiode stellten die Mönche vom Monte Cassino zwei Päpste. Ein schweres Erdbeben Mitte des 14. Jahrhunderts und die säkularen Entwicklungen im Verlauf des 15. Jahrhunderts führten zum (spirituellen) Niedergang, die im 16. Jahrhundert einsetzende Gegenreformation zu einer neuen Phase des Aufbruchs. Durch ausgedehnten Landbesitz wurde das Kloster reich, die alten Klosterbauten wurden im Stil von Renaissance und Barock erneuert und erweitert.

Im Februar 1944 bombardierten die nach Norden vorrückenden Allierten Cassino und den Klosterberg, weil sie dort fälschlich wichtige Abwehrstellungen der Deutschen vermuteten. Heftiges Artilleriefeuer brachte anschließend die völlige **Zerstörung der Klosteranlage.** Wie sich später herausstellte, hatte sich kein einziger deutscher Soldat im Kloster verschanzt, stattdessen kamen viele Zivilisten ums Leben, die im Kloster Zuflucht gesucht hatten. Bittere Ironie war es auch, dass es den deutschen Verbänden erst gelang, ihre Abwehrstellungen auf dem Monte Cassino aufzubauen, nachdem alles in Schutt und Asche gefallen war. Bei der verlustreichen endgültigen Eroberung durch die Alliierten im Mai 1944 mussten vor allem polnische Soldaten ihr Leben lassen.

In den 50er Jahren des 20. Jahrhunderts wurde das im Krieg zerstörte Kloster vollständig in den Formen des 16. bis 18. Jahrhunderts **rekonstruiert.** Zum Glück verzichtete man dabei auf architektonische Stilanleihen an die Moderne, weswegen der Klosterkomplex ein sehenswertes bauliches Ensemble von einmaliger Geschlossenheit bildet, auch wenn den glatten, hellen Fassaden die Patina und Aura alter Originalbauten naturgemäß abgeht. Von außen wirkt der Klosterkomplex mit seinen großen, geschlossenen Mauerfronten wehrhaft und abweisend, innen löst sich jedoch das etwas strenge Bild auf. Die architektonische Aufgliederung in mehrere Kreuzgänge, die zur reich geschmückten Klosterkirche hinaufleiten, und der helle Travertinstein geben dem ganzen festlichen Glanz.

Besichtigung

Man betritt den Klosterkomplex durch einen **ersten Kreuzgang.** Hier befand sich der antike Apollo-Tempel, dessen Fundamente 1953 entdeckt wurden. Ein Geschenk *Adenauers* ist die hier aufgestellte moderne Bronzeplastik, die den *hl. Benedikt,* von Mitbrüdern gestützt, aufrecht stehend im Moment des Todes darstellt (*A. Selva,* 1952).

Der folgende **zweite Kreuzgang** (1595) mit Arkaden und schönem Zierbrunnen wird dem berühmten Renaissancebaumeister *Bramante* zugeschrieben. Vom Westbalkon bietet sich ein weiter Ausblick in die Ciociaria und zum massigen Monte Cairo.

Ein Durchgang führt zu einem **dritten Kreuzgang,** ein von den Marmorstatuen des *hl. Benedikt* und seiner Schwester, der *hl. Scholastika,* flankierter großer Treppenaufgang zu den Bögen einer Loggia. Dahinter öffnet sich ein weiterer Kreuzgang, der **Kreuzgang der Wohltäter** (1513), der *Antonio Sangallo d. J.* zugeschrieben wird. An drei Seiten verlaufen Nischen mit 24 Figuren von Personen, die das Kloster förderten, die vierte Seite bildet die Fassade der Klosterkirche. Die mittlere Bronzetür mit Inschriftenfeldern (1066) stammt noch original aus der Zeit des Abtes *Desiderius,* die eingravierten Texte verzeichnen die damaligen Besitztümer der Abtei.

Der **Innenraum** der barocken Klosterkirche vermittelt einen prunkvoll-feierlichen Gesamteindruck und wirkt im Gegensatz zu vielen anderen Kirchenbauten dieser Epoche mit seinen filigranen farbigen Marmoreinlegearbeiten eher verspielt als überladen. Das heutige Bild gibt weitgehend den Zustand des 17./18. Jahrhunderts wieder. Besonders kostbar erscheinen u.a. die Seitenkapellen, wie die Capella del Sacramento von 1728 (rechte Seite), der Hauptaltar, das Holzgestühl im Chor (um 1700), die Portale zur Roko-

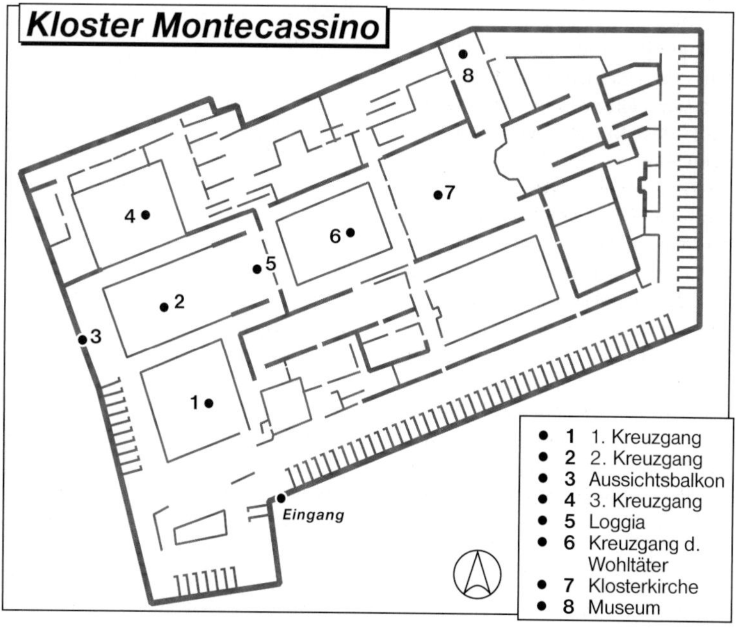

ko-Sakristei und zu den Mönchsräumen. Unter dem Hochaltar liegen die **Grabstellen des hl. Benedikt und der hl. Scholastika,** die unversehrt blieben, weil eine auf die Altartreppen gefallene Fliegerbombe nicht explodierte. Im Presbyterium steht das weiße, 1539 von *Antonio* und *Francesco Sangallo* angefertigte Renaissancegrabmal für den 1503 auf der Flucht vor den Spaniern im Liri ertrunkenen Abt *Piero de Medicis,* Sohn des berühmten toskanischen Renaissancefürsten *Lorenzo de Medici.*

Unter dem Chor führen Treppen hinunter in die **Krypta,** den einzigen Teil des Klosters, der die Bomben und Granaten des Zweiten Weltkriegs unversehrt überstand. Die Jugendstil-Kunstwerke mit schönen Goldmosaiken und Reliefs entstanden nach 1913 unter der Leitung des Mönchs *Desiderius Lenz,* Gründer der Künstlerwerkstatt des Klosters von Beuron in Schwaben.

Nördlich an die Kirche schließt sich das hochinteressante **Klostermuseum** an. Während des Zweiten Weltkriegs hatten die Mönche vom Monte Cassino die wertvollsten Einzelstücke rechtzeitig im Vatikan verstecken können. Ausgestellt sind antike Funde aus der Umgebung, Architekturfragmente des romanischen Klosters von 1071, liturgische Geräte, eine Gemäldesammlung, mittelalterliche Handschriften und schöne, farbenfrohe Buchminiaturen.

- **Kloster Montecassino,** geöffnet tgl. 8.30–12 u. 14.30–17 bzw. 15.30–18 Uhr im Sommer, nur das Museum kostet eine geringe Eintrittsgebühr. Hinweis: Trotz des Besucherandrangs gibt es beim Kloster noch nicht einmal eine Bar.

Touristeninformation

- **I.A.T.,** Piazza de Gasperi 6, 03043 Cassino, Tel. 0 77 62 12 92, Fax 0 77 62 56 92, iat.cassino@apt.frosinone.it.

Unterkunft

- ***__Alba__€€-€€€, ansprechend in altem Stil eingerichtete Zimmer mit gutem Komfort, am Rande des Zentrums von Cassino beim Abzweig der Straße zum Kloster, ruhige Zimmer zur Rückseite nehmen, Via G. Di Biasio 53, Tel. 0 77 62 18 73, Fax 07 76 27 00 00, www.albahotel.it.

Verkehrsmittel

Bahn

Öfters Verbindung nach **Roma Termini,** einige Züge (IC, IR) fahren ohne Halt durch und brauchen etwa 1:30 Stunden für die 140 km; etwa alle 2 Stunden ein Regionalzug (2 Std. Fahrzeit). Verbindungen auch nach **Neapel** (z.T. Umsteigen in Caserta), **Campobassa** (Molise) und **Bari** in Apulien.

Bus

- **Überlandbusse** u.a. nach **Formia** (werktags etwa stündlich, So nur 3 Fahrten). Bushalt an der Hauptstraße gegenüber vom Bahnhof.
- Einige **Stadtbusse** fahren vom Bahnhof zum Kloster, mittags klafft eine große Lücke im Fahrplan.

Taxi

Taxis **am Bahnhof;** vorher nach dem Preis fragen, sonst kann es böse Überraschungen geben!

Zwischen Cassino und den Abruzzen

Eine Rundfahrt durch die **äußerste Südostecke Latiums** lohnt vor allem wegen der schönen Natureindrücke und der abwechslungsreichen Landschaften, insbesondere wenn man einen Abstecher in den Nationalpark der Abruzzen unternimmt, der zu einem kleinen Teil auch auf dem Gebiet der Regionen Latium und Molise liegt. Man gelangt zwar in sehr altes Kulturland, wo lange vor der Gründung Roms die altitalischen Stämme ihre Siedlungen bauten, doch sind hier keine große Architektur oder bemerkenswerte Sehenswürdigkeiten zu verzeichnen. Barockkirchen und Burgruinen sind vielerorts stehen geblieben, ansonsten ist viel historische Bausubstanz durch ungeordnetes Bauen und planlose Ortserweiterungen verloren gegangen. (Beim Autofahren sollte man hier besonders aufmerksam sein, der Fahrstil der Einheimischen ist chaotisch wie in Neapel.)

Aquino, Melfa-Schlucht ⇗XXIII, C1

Nordwestlich von Cassino erhebt sich der mächtige Bergstock des **Monte Cairo** (1669 m) über dem Tal. In der Ebene vor den Bergen liegt die Kleinstadt **Aquino.** Aus dem Geschlecht der Grafen von Aquino stammt der **hl. Thomas von Aquin** (1226–1274), einer der bedeutendsten Scholastiker des Mittelalters. Mit seinem Hauptwerk „Summa theologiae" schuf er eine umfassende Interpretation der theologischen Dogmen seiner Zeit, die bis heute nachwirkt. Außer der Erinnerung an den großen Sohn der Stadt, dem eine ziemlich hässliche moderne Kirche im Zentrum geweiht ist, hat Aquino wenig zu bieten. Es wurde im Zweiten Weltkrieg gründlich zerstört. Einzige Sehenswürdigkeit ist die Kirche **Santa Maria della Libera** am nördlichen Ortsende, die 1125 auf den Grundmauern eines römischen Tempels errichtet wurde. In der Fassade sind zahlreiche Bruchstücke eines römischen Bauwerks und eine langobardische Schrifttafel verbaut. Der dreischiffige Innenraum zeigt in schönen Formen die klare Architektur des Mittelalters (Schlüssel beim Domküster im Ortszentrum).

Beim kleinen **Roccasecca** einige Kilometer nordwestlich will eine neu aufgestellte große Statue des *hl. Thomas* klarstellen, das hier und nicht im Ort Aquino der große Heilige des Mittelalters geboren wurde, was wohl den Tatsachen entspricht. Der höher gelegene mittelalterliche Ortsteil Castello mit imposanter Burgruine ist von seinen Bewohnern weitgehend aufgegeben worden.

Von Roccasecca führt eine wenig befahrene Nebenroute am Lauf der Melfa entlang durch eine wildromantische, einsame Landschaft nach Norden. Für etwa zehn Kilometer hat der Fluss eine eindrucksvolle **Schlucht** in den Kalkstein gegraben. Die Straße ist offiziell wegen der Gefahr von Steinschlägen gesperrt – wohl nur aus Haftungsgründen, denn niemand hält sich an das Verbot.

Val di Comino ⇗ XVII, C3

Beim kleinen **Casalvieri** am Nordende der Melfa-Schlucht weitet sich das Land und man gelangt ins Val di Comino, einem von einem Kranz von dunklen Waldbergen eingerahmten Talbecken. Ähnlich wie das Sacco-Tal, die Ciociaria, weiter westlich war dies in vergangenen Jahrhunderten eine abgelegene, von Armut geprägte Region, die ihre Menschen mehr schlecht als recht ernähren konnte. Viele Bewohner sind ausgewandert, zu einer letzten Auswanderungswelle kam es nach dem Zweiten Weltkrieg. Der verehrte mittelalterliche Heilige dieser Region, *San Gerardo,* war ein auf dem Weg von Jerusalem in die Heimat verstorbener Wandermönch von den britischen Inseln, also war klar, dass man England und Irland und nicht etwa Deutschland als Ziel wählte. In den letzten Jahrzehnten ist viel Geld zurückgeflossen, neue Betriebe wurden angesiedelt und Verkehrswege ausgebaut, die Wirtschaftslage verbesserte sich nachhaltig – was sich im Landschaftsbild nicht immer angenehm bemerkbar macht. In den Tälern wuchern vielerorts unschöne Neubauten ins Umland, die Randberge sind hingegen weitgehend unbesiedelt geblieben. Gleichzeitig sind alte Traditionen, wie das urtümliche Spiel der *Zampogna,* des mit Fell bezogenen Dudelsacks, wiederbelebt worden. Touristen kommen nur selten in diese Region ohne größere Sehenswürdigkeiten. Die wenigen Fremden ziehen in den Dörfern die Blicke auf sich, und wie in fernen Ländern muss man damit rechnen, mit freundlicher Neugier von alten Frauen auf der Straße nach Herkunft, Grund der Reise, Beruf, Familienstand, Anzahl der Kinder usw. ausgefragt zu werden.

Die drei Hauptorte des Tals sind Atina, Alvito und San Donato. Das uralte **Atina** rühmt sich einmal mehr, vom Gott *Saturn* eigenhändig gegründet worden zu sein. Bei einem Rundgang durch die kleine Altstadt trifft man auf diverse Palazzi aus dem 16. bis 19. Jahrhundert, auf die große Barockkirche Santa Maria Assunta und den gotischen Palazzo Ducale aus dem 14. Jahrhundert.

Alvito ist eine freundliche Barockstadt, aussichtsreich am Hang über dem Val Comino gelegen. An der Hauptstraße lohnt ein Blick in die Kuppelkirche S. Simeone (18. Jahrhundert) mit ihrer reich verzierten Barockdecke. Der Ort zieht sich mit einigen alten Häuserzeilen 250 Höhenmeter den Hang hinauf, am höchsten Punkt steht eine weitere Burgruine des Grafengeschlechtes der *Aquino.*

San Donato Val di Comino, vor schönem Gebirgshintergrund an den Hängen der Abruzzen gelegen, ist der vielleicht noch am ursprünglichsten erhaltene Ort im Val di Comino. Im alten Zentrum findet man einige nette Winkel und Gassenzüge sowie die obligaten Barockkirchen.

Östlich von San Donato erreicht man auf kurviger Straße über das hüb-

Die Armut vergessen – Bauästhetik in Süditalien

Wer auf der Suche nach neuen Entdeckungen in den unbekannten Süden Italiens vordringt, wird vielleicht über die ästhetische Qualität des Bauens hier etwas ernüchtert sein. Während in der Toskana oder in Umbrien noch die kleinste alte Mauer oder Steinruine vor dem Abriss bewahrt wird, um irgendwann behutsam und sorgfältig restauriert zu werden, wurde bis vor kurzem im Süden, vor allem da, wo wenige Touristen hinkommen, hemmungslos viel alte Architektur beseitigt. Es gibt durchaus löbliche Ausnahmen, in Südlatium sind dies z.B. Sermoneta, Cori oder Sperlonga, aber vielerorts wurde lange Zeit **wenig Rücksicht auf gewachsene historische Ortsbilder** genommen. Unschöne Betonskelette verschandeln überall die Landschaft. Es handelt sich um **Schwarzbauten,** deren Besitzer vielleicht nur auf einen Machtwechsel zur nächsten Kommunalwahl warten, die der neue Bürgermeister dadurch für sich entscheiden könnte, indem er die nachträgliche Legalisierung der vielen Bausünden „ausnahmsweise und letztmalig" verspricht. Danach wird vielleicht der nächste Rohbau hochgezogen oder noch zwei Stockwerke draufgesattelt, ohne Baugenehmigung natürlich, in der Gewissheit, dass ein Abriss bei den engen Verfilzungen und persönlichen Abhängigkeiten in den vielen kleinen und überschaubaren ländlichen Kommunen so gut wie nie durchgesetzt wird. Was steht, das steht.

Die **Einstellung der Bewohner Süditaliens** schildert *Paolo Tullio* in seinem 1998 erschienenen Buch „Nördlich von Neapel, südlich von Rom" am Beispiel von Gallinaro im Val di Comino: „Gallinaro ist nicht schön. Jahrhundertelange Armut, *miseria,* hat die alte Dorfmitte verschandelt und veröden lassen. Die neu gebauten Viertel sind unansehnlich, obwohl eine Menge im Ausland verdientes Geld in sie hineingeflossen ist. Der Wohlstand der vergangenen Jahre hat zwar nicht vor Gallinaro Halt gemacht, doch wirkt das Bild der Ortschaft armseliger denn je zuvor, woran vor allem wohl die italienische Sucht nach Neuem schuld ist. Die für die Gegend typische Architektur und alles was von historischem Wert sein könnte ist entweder verschwunden oder zubetoniert worden. Die Ignoranz gegenüber Altem ist beileibe keine hiesige Besonderheit, sondern in Süditalien weit verbreitet. Was sich Touristen als faszinierendes Relikt aus dem 16. Jahrhundert darstellt, erinnert die Anwohner nur an Not, quälende Armut und ein Leben voller Härten und schwerer Arbeit. Ein nagelneues Haus aus gegossenem Beton und mit modernem Ziegeldach hat für sie entschieden einen größeren Reiz als eine restaurierte Ruine ...".

sche Bergdorf **Settefrati** das viel besuchte Wallfahrtsheiligtum **Madonna di Canneto.** Vom Riesenparkplatz am Ende des Asphalts blickt man auf die alte Renaissancefassade der Pilgerkirche, die einen Neubau von bedrückender Nüchternheit dahinter verbirgt – Kirchenarchitektur von eher sanitärem Charakter. Sehr schön ist die umgebende Natur des **Abruzzen-Nationalparks.** Ein nicht allzu schwieriger Wanderweg führt von der Wallfahrtskirche nach Norden durch das bewaldete **Tal von Canneto** hinauf zur Wegkreuzung Tre Confini in 1450 Metern Höhe, von wo aus geübte Bergwanderer auf steilem Pfad nach Osten den **Monte Petroso** besteigen könnten, mit 2249 Metern der höchste Berg im Nationalpark.

Einige Kilometer südwestlich liegt am Berghang das beschauliche **Picinisco,** von der verkehrsberuhigten Mini-Piazza bietet sich ein schöner Ausblick über das Val di Comino. Hinter dem Ort kann man auf einer kurvigen Straße weiter ins Gebirge vordringen. Nach etwa zwölf Kilometern endet der Asphalt im **Wiesenhochtal Prati di Mezzo,** einem Skigebiet von sehr bescheidenem Zuschnitt. Im Sommer lassen sich von hier aus lohnende Wandertouren im Gebiet von **Le Mainarde** im Südzipfel des Abruzzennationalparks unternehmen. Während sich auf abruzzesischer Seite des Schutzgebietes die Wanderer im Sommer gegenseitig auf die Füße treten, bleibt es auf latinischer Seite auch in der Hochsaison ziemlich ruhig (siehe Wandervorschlag unten).

Unterkunft, Essen und Trinken

- In **Alvito** bietet das *****Hotel Raffaello**€€ stilvolle Unterkunft in einem alten Stadtpalazzo im Zentrum, die Räume sind mit altem Mobiliar ausgestattet, einige Zimmer mit schönem Ausblick ins Val di Comino, relativ preiswert für ein 3-Sterne-Haus, Corso Gallio 25, Tel. u. Fax 07 76 51 09 49, www.hotelraffaello.com.
- *****Villa Grancassa**€€€, in **San Donato Val di Comino,** wenige Schritte vom *centro storico,* 26 gut ausgestattete Zimmer in einem Stadtpalazzo mit kleinem Garten, das angeschlossene **Ristorante Il Portale**€€ bietet ein preiswertes Mittagsmenü, Via Roma 8, Tel. 07 76 50 89 15, Fax 07 76 50 89 14.
- Die **Osteria del Tempo Perso**€€ in **Casalvieri** bietet gute bodenständige Küche, auf die Qualität und Frische der Zutaten aus der Umgebung wird Wert gelegt, Piazza San Rocco, Mo Ruhetag, Tel. 33 37 67 03 68.

Le Mainarde – Wanderung im latinischen Teil des Abruzzen-Nationalparks

Die hier vorgeschlagene Wanderung führt in das einsame, als „Le Mainarde" bezeichnete **Gebiet südlich des Monte La Meta** (2242 m), das durch karstige Hochtäler und vergleichsweise wenig Buchenwald charakterisiert ist, der anderswo im Nationalpark oft die Fernsichten verhindert. Fast die gesamte Strecke genießt man weite Ausblicke über die hier kahlen Bergketten der Abruzzen. Wolf und Bär, die manchmal auch das Gebiet von Le Mainarde durchstreifen, wird man so gut wie sicher nicht zu Gesicht bekommen, eher schon die weniger scheuen Abruzzengämsen, von denen ein Rudel mit etwa 30 Tieren den Weg des Autors kreuzte.

Dauer: knapp 5 Std. **Anstiege:** etwa 800 Höhenmeter. **Schwierigkeitsgrad:** mittelschwere Hochgebirgswanderung, teilweise durch wegloses, felsiges, allerdings nicht allzu steiles Terrain. **Orientierung:** Vor allem im Mittelteil zwischen dem Passo della Crocetta und dem Passo dei Monaci, wo es keine klaren Wege mehr gibt, ist gutes Orientierungsvermögen notwendig. Bei normaler Sicht kann man sich im offenen Gelände jedoch kaum ganz verlaufen. Bei unsicherem Wetter, insbesondere bei Nebel, sollte man die Tour nicht gehen; bis zum Passo della Crocetta (Nationalparkweg Nr. 2) und ab dem Passo dei Monaci (Weg Nr. 1) vereinzelt rote Markierungen. **Jahreszeit:** Juni bis Oktober. **Einkehr:** Bar und Trattoria beim Ausgangspunkt. **Anfahrt:** über Picinisco zum Ende der Asphaltstraße bei Prato di Mezzo; kein öffentlicher Verkehr.

Der Wegverlauf:

Vom Parkplatz am Ende der Asphaltstraße bei **Prato di Mezzo** wenden wir uns auf einen hinter einem Zaun nach rechts (südlich) in den Wald führenden Fahrweg (Weg Nr. 2).

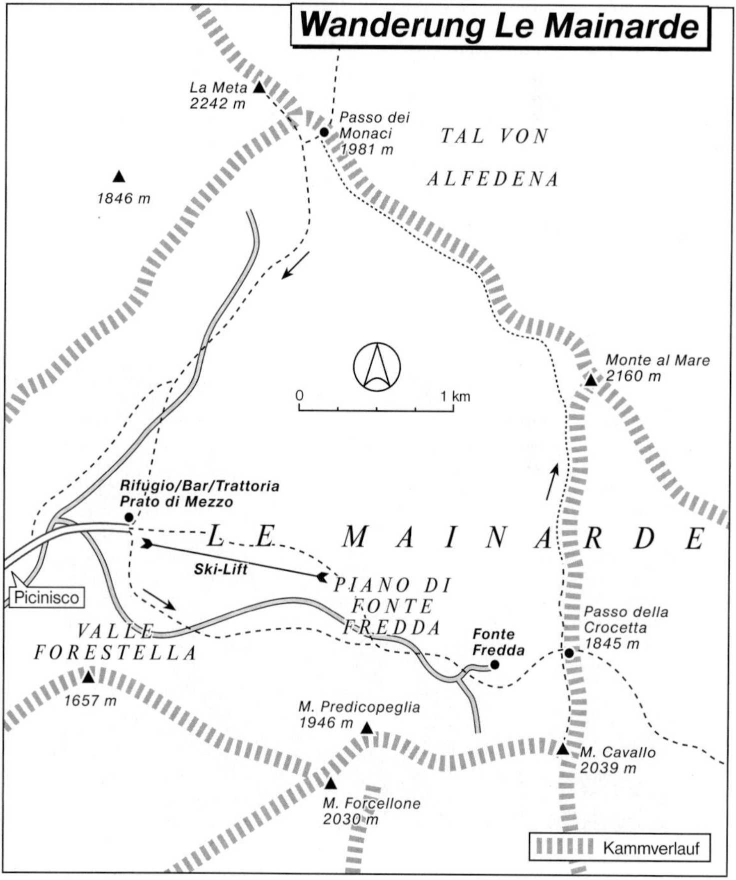

Bären und Wölfe – im Nationalpark der Abruzzen

Im Jahre 1923 wurde der **Parco Nazionale d'Abruzzo, Lazio e Molise** als einer der ersten Nationalparks Europas gegründet. Er umfasst die durchschnittlich 1500 bis 1900 Meter hohe Gebirgsregion des Apennin an der Südwestgrenze der Abruzzen, wobei Teile des Schutzgebietes auch in den Regionen Latium und Molise liegen. Die höchsten Erhebungen erreichen gut 2200 Meter (Monte Petroso 2249 m, Monte Meta 2242 m).

Die ersten **Anfänge** des Nationalparks gehen auf ein exklusives Jagdrevier des bis 1878 regierenden Königs *Vittorio Emanuele* zurück, der seine feudalen Privilegien auch mit grober Gewalt durchsetzte. Erwischte Wilderer wurden drakonisch bestraft, der König wollte schließlich bei seinen Jagdausritten immer ausreichend Ziele vor der Flinte haben. Der Wildbestand gedieh dadurch prächtig. Den Naturschutzgedanken vertrat danach eine private Gesellschaft, die 1921 von der Gemeinde Opi 500 ha Land im Fondillo-Tal als Keimzelle eines Naturreservats pachten konnte. Heute umfasst die strikt geschützte Kernzone des Nationalparks 50.000 ha, weitere 80.000 ha kommen als äußeres Schutzgebiet mit weniger strengen Naturschutzregularien hinzu.

Da das Gebiet des Nationalparks kein unbesiedeltes Land ist, blieben **Konflikte mit der örtlichen Bevölkerung** nicht aus. Über lange Zeit standen viele Bewohner dem Schutzgedanken, der nur Einschränkungen, aber keine wirtschaftlichen Vorteile brachte, feindselig gegenüber. Man durfte sein Vieh nicht mehr frei weiden und kein Holz mehr in den Wäldern schlagen, besonders verär-

lat_460 Foto: gh

gert waren die örtlichen Jäger, die nicht einsehen wollten, dass man ihnen das gegen feudale Privilegien endlich durchgesetzte allgemeine Jagdrecht schon wieder nehmen wollte. In den 1960er Jahren drohte das Projekt insgesamt zu scheitern, Investoren und notorische Erschließer kamen, um das Gebiet „touristisch aufzuwerten". Die Naturschutzbestimmungen wurden mit Billigung der örtlichen Politiker immer weiter aufgeweicht, damit endlich Straßen, Ferien- und Skianlagen gebaut werden konnten.

Erst das zunehmende Natur- und Umweltbewusstsein brachte in den 1970er Jahren eine Wende. Es wuchs die Einsicht, dass ein **umweltverträglich ausgestalteter Sommertourismus** wirtschaftlich bessere Perspektiven als mittelmäßige Wintersportgebiete bieten würde. Das Parkgebiet wurde nun als Naturreservat aktiv vermarktet, Besucher- und Informationszentren wurden eingerichtet, markierte Wanderwege angelegt, die Einheimischen bei der Einrichtung von Ferienunterkünften gefördert, für Nutzungseinschränkungen und Viehverluste durch Wölfe wurden großzügige Entschädigungen gezahlt. Das Konzept war erfolgreich, die jährliche Besucherzahl hat die Millionengrenze überschritten, wobei der sommerliche Natur- und Wandertourismus den Schwerpunkt bildet. Heute, wo viele Einheimische vom Tourismus profitieren, hat der Nationalparkgedanke vor Ort nur noch wenige Gegner. Die meisten Touristen sind Italiener, für die die ausgedehnten Buchenwaldungen, anders als für den Reisenden aus dem Norden, etwas Besonderes sind.

Durch die Schutzmaßnahmen hat sich im Gebiet des Nationalparks wie nirgendwo sonst in Italien die **ursprüngliche Flora und Fauna der Apenninen** erhalten. Hier sind 2000 Pflanzenarten zu finden, von submediterranen Arten in den tieferen, wärmeren Südlagen in Latium (Steineichen, Esskastanien, Flaumeichen) zu mehr nordischen Pflanzengemeinschaften in den nördlichen Hochlagen (Buchen, Bergkiefern). Im Frühjahr blühen auf den Bergalmen unzählige Pflanzen, darunter zahlreiche Orchideen- und Liliengewächse (Enzian, Frauenschuh, Trollblume, Feuerlilie, Anemonen, Krokusse usw.). Die Tierwelt besteht u.a. aus 60 Säugetier-, 300 Vogel- und 40 Reptilien-, Amphibien- und Fischarten. Reh und Hirsch durchstreifen wieder die dunklen Buchenwälder, am Abendhimmel zieht majestätisch der Steinadler seine Kreise.

Herrscher über das Gebiet ist jedoch der überaus scheue **Orso Bruno Marsciano,** eine Unterart des europäischen Braunbärs. Etwa 70 bis 100 Exemplare dieses Großsäugers durchstreifen noch die Wälder, wobei die Tiere wegen des Besucherandrangs zunehmend auch in die angrenzenden Regionen ausweichen. Bären leben überwiegend von Beeren, Wurzeln, Krokuszwiebeln und allerlei Kleingetier. Bei Gelegenheit reißen sie auch mal ein Schaf, ein Angriff auf Menschen ist seit Bestehen des Parks noch nicht vorgekommen. Die Tiere bekommt man als Wanderer so gut wie nie zu Gesicht, nur die zur Nahrungssuche umgewälzten Steine und Fußspuren im Morast weisen manchmal auf ihre Existenz hin.

Auf dem Weg zum Passo dei Monaci

Auch den ewigen Feind des Menschen, Bruder Wolf, bekommt man so gut wie nie zu sehen. Etwa 60 Exemplare leben im Schutzgebiet. Seit 1972 erfährt die Population des **Abruzzenwolfes** ein rapides Wachstum, viele Tiere haben das zu kleine Schutzgebiet verlassen und sich auf die große Wanderschaft begeben. Im ganzen Apenninbogen gibt es inzwischen wieder etwa 500 Abruzzenwölfe. Inzwischen haben sie in den Seealpen von Nizza ein stabiles Vorkommen, und auch in den Schweizer Alpen werden sie regelmäßig gesichtet.

Weniger scheu ist das dritte Symboltier des Nationalparks, die **Abruzzengämse,** eine endemische Unterart mit längeren Hörnern, die nur hier vorkommt. Etwa 500 bis 600 Tiere durchstreifen in Rudeln das Gebiet, im Sommer vor allem die hohen Gebirgslagen, im Winter, bei hohem Schnee, auch die tiefer gelegenen Buchenwaldregionen.

Eine von Latium ausgehende **Rundfahrt durch den Nationalpark** könnte man z.B. in **Atina** beginnen. Am Abzweig nach Picinisco vorbei, dem Zugangsort zum Gebiet von Le Mainarde (siehe den entsprechenden Wandervorschlag), erreicht man das beschauliche **San Biagio Saracinesco.** Durch eine ruhige Waldlandschaft, wo sich Fuchs und Hase Gute Nacht sagen, gelangt man danach ins Molise, die unbekannteste und kleinste Region Italiens, die laut Statistik ganze 400 deutsche Touristen im Jahr sieht. Hinter der Regionalgrenze rücken die dramatisch steilen Südabbrüche der Abruzzen ins Blickfeld. Die Route führt weiter über die abseits gelegenen Bergdörfer **Scapoli,** Zentrum der Dudelsackbauer, und **Castelnuovo al Volturno,** wo östlich unterhalb auf einer Kuppe das von seinen Bewohnern verlassene alte Bergdorf **Rocchetta al Volturno** erscheint. Danach folgt die Straße dem Ufer des türkisblauen **Stausees von Castel San Vicenzo.** Kurz vor dem Ort lohnt ein Abstecher nach rechts zur 5 km entfernten **Abtei von San Vicenzo,** einem friedlichen Platz vor dem Hintergrund der Berge. Der kantig-strenge, 1950 in romanischen Formen errichtete Bau ruht auf den Grundmauern eines schon im 8. Jahrhundert gegründeten, von *Karl dem Großen* geförderten Klosters, die Krypta bewahrt wertvolle byzantinische Fresken des 9. Jahrhunderts.

Die Weiterfahrt Richtung Abruzzen führt über den Calvario-Pass (1112 m) auf eine Wiesenhochebene mit Bergpanorama, dann über das von einer Burg überragte Alfedena hinunter nach **Barrea,** wo sich ein schönes Landschaftsbild bietet. Der Ort breitet sich auf einem Felsrücken über dem großen Stausee **Lago di Barrea** aus, im Hochsommer kann man hier sogar baden. Nach einer gemütlichen Fahrt am Seeufer entlang passiert man das eng gebaute **Villetta Barrea** mit einigen Häusern des 16. bis 18. Jahrhunderts. Drei Kilometer westlich des Ortes führt eine nach Süden abzweigende Asphaltstraße ins Herz des Nationalparks, das von steilen Bergflanken umrahmte **Camosciara-Tal.** Vom Piazzale della Camosciara nach etwa 2,5 km führt der gekennzeichnete Weg G 6 zur schönen Cascata delle Ninfe, weitere **Wasserfälle am Rio Serto** erschließt der beschilderte Sentiero Natura le Cascate.

Das folgende **Opi** liegt schön auf einem Höhenrücken über dem Tal, der ruhige Ort mit einigen Unterkünften eignet sich gut als Standort für einen längeren Aufenthalt. Das größere und lebendigere **Pescasseroli** einige Kilometer nördlich ist der Haupttouristenort im Gebiet des Nationalparks, hier gibt es mehrere Hotels, Campingplätze, Schwimmbäder, Tennisplätze und auch ein kleines Skigebiet. Von Opi gelangt man über den 1530 m hohen Acero-Pass mit schöner Panoramaabfahrt ins latinische **San Donato Val di Comino.**

Dieser gewinnt, einen langen Linksbogen beschreibend, im Buchenwald über dem Tal **Valle Forestella** an Höhe. Nach zwei etwas steileren Abschnitten gelangen wir beim oberen Talende auf eine weite Wiesenebene, die nach Süden von den felsigen Flanken des **Monte Forcellone** (2030 m) begrenzt wird (25 Min.).

Auf dem östlich weiterführenden Pfad kreuzen wir einen Bach, passieren einige alte Buchen rechter Hand, kreuzen erneut den Bach und halten uns bei der Gabelung danach leicht rechts. Wir wandern nun ein langes Stück die baumlose Karstsenke des **Piano di Fonte Fredda** hinauf, durch die ein frischer Bergbach zwischen Wiesen zu Tal fließt. Wir halten uns links vom Wasserlauf, passieren, stetig in östlicher Richtung an Höhe gewinnend, ein Gebiet mit mächtigen Felstrümmern und erreichen die unter Kalkblöcken hervorkommende Quelle **Fonte Fredda** (1 Std., 1681 m). Rechts oberhalb erblickt man die gezackten Felsabbrüche des **Monte Predicopeglia** (1941 m), geradeaus den breiten Rücken des **Monte Cavallo** (2039 m). Mit den roten Markierungen steigen wir links von einer weiteren Karstebene den Hang hinauf. Schließlich wird der weithin sichtbare, flache Sattel **Passo della Crocetta** nördlich unterhalb der runden Vorkuppe des Monte Cavallo erreicht (1:30 Std., 1845 m).

Von hier folgen wir einem nach links (nördlich) sich den Kammrücken hinaufziehenden Pfad, der nach etwa 10 Min. an den Rand einer grasigen Karstmulde führt. Von hier bis zum Passo dei Monaci gibt es keine Pfade mehr. Wir folgen stetig dem Verlauf der Kammhöhe und bleiben möglichst in grasigem Gelände, indem wir Stein- und Trümmerfeldern ausweichen. Man hält sich immer in nördliche Richtung, lässt dabei die wenig markante Höhe des **Monte al Mare** (2160 m) etwas rechts liegen und gelangt an den rechten Rand des zur Abruzzenseite mit steilen Kanten abfallenden breiten Kammrückens – prächtige Ausblicke in das Tal von Alfedena. Danach senkt sich die Route, stetig dem Verlauf des Steilabbruchs folgend, auf den markanten, 2242 m hohen **Monte La Meta** zu. Das karge Bergland ist von nordischer Weite, zwischen den hellen Steinblöcken sprießen im Frühjahr Krokusse und Enzian. Beim **Passo dei Monaci** am Fuß des La Meta treffen wir schließlich auf einen deutlichen Querpfad (3:30 Std., 1981 m).

Wir folgen ihm nach links bergab, rechts von einer mit Geröll gefüllten Rinne (Weg Nr. 1, vereinzelt rote Markierungen). Nach einigen Minuten Abstieg auf steinigem Pfad kreuzen wir den Einschnitt nach links. Bald tauchen die ersten Bäume auf. Der Pfad wechselt dann wieder auf die rechte Seite der Karstrinne (4 Std.) und führt gut 10 Min. danach eine schöne Wiesenlichtung hinunter. Am ihrem unteren Rand wird der Felsgraben erneut nach links gekreuzt. Über steinige Wiesen absteigend erreichen wir ein Steinhäuschen bei einer Trinkwasserquelle (4:30 Std.) rechts des Weges. Wir folgen hier einer Spur, bleiben links vom Taleinschnitt, passieren ein kleinen Sattel, durchqueren ein Waldstück und erreichen wenig später den Ausgangspunkt **Prato di Mezzo** (4:50 Std.).

lat_464b Foto: gh

Südlatium

lat_465a Foto: gh

lat_465b Foto: gh

Im Hafen von Gaeta

Fattoria di Fogliano

Aussicht von den Monti Aurunci
auf die Küste von Formia

Südlatium – von Rom Richtung Neapel

Das Gebiet Latiums zwischen Rom und der Grenze zu Kampanien bei Formia zeigt sehr unterschiedliche Landschaftsbilder. An den Rändern der Millionenmetropole beginnt das Land bald zu den **Monti Albani** (Albaner Berge) anzusteigen. Das mit Laubwäldern und Weinbergen bedeckte sanfte Hügelland bildet die Fortsetzung der nordlatinischen Vulkanregionen, auch hier findet man zwei Kraterseen und einige hübsche Kleinstädte mit alten Ortszentren. Allerdings macht sich die Nähe Roms stellenweise durch eine ausufernde Landschaftszersiedlung bemerkbar.

Weiter südlich erheben sich mit klaren Konturen die steinig-kargen, auf der Höhe menschenleeren Bergkämme der bis 1500 Meter ansteigenden **Monti Lepini,** die im Gegensatz zu den Monti Albani geologisch schon zu den Kalkapenninen gehören. An ihren Hängen stehen mehrere sehenswerte Kleinstädte und Dörfer mit schönen Ortsbildern und einigen interessanten Kunstwerken (Cori, Norma, Sermoneta, Segni). Vor den Bergen erstreckt sich zum Meer hin die völlig flache **pontinische Ebene;** noch zu Beginn des vergangenen Jahrhunderts gab es hier nur unwirtliche Malariasümpfe, die erst 1927 endgültig trockengelegt werden konnten. Die danach planmäßig neu angelegten Städte wie Latina oder Sabaudia dürften nur den interessieren, der die Ideen der Stadtarchitektur der 30er Jahre des 20. Jahrhunderts studieren möchte.

Die meist flache **Küste** säumen von Ostia bei Rom über Terracina bis nach

Sperlonga kilometerlange **breite Sandstrände,** die im Hochsommer zahlreiche Badeurlauber anziehen. Nur der inselartig steil über der Küste aufragende Kalkberg des **Monte Circeo,** das Kap der legendären Zauberin *Circe* aus *Homers* „Odyssee", bildet hier einen landschaftlich markanten Punkt. Landeinwärts verlaufen als Fortsetzung der Monti Lepini in einiger Entfernung zur Küste die **Monti Ausoni,** die zur Meerseite hin mit meist kahlen, von mediterraner Macchia bedeckten Hängen abfallen. Der Badeort **Terracina** mit kleiner Altstadt um den kunstgeschichtlich interessanten Dom sowie landeinwärts die ursprünglich erhaltene mittelalterliche **Zisterzienserabtei von Fossanova** sind hier touristische Hauptanziehungspunkte.

Bei Terracina beginnt unverkennbar das **Italien des Südens,** in seiner mediterranen Vegetation, der lebhaften Alltagsatmosphäre und der tiefen, allerdings auch hier in Auflösung begriffenen Volksfrömmigkeit liegt dieses Gebiet schon viel näher an Neapel als am „mittelitalienischen" Etrurien nördlich von Rom. Das schönste Stück latinischer Küste mit Felsbuchten und Stränden verläuft südlich von **Sperlonga,** einem pittoresken ehemaligen Fischerort, der mit seinen weiß gekalkten Häusern über dem blauen Meer griechische Inselimpressionen erweckt. **Gaeta,** eine typisch neapolitanische Kleinstadt mit süditalienischem Flair, und der benachbarte, größere und modernere Fährhafenort **Formia** liegen schon am weit geschwungenen **Golf von Neapel,** über dem sich 1500 Meter hoch die kahlen Flanken der **Monti Aurunci** auftürmen. Vor der Küste von Gaeta liegt das **Archipel von Ponza,** das aus zwei kleinen bewohnten und drei winzigen unbewohnten Inseln besteht. Die felsige Inselgruppe vulkanischen Ursprungs mit ihren unverbauten Ufern, den kleinen Stränden, den von Höhlen durchsetzten Felsküsten, die sich unter dem klaren Wasser fortsetzen, hat sich zu einem auch bei deutschsprachigen Touristen beliebten Ferienziel entwickelt.

Die Albaner Berge

Die bis in eine Höhe von 950 Metern ansteigenden vulkanischen Hügel der **Monti Albani** südöstlich von Rom sind eines der klassischen Ausflugsziele der Römer und Rom-Besucher. Entsprechend voll wird es an den Wochenenden, wenn sich Blechschlangen durch die Kleinstädte quälen. Die Albaner Berge sind zwar keine unberührte Landschaftsidylle mehr – mancherorts hat die Landschaftszersiedlung unerfreuliche Ausmaße erreicht –, dennoch ist das kleine Gebirge alles in allem ein lohnendes Ziel, um der Hektik der Millionenmetropole zu entfliehen. Vor allem am Südostrand des Gebirgszuges, zwischen Rocca di Papa und Nemi, findet man immer noch größere Gebiete freier Natur, freundliches Hügelland mit Laubwäldern und Weinbergen, das teilweise als **Parco Regionale dei Castelli Romani** vor weiterer Besiedlung bewahrt werden soll. Zwei malerische Seen füllen erloschene Krater: der **Lago Albano** und der kleinere **Lago di Nemi,** beide besitzen stellenweise noch unverbaute Uferzonen.

Als **„Castelli Romani“,** römische Burgen, werden die **13 Kleinstädte der Albaner Berge** noch heute zusammengefasst – eine Erinnerung an die Zeiten des Mittelalters, als der Kranz der Orte zum Schutze der nahen Metropole Rom stark befestigt wurde. Durch großzügige, von der römischen Kurie initiierte Bauprogramme von der Renaissance über den Barock bis in die Neuzeit, aber auch infolge der Bombenschäden des Zweiten Weltkriegs ist jedoch heute hier Mittelalterliches weniger präsent als in anderen Regionen Latiums. Die römischen Kaiser bauten sich in den Bergen ihre luxuriösen Landvillen, um der sommerlichen Hitze im engen und stickigen Rom zu entfliehen. In der Renaissance griffen die Päpste und die Kardinäle der römischen Kurie die Tradition wieder auf. Berühmte Architekten wurden für den Bau der Residenzen engagiert, darunter auch der geniale Barockbaumeister *Gian Lorenzo Bernini.*

Die Albaner Berge sind gut mit **öffentlichen Verkehrsmitteln** erschlossen, die blauen COTRAL-Busse fahren alle Orte regelmäßig und häufig an, hinzu kommen die drei Vorortbahnlinien von Roma Termini nach Frascati, von Roma Termini über Marino und Castel Gandolfo nach Albano Laziale sowie nach Lanuvio und Velletri.

lat_468 Foto: gh

Frascati – das Wassertheater in der Villa Aldobrandini

Frascati XVIII, B1

- **20.000 Einwohner**
- **320 m üNN**
- **23 km südöstlich von Rom**
- **PLZ 00044**

Wegen der geringen Entfernung und der guten Verkehrsanbindung ist die lebendige Kleinstadt nach Tivoli das beliebteste Ziel für einen Tagesausflug von Rom aus, obwohl es hier keine besonderen Sehenswürdigkeiten zu besichtigen gibt. Das kleine Zentrum mit seinen beschaulichen Gassen, die schattigen Parks und die grüne hügelige Umgebung bieten eine wohltuende Abwechslung zur Hektik der nahen Millionenmetropole. Und dann gibt es ja auch noch den „Frascati", den trockenen leichten **Weißwein** der Albaner Berge. Er zählt zu den beliebtesten Konsumweinen ganz Italiens, der auch in vielen Pizzerien zwischen Flensburg und Garmisch auf den Tisch kommt. In Frascati wird er unter anderem in den örtlichen *Osterie* oder *Fraschette,* kleinen, mit wackligen Holztischen und Stühlen ausgestatteten einfachen Winzerlokalen, ausgeschenkt.

Die Stadt wurde erst im 12. Jahrhundert unter den Grafen von Tusculum gegründet und gewann nach der Zerstörung des höher gelegenen Ortes Tusculum an Bedeutung, als sich hier die von dort vertriebenen Bewohner niederließen. Im 16. Jahrhundert entwickelte sich Frascati zu einem beliebten **Sommerwohnsitz der römischen Kardinäle,** die in der anmutigen Hügellandschaft von Frascati ihre vornehmen Villenanlagen bauen ließen. Im Zweiten Weltkrieg erlitt Frascati schwere Bombenschäden, die auch die kleine Altstadt in Mitleidenschaft zogen. Dennoch findet man hier einige gemütliche und hübsche Winkel.

Von den diversen **Kardinalsvillen** (Villa Aldobrandini, Villa Torlonia, Villa Falconieri, Villa Tuscolana, Villa Grazioli, Villa Lancelotti) am Rande der Kleinstadt sind nur die Villa Aldobrandini und der Park der Villa Torlonia für Besucher allgemein zugänglich. Die Villa Graziola und die Villa Tuscolana wurden zu vornehm-teuren Hotels umgestaltet.

Die **Villa Aldobrandini** repräsentiert den feudal-aristokratischen Geist der römischen Kurie des 16./17. Jahrhunderts. Mit breit gelagerter Fassade und Blickrichtung gen Rom am Berghang über der Altstadt thronend, dominiert sie noch heute die Ansicht Frascatis. Die Villa wurde zwischen 1598 und 1604 im Auftrag des einflussreichen Kardinals *Pietro Aldobrandini* erbaut. Der ursprüngliche, heute verschlossene Eingang befand sich an der Piazza Marconi beim Altstadtzentrum. Über Treppen und Rampen mussten Besucher mühselig zu Fuß zum Hauptgebäude, dem Casino, hinaufsteigen, auch dies ein gewollter Ausdruck des Herrschaftswillens des Erbauers. Die mit manieristischen Fresken geschmückten Innenräume sind leider nicht zu besichtigen.

In die **Außenanlage** gelangt man über die an der Parkmauer entlang ansteigende Gasse Via Massaia und den linken (östlichen) Seiteneingang (geöffnet Mo bis Fr 9–13 u. 15–18 Uhr, vorher kurz beim Info-Büro anmelden). Während die nach Frascati ausgerichtete öffentliche Repräsentationsseite eher streng und schlicht wirkt, zeigt sich die „private" Rückfront aufgelockert und verspielt. Dem Hauptgebäude steht eine aufwendig gestaltete halbrunde Schaufassade gegenüber, ein manieristisches **Wassertheater** mit mythologischen Figuren (Zentaur, Flöte spielender *Pan, Atlas* mit Weltkugel) und einer Wassertreppe in der Mitte – eine gewollte Symbiose von Kunst und Natur. Mit Fresken des 17. Jahrhunderts geschmückte Räume bilden den rechten und linken Abschluss des Wassertheaters. Auf einem schattigen Pfad kann man oberhalb am Wasserkanal entlang ein Stück den Berg hinaufsteigen.

Von der aus der gleichen Periode stammenden **Villa Torlonia** an der Westseite der Piazza Marconi, heute ein kleiner öffentlicher Park, hat sich infolge von Kriegsschäden im Wesentlichen nur die von *Carlo Maderna* entworfene Wassertreppe mit ihrer theaterartigen Fassade erhalten.

Die Piazza San Pietro im Zentrum Frascatis wird von der wuchtigen Barockfassade des **Doms San Pietro** dominiert. Wenige Schritte entfernt steht die **Chiesa del Gesu** (Ende 16. Jahrhundert), deren Innenraum von einer Scheinkuppel mit illusionistischen Malereien überdacht wird. Von der ursprünglichen Bischofskirche Tivolis, **Santa Maria del Vicario** (oder San Rocco), steht nur noch der romanische Campanile von 1305.

Touristeninformation

- **Piazza G. Marconi 1,** Tel. 0 69 42 03 31, www.frascati2000.it.

Unterkunft

Vor allem um Ostern kann es vorkommen, dass alle Hotels ausgebucht sind.

- ***Colonna**€€€€, mitten im Zentrum, geräumige, ansprechend eingerichtete Zimmer, mittlerer Komfort, freundlicher Empfang, Piazza del Gesu 12, Tel. 06 94 01 80 88, Fax 94 01 87 30, www.hotelcolonna.it.
- ****Panorama**€€-€€€, freundliches, familiär geführtes kleines Hotel, ansprechend eingerichtete Zimmer, die preiswerteren sind allerdings recht klein, einige Räume haben Panoramablick bis nach Rom, zentrale Lage, Piazza Carlo Casini 3, Tel. 0 69 41 28 00, Fax 0 69 41 79 55.
- ****Il Pinocchio**€€, bescheidenes Altstadthotel mitten im Zentrum beim *mercato coperto*, einfach-rustikal eingerichtete Zimmer, Piazza del Mercato 20, Tel. 0 69 41 78 83, Fax 0 69 41 78 84.
- ****Eden Tuscolano**€€-€€€, 3 km außerhalb an der Straße nach Rom gelegen, sehr beliebt und oft ausgebucht, freundlicher Empfang, mittlerer Komfort, Via Tuscolano 15, Tel. 0 69 40 85 87, Fax 0 69 40 85 91, www.edentuscolano.it.
- **Bed & Breakfast Galeria**€€, mitten im Zentrum beim Domplatz, der Blick in den Hinterhof ist nicht besonders reizvoll, die Qualität der Zimmeraustattung ist jedoch zufriedenstellend, Galleria Vittorio Emanuelle II 21, Tel. 06 94 01 01 17 *(G. Gianetto)*.

Essen und Trinken

- **Zarazà**€€-€€€, das am Ortsrand mit Blick auf Rom gelegene Restaurant bietet gute römische Traditionsküche, eine schöne Terrasse zum Draußensitzen und ist beliebt, daher Vorbestellung ratsam, Via Regina Margherita 45, Tel. 0 69 42 20 53, Mo und von Okt. bis Mai auch So Abend geschlossen.
- Im Zentrum bieten mehrere Esslokale traditionelle, qualitativ und preislich durchschnittliche italienische Küche, z.B. die sympathische **Trattoria-Pizzeria Al 19**€-€€ an der Piazza Monte Grappa 19, Tel. 0 69 42 01 42.
- Typisch für Frascati sind die **Osterie** oder **Fraschette** der Altstadt, einfachst ausgestattete Kellerlokale mit Holzbänken und langen Tischen, wo **Frascati-Weine** ausgeschenkt werden. Dazu isst man mitgebrachte Brote mit Salami, Schinken, Käse und Porchetta, die man z.B. an den bis spät in die Nacht geöffneten Ständen des kleinen Marktplatzes (Piazza Mercato) kaufen kann.

Das Theater in der antiken Stadt Tusculum

Bahn

- Etwa stündlich Nahverkehrszug von **Roma Termini** nach Frascati, etwa 30 Min. Fahrzeit. In Roma Termini fahren die Züge manchmal sehr weit vorn am Bahnsteig ab.

Bus

Häufige Fahrten zur Metrostation **Roma Anagnina.** Werktags etwa alle 30–60 Min. Bus nach **Grottaferrata/Marino/Castel Gandolfo/Albano Laziale,** So etwa stündlich. Werktags alle 30–50 Min. nach **Monte Porzio Catone/Montecompatri/Rocca Priora,** So alle 90 Min. Hauptbushalt an der Piazza Marconi.

Von Tusculum nach Rocca Priora XVIII, B1

In den Hügeln sechs Kilometer oberhalb von Frascati liegen in schöner landschaftlicher Umgebung die **Ruinen der antiken Stadt Tusculum,** ein uralter Siedlungsplatz, der nach der Sage von *Telegonos,* dem Sohn der *Circe* und des *Odysseus,* begründet wurde. Zur Zeit der Römer besaßen u.a. *Brutus* und *Cäsar* hier ihre feudalen Villen. Im Mittelalter herrschten die machtvollen Grafen von Tusculum über den Ort, die nicht weniger als sieben Päpste stellen konnten, bis auf einen *(Benedikt VII.)* üble Gesellen, die in Rom Angst und Schrecken verbreiteten. Mit Unterstützung durch die Truppen des deutschen Kaisers *Heinrich VI.* ließ Papst *Coelestin III.* den Ort 1191 dem Erdboden gleichmachen, um sich der tusculanischen Gefahr ein für alle Mal zu entledigen.

lat_471 Foto: gh

Südlatium

Während vom mittelalterlichen Tusculum nichts geblieben ist, stehen von der antiken Stadt noch einige Ruinen verstreut im Gelände. Allerdings ist nur noch das kleine **Theater** recht anschaulich erhalten. Daneben findet man bauliche Reste von Speichern und Vorratskammern sowie antike Pflasterungen. Der Besuch lohnt vor allem wegen der schönen Lage hoch auf einem Hangrücken mit weitem Blick über die Albaner Berge. Auch kleinere Wanderungen in schöner Natur lassen sich in der Umgebung unternehmen (siehe den Wandervorschlag unten).

Monte Porzio Catone, Montecompatri und Rocca Priora sind drei freundliche Kleinstädte südöstlich von Frascati, die sich jeweils in schöner Aussichtsposition mit verschachtelten Ortskernen auf Hügelkuppen erheben und damit ihren mittelalterlichen Ursprung verraten. Drumherum wuchert die übliche moderne Einheitsarchitektur ins Umland. Kleinere Sehenswürdigkeiten findet man in allen drei Orten: in **Monte Porzio Catone** den Palazzo Borghese an der gleichnamigen Piazza und den barocken Zentralbau S. Gregorio Magno, in **Montecompatri** auf der Hügelspitze die innen im nüchtern-strengen Stil des Klassizismus umgestaltete Kuppelkirche Santa Maria Assunta. In **Rocca Priora** (4000 Einwohner, 770 m üNN), dem höchstgelegenen Ort der Castelli Romani, stehen an der zentralen Piazza Umberto I. die ursprünglich mittelalterliche Pfarrkirche Santa Maria Assunta und der Palazzo Baronale von 1880. Von Rocca Priora genießt man besonders weite Ausblicke zu den dunklen Bergketten des Apennin.

Wanderung im Hügelland von Frascati

Von Montecompatri über Tusculum nach Frascati

Diese **leichte Wanderung** durch die Hügel östlich von Frascati bietet schöne Ausblicke und vermittelt auch heute noch einen Eindruck davon, wie die Landschaft der Monti Albani ursprünglich aussah. Der Weg passiert die bescheidenen Ruinen des antiken Tusculum, einen schönen Rast- und Aussichtsplatz auf einem Hügelrücken hoch über dem Land.

Dauer: 2:30 Std. **Anstiege:** ca. 200 Höhenmeter. **Schwierigkeitsgrad:** wenig anstrengende Wanderung; **einfache Orientierung,** die Wege sind beschildert und meist durch rot-weiße Doppelbalken markiert. **Anfahrt:** von Frascati (Piazza Marconi) nach Montecompatri mit Bus auf der Linie Roma Anagnina – Rocca Priora.

Der Wegverlauf:

Ausgangspunkt ist in **Montecompatri** die Piazza Garibaldi im Zentrum an der Hauptstraße beim Eingang zum hoch gelegenen *centro storico*. Gegenüber von einem Brunnen mit geflügelter Bronzefigur nimmt man die schräg nach rechts von der Piazza wegführende schmale Via Tuscolo. Zwischen Villen ansteigend gelangt man zuletzt über Treppen zu einer Querstraße; auf dieser geht man nach rechts bergan zu dem am Hang über Montecompatri gelegenen **Kloster San Silvestro** (15 Min.).

Gegenüber vom Klosterportal folgen wir dem Hinweis **„Tuscolo"** (rot-weiß markierter Weg 507) und steigen einen Wiesenhang hinauf. Am oberen Ende der Wiese geht es auf einem Erdpfad weiter, 50 m links unterhalb eines Häuschens mit Ziegeldach vorbei, zu einer Verzweigung auf einer Passhöhe mit weitem Blick nach Süden (25 Min.).

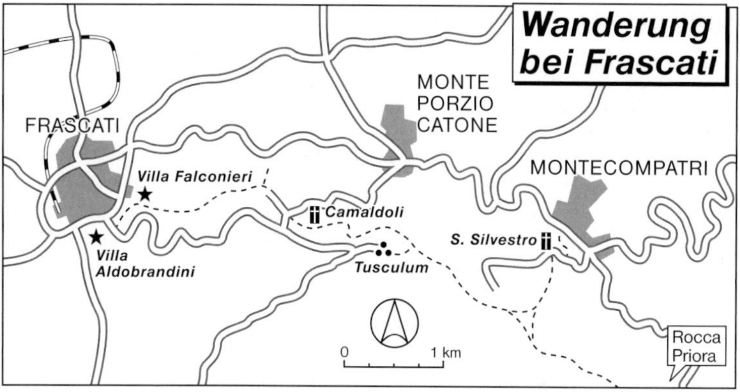

Vom Pass nehmen wir den halbrechts, links am Holzschild **„Scuola Fattoria"** vorbei, abwärts führenden schmalen Weg. Er mündet in 5 Min. in einen breiteren Weg, dem wir, geradeaus an einer Ruine vorbei, folgen. Der Weg senkt sich mit weiten Ausblicken in Richtung auf den von einem Kreuz bekrönten Hügel von Tusculum und führt dabei am rechten Rand einer Wiese entlang. Einen Waldsaum passierend tritt man leicht rechts biegend auf eine weitere Wiesenfläche, an deren Rand eine Mauer verläuft, die das weitläufige Areal des **Klosters von Camaldoli** einfasst.

Wir wenden uns auf einen leicht links in den Wald hineinführenden Pfad (Weg T2 nach Frascati), der an der Klostermauer entlang ansteigt und sich dann kurz zu einer Verzweigung senkt. Geradeaus verläuft der spätere Weiterweg nach Frascati, nach links bergan erreicht man auf einem etwa 15-minütigen Abstecher die **Ruinen von Tusculum** (1:15 Std.).

Zurück bei der Verzweigung geht es auf einem gemütlichen Waldweg stetig bergab. Bei zwei Gabelungen rechts gehend gelangen wir schließlich zum breiten Zufahrtsweg des meist verschlossenen Klosters von Camaldoli (1:35 Std.). Der Abstecher rechts hinauf zum Konvent lohnt allenfalls vormittags für Männer, die Kräuterschnaps mögen. Die in strenger Abgeschiedenheit lebenden **Kamaldulenser-Mönche** lassen Frauen generell nicht auf ihr Gelände, Männer nur morgens, wenn sie im Klosterladen die von den Mönchen hergestellten Produkte kaufen wollen.

Der Fahrweg trifft geradeaus nach 100 m auf die **Straße nach Monte Porzio Catone,** der wir 50 m nach links folgen, um nach rechts auf eine Nebenstraße abzuzweigen. Diese führt durch Wald in 5 Min. zu einer neueren Siedlung hinunter. Bei den Häusern geht es geradeaus auf einem Erdweg weiter, der sich nach weiteren 5 Min. vor einer **Gebetsstätte mit Madonnenstatue** verzweigt (1:55 Std., Trinkwasserhahn). Wir nehmen links Weg 9, der an der überwucherten, teilweise nur von dem Wurzelwerk der Bäume zusammengehaltenen Ruinenmauer eines verwilderten Parks entlang verläuft. An einer Torruine vorbei erreichen wir den Haupteingang der großen, nicht zugänglichen **Villa Falconieri** (2:15 Std.). Auf absteigender Pflasterstraße geht es zur Hauptstraße, die nach rechts in wenigen Minuten Frascati erreichen würde. Nach links gelangt man in 5 Min. auf der Via del Tuscolo zum Eingang der **Villa Aldobrandini,** von hier auf der schmalen Via Massaia rechts an der Villenmauer entlang hinab ins Zentrum von Frascati (2:30 Std.).

Grottaferrata ⇗XVIII, A/B1

- **14.000 Einwohner**
- **330 m üNN**
- **22 km südöstlich von Rom**
- **PLZ 00046**

Die auf halbem Wege zwischen Frascati und dem Albaner See gelegene lebhafte Kleinstadt Grottaferrata besitzt mit der altehrwürdigen **Abbazzia di Grottaferrata** eine kunstgeschichtlich interessante Sehenswürdigkeit. Das Kloster wurde zwischen 1004 und 1024 vom *hl. Nilus,* einem zugewanderten byzantinischen Mönch, und seinem Nachfolger *San Bartolomeo* auf den Fundamenten einer römischen Villa errichtet. Nach der endgültigen Trennung der Ost- und Westkirche Mitte des 11. Jahrhunderts hielten die Mönche von Grottaferrata am griechisch-orthodoxen Ritus fest, obwohl sie den Papst als ihr religiöses Oberhaupt anerkannten. Bis heute leben Brüder des **Basilianerordens** im Kloster, die ihre Messfeier nach wie vor nach dem griechisch-orthodoxen Ritual gestalten.

Das gesamte Kloster, das im Mittelalter unter Überfällen und Plünderungen litt, wurde im 15. Jahrhundert vom Renaissancebaumeister *Guiliano da Sangalo* mit **Wehrmauern, Bastionen und Gräben** umgeben und wirkt daher fast wie eine Festung. Mittelpunkt der Anlage ist die mehrfach umgebaute **Klosterkirche Santa Maria** mit schönem romanischem Campanile des 12. Jahrhunderts. In der Vorhalle steht links vom Eingang ein Taufbecken mit Flachreliefs, die thematisch mit dem Wasser in Verbindung stehen (Fischer am Fluss, ein in die Fluten springender Knabe), der Symbolgehalt und die Datierung sind unklar (9. bis 12. Jahrhundert). Man betritt den Kirchenraum durch ein schönes Portal des 11. Jahrhunderts, die Marmoreinrahmung zeigt feine Reliefarbeiten, die Holztür ist mit Intarsien verziert, darüber sieht man ein byzantinisches Mosaik (Christus zwischen *Maria* und *Johannes dem Täufer*). Im dunklen, stimmungsvollen **Innenraum** gingen die ursprünglichen romanischen Malereien durch eine grundlegende barocke Umgestaltung 1754 verloren. Vom mittelalterlichen Bau erhalten haben sich der ornamentale Cosmatenfußboden und das Mosaik des Pfingstwunders (12. Jahrhundert) mit den zu Seiten eines leeren Throns aufgereihten Aposteln, auf die der Heilige Geist in Form von Energiestrahlen niederkommt. Die Renaissancekassettendecke stammt aus dem 16. Jahrhundert. In der barocken Bilderwand (Ikonostase), die den Gemeinderaum vom Altarbereich trennt, ist eine hoch verehrte Marienikone des 13. Jahrhunderts zu sehen.

Vom rechten Seitenschiff gelangt man in die **Capella di San Nilo e San Bartolomeo** mit einem Hauptwerk des Barockmeisters *Domenichino,* der die Kapelle 1610 mit einem großformatigen, figuren- und detailreichen Freskenzyklus zum Leben der Klostergründer ausmalte.

An die Kirche schließen sich ein Renaissancekreuzgang und das klösterliche **Museum** an, das neben antiken

Skulpturen abgenommene Fresken des 12. Jahrhunderts, die unter einer Holzdecke des Mittelschiffes verborgen waren, ausstellt. Dargestellt ist die Geschichte des *Moses* mit dem Durchzug durch das rote Meer. (2005 war das Museum wegen grundlegender Umbauten geschlossen.)

- **Kirche Grottaferrata,** geöffnet Mo bis Sa 8.30–12, So 8.30–10 u. 16.30–18 Uhr.

Marino ↗XVIII, A/B1

- **31.000 Einwohner**
- **365 m üNN**
- **24 km südöstlich von Rom**
- **PLZ 00047**

Am benachbarten **Weinbauort** Marino, der größten Gemeinde der Albaner Berge, fahren die meisten Touristen nur vorbei, obwohl es auch hier eine Altstadt mit einigen schönen Winkeln und alten Kirchen gibt. Seit 1419 war der Ort im Besitz der einflussreichen Fürstenfamilie der *Colonna,* aus der der Befehlshaber der päpstlichen Flotte stammte, die 1571 in der Seeschlacht von Lepanto die osmanischen Angreifer besiegte. An diesen Zusammenhang erinnert die **Fontana di Quatri Mori** von 1642, der „Brunnen der vier Mohren". Dabei steht der Mohr für den Mauren, den Moslem, die begleitenden Figuren der Sirenen – im Mythos der griechischen Antike Mischwesen aus Mensch und Fisch, die durch ihren betörenden Gesang die Seefahrer vom richtigen Kurs abbringen – vielleicht für das Unheil bringende Tun der osmanischen Feinde.

Nahe beim Bahnhof versteckt sich in einem Kellergewölbe das **Mitreo,** ein antikes Mithras-Heiligtum mit einem gut erhaltenen Fresko des persischen Gottes *Mithras,* der den weißen heiligen Stier tötet.

Essen und Trinken

- Die beliebte **Cantina Colonna**€€-€€€ in der Altstadt von Marino bietet gute, typisch römische Küche ohne allzu kreative Experimente, reichhaltige Portionen, Via Carissimi 32, Tel. 06 93 66 03 86, abends, am Wochenende auch mittags geöffnet, Mi Ruhetag.

Bahn

Werktags stündlich, So alle 2 Stunden Vorortzug von Marino nach **Roma Termini** sowie **Castel Gandolfo/Albano Laziale.**

Bus

Häufige Verbindungen von Grottaferrata und Marino nach **Roma Metro Anangnina** und auf der Linie **Frascati – Grottaferrata – Marino – Castel Gandolfo – Albano Laziale.**

Fest

- Großes, farbiges **Weinfest Sagra dell'Uva** am ersten Sonntag im Oktober, Umzüge in historischen Kostümen erinnern an den Sieg von Lepanto.

Rocca di Papa ↗XVIII, B1

- **9000 Einwohner**
- **720 m üNN**
- **28 km südöstlich von Rom**
- **PLZ 00040**

Die hoch gelegene ruhige Kleinstadt, die atmosphärisch noch nicht ganz in den Sog Roms geraten ist, besitzt ein verwinkeltes, kleines mittelalterliches Viertel, das sich mit steilen Treppengassen den Berghang zur **Rocca,** der Burgruine, hinaufzieht. Die im 17. Jahrhundert errichtete Hauptkirche **Santa Maria** hat einen schönen Innenraum mit Goldverzierungen und Freskenschmuck.

Über Rocca di Papa erhebt sich der **Monte Cavo** (949 m), die höchste Erhebung im Zentrum der Albaner Berge, in der Antike ein heiliger Berg. Auf der Spitze stand ein dem *Jupiter* geweihter Tempel, bei dem sich die Führer der latinischen Stämme einmal jährlich zu Ehren des Gottes zu großen Feierlichkeiten trafen, wobei die Bündnisverpflichtungen erneuert wurden. Vom Jupiter-Tempel haben sich keinerlei Spuren erhalten, der gepflasterte Prozessionsweg hinauf auf die Bergspitze, die **Via Sacra,** ist jedoch teilweise noch original erhalten (siehe Wandervorschlag unten). Der Monte Cavo könnte noch heute einer der schönsten Aussichtspunkte der römischen Campagna sein, wäre er nicht durch Militäranlagen und Sendemasten verschandelt.

Von Rocca di Papa lassen sich kleinere **Wanderungen** in die nähere Umgebung mit ihren Laubwäldern, Weinbergen und Weideflächen unternehmen. Beim Info-Büro bekommt man eine Wanderkarte mit den markierten Wegen. Sie führen u.a. durch die Felder im ehemaligen Vulkankrater **Campo di Annibale** östlich der Stadt, wo im 3. Jahrhundert vor Chr. die Truppen *Hannibals* vor der Schlacht von Cannae ihr Heerlager hatten.

Bus

Werktags alle 30–60 Min. nach Grottaferrata/Roma Anagnina, So alle 90 Min.; werktag 4x nach Velletri.

Wanderung in den Albaner Bergen

Von Rocca di Papa über den Nemi-See nach Genzano di Roma

Zwischen Rocca di Papa und Genzano im Südteil der Albaner Berge erstreckt sich eine noch **relativ unberührte Laubwaldlandschaft,** die diese Wanderung erschließt. Auf dem ersten Teil des Weges folgen wir ein Stück der Via Sacra, dem gepflasterten antiken Pilgerweg zum Heiligtum auf dem Monte Cavo, später erreichen wir auf aussichtsreichen Wegen das beschauliche **Nemi,** das sich mit alten Mauern hoch über dem Krater des Nemi-Sees erhebt. Rocca di Papa und der Zielort Genzano sind mit Linienbussen von Rom, Grottaferrata oder Frascati aus zu erreichen.

Dauer: 4 Std. **Anstiegsleistung:** 350 m. **Einkehr:** Bars und Trattorien in Nemi. **Anfahrt:** häufig Busse von Rom, Metrostation Anagnina, über Grottaferrata nach Rocca di Papa; von Frascati Direktbus nach Rocca di Papa nur werktags um 8.20, 13.15, 14.35, 19.20 Uhr, ansonsten Umsteigen in Grottaferrata; **Rückfahrt:** häufig Busse von Genzano nach Roma Anagnina sowie mit Umsteigen in Albano Laziale nach Frascati.

Der Wegverlauf:

Von der Piazza della Repubblica am unteren Ortseingang von Rocca di Papa folgen wir der Hauptgasse Corsa della Costituente hinauf zur hellen Kirche Santa Maria, wo wir nach rechts auf die Via del Duomo/Via del Fortezza abzweigen. Der Beschilderung **„Monte Cavo"** nach steigen wir die Gassen zum höchsten Punkt der Altstadt hinauf. Bei der Einmündung der von der Burg (Rocca) kommenden Nebenstraße wird eine breitere Straße gekreuzt (15 Min.). Gegenüber geht es auf der schmalen Asphaltstraße Via Montecavo Campagna zwischen Villen weiter bergan (rot-weiß markierter Weg 506). Bei der Gabelung nach 100 m links gehen. 5 Min. später geht das Sträßchen in einen Waldweg über, der im Rechtsbogen im Schatten von Kastanienbäumen weiter an

Höhe gewinnt. Bei einer **Kapelle** (35 Min.) erreichen wir einen Querweg, die gepflasterte antike **Via Sacra.**

Auf einem Abstecher folgen wir ihr gut 5 Min. nach links bergan zu einem Aussichtspunkt mit schönem Blick zum Nemi-See. Zurück bei der Kapelle bleiben wir auf der links absteigenden Via Sacra (50 Min., Hinweis nach Albano, Weg 504).

In Serpentinen absteigend gelangen wir nach 10 Min. ab der Kapelle zu einem Querweg vor einem Haus, wo wir nach links biegen. Man wandert weiterhin auf den Steinplatten der Via Sacra. Wir kreuzen ein Quersträßchen (1:15 Std.) und folgen einem Hohlweg bergab im Laubwald, wo sich die alte Pflasterung verliert. Auf einem gemütlichen Waldpfad, der mit rot-weißen Doppelbalken markiert ist, erreichen wir einen etwas breiteren Weg und folgen ihm geradeaus. Gut 5 Min. geht man parallel zur Hauptstraße Marino - Velletri und biegt dann hinter einem Hausgrundstück rechts zu ihr hinunter. 50 m nach links der Hauptstraße folgen, dann nach rechts auf einen Pfad Richtung Waldrand abzweigen. Dieser mündet in einen rot-weiß markieren Querpfad, der kurz etwas ansteigt und dann als Hohlweg zur großen Quelle **Fontana Tempesta** hinableitet (1:50 Std.).

Ca. 50 m dahinter geht es auf einem Querweg kurz nach links zu einer Gabelung, wo wir den mit **„L5 Nemi Belvedere"** beschilderten linken Abzweig nehmen. (Auf Weg L2 rechts kommen wir später zurück.) Der Weg steigt kurz etwas an und trifft nach 10 Min. auf einen Querweg, auf dem wir 150 m nach rechts zu einem von Pinien beschatteten Rastplatz mit Blick auf den Nemi-See vorgehen. Auf dem rot-weiß markierten, nach links wegführenden Forstweg wandern wir im leichten Rechtsbogen am oberen Kraterrand entlang. Bei einer Ruine verengt sich der Weg zu einem Pfad. 5 Min. später erscheinen die Türme von **Nemi** vor dem Hintergrund des Sees (2:20 Std.).

In Nemi folgen wir der Hauptgasse nach rechts, verlassen am Palazzo Ruspoli vorbei den alten Ortskern. Auf einer schmalen Pflasterstraße geht es nach rechts abwärts durch ein Tor. Dahinter bleiben wir gut 5 Min. auf

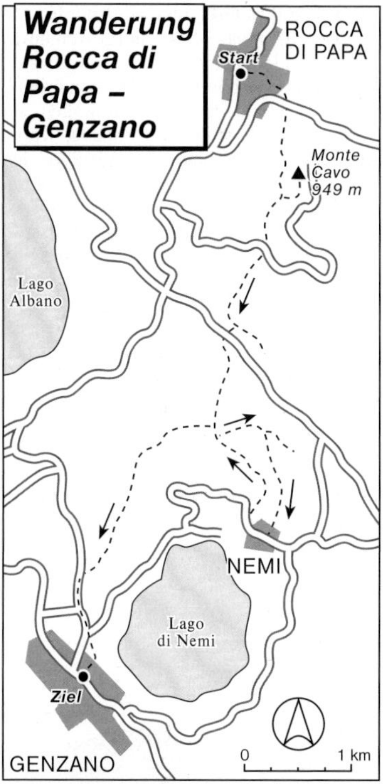

der am Fuße der Felshänge verlaufenden Asphaltstraße und zweigen dann nach rechts auf einen leicht ansteigenden, durch Geländer gesicherten rot-weiß markierten Weg ab **(Sentiero Fontana Tempesta).** Auf schöner Route mit Blick auf den Nemi-See, einer uralten Wegverbindung, gewinnen wir stetig an Höhe. Wir passieren zwei Quellen rechter Hand, halten uns bei einer Verzweigung rechts und erreichen auf sich verbreiterndem Weg den Hinweg kurz vor der Fontana Tempesta. Wir gehen links, lassen bei der gleich folgenden Verzweigung (2:55 Std.) die Fontana Tempesta rechts liegen und folgen links dem nach Genzano beschilderten, rot-weiß markierten breiten Waldweg.

Nach 200 m links auf den Waldpfad abzweigen, der nach 5 Min. zurück zum etwas breiteren Hauptweg führt. Durch Ginster, Farn, Brombeerbüsche und Kastanienwald wandern wir im leichten Linksbogen am nordwestlichen Kraterrand entlang, wobei sich vereinzelt schöne Ausblicke über den See eröffnen. Rechtsabzweige lassen wir unbeachtet. Schließlich erreichen wir einen Asphaltweg (3:35 Std.), der links zum Ortsrand von **Genzano** führt. Wir halten uns links und gelangen an einer Franziskanerkirche vorbei zu einem Kreisverkehr, von hier leicht bergan zum Palazzo Sforza-Cesarini. An diesem links vorbei geht es auf dem Corso Vecchio zu einem Aussichtsplatz mit Seeblick (Belvedere), von hier rechts auf die von der Kirche S. Maria della Cima absteigende breite Via Belardi. An zwei Zierbrunnen vorbei geht es auf dieser hinunter zur Hauptstraße bei der Piazza IV Novembre (4 Std.). 30 m rechts von einem Brunnen mit Stele, am Corso A. Gramsci, halten die Busse.

Castel Gandolfo und Lago Albano

↗ XVIII, A/B1

- **6000 Einwohner**
- **435 m üNN**
- **24 km südöstlich von Rom**
- **PLZ 00040**

Als **Sommerresidenz des Papstes** ist **Castel Gandolfo** über die Grenzen Italiens hinaus bekannt. Für ihr sommerliches Refugium wählten die Nachfolger Petri natürlich einen besonders schönen Platz: Die Kleinstadt liegt in aussichtsreicher Position auf dem Kraterrand hoch über dem Albaner See. Der kompakte kleine Ort besteht nur aus wenigen engen Gassen um die gemütliche kleine Piazza della Libertà

lat_478 Foto: gh

mit der **Villa Barberina.** Der 1624 errichtete päpstliche Palast ist exterritoriales Gebiet des Vatikanstaates und kann nicht besichtigt werden. An der Piazza steht auch die 1661 von *Gian Lorenzo Bernini* gestaltete Kirche **San Tommaso da Vilanova,** ein Zentralbau auf dem Grundriss eines griechischen Kreuzes mit Fresken von *Pietro da Cortona* (1596–1669).

Die Via della Stazione führt vom Zentrum am Bahnhaltepunkt vorbei hinunter zum **Lago Albano.** Der 170 m tiefe Kratersee ist ohne natürlichen Abfluss. Schon 397 v.Chr. grub man einen Kanal nach Westen durch die Vulkanhänge, den 1350 Meter langen Emissario, der seitdem den Wasserstand reguliert. An der Westseite des Sees unterhalb von Castel Gandolfo gibt es einige Badeplätze, an der wenig erschlossenen Südseite verläuft ein schöner Uferweg

Unterkunft

- Päpstlich wohnt man im vornehmen ****Castelvecchio€€€€€, einem teuren Hotel in schöner Lage hoch über dem Lago Albano, viele Zimmer mit Seeblick, Tel. 0 69 36 03 08, Fax 0 69 36 05 79.
- ***Bucci**€€€, Via degli Zecchini 27, mitten im alten Ort liegt dieses freundlich-familiäre Haus, die gut ausgestatteten, eher kleinen Zimmer haben alle einen Balkon für den begehrten Seeblick, Tel. 0 69 36 00 18, Fax 0 69 32 22 44.

Essen und Trinken

- **Bucci**€€, das Hotelrestaurant in bester Lage bietet ordentliche Qualität, Seeblick von der Terrasse, Mi Ruhetag, Tel. 0 69 32 33 34.

Lago Albano

- **Enoteca Le Vigne di Corte,** die stilvolle Enothek an der Hauptpiazza offeriert eine gute Auswahl an italienischen Weinen, auch Wurst- und Käsespezialitäten kann man hier probieren, Piazzetta del Cortilone 6, Tel. u. Fax 0 69 36 08 86.

Bahn

Werktags etwa stündlich, So alle 2 Stunden Vorortzug nach Marino/Roma Termini und Albano Laziale; Haltepunkt 5 Min. unterhalb des Ortszentrums Richtung Seeufer an der Via della Stazione.

Bus

Werktags alle 30–60 Min. über Grottaferrata nach Rom, Metrostation Anagnina, sowie nach Frascati und Albano Laziale/Ariccia/Velletri, So etwa stündlich.

Albano Laziale

XVIII, A1

- **35.000 Einwohner**
- **400 m üNN**
- **25 km südöstlich von Rom**
- **PLZ 00 041**

Die am westlichen, äußeren Kraterrand des Lago Albano gelegene Kleinstadt wurde durch Bombardierungen im Zweiten Weltkrieg schwer in Mitleidenschaft gezogen. Der Ort macht einen lebhaften Eindruck. Auf dem durch das Zentrum führenden Hauptstraßenzug Corso Matteotti/Corso Garibaldi, der auch den Durchgangsverkehr aufnehmen muss, kommt es immer wieder zu langen Verkehrsstaus.

Trotz der Kriegsschäden weist die Stadt immer noch einige schöne Winkel und diverse kleinere Sehenswürdigkeiten aus Antike und Mittelalter auf. Albano Laziale ist ein **uralter Siedlungsplatz,** in dessen Nähe das legendäre, von den Römern zerstörte Alba Longa vermutet wird, nach dem antiken Schriftsteller *Livius* eine Gründung des trojanischen Helden *Aeneas*. Auch in Albanum entstanden in der römischen Kaiserzeit die Feudalvillen der Herrschenden. Ende des 2. Jahrhunderts ließ Kaiser *Septimius Severus* den Ort als Castra Albana zum Heerlager für die 6000 Soldaten der zweiten parthischen Legion ausbauen.

Rechter Hand am Ortseingang von Castel Gandolfo kommend erstreckt sich das Gelände der ehemaligen **Villa des Pompeius,** heute ist dies der Stadtpark, wo man im Schatten der Steineichen nur noch einige römische Grundmauern findet. In der Nähe, oberhalb der Hauptstraße, trifft man auf den barocken **Dom San Pancrazio,** interessanter ist jedoch die **Chiesa San Pietro** weiter stadteinwärts rechts am Corso Matteotti. Mit schönem romanischem Glockenturm steht sie auf den Grundmauern einer römischen Thermenanlage, im Portal sind antike und romanische Baufragmente eingelassen, der Innenraum ist einfach und klar strukturiert. Gegenüber führt die Via Settimio Severo zur **Ruine der Porta Pretoria,** dem ehemaligen Eingangstor zum Legionärslager Castra Albana. Über die Via Saffi und die links abzweigende Via della Rotonda erreicht man die Kirche **Santa Maria della Rotonda,** ein eigenwilliger Rundbau, der in ein antikes Nymphäum (Quellheiligtum) hineingebaut wurde, dessen Grundstruktur in der frühchristlichen Kirche erhalten blieb. Im Portalbogen unter dem romanischen Turm sind Reste eines römischen Mosaiks zu sehen. Die Kanzel ist mit Cosmatenmosaiken verziert, ein römischer Sarkophag dient als Altar, darüber hängt eine griechische Ikone.

Auf der Via Saffi gelangt man bergan zur Piazza San Paolo, wo ein Abzweig nach rechts zum **Cisternone** führt. Die in den Fels geschlagene große römische Zisterne aus dem 3. Jahrhundert, eine fünfschiffige Anlage mit hohen Gewölben, dient noch heute der Brauchwasserversorgung zur Bewässerung des Stadtparks. Oberhalb am nordöstlichen Stadtrand an der Straße zum Albaner See ist noch das Oval des **römischen Amphitheaters** aus der Zeit des *Severus* zu sehen, wo sich die Soldaten bei den Schauspielen der Gladiatorenkämpfe auf ihren nächsten Einsatz einstimmen konnten.

Das **Grab der Horatier und Curatier** am Ortsausgang Richtung Ariccia ist ein rätselhafter Bau mit zwei zylindrischen Türmen, der wahrscheinlich aus dem 1. Jahrhundert v.Chr. stammt. Nach einer Legende sind hier im Kampf zwischen Rom und Alba Longa gefallene Helden bestattet. Die römischen Horatier und die Curatier aus Alba Longa waren jeweils Drillingsbrüder. Ein zwischen den verfeindeten Städten vereinbarter Kampf der Brüder sollte den langen Krieg entscheiden. Da einer der Horatier überlebte, wurde Rom zum Sieger erklärt.

Gegenüber steht die Chiesa della Stella, unter ihren Fundamenten erstreckt sich das Labyrinth der ehemaligen **Katakomben** von Albano Laziale, die bis ins frühe Mittelalter als christli-

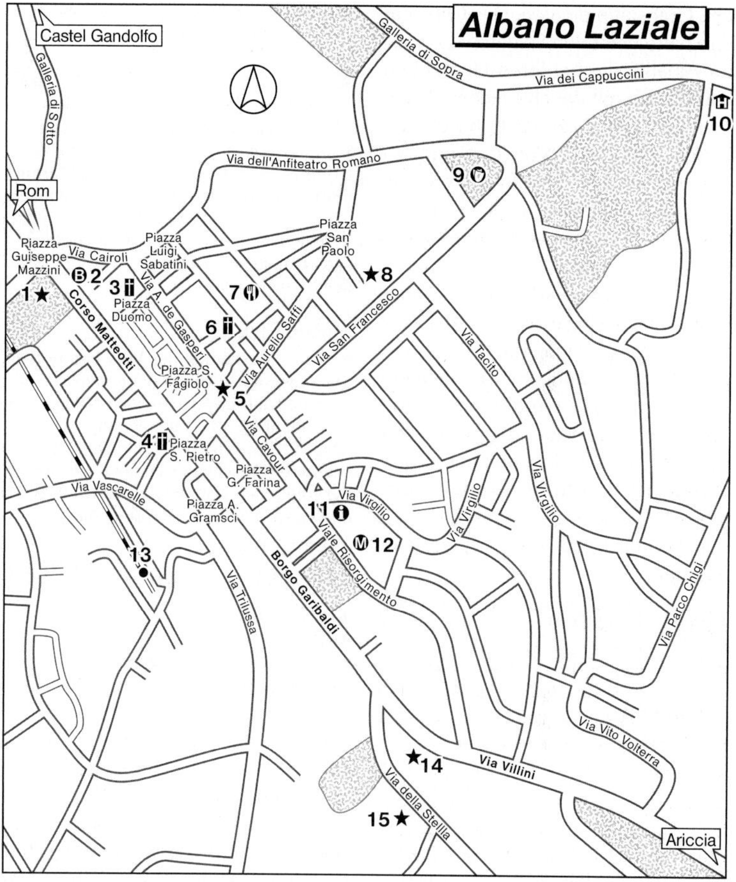

★	1	Villa des Pompeius
Ⓑ	2	Hauptbushalt
⛪	3	Dom
⛪	4	San Pietro
★	5	Porta Pretoria
⛪	6	S. M. della Rotonda
🍴	7	Trattoria Antica Abbazia
★	8	Cisternone
	9	Amphitheater
🏨	10	Hotel Miralago
ℹ	11	Touristeninformation
Ⓜ	12	Museo Civico
•	13	Bahnhof
★	14	Grab der Horatier/ Curatier
★	15	Katakomben

che Grabstätte dienten. Das Christentum hatte unter den Soldaten des Castra Albana, die bei ihren Heerzügen nach Osten mit der christlichen Religion in Berührung kamen, früh viele Anhänger gefunden. Von besonderem Interesse sind zwei relativ gut erhaltene Wandbilder. Wohl noch aus spätrömischer Zeit stammt das ältere Bildnis von Jesus zwischen Heiligen, das jüngere rechts daneben zeigt in byzantinischer Malweise einen Christus Pantokrator zwischen den kleineren Figuren der *Maria* und des Ortsheiligen *S. Smaragdus.* Die Größenverhältnisse zwischen der Hauptfigur und den übrigen Heiligen dokumentieren den Wandel im Christus-Bild vom herausragenden tatkräftigen Menschen zum unnahbaren gottgleichen Erlöser (Pantokrator).

Touristinformation

- **I.A.T.,** Viale Risorgimento 1, Tel. 0 69 32 40 81, Fax 0 69 32 00 40.

Unterkunft

- *****Miralago**€€€, etwa 2 km außerhalb des Zentrums am Hang über dem See gelegen, stilvoll-altmodisch eingerichtete, großzügige Zimmer mit gutem Komfort, teilweise mit Balkon und Seeblick, zur Straßenseite nicht ganz ruhig, Via dei Cappuccini 12, Tel. u. Fax 0 69 32 10 18 u. 0 69 32 22 53, www.hotelmiralagorist.it.

Essen und Trinken

- **Antica Abbazia**€€, beliebte Altstadtttrattoria mit guter Regionalküche, abends gibt es auch knusprige Pizza, Via San Filippo Neri 19, Mo Ruhetag, Tel. 0 69 32 31 87.

Bahn

- Werktags stündlich nach **Castel Gandolfo/Marino/Roma Termini,** So etwa alle 2 Stunden (50 Min. Fahrzeit), Bahnhof nahe beim Zentrum unterhalb San Pietro.

Bus

Werktags mindestens halbstündlich, So stündlich nach **Roma Anagnina;** werktags alle 30–60 Min. nach **Ariccia/Genzano/Velletri** und nach **Castel Gandolfo/Marino/Grottaferrata/Frascati,** So etwa stündlich; nur werktags über Velletri und Cisterna (Interregio-Halt an der Linie Rom – Neapel) nach **Latina;** werktags etwa 8x nach **Cori** in den Monti Lepini.

Museo Civico

- Kleines Museum in der **Villa Ferraioli** an der Straße nach Ariccia mit frühgeschichtlichen und antiken Funden. Viale Risorgimento 3, Tel. 0 69 32 34 90, geöffnet tgl. 9–13 Uhr, Mi/Do auch 16–19 Uhr. Das Museum organisiert Besichtigungen der Katakomben, der römischen Zisterne, des Amphitheaters und von Santa Maria della Rotonda.

Ariccia ↗XVIII, B1

- **18.800 Einwohner**
- **410 m üNN**
- **28 km südöstlich von Rom**
- **PLZ 00020**

Die ruhige Kleinstadt Ariccia zwischen Albaner See und Nemi-See, die von schattigen Parks und Laubwäldern umgeben ist, war im 19. Jahrhundert eine beliebte **Sommerfrische der romdeutschen Maler.** Von Albano kommend fährt man über eine 1854 erbaute, 300 Meter lange Talbrücke auf die zentrale Piazza della Repubblica mit einem architektonisch interessanten Barockensemble. Am Platz stehen der wuchtige **Palazzo Chigi,** die runde Kuppelkirche **Santa Maria dell'Assunzione,** die die Form des römischen Pantheons in kleinerem Maßstab wiederholt, und zwei verspielte Zierbrunnen. Die gesamte, zwischen 1661 und 1673 geschaffene Anlage geht auf einen Entwurf *Gian Lorenzo Berninis* zurück. Im Auftrag des aus dem sienesischen Fürstenclan der *Chigi* stammenden Papstes *Alexander VII.* platzierte er die großen Barockbauten mitten in die mittelalterliche Kleinstadt hinein. Die Kirche bewahrt ein Fresko der Himmelfahrt *Mariens* von *Borgognone* (1666). Die **Innenräume des Palazzo Chigi** sind nach einer Renovierung im Rahmen geführter Rundgänge zugänglich, das Interieur mit prachtvollem Mobiliar, zahlreichen Fresken und wertvollen Ledertapeten gibt fast unverändert den feudalen Wohnstil des 17. Jahrhunderts wieder. Zur Villa gehört ein nur am Wochenende geöffneter Park mit schönem Baumbestand.

- **Palazzo Chigi,** Führungen Di bis Fr um 11, 16 u. 17.30 Uhr, Sa/So um 10.30, 11.30, 12.30, 16, 17, 18, 19 Uhr bzw. 15, 16, 17, 18 Uhr vom 1.10.–31.3., 7 Euro Eintritt; Führungen durch den Park vom 1.4.–30.9. an Sa/So um 10, 11, 12, 15.30, 16.30, 17.30 u. 18.30 Uhr; Info: www.palazzochigiariccia.it.

Am Ortsrand von Ariccia, an der Hauptstraße nach Genzano, steht die Kirche **Santa Maria di Galloro** (1624), deren Fassade ebenfalls von *Bernini* gestaltet wurde.

Ein eigenartiges physikalisches Phänomen erlebt man angeblich bei einer Autofahrt von Ariccia auf der südlich des Lago Albano nach Rocca di Papa führenden SS 218. Etwa bei Kilometer 11 beginnen Autos rückwärts eine leichte Steigung hinaufzurollen. Aber vielleicht ist die **„Dicesa in Salita“** auch nur eine optische Täuschung ...

Essen und Trinken

- **Porchetta,** am Spieß gebratenes und mit Kräutern gewürztes Spanferkel, ist ein in ganz Mittelitalien beliebtes Alltagsgericht, das auf Märkten und an Imbissständen verkauft wird. In Ariccia soll es besonders gut sein, was man an diversen Verkaufsständen ausprobieren kann.

Genzano di Roma ⇗XVIII, A/B2

- **17.000 Einwohner**
- **435 m üNN**
- **31 km südöstlich von Rom**
- **PLZ 00045**

Die betriebsame Kleinstadt Genzano an der Via Appia besitzt in ihrem unteren Stadtteil eine barocke Kuppelkirche von beträchtlicher Größe und weiter oben ein kleines, kompaktes Altstadtviertel mit Aussicht (Belvedere) zum Nemi-See. Der **Palazzo Sforza-Cesarini,** der einst aus einer mittelalterlichen Burg hervorgegangene stolze Palast der Stadtherren, ist heute ziemlich heruntergekommen und bis auf weiteres nicht zu besichtigen.

Bus

Werktags häufig, So etwa stündlich von Ariccia und Genzano nach **Velletri** und **Albano Laziale/Roma Angagnina.**

Fest

- Seit 1778 wird in Genzano am Sonntag nach Fronleichnam die **Infiorata,** das **große Blumenfest,** gefeiert. Auf der schnurgerade zur Kirche Santa Maria hinaufführenden Via Belardi wird ein riesiger farbiger Blütenteppich ausgebreitet. In mühseliger Kleinarbeit legen die Bewohner Genzanos Blumenbilder mit religiösen Motiven, fantasievollen Ornamenten und berühmten Gemälden aus zuvor in der Umgebung gesammelten und nach Farben sortierten Blütenblättern zusammen.

Nemi und Lago di Nemi

↗ XVIII, B1/2

- **1720 Einwohner**
- **535 m üNN**
- **35 km südlich von Rom**
- **PLZ 00040**

Nemi, der kleinste Ort der Castelli Romani, steht mit alten Mauern malerisch am Hang über dem blauen, von steilen Waldflanken gebildeten runden **Kratersee Lago di Nemi.** Die ländliche Umgebung ist hier noch wenig zersiedelt, und von Nemi aus lassen sich schöne Spaziergänge und kleine Wanderungen unternehmen. Während der Woche ist die Stimmung sehr beschaulich, die viel befahrene Durchgangsstraße von Genzano nach Velletri lässt den Ort zum Glück links liegen. Nur am Wochenende herrscht einiger Betrieb. Bei gutem Wetter kommen die Römer in Scharen, um die alte Hauptgasse entlang zu flanieren, den schönen Blick auf den See zu genießen und in einem der Restaurants die **Erdbeeren** von Nemi zu probieren. Der Ort ist weithin bekannt für seine *fragole,* aromatische kleine Walderdbeeren, die heute auch in Gewächshäusern am Seeufer gezogen und an jeder Ecke angeboten werden.

Auf der Piazza Umberto I. im kleinen, engen Zentrum erhebt sich der von einem großen Rundturm flankierte **Renaissancepalazzo Ruspoli.** Am Nemi-See unterhalb des heutigen Ortes befand sich in der Antike ein weithin berühmtes, der Göttin *Diana* geweihtes Heiligtum. Auf dem See unterhielten die römischen Kaiser im 1. Jahrhundert verschwenderisch ausgestattete **Festschiffe** für ihre ausschweifenden Gelage. Nach dem Tod *Neros* wurde sie als Symbol maßlosen Prunks versenkt, zwei konnte man vor etwa 70 Jahren unversehrt aus dem Schlamm des Sees bergen – eine archäologische Sensation. Leider wurde das danach eingerichtete **Schiffsmuseum** im Krieg zerstört, so dass man heute in der wieder aufgebauten Museumshalle nur noch Modelle, Fotos und einige rekonstruierte Teile der Schiffe sehen kann. Auch vom ehemaligen Diana-Tempel nahebei haben sich nur einige wenige Architekturfragmente erhalten.

Unterkunft

- **Specchio di Diana**€€-€€€, drei geräumige Appartements in einem Altbau mitten im Zentrum, guter Komfort, oft ausgebucht, Corso V. Emanuele 13, Tel. 0 69 36 88 05, Fax 0 69 36 80 16, www.specchiodidiana.com.
- Etwas außerhalb an der Via Nemorense liegt das einfache und sehr preiswerte Hotel ****Al Bosco**€, das über einen Garten mit schönem Ausblick verfügt, ein Doppelzimmer mit Dusche kostet weniger als 40 Euro, Via Nemorense 1, Tel. u. Fax 0 69 36 80 93.

Bus

- Werktags 9x, So 3x nach **Genzano.**

Fest

- Großes **Erdbeerfest Sagra delle Fragole** am ersten Sonntag im Juni.

Velletri ↗XVIII, B2

- **28.000 Einwohner**
- **325 m üNN**
- **44 km südlich von Rom**
- **PLZ 00049**

Im Jahre **1944** tobten in den Albaner Bergen **heftige Kämpfe** zwischen den von Süden vorrückenden Allierten und den Faschisten. Mehr als jede andere Stadt des Gebietes wurde Velletri von den Kriegsereignissen in Mitleidenschaft gezogen. Das architektonische Bild der am Südosthang der Monti Albani gelegenen, geschäftig wirkenden Stadt ist infolge der Bombenschäden durch moderne Nachkriegsbauten geprägt. Dennoch macht das Zentrum, in dem sich einige historische Bausubstanz erhalten hat, einen freundlichen Eindruck. Zahlreiche kleine Geschäfte säumen den Hauptstraßenzug Corso Emanuele zwischen Piazza Garibaldi im Norden und dem Dom am Südrand des Zentrums. Auch birgt Velletri noch einige interessante Kunstwerke in seinen Mauern.

Die mehr als 2000 Jahre alte Stadt, eine Gründung des Volskerstammes, besaß **in der Römerzeit prunkvolle Villen,** u.a. hatte *Octavian,* der spätere Kaiser *Augustus,* hier einen Landsitz. Im Mittelalter war Velletri Bischofssitz und als autonomer **Stadtstaat** *(libero comune)* zeitweise sogar eine Rivalin Roms.

Aus der Blütezeit des Mittelalters stammt der elegante, 50 Meter hohe Turm **Torre del Trivio** (1353) auf der zentralen Piazza Cairoli. Der ursprünglich mittelalterliche **Dom San Clemente** an der Piazza Umberto I wurde um 1660 im Stil des Barock grundlegend umgestaltet. Der breit gelagerte dunkle Innenraum strahlt Ruhe und Würde aus. In der reich geschmückten linken Seitenkapelle steht ein hoch verehrtes Votivbild des 14. Jahrhunderts. Vom romanischen Ursprungsbau ist im Wesentlichen nur noch die Krypta übrig gebleiben.

Über den Kreuzgang rechts vom Dom gelangt man zum bescheidenen, aber dennoch interessanten **Dommuseum (Museo Capitolare).** Neben dem wertvollen „Kreuz von Velletri" (11./12. Jahrhundert) zeigt es schöne gotische Gemälde von *Gentile da Fabriano* (Madonna mit Kind und Engeln), *Bicci di Lorenzo* (Heimsuchung) und *Antoniazzo Romano* (Madonna mit Kind).

Am höchsten Punkt der Altstadt erhebt sich der **Palazzo Comunale,** ein repräsentativer Bau des 16. bis 18. Jahrhunderts, der vom berühmten Renaissancebaumeister *Vignola* konzipiert wurde und der nach völliger Zerstörung im Zweiten Weltkrieg in den ursprünglichen Formen wieder aufgebaut wurde. In den Innenräumen befindet sich das kleine **Museo Civico** mit interessanten archäologischen Exponaten der Antike. Neben Bruchstücken etruskischer Reliefplatten mit Szenen von Wagenrennen und Banketten (6. Jahrhundert v.Chr.) ist vor allem ein reich verzierter Sarkophag mit der figürlichen Darstellung der mythischen zwölf Taten des *Herkules* bemerkenswert *(Sarcofago delle Fatiche di Ercole).*

Neben dem Palazzo Comunale steht das **Oratorio di Santa Maria del Sangue,** ein ausgewogener kleiner achteckiger Zentralbau des 16. Jahrhunderts. Die Kirche **Santa Maria del Trivio** besitzt einen harmonischen, von *Carlo Maderna* gestalteten Innenraum (1622).

In der Nähe Velletris erhebt sich in schöner Panoramalage am Südhang der Albaner Berge das Weinstädtchen **Lanuvio** (9600 Einwohner); sein mittelalterliches Zentrum mit stillen, engen Gassen lädt zu einem kurzen Rundgang ein. Auch Lanuvio ist ein sehr alter Siedlungsplatz, nach der Legende wurde es nach dem Fall Trojas von Gefährten des Helden *Aeneas* gegründet. In römischer Zeit befanden sich hier ein der Göttin *Juno* geweihtes Heiligtum, ein Herkules-Tempel sowie diverse Villen des römischen Landadels. Im Mittelalter war Civita Lavinia eine stark befestigte Stadtburg. Noch heute macht das von einem mittelalterlichen Rundturm flankierte *centro storico* einen wehrhaften Eindruck. Sehenswürdigkeiten im eigentlichen Sinne gibt es hier nicht zu entdecken, mehrfach stößt man jedoch auf kleine architektonische Zeugnisse der langen Geschichte: zylindrische Wehrtürme, einen römischen Sarkophag als Brunnenschale, die Fontana degli Scogli mit dem Relief der heiligen Schlangen der *Juno,* Mauerreste des Juno-Heiligtums und eines weiteren, dem *Herkules* geweihten Tempels.

Touristeninformation

- **I.A.T.,** Piazza Garibaldi 2, Tel. 0 69 63 08 96.

Bahn

- Werktags stündlich, So alle 2 Stunden Vorortzug nach **Roma Termini.**

Bus

Werktags häufig, So stündlich nach **Ariccia/Albano/Roma Anagnina;** werktags öfters auch nach **Lanuvio, Cori, Latina** und **Artena/Colleferro.**

Die Monti Lepini

Südlich der Albaner Berge beginnen als westlichster Ausläufer des Kalkapennin die auf gut 1500 Meter ansteigenden Lepinischen Berge. Die Böden sind hier wenig fruchtbar, oft nur für die Schaf- und Ziegenhaltung geeignet. Auf der Höhe ist das Lepinische Gebirge meist karg und steinig und trotz der relativen Nähe zu Rom und zum dicht bebauten Sacco-Tal fast ohne menschliche Besiedlung geblieben. An den Rändern des Berglands stehen hoch am Hang einige mittelalterlich verschachtelte Kleinstädte und Dörfer, zum Teil sehr alte Gründungen des italischen Stammes der Volsker (Cori, Norma, Segni), die sich vom 4. Jahrhundert v.Chr. an nach und nach den römischen Invasoren unterwerfen mussten. An mehreren Stellen haben sich Reste der aus wuchtigen Poligonalmauern errichteten volskischen Kultstätten erhalten. Wenige Straßen führen über den Hauptkamm des Gebirges, das stellenweise nur durch Karrenwege und alte Maultierpfade erschlossen ist. (Die besser vom Sacco-Tal her erreichbaren Orte an der Ostseite des Gebirgszuges sind im Kapitel zu Südostlatium beschrieben.)

Cori ⇗XIX, C2

- **10.500 Einwohner**
- **384 m üNN**
- **60 km südöstlich von Rom**
- **PLZ 04010**

Die freundliche und vor allem wegen ihres stimmungsvollen Altstadtviertels zweifellos sehenswerte Kleinstadt am Nordwesthang der Monti Lepini zählt sich zu den ältesten Siedlungsplätzen Italiens. Der Sage nach soll sie vom Trojaner *Dardanos* gegründet worden sein, ein Sohn des Göttervaters *Zeus* höchstpersönlich. Nachweisbar ist eine latinische Siedlung des 5. Jahrhunderts v.Chr., deren Bewohnerschaft sich mit klobigen Poligonalmauern gegen den verfeindeten Stamm der Volsker schützte. In der Zeit der Römer wurde Cori zum Munizipium erhoben, und auch im hohen Mittelalter erlebte die Stadt eine Blütezeit, ehe im 15. Jahrhundert der Kirchenstaat auch hier sein strenges Regiment errichtete.

Das verschachtelte *centro storico* mit diversen kleineren Sehenswürdigkeiten besteht aus zwei Teilen, dem unteren **Cori a Valle** und dem höher gelegenen **Cori a Monte.** Beim Gang durch die Gassen mit ihren Bögen, Treppenwegen und engen Durchlässen trifft man mehrfach auf die aus großen Blöcken gefügten Mauern aus vorrömischer Zeit.

Bei der Piazza della Croce liegt der untere Eingang zum Viertel Cori a Valle. Noch außerhalb der Mauern steht 100 Meter unterhalb des Platzes an der Hauptstraße die **Chiesa dell'Annunziata,** eine Gebetskapelle des 14. Jahrhunderts, die mit gut erhaltenen, bewegten spätmittelalterlichen Fresken eines unbekannten Meisters ausgemalt ist. Dargestellt sind Szenen aus dem Alten und Neuen Testament, u.a. die Leidensgeschichte Jesu und das Jüngste Gericht (Schlüssel im Haus Nr. 51 gegenüber der Kirche).

Von der Piazza della Croce gelangt man über die Via Accrocca zur Piazza Romana mit Brunnen und Bar. Von hier führt ein kurzer Abstecher nach

lat_487 Foto: gh

Die Überreste des Tempio d'Ercole in Cori

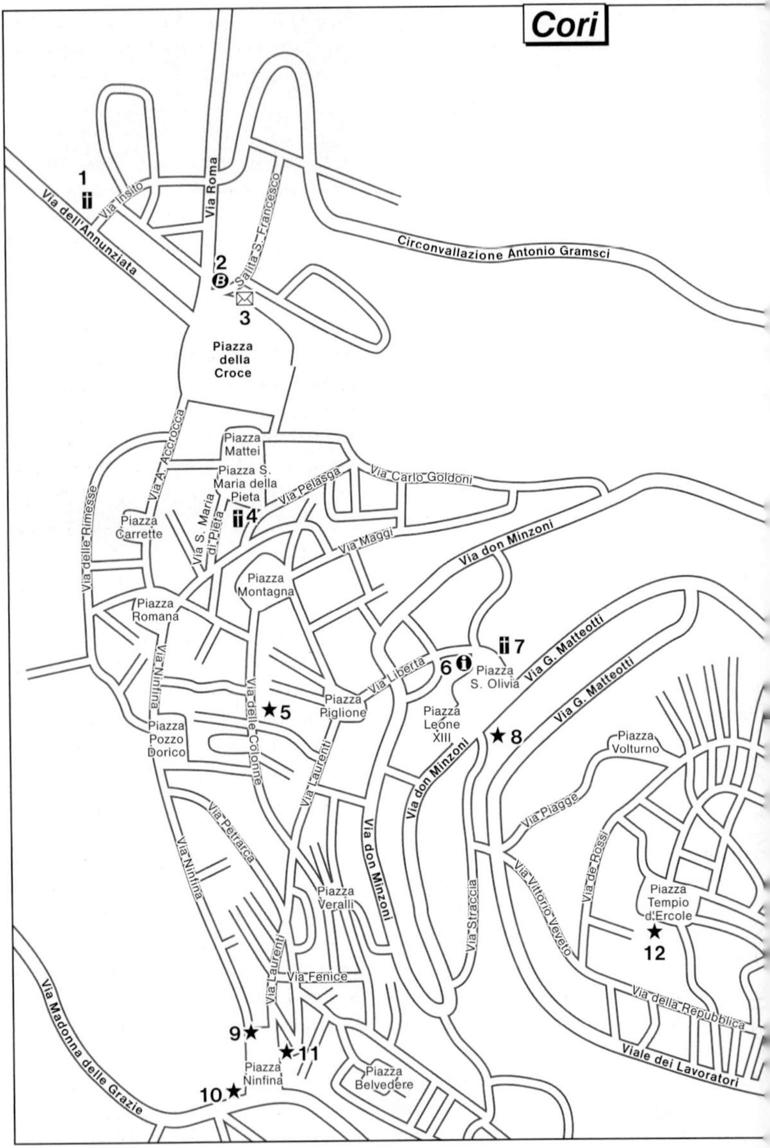
Cori
1
Via Insito
Via dell'Annunziata
Via Roma
Salita S. Francesco
Circonvallazione Antonio Gramsci
2
3
Piazza della Croce
Via A. Accrocca
Piazza Mattei
Piazza S. Maria della Pieta
Via Pelasga
Via Carlo Goldoni
4
Via delle Rimesse
Piazza Carrette
Via S. Maria di Pieta
Via Maggi
Via don Minzoni
Piazza Montagna
Piazza Romana
Via G. Matteotti
7
6
Via Liberta
Piazza S. Olivia
Via Ninfina
Via delle Colonne
5
Piazza Piglione
Piazza Leone XIII
8
Piazza Volturno
Piazza Pozzo Dorico
Via Laurenti
Via Petrarca
Via Piagge
Via de Rossi
Via Ninfina
Via Vittorio Veneto
Piazza Verallì
Via Straccia
Piazza Tempio d'Ercole
12
Via Fenice
Via della Repubblica
9
11
Viale dei Lavoratori
Piazza Ninfina
Piazza Belvedere
10
Via Madonna delle Grazie

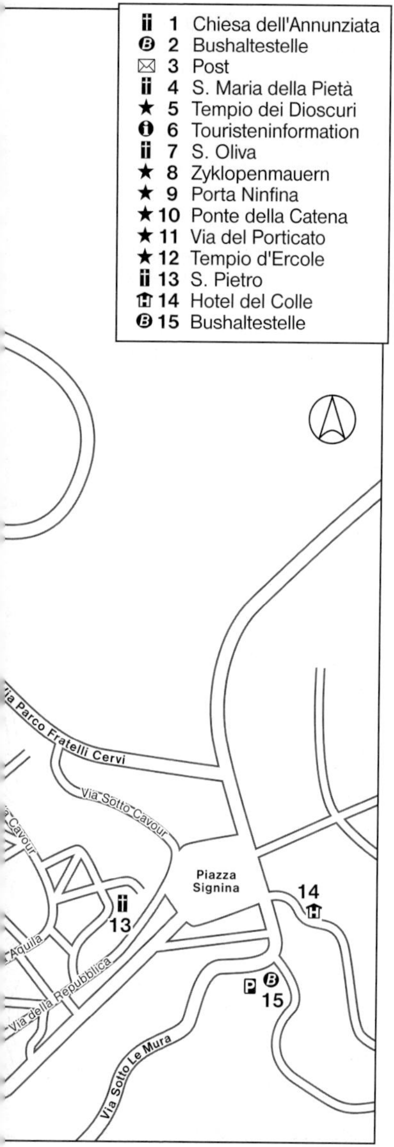

links (Via Pelasga/Via S. Maria di Pietà) zur **Piazza Santa Maria della Pietà** mit der gleichnamigen **Kirche,** die im barock umgestalteten Innenraum einen auf grimmigen Fabeltieren ruhenden romanischen Osterleuchter (um 1200), ein schönes Tafelbild in der vierten Kapelle rechts und in der Apsis eine Pietà eines unbekannten flämischen Malers des 16. Jahrhunderts bewahrt.

Von der Piazza Romana führt die Via Ninfina 300 Meter zum Stadttor **Porta Ninfina,** dahinter hält die 2000 Jahre alte römische Brücke **Ponte della Catena** auch den Belastungen des modernen Straßenverkehrs stand. Links vom Tor führt der mittelalterlich dunkle Bogengang der **Via del Porticato** weiter aufwärts durch die Altstadt. Sich links haltend erreicht man über die Via Laurenti die Via delle Colonne. Sie passiert nach 100 Metern die restaurierte Kirche **San Salvatore** und die **Ruine des Tempio dei Dioscuri,** eines um 90 v.Chr. *Castor* und *Pollux* geweihten Tempels. Zwischen den zwei noch stehenden korinthischen Säulen und in der Ruine der Cella toben heute die Kinder herum.

Über die Via Pelasga und die Treppen der Via Libertà gelangt man hinauf nach **Santa Oliva,** einer eigentümlichen Doppelkirche, deren zwei Teile im Nachhinein durch Öffnung der Zwischenmauer verbunden wurden (Schlüssel in der Bar oberhalb). Im stimmungsvollen romanischen Teil rechts trennen antike Säulen das Haupt- von den Seitenschiffen, links, im nüchterner wirkenden einschiffigen

Renaissanceteil, sieht man ein teilweise schlecht restauriertes Apsisfresko von 1507 im weichen Stil der umbrischen Renaissance (Marienkrönung). Das Gewölbe schmücken alttestamentarische Szenen im Stil *Michelangelos,* die ein anonymer Meister um 1550 schuf. Bei der Bar oberhalb blickt man in den in der Regel verschlossenen Kreuzgang von 1480.

Gegenüber der Piazza von Santa Oliva beginnt unterhalb eines Kriegerdenkmals ein besonders fein gefügtes Stück **Zyklopenmauer.** Treppen führen an ihr entlang hinauf zur Hauptstraße Via Matteotti, die 50 Meter rechts oberhalb ebenfalls von Poligonalmauern begleitet ist. Zum oberen Altstadtviertel Coris nimmt man jedoch die links abzweigende schmale Via Vittorio Veneto. An antiken Hausfundamenten vorbei erreicht man die bescheidene **Oberstadt Cori a Monte** mit dem **Tempio d'Ercole,** dem Tempel des *Herkules* (um 80 v.Chr.). Die noch aufrecht stehenden acht dorischen Säulen und die vollständig erhaltene Vorhalle mit Giebel und Metopenfries vor dem Hintergrund eines romanischen Kirchturms bilden ein schönes architektonisches Ensemble. Drumherum beim Brunnenplatz Piazza Pio verlaufen enge Gassen, wo abends, nach Geschlechtern getrennt, die Alten vor den Häusern sitzen, um sich auszutauschen, wobei die Frauen klar in der Überzahl sind. Hier liegt auch die moderne Kirche **San Pietro** mit einem Altarstein aus römischer Zeit, der mit steinernen Widderköpfen und Medusenhäuptern verziert ist.

Touristeninformation

- **Pro Loco,** gegenüber der Kirche Santa Oliva, Via della Libertà 36, Tel. 0 69 67 81 58, www.comune.cori.lt.it.

Unterkunft

- ****Del Colle€**, angenehme Unterkunft mit einfach eingerichteten Zimmern im Zentrum von Cori a Monte nahe bei der Piazza Signina, mit Restaurant, Halbpension etwa 40 Euro p.P., Via del Colle 4, Tel. 06 96 61 00 34, Fax 06 96 61 11 07, www.hoteldelcolle.com.

Bus

Werktags 12x nach **Velletri,** So nur 2 Busse; werktags 15x nach **Latina** (6x über Bhf Cisterna, die übrigen über Bhf Latina).

Einkaufen

- **Markt** auf der Piazza della Croce (Fr).

Norma ↗XIX, C2

- **3800 Einwohner**
- **430 m üNN**
- **20 km nordöstlich von Latina**
- **PLZ 04010**

Die beschauliche Kleinstadt Norma liegt auf einer Felsterrasse hoch über der pontinischen Ebene, ein natürlicher Aussichtsbalkon mit weitem Panorama bis zur Küste. Wie fast alle latinischen Orte besitzt es noch seinen malerisch verwinkelten Ortskern, den **Borgo Medievale.** Am frühen Abend trifft sich die halbe Einwohnerschaft auf der einzigen Hauptgasse zur *passegiata,* dem täglichen Ritual des Sehens und Gesehenwerdens.

Norba ↗XIX, C2

Etwa 1,5 Kilometer nordwestlich des Ortes liegen die **Ruinen der alten latinischen Stadt Norba,** die der Sage nach von *Herkules* gegründet wurde. Im 5. Jahrhundert v.Chr. eroberten die Volsker Norba, das sie ab dem 4. Jahrhundert v.Chr. mit einem Schutzwall aus großen Steinblöcken umgaben. Im Jahre 82 v.Chr. ließ *Sulla* die mächtig gewordene Stadt zerstören, da sie sich im römischen Bürgerkrieg auf die Seite seines Feindes *Marius* gestellt hatte. In der Zeit des *Augustus* wurde der wieder aufgebaute Ort aus unbekannten Gründen von seinen Bewohnern endgültig verlassen.

Norba ist heute ein friedvoller Platz in luftiger Höhe, wo Ziegen und Schafe auf weitläufigem Grasland weiden. Den Hintergrund bilden die unbesiedelten Bergzüge der Monti Lepini. Von der antiken Stadt sind kaum mehr als einige **Grundmauern, Zisternen und Straßenpflaster** zu erkennen. An manchen Stellen sieht man noch das zyklopische Mauerwerk der 2,5 Kilometer langen Befestigung der Volskerstadt.

Von Norma kommend betritt man das Gelände durch das von einer Rundbastion flankierte Stadttor **Porta Maggiore,** neben der die wuchtigen volskischen Mauern noch bis auf fast zehn Meter Höhe aufrecht stehen. Dahinter erstreckt sich linker Hand das Areal der **kleinen Akropolis,** einst religiöses Zentrum von Norba, wo man die Fundamente zweier Tempel ausgegraben hat. Bergseitig oberhalb rechts lag der ausgedehnte Bezirk der **großen Akropolis** mit einer weiteren Tempelanlage. Die Ausdehnung des Ruinenfeldes lässt noch heute die Bedeutung der untergegangenen antiken Stadt erahnen.

Ruinenort Ninfa

lat_491 Foto: gh

Ninfa

⇗XIX, C3

Bei der Anfahrt hinauf nach Norma sieht man unterhalb am Bergfuß bei einer kleinen Wasserfläche die Überreste von Ninfa, einer ebenfalls untergegangenen Stadt. „Ich sah nie so fantastische Trümmer ..., ... das Pompeji des Mittelalters“, schwärmte der Italien-Reisende *Ferdinand Gregorovius* 1860 beim Anblick des von üppigem Grün überwucherten **Ruinenortes.** Aus Furcht vor der Malaria hatten die letzten Einwohner 1680 den Ort aufgegeben. Die Lage in der wasserreichen Wiesenebene am Fuß des Lepinischen Gebirges erwies sich als Fluch, Ninfa wurde vergessen und zerfiel zu Ruinen.

Ein **Rundgang** führt in einen von kleinen Bachläufen durchflossenen idyllischen Park mit den malerischen Ruinen von Häusern, Kirchen und Toren und interessanter Vegetation mit üppiger Blütenpracht im Frühjahr und einem schattigen Bambushain. Das Areal der Ruinenstadt ist in Privatbesitz und nur an einigen wenigen Wochenenden im Sommerhalbjahr zugänglich. Ein schöner Blick über einen kleinen See hinweg zum mittelalterlichen Burgturm bietet sich von der am Gelände entlang führenden Landstraße.

- **Ninfa,** Besichtigung von April bis Okt. jedes erste Wochenende im Monat, von April bis Juni zusätzlich an einigen Sonntagen; Sa/So 9–12 u. 14.30–18 bzw. 15–18.30 Uhr geführte Rundgänge in italienischer und englischer Sprache; Information über das APT-Büro in Latina und unter www.aptlatinaturismo.it.

Unterkunft, Essen und Trinken

- Einziges Hotel in Norma ist die ***__Villa del Cardinale__€€-€€€, ein in einer ehemaligen Kardinalsvilla mit Park untergebrachtes größeres Haus mit 60 Zimmern und angeschlossenem Restaurant, wo öfters Sportgruppen und Tagungsteilnehmer unterkommen, Via dei Colli, Tel. 07 73 35 46 11, Fax 07 73 35 44 42, www.villadelcardinale-hotel.it.
- Am Bahnhof von Latina steht das ***__Excelsior__€€-€€€, ein nüchterner Kasten, wo vorrangig Geschäftsreisende absteigen, ordentlicher Komfort, wenig schöne, aber für Bahn- und Busbenutzer günstige Lage, angeschlossen ist das ordentliche **Ristorante Ninfa**€€, Viale Cupido, 04013 Latina Scalo, Tel. u. Fax 07 73 63 02 46.

Bus

- Werktags etwa 14x von **Latina** Busbahnhof über Latina Scalo FS (Bahnhof an der Strecke Rom – Neapel) nach Norma; nicht alle Busse halten in Latina Scalo FS unmittelbar vor dem Bahnhofsgebäude; Haltestelle für alle Busse 200 m östlich vom Bahnhof an der Durchgangsstraße nach Cori/Sermoneta/Norma gegenüber der Bar Sport (kleines blau-weißes COTRAL-Schild); sonn- und feiertags nur 4 Fahrten.

Sermoneta ⇗ XIX, C3

- **6350 Einwohner**
- **260 m üNN**
- **18 km nordöstlich von Latina**
- **PLZ 04010**

Sermoneta nimmt unter den latinischen Bergdörfern eine Ausnahmestellung ein: Im mittelalterlich verwinkelten Zentrum ist fast alles **perfekt restauriert,** den herben Charme dunkel-verlassener Gassen und bröckelnder Fassaden findet man hier kaum. Mit seiner schönen Lage auf einem Bergrücken hoch über der pontinischen Ebene, umgeben von Olivenbaumhügeln, bietet der Ort einen ausgesprochen pittoresken Anblick. Im Sommer findet in den Mauern ein **Musikfestival** mit hochkarätiger internationaler Beteiligung statt, dies mag mit ein Grund dafür gewesen sein, dass der Ort so herausgeputzt wurde. Allerdings scheinen sich manche Alteingesessene von diesen Aktivitäten, die ausschließlich ein hoch gebildetes und zahlungskräftiges ausländisches Publikum vor allem aus den USA ansprechen wollen, etwas an den Rand gedrängt zu fühlen - eine Entwicklung, die man auch anderenorts beobachten kann (Cortona in der Toskana, Spoleto in Umbrien).

Der Ortskern ist noch vollständig von einer **mittelalterlichen Wehrmauer** umgeben. Ein Streifzug vom westlichen Stadttor **Porta del Pozzo** durch die Gassen führt zunächst zur Kathedrale **Santa Maria Assunta** mit romanischem Turm (13. Jahrhundert) und dreischiffigem Innenraum, der in dunklem Barockstil umgestaltet wurde. In der ersten Seitenkapelle rechts ist eine schöne Madonna mit Goldmantel (1458) aus der Werkstatt des toskanischen Meisters *Benozzo Gozzoli* zu bewundern. Oberhalb des Hauptplatzes **Piazza del Popolo** mit der **Loggia dei Mercanti** (15. Jahrhundert) beim Rathaus trifft man auf die den Ort beherrschenden, abweisenden Mauern des **Castello Caetani.** Die große Burganlage aus dem 13. Jahrhundert ließ der berüchtigte Borgia-Papst *Alexander IV.* - der sicherlich viele Gründe hatte, um seine Sicherheit zu fürchten - um 1500 zu einer Festung mit Verteidigungsbastionen und verborgenen Wehr- und Fluchtgängen ausbauen. Die überwiegend kahlen Burgräume und die Wehranlagen können im Rahmen geführter Rundgänge besichtigt werden.

- **Castello Caetani,** April bis Sept. 10–12 u. 15–18 Uhr, Okt. bis März 10.30–12.30 u. 14–17 Uhr, stündliche Führungen, die ohne ausreichende Italienischkenntnisse etwas langatmig werden können.

Zwischen Sermoneta und Norma führt beim Abzweig der Straße nach Bassiano ein von großen Eukalyptusbäumen beschatteter Weg zum schlichten Kloster **Abbazia di Valvisciolo.** Die Klosterkirche von 1240 mit ihren glatten Mauern wirkt streng, stimmungsvoller ist der auf zierlichen Säulen ruhende blumengeschmückte Kreuzgang aus hellem Stein. Die im 8. Jahrhundert von griechischen Mönchen gegründete Abtei gehörte im 13. Jahrhundert den Rittern des **Templerordens,** über der Fensterrose der Kirche ist noch das kleine Templerkreuz zu erkennen. Nach dem Verbot des Ordens durch den französischen König und der Hinrichtung des Großmeisters 1307 fiel das Kloster an die Zisterzienser.

Touristeninformation

- **Pro Loco,** unter den Bögen der Loggia dei Mercanti (Rathaus), Tel. 0 77 33 03 12.

Unterkunft

- *****Principe Serrone**€€-€€€, gut ausgestattetes und nicht übermäßig teures Hotel in einem restaurierten Gebäude des 11. Jahrhunderts in der Altstadt, einfach-komfortabel eingerichtete Zimmer, Via del Serrone, Tel. 0 77 33 03 42, 0 77 33 03 43, Fax 0 77 33 03 36, www.hotelprincipeserrone.it.

Fest

- **Maggio Sermonetano,** an den drei letzten Wochenenden im Mai, Straßentheater, Konzerte, Kunstausstellungen.

Wanderung

In den Monti Lepini lassen sich schöne Wanderungen unternehmen; etwa 1,5 km nördlich der Abbazia di Valvisciolo zweigt hinter der Brücke Ponte Vado la Mola ein anfangs breiter Weg von der Straße nach Bassiano ab, dem man ein Stück **durch das idyllische Valle Fota** folgen kann (siehe auch Wegbeschreibung im Rahmen der Wanderung ab Carpineto).

Bassiano ⇗XXI, C1

- **1610 Einwohner**
- **565 m üNN**
- **21 km nordöstlich von Latina**
- **PLZ 04010**

Das nahe gelegene Bassiano ist ein typisches latinisches Bergdorf mit von Mauern eingegrenztem mittelalterlichem Kern in schöner Landschaft. Von hier führt eine wenig befahrene schmale Bergstraße Richtung Sermoneta, nach einer Passhöhe bietet sie prächtige Ausblicke in die pontinische Ebene. Etwa zwei Kilometer westlich von Bassiano zweigt von der Straße nach Sermoneta hinter einem Sportgelände links ein Asphaltweg ab, der nach zehn Minuten bei einem Grundstück in einen steinigen Wanderpfad übergeht. Auf diesem gelangt man bald in ein einsames, karges Hochtal, wo um einen kleinen, braunfarbenen See manchmal halbwilde Pferdeherden umherstreifen.

Essen und Trinken

- In Bassiano bietet das familiäre Dorfrestaurant **Belvedere**€€ solide Landküche mit frischen Zutaten aus der Umgebung, es gibt hausgemachte Nudeln mit Wildschweinsugo, Steinpilzen oder Wildspargel, Lammkoteletts, Ziegenbraten und als Vorspeise den geschätzten Schinken von Bassiano, Piazza Matteotti 13, Tel. 07 73 35 50 71, Di Ruhetag.

Bus

Werktags etwa 8x nach **Sermoneta** und 12x nach Bassiano von **Latina** über Latina Scalo FS (Bahnhof an der Strecke Rom – Neapel); nicht alle Busse halten in Latina Scalo FS unmittelbar vor dem Bahnhofsgebäude, Haltestelle für alle Busse 200 m östlich vom Bahnhof an der Durchgangsstraße nach Cori/Sermoneta/Norma gegenüber der Bar Sport (kleines blau-weißes COTRAL-Schild); So nur 4 Busse auf der Linie nach Bassiano.

lat_494 Foto: gh

Die Monti Lepini bei Bassiano

lat_495 Foto: gh

Priverno und Umgebung

Priverno ⇗XXI, C/D1

- **13.000 Einwohner**
- **150 m üNN**
- **30 km östlich von Latina**
- **PLZ 04010**

Das alte Landstädtchen Priverno mit gut erhaltenem historischem Ortskern steht auf einem Hügel über dem **Tal des Amaseno.** Malerische enge Gassen und ansteigende Treppenfluchten führen um den Stadtberg herum. Am Hauptplatz stehen das Rathaus **Palazzo Comunale** (13./14. Jahrhundert) mit schöner gotischer Fassade und der Ende des 13. Jahrhunderts geweihte **Dom Santa Maria Assunta,** der 1782 zu einem stilistisch geschlossen wirkenden dunklen Barockbau umgestaltet wurde.

Roccagorga ⇗XXI, C1

Etwa acht Kilometer nördlich von Priverno breitet sich in luftiger Höhe über Ölbaumhängen das Städtchen Roccagorga (4300 Einwohner, 290 m üNN) aus, den Mittelpunkt des Ortes bildet die repräsentative Piazza 6 Gennaio mit den Barockfassaden der **Chiesa di SS Leonardo ed Erasmo** und des **Palazzo Baronale** (18. Jahrhundert).

Abbazia di Fossanova ⇗XXI, C2

Die Hauptsehenswürdigkeit dieses Landstrichs ist jedoch vier Kilometer südlich von Priverno die **mittelalterli-**

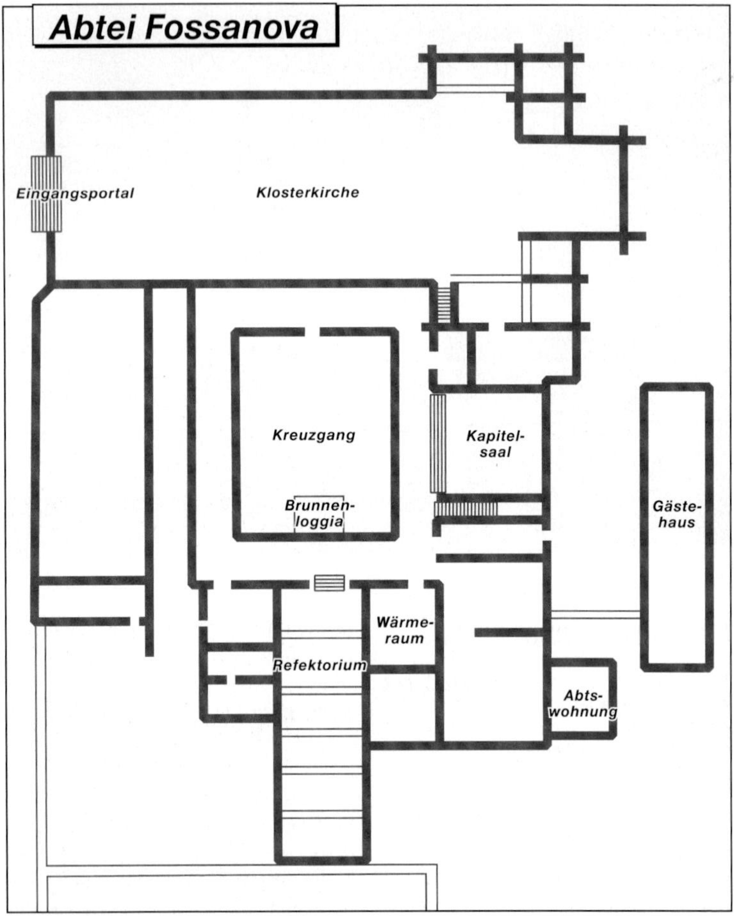

che Abtei von Fossanova. Schon im 9. Jahrhundert gab es hier am Rande der pontinischen Sümpfe ein erstes Benediktinerkloster. 1135 bekamen die Zisterzienser das Areal vom Papst zugewiesen. Die Mönche begannen sofort mit der Trockenlegung des umgebenden Sumpflandes, daher der Name Fossanova („Neuer Graben"). Zwischen 1173 und 1208 wurde die **Klosterkirche** im Stil der Zisterziensergotik errichtet. Ein besonders schönes Bild bietet der Bau, wenn der helle Stein der Außenmauern warm im Licht der

Ideale der Einfachheit – der Reformorden der Zisterzienser

Fossanova ist ohne Zweifel eine der schönsten Klosteranlagen der Zisterzienser nicht nur in Italien. Ihre architektonische Klarheit und Formenstrenge zeigt eindrucksvoll die Ideale des 1098 in Frankreich gegründeten mittelalterlichen Reformordens, der sich ganz im Sinne des *hl. Benedikt* auf die ursprünglichen Mönchsideale der Einfachheit und Konzentration auf die reine christliche Lehre zurückbesinnen wollte. Er stand damit im Gegensatz zu den Cluniazensern, die ihrerseits ein Jahrhundert zuvor als neue Mönchsgemeinschaft im ursprünglichen benediktinischen Geist angetreten, bald aber reich geworden waren und sich immer weiter von der Regel des „ora et labora" entfernt hatten. Der **hl. Bernhard von Clairvaux,** der dem Zisterzienserorden ab 1112 vorstand und der dessen Verbreitung in ganz Europa energisch vorantrieb, verlangte von seinen Mönchen, dass sie ihre Klöster fernab des städtischen Lebens mit seinen materiellen Verlockungen errichteten. Sie sollten sich vor allem in der **Landwirtschaft** betätigen, Wälder roden, Ödland urbar machen und Sümpfe trockenlegen. Die Zisterziensermönche wurden schnell zu erfolgreichen Fachleuten in Landbau, Viehzucht, Forst- und Fischereiwesen. Durch ihre **ausgeprägte Arbeitsethik** und den vom Ordensgründer geforderten materiellen Verzicht sammelten die Klöster rasch Reichtümer und Landbesitz an. Mit zunehmendem Wohlstand entfernte sich dann auch dieser Orden immer mehr von den ursprünglichen Idealen. Im 13. Jahrhundert hatten die Zisterziensermönche vielerorts in der einfachen Bevölkerung wegen ihres nun feudalen Lebenswandels jegliches Ansehen verloren.

Auch in der **Klosterarchitektur** wurden die zisterziensischen Ideale verwirklicht, der *hl. Bernhard von Clairvaux* lehnte jeglichen farbigen Freskenschmuck sowie Steinmetzarbeiten mit Statuen und figürlichem Dekor entschieden ab. Nichts sollte die Mönche in ihrem Kloster von der Konzentration auf das Wesentliche, harte Arbeit und demütiges Gebet, ablenken. Auch hoch aufstrebende Kirchtürme durften als Ausdruck menschlicher Überheblichkeit nicht errichtet werden. Aber gerade ihre Strenge und Klarheit macht die Architektur der Zisterzienser so beeindruckend. Sie lebt von den kraftvollen klaren Formen und dem Spiel des Lichtes auf dem unbehauenen Stein und vermittelt trotz ihrer Schmucklosigkeit eine festliche Wirkung.

lat_497 Foto: gh

Südlatium

letzten Sonnenstrahlen aufleuchtet. Entsprechend den Baunormen der Zisterzienser ist der Turm für einen gotischen Bau eher klein und gedrungen. Die Fassade ziert eine große, fein gearbeitete Fensterrose und ein Bogenportal mit einem farbigen Cosmatenmosaik.

Der dreischiffige **Innenraum** ist ohne größere Veränderungen späterer Jahrhunderte im Ursprungszustand erhalten geblieben, so kommen die architektonischen Formen der Zisterziensergotik voll zur Geltung. Freskenreste im Querschiff stammen aus dem 14. Jahrhundert, als die zisterziensischen Baunormen, die farbige Fresken nicht zuließen, nicht mehr strikt beachtet wurden.

Ein Durchgang an der rechten Seite leitet in den stimmungsvollen **Kreuzgang,** der von zierlich gedrehten Doppelsäulen getragen wird. An der der Kirche gegenüberliegenden Seite steht eine fein gearbeitete **Säulenloggia** mit einem Brunnen, an dem sich die Mönche vor dem Abendessen im Freien wuschen. An der Nordostseite des Kreuzgangs liegt der 1250 in gotischen Formen errichtete **Kapitelsaal,** der Versammlungsraum des Klosters, wo die Ordensregeln regelmäßig laut vorgetragen („rekapituliert") wurden. Auch im **Refektorium** hinter der Brunnenloggia, dem Speisesaal, mussten die Mönche beim Essen schweigend religiösen Vorträgen zuhören, die von einer Kanzel an der rechten Seite verlesen wurden. Ein kleiner Raum neben dem Refektorium diente zum kurzen Aufwärmen, er war als einziger im Kloster mit einem Ofen bestückt. Neben dem Kapitelsaal führt ein Durchgang in einen Hof mit der Wohnung des Abtes und dem Gästehaus. In dessen oberem Stockwerk ist das **Sterbezimmer des hl. Thomas von Aquin** zugänglich, der 1274 auf dem Weg nach Lyon im Kloster von Fossanova einer schweren Krankheit erlag.

● **Kloster Fossanova,** geöffnet werktags 7–12 u. 15–17.30 (Winter) bzw. 16–19.30 Uhr (Sommer) Uhr; So 7.30–13 u. 15–18 (Winter) bzw. 16–19.30 Uhr (Sommer); Eintritt frei.

Verkehrsmittel

● Häufig Stadtbus oder COTRAL-Überlandbus von Priverno über Fossanova zum 3 km südlich des Klosters gelegenen **Bahnhof Priverno-Fossanova,** wo stündlich der Interregio Rom - Neapel hält.

Durch die pontinische Ebene zum Monte Circeo

Zwischen den Monti Lepini und der tyrrhenischen Küste erstreckt sich die große, völlig flache pontinische Ebene, die bis in die 30er Jahre des vergangenen Jahrhunderts weitgehend unbesiedelt war. Das **Sumpfland** war eine **Brutstätte der Malaria** und entsprechend gefürchtet. Seit der Antike gab es immer wieder Versuche, das Land durch die Anlage von Gräben zu entwässern und die Sümpfe auszutrocknen, aber weder die Römer noch die Goten unter *Theoderich* sowie diverse Päpste hatten damit dauerhaften Erfolg. Erst unter *Mussolini* gelang unter großem Einsatz von Arbeitskräften die **Trockenlegung,** das Land wurde landwirtschaftlich erschlossen und durch Umsiedlungen aus Nordostitalien (Venetien, Friaul) bevölkert. Ähnlich dem Autobahnbau unter *Hitler* trägt diese erfolgreiche Unternehmung dazu bei, dass sich der faschistische Diktator bei manchen Italienern bis heute einer gewissen Wertschätzung erfreut, wobei gerne übersehen wird, dass im 20. Jahrhundert einfach nur bessere Techniken als in Antike und Mittelalter zur Verfügung standen.

Das flache Gebiet mit öfters planloser neuer Bebauung inmitten von Wiesen und Feldern ist meist eintönig, einzig die wegen ihres raschen Wuchses angepflanzten Eukalyptushaine lockern das Bild hier und da etwas auf. Bei Sabaudia hat sich ein größeres Gebiet ursprünglichen mediterranen Pinien- und Steineichenwaldes erhalten, der als Teil des **Circeo-Naturparks** unter Schutz gestellt ist und den man auf gemütlichen Wanderwegen erkunden kann.

Die vor dem Zweiten Weltkrieg auf regelmäßigem Grundriss neu angelegten fünf **Städte Pomezia, Aprilia, Latina, Pontinia** und **Sabaudia** haben nichts Besonderes zu bieten, es sei denn, man interessiert sich für die Stadtentwicklung der Neuzeit, die sich hier exemplarisch studieren lässt. „Willkommen im Land der rationalen Stadtarchitektur", steht denn auch am Ortseingang von Sabaudia. Die durchstrukturierte Anlage der neuen Städte mit ihren geraden Straßen und glatten Hausfassaden, die zunächst noch ohne den faschistisch-autoritären Repräsentationsstil auskam, galt zu seiner Zeit in einem Land mit Tausenden von eng verwinkelten mittelalterlichen Orten als nahezu revolutionär.

Interessanter als die Fahrt durch die Ebene ist die Route von Ostia über Anzio **an der Küste entlang.** In ihrem südlichen Teil folgt sie langen, frei zugänglichen Sandstränden und Lagunen zum markanten **Monte Circeo,** einem isoliert über der Küste aufragenden Kalksteinberg.

Die Küste von Ostia bis Nettuno ⇗XII–XX

- **Anzio:** 26.500 Einwohner, 5 m üNN, 62 km südlich von Rom, PLZ 00042
- **Nettuno:** 36.100 Einwohner, 5 m üNN, 65 km südlich Rom, PLZ 00048

Von **Lido di Ostia** nach Anzio erstreckt sich 45 Kilometer lang eine schnurgerade Küste. Zunächst begleitet noch ein unbebauter Dünenstreifen mit in der Saison natürlich übervollen Badestränden die Uferstraße, ehe der sich kilometerlang hinziehende Ferien- und Straßenort **Torvaianica** seinen äußerst kargen Reiz entfaltet.

Mit dem **Capo d'Anzio** bildet die bis dahin völlig flache latinische Küste ein erstes niedriges Vorgebirge. Am nördlichen Ortsrand von **Anzio,** hinter dem Leuchtturm, öffnet sich eine kleine, hübsche Strandbucht, an deren Ende einige Steilklippen aus dem Meer ragen. In der Badesaison ist hier alles hoffnungslos überfüllt. An der Küste sieht man an mehreren Stellen Hafen-

lat_500 Foto: gh

molen und Mauerreste aus römischer Zeit, in der Antium nicht nur als Hafenstadt, sondern auch als Geburtsort der Kaiser *Nero* und *Caligula* besondere Förderung genoss. Die Bedeutung Anzios liegt heute weniger in seinem Hafen, wo u.a. Schnellfähren zu den Ponzianischen Inseln verkehren, als in seiner Funktion als Badeort der Römer.

Nach Süden bis in den Nachbarort **Nettuno** erstreckt sich ein breiter Sandstrand ohne allzu störende touristische Großbauten. Der wie Anzio bei den Römern beliebte Badeort besitzt noch ein kleines, burgartig in sich abgeschlossenes *centro storico,* das aus einer frühmittelalterlichen Festung der Sarazenen hervorging. Im Schutz der Mauern findet man eine große Barockkirche und zwei Plätze mit Trattorien und Cafés zum Draußensitzen. Einige Schritte Richtung Anzio steht zur Meerseite hin eine **Festung** mit Rundbastionen und kleinem Garten. Sie wurde um 1500 vom Renaissancebaumeister *Antonio da Sangallo d. Ä.* im Auftrag des berüchtigten Borgia-Papstes *Alexander VI.* errichtet.

Römische Mauerreste bei Anzio

Touristeninformation

- **I.A.T. Anzio,** Piazza Pia 19, Tel. 0 69 84 51 47.
- **Pro Loco Nettuno,** Porto Turistico oberhalb des Yachthafens Marina di Nettuno, Tel. 0 69 80 33 35.

Bahn

- Werktags stündlich, So alle 2 Stunden Vorortzug von Nettuno/Anzio nach **Roma Termini** (1 Std. Fahrzeit).

Bus

Werktags etwa stündlich, So alle 2 Stunden nach **Albano Laziale;** häufig nach **Rom,** der Zug ist allerdings schneller; werktags nach **Latina** (13x) und **Velletri** (6x).

Fähren nach Ponza

- **Schnellfähren** der Gesellschaft Vetor Aliscafi fahren im Hochsommer bis zu 5x täglich; die übrige Zeit nur 1x pro Tag; ca. 1:30 Std. Fahrzeit, 21–24 Euro Fahrpreis; www.vetor.it.

Museum

- **Raccolta Manzu in Ardea,** eine Sammlung mit Werken des in Italien bekannten Künstlers *Giacomo Manzoni* (1908–1991), der sich, obwohl Kommunist und Kirchenkritiker, mit seiner humanistisch-realistischen Kunst sogar an den Pforten des Petersdoms verewigen durfte; berühmt sind seine schwebendlichten Frauenskulpturen; Via Laurentina Km 32.5, Di bis So 9–19 Uhr, Mo 14–19 Uhr.

Von Nettuno zum Kap Circeo

⇗ XX/XXI

- **Latina:** 108.000 Einwohner, 21 m üNN, 70 km südlich Rom, PLZ 04100

Der landschaftlich noch intakte Küstenabschnitt südlich von Nettuno wird unsinnigerweise als **militärisches Übungsgelände** genutzt und ist deshalb nur am Wochenende und nur stellenweise zugänglich. Auf einem Landvorsprung über der Küste steht hier die 1193 errichtete **Festung Torre Asturia.** Im Jahre 1268 flüchtete der letzte Staufer, der junge *Konradin von Schwaben,* nach der Niederlage gegen die französischen *Anjou* bei Tagliacozzo in den Abruzzen mit seinen engsten Gefährten hierher. Der Burgherr *Giovanni Frangipane* lieferte jedoch den erst 16 Jahre alten Herrscher an den mit dem Papst verbündeten *Karl von Anjou* aus, der *Konradin* auf dem Marktplatz von Neapel öffentlich hinrichten ließ – das Ende des Traums vom Heiligen Römischen Reich Deut-

Die hl. Maria Goretti

Am Südrand der Innenstadt von Nettuno steht nahe der Küste ein neues, nüchtern-steriles Wallfahrtsheiligtum. Das **Santuario Maria Goretti** wurde in Gedenken an ein aus ärmsten Verhältnissen stammendes Landmädchen errichtet, das 1902 im zarten Alter von elf Jahren bei Nettuno vom Sohn eines Nachbarn erstochen worden war, weil sie sich gegen dessen Vergewaltigungsversuche mit aller Kraft gewehrt hatte. Noch auf dem Sterbebett verzieh sie ihrem Mörder und schloss ihn in ihre Gebete ein. Der Täter wurde zu 30 Jahren Haft verurteilt und trat, tief beeindruckt durch das Verhalten seines Opfers, für den Rest seines Lebens dem strengen Kapuzinerorden bei.

Die **Heiligsprechung** *Maria Gorettis* durch Papst *Pius XII.,* die 1950 als öffentliche Demonstration auf dem Petersplatz vor Hunderttausenden Gläubigen vollzogen wurde, begründete die Kirche – heute kaum noch nachvollziehbar – damit, dass so auch „unzählige andere, die in ähnlichen Umständen den Tod der Sünde vorziehen, geehrt würden." Mit anderen Worten, *Maria Goretti* wurde zur Heiligen, weil sie sich lieber töten als vergewaltigen lassen wollte, bzw. auch das Opfer einer Vergewaltigung begeht eine Sünde ...

scher Nation (Besichtigung nur Sa/So 8–20 Uhr, Juli/August täglich).

Südlich der Torre Asturia erstrecken sich hinter einem schmalen Dünenstreifen **endlose unbebaute Sandstrände.** Zur Landseite hin begleiten lagunenartige **Binnenseen** die Küstenstraße **(Lago di Fogliano, Lago di Caprolace, Lago di Sabaudia).** Ihre unter Naturschutz stehenden Ufer sind nur stellenweise zugänglich, u.a. beim ehemaligen Landgut **Fattoria di Fogliano** mit seinen schönen Rastplätzen im Schatten zahlreicher Palmen (beschilderte Zufahrt acht Kilometer südlich von Latina). Am östlichen Ortsrand von **Sabaudia** beginnen an der Straße nach San Felice Circeo gut erschlossene Wanderwege, die durch mediterrane Restwälder zum Ufer des **Lago di Sabaudia** führen (gelbe Hinweisschilder zum Parco Nazionale del Circeo).

Die geschäftige **Provinzhauptstadt Latina** bietet um ihren verkehrsberuhigten zentralen Rathausplatz Piazza del Popolo noch ein wenig urbanes Flair. Ansonsten findet man hier nur gesichtslose Alltagsarchitektur, es gibt wenig, was zum Bleiben reizt.

Touristeninformation

- **APT Provincia di Latina,** Via Duca del Mare 19, Tel. 07 73 69 54 04, und Piazza del Popolo 16, Tel. 07 73 48 06 72, www.aptlatinaturismo.it.

Bus

Latina ist Mittelpunkt des Busnetzes, der Busbahnhof liegt 10 Min. nordwestlich der Piazza del Popolo an der Via Emanuele Filiberto; Verbindungen nach **Rom, Terracina, San Felice Circeo, Nettuno/Anzio, Cori, Norma, Sermoneta, Bassiano, Priverno, Frosinone.**

Bahn

Der Bahnhof von Latina liegt weit außerhalb der Stadt im Vorort Latina Scalo; häufig Züge nach **Rom** und **Neapel** (auch Intercity). Verbindung ins Zentrum mit Stadtbus oder den COTRAL-Bussen nach Cori, Norma, Sermoneta, Bassiano.

lat_502 Foto: gh

Am Monte Circeo

Am Monte Circeo ⇗XXI, C3

● **San Felice Circeo:** 7970 Einwohner, 98 m üNN, 18 km westlich von Terracina, PLZ 04017

Mit den klaren Formen eines Kalksteingebirges steigt das **Kap von Circeo** gut 500 Meter hoch steil aus dem Meer auf. Geologisch ist das kleine Gebirge ein Teil der Apenninen. Aus der Ferne glaubt man eine Insel zu sehen, was der Monte Circeo auch vor Urzeiten war. Hier lebte die legendäre **Zauberin Circe** aus der „Odyssee" des *Homer,* die den Helden und seine Gefährten durch ihren betörenden Gesang in ihren Bann zog („becircte"), um sie anschließend in Schweine zu verwandeln. Nur mit Hilfe eines von *Hermes (Merkur)* geschenkten Heilkrautes konnte der Zauberbann später wieder gebrochen werden, *Odysseus* versöhnte sich mit der Magierin, die ihm ein Jahr später den *Telegonos* gebar, den mythischen Begründer diverser latinischer Städte.

Der Monte Circeo ist ein **uralter Siedlungsplatz,** in einer Höhle am Meer wurde Teile eines Skeletts des *Homo neandertalensis* entdeckt. Im 6. Jahrhundert bauten auch hier die Volsker ihre zyklopischen Mauern, im 13. Jahrhundert war San Felice ein Stützpunkt des rätselhaften Templerordens. Heute lebt man vom Badetourismus und etwas Landwirtschaft mit Gemüseanbau (Zucchini und Auberginen).

Der Monte Circeo sowie die Wälder und Binnenseen der sich nördlich anschließenden Ebene bilden seit 1934 den **Parco Nazionale del Circeo,** eines der ältesten Naturschutzgebiete Italiens. An manchen Stellen hat man allerdings den Eindruck, dass hier vor allem eine Spezies geschützt ist: die der Privatvillenbesitzer. An der Küstenstraße folgt eine Grundstückszufahrt nach der anderen. Zum Glück gibt es jedoch keine Ferienappartements und Großhotels hier, und – was noch besser ist – der kilometerlange breite Sandstrand ist fast überall frei zugänglich. Außer an Wochenenden, wenn halb Rom anreist, findet man fast immer viel freien Platz. Am Fuße des Berges steht hier der **Torre Paolo** (1562), einer der zahlreichen Küstenwachtürme zum Schutz vor Sarazenen- und Piratenüberfällen.

An der Ostseite des Berges liegt das kleine **San Felice Circeo** am Hang. Mit seinem winzigen, eng gebauten alten Ortskern um den Palazzo Baronale und den Torre del Templari (1250) erscheint es wie ein typisches latinisches Bergdorf. Auf der Bergkuppe oberhalb findet man Reste der klobigen Poligonalmauern der Ende des 4. Jahrhunderts als Schutzburg erbauten antiken Akropolis, in der Küstenebene unterhalb den sich immer weiter ins Umland ausbreitenden modernen Ort. Eine schnurgerade flache Badeküste mit der üblichen Einheitsferienarchitektur erstreckt sich über mehr als zehn Kilometer bis nach Terracina.

An der Südseite des Bergzuges verläuft ein Panoramasträßchen über der Küste, wo sich zum Meer hin im Kalkgestein zahlreiche **Grotten und Klüfte** öffnen. Vom westlichen Ende des

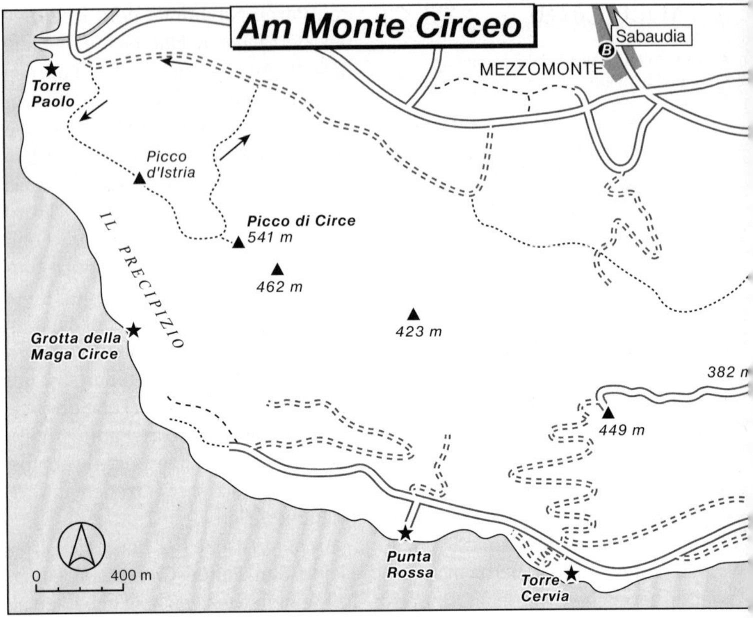

Porto Turistico, des kleinen Yachthafens von San Felice, führt z.B. ein markierter Pfad hinauf zum Ende eines Fahrweges, von dem nach 500 Metern ein schmaler Weg zur Küste abzweigt, der sich bald gabelt: Nach links geht es zur großen Höhle **Grotta della Capre,** nach rechts zu einem Felstor über dem Meer. Das mächtige Rauschen der Brandung und der Blick aus der dunklen Höhle auf die silbrige Weite des Meeres, aus dem in der Ferne schemenhaft die Ponzianischen Inseln auftauchen, lassen noch heute nachempfinden, warum der Mythos des *Odysseus* und der *Circe* hier seinen Ort hat.

Der Fahrweg mündet bald in die Küstenstraße, die später die luxuriöse Hotelanlage Punta Rossa passiert und etwa einen Kilometer danach vor der unüberwindlichen, hohen **Steilwand Precipizio** zu Ende ist. Ein Pfad nach links führt hinunter zur Felsküste, auf einem breiteren Weg geradeaus geht es zu einem Aussichtspunkt mit Blick auf die Felswand. An den Kalksteinhängen wächst vereinzelt die **kretische Zwergpalme,** die hier eines ihrer wenigen natürlichen Vorkommen in ganz Italien hat. Geübte Bergziegen könnten vielleicht noch ganz zum Meer hinunterkraxeln, wo sich weitere Klüfte im Fels öffnen, darunter auch

die **Grotta della Maga Circe,** die „Höhle der Magierin Circe".

Touristeninformation

- **Pro Loco,** Piazza Lanzuisi, Tel. 07 73 54 77 70, www.sanfelicecirceo.net.

Bus

Werktags über Sabaudia/Latina nach **Roma Metro Laurentina** (9x), **Terracina** (16x), **Fossanova/Priverno** (4x); So nur wenige Busse nach Roma Laurentina (3x) und Terracina (4x); Bushalt nur im unteren neuen Ortsteil, zu dem gut 1 km entfernten alten Hügelort verkehrt ein städtischer Kleinbus.

Wanderung am Monte Circeo

Vom Torre Paolo aus führt eine markierte Wanderroute auf die Spitze des Monte Circeo, ein kleines Stück Hochgebirge am Meer. Auf steinigen und ziemlich steilen Ziegenpfaden erklimmt man die mit Steineichenwald und karger Macchia bewachsene Nordwestflanke des Berges. Von der Höhe bieten sich prächtige Ausblicke über die Steilküste und zu den Lagunenseen im Norden.

Dauer: 3:30 Std. **Anstiege:** ca. 550 m. **Schwierigkeitsgrad:** recht anstrengende Unternehmung über Steine und durch Macchiagebüsch, etwas Trittsicherheit und Schwindelfreiheit ist erforderlich, der Pfad ist allerdings nirgendwo wirklich gefährlich, man kommt nur langsam voran, auch beim recht steilen Abstieg. **Orientierung:** überwiegend einfach, durchgängige Markierung. **Anfahrt:** keine öffentlichen Verkehrsmittel; mit dem Bus könnte man bis Mezzomonte fahren und von hier durch die Wälder des Selva Piana zum Ausgangspunkt wandern (COTRAL-Linie nach Sabaudia sowie Stadtbus Nr. 2/6, etwa 1:45 Std. zusätzlich).

Der Wegverlauf:

Von San Felice kommend etwa 30 m vor der Kanalbrücke beim Torre Paolo nach links in den an einer Grundstücksmauer entlang kurz ansteigenden, breiten Weg einbiegen. Nach etwa 250 m zweigt nach rechts der Pfad zum Monte Circeo ab (rot-weiße oder rote Markierung). Mit kräftigem Anstieg geht es im Wald den Hang hinauf. Nach 10 Min. schwenkt der schmale Pfad etwas nach rechts und führt später zwischen Felsblöcken auf einen steinigen Buckel mit Blick auf die Lagunenküste (45 Min.). Mit einer Linksbiegung geht es weiter kräftig bergan. Wir erreichen den Vorgipfel **Picco d'Istria** (1:15 Std., 418 m) und wandern dann mit leichtem Zwischenabstieg auf schmalem Grat. Nach rechts blickt man tief hinunter zu den Felsspitzen über der unzugänglichen Küste. Wieder ansteigend erreichen wir schließlich den mit dem Schriftzug „Diretto" bezeichneten, rot-weiß markierten Linksabzweig, den Rückweg. Vorher könnte man jedoch noch auf einem 15-minütigen Abstecher geradeaus zum höchsten Punkt des kleinen Gebirges, dem oben flachen **Picco di Circe** (2:15 Std., 541 m), hinaufsteigen.

Der **Rückweg** führt die ersten 10 Min. im Wald steil bergab, dann wird das Gefälle nach und nach etwas geringer. Man überquert später geradeaus eine steinige Hangterrasse mit Blick auf die Küste und die Lagune (2:55 Std.) Nach weiteren 15 Min. nicht allzu steilen Abstiegs trifft der Pfad auf einen breiten Querweg. Dieser führt nach links in knapp 20 Min. zurück zum Ausgangspunkt (3:30 Std.).

Terracina

↗ XXI, D3

- **35.150 Einwohner**
- **25 m üNN**
- **105 km südlich von Rom**
- **PLZ 04019**

In Terracina fand 1787 **Goethe** auf seiner Italien-Reise endlich das lang ersehnte „Land des Lichts, ... wo die Zitronen blühn, im dunklen Laub die Goldorangen glühn", wie eine beim Rathaus aufgestellte Gedenktafel stolz verkündet. Spätestens hier hat man Mittelitalien endgültig verlassen und betritt **Italiens Süden.** Nicht nur im Hinblick auf das sonnige Klima und die subtropische Vegetation, sondern auch in der lebhafteren, extrovertierteren Alltagskultur nähert man sich dem Neapolitanischen an.

Der Ort zerfällt in **zwei sehr gegensätzliche Teile:** An der Küste mit ihrem langen Sandstrand erstreckt sich eine eher gesichtslose, auch durch den boomenden Badetourismus immer weiter ins Umland ausufernde moderne Stadt, erhöht am Hang darüber steht, klein und in sich abgeschlossen, das allein sehenswerte alte Viertel um den mittelalterlichen Dom.

Terracina, nach der Legende eine Gründung von griechischen Kolonisten aus Sparta, besaß in der Antike ein viel besuchtes **Orakelheiligtum.** Die Stadt profitierte zudem von ihrer Lage an der römischen Fernstraße **Via Appia,** die hier das Vorgebirge der Ausoner Berge durchquerte. Obwohl Terracina schon früh im 9. Jahrhundert an den Kirchenstaat fiel, konnte es sich im hohen Mittelalter in der Blütezeit der freien Kommunen zeitweise vom päpstlichen Einfluss unabhängig machen. In dieser Periode entstand auch der Dom. Bis 1860 verlief am östlichen Ortsrand die Grenze zwischen dem Kirchenstaat und dem Königreich von Neapel. Im Zweiten Weltkrieg fielen Bomben auf die Stadt, die Teile des historischen Zentrums in Schutt und Asche legten.

Besichtigung

Mittelpunkt des älteren Viertels auf dem Hügel ist die gemütliche **Piazza Municipio** mit zwei Bars zum Draußensitzen. Hier lag schon das Forum der antiken Stadt, an der Nordseite des Platzes tritt ein Teilstück der Via Appia zutage, das glatte Pflaster in der Mitte stammt noch aus der römischen Kaiserzeit. Die Piazza wird dominiert von der harmonischen Fassade des **Doms San Cesareo,** der 1074 geweiht, im 12./13. Jahrhundert erweitert und im 18. Jahrhundert im Stil der Zeit wesentlich umgestaltet wurde.

Dom San Cesareo

lat_507 Foto: gh

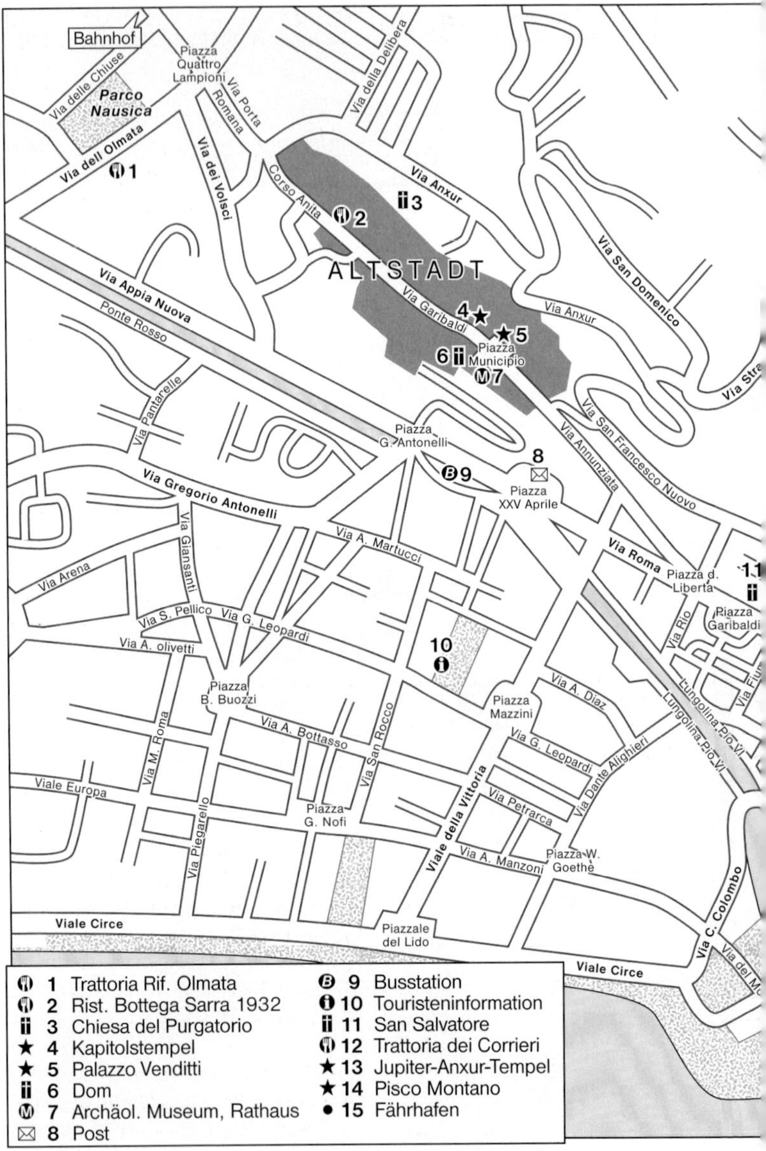
Bahnhof
Piazza Quattro Lampioni
Via delle Chiuse
Parco Nausica
Via Romana
Via Porta
Via della Delibera
Via dell Olmata
Via dei Volsci
Corso Anita
Via Anxur
ALTSTADT
Via Appia Nuova
Ponte Rosso
Via Garibaldi
Via Anxur
Via San Domenico
Piazza Municipio
Via Pantarelle
Piazza G. Antonelli
Via Annunziata
Via San Francesco Nuovo
Via Gregorio Antonelli
Piazza XXV Aprile
Via Giansanti
Via A. Martucci
Via Roma
Piazza d. Libertà
Piazza Garibaldi
Via Arena
Via S. Pellico
Via G. Leopardi
Via A. olivetti
Via Rio
Piazza B. Buozzi
Piazza Mazzini
Via A. Diaz
Lungolina Pio VI
Via A. Bottasso
Via San Rocco
Via G. Leopardi
Via Dante Alighieri
Via M. Roma
Viale Europa
Viale della Vittoria
Via Petrarca
Piazza G. Nofi
Via Piegarello
Via A. Manzoni
Piazza W. Goethe
Via C. Colombo
Viale Circe
Piazzale del Lido
Viale Circe
1 Trattoria Rif. Olmata
2 Rist. Bottega Sarra 1932
3 Chiesa del Purgatorio
4 Kapitolstempel
5 Palazzo Venditti
6 Dom
7 Archäol. Museum, Rathaus
8 Post
9 Busstation
10 Touristeninformation
11 San Salvatore
12 Trattoria dei Corrieri
13 Jupiter-Anxur-Tempel
14 Pisco Montano
15 Fährhafen

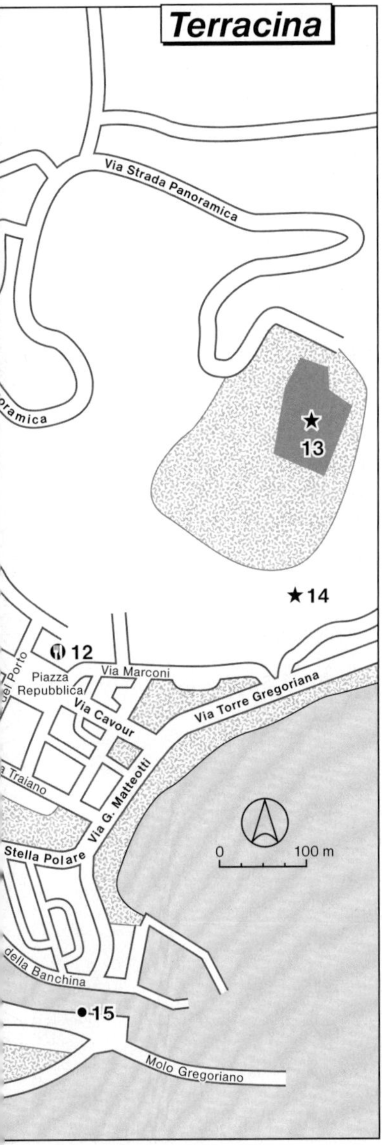

Der mit kleinen Säulen und farbiger Majolica-Keramik verzierte kantige Campanile entstand im 13. Jahrhundert. Der Treppenaufgang und die sechs Säulen der Vorhalle sind Spolien eines antiken Tempels. Über den Bögen der Vorhalle verläuft ein farbiger Mosaikfries mit rätselhaften Bildmotiven, zu sehen sind Fabeltiere, Greife, Pfauen, ein Hirsch, ein kleines Schiff, eine Kirche, Stiere, Reiter. Auch an den Säulenbasen findet sich Figürliches (Affen, Löwen). Die allegorische Bedeutung der Darstellungen ist von den Kunsthistorikern bis heute nicht zu erklären. Wiederum Säulen antiker Bauten trennen im Innenraum das Haupt- von den Seitenschiffen und stützen den Altarbaldachin. Hochwertige Arbeiten des Mittelalters sind die ornamentalen Einlegearbeiten des Fußbodens, der auf Löwenfiguren ruhende gewundene Osterleuchter sowie die Kanzel, deren farbige Mosaiken auf sizilianisch-arabische Kunsteinflüsse im frühen Mittelalter hindeuten, die in Süditalien weit verbreitet waren.

An der Südseite der Piazza Municipio steht neben dem mittelalterlichen Turm **Torre Frumentario** das Rathaus *(Municipio)*, ein ästhetisch schlichter Bau von 1959, der auch das **Archäologische Museum** beherbergt (Grabungsfunde aus Terracina, u.a. römische Kopien griechischer Statuen). Rechts neben dem Dom öffnet sich ein Bogendurchgang unter dem gotischen **Palazzo Venditti,** dem mittelalterlichen Ratssitz. Er führt zu den **Ausgrabungen des ehemaligen Kapitolstempels** (1. Jahrhundert), von dem noch eine einzige Säule aufrecht steht, gegenüber sind in einem Gewölbe zwei schöne antike Mosaiken zu sehen. Oberhalb wird immer noch fleißig gegraben, zwischen den Häusern der Altstadt sieht man überall römische Fundamente und Mauerreste. Östlich des Kapitols erstreckt sich ein verwinkeltes altes Viertel mit der barocken **Chiesa del Purgatorio** („Kirche des Fegefeuers"), von deren Fassade ein steinernes Skelett hinunterblickt.

Mittelpunkt der lebhaften **Unterstadt** bildet das Halbrund der **Piazza Garibaldi** mit der großen, innen hellen, unterkühlt wirkenden klassizistischen Kirche **San Salvatore** (1846) an der Nordseite. Am östlichen Stadtrand liegen am Fuße des Steilfelsens **Pisco Montano** der kleine Yacht- und Fischereihafen und ein wegen des Mülls nicht gerade einladender Sandstrand. Der hier einst bis unmittelbar ans Meer reichende Kalksteinrücken der Monti Ausoni, der den Reisenden einen beschwerlichen Umweg durch die Berge abverlangte, war für die römischen Straßenbauingenieure eine Herausforderung. Um für die **Via Appia** einen ebenen Weg auf Meeresniveau zu schaffen, wurde unter Kaiser *Trajan* ein Teil des Berges einfach abgetragen. In den Felsen sind noch römische Ziffern zu sehen, die den Arbeitsfortschritt festhielten. Eine hinter der Porta Napoletana im Fels erkennbare Nische stammt wahrscheinlich von einem sehr alten vorantiken Sonnenheiligtum.

lat_510 Foto: gh

Auf dem Bergrücken über dem Pisco Montana, dem **Monte S. Angelo,** steht weithin sichtbar die Ruine des einst großen **Jupiter-Anxur-Tempels.** Schon im 3. Jahrhundert v.Chr. befand sich an diesem Platz ein dem Gott der Volsker, *Anxur,* geweihtes einfaches Heiligtum, das die Römer um 80 v.Chr. zu einem großen Tempelbezirk erweiterten, wobei sie ihren Gott *Jupiter* mit dem volskischen *Anxur* identifizierten. Erhalten geblieben sind im Wesentlichen nur die mächtigen Mauern, Bögen und untereinander verbundenen Gewölbe eines großen Unterbaus aus dem 1. Jahrhundert v.Chr., mit dem eine künstliche, zur Küste hin vorspringende Terrasse geschaffen wurde. Auf ihr wurde der vom Ufer aus sichtbare Haupttempel mit der Kultstatue des *Jupiter Anxur* errichtet, von dem nur noch der Unterbau erkennbar ist. Rechts vom Jupitertempel befand sich ein Opferaltar, unter dem ein noch sichtbares Felsloch die Verbindung zu einer Höhle herstellte, von wo aus die Orakelpriester, vor dem Fragenden verborgen und akustisch verfremdet, die Weissagungen der Götter mitteilten. Auch ohne besonderes Interesse an antiken Mauern lohnt sich der Weg hier hoch: Von der Tempelterrasse bietet sich ein weiter Ausblick über die Küstenlandschaft zwischen Sperlonga und dem Monte Circeo mit den Ponzianischen Inseln am Horizont. (Vom Zentrum den Schildern „Giove Anxur" folgen, etwa drei Kilometer; von Frühjahr bis Herbst ist bei den Ruinen eine Bar geöffnet.)

Die Ruine des Jupiter-Anxur-Tempels auf dem Monte S. Angelo

Einige Kilometer nordöstlich von Terracina erstreckt sich am Fuße der Berge der Binnensee **Lago di Fondi,** der schön anzusehen, aber ohne größeren Freizeitwert ist. Zum Baden ist der See mit seinen teilweise verschilften Ufern nicht geeignet. Einen schönen Blick über die helle, glatte Wasserfläche hat man von der Straße nach Fondi aus. Diese führt an **Monte San Biagio** vorbei, einem eng gebauten alten Hügelstädtchen mit einigen malerischen Winkeln und Gassenzügen. Gleich hinter Monte San Biagio verläuft eine Nebenstraße fünf Kilometer nach Norden in das **Tal von San Vito** mit einem der letzten Korkeichenwälder der Mittelitaliens.

Touristeninformation

- **I.A.T.,** Via Leopardi (Villa Ghezzi), Tel. 07 73 72 77 59, Fax 07 73 72 11 73.

Unterkunft

Das Unterkunftsverzeichnis listet 26 Hotels für die Küste von Terracina auf, **überwiegend 3- und 2-Sterne-Häuser** in der üblichen, ziemlich einfallslosen mediterranen Badestrandarchitektur, eine besondere Empfehlung zu geben, fällt da schwer. Im Hochsommer gehen die Preise natürlich kräftig in die Höhe. Insgesamt **15 Campingplätze** sind vorhanden.

Essen und Trinken

- **Bottega Sarra 1932**€€€, die kleine, aber feine Trattoria in der Altstadt bietet in familiärem Ambiente interessante Kreationen, vor allem was die diversen Fischgerichte angeht, Via Villafranca 34, Tel. 07 73 70 20 45, Mo Ruhetag.

- Rustikalere Landküche gibt es in der **Trattoria Rifugio Olmata**€€-€€€, bei den *primi* dominieren die je nach Saison verfügbaren Pilze, bei den *secondi* gibt es Büffel, Lamm, Kanninchen, Perlhuhn, Via Olmata 88, Tel. 07 73 70 08 21, Mi Ruhetag.
- Die angenehme **Trattoria dei Corrieri**€-€€, östlich unterhalb der Altstadt an der Hauptstraße, bietet ein preiswertes und reichhaltiges fixes Menu mit *antipasto, primo,* Fisch, Käse und Nachtisch für nur 16 Euro (ohne Getränke), Piazza della Repubblica 12, Tel. 07 73 70 39 24, Mo geschlossen.

Verkehrsmittel

Bahn

- Werktags 4 Züge nach **Rom** (1:20 Std. Fahrzeit); ab Terracina u.a. um 7.34 Uhr, zurück ab Roma Termini um 17.55 und 19.02 Uhr.

Bus

Werktags alle 30–60 Min., So stündlich bis 22 Uhr in 15 Min. zum Bahnhof **Monte San Biagio,** wo einmal pro Stunde der Regionalzug über Latina Stazione nach **Roma Termini** (1:05 Std. Fahrzeit) sowie über Formia nach **Neapel** (1:25 Std. Fahrzeit) verkehrt; Busse auch nach **San Felice Circeo** (werktags 16x, So 4x), über Sperlonga/Gaeta nach **Formia** (werktags 10x, So 4x nur bis Sperlonga), über Fondi/Itri nach Formia (werktags 16x, So 2x).

Fähre

- Täglich 1- bis 2x Verbindung mit SNAP **zur Insel Ponza** (8 u. ggf. 13.30 Uhr), im Winter nicht am So, 10 Euro für die einfache Strecke, www.snapnavigazione.it.

Museum

- **Archäologisches Museum,** geöffnet Mai bis Sept. Mo bis Sa 9.30–13.30 Uhr, Di bis Sa 15–21 Uhr, So 10–13 u. 17–21 Uhr; Okt. bis April Mo bis Sa 9.30–13.30 u. 15–21 Uhr, So 9–13 u. 15–18 Uhr.

Fondi

↗XXII, A2

- **28.000 Einwohner**
- **20 m üNN**
- **20 km nordwestlich von Terracina**
- **PLZ 04022**

Die am Rande der fruchtbaren Schwemmlandebene des Lago di Fondi gelegene Stadt, der Sage nach von *Herkules* höchstpersönlich gegründet, ist geschichtlich etwa ab 500 v.Chr. nachweisbar. An einigen Stellen der etwa 1,5 Kilometer langen Stadtbefestigung ist noch das grob gefügte Mauerwerk aus vorrömischer Zeit vorhanden. Das **Zentrum** besteht aus einem Geflecht sich rechtwinklig kreuzender, glatt gepflasterter Gassen, das noch heute das Straßennetz der Römerzeit nachzeichnet.

Am östlichen Altstadtrand stehen die wuchtigen, glatten Mauern der mittelalterlichen **Burg von Fondi** (13. bis 15. Jahrhundert). Am Ende der hier beginnenden breiten Fußgängerschneise trifft man auf die Kirche **San Francesco** mit schönem Tafelbild der Rosenkranzmadonna vorne rechts. Links von der Kirche, im ehemaligen Konvent der Franziskaner, befindet sich heute das *Municipio* (Rathaus). Im Kreuzgang beschatten Orangenbäume antike Architekturfragmente, darunter römische Statuen, denen christliche Eiferer die Köpfe abgeschlagen haben.

Hinter der Stadtmauer, nahe beim Castello, steht der **Dom San Pietro** mit einigen interessanten Kunstwerken. Ein kleiner, schlichter Campanile von 1278 erhebt sich neben dem Kirchenschiff. Auf dem Portalbalken über dem Eingang sind in mittelalterlichem Stil diverse Heilige aufgereiht, darüber befinden sich ein modernes Mosaik und die gotische Figur des segnenden Christus. Im **Innenraum** weist die rechte Seitenkapelle ein Frührenaissancegrabmal der Caetani-Sippe auf, am dritten Pfeiler links blickt die romanische Figur des *Petrus* mit dem Schlüssel auf Tierköpfen stehend auf den Besucher. Schönstes Stück ist die mit farbigen Cosmatenarbeiten geschmückte Kanzel, deren Säulen auf drei Raubtieren und einem Widder ruhen, Symbol der Bezwingung der niedrigen tierischen Natur durch die Botschaft des Evangeliums. Auch der romanische Bischofsthron ist mit Mosaiken verziert.

An der westlich weiterführenden Hauptgasse öffnet sich die schmale Piazza della Repubblica mit der interessanten Kirche **Santa Maria Assunta** (14./15. Jahrhundert), die außen ein fein gearbeitetes Portal zeigt. Links der Kirche führt die Gasse durch den frei stehenden mittelalterlichen Kirchturm. Innen sieht man an der linken Wand ein farbenfrohes Tryptichon auf Goldgrund von *Giovanni da Gaeta* (Christi Geburt, um 1470) sowie ein weiteres Tafelbild des 15. Jahrhunderts (Pietà). Bemerkenswert sind weiterhin im Querschiff zwei Renaissance-Seitenaltäre unter Triumphbögen, vor allem das rechte zeigt filigrane Steinmetzarbeiten, das linke schmückt ein farbiges Flachrelief von 1491 (Christus mit den Wundmalen).

Verkehrsmittel

Bahn

Bahnhof 3 km südlich des Zentrums an der Straße nach Sperlonga; etwa stündlich Interregio nach **Roma Termini** sowie **Neapel.**

Bus

Werktags häufige, So seltene Verbindungen nach **Terracina, Formia** und über den Bahnhof nach Sperlonga.

Einkaufen

Gute Adressen für **Wein, Wurst, Schinken und Käse** aus der Umgebung sind die **Enoteca Izzi,** Corso Appio Claudio 14, und die **Enoteca Faiola,** Corso Italia 38.

Sperlonga

⇗ XXII, A3

- **4000 Einwohner**
- **50 m üNN**
- **18 km westlich von Terracina, 21 km östlich von Formia**
- **PLZ 04029**

Sperlonga ist sicher der **schönste Ort an der latinischen Küste.** Wie ein griechisches Inseldorf steht es mit weiß getünchten alten Häusern auf einem Hügelvorsprung über der Küste. Ein Geflecht auf- und absteigender enger Treppengassen, Bögen und schmaler Durchlässe bildet das kompakte, kleine alte Zentrum. Autos können hier nicht fahren. Ein Rundgang führt zu malerischen Winkeln und schönen Durchblicken zur Küste, fantastisch sind die Sonnenuntergänge über dem Meer, aus dem in der Ferne die gezackte Silhouette des Monte Circeo wie eine ägäische Insel aufragt.

lat_514 Foto: gh

Am Fuße der Altstadt ist ein neuerer Ortsteil mit modernen Bauten entstanden, groß dimensionierte Hotelkästen oder Ferienanlagen wurden jedoch zum Glück bisher noch nicht hochgezogen. Westlich von Sperlonga erstreckt sich, gleich beim Ort beginnend, der kilometerlange breite Sandstrand **Lido di Fondi** Richtung Terracina, und auch zur Ostseite öffnet sich unmittelbar unterhalb des *centro storico* neben dem kleinen Hafen eine schöne Badebucht. In Rom und Neapel ist Sperlonga schon lange kein Geheimtipp mehr, entsprechend voll und teuer wird es in der Badesaison. Wenn immer möglich, sollte man den Ort außerhalb der Hochsaison besuchen.

Im Zentrum trifft man auf die älteste Kirche des Ortes, die Anfang des 12. Jahrhunderts errichtete, im 18. Jahrhundert umgestaltete **Chiesa Santa Maria** (1135), die seit längerem wegen Restaurierungsarbeiten geschlossen ist. Am Ende der östlichen Strandbucht entdeckte man bei Bauarbeiten 1957 zufällig die **Ruine einer großen römischen Villenanlage,** von der angenommen wird, dass sie im 1. Jahrhundert v.Chr. unter Kaiser *Tiberius* errichtet wurde. Dieser war nach dem Urteil antiker Schriftsteller ein Mensch von eher finsterem Charakter, in einer

Sperlonga – schön gelegen auf einem Hügelvorsprung über der Küste

zur Villa gehörenden Grotte am Meer soll er sich in ausschweifenden Banketten ergangen haben. Im Erdreich fand man zahlreiche Bruchstücke von Statuen, die in mühsamster Kleinarbeit wieder zusammengesetzt, teilweise auch durch Gipsrekonstruktionen vervollständigt wurden und im **Archäologischen Museum** ausgestellt sind. Die **Skulpturen** schmückten ursprünglich die zur Tiberius-Villa gehörende Meeresgrotte; vier Figurengruppen schildern Szenen aus der Odysseus-Legende (*Skylla* und *Charibdis, Odysseus* mit den Leichnamen des *Achilles, Oysseus* und *Diomedes,* Die Blendung des einäugigen Riesen). Man nimmt an, dass es sich um in der römischen Kaiserzeit geschaffene Marmorkopien griechisch-hellenistischer Kunstwerke des 2. Jahrhunderts v.Chr. handelt. Sie sind auch nach der Rekonstruktion nur fragmentarisch erhalten, dennoch ist die hohe künstlerische Qualität unverkennbar. Am anschaulichsten erhalten ist **„Die Blendung des Riesen Polyphem",** der als etwa fünf Meter große, liegende Figur den Mittelpunkt der Gruppe bildet. (*Odysseus* und seine Gefährten werden vom einäugigen Riesen *Polyphem* in einer Höhle gefangen gehalten, mit einer List machen sie ihn betrunken und hilflos, zerstören sein Augenlicht und können sich befreien.) Der nur als Kopf erhaltene *Odysseus* scheint in einer für einen Helden angemessenen Haltung der überlegenen Distanz mit geöffneten Lippen aus dem Hintergrund das Geschehen zu lenken, während sich in der Haltung des Lanzenträgers körperliche Gespanntheit und in der vollständig erhaltenen Figur eines Gefährten darüber hinaus ängstliche Erregtheit vermitteln.

Neben den Odysseus-Fragmenten besitzt des Museum **weitere sehenswerte Stücke:** römische Theatermasken, Einzelstatuen (*Ganymed* mit dem Adler), antike Vasen, Amphoren und Reliefinschriften sowie verzierte Tonteller aus dem 4./5. Jahrhundert mit frühchristlicher Symbolik (Lamm Gottes, Friedenstaube).

- **Archäologisches Museum,** Eingang 1 km außerhalb an der Straße nach Gaeta, geöffnet tgl. 9–19.30 Uhr.

Durch das Museumsgelände gelangt man zum Areal der **Tiberius-Grotte.** Von der einst luxuriösen Meeresvilla des Kaisers ist wenig Anschauliches geblieben, zu sehen sind Reste römischen Mauerwerks, Fundamente, Wasserbecken und Steinpodeste. Die vom Rauschen der Brandung erfüllte, sich zum Meer hin öffnende Grotte, die man sich mit den Odysseus-Figuren geschmückt vorstellen muss, ist in erster Linie ein stimmungsvoller Platz.

Touristeninformation

- **Pro Loco,** Corso San Leone 22, Tel. 07 71 55 70 00; Via del Porto, Tel. 07 71 55 73 41.

Unterkunft

Von Ende Juni bis Anfang September verlangen alle Hotels Saisonaufschläge, besonders hoch sind sie in der Zeit von Ende Juli bis um den 20. August, dann ist kaum ein freies Zimmer zu bekommen.

• ***Amiclae€€€€, schöne Lage am Meer, Zimmer zum großen Teil mit Blick auf den Golf, guter Komfort, nach grundlegender Restaurierung ist aus dem ehemals einfach-preiswerten Haus ein vornehmes Strandhotel in unterkühlt modernem Stil geworden, Via C. Colombo 77, Tel. u. Fax 07 71 54 92 66, www.amyclae.it.

• ***Aurora€€€-€€€€, sympathisches Haus direkt am Meer am Fuß der Altstadt, hoteleigener Strand, geräumige und komfortable Zimmer, teilweise mit Meerblick, teilweise mit Blick auf den alten Ort, Via C. Colombo 15, Tel. 07 71 54 92 66, Fax 07 71 58 40 14, www.aurorahotel.it.

• ***La Sirenella€€€-€€€€, direkt am Meer mit eigenem Strandabschnitt, schöne, gut ausgestattete Zimmer, alle mit Balkon oder Terrasse zum Meer, atmosphärisch eher vornehm-bieder, Via C. Colomba 25, Tel. 07 71 54 91 86, Fax 07 71 54 91 89, www.lasirenella.com.

• **Marconi€€€, schöne Lage nah am Meer gleich unterhalb des alten Ortes, alle Zimmer mit Balkon und Ausblick über die Bucht bis nach Terracina, rustikal-ansprechend eingerichtete Zimmer unterschiedlichen Zuschnitts, ganz oben 2 Zimmer mit Terrasse, atmosphärisch angenehm, Via S. Rocco 24, Tel. u. Fax 07 71 54 80 06/7, www.hotelmarconi.com.

• **Grazia€€-€€€, freundliches und familiäres Haus in ruhiger Seitengasse, 100 m zum Meer, schöne Zimmer mit ordentlichem Komfort, Via M. A. Colonna 10, Tel. 07 71 54 82 23, Fax 54 95 33, www.hotelgrazia.com.

• **Florenza Residence,** herrliche Lage am Rande des historischen Zentrums, Appartements mit 2 bis 6 Betten, alle mit Küche, einige mit Traumblick auf die Bucht, Preise pro Woche je nach Saison und Größe unterschiedlich, von Mitte Sept. bis Mitte Juni zwischen 430 Euro (max. 4 Personen) bis 855 Euro (max. 7 Personen); die übrige Zeit bis doppelt so teuer, 55 Euro Zuschlag pro Woche für Zimmer mit Meerblick, Via Caio Duilio 1, Tel. u. Fax 07 71 54 82 60, www.florenzaresidence.it.

• **Agriturismo Villa Prato€,** fünf einfach ausgestattete ordentliche Zimmer mit eigenem Bad, 1 km außerhalb des Ortes gelegen, mit Garten und Frühstücksterrasse, 27–30 Euro p.P. mit Frühstück, Juni bis Mitte Sept. nur Halbpension für 50–60 Euro, Via Prato 3, Tel. u. Fax 07 71 54 97 70, www.agriturismovillaprato.it.

• **Jugendherberge Marina degli Ulivi€,** 8 Zimmer mit insgesamt 25 Schlafplätzen, Übernachtungspreis 19 Euro p.P., Via Fiorelle, Tel. 07 71 55 70 31.

Essen und Trinken

• **Agli Archi€€€**, kleines, freundliches Ristorante auf einem hübschen Platz im oberen Teil der Altstadt, häufig wechselndes Angebot, gut sind vor allem die Fischvorspeisen, Via Ottaviano 17, Tel. 0 77 15 43 00, Mi Ruhetag.

• Wer es preiswerter haben will, ist in der **Pizzeria-Trattoria Tropical€-€€** gut aufgehoben, lockeres Ambiente, einfache Ausstattung, gute Pizzen, im Ristorante ordentliche Standardgerichte, an der Hauptstraße westlich unterhalb des alten Ortskerns, Via C. Colombo 19, Mo Ruhetag, Tel. 07 71 54 84 61.

• **Pizzeria-Trattoria Corallo€-€€**, beim oberen Altstadteingang, auch zum Draußensitzen, Pizzabäcker *Maurizio* hat für seine knusperigen Produkte schon einige Preise eingeheimst, Corso Leone 3, Tel. 07 71 54 85 45.

Verkehrsmittel

Bus

Werktags 10x, So 4x nach **Terracina;** nur werktags 10x nach **Gaeta/Formia;** werktags 14x, So 12x mit COTRAL oder Servizio Urbano Piazzoli über den Bahnhof Fondi-Sperlonga (Interregio-Halt an der Hauptstrecke Rom – Neapel) in den Ort **Fondi.**

Sport

• **Freeclimber** finden ein Betätigungsfeld an der Felsküste etwa 5 km Richtung Gaeta, unterhalb des Monte Moneta.

Gaeta

XXII, B3

- **21.130 Einwohner**
- **5 m üNN**
- **9 km südwestlich von Formia**
- **PLZ 04024**

Zwischen Sperlonga und Gaeta rücken die Ausläufer der **Monti Aurunci** bis unmittelbar an die Küste, die hier stellenweise mit steilen Felsen zum Meer hin abbricht. An den kahlen Hängen wachsen mediterrane Macchia und Buschwald. Auf Felsvorsprüngen stehen die Ruinen mittelalterlicher Wachtürme, die gegen die vom Meer her drohende Gefahr durch Piraten- und Sarazenenüberfälle sichern sollten. Von der mit einigen Tunnels gut ausgebauten Küstenstraße, die dem Verlauf der antiken **Via Flacca** folgt, blickt man hinunter in idyllische kleine Strandbuchten. Bedauerlicherweise ist vieles nicht frei zugänglich, weil von Hotels in Beschlag genommen, die, wie in Italien leider üblich, alles unternehmen, um für ihre Gäste ein exklusives Stück Küstenidylle zu sichern. Einen größeren freien Strandabschnitt mit Restaurants und Bars findet man etwa acht Kilometer östlich von Sperlonga mit der **Spiaggia San Agostino.**

An der Spitze einer weit vorspringenden Landzunge liegt vom Meer umgeben die uralte Stadt **Gaeta.** An der Ostseite der **Halbinsel** befinden sich die Altstadt und der Hafen, der bis heute eine wichtige militärische Funktion hat, an der Westseite liegt der **Strand von Serapo** mit moderner Hotelbebauung. Landeinwärts an der Nordseite der Stadt erstreckt sich das kleine mediterrane Viertel Porto Salvo. Das von einer Festung überragte alte Gaeta auf der Landspitze bietet vor dem Hintergrund des blauen Golfes, über dem sich bis in eine Höhe von 1500 Metern die kahlen Berge der Monti Aurunci auftürmen, einen malerischen Anblick. Beim näheren Hinschauen wirkt jedoch vieles verfallen und süditalienisch vernachlässigt, die Bomben des Zweiten Weltkriegs haben Lücken in die Altstadt gesprengt, die bis heute nicht überall geschlossen wurden. Dennoch lohnt ein Besuch, denn die Kleinstadt mit **neapolitanischem Alltagsflair** besitzt einige interessante Kirchen, antike Ruinen und ein kleines Stück mediterraner Natur gleich vor der Haustür.

Geschichte

Glaubt man dem antiken Schriftsteller *Vergil,* geht der Name der Stadt auf *Caieta,* die Amme des Helden *Aeneas,* zurück. Damit wäre Gaeta eine sehr alte Gründung durch die aus ihrer kleinasiatischen Heimat vertriebenen Trojaner. In der römischen Kaiserzeit lag hier der **Hafen Formias,** in der schönen Umgebung bauten Kaiser und Patrizier ihre Villen. Danach herrschten Byzantiner und arabische Sarazenen, ab Mitte des 9. Jahrhunderts war Gaeta selbstständiges Herzogtum, das 1140 von den Normannen eingenommen wurde, die sich wiederum dem Stauferkaiser *Friedrich II.* beugen mussten. Danach kam die Stadt an die *Anjou* und Aragonesen und wurde für lange Jahrhunderte Teil des Königreichs von Neapel, das den wichtigen Hafenort noch im 19. Jahrhundert mit großen Festungsanlagen sicherte. Im italienischen Einigungskrieg 1860/1861 fiel Gaeta als **letzte Bastion des Königs von Neapel,** der sich mit 12.000 Soldaten in der Festung verschanzt hatte, an die Revolutionstruppen *Garibaldis.* Nach wie vor profitiert der Ort von seinem Hafen, über den Produkte der Petrochemie importiert werden und der gleichzeitig als Nato-Stützpunkt dient.

Besichtigung

Das Zentrum der Stadt bilden die ineinander übergehenden Plätze Piazza Libertà, Piazza di Liegro und Piazza XIX Maggio. Nördlich der Piazza Libertà erstreckt sich mit einigen hübschen Gassen, Torbögen und engen Durchlässen das **Viertel Porto Salvo.** Mittendurch führt die **Via dell'Indipendenza,** ein typisch neapolitanischer Straßenzug mit kleinen Läden, Pizzerien, Bars, Fisch-, Obst- und Gemüseständen sowie farbig getünchten Häusern, über denen die zum Trocknen rausgehängte Wäsche baumelt. Vor allem am Vormittag geht es hier laut und lebhaft zu. Über die links abzweigende Treppengasse Salita degli Scalzi und die Via Atratina erreicht man die **Ruine des Mausoleo Atratino.** Das Grabmal wurde im 1. Jahrhundert v.Chr. für einen römischen Feldherrn errichtet, die ursprüngliche Marmorverkleidung wurde später im Domturm verbaut.

Von der Piazza Libertà führt der Lungomare Caboto am Hafen entlang zur Altstadt. Hinter den Stadttoren **Porta Carlo III** rechts und **Porta Carlo V** links der Straße – Teile der Stadtbefestigung, mit der die Altstadt auf der Halbinsel einst vollständig abgeriegelt werden konnte – erreicht man die **Chiesa dell'Annunziata.** Die ursprünglich gotische, um 1620 in lichtblauem Barock umgestaltete Kirche wirkt heiter und festlich. Die reiche Ausstattung umfasst Marmorintarsien und Goldverzierungen am Altar, barocke Gemälde von *Sebastiano Conca* und *Luca Giordano,* hölzernes Chorgestühl und das Renaissancetryptichon „Maria Himmelfahrt" von *Andrea da Salerno* (1480–1530). Falls geöffnet, lohnt ein Blick in die Capellina d'Oro hinter der Sakristei, eine kleine, aber prächtige Kapelle im Stil der Renaissance mit Gemälden von *Criscuolo* (1531).

Am Hang erhebt sich die Mitte des 19. Jahrhunderts errichtete neogotische Kirche **San Francesco,** die man über Treppenrampen erreicht. Vom Kirchplatz hat man einen schönen Blick über den Golf. Den dreischiffigen Innenraum schmücken große Säulen mit den Figuren der zwölf Apostel. Die Kirche entstand auf Ver-

Bild ganz rechts: Der Dom von Gaeta mit seinem eleganten Glockenturm

Bild rechts: Die Via dell'Indipendenza, ein typisch neapolitanischer Straßenzug

anlassung Papst *Pius IX.*, der 1848 als einfacher Priester verkleidet hinter die dicken Mauern Gaetas geflüchtet war, um den zornigen Volksmassen in Rom zu entkommen. Der König von Neapel gewährte Asyl und ließ San Francesco erbauen, nachdem sich der Papst über die Ärmlichkeit des franziskanischen Vorgängerbaus beschwert hatte.

Über die zum Meer hin offene Piazza Caboto, die gute Stube Gaetas, erreicht man den ältesten Teil der Stadt. Um Ufer werkeln Fischer an ihren kleinen Booten, dahinter stehen in grauer Tarnfarbe die großen Pötte von Zoll und Militär. Am Hafenkai steht in byzantinischen Formen die einfache Kirche **San Giovanni al Mare** aus dem 10. Jahrhundert.

Im Hafenviertel wenige Schritte vom Ufer entfernt liegt auch der 1106 geweihte **Dom.** Er besitzt einen höchst eleganten Glockenturm in normannisch-sizilianischem Stil. Die Basis bilden die Marmorblöcke des Grabmals des *Atratinus,* antike Säulen rahmen das Portal. Im Treppenaufgang hängen über römischen Sarkophagen zwei mittelalterliche Reliefs zur alttestamentarischen Geschichte von *Jonas* und dem Walfisch. Dies ist ein in den Kirchen an der Küste Süditaliens häufig

lat_519a Foto: gh

lat_519b Foto: gh

dargestelltes christliches Motiv, symbolisiert es doch gleichzeitig die Gefahr durch das den Menschen verschlingende Meer und das tröstende Thema von Tod und Wiederauferstehung. Der Eingang zum Dom befindet sich heute an der 1903 neogotisch erneuerten Rückfront. Im barock umgestalteten Innenraum ist vor allem der als Reliefsäule mit 48 Bildfeldern gestaltete Osterleuchter des 13. Jahrhunderts bemerkenswert, der filigran und

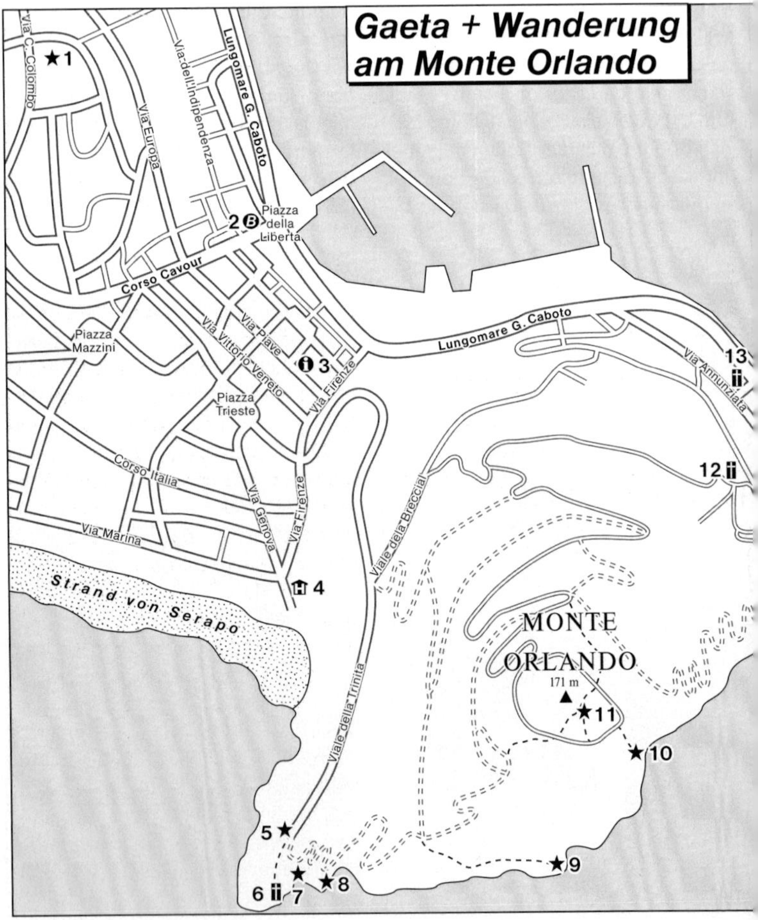

detailreich Episoden aus der Jesusgeschichte und der Vita des Stadtheiligen *S. Erasmo* schildert. Schönen Barockschmuck mit Intarsien, Marmorreliefs und Stuckarbeiten zeigt die Krypta des 17. Jahrhunderts.

- ★ 1 Mausoleo Atratino
- Ⓑ 2 Bushalt Rg. Sperlonga
- ⓘ 3 Touristeninformation
- 4 Hotel Serapo
- ★ 5 Santuario della Montagna Spaccata
- 6 Kapelle F. Neri/Felsspalt
- ★ 7 Grotta del Turco
- ★ 8 Aussichtspunkt
- ★ 9 Polveriera
- ★ 10 Aussichtspunkt
- ★ 11 Mausoleum des L. M. Plancius
- 12 S. Francesco
- 13 Chiesa dell'Annunziata
- Ⓑ 14 Bushalt Rg. Formia
- 15 Dom
- 16 S. Giovanni al Mare
- 17 Osteria Mediterraneo
- 18 Castello Angioino-Aragonese

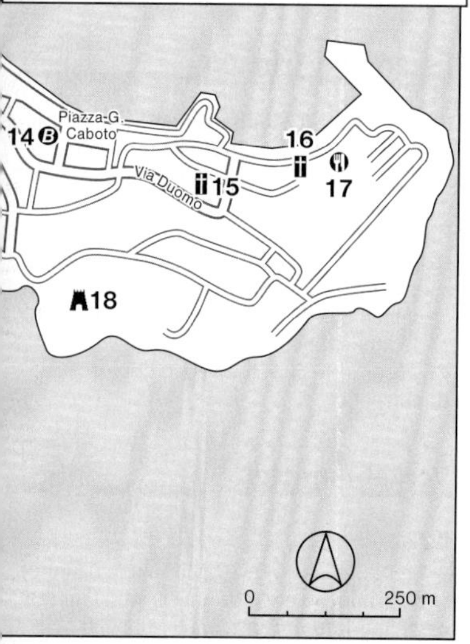

Die hinter dem Dom hochsteigenden Treppen führen zu einem Aussichtsplatz an der Via Aragonese mit dem klassischen Fotomotiv des vor dem Golf von Gaeta aufsteigenden Domturms. An der Via Aragonese steht auch das **Castello Angioino-Aragonese,** ein wuchtig-düsteres Burggemäuer mit zylindrischen Türmen. Ab dem 13. Jahrhundert wurde die Festung unter den verschiedenen Machthabern Gaetas *(Friedrich II., Karl von Anjou, Alfonso d'Aragon, Karl V.)* stetig erweitert und ausgebaut. Sie dient bis heute u.a. als Militärgefängnis und ist daher nicht zu besichtigen.

Hinter der Burg erheben sich die mit Macchia-Vegetation bedeckten Hänge des **Monte Orlando** aus dem Meer. Das kleine Küstengebirge ist zwar gerade einmal 170 Meter hoch, bildet aber an seiner Südseite schroffe Felswände. Als **Parco Regionale Urbano del Monte Orlando** ist es vor weiterer Bebauung geschützt. Am höchsten Punkt des von alten Militärstellungen des 16. bis 19. Jahrhunderts durchlöcherten Bergs steht das **Mausoleum des Lucius Munatius Plancius** (85–15 v.Chr.), die nicht unbescheidene Grabstätte des Militärführers und Statthalters *Cäsars* in Gallien, der die römischen Kolonien Lugdunum (Lyon) und Baurica (Basel) begründete. Im Innern des mit Travertinplatten und einem mit Militärsymbolen verzierten Relieffries verkleideten Rundbaus von 93 Metern Außenlänge hat sich der Verstorbene in Gestalt einer großen Marmorstatue verewigen lassen.

An der Südwestseite des Monte Orlando steht am Felshang über dem Meer das ungewöhnliche **Santuario della Montagna Spaccata,** das „Heiligtum des gespaltenen Berges", das Ziel zahlreicher Pilgergruppen ist. Rechts der barock umgestalteten Wallfahrtskirche aus dem 15. Jahrhundert beginnt ein Gang, der mit farbigen Keramiken zur Leidensgeschichte Jesu im naiven neapolitanischen Stil des 19. Jahrhunderts geschmückt ist. Er führt zu der in einen engen Felsspalt eingeklemmten **Kapelle des hl. Filippo Neri** hinunter. Der Legende nach brach der riesige Fels in dem Moment auseinander, als Christus am Kreuz verstarb. Über Treppen absteigend erreicht man schließlich die mit einem großen Holzkreuz geschmückte **Capella del Crocifisco.** Zwischen den beiden Kapellen ist im Fels der Umriss einer Hand abgebildet. Angeblich gab der Stein demonstrativ unter der Hand eines ungläubigen Türken nach, als dieser Zweifel an der Richtigkeit der Legende von der Entstehung der Bergspalte äußerte.

Links vom Eingang zur Wallfahrtskirche geht es über Stufen hinunter in die eindrucksvolle **Grotta del Turco,** eine große, mit dem Meer verbundene, vom Rauschen der Brandung erfüllten Karsthöhle.

An der Straße zum Heiligtum stehen Buden und **Verkaufsstände,** die den an einem solch magisch-religiösen Platz in Süditalien unvermeidbaren Souvenirkitsch anbieten, daneben gibt es auch zwei Bars und eine einfache Trattoria.

- **Montagna Spaccata** und **Grotta del Turco,** zugänglich tgl. 8–13 u. 15–19 Uhr (im Sommer) bzw. 8–12 u. 14.30–17 Uhr (im Winter).

Touristeninformation

- **I.A.T.,** Via E. Filiberto 5, Tel. 07 71 46 11 65, Fax 07 71 45 07 79.

Unterkunft

Die Hotels Gaetas liegen **im Strandviertel Spiaggia di Serapo oder an der Küstenstraße nach Sperlonga,** überwiegend sind es etwas überteuerte moderne Appartementbauten am Meer.

- ***__Serapo__€€€, zentrumsnah am Beginn des Serapo-Strandes liegt dieses große Ferienhotel mit einfach eingerichteten, ordentlich ausgestatteten Zimmern, teilweise mit Meerblick, Swimmingpool und hoteleigener Strand sind vorhanden, DZ ab 77 Euro mit Frühstück, Località Serapo, Tel. 07 71 45 00 37, 07 71 31 10 03, www.hotelserapo.com.

Essen und Trinken

- In der **Osteria Mediterraneo**€€€ in der Altstadt dreht sich alles um Fisch und Meeresgetier, die auf traditionelle Art zubereitet werden: Fischeintopf, hausgemachte Pasta mit Fischsugo, mit Oliven und Kartoffeln geschmorter Stockfisch usw., nicht ganz billig, aber fangfrischer Fisch hat heute zwangsläufig seinen Preis, Via Bausan 42, Tel. 07 71 46 12 12, nur abends, Di Ruhetag.
- Gut sortierte **Enoteca** neben der Kirche SS. Annunziata.

Verkehrsmittel

Bus

Werktags alle 20–30 Min. zum Bahnhof von **Formia,** So etwa stündlich; werktags 10x nach **Sperlonga/Terracina.**

Kurzwanderung auf der Halbinsel von Gaeta

Der seit 1986 **unter Naturschutz stehende Südteil der kleinen Halbinsel um den Monte Orlando** ist das Ziel dieser nicht allzu langen und **einfachen Wanderung,** die beim Dom von Gaeta beginnt. Sie führt mit schönen Ausblicken durch mediterrane Macchia zum Rand der stellenweise senkrecht abfallenden Steilküste von Gaeta. An der Route liegen das römische Mausoleum des *Plancius,* das Wallfahrtsheiligtum Montagna Spaccata und die Grotta del Turco.

Dauer: knapp 3 Std. (ohne Besichtigungen). **Anstiege:** 350 Höhenmeter. **Schwierigkeitsgrad:** leichte Wanderung, **einfache Orientierung.**

Der Wegverlauf:

Unmittelbar hinter dem Dom steigt man die Stufen hinauf, nimmt einen ersten Durchgang nach links und gelangt durch ein Gewölbe zu einer kleinen Wiesenterrasse, vor der man nach rechts abbiegt. Über eine Steintreppe weiter ansteigend wird am Kirchlein **SS Rosaria** vorbei die **Via Aragonese** erreicht. Man geht rechts und hat gleich einen herrlichen Blick zum Domturm vor dem blauen Hintergrund des Golfes von Gaeta. Die Via Aragonese passiert die abweisenden Mauern des **Castello Aragonese,** einen Aussichtsplatz mit Blick auf die Steilküste und beschreibt eine Rechtsbiegung. Hier links auf die Via Lieto abzweigen, die nach 5 Min. auf die neogotische **Chiesa San Francesco** zuläuft (15 Min.). Etwa 100 m vor der Kirche nach links auf einen Fahrweg einbiegen (gelbes Hinweisschild zur Villa San Martino). Dieser zieht sich in Serpentinen den Hang hinauf und bietet dabei weite Ausblicke über das Castello Aragonese hinweg bis nach Neapel. Der Weg passiert eine Villa mit Zinnenturm, verläuft ein Stück eben an einer Mauer entlang und trifft schließlich auf das zum Monte Orlando hinaufführende Fahrsträßchen (35 Min.).

Wir folgen nicht der Straße, sondern links von ihr einem Weg, der zwischen die grasüberwachsenen Mauern einer **alten Militäranlage** *(batteria)* führt. Schon im 16. Jahrhundert begannen die Militärs der Könige von Neapel, auf dem Monte Orlando ihre Abwehrstellungen auszubauen, überall findet man im Gelände Schützengräben, Höhlen und Kammern für die Aufbewahrung von Waffen und Munition. Am Ende der *batteria* nach rechts biegend steigt man zwischen Steineichen zu einem Sträßchen an und folgt ihm nach links. Nach der folgenden Rechtskurve taucht linker Hand eine weitere, runde Bastion auf. Hier zweigt ein mit **„sentiero panoramico ornitologico“** beschilderter Macchiapfad Richtung Küste ab, der nach kurzem Wegstück zu einem Aussichtspunkt hoch über dem Meer führt (Achtung: hinter dem Geländer senkrecht abfallende Steilfelsen!). Wir gehen zurück zur Straße und folgen ihr 3 Min. nach links bis zum runden **Mausoleum des Plancius** am höchsten Punkt des **Monte Orlando** (50 Min.).

An der Südwestecke des Platzes beim Grabmal weist ein **Holzschild „Polveriere“** auf den weiterführenden Pfad, der ein Sträßchen kreuzt und über einige Stufen zu einem Aussichtspunkt mit Blick nach Sperlonga führt. Auf einem durch Geländer gesicherten Pfad geht es hinab zu einem breiteren Weg, auf diesem geradeaus (Hinweis „Falesie“), weiter abwärts zu einem Haus und von diesem auf breitem Pflasterweg zu einer beschilderten Wegkreuzung (1 Std.).

Ein Abstecher nach links Richtung „Polveriere“ führt mit Küstenblick an den Ruinen zweier Kapellen vorbei und endet bei einer dritten Ruine, der **Polveriera,** einem ehemaligen Militärgebäude des 17. Jahrhunderts, das der Lagerung von Waffen und Schießpulver diente (Vorsicht beim Betreten der Ruine, es gibt hier tiefe Löcher).

Zurück bei der beschilderten Wegkreuzung (1:25 Std.) nehmen wir den westlich im Wald absteigenden Weg Richtung **„Montagna Spaccata“.** In der zweiten Rechtskurve, bei einer Erläuterungstafel, führt ein Pfad nach links 20 m aus dem Wald hinaus zu einem weiteren Aussichtspunkt am Rande steiler Felsen (Vorsicht!). Der Hauptweg erreicht 5 Min. später das Wallfahrtsheiligtum **Santuario della Trinità** (1:45 Std.). Hinter dem Eingangstor beginnen rechts die Stufen hinunter zur **Grotta del Turco,** links hinter der Kirche befindet sich der Zugang zur Montagna Spaccata.

Rückweg: Auf der Straße käme man in etwa 15 Min. nach Gaeta. Stattdessen kann man auch auf dem Hinweg zurück zur beschilderten Wegkreuzung 10 Min. oberhalb des Santuario wandern und hier diesmal dem ebenen Weg nach links folgen. Dieser trifft nach weiteren 10 Min. auf die Straße zum Monte Orlando. Auf der Straße etwas ansteigend wird beim Abzweig des Weges in die Militärstellung der Hinweg erreicht (= 35 Min.), dem man zurück zum Dom folgt (2:45 Std.).

Itri

↗ XXII, B3

- **8730 Einwohner**
- **170 m üNN**
- **11 km westlich von Formia**
- **PLZ 04020**

Im Tal entlang der Durchgangsstraße von Formia nach Fondi liegt der lebendige neuere Ortsteil, darüber der auf eine Gründung des 10. Jahrhunderts zurückgehende historische Ortskern. Von fern betrachtet zieht er sich malerisch zu zwei romanischen Kirchtürmen und einer mächtigen Burgruine den Hügelrücken hinauf. Bei genauerem Hinsehen erkennt man jedoch, dass die Wunden des Zweiten Weltkriegs immer noch nicht ganz verheilt sind, das alte Zentrum wirkt zum Teil verlassen und etwas verwahrlost. Von der Kirche **Santa Maria** (12. Jahrhundert) ist nur der schöne Campanile stehen geblieben, das Kirchenschiff fiel unter den Bombenangriffen der Alliierten in Schutt und Asche. Besser erhalten ist die Kirche **Sant'Angelo** aus dem 11. Jahrhundert an der gleichnamigen Piazza ganz oben im alten Ort. Sie besitzt ebenfalls einen anmutigen mittelalterlichen Campanile, im barock umgestalteten Innenraum ruhen die Chorsäulen auf steinernen Löwen. Das mächtige **Castello von Itri** (12. bis 14. Jahrhundert) ist wegen Einsturzgefahr nicht zugänglich, 2005 waren Restaurierungsarbeiten im Gange.

Unterkunft, Essen und Trinken

- ****Il Grottone**€, im Zentrum an der Hauptstraße, ordentliches familiäres Kleinstadthotel, die Zimmer sind nicht besonders geräumig, aber akzeptabel und sauber, wegen der Straßengeräusche besser die Räume zur Rückseite nehmen, mit ordentlichem **Ristorante**€-€€, Corso V. Emanuele II 2, Tel. 07 71 72 70 14, Fax 07 71 07 71 72 81 89.

Verkehrsmittel

Bus

Werktags häufig, So nur 4x zum Bahnhof von **Formia;** nach **Fondi/Bhf Monte San Biagio/Terracina** werktags 16x, So 2x.

Die Umgebung von Itri

Einige Kilometer westlich von Itri verläuft neben der Hauptstraße nach Fondi ein gut erhaltenes gepflastertes Teilstück der antiken **Via Appia Antica,** die hier zu einem Pass anstieg.

Etwa zehn Kilometer nördlich, in den Bergen Richtung Campodimele, liegt weithin sichtbar auf einer Hügelkuppe das Wallfahrtsheiligtum **Madonna del Monte Cività,** ein typisch süditalienischer Tempel der Volksfrömmigkeit (geöffnet 7–12 u. 15–20 Uhr). Links vom Altar der Barockkirche öffnet sich die **Capella delle Sante Reliquie,** wo in großer Zahl Gebeine, Knochenstücke, Splitter, Zähne, ja ein ganzes Gebiss in Vitrinen ausgestellt sind. Sie stammen angeblich von diversen örtlichen Heiligen, von denen es in dieser Gegend offensichtlich in fast jedem Dorf mindestens einen gegeben haben muss. Vom Kirchplatz bietet sich eine schöne Aussicht über die kargen Hänge der Monti Ausoni.

Essen und Trinken

- **In Campodimele** nördlich an der Straße nach Pico bietet das **Ristorante La Longevità**€€ solide Landküche und ein viergängiges Standardmenü zu 20 Euro an (Vorspeise, erster und zweiter Gang, Nachtisch), Corso Trento e Trieste 37, Tel. 07 71 59 82 89, kein Ruhetag.

Formia

↗ XXII, B3

- **36.000 Einwohner**
- **50 m üNN**
- **85 km nordwestlich von Neapel**
- **PLZ 04023**

Der größte Ort im Südzipfel Latiums wurde im Zweiten Weltkrieg zu weiten Teilen zerstört, moderne Bauten bestimmen das Bild der Stadt. Von dem lebhaft-lauten Regionalzentrum verkehren die **Fähren zu den Ponzianischen Inseln.** Östlich der Stadt erstrecken sich lange Sandstrände mit dem üblichen architektonischen Einerlei der Ferienappartements und Kastenhotels. Einen schönen Landschaftshintergrund bilden die **Monti Aurunci,** die gleich hinter der Stadt mit steilen, karg bewachsenen Hängen bis zum 1533 Meter hohen **Monte Petrella** ansteigen.

Formia war in der römischen Antike eine wichtige Stadt an der Via Appia, die sich mit repräsentativen Bauten schmückte. Im 9. Jahrhundert zerstörten Sarazenen den Ort, der dann gut befestigt zweigeteilt in Mola und Castellone im Mittelalter neu entstand. 1861 kamen die Dörfer zusammen, um das neue Formia zu bilden.

Sehenswürdigkeiten sind dünn gesät. Über die Via Rubino/Via del Castello gelangt man hinauf zum **westlichen Ortsteil Castellone,** einem atmosphärisch typisch süditalienischen Stadtviertel mit engen, farbigen Gassen, über denen die Wäscheleinen gespannt sind. Hier lag das antike Zentrum der Stadt, an mehreren Stellen lassen sich noch in die Häuserfundamente verbaute, glatt behauene römische Quadersteine erkennen. Die Gasse Vico del Teatro führt zu einem vierstöckigen **Logenbau,** der auf den Grundmauern des Amphitheaters ruht. Auch die ehemalige Bischofskirche **S. Erasmo** nimmt den Platz eines antiken Baus, wahrscheinlich eines Tempels, ein. Nahebei steht ein oktogonaler **Wehrturm,** von denen einst acht die mittelalterliche Stadt beschützten. Unter der Piazza S. Anna liegen die Gewölbe des **Cisternone,** einer großen römischen Zisterne zur Versorgung der antiken Stadt.

Am äußersten westlichen Stadtrand, an der Straße nach Itri, steht in einem Zypressengärtchen die **Tomba di Ci-**

cerone, die turmartige Ruine des Grabmals des *Cicero*. Leider stört der unablässig im Hintergrund brausende Verkehr die mediterrane Idylle. Ob *Cicero* hier wirklich seine letzte Ruhestätte fand, ist letztlich nicht bewiesen. Der berühmte Dichter, Philosoph, Rechtsgelehrte und Volkstribun wurde 43 v.Chr. bei Formia auf der Flucht nach Griechenland von den Soldaten des *Marc Anton* ermordet. Als entschiedener Anhänger der Republik und Gegner der neuen Diktatur des Triumvirats hatte er sich um Kopf und Kragen geredet.

Touristeninformation

- **I.A.T.,** Viale Unità d'Ialia 30–34, Tel. 07 71 771490, Fax 07 71 32 32 75.

Unterkunft

- ****Castello Miramare**€€€-€€€€, vornehmes, burgartiges kleineres Hotel außerhalb im Grünen am Berghang mit Blick auf den Golf von Gaeta, in altem Stil eingerichtete, komfortabel ausgestattete Räume, mit eigenem Restaurant, Via Balze di Pagnano, Tel. 07 71 70 01 38, Fax 07 71 70 01 39, www.hotelcastellomiramare.it.
- ****Del Golfo**€, einfaches und preisgünstiges Haus beim Bahnhof, saubere Zimmer mit passablem Komfort, zur Rückseite ruhiger und teilweise mit schönem Blick über die Bucht von Gaeta, auf jeden Fall okay für eine Nacht, wenn man die Fähre nach Ponza verpasst hat, Piazzale della Stazione 1, Tel. u. Fax 07 71 79 00 37 u. 07 71 77 18 74.

Essen und Trinken

- Das in fast allen Restaurantführern gelobte und nicht gerade billige **Ristorante Sirio**€€€-€€€€ bietet vor allem fangfrischen Fisch in diversen Variationen, Viale Unità d'Italia, Tel. 07 71 79 00 47, Mo abend und Di Ruhetag bzw. Di ganz u. Mi mittags im Sommer.
- Im **Ristorante Alla Vecchia Fontana**€€ speist man preiswerter und auch ganz ordentlich, gute *primi* mit Fischsaucen, an der Piazza auf Höhe des Fährhafens, Piazza T. Testa 11, Tel. 0 77 12 12 63, Mo Ruhetag.

Wanderung in den Monti Aurunci

Die sich 1500 Meter hoch über Formia auftürmenden Monti Aurunci sind das Ziel dieser Wanderung. Das karge, verkarstete Bergland, wo Kühe, Ziegen und halbwilde Pferde weiden, steht in starkem Kontrast zur übererschlossenen Badeküste. Auf einem alten Pilgerpfad erreicht man den **Redentore,** eine große Christusstatue auf einem Vorberg des **Monte Petrella.** Von hier oben bieten sich grenzenlose Ausblicke über den Golf von Gaeta und in die Bucht von Neapel.

Dauer: 5:30 Std. **Anstiege:** ca. 900 Höhenmeter. **Schwierigkeitsgrad:** recht anstrengende Bergwanderung; leicht bis mittelschwer, wenn man sich auf den Weg zum Redentore beschränkt (430 Höhenmeter, 2:30 Std.). **Anfahrt:** von Formia nach Maranola, wo man rechts am Ortskern vorbeifährt und sich links Richtung „Redentore" hält. Die schmale Straße steigt in Kurven an, bei der Gabelung auf der Höhe fährt man etwa 1 km nach rechts. Unterhalb eines Bruchsteingebäudes befindet sich rechts der Straße ein kleiner Parkplatz.

Der Wegverlauf:

Beim Parkplatz (820 m) weist ein **Hinweisschild „S. Michele Arcangelo"** auf den rotweiß markierten Wanderpfad zum Redentore, der um 1900 eigens für den Transport der großen Christusfigur angelegt wurde. Der nicht zu verfehlende, gut zu gehende schmale Weg der **„Strada della Statua"** gewinnt mit gleichmäßiger Steigung in der fast baumlosen Südflanke des Berges an Höhe. Oberhalb des Weges türmen sich bald schroffe Felsabbrüche auf. Im Rechtsbogen geht es auf einen Geländevorsprung mit Holzkreuz

(25 Min.), von hier nach links in Kehren zu einer Felskuppe mit weißer Madonnenstatue rechts (50 Min.). Nach weiteren gut 10 Min. Anstieg erreicht man den Rechtsabzweig zu der unter eine Felswand gebauten Kapelle **S. Michele Arcangelo** (1:05 Std.). Der Hauptweg führt im Rechtsbogen auf die **Passhöhe Sella Sola** (1:15 Std., 1226 m), wo ein rechts abzweigender Weg in weiteren 10 Min. zum sichtbaren **Redentore** ansteigt (1:25 Std., 1292 m). Der Rückweg auf gleicher Route dauert eine gute Stunde.

Geübte Wanderer könnten aber auch noch weiter **bis zum Monte Petrella** hinaufsteigen: Dazu folgt man vom Pass Sella Sola unterhalb des Redentore dem breiten Weg nordöstlich leicht bergan zu einer Passhöhe (1.50 Std. einschließlich Abstecher zum Redentore), wo nach rechts eine Pfadspur abzweigt (rot-weiß markierte Route 61). Sie führt östlich über steinige Wiesen, auf denen im Frühjahr zahlreiche Blumen blühen, und steigt dann den Westhang des **Monte Sant' Angelo** hinauf, einem wenig markanten, zum Meer steil abfallenden Aussichtsgipfel (1404 m, 2:20 Std.)

Von hier nordöstlich dem Kammverlauf folgend geht es auf undeutlicher Spur, ohne Markierung, durch steiniges Terrain, etwas beschwerlich über den benachbarten **Monte Campetelle** (1494 m) hinweg zum Bergsattel **Forcella di Campetelle** (3 Std., 1439 m), wo man auf eine rot-weiß markierte Route trifft. Noch knapp 100 Höhenmeter sind auf dieser bis zum Gipfel des **Monte Petrella** zu überwinden (1533 m, 3:20 Std.).

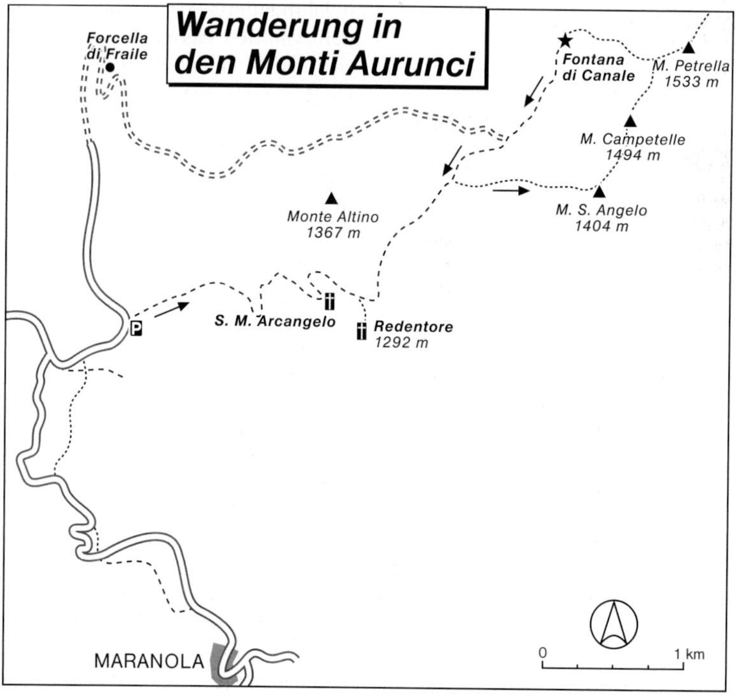

Zurück bei der Forcella di Campetelle folgt man dem westlich absteigenden rot-weiß markierten Pfad (Nr. 62, 63, 68), der bald steil und steinig durch eine Senke abfällt. Die markierte Route erreicht die Brunnen der **Fontana di Canale** (1276 m), hinter der ein Fahrweg weiterführt. Dieser gelangt nach ca. 20 Min. ab der Fontana di Canale zu einem breiten Linksabzweig bei Rastplätzen (4:10 Std.); hier hat man zwei Möglichkeiten: Der später aussichtsreiche, aber insgesamt etwas eintönige Hauptweg würde geradeaus, mit einem weiten Bogen nach Norden, am Fraile-Pass (Schutzhütte) vorbei, zurück zum Ausgangspunkt (5:45 Std.) führen. Nach links gut 10 Min. ansteigend trifft man beim Pass westlich des Monte Sant'Antgelo auf den zwar bekannten, aber schöneren **Hinweg,** dem man über den **Sella Sola** und die Strada della Statua zurück zum Ausgangspunkt folgt (5:30 Std.).

Östlich von Formia

An Formia schließt sich östlich das wenig spannende **Straßendorf Scauri** mit langen und im Sommer überfüllten Sandstränden an. Eine kleine, unbebaute, flachhügelige, mit Korkeichenwald und mediterraner Machia bewachsene Halbinsel schiebt sich beim Ort ins Meer. Sie wurde als **Area Prottetta di Gianola e Monte di Scauri** unter Naturschutz gestellt – ein winziges Stück unberührter Natur an der dicht bebauten Badeküste.

Eine von der Hauptstraße Formia – Scauri nach Süden abzweigende Stichstraße führt zur schmalen **Bucht Porticiolo** mit den Resten eines kleinen römischen Hafens. Von hier kann man in beiden Richtungen auf schönen Pfaden ein Stück dem Küstenverlauf folgen: Das Meer rauscht, Möwen kreisen, von den Hügeln weht der Duft der Macchiapflanzen herüber – für einen kurzen Moment fühlt man sich auf einer mediterranen Inselidylle fernab der modernen Zivilisation.

Minturno ⇗ XXIII, C3

- **3000 Einwohner**
- **140 m üNN**
- **12 km östlich von Formia**
- **PLZ 04028**

Das folgende Minturno ist ein freundliches Hügelstädtchen nahe der Grenze zu Kampanien. Es wurde Ende des 6. Jahrhunderts von Flüchtlingen aus dem von den Germanen zerstörten, vier Kilometer unterhalb in der Küstenebene gelegenen römischen Minturnae gegründet. Den Eingang zum alten Ortskern bewacht das von einem Rundturm flankierte **Castello Baronale** (13. Jahrhundert). Im mittelalterlichen Viertel dahinter haben sich trotz Bombenschäden, die bis heute noch nicht vollständig beseitigt sind, einige schöne Winkel erhalten. Mittelpunkt ist die altehrwürdige und kunstgeschichtlich hochinteressante Kathedrale **San Pietro.** Sie entstand im 11. Jahrhundert unter Verwendung von Architekturfragmenten aus Minturnae und wurde im 14. und 17. Jahrhundert umgebaut, so dass alle Stilepochen, von der Antike über Romanik, Gotik, Renaissance bis zum Barock, vertreten sind. Im romanischen Campanile sind antike Säulenteile verbaut. Der leider meist verschlossene Bau (nur Sa/So regelmäßig geöffnet) besitzt einige schöne Kunstwerke. Der dreischiffige Innenraum wird durch 18 römische Säulen aus Minturnae unterteilt, darüber wölbt sich die mit Papstwappen geschmückte hölzerne Renaissancekassettendecke. Im Chor findet man mit Barockbildern ausgefüllte gotische Kreuzrippengewölbe, ein gotisches Altarbild der stillenden Madonna *(Madonna lactans)* sowie Renaissancemalereien von einem Nachfolger *Michelangelos* (Sybille und Propheten). Die schönsten Ausstattungsstücke sind Kanzel und Osterleuchter (um 1260), beide mit farbigen Mosaiken verziert. Die Kanzel schmücken romanische Reliefs mit dem in Südlatium (Dom von Gaeta, siehe dort) öfters dargestellten alttestamentarischen Motiv des *Jonas* im Walfisch.

Im linken Seitenschiff führt ein Durchgang zur prunkvollen **Barockkapelle** mit barbusigen Frauengestalten an der Decke, vom Chor gelangt man durch eine Tür zur **Votivkapelle des hl. Filippo Neri** mit naiven Fresken des 17. Jahrhunderts zu den Wundertaten des Namensgebers.

Minturniae ⇗XXIII, C3

Die **römischen Ausgrabungen** von Minturniae am Gagliano-Fluss südöstlich von Minturno zeigen insgesamt wenig anschauliche Grundmauern von Thermen und Tempeln. Gut erhalten ist ein original gepflastertes Teilstück der antiken Fernstraße **Via Appia,** die mitten über das Forum von Minturnae führte. Das einzig größere Bauwerk, das **Theater,** ist stark restauriert. Im Theaterumgang ist ein kleines Museum mit kopflosen Statuen und Inschriftensteinen untergebracht. Bestes Stück ist die noch vollständig erhaltene, gütevoll blickende Figur des Kaiser *Augustus.*

● **Minturniae,** geöffnet tgl. 9–17 Uhr, Okt. bis März nur 9–16 Uhr.

Die Ponzianischen Inseln

Die fünf kleinen, **etwa 50 Kilometer vor der Küste von Terracina und Formia** gelegenen Inseln bieten etwas in Italien inzwischen ganz seltenes – intakte **mediterrane Küstenidylle** mit kleinen Felsbuchten und schönen Sandstränden, die noch nicht durch die Großbauten des modernen Massentourismus verschandelt sind. Der Archipel ist vulkanischen Ursprungs, aus Spalten im Meeresgrund aufsteigende Magmaströme formten die teilweise zerklüfteten Inseln, die eine Vielfalt von Gesteinsformen und Sedimenten besitzen, die in den unterschiedlichsten Farbtönungen in der Sonne leuchten. Das bewegte Landschaftsrelief setzt sich unter Wasser fort, und so verwundert es nicht, dass die Inseln ein **beliebtes Revier für Taucher und Schnorchler** geworden sind. Das Wasser ist sauber und glasklar.

Die nördliche Inselgruppe besteht aus **Ponza, Palmarola** und **Zannone,** etwa 20 Seemeilen südwestlich erheben sich **Ventotene** und **Santo Stefano** aus dem Meer. Nur Ponza und

lat_530 Foto: gh

Ventotene sind bewohnt und durch regelmäßig verkehrende Fähren mit dem Festland verbunden. Vor allem auf der Isola di Ponza gibt es eine gut entwickelte touristische Infrastruktur, aber auch die kleine Ventotene-Insel bietet inzwischen ein breiteres Angebot an Unterkünften.

In der Zeit der Römer entstanden erste Hafenanlagen auf Ponza, die Inseln dienten verschiedenen Kaisern vor allem als **Verbannungs-, Gefängnis- und Hinrichtungsorte** für unliebsame Konkurrenten, unbotmäßige Familienmitglieder und frühchristliche Bischöfe. Im frühen Mittelalter siedelten hier Eremiten und Benediktinermönche, die jedoch ihre Klöster nach den im 9. Jahrhundert einsetzenden Plünderungen durch Sarazenen und Piraten nach und nach verließen. Für Jahrhunderte gab es nur Ruinen, zwischen denen die Macchia wucherte. Um 1735 begann die gezielte Wiederbesiedlung von Ponza und Ventotene durch die Bourbonenherrscher von Neapel. Auch die alte Bestimmung als Verbannungs- und Gefängnisort sollte bald wieder aufleben. Noch *Mussolini* ließ hier zahlreiche Regimefeinde einkerkern.

Im 18. Jahrhundert waren **Fischfang** und **Wein- und Gemüseanbau** die Existenzgrundlage der wenigen Insel-

Der Hafen von Ponza

bewohner. Der wenig ertragreiche und mühselige Feldbau auf schmalen Hangterrassen ist heute weitgehend verschwunden, und auch der Fischfang ist fast zum Erliegen gekommen, da die Fangerträge wegen jahrzehntelanger Überfischung immer weiter zurückgehen. Der **Tourismus** ist inzwischen zur Haupteinnahmequelle geworden: Auch die Ponzianischen Inseln sind zumindest in Italien kein Geheimtipp mehr, in der sommerlichen Badesaison reisen massenhaft Badetouristen aus Rom und Neapel an, und die Unterkunftspreise gehen steil nach oben. Wer die Inselidylle in Ruhe genießen möchte, sollte die etwa von Mitte Juni bis Mitte September reichende Hauptsaison meiden.

Ponza, Palmarola und Zannone

- **Ponza: 3600 Einwohner,** max. 280 m üNN, 722 ha, PLZ 04027
- **Palmarola:** unbewohnt, max. 249 m üNN, 136 ha
- **Zannone:** unbewohnt, max. 194 m üNN, 102 ha

Isola di Ponza

Die Isola di Ponza ist mit einer Länge von 7,5 Kilometern und einer Maximalbreite von 1,8 Kilometern schon die größte der fünf kleinen Inseln. Mit dem 280 Meter hohen **Monte Guardia** besitzt sie auch die höchste Erhebung des Archipels. Etwa 3600 Bewohner leben noch ständig hier, im Juli und August vervielfacht sich die Zahl der Menschen auf der Insel. Außer dem **Hauptort Ponza** gibt es im Norden noch das **Straßendorf Le Forna.** An der über die Insel führenden Hauptstraße sind in den letzten Jahrzehnten zahlreiche neue Häuser gebaut worden. Zum Glück sind schlimme Bausünden mit großen Hotelkästen ausgeblieben, man ist offensichtlich bemüht, angepasst zu bauen.

Ein wie ein Amphitheater angelegter halbkreisförmiger **Hafen,** über dem in lichten Farben von Rot bis Gelb die kubischen Häuser des Inseldorfes aufsteigen, empfängt den mit der Fähre ankommenden Reisenden. Schon vom

lat_531 Foto: gh

Klippenvegetation auf der Isola di Ponza

Südlatium

Meer her sieht man das trotz geringer Höhen sehr bewegte Inselrelief mit Felsen und steil aus dem Meer aufragenden Klippen. Auf den Hängen wächst nach Kräutern duftende Macchiavegetation, im Frühsommer blüht kräftig gelb der Ginster. Die meist nicht mehr kultivierten kleinen Weinterrassen und Gemüsegärten verschwinden immer mehr unter der alles überwuchernden Mittelmeervegetation. Auf schmalen Pfaden kann man zu verschwiegenen kleinen **Felsbuchten** mit kristallklarem Wasser hinunterklettern, die man außerhalb der sommerlichen Hauptsaison meist für sich allein hat.

An der Landspitze **Punta della Madonna** östlich des Hafens öffnet sich zum Meer hin die **Pilatus-Grotte.** Hier wurden in römischer Zeit in angelegten Wasserbecken **Muränen** gehalten, die als heilige Tiere galten und trotzdem gerne verspeist wurden. Man hat-

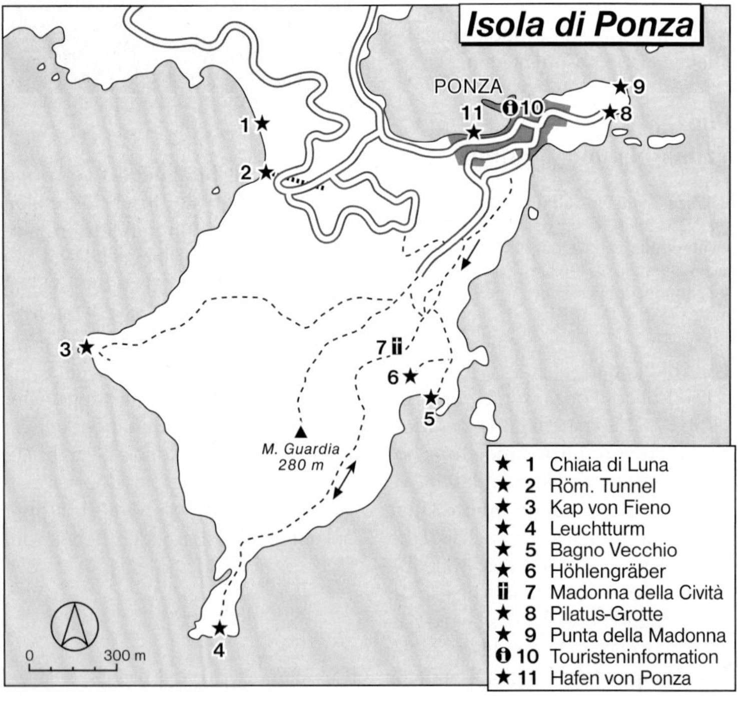

te damals die absurde Vorstellung, dass Muränen kein männliches Geschlecht hätten und durch Sternenlicht befruchtet würden, weswegen man die Grotte so baute, dass nachts das Sternenfunkeln durch ein Fenster in das Zuchtbecken fallen konnte.

Durch einen schon in römischer Zeit in den Fels gegrabenen Fußgängertunnel erreicht man die wunderschöne, von Steilfelsen wie eine Mondsichel geformte Sandstrandbucht **Chiaia di Luna.** Ein prächtiger Aussichtspunkt ist der **Monte Guardia,** zu dem ein Wanderpfad hinaufführt.

Isola Palmarola

Etwa acht Seemeilen westlich von Ponza erhebt sich die Isola Palmarola aus dem Meer. Die unbewohnte Insel ist schroffes Terrain mit steilen Felsformationen, **Monte Guarniere** (249 m) im Süden und **Monte Tramontana** (235 m) im Norden sind die höchsten Erhebungen. An der Südwestecke ragen die Steilwände des **Faraglione di Mezzogiorno** über 100 Meter hoch aus dem Wasser empor. Am Strand **Spiaggia di San Silverio** an der Westseite steht noch die Ruine des Kirchleins San Silverio, Hinweis darauf, dass auch dieses unwirtliche Stück Land einst besiedelt war.

Isola Zannone

Sechs Seemeilen nordöstlich von Ponza liegt die Isola Zannone, die wie Palmarola unbewohnt ist, nimmt man den Leuchtturmwärter aus. Die intakte Natur steht als **Teil des Parco Nazionale del Circeo** unter Naturschutz. Zugvögel machen hier Rast, eine **Mufflonherde,** die sich aus eingewilderten Tieren entwickelt hat, streift über die kargen Macchiahügel. Bei einer kleinen Inselwanderung trifft man auf Ruinen eines mittelalterlichen Klosters. Beim Anlegeplatz von Varo findet man die Reste einer antiken Muränenzuchtstation.

Ventotene und Santo Stefano

- **Ventotene: 500 Einwohner,**
max. 139 m üNN, 124 ha, PLZ 04020
- **Santo Stefano:** unbewohnt,
max. 75 m üNN, 28 ha

Isola Ventotene

Mit rostbraunen Vulkanfelsen steigt die 2,7 Kilometer lange, maximal knapp 1000 Meter breite Isola Ventotene als schiefe Ebene zum höchsten Punkt an. Das Landschaftsrelief ist hier weniger bewegt als auf der nordwestlichen Inselgruppe. Auf dem oben fast flachen Inselrücken liegen die **Gemüsegärten** der Inselbewohner, die Landbebauung zur Selbstversorgung wird auf Ventotene noch stärker gepflegt als auf Ponza, da das Land hier einfacher zu bewirtschaften ist.

Der **kleine Hafen** wird seit über 2000 Jahren genutzt, ein Teil der Kaimauern stammt noch von den Römern. Über dem Hafenbecken steht mit rosa- und gelbfarbenen Häusern ein hübsches kleines Inseldorf aus dem 18. Jahrhundert. Ventotene besitzt auch einige schöne Strände, wie die **Cala Nave** an der Ostseite, sowie diverse römische Ruinen, Zisternen und Mauerreste von Villen. An der

Nordspitze liegen die wenigen Überbleibsel der **Villa Giulia,** wo Kaiser *Augustus* seine Tochter wegen ihres exzessiven Lebenswandels zwölf Jahre lang festsetzen ließ. Insgesamt ist Ventotene außerhalb der kurzen sommerlichen Badesaison atmosphärisch ausgesprochen ruhig. Für einen längeren Aufenthalt ist sie nur geeignet, wenn man außer Sonne, Sand und Meer nichts braucht.

Isola Santo Stefano

Die zwei Kilometer südöstlich von Ventotene liegende Isola Santo Stefano diente **bis 1965** als **Inhaftierungsort für Schwerstkriminelle.** Der heute leere, theaterartig aufgebaute imposante Gefängnisbau von 1795 steht dominant am höchsten Punkt des nur etwa 28 Hektar großen und maximal 75 Meter hohen Inselchens. Dem Bau der Haftanstalt mitten im Meer ging ein 1768 vom König von Neapel initiiertes Resozialisierungsexperiment voraus. Den manchmal romantisierenden Idealen der Zeit entsprechend („zurück zur Natur"), glaubte man, Mörder, Betrüger, Diebe und Prostituierte würden sich bessern, wenn sie nur ein bescheidenes, naturnahes Leben fernab der Verlockungen der Städte führen würden. Der Versuch ging gründlich schief, bald herrschten gesetzlose Zustände auf Santo Stefano, und 1795 brachte man die Kriminellen wieder hinter Gitter.

Die stellenweise zerklüftete **Unterwasserlandschaft** um Ventotene und Santo Stefano steht seit 1999 unter **Naturschutz.**

Touristeninformation

- **Pro Loco Ponza,** Molo Musco, am Ende der Hafenmole, Tel. 0 77 18 00 31, www,prolocodiponza.it.
- **Pro Loco Ventotene,** Via Piazzetta 11, Tel. u. Fax 0 77 18 52 57 (nur im Sommer).

Unterkunft

Von etwa Mitte Juni bis Mitte Sept. werden unterschiedliche **Saisonaufschläge** verlangt, im Juli und mehr noch im August verdoppeln sich u.U. die Preise!

- ***__Chiaia di Luna__*€€€-€€€€*, größerer Hotelkomplex, baulich der Landschaft angepasster verwinkelter Flachbau, herrliche Lage mit Blick über die Bucht von **Ponza,** geschmackvoll in altem Stil eingerichtete Zimmer mit gutem Komfort, teilweise mit Terrasse und Meerblick, Meerwasserswimmingpool, die preiswerteren Zimmer ohne Meerblick, 3 Tage Mindestaufenthalt, Via Chiaia di Luna, Tel. 0 77 18 01 13, Fax 07 71 80 98 21, www.hotelchiaidiluna.com.
- *****Bellavista** €€€-€€€€, schöne Lage über der Steilküste nahe beim Ort **Ponza,** nüchtern-modernes Haus, auch was Einrichtung und Atmosphäre angeht, guter Komfort, einige Zimmer mit Meerblick, Via Parata, Tel. 0 77 18 00 36 u. 07 71 80 98 27, Fax 0 77 18 03 95, www.hotelbellavistaponza.it.
- ****Mari** €€€, schöne Lage an der oberen Uferpromenade von **Ponza,** einfach, aber mit Geschmack eingerichtete kleine Zimmer, die teureren mit schönem Blick über die Bucht, Corso Pisacane 19/20, Tel. 0 77 18 01 01, Fax 0 77 18 02 39, www.hotelmari.com.
- ****Feola** €€-€€€, nettes und ebenfalls im Hauptort **Ponza** gelegenes kleineres Hotel, recht komfortable, geräumige Zimmer, nicht so gute Aussicht zum Meer, dafür schöne Ausblicke über die Dächer von Ponza, im Sommer Gartenrestaurant, Via Roma 2, Tel. 0 77 18 02 05, Fax 0 77 18 06 17.
- **Bed & Breakfast Il Cigno** €€-€€€, ruhige Lage in schöner Landschaft an der Nordseite von **Ponza** über der Bucht Cala Fonte, einfach ausgestattete 2-, 3- u. 4-Bettzimmer,

Preise je nach Ausstattung, Saison und Aufenthaltsdauer von ca. 50–120 Euro pro Nacht, Via Montagnone, Tel. u. Fax 07 71 80 83 91, www.ilcignoponza.it

- **Bed & Breakfast Villa Ersilia**€€, Via Scotti, diverse Unterkünfte im alten Viertel von **Ponza** oberhalb des Hafens mit unterschiedlicher Ausstattung, z.T. mit Terrasse und schönem Blick auf den Hafen, Via Scotti 2, Tel. 0 77 18 00 97, www.villaersilia.it.
- **Turistcasa,** wochenweise Vermietung von Ferienappartements und Zimmern in der Zeit von Ende April bis Anfang November, etwa 20 Objekte von unterschiedlicher Größe und Ausstattung, große saisonale Preisschwankungen, bis Mitte Juni und ab Mitte September ist es deutlich preisgünstiger, ab ca. 190 Euro pro Woche, Via Roma 2, 04027 Ponza, Tel. 07 71 80 98 86, Fax 07 71 80 99 21, turistcasa@turistcasa.it, www.turistcasa.it.

Die Unterkünfte auf **Ventotene** sind vor allem während der Badesaison unverhältnismäßig teuer. Inzwischen gibt es auf der Insel neun Hotels. Relativ preiswert ist die schlichte, kleine **Pensione Isolabella**€€ über dem Hafen, einige Zimmer ohne eigenes Bad, mit Restaurant, Halbpension ab 57 Euro p.P.

Essen und Trinken

Die Restaurants **am Hafen von Ponza** sind allesamt etwas überteuert, insbesondere bei *coperto,* Wein, Wasser und Kaffee wird manchmal kräftig aufgeschlagen. Um unliebsame Überraschungen bei der Rechnung zu vermeiden, sollte man sich immer eine Speisekarte geben lassen. Bei Fisch ist in der Regel der Preis pro 100 g angegeben.

- In der altmodischen kleinen **Trattoria La Lanterna da Silverio**€€ am Hafen von **Ponza** gibt es gute traditionelle Alltagsküche mit den klassischen Fischgerichten, geringe Auswahl, aber frische Ware, Corso C. Pisacane, kein Ruhetag und kein Telefon, persönliche Voranmeldung ist am Wochenende ratsam.
- Gute und nicht übermäßig teure Fischküche bietet auch die **Trattoria Punta Incenso**€€-€€€ im Ort Le Forna am Ende der Inselstraße auf **Ponza,** man wirbt mit der Frische der Produkte, Gemüse kommt aus dem Garten, Fisch wird morgens frisch gefangen, Via Calacaparra, Tel. 07 71 80 85 17, Di Ruhetag.

Verkehrsmittel

Fähren

Täglich 1- bis 2x Fährverbindung von Formia, Terracina und Anzio nach Ponza; im Sommer zusätzliche Verbindungen nach Neapel, San Felice Circeo und Roma Fiumicino. Es fahren **normale Fähren** (ca. 11 Euro einfache Strecke) sowie doppelt so teure kleine **Schnellfähren (aliscafo),** die in der Saison vorgebucht werden müssen; Ventotene erreicht man ganzjährig von Formia aus, von Ponza aus nur im Sommer.

Von Formia verkehrt die **Großfähre der Gesellschaft Caremar,** die auch Autos mitnimmt – was für Touristen wenig Sinn macht; tgl. ab Formia um 9 u. 17.30 Uhr, ab Ponza um 5.30 u. 14.30 Uhr (2:30 Std. Fahrzeit).

Fahrplaninfos im Internet:

- **www.caremar.it**
(Formia – Ponza/Ventotene)
- **www.snapnavigazione.it**
(Terracina – Ponza)
- **www.vetor.it**
(Anzio – Ponza, nur Schnellfähre)

Bus

Etwa stündlich **von Ponza nach Le Forna;** der Bus startet am Hafen und fährt bis zum Ende der Inselstraße bei der Punta Incenso; in der Saison häufiger.

Bootsausflüge

In der Saison nach **Zannone** und **Palmarola** sowie **rund um Ponza.**

- **Cooperativa Barcaioli Ponzesi,** Via Corso Carlo Pisacane (Tunnel S. Antonio), Tel./Fax 07 71 80 99 29, www. ponza.com/barcaioli, Abfahrt vom Hafen jeweils um 10.30 Uhr, Rückkehr am Nachmittag, unterwegs Badegelegenheit.

Tauchen

Mit ihrem sauberen Wasser und den Buchten und Klippen bietet die **Insel Ponza** gute Voraussetzungen für Tauchgänge.

- Information und Organisation über **Ponza Diving Center,** Via Banchina (am Hafen), Tel. 07 71 80 97 88, www.ponzadiving.com.

Kleine Wanderung zum Leuchtturm von Ponza

Die einsame **Südspitze der Isola di Ponza** lässt sich nach wie vor nur zu Fuß erkunden. Drei beschilderte Wanderrouten, die zum Monte Guardia, dem Kap Punta del Fieno und zum Faro (Leuchtturm) führen, beginnen im Zentrum von Ponza. Mit schönen Ausblicken auf die zerklüftete Felsküste wandert man auf alten Pfaden durch die mediterrane Macchia.

Im Folgenden ist der knapp dreistündige **Weg zum Faro,** dem alten Leuchtturm an der Südspitze der Insel, beschrieben. Am Weg liegen eine wahrscheinlich frühchristliche Nekropole und zwei Felsbuchten, wo man ins kühle Nass springen kann.

Dauer/Schwierigkeit: reine Wanderzeit etwa 2:30 Stunden, einfache Wanderung auf Küstenpfaden, die an zwei Stellen jedoch etwas Trittsicherheit verlangen. **Orientierung:** einfach, an den Verzweigungen sind kleine Holzschilder angebracht. **Hinweis:** Die Tour lässt sich zum Monte Guardia oder zum Kap von Fieno verlängern; zum Ende der Wanderung trifft man auf den alten Pfad hinauf zum Monte Guardia, von diesem zweigt nach 100 m rechts der schmalere Wege zum Kap von Fieno ab.

Der Wegverlauf:

Der Weg beginnt beim *Municipio* (Rathaus) am östlichen Ende der Hafenmole von Ponza. Man folgt der Straße an der Kuppelkirche vorbei bergan und wendet sich nach

lat_536 Foto: gh

rechts zum **Hotel Bellavista.** Gleich hinter diesem geht es links die Treppen hoch. Man hält sich links und gelangt auf einen kurzen Pfadabschnitt am Rande der Steilküste (Vorsicht an der ungesicherten Abbruchkante!). An dessen Ende geht es links einen Stufenweg hoch, vor einem blauen Haus rechts, auf einen diesmal gesicherten und zementierten Küstenpfad. Dieser leitet zu einem Haus rechts und einem von Mauern eingefassten Weinfeld mit Taubenschlag links.

Hier lohnt ein **Abstecher zur Küste:** Man biegt nach links und geht an der Mauer entlang abwärts auf eine Ruine zu. Bei der Gabelung 100 m vor dem Mauerrest biegen wir nach rechts auf einen alten Pfad, der sich nach 3 Min. verzweigt: Der rechte Abzweig (Hinweis **„Necropoli“**) führt gleich zu zwei Höhlengräbern, biegt 100 m nach dem zweiten scharf nach links und erreicht ein drittes Grab, das größte, mit Wandnischen und mehreren Grabstellen.

Der linke, mit **„Bagno Vecchio“** beschilderte Abzweig senkt sich zwischen dichtem Bewuchs aus Feigenkakteen Richtung Meer und biegt knapp über der Küste nach links. Nach einem seilgesicherten, abschüssigen Pfadabschnitt wendet man sich nach rechts, um über eine antike Stufung ganz zur einsamen **Felsbucht Bagno Vecchio** hinunterzusteigen (50 Min.).

Zurück am ummauerten Weinfeld mit Taubenschlag (1 Std.) folgen wir weiter dem Weg nach Süden Richtung **„Faro“.** Zwei Pfadabzweige nach rechts kurz hintereinander sowie danach den Stufenweg zum sichtbaren weißen **Kirchlein Madonna della Cività** lassen wir unbeachtet. An alten Weinterrassen entlang erreichen wir das Ende einer Stromleitung. Von hier senkt sich der Pfad kurz sehr schmal werdend unter steilen Felsen zur Südspitze der Insel. Auf einem dann breiteren Pflasterweg wird der Einschnitt vor dem weit ins Meer vorspringenden Felsen mit dem Leuchtturm erreicht (1:30 Std.). Nach links führt ein Weg zum Meer hinunter. Der geradeaus abenteuerlich durch einen **Tunnel zur Felsspitze** ansteigende alte Leuchtturmweg war zuletzt abgesperrt – hoffentlich kein Dauerzustand.

Rückweg: Auf gleichem Weg geht es zurück vor das Weinfeld mit Taubenschlag, wo man den ersten links abzweigenden Pfad nimmt. Er trifft nach 200 m auf den alten, von Mauern gesäumten Pfad hinauf zum Monte Guardia. Nach rechts erreicht man ein Sträßchen am Ortsrand von Ponza und folgt ihm abwärts zur **Villa Laetitia.** Hier nach rechts abzweigend gelangt man durch enge Gassen zurück zum Ausgangspunkt (2:30 Std.).

Blick hinunter auf den gleichnamigen Hauptort der Insel Ponza

lat_538 Foto: gh

Anhang

lat_539a Foto: gh

lat_539b Foto: gh

Fontana del Moro
auf der Piazza Navona in Rom

Am Lago di Bolsena

Beschaulichkeit in San Felice Circeo

Glossar

● **Akropolis:** befestigte Oberstadt, hoch gelegene Burg antiker Städte (griech.).
● **Amphitheater:** römische Wettkampfarena, die auch für Tierhatzen und Gladiatorenkämpfe genutzt wurde.
● **Apsis, Apside:** halbkreisförmige, überwölbte Ausbuchtung als in der Regel östlicher Abschluss eines Kirchenschiffs.
● **Architrav:** den Oberbau tragender, waagerechter Steinbalken über Säulen in der antiken Baukunst.
● **Arkade:** offener Bogen über Säulen oder Pfeilern.
● **Auguren:** Priester der Antike, die aus Vogelflug und Himmelszeichen (Blitze) die Zukunft deuteten.

● **Baptisterium:** Taufkirche neben der Hauptbasilika, meist Zentralbau mit Becken für die bis ins Hochmittelalter übliche Erwachsenentaufe.
● **Basilika:** Kirchenbau, der nach dem Vorbild antiker Hallenbauten durch Pfeiler und Säulen in Haupt- und Nebenschiffe gegliedert ist.
● **Borgo:** eng gebaute dörfliche Ansiedlung des Mittelalters, Vorstadt am Fuße des Castello.

● **Campanile:** Glockenturm italienischer Kirchen.
● **Castello:** ital. Burg, befestigte mittelalterliche Oberstadt.
● **Cavea:** Zuschauerränge eines antiken Theaters.
● **Cella:** Hauptraum eines antiken Tempels.
● **Centro storico:** historischer Altstadtbezirk italienischer Städte.
● **Chor:** den Priestern und Mönchen vorbehaltener Altarbereich der Kirche, meist der östliche Abschluss des Kirchenraums.
● **Cippus:** kleine Steinstele, auf etruskischen Gräbern zur Bezeichnung des männlichen Geschlechts des Verstorbenen.
● **Ciste:** zylindrisches Bronzegefäß mit Deckel zur Aufbewahrung von Toilettenartikeln (etruskisch).
● **Cosmaten:** römische Marmor- und Mosaikkünstler des 12./13. Jahrhunderts.

● **Dado:** Grabtyp in Form eines Würfels, u.a. in etruskischen Nekropolen.
● **Dormitorium:** Schlafsaal eines Klosters.
● **Dromos:** der zur Grabkammer führende Gang.

● **Fibel:** Verschlussnadel für Umhänge und Kleidungsstücke.
● **Flechtbänder:** germanisch beeinflusste frühmittelalterliche Steinornamentik in Italien.
● **Fresko:** auf den noch feuchten Mörtel aufgetragene Malereien (ital. *fresco* = frisch), durch die Verbindung mit dem trocknenden Verputz sind die Farben länger haltbar.

● **Groteske:** ursprünglich römisch-antike Ornamentmalereien mit Ranken, Fruchtgirlanden, Menschen- und Tierfiguren, Fabelwesen, Architekturelementen; wiederentdeckt in der Malkunst des Manierismus.

● **Haruspices:** etruskische Priester, die die Zukunft aus der Beschau der Eingeweide von Opfertieren vorhersagten.
● **Hypogäum:** unterirdischer Kult- oder Grabraum, etruskische Grabform.

● **Ikonostasis:** in griechischen Kirchen meist mit Ikonen geschmückte Trennwand zwischen Gemeinderaum und dem den Priestern vorbehaltenen sakralen Altarbereich.
● **Inkrustation:** ornamentale Einlegearbeit aus verschiedenen Steinsorten.
● **Intarsien:** Einlegearbeit mit verschieden farbigen Materialen, meist in Holz.

● **Kapitell:** oberer, oft mit Figuren und Steinornamenten verzierter Abschluss einer Säule.
● **Karyatiden:** Stützfiguren in der Funktion von Säulen und Pfeilern.
● **Kommende:** primär auf ökonomische Ausbeutung ausgerichtete Form der Klosterherrschaft durch weltliche, vom Papst eingesetzte, meist adelige Lehensherren („Kommendatar-Äbte"), die zum geistigen Niedergang des Klosterlebens führte (in Latium ab dem 15. Jahrhundert).

- **Krypta:** unterirdischer Kirchenraum, in der Regel unter dem Altar, meist der älteste Teil der Kirche.

- **Langhaus:** länglicher Hauptraum der Kirche zwischen Portal und Querhaus.

- **Manierismus:** vor allem in Italien vertretene Stilstufe in der Malerei zwischen Hochrenaissance und Barock.
- **Mastio:** wehrhafter Hauptturm einer mittelalterlichen Befestigung.
- **Mausoleum:** prunkvoller Grabbau für eine hoch gestellte Persönlichkeit.
- **Mithräum:** meist unterirdisches Heiligtum für den persischen Gott *Mithras,* dessen Kult auch unter den Römern Anhänger fand.

- **Nekropole:** Gräber- und Totenstadt, typisch für die Kultur der Etrusker.
- **Nepotismus:** Politik der familiären Bereicherung durch Ämtervergabe an Mitglieder der eigenen Sippe.

- **oktogonal:** achteckig.
- **Oratorium:** privater Betraum in einer größeren Kirche; kleine Gebetskirche.
- **Orchestra:** im Theater der Antike halbkreisförmige Fläche vor der Bühne, Zuschauerplatz für die Angehörigen der Oberschicht.

- **Pieve:** ital. mittelalterliche Pfarr- und Taufkirche.
- **polygonal:** vieleckig.
- **Polyptychon:** großes Altarbild mit mehr als drei Flügeln.
- **Portikus:** auf Säulen ruhender Vorbau vor der Hauptfassade eines Gebäudes.
- **Predella:** Sockelzone eines Altarbildes, oft in Felder mit weiteren kleinen Bildern gegliedert.

- **Querhaus, -schiff:** quer zum Langhaus liegender Raum einer Kirche.

- **Reliquiar:** Behältnis zur Aufbewahrung von Reliquien.
- **Refektorium:** Speiseraum in einem Kloster.
- **Risorgimento:** Einigungsbewegung um 1860, die zur Gründung des italienischen Einheitsstaates führte (ital. „Wiedererhebung").
- **Rocca:** ital. für Burg, Festung oder markanter Felsen.
- **Rosette:** rundes, meist fein gearbeitetes, verziertes repräsentatives Rundfenster in der Fassade gotischer Kirchen.

- **Satyr:** in der Mythologie der Antike halbtierisches Wesen, oft mit Bocksfuß und Eselsohren dargestellt; Symbol der niederen leiblichen Instinkte.
- **Spolie:** beim Bau wieder verwendetes Teilstück eines älteren Bauwerks, häufig sind antike Baufragmente (Säulen, Inschriftentafeln, Steinbalken) in mittelalterlichen Kirchen.

- **Tabernakel:** kleiner Schrein beim Altar zur Aufbewahrung von Hostien und liturgischem Gerät, in der Gotik oft als feines vergoldetes Ziergehäuse gestaltet.
- **Thermen:** römische Badeanlage.
- **Tryptichon:** dreiteiliges Altartafelbild, oft mit Mitteltafel und zwei klappbaren Flügeln.
- **Tumulus:** Grabhügel auf kreisrundem Grundriss, Grabform der Etrusker.
- **Tympanon:** halbkreisförmiges Bogenfeld über Portalen, öfters mit Bildern oder Steinplastik geschmückt.

- **Ziborium:** von Säulen oder Pfeilern getragener Überbau in Form eines Baldachins über dem Altar.

Kleiner Sprachführer

Der Grundwortschatz

Zu **Speisen, Getränken, im Restaurant** usw. siehe unter „Essen und Trinken".

Buchtipp: Sehr nützlich ist der praktische und kompakte Sprechführer der **Kauderwelsch-Reihe** aus dem Reise Know-How Verlag **Italienisch – Wort für Wort** (Band 22), der ein umfangreiches Wörterverzeichnis enthält, Grundlagen der Grammatik auf einfache Weise erläutert und vielfältige praktische Konversationsbeispiele zu allen Bereichen des touristischen Alltags anbietet. Als begleitendes Tonmaterial ist der **AusspracheTrainer** auf Audio-CD erhältlich.

Aussprache

Die Aussprache ist relativ einfach, da in der Regel alles so ausgesprochen wie geschrieben wird. Es gibt allerdings einige Abweichungen vom Deutschen:

ie, ai, eu	Doppellaute werden immer getrennt ausgesprochen, also i-e, a-i, e-u
c	wie „k" vor den Vokalen a, o, u – Beispiel: casa (sprich: *kasa)*
c	wie „tsch" vor den Vokalen e, i – Beispiel: cena (sprich: *tschena)*
ch	wie „k" – Beispiel: chilo (sprich: *kilo)*
g	wie „g" vor den Vokalen a, o, u – Beispiel: gatto (sprich: *gatto)*
g	wie „dsch" vor den Vokalen e, i – Beispiel: gelato (sprich: *dschelato)*
gh	wie „g" – Beispiel: ghetto (sprich: *getto)*
gli	wie „lji" – Beispiel: maglia (sprich: *maljia)*
gn	wie „nj" – Beispiel: pugno (sprich: *punjo)*
h	stumm, wird nicht gesprochen – Beispiel: hanno (sprich: *anno)*
r	gerolltes Zungenspitzen-r
s	am Wortanfang stimmlos, wie in „Bus" – Beispiel: sole (sprich: *ßole)*
s	in der Wortmitte zwischen Vokalen stimmhaft, wie in „Rose" – Beispiel: rosa
st	spitzes „st" wie in „Rast" – Beispiel: strano (sprich: *ßtrano)*
v	wie „w" in „Welt" oder „v" in „Vase" – Beispiel: vengo (wengo)
z	stimmhaftes „ds" – Beispiel: zio (sprich: *dsio)*

Zur Betonung der Wörter

Die Betonung liegt in der Regel auf der vorletzten Silbe, wie in *parlare, venire, ragazzo.*

Es gibt einige Wörter, die diese Regel durchbrechen, und auf der dritten Silbe betont werden, z.B. die Infinitivformen der meisten Verben auf „-ere", wie *credere, ridere,* sowie die 3. Person Plural: *parlano, vengono.*

Wörter, die auf der letzten Silbe betont werden, tragen einen Akzent, wie *città, caffè, unità.*

Die Zahlen / **i numeri**

0 zero	10 dieci	20 venti	60 sessanta
1 uno	11 undici	21 ventuno	70 settanta
2 due	12 dodici	22 ventidue	80 ottanta
3 tre	13 tredici	23 ventitre	90 novanta
4 quattro	14 quattordici	28 ventotto	100 cento
5 cinque	15 quindici	30 trenta	101 centuno
6 sei	16 sedici	31 trentuno	102 centodue
7 sette	17 diciassette	32 trentadue	110 centodieci
8 otto	18 diciotto	40 quaranta	200 duecento
9 nove	19 diciannove	50 cinquanta	500 cinquecento
1000 mille	10 000 diecimila		1/2 un mezzo
1300 milletrecento	900 000 novecentomila		1/4 un quarto
2000 duemila	1 000 000 un millione		2/3 due terzi

Die **Jahreszahlen** spricht der Italiener einzeln, z.B: 1999: *mille-novecento-novanta-nove.*

Die Ordnungszahlen / **i numeri ordinali**

1. primo	6. sesto	10. decimo
2. secondo	7. settimo	11. undicesimo
3. terzo	8. ottavo	20. ventesimo
4. quarto	9. nono	100. centesimo
5. quinto		

Die Wochentage / **i giorni**

Montag	lunedi	Freitag	venerdi
Dienstag	martedi	Samstag	sabato
Mittwoch	mercoledi	Sonntag	domenica
Donnerstag	giovedi	Feiertag	giorno festivo

Die Monate / **i mesi**

Januar	gennaio	Juli	luglio
Februar	febbraio	August	agosto
März	marzo	September	settembre
April	aprile	Oktober	ottobre
Mai	maggio	November	novembre
Juni	giugno	Dezember	decembre

Die Jahreszeiten / **le stagioni**

Frühling	la primavera	Herbst	l'autunno
Sommer	l'estate	Winter	l'inverno

Die Tageszeiten

Morgen/Vormittag	la mattina	Nachmittag	il pomeriggio
Mittag	il mezzogiorno	Abend	la sera
Nacht	la notte	Mitternacht	la mezzanotte

Zeitangaben

heute	oggi	gestern	ieri
vorgestern	l'altro ieri	morgen	domani

übermorgen	dopodomani
jetzt	adesso, ora
sofort	subito
noch nicht	non ancora
vorher	prima
nachher / danach	dopo
später	più tardi
immer	sempre
nie	mai
früh, spät	presto, tardi

Redewendungen

Grußformeln

Guten Morgen, guten Tag (bis 16 Uhr)	Buongiorno
Guten Tag, guten Abend (nach 16 Uhr)	Buona sera
Gute Nacht	Buona notte
Gruß unter jungen Leuten und guten Bekannten	Ciao
Willkommen	Benvenuto/-a
Auf Wiedersehen	Arrivederci
Auf Wiedersehen (förmlich)	Arrivederla
Tschüß	Ciao
Bis später	A più tardi
Bis morgen	A domani

Ausdrücke der Höflichkeit

Bitte (als Antwort auf ein „Danke" / als Angebot, sich zu bedienen)	Prego
Bitte (als Ausdruck eines Wunsches)	Per favore
Danke	Grazie
Danke sehr / vielen Dank	Tante grazie
Entschuldige! / Entschuldigen Sie!	Scusa! / scusi!
Es tut mir leid!	Mi dispiace!
Einen Augenblick, bitte!	Un momento, per favore!
Gestatten? / Darf ich?	Permesso?
Gern	Volentieri
Das ist sehr nett von Ihnen!	È molto gentile!
Wie geht es Dir?	Come stai?
Wie geht es Ihnen?	Come sta?
(Sehr) gut / schlecht	(Molto) bene / male
Prost! / Zum Wohl!	Salute! / cin cin!
Gesundheit!	Salute!
In Ordnung!	Va bene! D'accordo!
Sag / sagen Sie mir!	Dimmi! / Mi dica!
Ich weiß es nicht.	Non lo so.
Helfen Sie mir bitte!	Mi aiuti, per favore!
Hilfe!	Aiuto!

Zur Sprache

Sprichst du / sprechen Sie Deutsch?	Parli / parla tedesco?
Ich spreche nicht gut Italienisch.	Non parlo bene l'italiano
Ich möchte Italienisch lernen.	Vorrei imparare l'italano
Wie heißt das auf italienisch?	Come si dice in italiano?
Ich habe nicht verstanden.	Non ho capito
Come?	Wie bitte?
Sprechen Sie bitte etwas langsamer!	Parli più lentamente, per favore!
auf Deutsch, Englisch, Französisch	in tedesco, inglese. francese

Die wichtigsten Fragewörter

Wer?	chi?
Was?	che (cosa) ?
Wie?	come?
Wo? wohin?	dove?
Woher?	di / da dove?
Wann?	quando?
Warum?	perchè?
Wie viel?	quanto/a?
Welche/r	quale?

Die wichtigsten Fragen

Gibt es ...?	C'è ...?
Haben Sie ...?	Ha ...?
Wie viel kostet ...?	Quanto costa ...?
Wo ist ...?	Dov'è ...?
Wo kann man ... kaufen?	Dove si può comprare ...?
Wie heißt ...?	Come si chiama ...?
Darf man ...? / kann man ...?	Si può ...?
Wann öffnet ...?	A che ora apre ...?

Unterwegs

der Zug	il treno
der Bahnhof	la stazione
die Fahrkarte	il biglietto
– 1. Klasse	di prima classe
– 2. Klasse	di seconda classe
– einfach	di andata
– hin und zurück	di andata e ritorno
der Preis	il prezzo
der Fahrplan	l'orario
das Gleis	il binario
die Abfahrt	la partenza
die Ankunft	l'arrivo
der (Sitz-)platz	il posto
der (Stadt-) bus	l'autobus
der Bus (außerhalb)	il pullman
die Haltestelle	la fermata
das Flugzeug	l'aereo
der Flughafen	l'aeroporto

das Schiff	la nave
der Hafen	il porto
der Eingang	l'entrata
der Zutritt, Eintritt	l'ingresso
der Ausgang	l'uscita
das Taxi	il tassi
das Auto	la macchina
das Motorrad	la motocicletta / il moto
das Fahrrad	la bicicletta
die (Auto -/Motorrad-)Vermietung	il noleggio
das Gepäck	il bagaglio
der Koffer	la valigia
fragen	domandare
mieten, leihen	noleggiare
warten	aspettare
abfahren	partire
anhalten	fermare
ankommen	arrivare
frei	libero
besetzt	occupato
voll	pieno
langsam	lento
schnell	veloce
erlaubt	permesso
verboten	vietato
Wann fährt der nächste Zug nach Orvieto?	A che ora parte il prossimo treno per Orvieto?
Wo muss ich umsteigen?	Dove devo cambiare il treno?
Auf welchem Gleis kommt der Zug von Florenz an?	Su quale binario arriva il treno da Firenze?
Wo ist die Bushaltestelle?	Dov'è la fermata dell'autobus?
Wie lange dauert die Fahrt bis ...	Quanto tempo ci vuole per arrivare a ...
Haben Sie einen Busfahrplan?	Ha l'orario per il pullman?
Die Fahrt ist sehr lang.	Il viaggio è molto lungo
Ich ziehe es vor zu fliegen.	Io preferisco andare in aereo
Für den kurzen Weg trampen wir.	Per questa strada breve facciamo l'autostop
Halt an!	Ferma!
Halten Sie an, bitte!	Si fermi, prego!

Übernachten

das Hotel	l'albergo
die Pension	la pensione
die Jugendherberge	l'ostello della gioventù
die Unterkunft	l'alloggio
der Campingplatz	il campeggio
das Zimmer	la camera
ein Einzelzimmer	una camera singola
ein Doppelzimmer	una camera doppia

ein Doppelschlafzimmer (mit Ehebett)	una camera matrimoniale
mit (ohne) Bad / Dusche	con (senza) bagno / doccia
mit Frühstück	con prima colazione
Halbpension	mezza pensione
Vollpension	pensione completa
für eine Nacht	per una notte
für drei Tage	per tre giorni
für eine Woche	per una settimana
das Erdgeschoss	il pianterreno
im 1. Stock	al primo piano
ganz oben	tutto insù
ganz unten	tutto in giù
das Bett	il letto
schlafen	dormire
der Wecker	la sveglia
wecken	svegliare
die Toilette	il gabinetto
das Handtuch	l'asciugamano
waschen / sich waschen	lavare / lavarsi
Wo kann ich einen Stadtplan kaufen?	Dove posso comprare una pianta della città?
Ich suche ein Hotel / Pension im Zentrum.	Cerco un albergo in centro.
Möglichst ein günstiges.	Possibilmente a buon prezzo.
Das ist mir zu teuer.	E troppo caro per me.
Kennen Sie ein Hotel, das nicht ganz so teuer ist?	Conosce un hotel, che non è tanto caro?
Wo ist das Hotel?	Dov'è l'albergo?
Immer geradeaus!	Sempre diritto!
Haben Sie ein Einzelzimmer für drei Nächte?	Ha una camera singola per tre notti?
Nur ohne Bad.	Soltanto senza bagno.
Einverstanden.	D'accordo.
Haben Sie ein Doppelzimmer mit Bad oder Dusche?	Ha una camera doppia con bagno o doccia?
Haben Sie vorgebucht?	Ha prenotato?
Es gibt noch eins für 32 Euro.	C'è ancora una per trentadue euro.
Wir haben eines im dritten Stock.	Abbiamo una al terzo piano.
Kann ich das Zimmer sehen?	Posso vedere la camera?
Ist es ruhig?	È tranquilla?
Nein, es geht zur Straße raus.	No, dà sulla strada.
Jedoch – nachts ist kein Verkehr!	Comunque – di notte non cè traffico!
Haben Sie noch eins, das nach hinten (zum Hof) rausgeht?	Ha ancora una camera che dà sul cortile?
Wir haben ein sehr kleines.	Ne abbiamo una molto piccola.
Das Zimmer ist in Ordnung.	La camera va bene.
Es ist klein, aber ruhig.	È piccola ma tranquilla.
Machen Sie mir einen guten Preis!	Mi faccia un buon prezzo!

teuer	caro	das kostet viel	costa molto
zu teuer	troppo caro	das kostet zu viel	costa troppo
sehr teuer	tanto caro	das kostet sehr viel	costa tanto
billig	buon prezzo	das ist ein guter Preis	è un buon prezzo

das ist nicht zu viel / nicht zu teuer	non è troppo caro / non costa troppo
das kostet nicht so viel / das ist nicht so viel	non costa tanto / non è tanto

Geographische Begriffe

das Land	la campagna
die Landschaft	il paesaggio
der Berg	il monte
das Gebirge	la montagna
der Felsen	la roccia
der Hügel	la collina
der Wald	il bosco
das Tal	la valle
die Ebene	la pianura
das Feld	il campo
der Weg	il sentiero
der Fluss	il fiume
der See	il lago
das Meer	il mare
der Strand	la spiaggia
die Küste	la costa
hinaufsteigen	salire
hinuntersteigen	scendere
wandern	camminare
schwimmen	nuotare
Vorsicht!	attenzione!
die Gefahr	il pericolo
gefährlich	pericoloso

Richtungsangaben

weit	lontano
nah	vicino
hier	qui
dort	lì / là
neben	accanto a
vor	davanti
hinter	dietro
gegenüber	di fronte
(nach) rechts	(a) destra
(nach) links	(a) sinistra
geradeaus	diritto
zurück	indietro

Der Spaziergang	La passegiata
Sie müssen immer geradeaus gehen!	Deve andare sempre diritto!
Dann biegt ihr rechts ab!	Poi girate adestra!
Dieser Weg führt immer aufwärts.	Questo cammino va sempre in sù
ein wenig nach links	un pò verso sinistra
nach 200 m kommt ein Sträßchen	dopo duecento metri viene una stradina
das bis zum Dorf hinunterführt.	che porta giù fino al villaggio.
Es ist ein kleines Dorf, sehr niedlich	È un piccolo villaggio, molto bellino
Sie gehen etwa 1 Std. abwärts	Lei scende giù per un'ora circa
Zum Raufgehen braucht man drei ganze Stunden	Per salire ci vogliono tre ore intere
Also Sie steigen auf den Hügel	Allora Lei salga su questa collina,
von dort haben Sie ein herrliches Panorama!	da lì ha un panorama bellissimo!

Einkaufen

der Lebensmittelladen	il negozio di alimentari
der Supermarkt	il supermercato
die Bäckerei	la panetteria
die Konditorei	la pasticceria
die Metzgerei	la marcelleria
das Fischgeschäft / die Fischhalle	la pescheria
der Tabakladen	il tabaccaio
die Apotheke	la farmacia
einkaufen	fare la spesa
kaufen	comprare
das Geld	i soldi
ein Kilo	un chilo
ein Pfund	mezzo chilo
Hundert Gramm	un etto
ein Stück	un pezzo
eine Scheibe	una fetta
ein Liter	un litro
½ Liter	mezzo litro

Auf dem Markt

Ich gehe zum Markt	vado al mercato
Ich möchte 2 Äpfel	voglio due mele
3 Bananen und eine Zitrone	tre banane ed un limone
4 Apfelsinen und 5 Birnen	quattro arance e cinque pere
dann ein wenig Gemüse	poi un pò di verdura
Ich nehme 1 kg Karotten	prendo un chilo di carote
1 Pfund Tomaten	mezzo chilo di pomodori
und 200 g Zwiebeln	e due etti di cipolle
Haben Sie auch frische Eier?	ha anche delle uova fresche?
Gut, davon nehme ich sechs	bene, ne prendo sei
ein Ei – zwei Eier	un uovo – due uova
Ich hätte auch gern einen Salat	vorrei anche un'insalata
Ich will	voglio
Ich möchte / hätte gern (höflich)	vorrei

Literaturtipps

Die Literatur zu Architektur, Kunst, Geschichte, Menschen und Alltag **Roms** von der Antike bis zur Neuzeit ist in ihrer Fülle fast unüberschaubar. Die **Campagna,** das Land vor den Toren der Hauptstadt, bildet hingegen auch in der literarischen Wahrnehmung die Veränderungen in den Reisegewohnheiten zu Beginn des 20. Jahrhunderts nach. War bis dahin auch das ländliche Latium Gegenstand ausführlicher literarischer Reiseberichte, kommt es in den Texten der Neuzeit als eigenständige Region kaum noch vor.

Historische Reiseberichte

- *Johann Wolfgang Goethe,* **Italienische Reise,** 2 Bände, zahlreiche Ausgaben. Auf seiner Reise nach Rom suchte *Goethe* das klassische Italien der antiken Kultur. Das nicht ganz ungefährliche Unterfangen dauerte mehr als 21 Monate und wurde nach der Veröffentlichung der „Italienischen Reise" 1829 zum Vorbild der deutschen Bildungsreise des 19. Jahrhunderts.
- *Ferdinand Gregorovius,* **Wanderjahre in Italien,** C.H. Beck München 1997 (880 S.). Gründliche, teilweise noch heute aktuelle Beobachtungen des profunden Italienkenners, der als Geschichtsforscher in der zweiten Hälfte des 19. Jahrhunderts ausgedehnte Reisen durch Mittel- und Süditalien unternahm und Historisches mit Schilderungen persönlicher Reiseerlebnisse verbindet.
- *Victor Hehn,* **Reisetagebuch 1839/40,** München 1930. Der genau analysierende Kulturhistoriker aus dem Baltikum, der 1839/1840 auf den Spuren *Goethes* nach Rom strebte, beschreibt lebendig auch Naturphänomene und Bevölkerung Italiens.
- *D. H. Lawrence,* **Etruskische Orte, Reisetagebücher,** Wagenbach 1999. Der englische Schriftsteller (1885–1930) hatte nicht den Anspruch, ein nüchternes wissenschaftliches Werk zu schreiben. Seine mit Alltags- und Menschenbeobachtungen angereicherte Schilderung einer archäologischen Reise nach Cerveteri, Tarquinia, Vulci und Volterra ist eine einfühlsame subjektive Annäherung an die rätselhafte Kultur der Etrusker, wobei der Autor von „Lady Chatterleys Liebhaber" natürlich für das sinnenfrohere etruskische Volk und gegen das „preußisch-imperiale" Rom Partei ergreift.
- *Michel de Montaigne,* **Tagebuch einer Reise durch Italien,** Insel-Verlag Frankfurt 1988. Der weltoffene und scharf beobachtende französische Philosoph beschreibt in klarer, bildhafter Sprache seine Reise durch Italien 1581/1582.

Literarische Texte

- *Alfred Andersch,* **Die Kirschen der Freiheit,** Zürich 1994. Autobiographische Schilderung einer Desertation, deren Schlüsselszene in Nordlatium bei Viterbo spielt.
- *Andrea del Carlo,* **Techniken der Verführung,** Diogenes 1993. Eine desillusionierende Geschichte aus der eitlen Welt der römischen Schickeria.
- *Marie-Luise Kaschnitz,* **Engelsbrücke, Römische Betrachtungen,** dtv 1995. Einfühlsame Erzählungen und Reflexionen zum Leben in der ewigen Stadt der 1974 in Rom verstorbenen renommierten Schriftstellerin.
- *Franca Magnani,* **Rom zwischen Chaos und Wunder,** Kiepenheuer & Witsch 1998. Berichte und Beobachtungen aus den Jahren 1958 bis 1993 der in Rom geborenen, 1996 verstorbenen Journalistin, die 23 Jahre lang als ARD-Korrespondentin das Italienbild der Deutschen mit prägte.
- *Alberto Moravia,* **Römische Erzählungen,** dtv 2004. Der vielleicht größte italienische Autor des 20. Jahrhunderts schildert in eindringlichen Momentaufnahmen das Rom der kleinen Leute in den 1950er Jahren.
- *Alberto Moravia,* **Cesira La Ciociara,** Reinbek 1990. In diesem Roman verarbeitet Moravia das Kriegsgeschehen in Südlatium 1943/1944. Neun Monate lebte er während der Kämpfe zwischen den deutschen Okku-

panten und den nach Norden vorrückenden Alliierten im Untergrund in den Bergen bei Fondi, wo er der Verhaftung durch die Faschisten entging.

- *Pier Paolo Pasolini,* **Ragazzi di Vita,** Berlin 1990. Der umstrittene Filmemacher und Literat beschreibt in einer für seine Zeit ungewöhnlich direkten und drastischen Sprache das Leben in den Borgate, den tristen Vorortvierteln an den Rändern Roms in den 50er Jahren des letzten Jahrhunderts.
- *Michael Rips,* **Pasquale's Nose – Idle Days in an Italian Town,** Back Bay Books 2002 (in englischer Sprache). Amüsante Geschichten von skurrilen Typen in der nordlatinischen Kleinstadt Sutri.
- *Paolo Tullio,* **Nördlich von Neapel – südlich von Rom,** Rotbuch Verlag 1998. Der als Kind italienischer Emigranten in Irland lebende Autor berichtet mit ironischem Unterton vom heutigen Leben in der Heimat seiner Eltern, dem Val di Comino in Südostlatium.
- *Alice Vollenweider* (Hrsg.), **Italienische Reise,** Wagenbach-Verlag Berlin. Literarischer Querschnitt durch das Italien der letzten 30 Jahre mit Kurzgeschichten bekannter Autoren.

Geschichte, Kunst, Architektur

- *Ferdinand Gregorovius,* **Geschichte der Stadt Rom im Mittelalter,** 4 Bände, München 1997. Neu aufgelegtes, umfangreiches und äußerst detailreiches Werk aus dem 19. Jahrhundert zur mittelalterlichen Geschichte Roms und Latiums.
- *Christoph Hennig,* **Kunstführer Latium,** DuMont Kunst-Reiseführer. Gut lesbare, ausführliche Beschreibung aller wichtigen Kunstwerke und Sehenswürdigkeiten in Latium.
- *Jacques Heurgon,* **Die Etrusker,** Stuttgart 1993. Auch für Laien verständlich geschriebenes Standardwerk zu Kultur und Geschichte der Etrusker.
- *Nancy* und *Andrew Ramage,* **Römische Kunst,** Könemann-Verlag Köln 1995. Reich bebilderter kunstgeschichtlicher Überblick von den Anfängen Roms bis zur Spätantike.
- **Römische Villen und Gärten in Latium,** Hirmer Verlag München 1997. Großer Bildband mit kurzem architekturhistorischem Einführungstext.

Stadtführer Rom

- *Frank Schwarz, Roberta Simeoni,* Reise Know-How Verlag, 7. Aufl. 2006. Der praktische City Guide ermöglicht es, die ewige Stadt preiswert und rundum informiert auf eigene Faust zu erkunden. Viele nützliche Stadtteilpläne.

Sprache

- **Italienisch – Wort für Wort,** Reihe Kauderwelsch, Reise Know-How Verlag. Ein Sprechführer, der auf einfachste Weise das notwendige Wissen vermittelt, um sich auf Italienisch verständlich machen zu können. Auch mit Tonträger sowie digital erhältlich.
- **Italienisch Slang,** Reihe Kauderwelsch, Reise Know-How Verlag. Schulitalienisch ist eine Sache, das „wirkliche" Italienisch, das auf der Straße gesprochen wird, eine andere – hier wird es erklärt.
- **Italienisch kulinarisch,** Reihe Kauderwelsch, Reise Know-How Verlag. Die ideale Hilfe für Restaurant, Bar und Trattoria.

Wandern

- *Ursula* und *Claus-Günter Frank,* **Rom-Latium,** Rother-Verlag München 2003. Gute Auswahl von 48 Wanderungen unterschiedlichsten Schwierigkeitsgrades durch die interessantesten Hügel- und Bergregionen in Latium.

Film

- **„Gente di Roma"** (2004) von *Ettore Scola* reiht in unaufgeregten Bildern und Szenen humorvoll-skurrile kleine Geschichten über kleine Leute aneinander – intime Nahaufnahmen aus dem Rom von heute.

Die Reiseführer von Reise

Reisehandbücher
Urlaubshandbücher
Reisesachbücher
Rad & Bike

Algarve, Lissabon
Amrum
Amsterdam
Andalusien
Apulien
Athen
Auvergne, Cevennen

Barcelona
Berlin
Borkum
Bretagne
Budapest
Bulgarien
Burgund

City-Trips mit Billigfliegern
City-Trips mit Billigfliegern, Bd. 2
Cornwall
Costa Blanca
Costa Brava
Costa de la Luz
Costa del Sol
Costa Dorada

Dalmatien
Dänemarks Nordseeküste
Disneyland Resort Paris

Eifel
El Hierro
Elsass, Vogesen
England – Süden
Erste Hilfe unterwegs
Europa BikeBuch

Fahrrad-Weltführer
Fehmarn
Föhr
Formentera
Friaul, Venetien
Fuerteventura
Fußballstädte Deutschland 2006

Gardasee, Trentino
Golf von Neapel, Kampanien
Gomera
Gotland
Gran Canaria
Großbritannien

Hamburg
Helgoland
Hollands Nordseeinseln
Hollands Westküste
Holsteinische Schweiz

Ibiza, Formentera
Irland
Island
Istanbul
Istrien, Kvarner Bucht

Juist

Kalabrien, Basilikata
Katalonien
Köln
Korfu, Ionische Inseln
Korsika
Krakau
Kreta
Kreuzfahrtführer
Kroatien
Kroatien, Wohnmobil-Tourguide

Langeoog
Latium
La Palma
Lanzarote
Leipzig
Ligurien, Riviera
Litauen
London

Madeira
Madrid
Mallorca
Mallorca, Leben/Arbeiten
Mallorca, Wandern
Malta, Gozo
Mecklenb./Brandenb.: Wasserwandern
Mecklenburg-Vorp. Binnenland
Menorca
Montenegro
Motorradreisen
München

Norderney
Nordseeküste Niedersachsens
Nordseeküste Schleswig-Holstein
Nordseeinseln, Dt.
Nordspanien
Normandie
Norwegen

Ostfriesische Inseln
Ostseeküste Mecklenburg-Vorp.
Ostseeküste Schleswig-Holstein
Outdoor-Praxis

Paris
Polens Norden
Polens Süden
Prag
Provence
Provence, Templer
Provence, Wohnmobil-Tourguide
Pyrenäen

Rhodos
Rom
Rügen, Hiddensee
Ruhrgebiet
Rumänien, Moldau

Sächsische Schweiz
Salzburg
Sardinien
Sardinien, Wohnmobil-Tourguide
Schottland
Schwarzwald, südl.
Schweiz, Liechtenstein
Sizilien
Skandinavien – Norden
Slowakei
Slowenien, Triest
Spaniens Mittelmeerküste
Spiekeroog
St. Tropez und Umgebung
Südnorwegen, Lofoten
Südwestfrankreich
Sylt

Teneriffa
Tessin, Lago Maggiore
Thüringer Wald
Toscana
Tschechien

Umbrien
Usedom

Venedig

Wales
Warschau
Wien

Zypern

HILFE!

Dieses Reisehandbuch ist gespickt mit unzähligen Adressen, Preisen, Tipps und Infos. Nur vor Ort kann überprüft werden, was noch stimmt, was sich verändert hat, ob Preise gestiegen oder gefallen sind, ob ein Hotel, ein Restaurant immer noch empfehlenswert ist oder nicht mehr, ob ein Ziel noch oder jetzt erreichbar ist, ob es eine lohnende Alternative gibt usw.

Unsere Autoren sind zwar stetig unterwegs und versuchen, alle zwei Jahre eine komplette Aktualisierung zu erstellen, aber auf die Mithilfe von Reisenden können sie nicht verzichten.

Darum: Schreiben Sie uns, was sich geändert hat, was besser sein könnte, was gestrichen bzw. ergänzt werden soll. Nur so bleibt dieses Buch immer aktuell und zuverlässig. Wenn sich die Infos direkt auf das Buch beziehen, würde die Seitenangabe uns die Arbeit sehr erleichtern. Gut verwertbare Informationen belohnt der Verlag mit einem Sprechführer Ihrer Wahl aus der über 200 Bände umfassenden Reihe „Kauderwelsch" (siehe unten).

Bitte schreiben Sie an:

REISE KNOW-HOW Verlag Peter Rump GmbH, Postfach 140666, D-33626 Bielefeld, oder per E-Mail an: info@reise-know-how.de

Danke!

Kauderwelsch-Sprechführer – sprechen und verstehen rund um den Globus

Afrikaans ● Albanisch ● Amerikanisch – *American Slang, More American Slang,* Amerikanisch oder Britisch? ● Amharisch ● Arabisch – Hocharabisch, für Ägypten, Algerien, Golfstaaten, Irak, Jemen, Marokko, ● Palästina & Syrien, Sudan, Tunesien ● Armenisch ● *Bairisch* ● Balinesisch ● Baskisch ● Bengali ● *Berlinerisch* ● Brasilianisch ● Bulgarisch ● Burmesisch ● Cebuano ● Chinesisch – Hochchinesisch, kulinarisch ● Dänisch ● Deutsch – *Allemand, Almanca, Duits, German, Nemjetzkii, Tedesco* ● *Elsässisch* ● Englisch – *British Slang, Australian Slang, Canadian Slang, Neuseeland Slang,* für Australien, für Indien ● Färöisch ● Esperanto ● Estnisch ● Finnisch ● Französisch – kulinarisch, für den Senegal, für Tunesien, *Französisch Slang, Franko-Kanadisch* ● Galicisch ● Georgisch ● Griechisch ● Guarani ● Gujarati ● Hausa ● Hebräisch ● Hieroglyphisch ● Hindi ● Indonesisch ● Irisch-Gälisch ● Isländisch ● Italienisch – *Italienisch Slang,* für Opernfans, kulinarisch ● Japanisch ● Javanisch ● Jiddisch ● Kantonesisch ● Kasachisch ● Katalanisch ● Khmer ● Kirgisisch ● Kisuaheli ● Kinyarwanda ● *Kölsch* ● Koreanisch ● Kreol für Trinidad & Tobago ● Kroatisch ● Kurdisch ● Laotisch ● Lettisch ● Lëtzebuergesch ● Lingala ● Litauisch ● Madagassisch ● Mazedonisch ● Malaiisch ● Mallorquinisch ● Maltesisch ● Mandinka ● Marathi ● Modernes Latein ● Mongolisch ● Nepali ● Niederländisch – *Niederländisch Slang,* Flämisch ● Norwegisch ● Paschto ● Patois ● Persisch ● Pidgin-English ● *Plattdüütsch* ● Polnisch ● Portugiesisch ● Punjabi ● Quechua ● *Ruhrdeutsch* ● Rumänisch ● Russisch ● *Sächsisch* ● *Schwäbisch* ● Schwedisch ● *Schwiizertüütsch* ● *Scots* ● Serbisch ● Singhalesisch ● Sizilianisch ● Slowakisch ● Slowenisch ● Spanisch – *Spanisch Slang,* für Lateinamerika, für Argentinien, Chile, Costa Rica, Cuba, Dominikanische Republik, Ecuador, Guatemala, Honduras, Mexiko, Nicaragua, Panama, Peru, Venezuela, kulinarisch ● Tadschikisch ● Tagalog ● Tamil ● Tatarisch ● Thai ● Tibetisch ● Tschechisch ● Türkisch ● Twi ● Ukrainisch ● Ungarisch ● Urdu ● Usbekisch ● Vietnamesisch ● Walisisch ● Weißrussisch ● *Wienerisch* ● Wolof ● Xhosa

Register

A

B

C

D

E

F

G

M

N

O

P

Q

R

S

T

U

V

W

Z

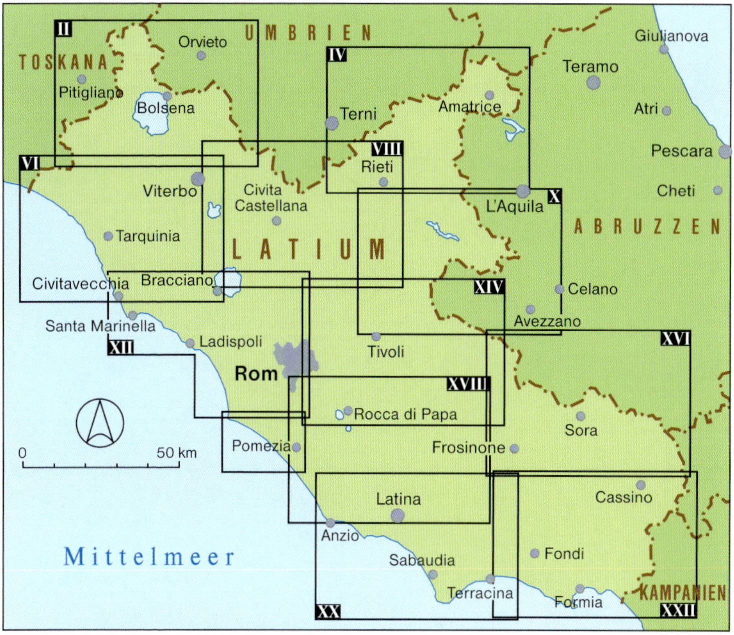

Zeichenerklärung

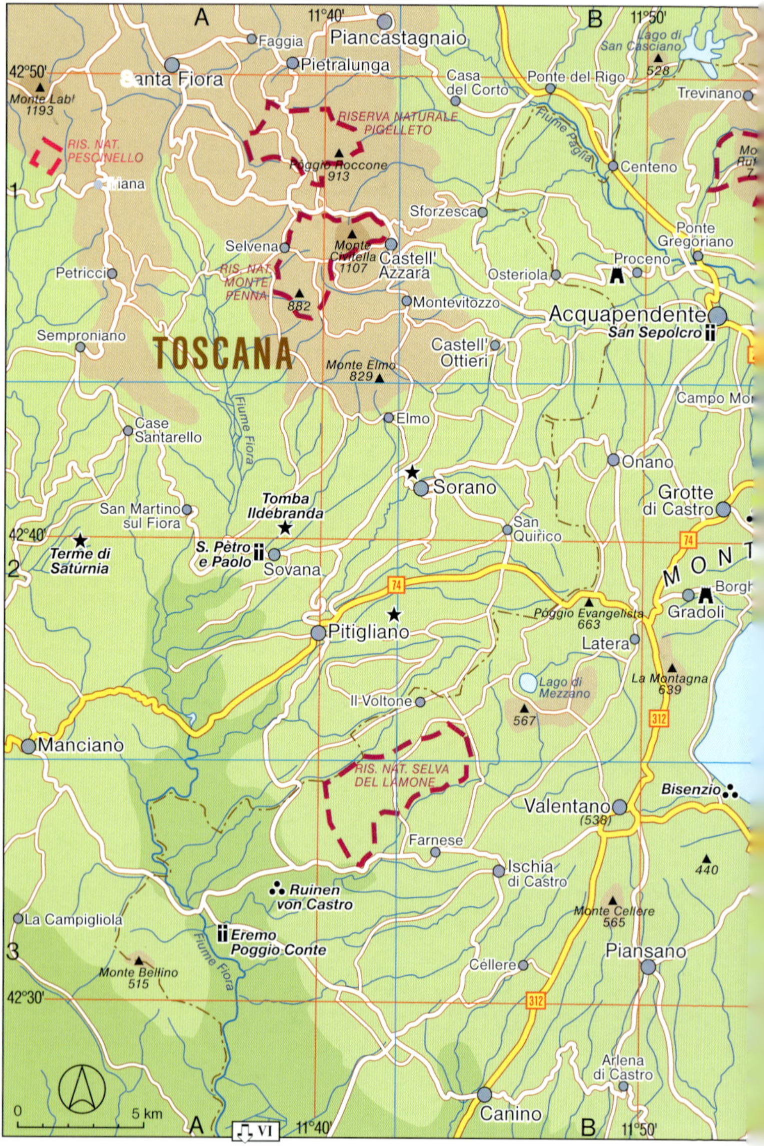

A
B
11°40'
11°50'
42°50'
42°40'
42°30'
1
2
3
Piancastagnaio
Faggia
Pietralunga
Santa Fiora
Casa del Corto
Ponte del Rigo
Lago di San Casciano
528
Trevinano
Monte Labbro 1193
RIS. NAT. PESCINELLO
RISERVA NATURALE PIGELLETO
Poggio Roccone 913
Fiume Paglia
Centeno
Sforzesca
Selvena
Monte Civitella 1107
Castell' Azzara
RIS. NAT. MONTE PENNA
882
Petricci
Osteriola
Proceno
Ponte Gregoriano
Montevitozzo
Acquapendente
San Sepolcro
Semproniano
TOSCANA
Monte Elmo 829
Castell' Ottieri
Campo Mo
Elmo
Case Santarello
Fiume Fiora
Onano
Sorano
Grotte di Castro
San Martino sul Fiora
Tomba Ildebranda
San Quirico
Terme di Saturnia
S. Pietro e Paolo
Sovana
74
MONT
Borgh
Gradoli
Poggio Evangelista 663
Pitigliano
Latera
Lago di Mezzano
La Montagna 639
Il Voltone
567
312
Manciano
RIS. NAT. SELVA DEL LAMONE
Bisenzio
Valentano (538)
Farnese
Ischia di Castro
440
Ruinen von Castro
Monte Cellere 565
La Campigliola
Eremo Poggio Conte
Piansano
Monte Bellino 515
Céllere
Arlena di Castro
0
5 km
Canino
VI

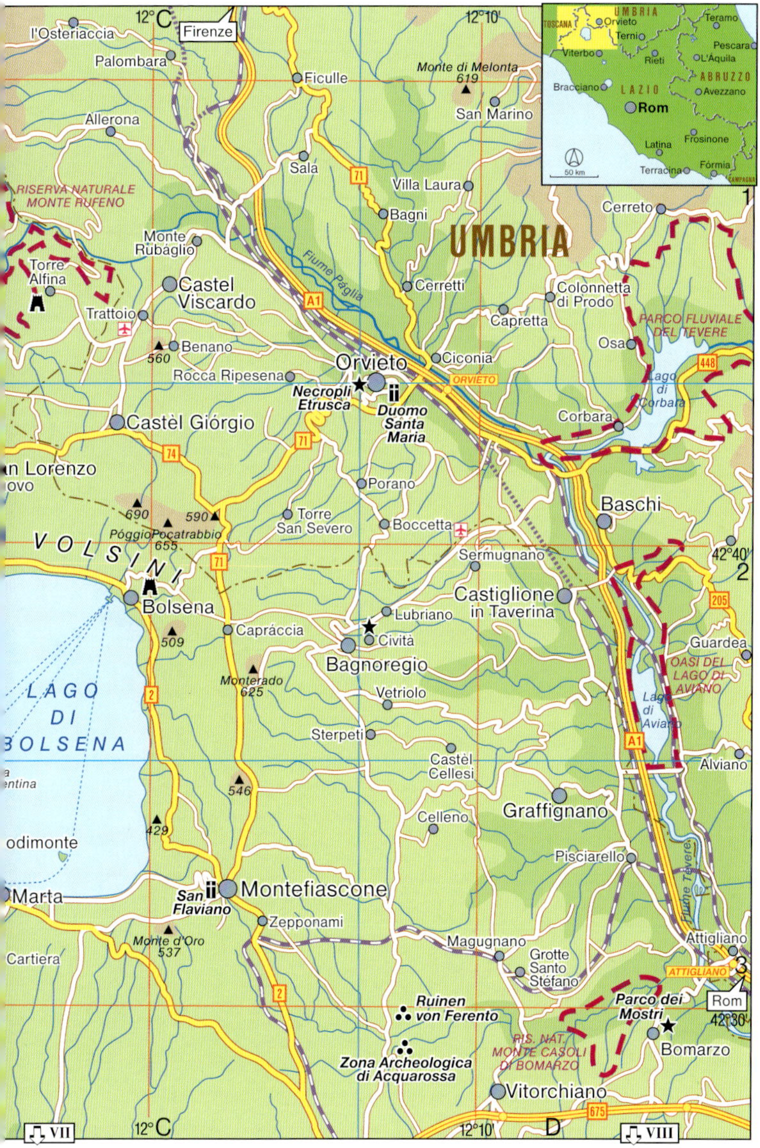

Kartenatlas

12°40'
A
12°50'
B
13°
0
5 km
Spoleto
Force di Cero
734
Vallo di Nera
1182
1416
Madonna di Baiano
Crocemarroggia
Monteluco
Sant'Anatólia di Narco
1419
Rocca Porena
Cás
Scheggino
Monte Coscerno
1685
Poggiodomo
1
UMBRIA
209
Gavelli
Usigni
Forca Rua la C.
938
3
Ceselli
1565
1427
890
1337
42°40'
Válico di Somma
Monteleone di Spoleto
Trivio
Giuncano Scalo
San Pietro in Valle
Rocca Vetralla
La Montag
Fiume Nera
Strettura
Monte Aspra
1652
Réscia
Battiferro
Ferentillo
1451
Parco Fluviale del Nera
1025
Villa Gizzi
Rocca San Zenone
Montefranco
1262
Villa Pulcini
Ocre
Trevi
Colle Licino
Arrone
Monte La Pelosa
1635
Polino
209
Casanova
2
Colle Bertone
1232
Torreorsina
Terni
Collestatte Piano
Forca dell'Arrone
Monte Torrinara
1308
Leonessa
Fiume Velino
Cascate delle Marmore
79
865
Monti Reatini
Marmore
Piedoluco
Monte Corno
1735
Miranda
Morro Reatino
Monte Catábio
1765
Lago di Piediluco
Labro
Rivodutri
1696
803
Poggio Bustone
Mo di Cá 20
Stroncone
42°30'
1060
Convento San Giacomo
Colli sul Velino
Colle Tavola
1098
Monte Terminillo
2214
Lago Lungo
San Liberato
Monte Macchialunga
1105
Lago di Ripa Sottile
Kloster Greccio
Cantalice
Ris. Nat. Laghi Lungo e Ripasottile
Santa Margherita
IX
Greccio
Terminillo
Camp forog
Monte Lacerone
1087
Macchia di Mezzo
1215
Spinacceto
Castelfranco
Vázia
3
79
San Pastore
Convento La Foresta
Configni
675
Cottanello
Contigliano
Rieti
Santa Rufina
Fiume Salto
Vacone
Piani di Póggio Fidoni
4
4
Sant'An
Montasola
Convento di Fonte Colombo
578
Cittaducale
Monte Porco Morto
1260
Póggio Fidoni
Rom
Fiume Velino
12°40'
A
IX
12°50'
B
X
13°

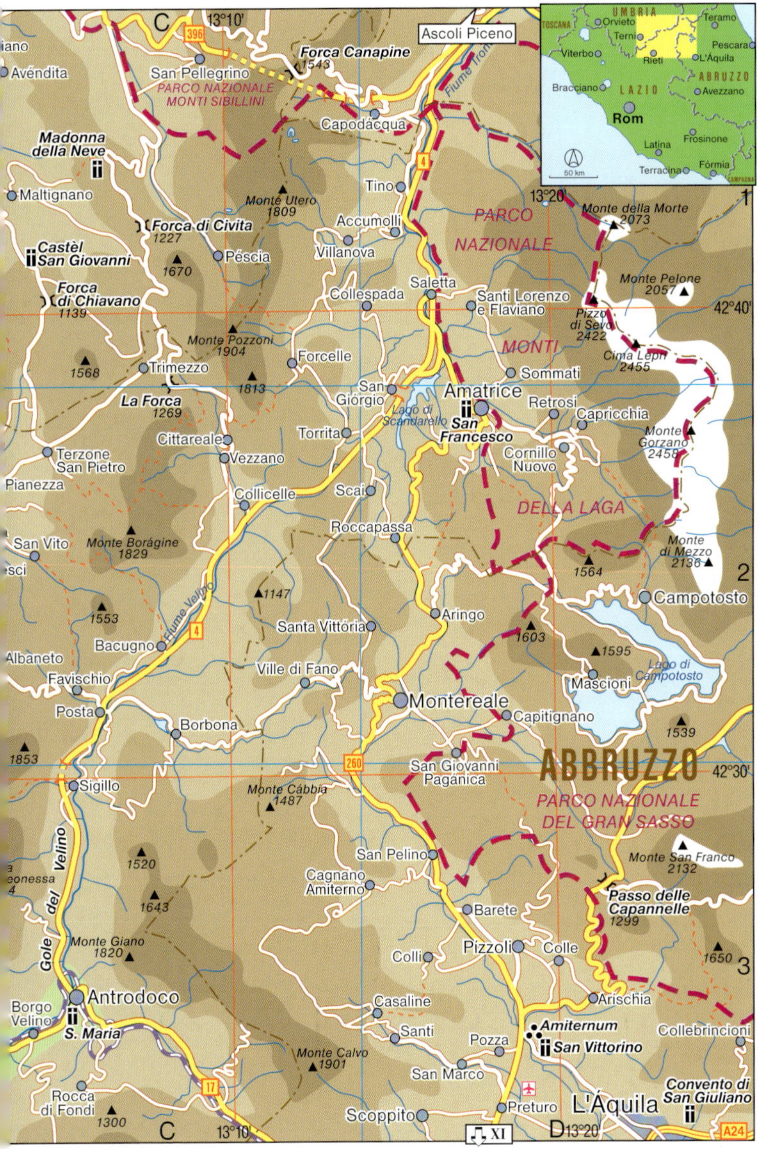

Kartenatlas

11°30' A
324
11°40'
II
B
TOSCANA
Capálbio
Riminino
Monte Canino
432
Canino
RIS. NAT. MONTAUTO
Giardino dei Tarocchi
Péscia Fiorenina
Abbadia
312
San Giuliano
1
Grosseto
Vulci
Fiume Fiora
Chiarone Scalo
Casale Composcala
RIS. NAT. LAGO DI BURANO
Casa Campomorto
Castel Ghezzo
Marina di Péscia Romana
Montalto di Castro
Il Villino
Torrente Arrone
42°20'
Montalto Marina
Riva dei Tarquini
2
Tarquinia Vecchia
Tarquinia
Marina Velca
Tarquinia Lido
Gravisca
Reserva Naturale Salina di Tarquinia
Saline
Lombardi
Casa Pantano
42°10'
Sant'Agostino
3
11°30'
Aurelia
UMBRIA
TOSCANA
Orvieto
Teramo
Terni
Viterbo
Pescara
Rieti
L'Àquila
ABRUZZO
Bracciano
LAZIO
Avezzano
Rom
Frosinone
Latina
Fórmia
Terracina
50 km
0
5 km
Civitavecchia
11°40'
B
XII

Zona Archeologica di Acquarossa
Vitorchiano
Arlena di Castro
Póggio della Madonna 266
Tombe Etrusche
Tuscania
San Pietro
Necropoli Tomba della Regina
RIS. NAT. TUSCANIA
La Gnignera
Bullicame, Bagno di Viterbo
Viterbo
Palazzo dei Papi
Madonna d. Quercia
Bagnaia
Villa Lante
Necropoli Castel d'Asso
San Giusto
La Rocca
San Martino al Cimino
Tobia
Póggio Nibbio 896
MONTI CIMINI
RISERVA NATURALE LAGO DI VICO
Il Casalone
Necropoli di Norchia
Tre Croci
Vetralla
Lago di Vico
Cura
Punta del Lago
Botte
Casaletto
Villa San Giovanni
Querce d'Orlando
Necropoli Etrusche
Blera
Monte Romano
Zona Archeologica di San Giuliano
Capranica
Barbarano Romano
Luni Sul Mignone
PARCO SUBURBANO MARTURANUM
Capranica Scalo
Rom
Cascina Santa Maria
Zona Archeologica di San Giovenale
Civitella Cesi
Vejano
Bassano Romano
Cencelle
La Farnesiana
Casa Le Centocelle
Póggio di Cóccia 613
Monte Sassicari 526
Monte Le Grazie 622
MONTI SABATINI
Monte Cuoco 560
Oriolo Romano
Vicarello
Allumiere
Tolfa
Rocca
Rota
Montevirginio
530
Vigna Grande
MONTI DELLA TOLFA
RISERVA NATURALE MONTERANO
Canale Monterano
PARCO NATURALE Lago di Bracciano
Monterano
Manziana
Terme Taurine
Monte Tolfáccia 579
Monumento Naturale Caldara di Manziana
Cast. Orsini Odescalchi
Bagni
Bracciano
CIVITAVECCHIA NORD
Rom
III
VIII
XIII
C
D
1
2
3
12°
12°10'
42°20'
42°10'
675
2
1bis

Ris. Nat. Monte Casoli di Bomarzo
Bomarzo
Parco dei Mostri
III
Firenze
Terni
Chia
Vitorchiano
Bassano in Teverina
Orte
Lago di San Liberato
Vigne
Guadamello
Viterbo
Bagnaia
Villa Lante
Soriano nel Cimino
San Vito
Vasanello
Fiume Tévere
Otricoli
Monte Cimino 1053
Vallerano
Canepina
Vignanello
Gallese
Magliano Sabina
Abbazia di San Martino
Póggio Nibbio 896
Monti Cimini
838
Corchiano
Borghetto
Palazzo Farnese
Fabrica di Roma
Riserva Naturale Lago di Vico
Lago di Vico
Caprarola
Carbognano
Punta del Lago
Quartáccio
Torrente Treja
Casaletto
Ronciglione
Civita Castellana
VII
Ponterotto
Capránica
Castel Sant'Elia
Basilica di Sant'Elia
Monte Soratte 691
Capránica Scalo
Sutri
Nepi
Madonna delle Grázie
Anfiteatro Romano
Madonna del Parto
Sant' Oreste
Terme dei Gracchi
Faléria
Calcata
Bassano Romano
La Gabelletta
Mazzano Romano
Monterosi
Monte Rocca Romana 612
Parco Suburbanio Valle del Treja
Monti Sabatini
Vicarello
530
Sette Vene
Trevignano Romano
Grotta del Pianoro
Vigna Grande
Parco Naturale Regionale Complesso Lacuale di Bracciano e Martignano
Largo di Martignano
Campagnano di Roma
Cast. Orsini Odescalchi
Lago di Bracciano
376
Sacrofano
Bagni
Bracciano
Anguillara Sabazia
Parco Naturale Vejo
XIII

Kartenatlas

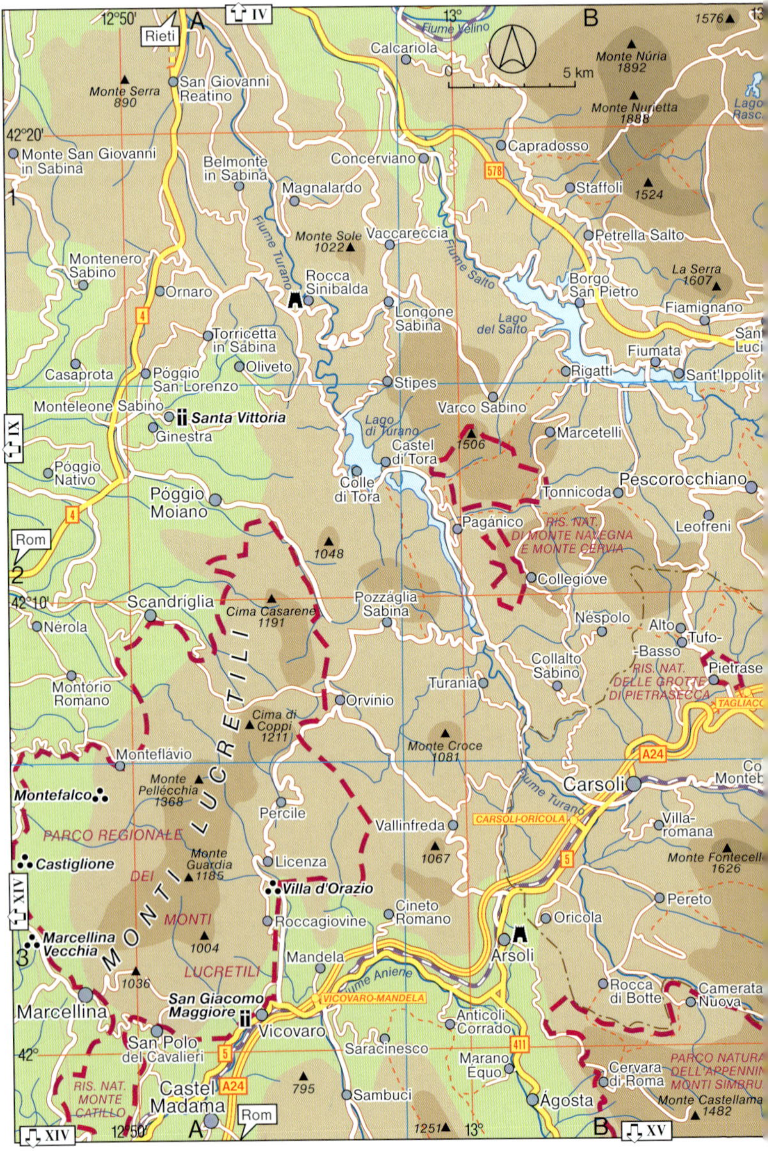
Rieti
San Giovanni Reatino
Monte Serra 890
Calcariola
Capradosso
Concerviano
Monte Núria 1892
Monte Nurietta 1888
Staffoli
1524
Petrella Salto
Monte San Giovanni in Sabina
Belmonte in Sabina
Magnalardo
Monte Sole 1022
Vaccareccia
Fiume Turano
Fiume Salto
Montenero Sabino
Ornaro
Rocca Sinibalda
Longone Sabina
Borgo San Pietro
La Serra 1607
Fiamignano
Lago del Salto
Torricetta in Sabina
Oliveto
Casaprota
Póggio San Lorenzo
Stipes
Rigatti
Fiumata
Sant'Ippolito
Monteleone Sabino
Santa Vittoria
Ginestra
Varco Sabino
Lago di Turano
1506
Marcetelli
Castel di Tora
Póggio Nativo
Colle di Tora
Tonnicoda
Pescorocchiano
Póggio Moiano
Pagánico
Leofreni
RIS. NAT. DI MONTE NAVEGNA E MONTE CERVIA
Rom
1048
Collegiove
Scandríglia
Cima Casarene 1191
Pozzáglia Sabina
Néspolo
Alto
Tufo-Basso
Nérola
Collalto Sabino
RIS. NAT. DELLE GROTTE DI PIETRASECCA
Pietrasecca
Montório Romano
Turania
Orvinio
Cima di Coppi 1211
MONTI LUCRETILI
Monte Croce 1081
A24
Monteflávio
Montefalco
Monte Pellécchia 1368
Carsoli
Fiume Turano
Percile
Vallinfreda
CARSOLI-ORICOLA
Villa-romana
PARCO REGIONALE DEI MONTI LUCRETILI
Castiglione
Monte Guardia 1185
Licenza
1067
Monte Fontecellese 1626
Villa d'Orazio
Pereto
Cineto Romano
Oricola
Roccagiovine
Marcellina Vecchia
1004
Mandela
Arsoli
Fiume Aniene
1036
Rocca di Botte
Camerata Nuova
San Giacomo Maggiore
VICOVARO-MANDELA
Marcellina
Anticoli Corrado
Vicovaro
San Polo dei Cavalieri
Saracinesco
Marano Equo
Cervara di Roma
PARCO NATURALE DELL'APPENNINO MONTI SIMBRUINI
RIS. NAT. MONTE CATILLO
Castel Madama
795
Sambuci
Ágosta
Monte Castellano 1482
1251
1576
12°50'
13°
42°20'
42°10'
42°
A
B
1
2
3
IV
IX
XIV
XV
0
5 km
4
5
411
578

Kartenatlas

VI
VII
XVIII
Grosseto
11°50'
12°
12°20'
42°
41°50'
41°40'
A
B
1
2
3
Monti della Tolfa
Rota
Canale Monterano
Riserva Naturale Monterano
Monterano
Manziana
Monumento Naturale Caldara di Manziana
Terme Taurine
A12
1
Civitavecchia Nord
Monte Tolfaccia 579
Civitavecchia
344
Monte Acqua Tosta 520
496
Sasso
430
Castèl Giuliano
Civitavecchia Sud
Santa Severa Santa Marinella
Santa Marinella
Santa Severa
Pyrgi
Necropoli di Banditaccia
Cerveteri
Riserva Naturale di Macchiatonda
Cerveteri-Ladispoli
Cerenova
Campo di Mare
Torre Flavia
Oasi del Torre Flavia
Ladispoli
Castello Odescalchi
Oasi del Bosco di Palo
Palo
0
5 km
Umbria
Toscana
Orvieto
Teramo
Terni
Pescara
Viterbo
Rieti
L'Àquila
Abruzzo
Bracciano
Lazio
Avezzano
Rom
Latina
Frosinone
Terracina
Fórmia
Campagna
50 km
Isola Sacra
8bis
296
Casal Palocco
Infernetto
Castel di Décima
Trigoria Alta
Villaggretto
Lido di Ostia
Parco Urbano
Castel Romano
Parco Pineta di Castel Fusano
Villa di Plinio
Ris. Nat. Decina Malafede
Laurentum
148
Campobello
Cascina Capocotta
Maggiona
Pomezia
Lavinium
Aprília
601
Area Marina Protetta Secche di Tor Paterno
Borgo Santa Rita
Torvaianica
Nettuno
Golfo Aranci
Arbatax

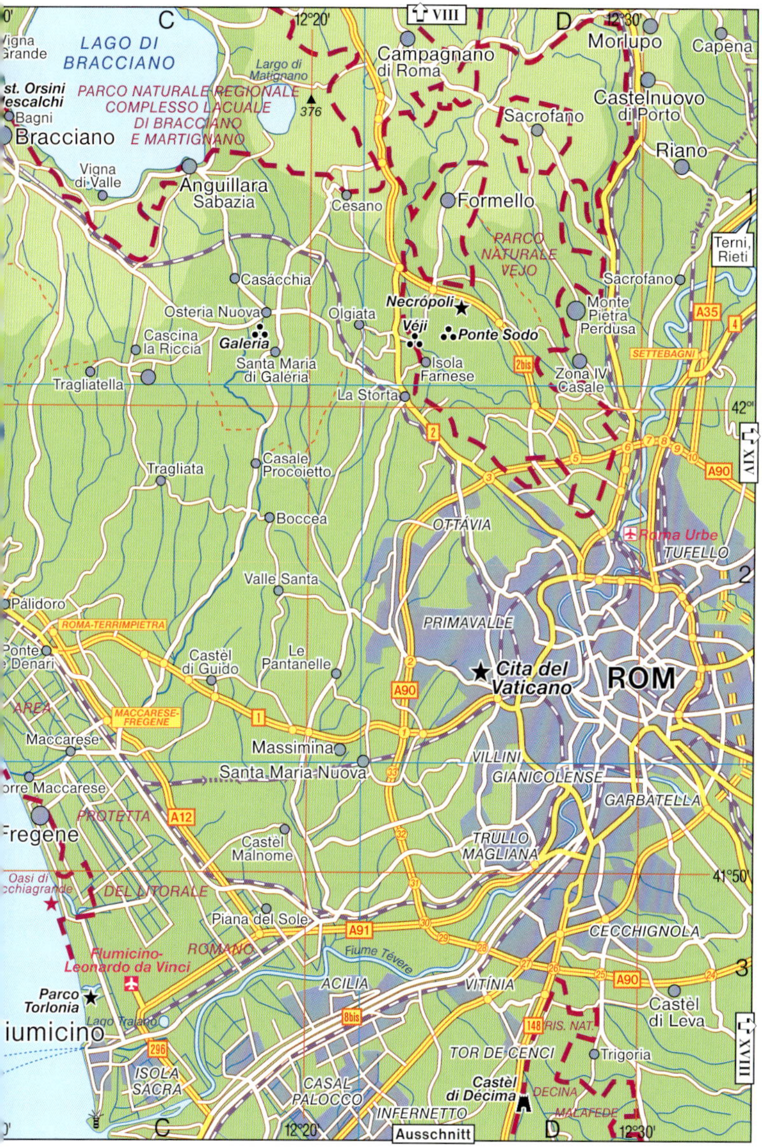
VIII
XIV
XVIII
Ausschnitt
C
D
1
2
3
12°20'
12°30'
42°0'
41°50'
LAGO DI BRACCIANO
PARCO NATURALE REGIONALE COMPLESSO LACUALE DI BRACCIANO E MARTIGNANO
Largo di Martignano
376
Vigna Grande
Cast. Orsini Odescalchi
Bagni
Bracciano
Vigna di Valle
Anguillara Sabazia
Cesano
Campagnano di Roma
Sacrofano
Formello
Morlupo
Capena
Castelnuovo di Porto
Riano
Terni, Rieti
PARCO NATURALE VEJO
Sacrofano
Monte Pietra Perdusa
A35
4
SETTEBAGNI
Casácchia
Osteria Nuova
Olgiata
Necrópoli
Véji
Ponte Sodo
Galeria
Cascina la Riccia
Santa Maria di Galéria
Isola Farnese
2bis
Zona IV Casale
Tragliatella
La Storta
2
Tragliata
Casale Procoietto
3
5
6
7
8
9
10
A90
Boccea
OTTÁVIA
Roma Urbe
TUFELLO
Valle Santa
Pálidoro
ROMA-TERRIMPIETRA
PRIMAVALLE
Ponte Denari
Castèl di Guido
Le Pantanelle
Cita del Vaticano
ROM
A90
AREA
MACCARESE-FREGENE
1
Maccarese
Massimina
Santa Maria Nuova
VILLINI
GIANICOLENSE
Torre Maccarese
33
Fregene
PROTETTA
A12
GARBATELLA
32
Castèl Malnome
TRULLO
MAGLIANA
Oasi di Macchiagrande
31
DEL LITORALE
Piana del Sole
A91
30
29
28
CECCHIGNOLA
Flumicino-Leonardo da Vinci
ROMANO
Fiume Tévere
27
26
25
A90
24
Parco Torlonia
ACILIA
VITÍNIA
Castèl di Leva
Lago Traiano
8bis
148
RIS. NAT.
Fiumicino
296
TOR DE CENCI
Trigoria
ISOLA SACRA
CASAL PALOCCO
Castèl di Décima
DECINA
INFERNETTO
MALAFEDE

A
IX
12°40'
B
12°50'
X
Terni, Rieti
Sant'Angelo
Montefláviо
Osteria Moricone
Riano
Montefalco
Monte Pellécchia 1368
A35
Fiume Tevere
RIS. NAT. MACCHIA DI GATTACECA E MACCIA DEL BARCO
Stazzano
PARCO REGIONALE
MONTI LUCRETILI
Cretonne
Castiglione
Licenza
Palombara Sabina
1185
Fonte di Papa
4
Monterotondo
DEI MONTI
Villa d'Orazio
1
Sacrofano
San Giovanni in Argentella
Roccagiovine
A1
1004
Mentana
Sant'Ángelo Romano
LUCRETILI
1036
Romitório
SETTEBAGNI
Montecelio
Marcellina
Vicovaro
RIS. NAT. D. MARCIGLIANA
RIS. NAT. NOMENTUM
Casale Battista
San Polo dei Cavalieri
42°
Guidónia
5
Torre Lupara
RIS. NAT. MONTE CATILLO
Castel Madama
9
10
Colleverde
A90
Villanova
Villa d'Este
XIII
Tivoli
11
Villalba
5
TUFELLO
12
Bagni di Tivoli
CASTEL MADAMA
Villa Adriana
948
Settecamini
Aniene
Fiume
13
Lunghezza
TIVOLI
San Gregorio da Sassola
ROMA EST LUNGHEZZA
14
2
A24
San Vittorino
Castelverde
15
ROM
TOR SAPIENZA
Quarto dell'Osa
16
Gábii
17
CENTOCELLE
Osteria dell'Osa
Gallicano nel Lazio
Villa Catena
A90
Torre Angela
Borghesiane
18
Santa Maria di Cavamonte
QUADRARO
Torre Nova
Torre Gaia
Castel San Pietro Romano
19
CINECITTÀ
20
TORRENOVA
A1
Zagarolo
Fortuna-Tempel
21
41°50'
QUARTO MIGLIO
22
M. PORZIO CATONE
Colonna
Palestrina
Monte Pórzia Catone
Morena
SAN CESAREO
San Cesareo
23
Roma-Ciampino
Frascati
Montecompatri
Ciampino
Tusculum
Rocca Priora
24
Labico
Castel di Leva
Santa Maria
Grottaferrata
Carchitti
3
766
Marino
Santa Maria delle Mole
Rocca di Papa
215
Monte Iano 938
Falcognana
PARCO REGIONALE
Mácere
Castel Gandolfo
Lago Albano
Monte Cavo 949
Máschio delle Faete 956
Casale Abbruciato
207
7
600
DEI CASTELLI ROMANI
Albano Laziale
Ariccia
Lariano
Fontanile di Selvotta
Nemi
A
12°40'
Lago di Nemi
XVIII
B
12°50'

Kartenatlas

13°20' A
XI
13°30' B
Avezzano
Capistrello
Luco dei Marsi
Trasacco
Sant'Antonio
Fosso Fioio
1781
1787
MONTI SIMBRUINI
-Superiore
Canistro-
-Inferiore
1959
1866
1138
1
PARCO NATURALE
DELL'APPENNINO-
MONTI SIMBRUINI
Monte Cotento 2014
Civita Roveto
1759
Monte Alto 1787
1489
Filettino
Monte Viglio 2156
Civita d'Antino
Collelongo
Villavallelonga
1707
Trevi nel Lazio
1530
Morino
Fiume Liri
1907
1710
RIS. NAT. ZOMPO LO SCHIOPPO
MONTI ERNICI
San Vicenzo Valle Rovetto
41°50'
Monte Pozzotello 1995
1811
Rendinara
82
411
XV
Roccavivi
-Nuovo
Balsorano-
-Vecchio
2004
Monte del Passeggio 2052
La Monna 1951
Guarcino
Torre Cajetani
Pico Deta 2041
2
Certosa di Trisulti
Trivigliano
Prato di Campoli
1541
Vico nel Lazio
155
1854
RIS. NAT. LAGO DI CANTERNO
Lago di Canterno
Collepardo
1710
1734
I Pozzi
Fumone
Alatri
Santa Maria Maggiore
Sora
Santa Francesca
Fontana Fratta
Ferentino
Dom
155
Véroli
Castelliri
Abbazia di Casamari
Isola del Liri
41°40'
6
214
Rom
Fiume Liri
3
Frosinone
Boville Ernica
Monte San Giovanni Campano
Arpino
Quatro Strade
Tórrice
A1
FROSINONE
82
6
Fontana Liri
XIX
Ripi
156
Strangolagalli
Cassino
Patrica
13°20' A
Arnara
XXII
13°30' B
Arce

Kartenatlas
Gioia dei Marsi
Lecce nei Marsi
La Guardia
Passo del Diavolo
Bisegna
Villalago
Frattura
Lago di Scanno
Scanno
Montagna Grande
Monte Argatone 2149
Monte Genzana 2176
Ris. Nat. Monte Genzana Alto Gizio
Pettorano sul Gizio
Sulmona
Rocca Pia
Monte Rotella 2129
Toppe Vurgo 1917
Madonna del Carmine
Monte Pietra Gentile 1979
Monte Palombo 2013
Schiena Cavallo 1981
Parco Nazionale d'Abruzzo, Lazio e Molise
Pescasseroli
Monte Marsicano 2242
Opi
Villetta Barrea
Civitella Alfedena
Lago di Barrea
Barrea
Monte Greco 2283
Santuario di Monte Tranquillo
Monte Tranquillo 1830
Forca d'Acero 1535
Monti della Meta
Colle della Croce 1164
Lago Montagna Spaccata
Monte Petroso 2247
Pescosólido
Campoli Appennino
Ris. Nat. Lago di Posta Fibreno
Posta Fibreno
San Donato Val di Comino
Alvito
Monte La Meta 2241
Madonna di Canneto
Passo dei Monaci 1976
Val di Comino
Settefrati
Gallinaro
Piscinisco
Le Mainarde
Monte Cavallo 2039
Seltignano
Casalvieri
Casalattico
Atina
San Gennaro
San Biagio Saracinisco
Villa Latina
Cancello
Melfa-Schlucht
Fiume Melfa
Monte Obachelle 1466
Cassino
Cerasuolo Vecchio
La Selva
Cerasuolo
XXIII
Umbria
Toscana
Orvieto
Teramo
Terni
Pescara
Viterbo
Rieti
L'Aquila
Abruzzo
Bracciano
Lazio
Avezzano
Rom
Frosinone
Latina
Terracina
Formia
Campania
50 km
5 km

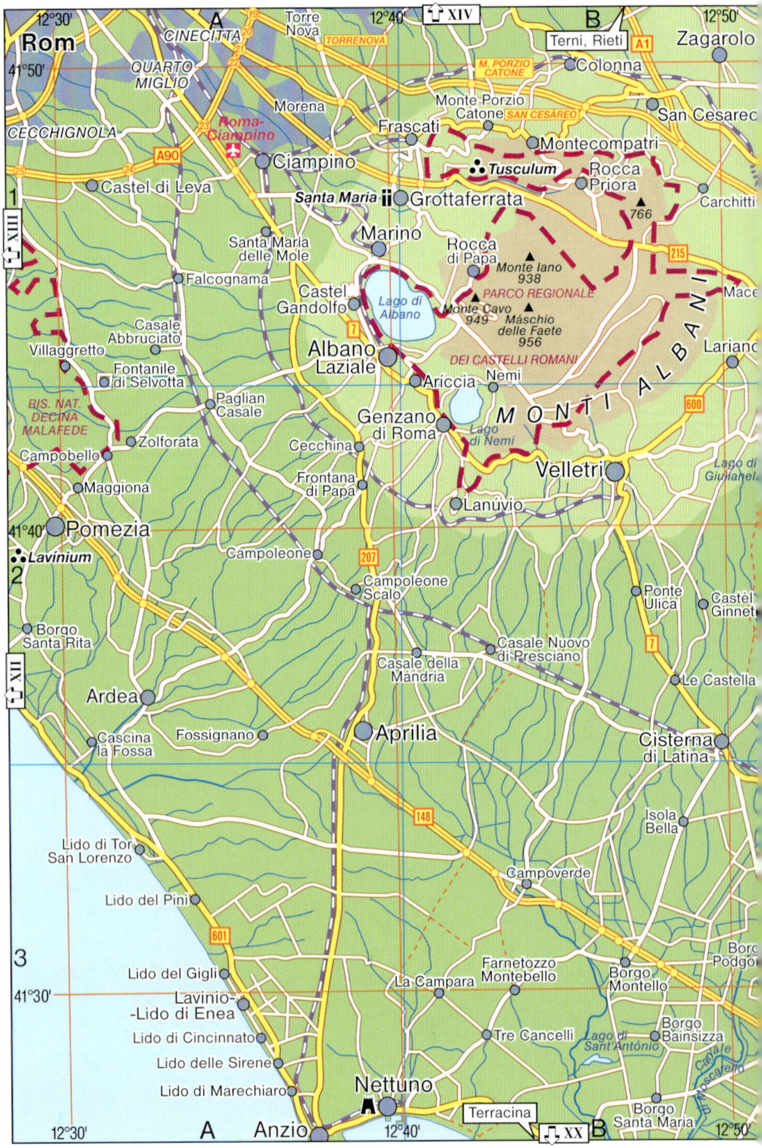

12°30'
A
Torre Nova
12°40'
XIV
B
12°50'
Rom
CINECITTÀ
TORRENOVA
Terni, Rieti
A1
Zagarolo
41°50'
QUARTO MIGLIO
M. PORZIO CATONE
Colonna
Morena
Monte Porzio Catone
SAN CESAREO
San Cesareo
CECCHIGNOLA
Roma-Ciampino
Frascati
Montecompatri
A90
Ciampino
Tusculum
Rocca Priora
Castel di Leva
Carchitti
1
XIII
Santa Maria
Grottaferrata
766
Marino
Santa Maria delle Mole
Rocca di Papa
215
Monte Iano 938
Falcognana
Castel Gandolfo
Lago di Albano
PARCO REGIONALE
Mace
Monte Cavo 949
Casale Abbruciato
7
Máschio delle Faete 956
Villaggretto
Albano Laziale
DEI CASTELLI ROMANI
Lariano
Fontanile di Selvotta
Aríccia
Nemi
RIS. NAT. DECINA MALAFEDE
Paglian Casale
MONTI ALBANI
600
Genzano di Roma
Lago di Nemi
Zolforata
Cecchina
Campobello
Velletri
Lago di Giulianello
Frontana di Papa
Maggiona
Lanúvio
41°40'
Pomezia
Lavinium
Campoleone
207
2
Campoleone Scalo
Ponte Ulica
Castèl Ginnetti
Borgo Santa Rita
Casale Nuovo di Presciano
7
XII
Casale della Mandria
Le Castella
Ardea
Fossignano
Aprilia
Cisterna di Latina
Cascina la Fossa
148
Isola Bella
Lido di Tor San Lorenzo
Campoverde
Lido dei Pini
601
3
Borgo Podgora
Lido dei Gigli
Farnetozzo Montebello
La Campara
Borgo Montello
41°30'
Lavinio-Lido di Enea
Lido di Cincinnato
Tre Cancelli
Lago di Sant'Antonio
Borgo Bainsizza
Lido delle Sirene
Canale Mussolini
Lido di Marechiaro
Nettuno
Borgo Santa Maria
Terracina
12°30'
A
Anzio
12°40'
XX
B
12°50'

Castel San Pietro Romano
Fortuna-Tempel
Palestrina
Genazzano
Cave
Serrone
Monte Scalambra 1402
La Forma
Altipiani di Arcinazzo
41°50'
1155
Piglio
1106
MONTI ERNICI
Fiuggi
Paliano
Acuto
Lábico
Valmontone
VALMONTONE
Santa Maria di Pugliano
San Filippo
Lago di Canterno
RIS. NAT. LAGO DI CANTERNO
Anagni
Cattedrale
COLLEFERRO
A1
Colledoro
Artena
Colleferro
Martelli
Tufano
AGNANI FIUGGI-TERME
Fiume Sacco
Sant'Antonio
727
Gavignano
Ferentino
Dom
Rocca Massima
1084
Sgurgola
41°40'
Gorga
Montelanico
Cori
Monte Lupone 1378
1283
Morolo
Frosinone
1416
Valle Fota
MONTI LEPINI
Carpineto Romano
Supino
1021
Monte Malaina 1480
Norba
Norma
Monte Croce di Capreo 1421
Ninfa
Monte Semprevisa 1536
Bassiano
Sermoneta
Casale le Palme
Latina Scalo
Roccagorga
Maenza
Epitaffio
Tor Tre Ponti
Sezze
41°30'
Latina
Priverno
Roccasecca
Borgo Faiti
Terracina
Rio Martino
13°
13°10'
C
D
XV
XVI
XXI
XXII
1
2
3
0
5 km
UMBRIA
TOSCANA
Orvieto
Teramo
Terni
Pescara
Viterbo
Rieti
L'Àquila
ABRUZZO
Bracciano
LAZIO
Avezzano
Rom
Frosinone
Latina
Fórmia
Terracina
50 km

XVIII
Rom
Aprilia
12°40'
A
Velletri
12°50'
B
Cisterna
di Latina
148
Isola
Bella
Campoverde
Casale
delle Palme
Latina Sc
7
Epitaffio
Borgo
Podgora
Tor Tre P
Farnetozzo
Montebello
Borgo
Montello
41°30'
La Campara
Lavinio-
-Lido di Enea
Lido di Cincinnato
Tre Cancelli
Lago di
Sant'Antonio
Borgo
Bainsizza
Borgo
Piave
Lido delle Sirene
Borgo
Santa Maria
Canale di Mascarello
Fiume Astura
Lido di Marechiaro
Nettuno
Latina
156
601
Anzio
148
Borgo
Isonzo
Capo d'Anzio
Calagneli
Borgo
Sabotino
Lido di
Foce Verde
Lido di
Latina
Torre Asturia
Capo Portiere
Lago di
Fogliano
Fogliano
Lago Monaci
PARCO
1
2
3
41°20'
0
5 km
12°50'
B
Ponza
12°40'
UMBRIA
TOSCANA
Orvieto
Teramo
Terni
Pescara
Viterbo
Rieti
L'Aquila
ABRUZZO
Bracciano
LAZIO
Avezzano
Rom
Frosinone
Latina
Fórmia
Terracina
50 km
CAMPANIA

Kartenatlas

XXII Fondi, Formia, Pico, Castro dei Volsci, Gaeta

XVII
13°50'
14°
C
D
1
2
3
41°30'
41°20'
1104
Roccasecca
Terelle
Monte Cairo
1669
Castrocielo
Villa Santa Lucia
Abbazia di Montecassino
Aquino
Piedimonte San Germano
Cassino
Sant'Elia Fiumerapido
Vallerotonda
509
Colle Aquilone
1270
Conca Casale
Cervaro
Le Pastinelle
MOLISE
San Vittore del Lazio
6
San Pietro Infine
Pontecorvo
CASSINO
Pignatearo Interamna
SAN VITTORE
Mignano Monte Lungo
San Giorgio a Liri
Sant'Apollinare
Rocca d'Evandro
San Pietro in Curolis
Roccaguglielma
Casali
630
Vallemalo
Sant'Andrea del Garigliano
Galluccio
Ausonia
Santa Maria di Mortola
San Clemente
Coreno Ausonio
Fiume Garigliano
Conca della Campania
PARCO DEL ROCCAMONFINA FOCE DEL GARIGLIANO
Spigno Saturnia-Superiore
Spigno Saturnia-Inferiore
Santi Cosma e Damiano
Castelforte
Roccamonfina
Santa Maria Infante
San Pedro
Tufo
CAMPANIA
Minturno
Scauri
Sessa Aurunca
Area Protteta Monte di Scauri
Minturniae
7
GOLFO DI GAETA
Cellole
Carano
Baia Domizia
Ponza, Trapani

Die Autoren

Georg Henke

Georg Henke, Jahrgang 1950, arbeitet als Jurist, Fotograf und Reisebuchautor. Ausgedehnte Reisen führten ihn in die Türkei, nach Indien, China und Südamerika. In Europa zieht es ihn vor allem nach Mittelitalien, das er seit 1980 regelmäßig bereist. Im Reise Know-How Verlag ist von ihm auch der Band „Umbrien und die Marken" erschienen.

Danksagung

Für ihre engagierte Unterstützung bei der Recherche vor Ort möchte ich vor allem *Gabriele Pratesi* aus Bremen danken. Ohne ihre tatkräftige Mithilfe wäre dieser Band nicht entstanden. Mein Dank gilt auch *Dr. Christoph Hennig* aus Bologna, der mir wertvolle Anregungen und Tipps gab.

Frank Schwarz

Frank Schwarz, Jahrgang 1960, begann nach Abschluss des Studiums der Germanistik und der Film- und Fernsehwissenschaften 1987 eine Ausbildung zum Kameramann beim Hessischen Rundfunk in Frankfurt, wo er seitdem beschäftigt ist. Durch seine vielen persönlichen Kontakte entstand eine intensive Bindung an die italienische Hauptstadt, die sich während der regelmäßigen Aufenthalte ständig vertiefte. Im vorliegenden Band hat er das Kapitel zu Rom geschrieben. Im Reise Know-How Verlag ist von ihm der CityGuide „Rom" erschienen.